常德市司法志

（1988－2015）

常德市地方志编纂委员会
常　德　市　司　法　局　编

方志出版社
Publishing House of Local Records

图书在版编目(CIP)数据

常德市司法志:1988—2015/常德市地方志编纂委员会,常德市司法局编.——北京:方志出版社,2018.7

ISBN 978-7-5144-3131-5

Ⅰ.①常… Ⅱ.①常… ②常… Ⅲ.①司法—工作概况—常德—1988—2015 Ⅳ.①D927.643.6

中国版本图书馆CIP数据核字(2018)第160786号

常德市司法志(1988—2015)

编　　者: 常德市地方志编纂委员会　常德市司法局

责任编辑: 朱　姝

出 版 人: 冀祥德

出 版 者: 方志出版社

地址　北京市朝阳区潘家园东里9号(国家方志馆4层)

邮编　100021

网址　http://www.fzph.org

发　　行: 方志出版社图书经销中心

电话　(010)67110500

经　　销: 各地新华书店

印　　刷: 常德市宏嘉印务有限公司

开　　本: 787×1092　1/16

印　　张: 44

字　　数: 966千字

版　　次: 2018年7月第1版　2018年7月第1次印刷

印　　数: 0001～1000册

ISBN 978-7-5144-3131-5　**定价:** 285.00元

常德市地方志编纂委员会

顾　　问：王　群　徐正宪　刘　明　李爱国

主　　任：周德睿

副 主 任：朱水平　黄清宇　陈　华　吉荣华

委　　员：周代惠　涂碧波　王兴钊　朱　明　沈　跃

任克勤　李百艳　胡以军　汤祚国　诸戈文

马　慧　唐子钧　龚美爱　曾　勇　尹正锡

张运华　刘建跃　杨成英　戴君耀　向美华

黄云新　向才焰　涂贤春　黄修林　洪振海

张克武　张国政　刘新华　伍彩霞　郑家火

覃志云　张亦贤　夏国祥　刘李波　陈集群

周华辉

《常德市司法志》编修工作领导小组

第一届

组　　长：胡云武

副 组 长：王明集　黄冰毅　肖先谋　樊景华　余小萍

张修超　胡小青　黄阳辉　张程发　刘国高

李守进　颜忠毅

成　　员：（以姓氏笔画为序）

马飒英　王忠华　毛泉清　宁秀元　刘　荣

刘承建　祁　政　向　勇　张友亚　张丕仪

周友保　周德林　罗梓铭　姚珍权　高业庆

唐江军　谈先国　聂平凡　夏绪竞　曾凡华

梁开国　黑启安　覃清平　戴正伟

第二届

组　　长：曾　勇

副组长：王明集　石　林　胡宗涛　余小萍　张修超　胡小青　胡　永　彭合明　高　见　高业庆　谭　洪　江志晖　李守进　尹利民

成　　员：（以姓氏笔画为序）

马飒英　王忠华　毛泉清　宁秀元　刘　荣　刘爱国　刘承建　祁　政　向　勇　李　莉　张友亚　张丕仪　杨利霞　沈绪湘　陈宏伟　周友保　罗志荣　罗梓铭　赵杰锋　姚珍权　徐　智　高业庆　唐江军　谈先国　聂平凡　夏绪竞　曾凡华　梁开国　黑启安　鲁科均　覃清平　戴正伟

《常德市司法志》编修人员

主　　编：曾　勇　　　副主编：王明集

总　　纂：李爱群　　　副总纂：王友才

撰　　稿：（以姓氏笔画为序）

王　丽　王英杰　王晓恒　王海斌　车四友　毛泉清　卢祖华　刘　巧　刘　镌　刘润来　祁　政　朱　涛　向华刚　向建忠　陈爱华　陈章荣　张丕仪　沈绪湘　杨蕙旭　周　旎　周友保　周世鹏　罗丹苹　柳玉清　易泽龙　胡　艳　徐　智　徐明健　唐铭蓬　黄祖伟　梁凌俊　粟艳芳　黑启安　管治云

英文翻译：陈毅强

《常德市司法志》审稿人员

王明集　鲁科均　刘润来　易泽龙　王　丽　陈章荣　陈　华　市地方志评审委员会委员

图1 1989年12月，时任湖南省委书记熊清泉（左二）考察武陵监狱

图2 1991年8月3日，司法部副部长金鉴（前排左八），湖南省委常委、省政法委书记朱东阳（前排右七）等到津市市司法局调研

图3 2010年春节前夕，司法部副部长陈训秋(前排左三)在常德市委常委、政法委书记胡宗清(前排右一)的陪同下慰问常德市劳教（戒毒）所民警

图4 2012年8月1日，湖南省副省长盛茂林（前排左三）考察德山监狱

图5　2014年4月1日-2日，湖南省副省长戴道晋(前排左三)、湖南省司法厅厅长谈敬纯（前排左五）等到津市监狱、德山监狱调研

图6　湖南省政协副主席、常德市原市委书记武吉海（前排左三）考察武陵监狱

图7 湖南省司法厅党组书记、厅长谈敬纯（前排右二）、副厅长方华堂（前排右一）在津市监狱指导防汛工作

图8 时任常德市委书记卿渐伟（后排正中）召开常德市委常务会，聘请常年法律顾问。

图9 常德市委书记王群（前排右二）陪同省“六五”普法验收组检查常德市“六五”普法工作

图10 2014年2月6日，常德市委副书记、市长周德睿（前排左一）到常德市司法局退休老干部、困难党员罗先禄（前排左二）家慰问

图11 时任常德市委常委、政法委书记何英平（前排左一）陪同省“六五”普法验收组考察津市市法治文化广场

图12 常德市司法局党组书记、局长曾勇（右排纵三）到石门县山区扶贫点进行法制教育宣传慰问结对帮扶贫困户

图13 2015年送法下乡活动现场

图14 石门县新铺乡法宣传一条街

图15 安乡县法律援助中心在羊年新春为返乡农民进行法律援助宣传

图16 群众到公共法律服务中心进行法律咨询

图17 司法局干部走访慰问困难社区矫正对象家庭

图 18 武陵区司法局南坪司法所对社区矫正对象集中训话

图19 市部分律师与中小企业签订免费法律服务合同

图20 临澧县司法局在全县8所中小学开展法制教育讲座

图21 常德市司法局"应对金融风险促进富民强市"专项法律服务活动启动仪式在市城区步行街举行

图22 常德市司法局进行农村法制宣传教育专题讲座

图23 常德市关爱帮扶特殊群体青少年行动启动仪式

图24 普法宣传

图25 桃源县司法局漳江司法所长在调解室对镇江渡村矛盾纠纷双方当事人进行调解

图26 鼎城一中组织学生观看禁毒文艺会演

图27 津市市社区矫正对象警示教育大会

图28 2012年5月10日，常德市司法鉴定中心司法鉴定人向国红（左）、张茂美（右）在鼎城区石门桥镇进行早稻受损鉴定现场

图29 公证人员为石门县手工制茶大赛现场公证

图30 中央电视台著名节目主持人倪萍（前排左一）携“等着我”节目组来津市市监狱为罪犯寻找亲人

图31 常德市司法局班子成员合影

序

曾　勇

“盛世修志，志载盛世。”编志修史，是传承和彰显中华文明的重要载体，是中华民族优秀文化的瑰宝，也是建设文化强国的有机组成部分。泱泱数千年文明古国的中国，志书浩如烟海，汗牛充栋，隔代修史，当代修志，成为我国代代相传的文化传统，嬗变为华夏儿女特有的文化基因。因此，编修史志，薪火相传，是利于当代、惠及后人的福祉之举。这次，时逢全国第二轮编志工作，《常德市司法志(1988—2015)》有幸列入，甚感欣慰。

古人云：“治天下者，以史为鉴，治郡县者，以志为鉴。”1988—2015年这28年，改革开放的中国，发生了前所未有的巨大变化；晋代大诗人陶渊明笔下描绘的“世外桃源，福地洞天”的常德，获得了改革创新的最大红利；生于斯工作于斯的我们常德司法行政人，取得了累累硕果。常德地区司法局于1981年正式组建，1988年地改市，正式更名为常德市司法局。全市有市强制隔离戒毒所、武陵监狱、德山监狱、津市监狱及9个区县(市)司法局共14个司法行政单位，共3500多人承担着法治保障、法治宣传、法律服务等重要职责。这28年，我们3500多名司法行政人牢记职责，不辱使命，凝心聚力，拼搏进取，用汗水和智慧书写了一篇篇司法行政事业光灿夺目的篇章，用铿锵的脚步留下了一串串砥砺奋进司法行政业绩的闪光足迹：这28年，抓管控，保平安，特殊人群管理全面规范；这28年，抓服务，惠民生，法律服务效能全面提升；这28年，抓普法，强法治，普法依法治理基础全面夯实；这28年，抓监管，促公平，行政执法水平全面提高；这28年，抓作风，强素质，司法行政队伍形象全面提质。特别是近年，我们全体司法行政人，在新常德新创业这片如火如荼的热土上，锐意创新，奋力开拓，成绩斐然，百尺竿头更上一层楼，各项司法行政工作得到社会各界的一致好评。

历史是凝固了的现实，现实是流动着的历史。回眸走过的28年，是我们司法行政人一段栉风沐雨、艰苦创业的难忘历程，是我们司法行政人跌宕起伏、可歌可赞的生动画卷，也是一座留给我们司法行政人取之不尽、亟待开采的宝贵“金矿”。同时，也给我们以深刻的启迪：常德司法行政工作要卓有成效地不断迈上新的台阶，必须坚持解放思想，服务主题，就是要服务好新常德新创业这个主题；必须坚持恪守清廉，严管队伍，就是要严管司法行政干警、法律服务工作者这两支队伍；必须坚持勇于担当，确保安全，就是要全力确保监所、特殊人群收治、社区服刑人员管控三个安全；必须坚持善于作为，打造品牌，就是要打造法治文化、公共法律服务、人民调解工作、部级现代化文明监所四个品牌；必须坚持创新理念，深化改革，就是要持续深化社区矫正、法律援助、律师工作、司法鉴定、公证机构五项改革，用改革的坚定步伐，取得司法行政事业改革的丰硕成果。

鉴于此，常德市司法局党组认为，编好1988—2015年司法志，责无旁贷，义不容辞。因此，本系统上下，同心共识，经过数年的不懈努力，现在终于付梓面世。

修志问道，以启未来。本志体系完备，篇目清晰，卷首列序、凡例；继而为综述、大事记；正文分7篇，乃全志主体；卷尾设后记。全志以内容为横，以时间为纵，纵横捭阖，主次分明，图文并茂，互相辉映。本志客观地记述了常德市司法行政人28年来执着坚守、爱岗履职的各个阶段方方面面的工作；真实地再现了常德市司法行政人脚踏实地、默默奉献的轨迹；深刻反映了有“善卷让王”之美称的常德，社会主义法制从初创到逐步健全的全过程。因此，本志的出版，为资政、存史、育人提供了翔实的宝贵资料，是常德市司法行政系统的一项重要成果，堪称本系统的“四库全书”“资治通鉴”，这无疑是益于今人、泽被后世的一笔宝贵的精神财富。

这本“鸿篇巨制”的司法志，是常德市司法行政系统有史以来最大规模的文化建设工程，其时间跨度之大，存史资料收集之难，人员更替之快，这都给编志工作带来了诸多难题。在本志整个编修过程中，市方志办领导十分重视，多次亲临指导；市强制隔离戒毒所、武陵监狱、德山监狱、津市监狱、各区县(市)司法局及本局相关科室，“翻箱倒柜”，披沙铄金，集腋成裘，为编志搜集遴选了大量有价值的史料；参与志书编写的同志焚膏继晷，辛勤笔耕，数易其稿，终成卷帙。本志的问世，是“众智成志”的结晶，是各级领导亲切关怀和有关部门大力支持的结果。在此，我谨代表常德市司法行政系统和全体司法行政人，向为这项艰巨浩繁的文化工程付出宝贵心血和辛勤劳动的所有组织者、参与者、支持者一并表示深深的谢意，并致以崇高的敬礼！

爱因斯坦说：“一个获得成功的人，从他的同胞那里所取的，总是无可比拟地超过他对他们所做的贡献。”这本沉甸厚重的《常德市司法志(1988—2015)》的梓行面世，实现了常德司法行政人多年的夙愿。本志如能为常德司法行政人员及社会各界以更全方位的视角了解常德司法行政系统、热爱常德司法行政系统、建设常德司法行政系统提供借鉴，并从中吸取裨益和教训，编纂者将善莫大焉。让历史告诉未来，这应是本志编纂的初衷与企望。

金秋十月，丹桂飘香，沅澧大地，再展宏图。在前不久闭幕的中共常德市第七次党代会上，长期受“善德”文化教化熏陶、敢作为敢担当的常德人，又用超常的大智慧、大手笔，描绘了“深入推进新常德新创业，为建设现代化区域中心城市而努力奋斗”的宏伟蓝图。在这新的历史节点上，我们司法行政人手捧志书，重温历史，更加热血沸腾，秣马厉兵，决心要为这新憧憬、新梦想，贡献新的才智，书写新的辉煌！

谨为序。

二〇一六年十二月

（作者系常德市司法局党组书记、局长）

凡　例

一、坚持以马克思主义、毛泽东思想、邓小平理论、“三个代表”重要思想、科学发展观、习近平新时代中国特色社会主义思想为指导，坚持辩证唯物主义和历史唯物主义的立场、观点和方法，全面客观记述常德市司法行政事业的历史与现状。

二、时间断限上起1988年，下迄2015年，为反映事物发展全貌和历史延续性，个别重大事件记述适当上溯下延。

三、述、志、记、传、图、表、录诸体兼备，以志为主，设机构设置、队伍建设、法律服务、监管改造、依法治市、省管监狱、先进典型共7篇，篇下层次分章、节、目3级。卷首设序、综述、大事记和彩色插页，表格及部分图片随文编排，卷末设附录、后记。

四、主要记述常德市司法行政事业发展情况，不越界而书，力求突出地方特色和行业特色。兼顾对市强制戒毒所、武陵监狱、德山监狱、津市监狱及9个区县市司法局工作的记述，详略得当，主次分明。

五、志书编纂坚持“事以类从，类为一致”原则，划分事类不受部门隶属关系限制；坚持“述而不论，寓论于述”原则，记述力求客观公允；坚持“横分门类，纵述史实”原则，做到横不缺项、纵不断线。

六、采用规范的语体文，纪年一律使用公元纪年，人称均使用第三人称，数字书写遵守《中华人民共和国国家标准出版物上数字用法的规定》，计量单位使用遵守《中华人民共和国法定计量单位使用方法》。

七、志书中多次使用的机构、文件名称，首次出现时用全称并括注简称，之后用简称。

八、本志资料主要来源于常德市司法局档案室档案资料，志中不再注明出处；所采用的数据主要来源于常德市统计局公布的统计数据，部分来源于常德市司法局内部统计数据。

目 录

第三篇 法律服务

第四篇　监管改造

第五篇　依法治市

第六篇　省管监狱

第七篇　先进典型

附　录

CONTENTS

Part 2 Team building

Part 3 Legal service

Part 4 Supervision and reform

Part 5 Rule of Law in Municipal Governance

Part 6 Provincial prisons

Part 7 List of model units and individuals

Appendix

综 述

常德，古称武陵，历史悠久，山川秀丽，人杰地灵，素有“西楚唇齿”“黔川咽喉”之称。常德位于湖南省西北部，地处长江中游洞庭湖水系、沅江下游、澧水中下游以及武陵山脉、雪峰山脉东北端，下辖武陵、鼎城两区，安乡、汉寿、澧县、临澧、桃源、石门六县和一个县级市津市，包括汉族、土家族、苗族、回族、维吾尔族等15个民族，面积18177平方公里，人口616万人。先后荣获“中国优秀旅游城市”“国家卫生城市”“国家园林城市”“中国首届魅力城市”“国际花园城市”“全国交通管理模范城市”“国家环境保护模范城市”“中国诗词之市”“全国文明城市创建工作先进城市”的称号。特别是近几年，在市委、市人民政府的正确领导下，全市上下，团结一心，紧紧围绕着“新常德新创业”的宏伟蓝图，真抓实干，奋力拼搏，发生前所未有地变化，取得骄人的业绩：全市生产总值由1988年的65.2亿元，增长到2014年的2514.2亿元，平均年增长10.7%，财政一般预算收入由1985年的3.6亿元，增长到2014年的134.9亿元，平均年增长20%，仅2014年，全市城镇居民人均可支配收入达到22634元。现在常德正以崭新的姿态，迈入全面建设小康社会的“快车道”！

常德市司法行政系统机构设置始建于20世纪80年代初期。1980年12月至1981年5月，常德县、常德市、临澧县、汉寿县、桃源县、石门县、安乡县、慈利县、津市市、澧县先后成立司法局。1989年1月，慈利县司法局划为大庸市（现张家界市）司法局管辖。1981年，常德地区司法局成立，1988年常德地改市，同年8月正式更名为常德市司法局。全市司法行政系统有市强制隔离戒毒所、武陵监狱、德山监狱、津市监狱及9个区县（市）司法局共14个单位，编制人数3500多人。1988年至2015年这28年来，全市司法行政系统3500多名司法行政人，紧紧围绕党委、人民政府的工作大局，乘着改革开放的春风，伴随共和国前进的步伐，以改革求发展，以创新求作为，以实干求实效，以业绩求地位，牢记职责，不辱使命，足踏实地，负重奋进，用汗水和智慧书写一篇篇司法行政事业光灿夺目的篇章，留下一串串负重拼搏司法行政业绩的闪光足迹。

一、这28年，是抓管控，保平安，特殊人群管理全面规范的28年

28年来，全市司法行政系统充分履行监所安全监管、社区矫正对象管控等职能，积极拓展特殊人群收治规模，不断延伸安置帮教手臂，全面引导监狱服刑人员、强制隔离戒毒人员、社区服刑人员、安置帮教人员等特殊人群健康回归社会。

监所安全管理持续稳定。武陵监狱坚持源头治理模式，全面落实监管安全制度，连续7年实现“四无”“七个不发生”目标，连续5年被评为全省监管改造工作先进，连续3年被评为全省监狱系统政治工作先进，并被司法部评为“全国监狱系统教育改造工作先进单位”。28年中该监狱累计收押罪犯10124名，目前有在押罪犯1018名。市强戒所围绕“大戒毒，大矫治”工作理念，不断规范监管体系，完善场所基础建设，教育矫治质量全面提质，连续4年实现“四无”目标，连续3年被省戒毒局评为“精细化考评先进单位”，并被司法部评为“全国强制隔离戒毒系统先进单位”。从2013年劳教制度转型后，该所已累计收治强制隔离戒毒和戒毒康复人员1485人。目前有769人接受强制隔离戒毒。

特殊人群收治成效显著。2013年，在市委、市人民政府、市人大的大力支持下，市强戒所开始筹建特殊人群涉毒人员收治中心，集中收治有违法犯罪行为的身患重大疾病的特殊人群涉毒人员。2014年1月，市特殊人群涉毒人员收治中心全面建成，并接收收治对象。目前，该中心共累计收治身患艾滋病、尿毒症、癌症、肝炎等重大疾病的特殊涉毒人员164名，有效解决特殊人群涉毒人员管控难、收治难问题，防止该类危险人群流向社会，收治工作得到省、市人民政府的高度肯定，在社会上获得良好的反响。

社区矫正对象管控到位。全市各社区矫正机构严格落实审前调查评估、请假审批管理制度，全面推行社区服刑人员报到经指纹打卡、手机定位等管控手段，社区矫正机构还装备单警执法视音频记录仪，用于社区矫正执法活动。同时，积极与检察机关配合对社区服刑人员实行定期点到制度，全面规范社区服刑人员管控机制。同时，常德市还全面启动社区矫正改革试点工作，通过政府购买服务的方式与湖南健力教育服务有限公司签约，向其购买社区服刑人员服务，广泛开展对社区服刑人员的心理辅导。仅“十二五”期间，全市累计接受社区服刑人员6880人。到2015年，全市2653名在矫社区服刑人员教育改造秩序良好。

安置帮教手臂有效延伸。全市积极开展安置帮教对象“三帮一促”活动，重点解决一批安置帮教对象生活中的特殊困难。仅“十二五”期间，全市累计接受安置帮教对象5869人。监所单位积极开展“延伸监所帮教矫治手臂”活动，市强戒所全面构建矫治帮教专业化网络平台，在鼎城区灌溪镇司法所、武陵区穿紫河街道康桥社区建成2个社区戒毒（康复）工作指导站，形成戒毒场所、社区和行政基层单位“三位一体”的帮教联动工作机制。

武陵监狱以“情暖高墙·关爱孩子”为主题，派出工作组入户上门探望服刑人员的未成年子女，并对特困服刑人员进行困难救助。

二、这28年，是抓服务，惠民生，法律服务效能全面提升的28年

运用法律武器为经济建设保驾护航是司法行政机关的神圣职责。为此，司法局提出在服务空间上“无处不在”，在服务时间上“无时不有”，在服务内容上“无事不用”，在服务对象上“无所不容”的法律服务工作思路，市、县两级司法局成立由“一把手”挂帅的直接为经济建设服务的领导小组，制定《常德市司法局直接为经济建设服务的方案及考评细则》，把服务经济建设纳入单位和个人的重要评先内容。同时，加大指导督查力度，确保法律服务各项措施落到实处。

一是法律服务领域拓展更宽。28年来，全市持续开展以维护农村经济为主要内容的“维权工作”，以促进国有企业发展为主要内容的“护航工程”，以为下岗职工提供法律救助的“双千双万”工程。同时，常德市市法律服务的方式实现“三个转变”，即变单纯咨询性服务为“渗透性”服务；变事后性服务为事前性服务；变坐等上门的被动性服务为“主动介入”的积极服务。特别注重发挥法律服务的特殊功能，积极为领导经济决策当“参谋”，为经济发展当“向导”，为厂矿企业当“顾问”，为招商引资当“红娘”，为下岗职工当“济公”，从而为经济建设提供更有力度、深度和广度的法律服务。仅“十二五”期间，全市有43名律师加入市、县党政法律顾问团，396名律师担任1137家党政机关和企事业单位法律顾问，103个乡镇(街道)、763个村(社区)分别聘请法律顾问。全市律师共代理各类诉讼、非诉讼案件29641件，参与市、县信访接待值班1568人次，运用调解方式化解矛盾纠纷1006起。

二是公证工作效率更高。仅“十二五”期间，全市共办理各类公证53343件，其中国内公证33368件，涉外及涉台港澳公证19975件，接待、解答当事人法律咨询13216余人次。同时，狠抓公证机构改革，全市共有德城、鼎城两家公证处改革为事业单位，正在积极推动其他各区县(市)公证机构改革，有效解决公证机构转型、人员身份置换的问题。

三是司法鉴定水平提质更快。仅“十二五”期间，全市共办理鉴定业务57642件，其中“三大类”45180件，“其他类”12462件，采信率达99%。同时，为有效对接司法体制改革，切实规范司法鉴定工作，市司法局协同市司法鉴定协会，司法鉴定人出庭作证的规范性要求进行明确，并将司法鉴定统一纳入法律援助范围，对符合条件的对象实行费用减免。

四是法律援助功能更强。在“十二五”期间之前，常德市“148”工作由于起点较高，运作规范，不仅在全省做典型发言，而且还得到时任湖南省副省长的唐之享的批示：“推广常德经验”，特别是市法律援助中心还被司法部指定为全国唯一市级示范单位。这几年，全

市各乡镇司法所、村(居)民委员会法律援助工作站点基本实现全覆盖,并依托市、县两级法律援助中心形成整体联动的辐射效应,全市基本建成“法律援助一小时服务圈”。全市法律援助机构提供法律咨询 20500 人次,办理各类援助案件 10533 件,帮助弱势群体挽回损失和取得利益近 27800 万元。

五是社会矛盾纠纷防控体系辐射更广。我们坚持“调防结合,以防为主”的方针,努力维护社会稳定,预防和化解社会矛盾。28 年来,全市司法行政部门根据新时期人民调解工作的不同特色,不断改进工作措施,努力强化职能手段,切实做到“案不过旬、调不推庭、闹不扰政、民不转刑”。同时,针对不同时期的不同特点,因地因时地开展民间纠纷大排查行动。全市持续开展“百乡千村创‘四无’,十万大军抓排治”活动,每年排治纠纷 3 万多件,调解成功率在 96%以上,并成功防止民间纠纷激化 4100 多起。仅“十二五”期间,全市共建成人民调解委员会 3883 个,专业调解组织 104 个,有人民调解员 14317 名,共调处各类矛盾纠纷 52132 件,防止民间纠纷引起的自杀事件 217 件、351 人,防止民转刑案件 613 件,化解群体性上访 934 件,防止群体性械斗 398 件。同时,全市多方整合资源,不断创新方式,探索实行多地、多部门矛盾纠纷联防联调机制。全市持续推进环常“6+1”平安边界建设,将人民调解、法律援助、安置帮教、社区矫正等统一纳入平安边界建设机制,整合多方力量对边界纠纷实行联防、联调、联控。对此,中央政法委、司法部予以较高评价,拟作为常德市人民调解工作的品牌向全国推介。同时,以澧县“‘3+X’代表评议”为代表的一批特色性调解机制正在全市有序推广,影响不断扩大。建立专业人民调解组织方面,全市在继续巩固和提升交通事故、消费权益等领域人民调解工作成果的基础上,在医疗纠纷、婚姻家庭、征地拆迁、土地流转、劳动争议、食药安全等涉及民生保障、攸关群众利益领域的行业性、专业性人民调解工作等方面,也取得明显成效。

三、这 28 年,是抓普法,强法治,普法依法治理基础全面夯实的 28 年

普法依法治理是全国社会主义民主和法制建设的重要基础性工作,也是司法行政部门的一项重要职能工作。从 1986 年实施第一个“五年普法规划”以来,全市司法行政机关高举依法治国的旗帜,卓有成效地开展普法和依法治市工作。特别是近几年,坚持围绕中心,服务大局,深入开展“六五”普法工作,扎实狠抓依法治理,持续推进法治常德建设。

第一,法治常德建设成效显著。2011 年 10 月,市委六届四次全会审议通过《中共常德市委关于建设法治常德的意见》,由市委、市人民政府、市人大、市政协主要领导牵头,高规格地成立 市委法治常德建设工作领导小组,全面启动法治常德建设工作。5 年来,通过办点示范、组织推进、全面督查、考核验收等方式,法治常德建设工作取得令人瞩目的成

绩，法治文艺、学法用法、法治创建、“四项公开”等多项创新性经验得到中央和省级推介，推出《法治文艺作品集》《法治常德百人谈》《常德法治案例经典》等一系列理论成果，法治常德建设成为法治湖南建设排头兵。2013 年，常德市被全国普法办授予“全国法治城市创建活动先进市州”称号，武陵区、鼎城区、安乡县均被授予“全国法治县（市）区创建活动先进单位”称号。

第二，法治宣传载体有效创新。从 1986 年开始，共圆满完成三个五年普法规划。在三个五年普法期间，全市司法行政部门紧紧抓住群众性普法这个重点，采取多种形式，全方位地开展以提高人民群众法律素质为目标的法治宣传教育。特别是，我们针对农村普法难的问题，每年年初由市、县普治办牵头，司法局及公、检、法和卫生、税务、国土、林业、水利等部门紧密配合，十五年如一日地实施以“六个一”为标准的“送法进农家”活动，即上门为农户送一份法治资料；为乡镇送一台法制文艺节目；在山区乡镇开展一次义务法制咨询；在人口稠密的集镇办一块法治宣传墙报；对轻微违法人员办一次法治培训班；在重点乡镇办一个依法治村的点。同时，采取寓教于乐的方法，将民间艺人组织起来，组成普法文艺轻骑队，利用群众喜闻乐见的旗鼓、顺口溜、快板、丝弦、表演唱等演出形式，以戏传法，深入田边地头开展法治教育。特别是“十二五”期间，全市充分结合实际，以“法律六进”为抓手，不断强化法治宣传阵地建设，积极探索创新形式多样的宣传方式。市、县两级财政五年来共投入普法专项经费 400 多万元，发放各类普法教材和资料 150 多万册，培训法治专干 2800 多人次，市、县、乡三级新建普法教育阵地 1500 多个。全市共有 500 多万人接受“六五”普法教育。全市共建成法治广场 8 处、法治长廊（路、街）11 条、法治宣传电子屏 100 余块，全市各村（居）的“农家法律书屋”、法治分校、法治夜校建设基本实现全覆盖。同时，全市依托各类法治宣传教育阵地，开展法治文艺进“五场”专项法治宣传活动近千场（次），惠及群众近 40 万人。

第三，学法用法机制不断完善。市依法治市办进一步健全领导干部学习培训、领导班子集中学法、学法情况考核考试等制度，并将领导干部述法纳入年终述职重要内容。同时，全面推行党委中心组学法，人民政府、人民法院、人民检察院任前法律考试，“三长两员”法庭学法等多项制度。仅“十二五”期间，全市共开展中心组学法 10 场次、“三长两员”法庭学法 37 场，全市 7200 人次参加法庭学法，组织 126 名领导干部参加任前法律考试。同时，从 2013 年开始，在全市推广无纸化学法用法系统，极大地便利广大国家工作人员学法用法考试工作，无纸化学法用法工作走在全省前列。

第四，“六五”普法工作顺利完成。2011 年年初，市委、市人民政府制定出台《关于在全市公民中开展法制宣传教育的第六个五年规划（2011－2015）的通知》，“六五”普法工作全面部署实施。全市各级普法依法治理领导小组组长和第一副组长均由党政“一把手”担任，普法依法治理工作经费纳入年度财政预算，“六五”普法期间，市、县两级普法依法治理专项财政预算，专款专用。2013 年，依法治市办对照“六五”普法对全市各区县及市直单位进行中期检查督导，市本级也高标准地接受省级检查组的中期验收，并荣获全国“六五”普法中期先进。

四、这 28 年，是抓监管，促公平，行政执法水平全面提高的 28 年

28 年来，全市司法行政系统，以规范执法为重点，开展多形式、多渠道的行政执法检查和行业监管，依法查处非法从事法律服务的行为，有效地规范全市法律服务市场秩序。

其一，完善执法状况考评制度。仅“十二五”期间，市司法局有效对接全省司法行政法制工作相关精神，参照省厅的综治工作和非综治工作考评方案，结合常德实际，制定出台《区县（市）司法局和监所执法状况考评实施方案》和《常德市司法行政工作考评实施方案》，对全市执法状况考评和司法行政工作考评进行规范，并坚持按年度进行考核评估，有效促进基层单位的执法状况整体水平的提升。

其二，疏通群众信访监督渠道。按照市委政法委涉法涉诉联合受理中心的要求，制定《常德市司法局涉法涉诉信访事项处理基本制度》，包含涉法涉诉信访导入程序机制，依法办理机制、终结退出机制、多元化解机制、司法救助机制、调度处理机制、秩序维护机制和责任追究机制等多项内容，全面规范涉法涉诉信访问题处置方法和流程。另外，市司法局还专门开通网上监督平台“常德市司法行政监督网”，全面公示全市各社会法律服务机构的行业资质、收费标准、办案流程及承办结果，并开通网上举报通道，专门受理群众对法律服务行业的投诉举报。仅“十二五”期间，全市共受理各类投诉举报 677 件，其中律师行业 131 件、司法鉴定行业 81 件、基层法律服务行业 92 件，所有案件都由市局相关科室进行调查核实，均得到较好的解决。

其三，规范法律市场秩序监管。市司法局还积极指导区县（市）司法局加强法律服务中介机构规范管理，协同市人民法院、市人民检察院、市公安局、市工商局等部门，定期开展法律服务市场集中清理整顿活动，依法查处非法从事法律服务的行为，有效净化法律服务市场秩序，促进其良性发展。仅“十二五”期间，全市就开展 10 余次法律服务市场集中清理整顿活动，对 1 个社会法律服务机构，7 名法律从业人员进行处罚（其中，吊销或注销法律从业资格 5 人、暂停注册 2 人）。

其四，全力开展执法监督检查。结合“司法公正常德行”活动，严格抓好执法监督检查活动。市司法局参与和指导各县级司法行政部门法制工作人员下到各律师事务所、基层法律服务所、乡镇司法所、公证处、法律援助中心、社区矫正股进行案卷评查。通过调取办

案卷宗，采取电话回访当事人等形式，对各类案卷进行评查，及时发现问题，督促整改落实。同时，坚持开展年度执法状况讲评活动，通过典型案例来阐述查找执法工作中存在的不足和问题，不断完善执法工作体系。另外，全市司法行政系统还对照省、市要求，全面开展权力清单和责任清单的清理工作，对涉及司法行政部门的行政许可、行政监督、行政审批和行政处罚等方面的权力清单和责任清单进行清理。仅 2015 年，市司法局共向市人民政府法制办和市审改办上报本单位职权内行政权力 17 项，核实转报事项 8 项，进一步规范司法行政监督、行政处罚等相关行政事项。

五、这 28 年，是抓作风，树形象，司法队伍素质全面提质的 28 年

28 年来，全市司法行政系统始终坚持以《中共共产党章程》和党纪党规为标准，以共产党的先进性为准则，以共产党先进模范人物及身边司法典型为标杆，以作风建设为抓手，坚持实施“学习提质工程”。特别是近几年，通过先后开展共产党员先进性教育、科学发展观、学习教育实践活动、“三严三实”、“两学一做”等专题教育活动，始终坚持抓作风，树形象，全市司法行政干警素质有明显提升。同时，注重先进典型的感召作用、示范作用和引导作用，先后卓有成效地组织实施“争先创优”、创建“四、五、六好”、评选“十佳”、实施“精品战略”和开展“创人民满意单位”等一系列的活动，全市司法行政系统形成学先进、赶先进、争先进的浓厚氛围，先进集体、先进个人如雨后春笋般层出不穷：据统计，这 28 年全市司法行政系统被评为省级以上“先进集体”的共 768 个、被评为“先进个人”的共 652 人。他们灿若星辰，在常德司法行政史上书写熠熠生辉的一页！

回首过去的 28 年，常德市司法行政人艰苦创业，硕果满枝；展望未来，常德市司法行政人任重道远，豪情满怀。今后，我们将高举中国特色社会主义伟大旗帜，紧密团结在以习近平总书记为核心的党中央周围，在市委、市人民政府的领导下，秉承“忠诚、为民、崇法、担当”的司法行政精神，认清形势，抢抓机遇，开拓创新，锐意进取，在“中国梦”的筑梦路上，在“新常德新创业，建设现代化区域中心城市”的新征途上，跃马扬鞭，再立新功！

大事记

1988 年

3 月 司法部副部长金鉴到常德考察常德地区普法工作。

7 月 26 日 常德地区撤区建市。

8 月 常德地区司法局更名为常德市司法局，设 7 个科室，局直属单位有市司法干部学校、市第一律师事务所（原常德地区法律顾问处）、市劳动教养管理所、湖南省常德汽车改装厂（内称湖南省常德劳动改造管教支队）。

是年 公安部副部长于桑考察涔谵农场。

1989 年

4 月 3 日 湖南省司法厅下文通知，湖南省第四劳改支队实行厂长（支队长）负责制，贺长生任政委、党委书记，陈雪冬任厂长（支队长）、副书记，廖少林、胡仕权、罗茂智、聂景福任副厂长（副支队长）。

11 月 1 日 市法学会协助湖南省法学会在常德市召开中南六省刑法学研讨会。

11 月 19 日 司法部副部长金鉴在湖南省司法厅、常德市等领导陪同下到湖南省第四劳改支队考察。

是年 时任省人大常委会副主任董志文考察涔谵农场。

1990 年

1 月 23 日 市委副书记、人大常委会主任罗寅阶，市政协主席王大元，副市长杨万柱，市政法副书记黄德元，市司法局副局长李寿树到湖南省第四劳改支队慰问考察。

2 月 市劳教所被湖南省司法厅记集体二等功一次。

8 月 7 日　市司法局在石门召开湘北鄂南八县市跨省纠纷联防联调会议，成立“湘北鄂南八县市跨省纠纷联防联调指导小组”。

11 月　市劳教所副所长贾建华出席在山东召开的全国劳教系统创办劳教特色工作会议，并在大会上作题为《以大厂不依托发展劳教事业》的典型发言。

是月　司法部副部长金鉴到市劳教所考察，对该所工作给予高度评价。

是年　6135Q 型柴油机在 1987 年荣获省优的基础上，通过复查保持该称号。同时 75kW 柴油发电机组又获“省优产品”称号，还正式获得国家柴油发电机组生产许可证、船用柴油机型式认可证。湖南柴油机厂被评为“省级先进企业”。

1991 年

3 月 10 日　市委副书记、市长蔡长松、市人大常委会副主任吴愈俊率市公安局、司法局、民政局等领导到湖南省第四劳改支队考察，并慰问全体干警职工。

6 月 16 日　由市法学会承办的华东七省暨湖南省法学会法学工作经验交流会在桃林宾馆召开。

8 月 3 日　司法部副部长金鉴、省委政法委书记朱东阳、省司法厅厅长简洁中、省劳改局局长龙虎魁等考察津市市司法局、德山监狱、市劳教所。

9 月 27 日　司法部副部长张秀夫考察市劳教所。

10 月 22 日　湖南省司法厅领导宣布任免决定：免除陈雪冬厂长（支队长）职务，由聂景福任厂长（支队长），罗茂智任政委（党委书记），实行政委（党委书记）负责制，标志着厂长负责制的结束。

10 月 29 日至 11 月 1 日　湖南省劳改局在湖南柴油机厂举办的省直劳改单位首届工人技术比武，湖南柴油机厂在该次比武中获得团体总分第一名。

1992 年

4 月 20—23 日　国家技术监督局委托国家内燃机质量监督检测中心 3 名内燃机技术专家对湖南柴油机厂产品质量进行突击检验。

5 月 20 日　在市劳教所召开常德新园学校命名大会，前去祝贺的有部局、省、司法局、市各单位及劳教系统等 155 个单位。

8 月　市劳教所由科级单位升格为副处级单位。

10 月 26—28 日　受湖南省标准局委托，湖南省内燃机质量检测中心和湖南省劳改局生产处一行3人对湖南柴油机厂生产的6135型柴油机进行产品质量复查，各项性能指标合格，其中清洁度指标达到较高水平。

11月7日 省劳教局批准劳教所纸厂为劳教人员“所内试工”基地。

11月25日 市司法局局长李森树参加在上海市召开的全国部分省市区司法厅(局)和直属单位兴办第三产业座谈会，作题为《大力兴办第三产业，全面促进司法行政机关建设》的经验介绍发言。

12月8日 湖南省劳改局在支队隆重举行“德山监狱”命名成立大会。省第四劳改支队正式更名为“湖南省德山监狱”，收押对象由普通刑事犯转为重刑犯。

是年 湖南省原省长、国内贸易部部长陈邦柱考察涔谵农场。省委副书记、副省长郑培民考察涔谵农场。

1993年

4月 中旬，司法部副部长陈卓到常德汽车改装厂检查指导工作。

4月30日 监狱首次举行人民警察授衔仪式，共有366名警察被授予警衔。市人民政府副市长杨万柱向常德劳教改造管教支队56名一级警督和其他授衔警察代表颁发授衔命令证书，市委常委、政法委书记龚玉昆在授衔仪式上作重要讲话。

5月6日 市第一家合作律师事务所——市商贸律师事务所正式挂牌。

5月15日 司法局、军分区批准市劳教所为“军事化管理达标单位”。至此，市劳教所在全国率先实现创建“三式”单位的目标。

5月19日 湖南省委常委、政法委书记吴向东在省司法厅厅长吴振汉的陪同下到常德劳动改造劳教支队考察工作。

7月27—30日 湖南省第二届罪犯技术比武暨技术教育经验交流会在德山监狱隆重举行，来自22所监狱的113名选手参加车、钳、焊、冷作、铸造、医护、烹调共七个项目的角逐。德山监狱荣获团体一等奖和组织优胜奖，个人单项一等奖3个、二等奖5个。

9月4日 湖南省柴油机厂成功加入中国农机总公司内燃发电机组(集团)联合体。

10月21—22日 湖南省监管规范化达标验收现场会在德山监狱召开，该狱监管规范化达标验收合格。

10月31日 参加“毛泽东劳动改造罪犯思想”理论研讨会的全国20多个省份的有关领导和专家参观德山监狱监管规范化管理现场。

12月15日 省司法厅批复同意市劳教所为省级劳动教养学校。

是年 司法部原常务副部长金鉴考察涔谵农场。

1994 年

1 月 5 日　经市人民政府同意，并报中汽总公司认可，湖南省常德汽车改装厂更名为湖南省常德轻型汽车厂。

5 月 21—23 日　全省依法治村、民主管理现场经验交流会在临澧县召开。

7 月 16 日　市中级人民法院在德山监狱基建大队会议室设立临时法庭，依法审理“2·24”案件，2 名被告人涉嫌脱逃罪被判处死刑，经省高级人民法院核准执行死刑。

9 月 8 日　经省教委注册批准，开办德山监狱育德职业学校。

1995 年

1 月 25 日　市委副书记王孝忠，副市长杨万柱率队到常德劳动改造管教支队慰问警察职工。

4 月 25 日　德山监狱 376 名罪犯安全押送至省湘南监狱。

5 月　湖南省常德劳动改造管教支队更名为湖南省武陵监狱。

6 月 27—29 日　第四次全国 135 柴油机行业配套会议在长沙举行，来自全国 135 柴油机八大厂家的供销部门的负责人参会。会议由湖南柴油机厂承办。

7 月　经湖南省劳教局批准，成立市劳教所“湘西北戒毒康复中心”，该中心面向社会收治自愿、强制戒毒人员。

10 月 12 日　湖南柴油机厂开发生产的 SGJ—1 水田耕整机通过湖南省农机检测站验收。

11 月—12 月　市委政法委对全市政法队伍进行一次以整顿思想、整顿纪律、整顿作风为主要内容的集中教育整顿：立案查处违法违纪案件 56 件，移送司法机关 15 件、15 人，判刑 7 人，给予党政处分 44 人，清调出政法队伍 16 人。

是年　市劳教所成立戒毒大队（湘西北戒毒康复中心），并于是年开始收治吸毒劳教人员。

1996 年

1 月 31 日　司法部部长肖建章到常德市考察“三项建设”工作情况，并要求将该项工作经验向全国推广。

5 月 7 日　司法部常务副部长张福森先后深入鼎城、临澧、澧县等区县的部分乡镇，着重考察基层司法所的基础建设及业务开展情况。

6 月 7 日　中央电视台到常德市拍摄法制文艺轻骑队进厂下村演出的专题片，以《燕为栋和他的队友们》为题，先后在中央二台和七台播出。

7月6日 监狱育德职业学校举行首届机电维修中专班毕业典礼，43名服刑人员全部获得省教委颁发的中专文凭。

8月27日 市第一届律师代表大会暨律师协会成立大会在市民航宾馆召开，省司法厅副厅长龙虎魁、省律师协会副会长兼秘书长彭炎生出席大会。

9月 监狱生卫科在省司法厅抗洪抢险表彰会上被授予“全省司法行政系统抗洪抢险先进集体”荣誉称号。

10月8日 湖南柴油机厂改革办公室正式挂牌办公。

是年 监狱青年警察龙汉东发明的“多功能链式防盗锁”获得国家专利，并被收入《中国当代发明家大辞典》。

1997年

1月26日 市委副书记李少甫和市委政法委领导一行4人到德山监狱慰问离休人员。

2月25日 省劳教局表彰种养竞赛活动先进单位和个人，市劳教所的单位获二等奖，李建国获“种植能手”称号。

3月17日 湖南省监狱管理局在德山监狱举行隆重庆功会，表彰该监狱成为全省监狱系统首家连续3年(1994年2月25日至1997年2月25日)实现监管安全“四无”的单位。

5月6日 市法学会在芷园宾馆召开苏、鲁、豫、皖、赣、湘六省友邻地市法学会第十七次法学理论研讨会，中国法学会副会长宋树涛出席会议。

12月30日 湖南省司法厅和监狱管理局领导到德山监狱宣布领导班子调整决定：赵星云任党委书记、政委，主持全面工作，彭四清任党委副书记、监狱长，主管生产、技术、行政工作。

是年 湖南柴油机厂生产的柴油发电机组在1997年度全国内燃机发电机组产品质量统检中成为全国20个一等品之一，成为省内一等品中唯一的一家。

1998年

1月4日 被省司法厅劳教局评为“创建现代化文明劳教所工作先进单位”。

1月21日 市委常委、政法委书记戴军勇，市人民政府副市长杨万柱等市委、市人民政府有关部门领导一行5人到德山监狱看望厅级以上的离休人员。

7月30日 上午9点，柳叶湖达历史最高水位，1804线(常安公路)泉水桥低洼地段漫水，武陵监狱紧急调动劳力死保大堤，抢修子堤1500米。疏通、开挖导浸沟1000余米，排除险情26处，确保大堤安全和1804线畅通。

是月　中央综治委、中央政法委转发推介常德市“党员联户带创”“政法部门为粮食流通体制改革保驾护航和维护灾后稳定”等经验。

9月5日　省委副书记郑培民在常德市主持召开维护灾区社会治安稳定工作座谈会。

10月20日—21日　湖南省经贸授权委托湖南省监狱管理局全面整顿质量验收小组一行4人，对湖南柴油机厂进行为期两天的质量验收，认定湖南柴油机厂全面整顿质量验收合格。

1999年

1月27日　湖南省司法厅命名市老教所为“省级现代化文明劳教所”，并记集体二等功一次。

7月12日—14日　省内燃机质量监督检查站专家对湖南柴油机厂135柴油机进行质量检查，经过产品检查测试，随机抽检的3台D—3柴油机的重要技术参数均达到国家一等品标准。

11月22日—23日　国家渔船检验总局委托湖北渔船检验局对湖南柴油机厂渔机产品生产资格进行检验并顺利通过。

12月　德山监狱育德职业学校通过省监狱局达标验收，成为全省第三家“省级优秀特殊学校”。

2000年

7月16日　司法部监狱管理局局长胡一丁在省监狱管理局副局长李云峰等领导陪同下到德山监狱检查指导工作。

7月4日　武陵监狱与常德轻型汽车厂实行狱厂分设。

8月7日　省委副书记胡彪在市委书记吴定宪的陪同下到武陵监狱考察工作。

8月24日　市中级人民法院首次在德山监狱举行公开听证会，开庭审理监狱呈报的2名罪犯的假释案件。

2001 年

5 月 13 日 湖南柴油机厂自行研制开发的 HC6139CZ 柴油机样机顺利通过省级鉴定，批准投入生产，为监狱经济发展增添后劲。

6 月 8 日—11 日 省委常委、政法委书记吴向东，省司法厅厅长吴振汉一行 11 人到常德考察社会治安工作和涔澹劳改农场的防汛工作。

是月 常德轻型汽车厂依法破产。

8 月 8 日 湖南柴油机厂终因资不抵债，扭亏无望，正式依法宣告破产还债。

是月 月底，德山监狱子弟学校摘牌，监狱子弟就读于常德市各学校，标志着监狱办社会职能部分终结。

2002 年

1 月 21 日 司法部副部长胡泽君一行 6 人，湖南省司法厅、监狱管理局有关领导陪同下，到德山监狱检查指导工作，并深入离退休人员和特困家庭中进行“送温暖”活动。

3 月 30—31 日 常德市组织参加首次国家司法考试。

4 月 15 日 中央政法委秘书长王胜俊、《长安》杂志社总编赵海啸一行考察常德市“打防控管”一体化警务模式、社区综合治理、政法队伍建设与管理等工作。

9 月 德山监狱圆满完成三年基本素质教育工作，并被评为全省“素质教育工作先进单位”。

11 月 3 日 在市体育中心隆重举行由全市政法系统干警参加的大型强警展演。省委政法委常务副书记何素斌，省人民检察院副检察长吴立明，省高级人民法院党组副书记、副院长毛善刚，省公安厅副厅长唐中元、阳光红，省公安厅刑警总队总队长盛德元，省司法厅政治部主任王永章等出席展演活动。

12 月 6 日—7 日 国家柴油机生产许可证审查组一行 3 人到德山监狱，对芙蓉公司柴油机生产许可证的必备条件进行审查验收。检查结果为无否决不合格、无严重不合格、轻微不合格 3 项，对照评定标准最终评定结果为生产必备条件验收合格。

2003 年

1 月 10 日 司法部、民政部在北京联合召开全国农村基层民主法治建设电视电话会议，临澧县作为全国唯一的先进县在湖南分会场介绍经验。

1月20日　省司法厅、监狱管理局领导到德山监狱宣布新的领导班子。向建春任监狱长兼任党委书记，原监狱长彭四清调任省少管所任政委。

5月21日　德山监狱改扩建工程正式破土动工。

7月　市劳教所升格为正处级单位。

9月　在江西南昌召开的全国社会治安综合治理工作会议上，市委副书记戴军勇代表市委、市人民政府作《创立一个中心，组建五个网络，全面构筑基层治安防控体系》的典型经验发言。

2004年

2月16日　副省长徐宪平率省人民政府相关部门负责人，到常德市调研市司法所建设情况。

2月21日　全国创建“民主法制示范村”活动检查组对桃源县漳江镇宝洞峪村、桃花源镇黄土坡村进行检查。市委副书记戴军勇汇报常德市“民主法治示范村”建设的工作情况。

4月30日　市人大常委会第十二次会议通过《关于规范管理面向社会服务的司法鉴定工作的决定》。

7月15日　中国法学会副会长宋树涛到常德考察法学会工作。

8月2日　市委、市人民政府设立市司法鉴定工作管理委员会。

10月10日　市人民政府印发《常德市面向社会服务司法鉴定管理办法（试行）》文件。

10月19日　湖南省监狱学会德山监狱分会正式成立，通过《湖南省监狱学会德山监狱分会章程》，选举产生分会第一届理事会。

12月5日　市律师协会第一届党委成立。

12月5—7日　中央综治办调研组一行10余人到常德市开展社会稳定与社会治安情况调研活动。

2005年

4月　经省劳教局批准，市劳教所组建全省唯一的所外施工的开放式管理大队（三大队），该大队先后在桃源县桃花源竹业有限公司、常德市金城建筑材料有限公司参与企业管理式的所外施工。

11月2—4日 省"四五"普法检查验收组在省人大常委会原副主任、省依法治省督查团团长董志文的带领下，对常德市"四五"普法工作进行检查验收。

2006年

3月 中央电视台《社会与法》频道到常德拍摄《平安2005·常德市"186"治安防控工作专题片》，并在中央电视台第12频道黄金时段连续4次播出。

10月10日 武陵监狱特警队在全省监狱特警比武中获得第一名。

12月22日 监狱办学工作继2003年首次通过省局检查后，再次通过省局复查验收，为提升教育改造质量起到积极推动作用。

是年 德山监狱将企业"6S"管理模式有效地运用到监管改造工作中，"6S"管理工作走在全省监狱系统前列。

2007年

4月16日 德山监狱监管指挥中心大楼启用。监狱以指挥中心搬迁为契机，提出"高标准、严要求、开创监狱工作新局面"的要求，对新办公场所实施全方位"6S"定置管理，促进监狱管理水平的提高。

7月2日 由中央宣传部、中央政法委、司法部、中央法学联合会组织的大型系列法制宣传活动——"百名学家百场报告会"在市工人文化宫举行。

2008年

5月11日 香港惩教署储蓄互助社一行23人在湖南省监狱管理局有关领导的陪同下德山监狱考察交流。

7月 应司法部和中组部的要求，常德市将人民调解、"三调联动"、警司联调、边界联防的几种常德模式制成远程教育电教片，在全国予以推广，并获得全国三等奖。

10月29日 经省劳教工作管理局批复，常德市劳动教养管理所加挂常德市朱湖强制隔离戒毒所牌子。

11月5日 中央综治办协调室巡视员季勤、中央综治委特邀巡视员唐俊杰、内蒙古自治区常德政法委常务副书记宋喜德，在省委政法委副书记、省综治办主任林勇等的陪同下到津市市检查验收"全国平安建设先进县(市、区)"

2009 年

4 月 1 日　省委政法委到常德巡视工作动员大会在共和大酒店召开，省委政法委巡视组组长、省人民检察院原检察长李志辉出席会议并讲话。

是月　省委政法委工作专项巡视组对市直政法各部门进行巡视检查。

是月　经湖南省强制隔离戒毒管理局批准，常德市劳动教养管理所加挂常德市朱湖强制隔离戒毒所的牌子。

5 月　市劳教所开始收治强制隔离戒毒人员。

6 月　常德市被公安部、司法部确定为全国道路交通事故损害赔偿人民调解工作试点城市（全国仅 5 个，常德市是唯一的中小城市代表）。

8 月　湖南省监狱系统湘北片“红色经典百歌”歌咏比赛在德山监狱举办，市委、市人民政府有关领导到该监狱观看比赛。

10 月 24 日　是日下午，中纪委驻司法部纪检组组长、司法部党组成员韩亨林一行到武陵监狱考察。

图 1　韩亨林考察武陵监狱

2010 年

5 月 23 日　湖南省司法厅到监狱宣布任免决定，李守进任监狱党委书记、监狱长；黎飞翔任党委副书记、政委；胡泽农任湖南万安达集团芙蓉机械有限责任公司总经理。

9 月 15 日　由德山监狱信息中心技术人员开发的“湖南监狱执法公开查询系统”软件顺利通过应用评审，并在全省各监狱推广应用。

11 月 24 日　是日上午，武陵监狱监房大门武警哨位正式启用。

春节前夕　司法部副部长陈训秋到市强制隔离戒毒所考察并慰问民警。

2011 年

5 月 24 日　省政法委副书记申煜等领导考察武陵监狱工作。

7 月　是月上旬，市司法局紧密结合中央政法委提出的“发扬传统、坚定信念、执法为民”主题实践，先后组织全局 13 个科室联系 23 个基层单位和困难企业，73 名机关干部帮扶困难群众79户，该项活动被省司法厅、省委政法委作为特色经验在全省推广，又被司法部作为特色经验在全国推广。

7月27—29日 武陵监狱在教学楼电教室内进行“教育改造罪犯工作大讲堂”大比武。

8月23日 是日下午，省委政法委政治部副主任刘小春一行3人到市司法局督查创先争优暨主题教育活动。

8月 省监狱管理局党委书记、局长黄春阳到武陵监狱检查指导工作。

9月7日 德山监狱顺利通过全省罪犯内务规范化管理达标验收，并获“优秀”等级。

10月24日 是日上午，由市委书记卿渐伟带队，新一届市委常委到武陵监狱开展警示教育活动并考察指导监狱工作。

12月22日 德山监狱隆重召开第七次党代会，选举产生以李守进为党委书记的新一届党委和以张志杰为纪委书记的新一届纪委。

2012年

1月11日 省局系统工会主席孙业华代表省监狱管理局到武陵监狱慰问，发放慰问金5万元。

2月14日 省监狱管理局副局长张建辉等到武陵监狱督查监管安全工作。

3月8日 省司法厅党组副书记、副厅长王亲生在厅政治部和办公室负责人员的陪同下，专程到老区石门开展“走访群众听民声，深入基层解难题”作风建设主题活动。翌日，王亲生在市司法局局长胡云武、副局长肖先谋的陪同下，到武陵监狱考察监管安全工作。

6月15日 市司法行政系统推进“延伸监所帮教矫治手臂”活动会议在武陵监狱召开，省司法厅副厅长王亲生、省监狱管理局副局长张建辉等领导参加会议。

6月21日 是日上午，湘鄂黄山周边五乡镇联合人民调解委员会第十四次年会暨湖南常德湖北荆州边界联合人民调解委员会成立大会，在安乡县隆重召开。湖南省司法厅厅长夏国佳，湖北省司法厅副厅长刘治安，市委常委、政法委书记何英平，荆州市副市长马秋平出席会议并作重要讲话。

6月20—21日 省司法厅厅长夏国佳，副厅长刘道龙、市委常委、政法委书记何英平，市政协副主席敖建斌先后考察安乡县的司法所和人民调解庭、观看法治安乡建设。

8月1日 是日上午，副省长盛茂林带领省人民政府副秘书长谈敬纯，省司法厅党组副书记、副厅长王亲生，副厅长刘道龙等一行，在市委副书记、市长陈文浩，市人民政府副市长汤向荣等领导的陪同下，到汉寿县太子庙司法所考察。

是日 湖南省副省长盛茂林在省人民政府副秘书长谈敬纯，省司法厅副厅长王亲生、刘道龙，省监狱局局长黄春阳以及常德市人民政府相关领导陪同下到德山监狱考察。

8月2日 是日上午，湖南省副省长盛茂林等领导考察武陵监狱监管改造工作，并亲切慰问一线警察。

9月28日 司法部法制宣传司副司长李志路在省委法治办副主任、司法厅副厅长傅莉娟等陪同下到常德市考察法治常德建设工作。

是日 是日下午，市委常委、市政法委书记何英平，市委正厅级干部、市人大常委会党组副书记、副主任刘明全程陪同考察组考察武陵区体育东路社区和城西街道办事处法治建设工作。

是日 在全省监狱劳教人民警察警用手枪射击比武中，德山监狱警察丁继军、汪波、龚龙彪三名射击队员荣获团体二等奖的优异成绩。其中，丁继军、龚龙彪分别获"射击标兵"和"射击能手"称号。

是日 是日下午，举行全省监狱劳教(戒毒)人民警察警用手枪射击比赛，武陵监狱庄频、谌志雄、陈健三名队员取得2012年全省监狱劳教(戒毒)人民警察射击比赛集体三等奖。

10月10—11日 省委政法委副书记宋甲武、省武警总队副参谋长黄友土、省监狱局局长黄春阳、省监狱局政委罗茂智一行到武陵监狱、津市监狱调研监狱工作。

11月22日 是日下午，在省监狱管理局政委罗茂智的带领下，德山监狱、津市监狱、赤山监狱一行20人到武陵监狱检查调研。

图2 宋甲武、黄友土等相关部门负责人到武陵监狱调研考察

2013年

3月13日 中央综治办"平安建设工作调研组"一行3人在综治四室副主任窦朝晖的带领下，到鼎城区帮教矫正人员过渡性安置基地——常德荣程机械有限公司考察调研。

3月29日 常德市荣获"全省司法考试先进单位"称号。

4月14日 南昌市人大常委会副主任万先勇带队赴常德市学习考察法治环境建设工作。

4月17日 湖南省监狱系统(湘西片)党风廉政建设形势分析会在武陵监狱召开。

4月26日 市司法局代表队在举行的全省司法行政系统学习中共十八大精神、新党章知识竞赛决赛中，一举拿下决赛第二名的好成绩。

5月10日 常德市被全国普法办评定为“全国法治城市创建活动先进单位”。同时，武陵区、澧县还被确定为“全国法治县(市、区)创建活动先进单位”。

7月8日 荆州常德边界联调工作座谈会暨法律援助联盟成立仪式在湖北省荆州市举行。

7月17日 湖南省监狱管理局副局长曹新良一行对武陵监狱监管安全工作进行检查。

是日 德山监狱以优异的成绩通过“省级模范职工之家”创建验收并被授牌。

8月8日 省委法治办副主任、省司法厅副厅长傅莉娟受全国普法办委托，授予常德市“全国法治城市创建活动先进单位”荣誉称号。

9月6日 市司法局被中华全国人民调解员协会评为“2013年度全国人民调解宣传工作先进单位”。

9月23日 上海市司法局副局长蔡永健一行9人到常德市考察法治常德建设工作，省司法厅副厅长傅莉娟陪同考察。

9月26日 省监狱管理局党委委员、副局长张建辉在局狱政处等有关职能部门负责人的陪同下到武陵监狱调研。

10月15日 是日下午，省监狱管理局执法状况检查组由副局长曹新良带队到武陵监狱检查指导工作。

11月20日 湖南省老龄工作委员会作出表彰第一届湖南省“敬老文明号”的决定，市法律援助中心获该殊荣。

11月27—29日 全省社区矫正工作岗位练兵知识技能竞赛在长沙举行，常德市由石瑞玲、颜甲丙、张微三人组成的代表队，荣获全省社区矫正工作岗位练兵知识技能竞赛一等奖。

是月 德山监狱通过“省司法厅文明单位”创建检查验收。

2014年

1月21—23日 省司法厅党组副书记、副厅长黄春阳等一行4人到桃源县枫树司法所检查指导工作。

2月12日 上午，省监狱管理局副局长曹新良一行到武陵监狱进行督查调研。

5月13日 省律师行业党的群众路线教育实践活动巡回指导第一组对常德市律师行业教育实践活动学习教育、听取意见环节各项工作的开展情况进行指导检查。

5月27—29日 中央电视台综合频道大型公益寻人节目《等着我》栏目主持人倪萍到津市监狱现场录制帮助服刑人员寻找亲人的节目。

6 月 12 日　湖南省副省长盛茂林到津市监狱调研指导工作。

7 月 9 日　省司法厅副厅长万传友、省法律援助中心主任向新林、省律师协会秘书长周爱梧、省法律援助中心主任科员廖红军一行到武陵监狱进行监管安全督查。

10 月 13—14 日　省委办公厅调研组一行 5 人，在常德市开展“法治湖南建设”专题调研。

10 月 21—22 日　省司法厅党组书记、厅长谈敬纯率省监狱管理局政委许明林等到津市监狱调研指导工作。

11 月 13 日　省司法厅厅长谈敬纯带领省委贯彻落实中共十八届四中全会决定文件起草组和专题调研组，到常德进行调研。

11 月 14 日　省司法厅厅长谈敬纯率领的调研组召开主题为“增强全民法治观念，推动法治社会建设”“完善人民调解、行政调解、司法调解联动工作体系”的座谈交流会。

图 3　省司法厅副厅长、监狱管理局局长方华堂和局有关处室负责人一行到武陵监狱调研，图为方华堂一行考察劳动现场

12 月 31 日　省司法厅副厅长、监狱管理局局长方华堂到武陵监狱调研。

是月　德山监狱顺利通过省直机关文明单位创建验收。

是年　是年年初，德山监狱在全省率先推行两月呈报减刑假释制，将全年集中办理减刑、假释的批次从四批增至六批，让符合减刑、假释条件的罪犯不再受减刑比例的限制。

2015 年

1 月 13 日　省政法委副书记范运田在市委常委、市政法委书记何英平的陪同下深入市强戒所考察指导工作。

1 月 21—23 日　省司法厅党组副书记、副厅长黄春阳一行先后前往津市市保河堤司法所、津市市秦明律师事务所、津市市司法局机关，现场察看司法所的办公环境和司法局法律援助服务大厅，并深入常德市合策律师事务所、劲鸣律师事务所、桃源县司法局和漳江、枫树司法所进行调研。

3 月 27 日　省监狱管理局副局长钟艺兵到武陵监狱对监管区周界防范情况进行突击检查，并就监狱迁建工作推进情况进行座谈。

4月1—2日 湖南省副省长戴道晋带领省司法厅厅长谈敬纯及省人民政府办公厅、省财政厅、省发改委、省监狱管理局相关负责人一行13人到津市监狱、德山监狱调研监狱布局调整建设工作。

4月2日 湖南省副省长戴道晋在省人民政府办公厅、发改委、财政厅、司法厅、监狱管理局及常德市人民政府相关人员的陪同下到德山监狱考察指导。

5月14日 省监狱管理局副局长曹新良带领局狱政处、生卫处、教育处有关负责人到武陵监狱检查调研。

7月8日 上午，湖南省澧县、安乡县，湖北省公安县、松滋市等四县市集聚公安，召开湘鄂边界四县市联防联调表彰工作会议，省司法厅副厅长刘道龙出席会议并讲话。

7月14—15日 省司法厅副厅长傅莉娟一行4人到常德市开展司法行政工作半年工作督查。

8月6日 德山监狱完成全省刑罚执行办案平台试点工作，并顺利通过省监狱管理局和司法部验收。

8月21日 省公安厅党委委员、副厅长李介德一行在市人民政府副市长、市公安局局长胡丘陵等领导的陪同下，到市强戒所调研指导特殊人群涉毒人员收治工作。

9月6—7日 省人民检察院检察长游劝荣，省政府法制办主任陈雪楚，省委法治办副主任、省司法厅副厅长傅莉娟一行7人到常德市验收"六五"普法工作。

11月8日 全省律师法庭辩论赛在长沙举行，市律师代表队获得团体第一名，辩手向衍诚获最具风采律师奖，省司法厅副厅长黄春阳为其颁发奖杯和证书。

11月11日 上午，武陵监狱迁址新建项目举行开工仪式。武陵监狱迁建新址位于市鼎城区石板滩镇狮子山村，占地面积约16公顷，总建筑面积6万多平方米。

是月 贯彻实施全国人大常委会特赦决定和国家主席特赦令，按照司法部、省司法厅、市司法局的统一安排部署，完成11名罪犯的特赦工作。

是年 鼎城、安乡荣获"第三批全国法治县(市)区创建先进单位"称号，武陵区东江街道新安社区、鼎城区许家桥回维乡中堰村、桃源县青林回维乡督粮冲村荣获全国"民主法制示范村(社区)"称号。

是年 市委常委、市委政法委书记何英平在全省法治文化建设现场推进会上作典型发言。

是年 在全省司法行政系统执法状况考评工作中，武陵监狱获得98.4分的成绩，被评为优秀等次。

是年 武陵监狱加强与驻狱武警部队协作，强化共管力度，合力构筑"四防一体化"新体系，被省司法厅、武警总队授予"三共"活动先进单位称号。

是年 德山监狱顺利通过"全国模范职工之家"创建验收。

第一篇　机构设置

图 1—1　1996 年 5 月，司法部副部长张福森到常德市检查指导工作，并与常德市司法局干警合影

机 构 设 置

第一章　常德市司法局

第一节　机构设置

1980 年 11 月至 1981 年 5 月，常德县、常德市、临澧县、汉寿县、桃源县、石门县、安乡县、慈利县、津市市、澧县先后成立司法局。1989 年 1 月 1 日，慈利县司法局划归大庸市

图 1—2　常德市司法局办公楼

(现张家界市)司法局管辖。1985 年，成立西湖农场司法办。1995 年，更名为汉寿县司法局西湖分局。2002 年，更名为西湖管理区司法局，下设办公室、基层司法管理股、法制宣

传股3个股室，下辖西湖管理区公证处。1990年7月，成立西洞庭农场司法科，2001年更名为西洞庭司法局（和西洞庭民政局合署办公）。1994年，成立德山开发区综治维稳办，明确2名工作人员负责司法行政业务。2004年，成立柳叶湖旅游度假区综治委，明确1名工作人员负责司法行政业务。2008年，柳叶湖旅游度假区综治维稳办列入“三定”序列，明确2名工作人员负责司法行政业务。

图1—3　20世纪80年代的常德市司法局院落

图1—4　新建的常德市司法局

常德市司法系统组织机构一览表

表1-1

单位	建立时间	建立时机构设置	内设机构
常德市司法局	1980年11月	科室5个：人事科、宣传教育科、业务科、公证律师科、办公室	科室13个：办公室、政治部（警务部，下设人事科、警务管理科、教育培训科）、计财装备科、法规科、法制宣传科（市依法治市办公室）、监狱戒毒管理科、律师公证管理科、基层司法管理科、社区矫正工作科（市社区矫正工作管理局）、司法鉴定管理科、国家司法考试科（市国家司法考试办公室）、法律援助工作科、离退休人员管理服务科。常德市律师协会，仍挂靠市司法局，人员编制等维持不变。5个管理单位：市强制隔离戒毒所（正处级单位）、武陵监狱（正处级单位）、常德市德城公证处（正科级单位）、常德市法律援助中心（正科级单位）、常德市工读学校（筹）
湖南省武陵监狱	1969年	科室4个：政工组、管教组、生产组、财务组；中队4个	科室18个：办公室、组织人事科、宣传教育科、纪检检察室、行政装备科、后勤保卫科、离退休人员管理科、法制科、审计科、总值班室、劳动改造科、安全生产监督管理科、狱政管理科、刑罚执行科、狱内侦查科、教育改造科、生活卫生装备科、探视管理科。监区7个

续表 1-1

单位	建立时间	建立时机构设置	内设机构
常德市劳教所	1981 年 10 月	分为办案、看守、文秘和财务四个部门	科室 9 个:政治处、办公室、后勤管理科、管理科、教育科、生卫科、行装科、警戒科、生产科、党委工作部门 2 个:市监察室驻市劳教所监察室、市劳教所机关党总支;大队 8 个
武陵区司法局	1980 年 11 月	科室 4 个:办公室、政工股、调解股和宣教股	科室 5 个:办公室、政工股、计财装备股、法学教育股(加挂法制股牌子)和基层工作股
鼎城区司法局	1980 年 12 月	科室 2 个:办公室、业务股	科室 5 个:办公室、人事政工股、行财装备股、法制宣传教育股、公证律师管理股和基层司法管理股
桃源县司法局	1980 年 12 月	科室 2 个:办公室、业务股	科室 6 个:办公室、政工人事股(含法制股)、计财装备股、律师公证管理股、基层司法股和法制宣传股
汉寿县司法局	1980 年 12 月	成立时未设内设机构,1981 年 5 月始设科室 2 个:办公室和业务股	科室 7 个:办公室、政治工作股、行财装备股、法制宣传股、公证律师管理股、基层司法股和执法监督室
澧县司法局	1981 年 1 月	科室 2 个:办公室和业务股	科室 6 个:办公室、政工股、宣教股、基层股、律师公证管理股和政策法规股
临澧县司法局	1981 年 1 月	科室 4 个:办公室、宣教股、基层股和律师股	科室 5 个:办公室、政工股、基层司法管理股、法制宣传股和律师公证管理股
石门县司法局	1981 年 2 月	科室 3 个:办公室、财务室和人事股	科室 5 个:办公室、法制政工股、行政装备股、基层工作股和宣传教育股
津市市司法局	1981 年	科室 3 个:办公室、法制宣传股、基层司法股	科室 8 个:办公室、政工室、装备室、基层司法管理股、法制宣传股、社区矫正股、公证律师管理股和执法监督室
安乡县司法局	1981 年 1 月	科室 3 个:办公室、人民调解股和法制宣传教育股	科室 5 个:办公室、政工股、基层管理股、宣教股和法制股(加挂公证律师管理股牌子)
西湖管理区司法局	1985 年	设立时名为西湖农场司法办	科室 3 个:办公室、基层司法管理股、法制宣传股
西洞庭管理区司法局	1990 年	设立时名为西洞庭农场司法科	因为和民政局合署办公,未设内设科室

1980 年,常德地区司法局成立,1988 年常德地改市,8 月正式更名为常德市司法局。局机关设办公室、人事科、宣传教育科、公证律师科、基层司法科、劳动改造劳动教养工作管理科、行政装备科共 7 个科室,党的工作部门设机关党总支和纪检组,为局直属。局机关有干警 55 人。局直属机构有常德市司法干部学校、常德市第一律师事务所(原常德地区法律顾问处)、常德市劳动教养管理所、湖南省常德汽车改装厂(内称湖南省常德劳动改造管教支队),共有干警 348 人。

1988 年 12 月，市编办批复成立常德市公证处，正科级单位，归口市司法局管理。

1990 年 1 月，经市编委批准新设监察室与纪检组合署办公，2 月，人事科改名为政治处。1993 年 8 月，宣传教育科改名为法制宣传科（加挂市普法办牌子），撤销常德市司法干部学校，增设法学教育科。同年 12 月，政治处内设警务科。1995 年，按照机关“三定”方案，新设政策法规科。同年 5 月，市委编办同意将劳改劳教管理科更名为监狱管理科并加挂劳教工作管理科牌子，实行一套人员，合署办公。10 月，经省厅批复新成立常德市律师协会。1997 年 10 月，经市委编委办同意成立常德市法律援助中心。2001 年 12 月，局政治处更名为政治部，下设人事警务科，组织培训科（加挂国家司法考试科牌子）；监狱管理科（加挂劳教工作管理科牌子）更名为监狱劳教管理科，行政装备科更名为计财装备科；公证律师科更名为律师公证管理科；基层工作科更名为基层司法管理科；政策法规科更名为法制科。2002 年 6 月，常德市司法局机关党总支更名为常德市司法局直属机关党委。2003 年 5 月，局政治部增设国家司法考试科（对外称常德市国家司法考试办公室），撤销政治部内设的组织培训科原加挂的司法考试科牌子。2007 年，监狱劳教管理科分为监狱管理科和劳教管理科，市司法局法学教育科并入国家司法考试科，对外仍称市国家司法考试办公室，保留法学教育科牌子。2008 年 9 月，市委编委办同意司法局政治部加挂警务部牌子，增设司法鉴定管理科。2009 年 6 月，经市委常委会研究，同意司法局法制宣传科加挂市依法治市办牌子且主任高配副处级。2010 年 4 月，市委编办下发同意市公证处更名为市德城公证处，并由行政机构调整为差额拨款事业单位，机构级别仍为正科级，归口市司法局管理，核定事业编制 7 名，其中主任 1 名（高配为副处级），副主任 2 名，原市公证处的 7 名政法专项编制连人带编划转到市司法局机关，同年 7 月，按照新的“三定”方案，增设社区矫正工作科。

同年 7 月 28 日，根据常德市人民政府办公室《关于印发〈常德市司法局主要职责内设机构和人员编制规定〉的通知》文件精神，常德市司法局（以下简称市司法局），正处级，为市人民政府工作部门。市司法局设 10 个内设机构：办公室、政治部（警务督察支队）、计财装备科、法规科、法制宣传科（市依法治市办公室）、监狱劳教管理科、律师公证管理科、基层司法管理科、社区矫正工作科、司法鉴定管理科。

2013 年 5 月，常编办〔2013〕81 号同意局社区矫正工作科加挂市社区矫正工作管理局牌子。

2014 年 3 月 25 日，常编发〔2014〕13 号文件批复，设立市工读学校，为市司法局管理的正科级事业单位，先期核定全额拨款事业编制 5 名（从市直事业编制总量内调剂解决），用于学校筹建工作，待其建成后再按办学规模和编制标准核定编制。

2015 年 11 月，根据《常德市人民政府办公室关于印发〈常德市司法局主要职责内设机构和人员编制规定〉的通知》的文件规定，常德市司法局为正处级单位，为市人民政府工作部门。取消指导劳动教养工作；增加指导、支持全市社区戒毒（康复）工作；加强指导全市公共法律服务工作和指导管理全市社区矫正工作。内设13个机构，分别为办公室、政治部（警务部，下设人事科、警务管理科、教育培训科）、计财装备科、法规科、法制宣传科（市依法治市办公室）、监狱戒毒管理科、律师公证管理科、基层司法管理科、社区矫正工作科（市社区矫正工作管理局）、司法鉴定管理科、国家司法考试科（市国家司法考试办公室）、法律援助工作科、离退休人员管理服务科。常德市律师协会，仍挂靠市司法局，人员编制等维持不变。5个管理单位：市强制隔离戒毒所（正处级单位）、武陵监狱（正处级单位）、常德市德城公证处（正科级单位）、常德市法律援助中心（正科级单位）、常德市工读学校（筹）。

1980—2016年常德市司法局历届班子成员名录

表1-2

姓名	职务	任职时间
张维民	党组书记、局长	1980年11月—1982年5月
王华桢	党组副书记、副局长	1980年11月—1984年2月
李志辉	党组成员、副局长	1980年12月—1981年9月
刘曙光	党组成员、副局长	1982年3月—1984年4月
康小林	党组书记、局长	1982年5月—1984年2月
王超凡	党组成员、纪检组组长	1984年2月—1984年11月
李登忠	党组副书记、副局长	1984年2月—1990年11月
龚玉昆	党组书记、局长	1984年2月—1991年5月
徐伯祥	党组成员、副局长	1984年2月—1991年5月
夏洪瑛	党组成员、纪检组组长	1986年4月—1994年12月
李森树	党组书记、局长	1991年5月—1994年12月
树兵	党组成员、副局长	1991年5月—1992年7月
胡玖玉	党组成员、副局长	1991年5月—1993年6月

续表 1-2

姓名	职务	任职时间
罗先禄	党组成员、副局长	1993 年 4 月—1997 年 4 月
鲁清阶	党组成员、副局长	1994 年 2 月—1995 年 9 月
杜振汉	党组书记、局长	1994 年 12 月—1997 年 4 月
熊锡礼	党组副书记、常务副局长	1994 年 12 月—1997 年 10 月
傅绍平	政协副主席、民盟市委主席、副局长	1995 年 10 月—2010 年 10 月
朱文君	党组成员、副局长	1996 年 4 月—1997 年 10 月
周利党	党组书记、局长	1997 年 4 月—2009 年 7 月
聂其龙	党组成员、副局长	1997 年 4 月—2001 年 2 月
卞兆舫	党组成员、副局长	1997 年 11 月—2002 年 5 月
罗鑫来	党组成员、副局长	2001 年 2 月—2003 年 6 月
高乐毅	党组书记、副局长	1998 年 9 月—2001 年 3 月
刘锦绣	党组副书记、常务副局长	2002 年 5 月—2005 年 8 月
高守勤	党组成员、副局长	2002 年 11 月—2009 年 6 月 2009 年 7 月—2013 年 10 月(调研员)
邓　纯	党组成员、工会主席	2002 年 11 月—2005 年 8 月
陈　辉	党组成员、纪检组组长	2003 年 6 月—2008 年 3 月
肖先谋	党组成员、副局长	2003 年 8 月—2015 年 6 月
于　萍	党组成员、工会主席	2005 年 8 月—2006 年 8 月
樊景华	党组成员、副局长	2005 年 8 月—2012 年 2 月(政治部主任) 2012 年 2 月—2016 年 1 月
何英杰	党组成员、工会主席	2006 年 8 月—2008 年 3 月
刘长城	党组成员、副局长	2006 年 6 月—2010 年 6 月
彭宏武	党组成员、纪检组组长	2008 年 3 月—2009 年 9 月
胡云武	党组书记、局长	2009 年 7 月—2015 年 6 月
王明集	党组副书记、副局长、市强戒所第一政委(兼)	2009 年 7 月—2016 年 11 月

2015 年常德市司法局现任班子成员名录

表 1-3

姓名	出生年月	性别	籍贯	学历	职务	任职时间
曾　勇	1963 年 9 月	男	临澧	本科	党组书记、局长、兼武陵监狱第一政委	2015 年 7 月—
石　林	1966 年 8 月	男	临澧	本科	党组成员、副局长	2016 年 1 月—
胡宗涛	1962 年 7 月	男	鼎城	大专	党组成员、副局长	2015 年 9 月—
余小萍	1970 年 8 月	女	临澧	本科	党组成员、工会主席	2008 年 3 月—
张修超	1966 年 8 月	男	安乡	本科	党组成员、政治部主任	2012 年 2 月—
胡小青	1964 年 9 月	男	安乡	本科	党组成员、依法治市办主任	2009 年 7 月—
胡　永	1968 年 7 月	男	鼎城	本科	市纪委驻市局纪检组组长、市局党组成员	2015 年 9 月—

第二节　人员编制

常德地区司法局成立时，核定政法专项编制 34 名，1985 年 5 月 25 日，常德市普及法律常识领导小组成立，增加政法专项编制 2 名。1988 年地改市后，核定政法专项编制 55 名。1990 年，将武陵区公证处收编为常德市司法局直属单位，更名为常德市公证处，增加政法专项编制 7 名。1995 年，“三定”方案核定市局机关政法专项编制为 69 名(含劳改劳教编制 16 名)。其中，局领导职数 4 名，纪检组组长 1 名，正副科长(主任)职数 23 名，机关后勤服务人员 3 名，离退休人员管理服务人员 1 名，其他工作人员 37 名。10 月，省司法厅同意建立常德市律师协会。1996 年，市编办批复从市第一律师事务所划拨 2 名律师事业编制给市律师协会。

1997 年，常德市法律援助中心成立，核定政法专项编制 8 名。2001 年，“三定”方案核定市司法局专项编制 62 名。其中：局长 1 名，副局长 3 名，纪检组组长 1 名，工会主席 1 名；正副科级领导职数 23 名(其中，政治部主任高配为副处级)；其他工作人员 23 名(含后勤服务人员 3 名)。常德市律师协会挂靠市司法局，核定专项编制 2 名。其中：会长(副会长)1 名，其他工作人员 1 名，管理人员实行公务员制度。常德市法律援助中心，正科级，核定专项编制 8 名。其中：主任 1 名，副主任 2 名，其他工作人员 5 名。管理人员实行公务员制度。常德市公证处，正科级，核定专项编制 7 名。其中：主任 1 名，副主任 1 名，公证员 4 名，其他工作人员 1 名。管理人员实行公务员制度。2010 年，常德市公证处更名为市德城公证处，并由行政机构调整为差额拨款事业单位，原市公证处的 7 名政法专项编制连人带编划转到市司法局机关，核定市德城公证处差额拨款事业编制 7 名。市纪委从市司法局划转政法专项编制2名。“三定”方案核定市司法局核定政法专项编制为67名。2011年,市德城公证处安置差额拨款事业编制1名。2012年市法律援助中心增加政法专项编制3名,人员编制结构为其他工作人员。编制来源为:从预留的监狱专项编制中解决。调整后市法律援助中心政法专项编制为11名,其中:主任1名,副主任2名;其他工作人员8名。2014年,设立市工读学校,为市司法局管理的正科级事业单位,先期核定全额拨款事业编制5名,用于学校筹建工作。2015年,“三定”方案核定市司法局机关政法专项编制75名。市司法局所属的市法律援助中心由行政机构调整为市司法局管理的正科级公益一类事业单位,核定市法律援助中心全额拨款事业编制3名。截至2015年,市司法局机关核定政法专项编制75名,常德市律师协会核定政法专项编制2名,常德市德城公证处核定差额拨款事业编制8名,常德市法律援助中心核定全额拨款事业编制3名,市工读学校核定全额拨款事业编制5名。

1980年12月至1981年5月,9个县市(不含慈利县)共有工作人员118人。1980年年底,10个县市法律顾问处先后建立,配齐律师工作者18人。1985年年底,增加到44人。至1981年10月,先后建立10个县市公证处,配备公证人员18人,1985年增加到42人。目前,区县(市)司法局共有工作人员359人,“四小区”司法工作人员18人。

1969年,由盐井农村全部民警和涔澹农场部分民警组成常德地区公检法军事管制委员会万金障农场,共有干警45人。1971年—1982年,民警增长幅度较小,1993—1994年,在内部工人中公开考试录取用一批民警,至1994年监狱共有干警284人。至2009年,湖南省武陵监狱共有干警325人。常德市劳动教养管理所成立时核定编制62人,实有干警49人。1995—1996年,面向社会公开招录一批具有大专以上学历的青年干警,全所共有干警122人。1997—2000年,民警队伍稳定,增幅较小。2000年至今部队转业军人成民警队伍壮大的主要来源。截至2009年,全所共有干警133人,工勤编33人,共计166人。

1988年地改市后,常德市司法局核定编制为55人。

1991年,局机关定编54名,其中行政编41名、事业编13名,实有人数为54名,其中领导5名、工勤人员4名。

1992年6月,局机关定编53名,其中行政编41名、事业编13名,实有人数为53名,其中领导5名、工勤人员4名(姚友德调汽车改装厂)。1992年9月,树兵调湖南省高级人民法院,局机关实有人数52名,其中领导4名、工勤人员4名。

1993年8月,刘曙光、周大先、贺金华、周履新离退休,胡玖玉调市妇联,李安华、王建华调入,实有人数48名,其中领导4名、工勤人员4名。11月,吴光华退休,郝冀沙调市司法干校,从汽车改装厂调入文兵,从市司法干校调入张丕仪,分配军转人员杨踊,实有人数为49名。11月，从汽车改装厂调入张孝德，实有人数为50名。

1994年3月，黄长久病故，实有人数为49名。11月，分配毕业学生向东峰，定编人数为56名，其中行政编为40名、事业编16名，实有总人数为50名。

1995年1月，从市政法委调入杜振汉，实有人数51名，其中领导5名、工勤人员为4名。9月，徐伯祥、张光前、许寿海退休，分配学生黑启安，实有人数为49名。11月，从市技术监督局调入傅绍平，实有人数为50名，其中领导4名、工勤人员4名。

1996年6月，常编发〔1995〕41号核定专项行政编制69名，(含劳改劳教编16名)；常编办直〔1993〕50号市司法干校并入12人；常发〔1994〕16号普法办并入2人；鲁清阶调市轻型汽车厂；从市公证处调入朱正君；实有人数为64名，其中领导4名、工勤人员4名。10月，吴昱虢退休，实有人数为63名。12月，潘树成退休，分配志愿兵朱飞雄；实有人数为63名。

1997年3月，从桃源县司法局调入王忠华，实有人数为64名。5月，从临澧县司法局调入周利党，实有人数为65名，其中领导5名、工勤人员为4名。6月，邓应典退休，杜振汉调市政法委，从市律协调何哲发，局机关实有人数64名，其中领导4名、工勤人员2名。市律师协会实有人数1名。常编办〔1997〕92号同意成立常德市法律援助中心，正科级事业单位，归口市司法局，核定律师专项编制8名，从云济律师所划定。

1998年3月，李森树退休，学生分配夏云生、谢国庆，专项行政编制数为69名，实有人数为65人。4月，从武陵监狱调聂其龙，实有人数为66名，其中领导5名、工勤人员2名。12月，分配军转干部高乐毅，实有人数67人，其中领导6名、工勤人员2名。

1999年3月，分配军转干部向华刚，实有人数为68名，其中领导6名，工勤人员2名。10月，张孝德病故下编，实有人数为67名。

2000年5月，刘又源退休，从市人民政府办调入高守勤，从政法委调入黄冰毅，从市劳教所调入曾凡华(曾用名曾敬)，实有人数为69名，其中领导8名。9月，朱文君调市信访办，分配军转干部王启坤。3月，市法律援助中心从津市鼎鸣律师事务所调入羿保刚，实有人数1名。12月，分配军转干部毛泉清到市法律援助中心，从益阳城建局调入刘婧，实有人数3人。

2000年1月，市法律援助分配学生柳舟彦，3月分配学生胡春梅，4月唐铭蓬录干，11月分配军转干部周世鹏，实有人数7人。

2001年2月，从人大内司委调入罗鑫来，龙治祥、龚林科退休。实有人数为68名，其中领导6名。9月，从国家安全局调入卞兆舫，高乐毅调入武陵监狱。10月，分配军转干部李作文。实有人数69名。

2002年1月，西湖管理区调入邓纯，调出张智慧。按照常政办发〔2001〕42号，专项行政编制为 62 名，其中行政编 59 名、事业编 3 名；实有人数为 69 名。7 月，提前离岗 16 名：熊锡礼、罗先禄、文兵、舒有国、王立群、张光荣、龚晓莲、张洁予、燕兴家、胡志初、蒯南海、李国芝、刘兴隆、王荣华、陈伏珍、熊述梅；正常退休夏洪瑛、史书秀，调入刘锦秀。实有人数 52 名。8 月，张维红由市农校调入。实有人数为 53 名。9 月，杨利霞、周友保、罗丹苹 3 人由市劳教所调入，陈黎由武陵监狱调入，彭文清由安乡县调入。实有人数 58 名。11 月，龙昊由辰溪人民法院调入。实有人数为 59 名。

2003 年 2 月，鲁科均由武陵监狱调入。实有人数 60 名。7 月，陈辉由市政法委调入。实有人数为 61 名。

2003 年 12 月，分配军转干部肖先谋，退役士兵李韦霖，夏云生调入规划局，谢国庆调深圳市人民检察院。

2004 年 1 月，调入姜浩、祁政，实有人数 63 名。4 月，方活剑调市劳教所，姚勇从市劳教所调入。11 月，分配军转干部王友才。实有人数为 64 人。

2005 年 3 月，高乐毅由市劳教所调入。实有人数为 65 人。9 月，刘锦秀调武陵监狱，姚勇调市劳教所，罗鑫来病故，于萍由市农办调入。实有人数为 63 人。9 月，聂其龙调入市人大，胡敏由市公证处调入。11 月，张维红调吉首大学。实有人数为 62 人。12 月，分配军转干部姚珍权。实有人数 63 人。

2006 年 7 月，从桃源县政法委调入刘长城，从市劳教所调入周旎、何俊毅（曾用名何光锟），向东峰、龙昊调入市劳教所。实有人数 64 人。10 月，于萍调市纪委，何英杰由市纪委调入任职。

2007 年 5 月，王明集由市统计局调入。实有人数 65 人。6 月，卞兆舫退休、姜浩解聘。实有人数 63 人。

2008 年 4 月，彭宏武从市老干局调入。实有人数 64 人。5 月，何英杰调市体育局，陈辉调入市人民检察院。实有人数 62 人。

2009 年 4 月，李国荣退休；8 月，胡云武由市劳教所调入；9 月，从市委办调入张修超；彭宏武调往德山开发区。

2010 年 1 月，朱益元、丁新泉退休。实有人数 60 人。3 月，分配军转干部胡大虎；4 月，邓纯退休。5 月，从武陵监狱调入徐智，从市勤工俭学管理办调入余颖。实有人数 62 人。6 月，曹琮伟调入市纪委第三纪工委。8 月，胡敏划转市纪委第五纪工委；李作文划转至市纪委第六纪工委。实有人数为 59 人。

2010 年 7 月，根据新下发的“三定”方案，常德市司法局核定政法专项编制为 67 名。其中：局长 1 名，副局长 3 名，政治部主任 1 名，工会主席 1 名，正科级领导职数 15 名（含机关党委专职副书记、工会专职副主席、正科级党风廉政建设联络员各 1 名，其中依法治市办公室主任高配为副处级），副科级领导职数13名，工作人员33名（含后勤服务人员2名）。核定领导职数为34名，其中局长1名、副局长3名、政治部主任1名、工会主席1名、科长（主任）15名、副科长（副主任）13名。

2011年3月，傅绍平调往市政协。7月，根据常编发〔2010〕29号精神，原市公证处7人连人带编划入：高业庆、姚善平、易丹丹、陈吉红、曾令涛、沈蕾、游立萍。同月，高业庆调往市德城公证处。8月，夏绪竞从安乡县司法局调入。11月，从武陵监狱调入莫杨、罗志荣。

2012年4月，市局机关高乐毅退休，黄阳辉从市广播电视台调入任副局长。11月，市局机关邵河萍、朱德轩、李书金退休：11月，公招公务员冯婉瑜。

2013年4月，有限竞争从鼎城区委组织部调入沈绪湘，从安乡县民政局调入夏静。6月，陈建国、李丽琼退休。

2014年1月，何哲发、高守勤退休。8月，录用2014年公务员易烨、刘政、刘镌、刘晓宇。

2015年1月，刘长城、周利党、游立萍退休。7月，廖伯祥、郝冀沙退休，胡云武、肖先谋提前退休。8月，公招公务员蔡淑萍、杨惠旭。曾勇从市公安局调入市司法局任局长。11月，胡宗涛从市法制办调入任副局长。刘政调往市人大法工委。12月，安置团职军转干部高波。同年11月，根据“三定”方案，市司法局机关政法专项编制75名，其中：局长1名，副局长3名，政治部主任1名；正副科级领导职数31名，其中正科级领导职数不超过16名；其他工作人员39名（含后勤服务人员2名）。市司法局所属的市法律援助中心由行政机构调整为市司法局管理的正科级公益一类事业单位。核定市法律援助中心全额拨款事业编制3名，其中：主任（副主任）1名；一般管理人员2名。市法律援助中心原核定的11名政法专项编制中，司法专项编制8名划入市司法市局机关，监狱专项编制3名列为预留。原在编10人（郑捷文、王英杰、柳舟彦、刘婧、陈爱华、毛泉清、周世鹏、唐铭蓬、彭晖、汪颖）调往市司法局机关，1人（李莉）留市法律援助中心。

湘司律〔1995〕第40号同意建立常德市律师协会。

1996年3月，常编办直〔1996〕17号文件批复，从市第一律师事务所划拨2名律师事业编制给市律师协会。人员为何哲发、刘平。

1997年6月，何哲发调入市司法局。

2000年9月，刘平调入海关；11月，从市云济律师事务所录用燕莉利（曾用名燕莉）。2002年5月，姚巨庭由市云济律师事务所调入市律协。

2012年11月，姚巨庭退休。

2013年4月，有限竞争从市劳教所调入卢海涛。

常编办〔1997〕92号同意成立常德市法律援助中心，正科级事业单位，归口市司法局，核定律师专项编制8名，从云济律师所划定。

1999 年 3 月，从津市鼎鸣律师事务所调入羿保刚；12 月，分配军转干部毛泉清，从益阳城建局调入刘婧。

2000 年 1 月，接收分配学生柳舟彦；3 月，接收分配学生胡春梅；4 月，唐铭蓬录干；11 月，接收分配军转干部周世鹏。

2002 年 7 月，羿保刚提前退休，胡春梅辞职。9 月，郑捷文由市云济律师事务所调入。

2003 年 4 月，陈爱华从桃源县调入；5 月，李莉由市云济律师事务所调入。

2013 年 4 月，有限竞争从桃源县委组织部调入彭晖、从桃源县陬市镇政府调入王英杰；5 月，有限竞争从津市司法局调入汪颖。

2016 年 5 月，根据政府机构改革和常编办复〔2016〕16 号精神，原在编 10 人调往市司法局：郑捷文、王英杰、柳舟彦、刘婧、陈爱华、毛泉清、周世鹏、唐铭蓬、彭晖、汪颖。李莉留在改为事业单位的市法援中心。

常编办发〔1988〕56 号同意成立常德市公证处，为正科级单位，归口市司法局管理。

1989 年 7 月，湘司人〔89〕51 号文件批复，同意从武陵区公证处调整 2 名编制给常德市公证处。

1990 年 6 月，湘司政〔90〕3 号文件批复，同意撤销常德市武陵区公证处。其现有的 5 名人员编制，同意划给常德市公证处。

2010 年 1 月，湘司发〔2010〕2 号决定，同意原常德市公证处更名为湖南省常德市德城公证处。同年 4 月 30 日，常编发〔2010〕29 号文件批复，市公证处更名为市德城公证处，并由行政机构调整为差额拨款事业单位，机构级别仍为正科级，归口市司法局管理。核定市德城公证处差额拨款事业编制 7 名，其人员编制结构为主任 1 名、副主任 2 名、其他公证员 4 名。原市公证处的 7 名政法专项编制连人带编划转到市司法局机关。市德城公证处主任高配为副处级。

2012 年 1 月，市德城公证处带编安置冷春花。7 月，市德城公证处公开招聘公证员刘巧、高子涵、胡翔伟、邹珊珊。

2013 年 10 月，市德城公证处调入刘辉。

常编办〔2014〕13 号同意设立常德市工读学校，为市司法局管理的正科级事业单位，先期核定全额拨款事业编制 5 名（从市直事业编制总量内调剂解决），用于学校筹建工作。

2014 年 11 月，安置退役军人谭石。

2015 年 9 月，安置退役士官杨瑞武。

截至 2015 年，市司法局机关（含律师协会）实有在编人数为 75 名。退休老干部实有人数为 52 名。市德城公证处实有在编人数为 7 名。市工读学校实有在编人数为 2 名。市法律援助中心实有在编人数为 1 名。

常德市司法系统编制人员构成一览表

表 1-4

单位	建立时情况		目前人数	职级构成					学历构成			
	时间	人数		厅级	处级	科级	科员	其他人员	研究生	本科	大专	其他学历
市司法局及直属单位	1980 年 11 月	34	85	1	8	58	8	11	5	69	11	2
武陵监狱	1969 年	45	325	—	17	208	73	27	—	189	80	—
市劳教所	1981 年 10 月	62	166	—	12	94	27	33	—	51	69	13
武陵区	1981 年 11 月	30	40	—	—	21	19	—	1	26	11	2
鼎城区	1980 年 12 月	8	68	—	—	24	15	29	—	30	32	6
桃源县	1980 年 12 月	11	18	—	—	17	1	—	—	5	12	1
汉寿县	1980 年 12 月	7	77	—	—	22	39	16		26	44	7
澧县	1981 年 1 月	8	20	—	—	17	3	—	—	5	12	3
临澧县	1981 年 1 月	8	14	—	—	10	4	—	—	7	6	1
石门县	1981 年 2 月	13	70	—	—	39	28	3	—	19	34	17
津市市	1981 年	21	35	—	—	23	12	—	—	13	17	5
安乡县	1981 年 1 月	11	17	—	—	12	5	—	—	6	11	—
西湖	1985 年	3	8	—	—	—	—	—	—	—	—	—
西洞庭	1990 年	6	6	—	—	—	—	—	—	—	—	—
德山	1994 年	2	2	—	—	—	—	—	—	—	—	—
柳叶湖	2004 年	1	2	—	—	—	—	—	—	—	—	—

常德市司法局、武陵监狱、劳教所现有编制及人员分布情况一览表

表 1-5

单位	编制数	在职人数								总人数
		处级	科级	科以下	男	女	本科	大专	中专以下	
市司法局及直属单位	93	8	56	19	50	35	74	11	—	85
武陵监狱	325	17	208	74	233	66	195	80	24	299
劳教所	161	12	98	44	132	22	69	74	11	154

2001年常德市司法局“三定”编制数统计表

表 1-6

<table>
<tr><th rowspan="2">项目</th><th colspan="7">其中</th></tr>
<tr><th>编制数</th><th>单位领导</th><th>正副科长</th><th>科员、办事员</th><th>离退休管理服务人员</th><th>机关后勤人员</th><th>备注</th></tr>
<tr><td>合计</td><td>62</td><td>6</td><td>23</td><td>29</td><td>1</td><td>3</td><td>—</td></tr>
<tr><td>局长</td><td>1</td><td>1</td><td>—</td><td>—</td><td>—</td><td>—</td><td>—</td></tr>
<tr><td>副局长</td><td>3</td><td>3</td><td>—</td><td>—</td><td>—</td><td>—</td><td>—</td></tr>
<tr><td>纪检组组长</td><td>1</td><td>1</td><td>—</td><td>—</td><td>—</td><td>—</td><td>—</td></tr>
<tr><td>工会主席</td><td>1</td><td>1</td><td>—</td><td>—</td><td>—</td><td>—</td><td>—</td></tr>
<tr><td>办公室</td><td>4</td><td>—</td><td>2</td><td>2</td><td>—</td><td>—</td><td>—</td></tr>
<tr><td>监狱劳教管理科</td><td>8</td><td>—</td><td>3</td><td>5</td><td>—</td><td>—</td><td>—</td></tr>
<tr><td>法制宣传科</td><td>8</td><td>—</td><td>3</td><td>5</td><td>—</td><td>—</td><td>—</td></tr>
<tr><td>法学教育科</td><td>6</td><td>—</td><td>2</td><td>4</td><td>—</td><td>—</td><td>—</td></tr>
<tr><td>律师公证管理科</td><td>4</td><td>—</td><td>2</td><td>2</td><td>—</td><td>—</td><td>—</td></tr>
<tr><td>基层司法管理科</td><td>5</td><td>—</td><td>2</td><td>3</td><td>—</td><td>—</td><td>—</td></tr>
<tr><td>法规科</td><td>4</td><td>—</td><td>2</td><td>2</td><td>—</td><td>—</td><td>—</td></tr>
<tr><td>计财装备科</td><td>8</td><td>—</td><td>3</td><td>2</td><td>—</td><td>3</td><td>—</td></tr>
<tr><td>监察室(纪检组)</td><td>3</td><td>—</td><td>12</td><td>—</td><td>—</td><td>—</td><td>—</td></tr>
<tr><td>政治部</td><td rowspan="3">6</td><td>—</td><td>1</td><td>—</td><td>—</td><td>—</td><td rowspan="3">政治部主任高配,政治部副主任兼任人事警务科、组织培训科科长</td></tr>
<tr><td>人事警务科</td><td>—</td><td>1</td><td>2</td><td>—</td><td>—</td></tr>
<tr><td>组织培训科(加挂司法考试科牌子)</td><td>—</td><td>1</td><td>—</td><td>1</td><td>—</td></tr>
</table>

说明:1.常德市律师协会挂靠市司法局,核定专项编制2名,其中会长(副会长)1名、其他工作人员1名,管理人员实行公务员制度。

2.常德市法律援助中心,正科级。核定专项编制8名,其中主任1名、副主任2名、其他工作人员5名。管理人员实行公务员制度。

3.常德市公证处,正科级。核定专项编制7名。其中主任1名、副主任1名、公证员4名、其他工作人员1名。管理人员实行公务员制度

2010年常德市司法局“三定”编制数统计表

表1-7

<table>
<tr><th colspan="2" rowspan="2">项目</th><th rowspan="2">编制数</th><th colspan="5">其中</th><th rowspan="2">备注</th></tr>
<tr><th>单位领导</th><th>科长（主任）</th><th>副科长（副主任）</th><th>科员、办事员</th><th>机关后勤服务人员</th></tr>
<tr><td colspan="2">合计</td><td>67</td><td>6</td><td>15</td><td>13</td><td>31</td><td>2</td><td>—</td></tr>
<tr><td colspan="2">局长</td><td>1</td><td>1</td><td>—</td><td>—</td><td>—</td><td>—</td><td>—</td></tr>
<tr><td colspan="2">副局长</td><td>3</td><td>3</td><td>—</td><td>—</td><td>—</td><td>—</td><td>—</td></tr>
<tr><td colspan="2">政治部主任</td><td>1</td><td>1</td><td>—</td><td>—</td><td>—</td><td>—</td><td>—</td></tr>
<tr><td colspan="2">工会主席</td><td>1</td><td>1</td><td>—</td><td>—</td><td>—</td><td>—</td><td>—</td></tr>
<tr><td colspan="2">办公室</td><td>4</td><td>—</td><td>1</td><td>1</td><td>2</td><td>—</td><td>—</td></tr>
<tr><td rowspan="3">政治部（加挂警务督察支队牌子）</td><td>人事科</td><td>3</td><td>—</td><td>2</td><td>—</td><td>1</td><td>—</td><td rowspan="3">核定政治部副主任职数2名，由人事科、警务管理科科长兼任，人事科科长中1名为正科级党风廉政建设联络员</td></tr>
<tr><td>警务管理科</td><td>2</td><td>—</td><td>1</td><td>—</td><td>1</td><td>—</td></tr>
<tr><td>国家司法考试科</td><td>2</td><td>—</td><td>1</td><td>—</td><td>1</td><td>—</td></tr>
<tr><td colspan="2">计财装备科</td><td>8</td><td>—</td><td>1</td><td>2</td><td>3</td><td>2</td><td>—</td></tr>
<tr><td colspan="2">法规科</td><td>4</td><td>—</td><td>1</td><td>1</td><td>2</td><td>—</td><td>—</td></tr>
<tr><td colspan="2">普法科（加挂市依法治市办公室牌子）</td><td>8</td><td>—</td><td>1</td><td>2</td><td>5</td><td>—</td><td>依法治市办主任高配为副处级</td></tr>
<tr><td colspan="2">监狱劳教管理科</td><td>8</td><td>—</td><td>1</td><td>2</td><td>5</td><td>—</td><td>—</td></tr>
<tr><td colspan="2">律师公证管理科</td><td>7</td><td>—</td><td>1</td><td>2</td><td>4</td><td>—</td><td>—</td></tr>
<tr><td colspan="2">基层司法管理科</td><td>4</td><td>—</td><td>1</td><td>1</td><td>2</td><td>—</td><td>—</td></tr>
<tr><td colspan="2">社区矫正工作科</td><td>4</td><td>—</td><td>1</td><td>1</td><td>2</td><td>—</td><td>—</td></tr>
<tr><td colspan="2">司法鉴定管理科</td><td>4</td><td>—</td><td>1</td><td>1</td><td>2</td><td>—</td><td>—</td></tr>
<tr><td colspan="2">机关党委</td><td>3</td><td>—</td><td>2</td><td>—</td><td>1</td><td>—</td><td>含机关党委专职副书记、工会专职副主席各1名</td></tr>
</table>

说明：1.常德市律师协会挂靠市司法局，核定专项编制2名，其中：会长（副会长）1名，其他工作人员1名，管理人员实行公务员制度。

2.常德市法律援助中心，正科级。核定专项编制8名，其中：主任1名，副主任2名，其他工作人员5名。管理人员实行公务员制度。

3.常德市德城公证处，正科级公益二类差额拨款事业单位，核定差额拨款事业编制7名，设主任1名（高配为副处级），副主任2名，其他公证员4名

2015年常德市司法局“三定”编制数

表1-8

项目		编制数	其中				备注
			单位领导	正副科长(主任)职数	科员、办事员	机关后勤服务人员	
合计		75	5	31	37	2	—
局长		1	1	—	—	—	—
副局长		3	3	—	—	—	—
政治部主任		1	1	—	—	—	—
办公室		8	—	3	3	2	其中,副科级领导职数2名
政治部(警务部)	人事科	4	—	2	2	—	核定政治部副主任职数2名,由人事科、警务管理科科长兼任。其中,人事科、警务管理科、教育培训科副科级领导职数各1名
	警务管理科	4	—	2	2	—	
	教育培训科	4	—	2	2	—	
计财装备科		5	—	2	3	—	其中,副科级领导职数1名
法规科		4	—	2	2	—	其中,副科级领导职数1名
法制宣传科(市依法治市办公室)		5	—	2	3	—	其中,副科级领导职数1名
监狱戒毒管理科		8	—	3	5	—	其中,副科级领导职数2名
律师公证管理科		4	—	2	2	—	其中,副科级领导职数1名
基层司法管理科		5	—	2	3	—	其中,副科级领导职数1名
社区矫正工作科(市社区矫正工作管理局)		5	—	2	3	—	其中,副科级领导职数1名
司法鉴定管理科		4	—	2	2	—	其中,副科级领导职数1名
法律援助工作科		4	—	2	2	—	其中,副科级领导职数1名
国家司法考试科(市国家司法考试办公室)		2	—	1	1	—	—
退休人员管理服务科		2	—	1	1	—	—
机关党委		2	—	1	1	—	—

说明:1.常德市律师协会挂靠市司法局,核定专项编制2名,其中:会长(副会长)1名、其他工作人员1名、管理人员实行公务员制度;

2.常德市德城公证处,正科级公益二类事业单位,差额拨款事业编制8名,设主任1名(高配为副处级),副主任2名,其他公证员5名;

3.常德市法律援助中心,正科级公益一类事业单位,全额拨款事业编制3名,设主任(副主任)1名,一般管理人员2名;4.常德市工读学校(筹建),正科级事业单位,全额拨款事业编制5名

1980年—2015年常德市司法局历任党组书记、局长

张维民
任期:1980.11—1982.05

康小林
任期:1982.05—1984.02

龚玉昆
任期:1984.02—1991.05

李森树
任期:1991.05—1994.12

杜振汉
任期:1994.12—1997.04

周利党
任期:1997.04—2009.7

胡云武
任期:2009.07—2015.06

曾勇
任期:2015.07—

第三节　主要职能

常德市司法局主要职能为以下 14 个方面：

1.贯彻执行国家、省关于司法行政工作的方针政策和法律法规；编制全市司法行政工作发展规划和年度计划并监督实施。

2.拟订司法行政方面的规范性文件并组织实施；指导司法行政系统的外事工作。

3.监督管理全市刑罚执行、改造罪犯的工作。

4.指导管理全市司法行政系统强制隔离戒毒工作。

5.指导全市普法依法治理工作；参与社会治安综合治理工作。

6.指导监督全市律师工作和公证工作并承担相应责任；负责管理公证机构。

7.指导全市公共法律服务工作；监督管理全市法律援助工作。

8.指导监督基层司法所建设、人民调解、社区矫正、基层法律服务和帮教安置工作。

9.负责组织实施全市国家司法考试工作。

10.指导管理全市面向社会服务的司法鉴定工作。

11.指导全市仲裁机构登记工作。

12.指导管理全市司法行政系统计划财务及枪支、弹药、服装和警车管理工作。

13.指导司法行政系统的队伍建设、党组织建设和思想政治工作；指导管理司法行政系统的教育培训、绩效评估、考核奖励和警务工作；协助管理区县市司法局领导干部。

14.承办市委、市人民政府交办的其他事项。

常德市司法局现任班子成员简介

曾勇，男，汉族，1963年9月出生，常德市临澧县人，中共党员，大学毕业，1984年7月参加工作，现任市司法局党组书记、局长、武陵监狱第一政委（兼）。

石林，男，汉族，1966年8月出生，常德市临澧人，中共党员，大学本科，1989年7月参加工作，现任市司法局党组成员、副局长。

胡宗涛，男，汉族，1962年7月出生，湖南常德市人，中共党员，大专学历，1980年8月参加工作，现任市司法局党组成员、副局长。

余小萍，女，汉族，1970年8月出生，常德市临澧县人，中共党员，大学本科，1991年7月参加工作，现任市司法局党组成员、联合工会主席。

张修超，男，汉族，1966年8月出生，常德市安乡县人，中共党员，大学本科，1989年10月参加工作，现任市司法局党组成员、政治部主任。

胡小青，男，汉族，1964年9月出生，常德市安乡县人，中共党员，大学本科，2010年10月至今任市司法局党组成员、依法治市办公室主任。

胡永，男，汉族，1968年7月出生，常德市鼎城区人，中共党员，大学文化，现任市纪委驻市司法局纪检组组长、市司法局党组成员。

第二章　区、县(市)司法局

第一节　武陵区司法局

机构沿革。常德市武陵区司法局是常德市武陵区人民政府的组成机构，是区人民政府主管全区司法行政工作的职能部门，肩负着指导管理人民调解、社区矫正、安置帮教、律师管理、基层法律服务、法制宣传和法律援助等重要职责。

1980年年初，全国自上而下设立各级司法行政机关，根据湖南省人民政府《关于建立各级司法行政机构的通知》，1980年11月，常德地区编委批复同意成立常德市司法局，定为局级机构，属常德市人民政府和常德地区司法局双重领导。1988年，撤地区改市后改名为武陵区司法局。该局筹建之初，暂驻常德市委、市人民政府招待所二楼办公，1982年8月迁至现址，原名常德市滨湖东路，后改名为常德市紫缘路。

图1—5　武陵区司法局办公楼

1956年，全国各地逐步建立律师工作机构，常德市委批准建立常德市法律顾问处，于1958年撤销。1981年4月，常德市委批准恢复常德市法律顾问处，属事业单位，实行国家财政差额拨款，隶属于司法行政机关管理。1988年撤地改市后，改名为武陵区法律顾问处。1992年，全国律师制度改革，武陵区法律顾问处改名为“武陵区律师事务所”，由原来财政差额拨款改为“自收自支”。1996年，根据司法部的统一更名安排，武陵区律师事务所更名为“湖南天迪律师事务所”，律师行业实行司法行政机关和律师协会共同监督指导，武陵区司法局不再履行对其行政管理责任。

1956年6月，根据湖南省司法厅的指示精神，经报请常德市委和常德中级人民法院批准，正式建立公证室，于1958年撤销。1981年4月，常德市编制委员会《关于成立常德市公证处的通知》，公证工作得以恢复重建。1988年因撤地建市，原常德市公证处更名为武陵区公证处，隶属于武陵区司法局。1990年1月，湖南省司法厅下达《关于撤销常德市武陵区公证处及人员编制调整的批复》，同年7月，常德市司法局下发《关于武陵区公证处停办公证业务的通知》，至此，武陵区公证处收归常德市司法局管辖，武陵区公证处更名为常德市公证处，隶属于常德市司法局。

1983年12月，常德地区司法局同意成立常德地区第十劳动改造管教队，即常德市劳动改造队。1984年3月，常德市编委同意成立常德市拘役所。1985年1月，市委常德市劳动改造队为市属副局级独立事业单位，与市拘役所一个机构两块牌子。1985年11月14日，市委常委办公会议二十一号纪要决定撤销常德市劳动改造队，保留常德市拘役所。1987年10月，常德地区司法局将市拘役所更名为常德地区劳改管教队直属队，隶属关系不变，后根据省、部精神，于1989年撤销该机构。

1985年2月，常德市司法局内设机构为办公室、政工股、调解股、宣教股。同年5月，成立常德市普及法律知识领导小组，领导小组下设办公室，办公地址设在司法局。1987年8月，常德市委以常发(1987)23号文件同意常德市依法治市领导小组及办公室与常德市普法领导小组及办公室实行一个机构两块牌子，局长兼任办公室主任。1988年，撤地建市以后，根据职能配置的需要，宣教股变更为法制宣传教育股，调解股变更为基层工作股，职能在原来的基础上有所增加。同年，武陵区司法局成立政策法规、法学教育股和行政财务装备股，纪检组与监察室合署办公。1996年，武陵区编委批转该局职能配置、内设机构和人员编制方案，局内设6个股室，分别是办公室、政工股、行财装备股、政策法规股、法制宣传股、基层工作股。

2001年11月，成立武陵区法律援助中心，属于股级具有行政职能的事业单位。2008年，明确为股级行政机构。

2002年4月，根据武陵区政府办公室《关于印发〈常德市武陵区司法局职能配置、内设机构和人员编制规定〉的通知》，核定该局内设6个股室，即办公室、政工股、计财装备股、法学教育股（加挂法制股牌子）、法制宣传股、基层工作股，管理武陵区普及法律常识领导小组办公室和武陵区法律援助中心。2010年，职能调整，根据武陵区政府办公室《关于印发〈常德市武陵区司法局主要职责内设机构和人员编制规定〉的通知》，武陵区司法局内设机构调整为8个，其中，办公室、计财装备股、法制宣传股不变，政工股改为政工室，法学教育股改为法制股，基层工作股改为基层司法管理股，新设律师管理股和社区矫正工作股。同时，管理武陵区普及法律常识领导小组办公室和武陵区法律援助中心。

基层司法所系司法局的派出机构。1982年，共9个乡镇、街道配备司法助理员，每个乡镇、街道配备1名。1986年，组建乡镇、街道司法办，由司法助理员担任司法办主任。1990年，乡街司法办改建成司法所，由司法助理员担任司法所长。1995年，行政区划调整，由鼎城区划四乡一镇到武陵区，司法所增加到13个。1998年因内部区划调整，司法所调整为12个，分别是武陵区司法局护城司法所、东郊司法所、东江司法所、丹州司法所、南坪岗司法所、芦荻山司法所、河洑司法所、城东司法所、城南司法所、城西司法所、城北司法所、三岔路司法所。2014年，因区划调整，根据武陵区编办《关于常德市武陵区司法局新增司法所和部分司法所更名的批复》，同意区司法局设立芷兰司法所和芙蓉司法所，同意护城司法所更名为长庚司法所、东郊司法所更名为永安司法所、南坪岗司法所更名为南坪司法所、城东司法所更名为启明司法所、城西司法所更名为穿紫河司法所、城南司法所更名为府坪司法所、城北司法所更名为丹阳司法所、三岔路司法所更名为白马湖司法所，同意原武陵区司法局东江司法所、河洑司法所、丹州司法所、芦荻山司法所机构名称维持不变。至此，武陵区司法局共管辖14个乡镇、街道司法所。

1980—2015年武陵区司法局历届局长名录

表 1-9

姓名	出生年月	性别	籍贯	学历	政治面貌	职务	任职时间
龙叔侠	1929年3月	男	常德县	高中	中共党员	局长	1980年12月—1982年4月
宋彦秋	1927年8月	男	桃源县	高中	中共党员	局长	1982年4月—1984年1月
龙海泉	1939年11月	男	桃源县	中专	中共党员	局长	1984年1月—1985年3月
熊汉清	1944年2月	男	桃源县	本科	中共党员	局长	1985年3月—1988年6月
李显新	1947年2月	男	澧　县	本科	中共党员	局长	1988年12月—1992年10月
张腊波	1947年11月	男	汉寿县	大专	中共党员	局长	1992年10月—2000年12月
贺剑虹	1963年9月	男	沅江市	本科	中共党员	局长	2001年1月—2008年10月
肖州平	1964年10月	男	安乡县	本科	中共党员	局长	2008年10月—2012年9月
戴正伟	1967年12月	男	武陵区	本科	中共党员	局长	2012年9月—

武陵区司法局现任班子成员名录

表 1-10

姓名	出生年月	性别	籍贯	学历	政治面貌	职务	任职时间
戴正伟	1967年12月	男	武陵	本科	中共党员	党组书记、局长	2012年9月—
贾劲松	1973年4月	男	鼎城	本科	中共党员	党组副书记、副局长	2015年12月—
肖礼彬	1966年3月	男	江西泰和	本科	民　盟	副局长	2001年3月—
黄维纲	1966年9月	男	桃源	本科	中共党员	党组成员、副局长	2011年8月—
苏丽雯	1966年5月	女	武陵	本科	中共党员	党组成员、纪检组组长	2015年12月—
骆绍宏	1963年5月	男	武陵	大专	中共党员	党组成员、政工室主任	2015年12月—

人员编制。1981年1月30日，常德地区编委核定常德局编制8名。1982年，乡镇、街道配备司法助理员，定编9名，每个乡镇、街道配备1名。1985年5月25日，中共湖南

省委政法委员会、省委组织部、省编委、省劳动人事厅、省财政厅以湘政法(1985)8号、湘编(1985)15号文件核定原常德市司法局编制30人,1986年10月、1988年2月相继共增编10人,其中公证处配编4人、法律顾问处配事业编制4人。1984年,常德地区第十劳动改造管教队和常德市拘役所成立后,调入干部职工(含借用)19名,配备专职武装民兵20名。1989年撤销机构后,劳改工作和人员由现常德市司法局负责管理。1995年行政区划调整,鼎城区划四乡一镇到武陵区,司法所增加到13个,司法助理员编制13名。

1996年,武陵区编委批转司法局职能配置、内设机构和人员编制方案,核定司法局专项编制17名,其中局领导职数3名、股级职数6名、其他工作人员8名。武陵区编委《关于成立乡(镇)、街道司法所的通知》中明确:乡(镇)、街道司法所是国家在基层的独立股级行政单位,隶属于武陵区司法局领导,乡(镇)、街道参与工作指导和干部管理,党团户口关系属地管理,12个乡(镇)、街道司法所共核定司法助理员行政编制13名。

2002年,根据武陵区政府办公室《关于印发〈常德市武陵区司法局职能配置、内设机构和人员编制规定〉的通知》,核定区司法局专项编制为30名,其中领导职数4名、纪检组组长1名、工会主席1名、股级职数6名、其他工作人员5名、乡(镇)司法助理员编制13名。另外,武陵区普及法律常识领导小组办公室事业编制4名,武陵区法律援助中心司法专项编制2名。

2010年,根据武陵区政府办公室《关于印发〈常德市武陵区司法局主要职责内设机构和人员编制规定〉的通知》,核定该局机关政法专项编制22名,其中局长1名、副局长3名、纪检组组长1名、工会主席1名、政工室主任1名、股级领导职数8名、其他工作人员7名(含后勤服务人员1名)。基层司法所共核定政法专项编制16名,其中东江司法所核定政法专项编制3名、其中所长1名、其他工作人员2名;芦荻山司法所和河洑司法所各核定政法专项编制2名,其中所长1名、其他工作人员1名;其他9个司法所(护城、东郊、丹洲、南坪岗、城东、城南、城西、城北、三岔路司法所)各核定政法专项编制1名、所长1名。区法律援助中心核定政法专项编制2名,其中主任1名、其他工作人员1名。区普及法律常识领导小组办公室核定全额拨款事业编制4名,其中主任1名、副主任1名、其他工作人员2名。

2015年,根据湘编办〔2015〕8号文件和武陵区委机构编制委员会《关于为区司法局芦荻山司法所增加编制的通知》,武陵区司法局芦荻山司法所增加1名政法专项编制。

武陵区司法局现任班子成员简介

戴正伟，男，汉族，常德市武陵区人，1967年12月出生，中共党员，本科学历，现任武陵区司法局党组书记、局长。

贾劲松，男，汉族，常德市鼎城区人，1973年4月出生，中共党员，本科学历，现任武陵区司法局党组副书记、副局长。

肖礼彬，男，汉族，江西省泰和县人，1966年3月出生，民盟委员，本科学历，现任武陵区司法局副局长。

黄维纲，男，汉族，常德市桃源县人，1966年9月出生，中共党员，本科学历，现任武陵区司法局党组成员、副局长。

苏丽雯，女，汉族，常德市武陵区人，1966年5月出生，中共党员，本科学历，现任武陵区司法局党组成员、纪检组组长。

骆绍宏，男，汉族，常德市武陵区人，1963年5月出生，中共党员，大专学历，现任武陵区司法局党组成员、政工室主任。

主要职能。司法行政是司法制度中的一个重要组成部分，在1979年中华人民共和国司法部重建后，1980年年初全国自上而下地设立各级司法行政机关，至此，司法行政成为一个独立的组织体系。1980年建局以后，根据湖南省人民政府《关于建立各级司法行政机构的通知》，司法局负责本地区所属各级人民法院的司法行政工作，主管人民法院（包括人民法庭）的机构设置、人员编制、司法统计和司法制度建设；考察解人民法院执行各项审判制度的情况；协助同级党委考核、管理司法干部；负责组织、开展法制宣传教育和司法干部的培训；管理公证律师工作和司法装备物质；领导人民调解委员会和基层政权司法助理员的工作。1982年8月，根据省司法厅、省高级人民法院《关于司法厅（局）主管的部分任务移交给高级人民法院主管的通知》精神，将省司法厅主管的审批人民法庭的设置变更、撤销和报批人民法院的设置、任免助理审判员以及管理人民法院的物资装备（如车、枪支、司法人员服装等），司法业务费等有关司法行政工作事项，自1982年9月1日起移交给高级人民法院主管，省司法厅不再承办，至此，司法局也不再具有上述职能。1983年12月成立常德市劳动改造队，1984年3月成立常德市拘役所，新增收押罪犯、对判刑的罪犯实施惩罚和劳动教育改造等职能。1985年11月，撤销常德市劳动改造队，司法局不再具有劳动教育改造职能。1989年，撤销常德市拘役所，司法局不再具有收押罪犯的职能。1990年7月，武陵区公证处收归常德市司法局管辖，司法局不再具有公证业务职能。

2002年4月，根据武陵区政府办公室《关于印发〈常德市武陵区司法局职能配置、内设机构和人员编制规定〉的通知》，确定武陵区司法局新增如下职能：指导和管理全区初任法官资格、初任检察官资格，取得律师资格和国家司法考试工作；指导和管理全区法律援助工作；指导和管理全区面向社会服务的司法鉴定工作。

2010年，根据武陵区政府办公室《关于印发〈常德市武陵区司法局主要职责内设机构和人员编制规定〉的通知》，确定武陵区司法局增加指导管理全区社区矫正工作的职责；取消组织律师资格考试工作职责；取消指导和管理全区面向社会服务的司法鉴定工作；不再直接办理全区初任法官、检察官资格工作。明确武陵区司法局的职责：

一、贯彻执行国家、省、市有关司法行政工作的方针、政策和法律、法规；编制全区司法行政工作发展规划、年度规划并监督实施。

二、指导全区普法依法治理工作；参与社会治安综合治理工作。

三、负责制定全区法制宣传教育计划和普及法律常识规划并组织实施；指导全区各行业的依法治理工作。

四、监督管理全区法律服务市场；指导管理全区律师、基层法律服务工作者；管理社会法律服务机构。

五、负责全区人民调解工作，管理调解委员会的组织、业务建设、业务培训，调处各类民间纠纷，预防纠纷激化。

六、负责管理乡（镇）、街道司法所的工作及业务的开展和业务培训。

七、会同有关部门负责对刑满释放和解除劳动教养人员的帮教安置工作。

八、负责全区司法行政系统的队伍建设、党组织建设和思想政治工作。负责司法行政系统的教育培训、考核奖励和警务工作。

九、负责管理全区法律援助工作。

十、承办区委、区人民政府和上级业务主管部门交办的其他事项。

图1—6　武陵区司法局在职人员合影

第二节 鼎城区司法局

机构沿革。常德市鼎城区司法局是常德市鼎城区人民政府的组成机构，是区人民政府主管全区司法行政工作的职能部门，肩负着指导管理人民调解、社区矫正、安置帮教、律师、基层法律服务、法治宣传和法律援助等重要职责。

图 1—7 鼎城区司法局

1980 年年初，全国自上而下设立各级司法行政机关，根据湖南省人民政府《关于建立各级司法行政机构的通知》，1980 年 11 月，常德地区编委批复同意成立常德县司法局，定为局级机构，属常德县人民政府和常德地区司法局双重领导。1988 年，撤地改市后改名为常德市鼎城区司法局。司法局成立以来，地址一直位于武陵镇临沅路(1992 年之前，名为武陵路)。

为加强法制宣传和依法治理工作，常德县司法局成立之后，建立法制总校，乡镇(街道)、厂矿设立法制分校，村组、居委会设立法制夜校。1990 年同意增设政工股。1996 年，常鼎编办〔1996〕4 号文件明确增设法学教育股和政策法规股。1997 年，常鼎编〔1997〕15 号文件明确成立公证处、核定公证处专项编制 6 名。1998 年，常鼎编〔1998〕2 号批复同意成立法律援助中心，核定专项编制 7 名。同年，常鼎编〔1998〕14 号批复同意成立司法技术鉴定中心，为区委政法委所属二级独立事业单位，人员抽调，2003年交由司法局管理。常鼎政办发〔2002〕41号文件明确司法局内设机构有办公室、法制宣传教育股（加挂法学教育股牌子）、基层司法管理股、行财装备股、人事政工股、政策法规股、公证处、法律援助中心（以下简称法律中心）。2003年，政策法规股更名为公证律师管理股。2010年，常鼎编〔2010〕3号明确：区司法局法制宣传教育股加挂区依法治区办公室牌子，同时区依法治区办公室负责人高配为副科级。2011年，常鼎政办发〔2011〕45号（三定方案）明确：增加指导管理全区社区矫正工作的职责，设内设机构6个，分别是办公室、政工室、行财装备股、法制宣传股（加挂区依法治区办公室）、律师公证管理股（法规股、司法鉴定管理股）、基层司法管理股（矛盾纠纷调处指挥中心、社区矫正工作股）。2012年，常鼎编办〔2012〕55号明确：同意增设社区矫正工作股、矛盾纠纷调处指挥中心，正股级内设机构。同年，常鼎编办〔2012〕49号明确：同意鼎城公证处由行政机构调整为差额拨款事业单位，正股级，核定事业编制6名。2013年，常鼎编〔2013〕21号明确：同意设立区矛盾纠纷调处指挥中心，正股级单位。核定3名全额拨款事业编。撤销区商贸城司法所，核销3名全额拨款事业编制。同年，常鼎编办〔2013〕8号明确：鼎城公证处主任高配为副科级。2016年，常鼎编办发〔2016〕6号同意设立社区矫正局，为区司法局副科级直属机构，核定副科级领导职数1名。

目前局机关共设有四股（行财装备股、法制宣传股、公证律师管理股、基层司法管理股）、二室（政工室、办公室）、一局（社区矫正局）、二中心（区矛盾纠纷调处指挥中心、法律援助中心）、一处（公证处），乡镇设23个司法所。

基层司法所系司法局的派出机构。基层司法所的发展也经过一个历史发展过程。1980年3月，常德县司法局正式成立之后，根据工作需要，各乡镇自行设立司法办公室和法律服务所。1991年，常编办县〔1991〕6号文件明确："乡镇组建司法所后，原乡镇自行设立的司法办公室、法律服务所一律撤销。"1993年，常鼎通〔1993〕31号文件明确："在全区45个乡镇设立司法所和法律服务所""司法所是司法局的派出机构，由具有国定行政编制的司法助理员等人组成，法律服务所是实行'自负盈亏、自收自支'的事业单位，由经过编委核定的事业编制人员组成。"1995年撤处并乡后，司法所调整为33个。同年，常鼎编〔1995〕14号文件明确：同意设置商贸城司法所，属局二级独立事业单位。2003年，常鼎发〔2003〕3号文件明确："司法所只保留牌子。"2007年，常鼎编〔2007〕18号文件恢复设立全区34个乡镇司法所。2009年，白鹤山司法所划转到柳叶湖旅游度假区，2011年石门桥司法所划转到德山开发区。2014年，常鼎编办发〔2014〕6号明确：撤销武陵镇司法所；设立玉霞、红云、郭家铺3个街道司法所，各核定政法专项编制1名。斗姆湖镇司法所更名为斗姆湖街道司法所，其人员编制维持不变。2015年，鼎城区乡镇合并后，共有22个乡镇（街道）司法所及花岩溪国家森林公园司法所，共23个基层司法所。

1980—2015 年鼎城区司法局历届局长名录

表 1-11

姓 名	出生年月	性别	籍 贯	学历	政治面貌	职 务	任职时间
谌顺卿	1941 年 1 月	男	常德市常德县	初中	中共党员	局长	1980 年 12 月—1983 年 2 月
李光汉	1931 年 1 月	男	常德市鼎城区	中专	中共党员	局长	1983 年 2 月—1984 年 3 月
胡登化	1945 年 6 月	男	常德市鼎城区	大专	中共党员	局长	1984 年 3 月—1989 年 10 月
向文华	1953 年 4 月	男	常德市鼎城区	中专	中共党员	局长	1989 年 10 月—1991 年 3 月
万　利	1959 年 2 月	男	常德市汉寿县	本科	中共党员	局长	1991 年 3 月—1992 年 2 月
伍育钧	1946 年 12 月	男	常德市鼎城区	大专	中共党员	局长	1992 年 2 月—1995 年 3 月
郑宏高	1949 年 8 月	男	常德市鼎城区	大专	中共党员	局长	1995 年 3 月—1997 年 12 月
高家凯	1953 年 8 月	男	常德市鼎城区	大专	中共党员	局长	1997 年 12 月—2002 年 4 月
陈国政	1959 年 5 月	男	常德市鼎城区	本科	中共党员	局长	2002 年 4 月—2006 年 3 月
黎建华	1958 年 10 月	男	常德市鼎城区	本科	中共党员	局长	2006 年 3 月—2010 年 10 月
刘　荣	1971 年 7 月	男	常德市鼎城区	本科	中共党员	局长	2010 年 10 月—

2015 年鼎城区司法局现任班子成员名录

表 1-12

姓 名	出生年月	性别	籍 贯	学历	政治面貌	职 务	任现职时间
刘　荣	1971 年 7 月	男	常德鼎城	本　科	中共党员	党组书记、局长	2010 年 10 月—
史剑冰	1969 年 12 月	男	常德鼎城	本　科	中共党员	党组副书记、副局长	2012 年 4 月—
铁红旗	1967 年 10 月	男	常德鼎城	本　科	—	副局长	2016 年 5 月—
皮立戈	1976 年 6 月	男	常德鼎城	研究生	中共党员	党组成员、纪检组组长	2016 年 5 月—
周章前	1967 年 8 月	男	常德鼎城	大　专	中共党员	党组成员、政工室主任	2016 年 5 月—

人员编制。1991 年乡镇组建司法所，常编办县〔1991〕6 号文件明确："在全区核定事业编制 90 名充实到 45 个乡镇，其人员来源从乡镇原雇用从事法律服务人员中择优选聘 50%，从区直机关、事业单位人员中选调 25%，从政法院校的大中专毕业生中选配 25%。"

1997 年区撤处并乡建镇后，以常鼎编〔1997〕10 号核定司法局司法行政专项编制 78

名，事业编制 82 名。2002 年，常鼎政办发〔2002〕41 号文件取消事业编制，但人员因种种原因未能精减。2009 年，白鹤山司法所移交 1 个专项编制。2011 年，石门桥司法所划转移交 2 个专项编制。

目前，鼎城区司法局有司法行政专项编制 75 个（机关 30 个、乡镇 45 个），实有公务员 46 人、非公务员 35 名。

鼎城区司法局现任班子成员简介

刘荣，男，汉族，常德市鼎城区人，1971 年 7 月出生，中共党员，本科学历，现任鼎城区司法局党组书记、局长。

史剑冰，男，汉族，常德市鼎城区人，1969 年 12 月出生，中共党员，本科学历，现任鼎城区司法局党组副书记、副局长。

铁红旗，男，汉族，常德市鼎城区人，1967 年 10 月出生，民革，本科学历，现任鼎城区司法局副局长。

皮立戈，男，汉族，常德市鼎城区人，1976 年 6 月出生，中共党员，研究生学历，现任鼎城区司法局党组成员、纪检组组长。

周章前，男，汉族，常德市鼎城区人，1967 年 8 月出生，中共党员，大专学历，现任鼎城区司法局党组副书记、政工室主任。

主要职能。一、贯彻执行国家、省、市有关司法行政工作的方针、政策和法规；编制全区司法行政工作发展规划、年度计划，并监督实施。

二、负责拟订司法行政方面的规范性文件，并组织实施；指导司法行政系统的外事工作。

三、指导全区普法依法治理工作；参与社会治安综合治理工作。

四、负责指导监督全区律师工作和公证工作并承担相应责任；负责管理公证机构。

五、负责基层司法所建设和人民调解、社区矫正、基层法律服务、安置帮教、“三调联动”和社会矛盾纠纷调处指挥中心工作。

六、负责监督管理全区法律援助工作。

七、指导管理全区司法鉴定工作。

八、负责管理全区司法行政系统财务及枪支、弹药、服装和警车管理工作。

九、负责全区司法行政系统的队伍建设、党组织建设和思想政治工作；负责全区司法行政系统的教育培训、考核奖励和警务工作。

十、负责承办区委、区政府交办的其他事项。

图 1—8　鼎城区司法局局务会成员合影

第三节　汉寿县司法局

机构沿革。1980 年 12 月，汉寿县司法局成立。筹建之初，借驻汉寿县总工会二楼办公。1983 年，政府划拨土地建司法大院(现址为银水东路 1 号)。

图 1—9　汉寿县司法局办公大楼

司法局成立之后，于 1981 年分别成立由司法局归口管理的汉寿县公证处和汉寿县法律顾问处。1983 年 12 月，为适应刑事犯罪斗争的需要，成立劳改队，即常德地区第七劳改队。1985 年 11 月，撤销常德地区第七劳改队，司法局不再具有劳动教育改造职能。1985 年，成立汉寿县普及法律常识领导小组。1989 年年初，更名为汉寿县依法治县领导小组，下设办公室。1992 年 8 月，成立汉寿县律师事务所。1997 年，撤销汉寿县律师事务所，分别成立汉寿县龙阳律师事务所和汉寿县辰龙律师事务所。2000 年，辰龙律师事务所改为合伙制律师事务所。2014 年，龙阳律师事务所改为合伙制律师事务所。2009 年，成立全市首家个人律师事务所——周建新律师事务所。1993 年，设立汉寿县法律服务中心，属司法局独立二级全民事业单位，核定自收自支的事业编制 5 名，人员经费由收取的法律咨询服务费中解决。2002 年，根据《关于印发(汉寿县司法局职能配置、内设机构和人员编制规定)的通知》和汉政办发〔2002〕31 号文件精神，成立汉寿县法律援助中心，核定专项编制 6 名，为司法局下属的股级单位，负责管理和指导全县法律援助工作。2005 年 10 月，成立常德市龙阳司法鉴定所，面向社会，受理人身伤害程度鉴定、道路交通事故受伤人员伤残程度鉴定、劳动能力评定等司法鉴定业务。2007 年 5 月，根据汉编办发〔2007〕8 号文件精神，全县 29 个乡镇（龙阳镇、周文庙、岩汪湖、沧港、新兴、坡头、鸭子港、西港、洲口、文蔚、罐头嘴、聂家桥、毛家滩、朱家铺、丰家铺、东岳庙、岩嘴、株木山、太子庙、毓德铺、崔家桥、三和、大南湖、军山铺、月明潭、百禄桥、蒋家嘴、龙潭桥、洋淘湖）分别设立司法所，主要职责：管理指导辖区普法依法治理、人民调解、法律服务、安置帮教工作。2011 年，设立社区矫正工作股，其职责：指导管理全县社区矫正工作，指导基层单位对社区服刑人员的监管教育、帮困扶助和考核奖惩；组织动员社会力量参与社区矫正工作；指导社区矫正社团组织工作；负责社区矫正工作人员的教育培训；指导全县刑释解教人员安置帮教工作。

2015 年 12 月，全县行政区划调整，由原有的 29 个乡镇合并为 17 个乡镇（岩汪湖镇、沧港镇、坡头镇、西港镇、洲口镇、罐头嘴镇、聂家桥乡、毛家滩乡、朱家铺镇、丰家铺镇、太子庙镇、崔家桥镇、军山铺镇、龙潭桥镇、百禄桥镇、蒋家嘴镇、洋淘湖镇）、4 个街道办事处（龙阳街道、辰阳街道、沧浪街道、株木山街道）和 1 个高新区，原来的 29 个司法所调整为 21 个司法所和 1 个高新区司法办。

2016 年 3 月，根据汉寿县人民政府办公室关于印发《汉寿县司法局主要职责内设机构和人员编制规定》的通知，司法局内设机构为 6 个，即办公室（法制股）、行财装备股、政工室（律师公证管理股）、基层司法股、法制宣传股、社区矫正股，直属单位有汉寿县法律援助中心和汉寿县公证处。

1980—2015 年汉寿县司法局历届局长名录

表 1-13

姓名	出生年月	性别	籍贯	学历	政治面貌	职务	任职时间
陈冬初	1928 年 10 月	男	常德市汉寿县	小学	中共党员	局长	1981 年 3 月—1984 年 2 月
向家顺	1936 年 2 月	男	常德市汉寿县	大学	中共党员	局长	1984 年 3 月—1989 年 12 月
曾冬生	1946 年 11 月	男	常德市汉寿县	高中	中共党员	局长	1990 年 1 月—1992 年 11 月
唐才盛	1941 年 11 月	男	常德市汉寿县	大专	中共党员	局长	1992 年 12 月—1994 年 9 月
梁朝作	1952 年 3 月	男	常德市汉寿县	高中	中共党员	局长	1994 年 10 月—2001 年 8 月
王先云	1955 年 1 月	男	常德市汉寿县	大专	中共党员	局长	2001 年 9 月—2007 年 10 月
谈先国	1963 年 11 月	男	常德市汉寿县	本科	中共党员	局长	2007 年 11 月—

2015 年汉寿县司法局现任班子成员名录

表 1-14

姓名	出生年月	性别	籍贯	学历	政治面貌	职务	任职时间
谈先国	1963 年 11 月	男	湖南汉寿	本科	中共党员	党组书记　局长	2007 年 11 月—
黄建斌	1965 年 1 月	男	湖南汉寿	大专	中共党员	党组成员　副局长	2002 年 3 月—
王用来	1965 年 4 月	男	湖南汉寿	大专	中共党员	党组成员　副局长	2006 年 3 月—
任全新	1971 年 2 月	男	湖南汉寿	本科	中共党员	党组成员　副局长	2010 年 3 月—
史美辉	1975 年 11 月	女	湖南汉寿	本科	—	副局长	2016 年 3 月—
黄跃辉	1970 年 9 月	男	湖南汉寿	大专	中共党员	纪检组组长，兼任工会主席	2016 年 3 月—
邹远祥	1973 年 4 月	男	湖南汉寿	本科	中共党员	党组成员，兼任政工室主任	2007 年 12 月—

人员编制。1980—1983 年，汉寿县司法局成立之初，核定编制 17 人，其中法律顾问处 5 名、公证处 5 名、局机关 7 名。1985 年，全县各乡镇（场）和工厂先后建立司法办，核定司法员编制 23 人。1993 年，设立汉寿县法律服务中心，根据《汉寿县机构编制委员会办公室文件》精神，法律服务中心核定自收自支的事业编制 5 名。1996 年，《关于印发汉寿县司法局职能配置、内设机构和人员编制方案的通知》核定司法局司法专项行政编制 59 名（含县律师事务所编制 6 名、县公证处 7 名、乡镇司法员 23 名）。2016 年 3 月，根据汉寿县人民政府办公室关于印发《汉寿县司法局主要职责内设机构和人员编制规定》的通知，核定司法局编制为 71 个，其中局机关专项编制为 19 个、乡镇编制 36 个、法律援助中心 6 个、公证处 5 个、事业编制 5 个。

汉寿县司法局现任班子成员简介

谈先国，男，汉族，汉寿县人，1963年11月出生，本科学历，中共党员，现任汉寿县司法局党组书记、局长

黄建斌，男，汉族，汉寿县人，1965年1月出生，大专学历，中共党员，现任汉寿县司法局党组成员、副局长

王用来，男，汉族，汉寿县人，1965年4月出生，大专学历，中共党员，现任汉寿县司法局党组成员、副局长

任全新，男，汉族，汉寿县人，1971年2月出生，本科学历，中共党员，现任汉寿县司法局党组成员、副局长

史美辉，女，汉族，汉寿县人，1975年11月出生，本科学历，党外干部，现任汉寿县司法局副局长

黄跃辉，男，汉族，汉寿县人，1970年9月出生，大专学历，中共党员，现任汉寿县司法局纪检组组长兼工会主席

邹远祥，男，汉族，汉寿县人，1973年4月出生，本科学历，中共党员，现任汉寿县司法局党组成员兼政工室主任

主要职能。一、贯彻执行国家、省、市关于司法行政工作的方针政策和法律法规，编制全县司法行政工作发展规划、年度计划并监督实施。

二、拟订司法行政方面的规范性文件并组织实施，指导司法行政系统的外事工作。

三、指导全县普法依法治理工作，参与社会治安综合治理。

四、指导监督全县律师工作和公证工作，并承担相应责任，负责管理公证机构。

五、指导全县公共法律服务工作，监督管理全县法律援助工作。

六、指导监督基层司法所建设、人民调解、社区矫正、基层法律服务和帮教安置工作。

七、负责组织实施全县国家司法考试工作。

八、指导管理全县面向社会服务的司法鉴定工作。

九、指导全县仲裁机构登记工作。

十、指导管理全县司法行政系统计划财务、服装和警车管理工作。

十一、指导司法行政系统的队伍建设、党组织建设和思想政治工作。

十二、承办县委、县人民政府交办的其他事项。

图 1—10 汉寿县司法全体在职人员合影

第四节　桃源县司法局

机构沿革。桃源县司法局成立于1980年12月，属于县政府组阁局。1981年，桃源县法律顾问处成立。1983年4月，县司法局内设办公室和业务股两个股室。1984年4

图1—11　桃源县司法局办公楼

月，内设办公室、人事股、宣教股、调解股四个股室。1990年3月，县法律顾问处更名为县律师事务所。1994年，县司法局建立法医门诊室，配备法医1名，开展法医活体检验鉴定业务。1997年，县司法局扩大法医鉴定室，并把法医鉴定室作为机关创办的经济实体。是年，开展法医学活体检验鉴定227例。县司法局法医鉴定室的法医鉴定数锐减，2000年、2001年分别为28例、30例。2002年，县司法局停办法医鉴定室，改为指导县人民医院建立医学司法鉴定所。是年，在桃源县人民医院设立捍正司法鉴定所。2006年，在县中医院设立信源司法鉴定所。

1995年11月后，内设办公室、人事政工股、法制宣传教育股（普法办）、基层司法股、计财装备股、政策法规股、公证律师管理股7个股室。

从20世纪90年代初开始，桃源县律师开始办理法律援助案件。1998年，县内律师及其他法律工作者为涉案受洪涝灾害灾民办理法律援助。1999年4月，设立县法律援助中心，将法律援助作为县内律师、公证员、法律工作者的义务纳入规范化管理，归口由县司法局管理。

1981 年 7 月，成立桃源县公证处。成立之初，县公证处主要抓公证宣传、调查研究和经济合同公证。20 世纪 90 年代后，随着社会经济的发展，县公证处主要注重旅游区、工程合同、企业承包、租赁合同、养路费征收等各类公证。2007 年 6 月，县公证处更名为湖南省桃源县公证处。

2002 年根据县委、县人民政府《关于印发〈县直机构改革方案实施意见〉的通知》和《关于县委县政府机构设置的通知》精神，县司法局是主管全县司法行政工作的县人民政府工作部门。关于印发《桃源县司法局职能配置和内设机构及人员编制规定》的通知)，桃源县司法局划分为 6 个职能股室：办公室、计财装备股、政工室（加挂法制股牌子）、律师公证管理股、基层司法股、法制宣传股（加挂桃源县依法治县领导小组办公室牌子）。所属二级单位 2 个，即桃源县公证处、桃源县法律援助中心。方案将律师的专业培训、奖惩及对外宣传职能，交给市律师协会。划入指导管理全县仲裁登记工作；指导和管理全县企业法律顾问工作。新增指导和管理全县面向社会服务的司法鉴定工作；协助市司法局指导和管理全县初任法官资格、初任检察官资格、取得律师资格的司法统一考试工作；指导和管理全县法律援助工作。2006 年 12 月，撤销县律师事务所。

2011 年根据关于印发《桃源县司法局主要职责、内设机构和人员编制规定》的通知)，明确司法局内设 7 个股室，即办公室、政工室（加挂法规股牌子）、计财装备股、法制宣传股（加挂桃源县依法治县领导小组办公室牌子）、律师公证管理股、基层司法管理股、社区矫正工作股。所属二级单位 2 个，即湖南省桃源县公证处、桃源县法律援助中心。根据新环境、新形势的变化，增设社区矫正工作股。负责制定全县社区矫正工作规划和管理工作规范；指导管理社区矫正工作，组织开展对社区服刑罪犯的监管、教育和考核奖惩；组织动员社会力量参与社区矫正工作，指导社区矫正社团组织工作；负责社区矫正工作人员的教育培训；指导全县刑释解矫人员安置帮教工作。至此桃源县司法局内设以及所属二级机构基本定型并处于一个稳定的状态。

桃源县司法局成立五年后，1985 年 5 月，根据上级精神，桃源县漆河区、三阳港镇、沙坪镇等 21 个区公所、乡镇人民政府设立司法办公室（以下简称司法办）21 个，负责组织行政调解，在乡镇党委和乡镇人民政府领导下开展行政裁决。1986 年，县内进一步明确“以调为主，以裁为辅”的原则和行政裁决程序。至 1987 年 5 月，全县 60 个乡镇全部建齐司法办。

1996 年 2 月全县撤区并乡建镇后，在全县 40 个乡镇设司法所 40 个，法律服务所 40 个（一个机构两块牌子），并实行机构编制、人事、劳动、财务、物资、工作由县司法局管理为主的体制。1999 年 12 月，乡镇司法所与乡镇法律服务所实行职能分开、人员分离，司法所从事基层司法行政工作，法律服务所从事法律服务工作。2000 年 1 月，撤销 40 个乡镇法律服务所，建立漳缉、陬市、漆河、理公港、三阳、桃花源、茶庵铺 7 个中心法律服务所。后衍变为准绳、飞龙、宏远、弘义、公信 5 个法律服务所。2013 年公信取消，共有准绳、飞龙、宏远、弘义 4 个法律服务所。

2015 年全县乡镇合并，原有的 39 个（其中桃花源划归常德市管理）乡镇合并为 27 个。即漳江镇（并深水港乡、车湖垸乡）、青林回维乡（并浯溪河乡）、枫树维回乡、陬市镇、木塘垸乡、盘塘镇、架桥镇、马鬃岭镇、双溪口乡、热市镇（并郝坪乡）、九溪乡、漆河镇（并黄甲铺乡）、黄石镇、理公港镇（并钟家铺乡）、牛车河乡、西安镇、茶庵铺镇（并太平铺乡）、杨溪桥乡（并牯牛山乡）、三阳港镇（并太平桥乡）、泥窝潭乡、剪市镇、夷望溪镇（合凌津滩镇、兴隆街乡）、郑家驿乡（并寺坪乡）、沙坪镇（并芦花潭乡）、佘家坪乡、龙潭镇、观音寺镇。司法所随之合并为 27 个。

1980—2015 年桃源县司法局历届局长名录

表 1-15

姓名	出生年月	性别	籍贯	学历	政治面貌	职务	任职时间
朱长松	1933 年 12 月	男	常德市桃源	初中	中共党员	局长	1981 年 10 月—1982 年 9 月
彭松柏	1933 年 6 月	男	常德市桃源	初中	中共党员	局长	1982 年 9 月—1986 年 1 月
王建龙	1952 年 8 月	男	常德市桃源	高中	中共党员	局长	1986 年 1 月—1987 年 12 月
潘家斗	1952 年 8 月	男	常德市桃源	大专	中共党员	局长	1987 年 12 月—1990 年 3 月
刘伯钧	1947 年 2 月	男	常德市桃源	高中	中共党员	局长	1990 年 3 月—1995 年 1 月
周凤武	1947 年 10 月	男	常德市桃源	中专	中共党员	局长	1995 年 1 月—1998 年 3 月
宋道谦	1950 年 8 月	男	常德市桃源	大专	中共党员	局长	1998 年 3 月—2002 年 5 月
李志文	1959 年 1 月	男	常德市桃源	大专	中共党员	局长	2002 年 5 月—2005 年 1 月
赵家发	1961 年 5 月	男	常德市桃源	大专	中共党员	局长	2005 年 1 月—2013 年 1 月
罗梓铭	1968 年 9 月	男	常德市桃源	本科	中共党员	局长	2013 年 1 月—

2015年桃源县司法局现任班子成员名录

表 1-16

姓名	出生年月	性别	籍贯	学历	政治面貌	职务	任职时间
罗梓铭	1968年9月	男	常德市桃源	本科	中共党员	局长、党组书记	2013年1月—
皮华廷	1964年2月	男	常德市桃源	本科	中共党员	副局长、党组副书记	2016年1月—
陈子昂	1965年4月	男	常德市桃源	本科	中共党员	副局长、党组成员	2003年1月—
康立军	1974年9月	男	常德市桃源	本科	—	副局长	2016年1月—
吴　坤	1966年12月	男	常德市桃源	本科	中共党员	副局长、党组成员	2009年11月—
程　亮	1971年9月	男	常德市桃源	本科	中共党员	副局长、党组成员	2013年1月—
罗红丽	1979年6月	女	常德市桃源	本科	中共党员	党组成员、纪检组组长、政工室主任	2013年1月—

人员编制。1979年，全县各区、公社、镇均设兼职司法助理员，开展基层司法业务工作。

桃源县司法局重新成立时，朱长松任局长，主持开展司法局日常工作。自1985年以来，桃源县司法局编制变化情况为：一是根据湘政法〔1985〕8号、湘编〔1985〕15号文件，核定县局机关11名、公证处4名、律师事务所（法律顾问处）4名、基层司法所司法助理员编制数为70名，合计89名。二是根据湘编〔1986〕61号、湘司人〔1988〕72号文件，律师事务所（法律顾问处）增加编制1名，合计90名。三是根据湘编〔1988〕6号、湘司人〔1988〕8号文件，局机关增加编制5名、公证处增加编制1名、律师事务所（法律顾问处）增加编制2名、基层司法所增加编制2名，合计100名。四是根据湘编办〔1994〕21号文件，局机关增加编制2名，合计102名。五是根据湘司政〔1996〕42号、湘编办〔1996〕143号文件，局机关增加编制2名，合计104名。六是根据桃政办发〔2002〕23号文件，局机关核减2名、乡镇司法所核减2名编制调剂到县法援中心，合计编制102名。七是根据桃编发〔2006〕37号文件，律师事务所（法律顾问处）编制7名，调剂3名到基层司法所、调剂4名到法援中心，合计编制102名。八是根据桃办发〔2011〕4号文件，局机关增加编制3名，基层司法所核减编制3名，合计102名。后划转3名到桃花源，共有编制99名。

桃源县司法局现任班子成员简介

罗梓铭，男，汉族，常德市桃源县人，1968年9月出生，中共党员，本科学历，现任桃源县司法局局长、党组书记。

皮华廷，男，汉族，常德市桃源县人，1964年2月出生，中共党员，本科学历，现任桃源县司法局副局长、党组副书记。

陈子昂，男，汉族，常德市桃源县人，1965年4月出生，中共党员，本科学历，现任桃源县司法局副局长、党组成员。

康立军，男，汉族，常德市桃源县人，1974年9月出生，本科学历，现任桃源县司法局副局长。

吴坤，男，汉族，常德市桃源县人，1966年12月出生，中共党员，本科学历，现任桃源县司法局副局长、党组成员。

程亮，男，汉族，常德市桃源县人，1971年9月出生，中共党员，本科学历，现任桃源县司法局副局长、党组成员。

罗红丽，女，汉族，常德市桃源县人，1979年6月出生，中共党员，本科学历，现任桃源县司法局党组成员、纪检组组长、政工室主任。

主要职能。作为县政府主管全县司法行政工作的工作部门，司法局的职能职责主要体现在以下六个方面。

一、普法依法治理归口部门为局法制宣传股。负责拟订全县法治宣传教育和依法治理规划并组织实施和开展督导；负责开展各种专题法制宣传教育活动和普法专干培训活动；负责组织全县公职人员进行年度普法考试；负责“民主法治示范村（居）”“依法办事示范窗口单位”等各种创建活动；负责“两办”（中共桃源县委法治桃源建设工作领导小组办公室、桃源县依法治县领导小组办公室）的日常工作。

二、政策法规及律师公证管理归口部门为局法规股（与公证律师管理股合署办公）。负责组织拟订本行业法律法规和政策实施办法；负责机关规范性文件合法性审核；负责组织指导司法行政系统执法监督检查工作；负责行政复议、行政应诉、行政赔偿等工作；负责仲裁登记；负责监督管理司法鉴定工作；负责拟订全县律师、公证工作的规章制度；负责指导律师事务所组织建设、队伍建设及律师行业党的建设；负责组织公证、律师专业职务的评审；负责公证处、律师事务所的年检注册登记，负责全县行政、企事业单位法律顾问管理工作。

三、基层司法行政工作归口部门为局基层司法管理股。负责指导管理全县司法所建设工作；指导管理人民调解工作，参与指导组织人民调解、司法调解、行政调解（即“三调”）的衔接联动工作；负责基层法律服务工作者资格、执业登记核准报批工作；负责指导基层法律服务工作，并对《湖南省基层法律服务所条例》的执行情况进行监督管理；负责会同县人民法院指导人民陪审员工作。

四、社区矫正与安置帮教归口部门为局社区矫正工作股。负责制定全县社区矫正工作规划和管理工作规范；负责指导管理社区矫正工作，组织开展对社区服刑人员的监管、教育和考核奖惩；负责组织动员社会力量参与社区矫正工作，指导社区矫正社团组织工作；负责社区矫正工作人员的教育培训；负责指导全县刑释解教人员安置帮教工作。

五、公证工作归口部门为湖南省桃源县公证处。负责办理户籍地（法人住所地）、法律行为和事实发生地在桃源县行政区域内的自然人、法人和其他组织为维护自己的人身、财产合法权益，要求证明其个人身份（资格）、法律行为、有法律意义的事实和文书的真实性、合法性，依法确认人身关系、财产关系时均可申请办理国内民事、经济公证和涉外、港澳台公证事务。

六、法律援助归口部门为桃源县法律援助中心。负责协调、监督并组织实施本县的法律援助工作，统一受理人民法院指定辩护的刑事法律援助案件，受理、审批民事、行政、刑事法律援助申请，指派法律援助人员实施法律援助。

七、乡镇司法所是司法局的派出机构，主要履行以下职能职责：一是负责指导管理乡镇人民调解工作，参与调解疑难、复杂民间纠纷；二是负责承担社区矫正日常工作，组织开展对社区服刑人员的管理、教育和帮助；三是协助管理乡镇基层法律服务工作；四是负责协调有关部门和单位开展对刑释解教人员的安置帮教工作；五是负责组织乡镇法制宣传教育工作；六是负责组织开展基层普法依法治理工作，为乡镇人民政府依法行政、依法管理提供法律意见和建议；七是负责协助乡镇人民政府处理社会矛盾纠纷；八是负责参与社会治安综合治理；九是负责完成上级司法行政机关和乡镇人民政府交办的维护社会稳定的有关工作。

图 1—12 桃源县司法局全体在职人员合影

第五节　石门县司法局

机构沿革。石门县司法局于1980年12月重建后，分别于1981年8月和1981年10月成立由司法归口管理的石门县公证处和石门县法律顾问处。1983年12月，成立劳改

图1—13　石门县司法局办公楼

队，即常德地区第三劳改队。1985年，成立石门县普及法律常识领导小组。1989年5月，成立石门县依法治县领导小组，下设办公室于县司法局。1992年8月，组建石门县经贸律师事务所。1993年，成立石门县法律培训中心。1994年，成立石门县楚江、前进两国资律师事务所，共有专业律师20人。

1995年，随着社会和民主法制建设形势的发展石门县司法行政的职能范围和工作任务有新的调整。根据中共石门县委机构编制委员会“三定”文件《关于印发石门县司法局职能配置、内设机构和人员编制方案的通知》，石门县司法局的职能有所转变，减少具体事务性的工作，将律师、公证员的培训工作转移给有关事业单位和中介组织承担；不再直接管理有关事业单位的具体事务；不负责全县仲裁委员会的登记工作。司法局被确定为县人民政府主管全县司法行政工作的职能部门，主要职责：编制全县司法行政工作的中长期规则和年度计划并监督实施；贯彻执行国家有关司法行政工作的方针、政策、法规，维护国

家及社会稳定；参与有关规章的起草工作，会同有关部门监督检查法律、法规、规章的执行情况；负责司法行政执法监督检查与处理，为经济建设、民主与法制建设提供法律保障；制定全县法制宣传教育、法学教育、普及法律常识规划并组织实施，指导各乡镇、各行业的依法治理工作；综合管理社会法律服务机构、监督、指导全县律师工作和法律顾问工作，管理全县公证机构，监督、指导全县公证业务活动。指导全县的人民调解、司法助理及乡镇司法所、法律服务所的工作，参与包括惩治罪犯在内的各项综合治理，会同有关部门负责刑满释放和期满解教人员回归社会的管理工作。此外，文件还确定司法局内设 5 个职能股室，分别是办公室、法制宣传教育股、基层工作股、政工股、行政装备股，有 1 个直属机构，即公证处。确定人员编制数为 22 名，其中公证处编制4 名。

2000 年，各乡镇以司法所为依托，设立司法调解中心。

2001 年 3 月，前进律师事务所改制为合作律师事务所。

2001 年 6 月，成立县法律援助中心，定编 5 人。

2002 年 4 月，县司法局设立先河法律服务所，对全县法律工作者实行统一管理。

2002 年县乡机构改革，进一步明确司法局为县政府司法行政主管职能部门，石门县司法局职能、职责、人员编制及机构配置发生新的变化。根据石门县人民政府办公室“三定”文件《石门县人民政府办公室关于印发石门县司法局职能配置内设权构和人员编制规定的通知》的规定，对司法局的职能进行调整，新划入两项职能：一是指导和管理全县仲裁登记工作；二是指导和管理全县企业法律顾问工作。新增三项职能：一是指导和管理全县面向社会服务的司法鉴定工作；二是协助市司法局指导和管理全县初任法官、检察官资格、取得律师资格的司法统一考试工作；三是指导和管理全县法律援助工作。

2005 年 9 月，成立石门倚天司法鉴定所，由石门县司法局给予业务指导和监管。

2011 年 6 月，设立社区矫正股，管理指导全县社区矫正工作。

2011 年，根据石门县人民政府办公室关于印发《石门县司法局主要职责内设机构和人员编制规定》的通知，司法局职能股室由 5 个增加为 7 个，分别是办公室、政工室、行政装备股、法规股、宣传教育股、基层工作股、社区矫正股。直属机构有法律援助中心、公证处及 19 个乡镇司法所，分别是楚江、二都、易家渡、蒙泉、夹山、新关、皂市、白云、新铺、三圣、磨市、雁池、罗坪、壶瓶山、所街、太平、子良、维新、南北镇司法所。司法所实行县乡共管，以县司法局管理为主。

1980—2015 年石门县司法局历届局长名录

1-17

姓名	出生年月	性别	籍贯	学历	政治面貌	职务	任职时间
周用源	1931 年 7 月	男	常德市石门县	高中	中共党员	局长	1981 年 9 月—1986 年 3 月
邵国风	1938 年 10 月	男	常德市石门县	高中	中共党员	局长	1986 年 3 月—1992 年 11 月
伍本资	1945 年 7 月	男	常德市石门县	中专	中共党员	局长	1992 年 12 月—1995 年 1 月
覃事喜	1956 年 6 月	男	常德市石门县	大专	中共党员	局长	1995 年 1 月—2002 年 12 月
周和平	1953 年 4 月	男	常德市石门县	大专	中共党员	局长	2003 年 1 月—2004 年 2 月
唐汇军	1961 年 9 月	男	常德市石门县	本科	中共党员	局长	2004 年 2 月—2016 年 1 月
刘爱国	1967 年 6 月	男	常德市石门县	本科	中共党员	局长	2016 年 1 月—

石门县司法局现任班子成员名录

表 1-18

姓名	出生年月	性别	籍贯	学历	政治面貌	职务	任职时间
刘爱国	1967 年 6 月	男	湖南石门	本科	中共党员	党组书记、局长	2016 年 1 月—
叶长青	1969 年 10 月	男	湖南石门	本科	中共党员	党组副书记、副局长	2017 年 1 月—
涂平红	1972 年 4 月	男	湖南石门	本科	—	副局长	2010 年 3 月—
刘祖忠	1967 年 2 月	男	湖南石门	大专	中共党员	党组成员、工会主席、政工室主任	2016 年 3 月—

人员编制。1981 司法局重建时，由周用源任局长，张贵太、匡朗荣、胡振近、徐宗全先后任副局长。1981 年，有干部 13 人（其中，司法助理员 6 名）。1982 年，有 23 人，1984 年 44 人，1981 年，公证处有干部 2 人，1982 年，有干部 4 人。周用源兼主任，刘源泉、徐宗全、匡朗荣先后任副主任；1981 年，法律顾问处有干部 2 人，1983 年 3 人，胡振近任副主任，劳改队有干部、职工 19 人（职工 3 人），董明长任队长，马先友任副队长。

1995 年，司法局机关专项编制 18 名，其中局领导 3 名、纪检组组长 1 名、正副股长（主任）职数 8 名、其他工作人员 6 名。县公证处核定行政编制 4 名，其中主任 1 名、副主任 1 名、公证员 2 名。

2002 年的编制文件确定，司法局有 5 个职能股室，分别是办公室、宣传教育股、基层工作股、法制政工股、行政装备股。直属机构有法律援助中心、公证处及乡镇司法所，核定政法专项编制数77名。其中，局机关政法专项编制数为18名。设局长1名，副局长3名，纪检组组长1名，工会主席1名；股级领导职数7名，其他工作人员5名（含后勤服务人员1名）；法律援助中心，核定政法专项编制数5名，其中主任1名、副主任1名、其他工作人员3名；公证处核定政法专项编制4名，其中主任1名、副主任1名、公证员2名；乡镇司法助理员核定专项编制50名。

2003年，楚江律师事务所进行脱钩改制。

2011年石门县人民政府办公室关于印发《石门县司法局主要职责内设机构和人员编制规定》的通知，核定政法专项编制数81个。其中，局机关专项编制18个。设局长1名，副局长3名，政工室主任1名，工会主席1名；股级领导职数6名（其中，依法治县办公室主任高配为副科级）；其他工作人员6名（含机关后勤服务人员1名）。法律援助中心，核定政法专项编制数5个，其中主任1名、副主任1名、其他工作人员3名；公证处核定政法专项编制数4个，其中主任1名、副主任1名、公证员2名；乡镇司法助理员核定政法专项编制数54个。

石门县司法局现任班子成员简介

刘爱国，男，土家族，常德市石门县人，1967年6月出生，中共党员，本科学历，现任石门县司法局党组书记、局长。

叶长青，男，土家族，常德市石门县人，1969年10月出生，中共党员，本科学历，现任石门县司法局党组副书记、副局长。

涂平红，男，土家族，常德市石门县人，1972年4月出生，无党派人士，本科学历，现任石门县司法局副局长。

刘祖忠，男，土家族，常德市石门县人，1967年2月出生，中共党员，大专学历，现任石门县司法局党组成员、政工室主任、工会主席。

主要职能。一、贯彻执行国家有关司法行政工作的方针、政策和法律、法规；编制全县司法行政工作发展规划、年度计划并监督实施。

二、参与有关规范性文件的拟制工作

三、制定本县法治宣传教育计划和普及法律常识规划并组织实施，指导全县各乡镇、各行业的依法治理。

四、监督管理全县法律服务市场；指导和管理全县律师、企业法律顾问、法律援助和公证工作；管理社会法律服务机构和公证机构。

五、指导人民调解、司法助理及基层司法、基层法律服务工作，参与社会综合治理。

六、会同有关部门负责对刑满释放人员（和解除矫正人员）的安置帮教工作。

七、指导全县法学教育、法学理论研究工作。

八、指导和管理全县面向社会服务的司法鉴定工作。

九、负责全县仲裁机构的等记管理工作。

十、协助组织全县初任法官资格、初任检察官资格、取得律师资格的法律职业资格考试工作。

十一、指导和管理司法行政系统内部法治建设，指导行政复议、应诉和执法监督检查工作。

十二、指导和管理本系统的队伍建设、思想政治工作和警务工作，协助对本系统录用及调进人员的审核工作。

十三、承办县委、县人民政府和上级业务主管部门交办的其他事项。

图1—14　石门县司法局全体在职人员合影

第六节　临澧县司法局

机构沿革。临澧县司法局是县政府主管司法行政工作的职能部门，担负着全县人民调解、社区矫正、安置帮教、普法宣传、法律援助、法律服务、司法鉴定、公证等职能、职责。

图 1—15　临澧县司法局办公楼

临澧县司法局建于 1980 年，设有办公室、基层工作管理股、法制宣传股、政工人事股、律公管理股 5 个内设机构设有 2 家直属机构即 1 个公证处、1 个全额拨款事业单位性质的法律顾问处、17 个基层司法所。

2002 年县乡机构改革，进一步明确司法局是主管全县司法行政工作的县人民政府工作部门。临澧县司法局职能、职责、人员编制及机构配置发生新的变化。根据临澧县人民政府办公室“三定”文件《临澧县人民政府办公室关于印发临澧县司法局职能配置内设机构和人员编制规定的通知》的规定，对司法局的职能进行调整，新增 4 项职能：一是指导和管理全县面向社会服务的司法鉴定工作；二是指导和管理全县初任法官资格、初任检察官资格、取得律师资格的司法考试统一考试工作；三是指导和管理全县法律援助工作；四是指导和管理“12348”专用电话法律服务工作。

2011年，根据临澧县人民政府办公室“三定”文件《临澧县人民政府办公室关于印发临澧县司法局职能配置内设机构和人员编制规定的通知》的规定，对司法局的职能继2002年后进行再次调整。一是取消组织指导全县初任法官资格、初任检察官资格、取得律师资格的司法统一考试工作职责；二是增加指导管理全县社区矫正工作的职责。

2016年，根据临澧县人民政府办公室“三定”文件《临澧县人民政府办公室关于印发临澧县司法局职能配置内设机构和人员编制规定的通知》的规定，明确临澧县司法局为正科级单位，属县人民政府工作部门。职能随之作出相应调整。一是取消、调整、增加由县人民政府公布予以变动的行政审批事项；二是增加指导全县社区戒毒（康复）工作；三是加强指导全县公共法律服务工作和管理全县社区矫正工作。

1980—2015年临澧县司法局历届局长成员名录

表1-19

姓名	出生年月	性别	籍贯	学历	政治面貌	职务	任职时间
谢肇荣	1948年8月	男	常德临澧	大专	中共党员	局长	1981年3月—1983年3月
周　瑛	1934年1月	男	常德临澧	初中	中共党员	局长	1983年3月—1985年2月
晏家银	1941年12月	男	常德临澧	大专	中共党员	局长	1985年2月—1990年5月
欧高吾	1948年11月	男	常德临澧	大专	中共党员	局长	1990年5月—1992年1月
汪国飞	1954年6月	男	常德临澧	大专	中共党员	局长	1992年1月—1995年11月
姚定国	1955年8月	男	常德临澧	大专	中共党员	局长	1995年11月—1997年10月
周尚春	1953年3月	男	常德临澧	大专	中共党员	局长	1997年10月—2001年9月
高金平	1969年4月	男	常德石门	大专	中共党员	局长	2001年9月—2005年1月
周远明	1958年5月	男	常德临澧	大专	中共党员	局长	2005年1月—2007年9月
杨　杰	1968年9月	男	常德临澧	大专	中共党员	局长	2007年9月—2009年12月
宁秀元	1963年1月	男	常德临澧	大专	中共党员	局长	2009年12月—

2015年临澧县司法局现任班子成员名录

表 1-20

姓名	出生年月	性别	籍 贯	学历	政治面貌	职 务	任职时间
宁秀元	1963年1月	男	常德临澧	专科	中共党员	党组书记、局长	2009年12月—
吴 输	1970年9月	男	常德临澧	本科	中共党员	党组成员、副局长	2006年5月—
关中平	1972年2月	男	常德临澧	本科	中共党员	党组成员、纪检组组长	2010年9月—
金亚妮	1972年11月	女	常德临澧	本科	中共党员	党组成员、副局长	2016年1月—
杨秋平	1972年9月	男	常德临澧	本科	中共党员	党组成员、政工室主任	2015年12月—

人员编制。2002年，临澧县司法局机关专项编制为16名，其中局长1名、副局长3名、纪检组组长1名、工会主席1名、股室职数5名、其他工作人员5名。设公证处，办理公证业务，核定编制4名，其中主任1名、副主任1名、公证员1名、其他工作人员1名。设法律援助中心，开展全县法律援助工作，核定编制3名，其中主任1名、工作人员2名。设“12348”法律服务协调指挥中心，专办电话法律服务工作，核定专项编制2名，其中主任1名、值班人员1名。乡镇司法助理员专项编制21名。

2011年，临澧县司法局机关政法专项编制为18名，其中局长1名、副局长3名、纪检组组长1名、工会主席1名、政工室主任1名、股室职数6名、其他工作人员5名。设公证处，办理公证业务，核定编制3名，其中主任1名、其他工作人员2名。设法律援助中心开展全县法律援助工作，核定编制3名，其中主任1名、其他工作人员2名。设“12348”法律服务协调指挥中心，专办电话法律服务工作，核定专项编制1名，其中主任1名。乡镇司法助理员专项编制21名。

目前，临澧县司法局共有7个内设机构，分别是政工室、办公室、计财装备股、法制宣传股、律师公证管理股、基层司法管理股、社区矫正股；共有直属机构3个，即公证处、法律援助中心、“12348”法律服务协调指挥中心；下辖10个司法所，即新安所、合口所、刻木山所、停弦所、佘市所、安福所、修梅所、烽火所、四新岗所、太浮所。

临澧县司法局现任班子成员简介

宁秀元，男，汉族，常德市临澧县人，1963 年 1 月出生，中共党员，大专学历，现任临澧县司法局党组书记、局长。

吴输，男，汉族，常德市临澧县人，1970 年 9 月出生，中共党员，大学本科学历，现任临澧县司法局党组成员、副局长。

关中平，男，汉族，常德市鼎城区人，1972 年 2 月出生，中共党员，大学本科学历，现任临澧县司法局党组成员、纪检组组长。

金亚妮，女，汉族，常德市临澧县人，1972 年 11 月出生，中共党员，大学本科学历，现任临澧县司法局党组成员，副局长。

杨秋平，男，汉族，常德市临澧县人，1972 年 9 月出生，中共党员，大学本科学历，现任临澧县司法局党组成员、政工主任。

主要职能。一、贯彻执行国家、省有关司法行政工作的方针、政策和法规；编制全市司法行政工作发展规划、年度计划，并监督实施。

二、拟订司法行政方面的规范性文件，并组织实施。

三、监督管理全县刑罚执行、改造罪犯的工作。

四、指导管理社区戒毒（康复）工作。

五、指导普法依法治理工作；参与社会治安综合治理。

六、指导监督全县律师工作和公证工作并承担相应责任；管理公证机构。

七、指导全县公共法律服务工作；监督管理全县法律援助工作。

八、指导监督基层司法所建设、人民调解、社区矫正、基层法律服务和帮教安置工作。

九、负责管理全县面向社会服务的司法鉴定工作。

十、负责管理全县司法行政系统计划财务及服装、警车等资产管理工作。

十一、负责司法行政系统的队伍建设、党组织建设和思想政治工作；管理司法行政系统的教育培训、绩效评估、考核奖励和警务工作。

十二、承办县委、县人民政府交办的其他事项。

图1—16 临澧县司法局全体在职人员合影

第七节　澧县司法局

机构沿革。澧县司法局是澧县人民政府的组成机构，是区人民政府主管全县司法行政工作的职能部门，肩负着指导管理人民调解、社区矫正、安置帮教、律师、基层法律服务、法制宣传和法律援助等重要职责。

图 1—17　澧县司法局办公楼

该局成立于 1981 年 1 月，正科级单位。建立时机构设置为两个：办公室和业务股。人数为 7 人。1988 年，县编制委员会、司法局、财政局共同发文，全县区乡镇司法助理员经费归口司法局统一管理。1995 年 3 月 31 日，澧县法律顾问处更名为澧县第一律师事务所。更名后的工作职能、机构级别、隶属关系等维持不变。1995 年 11 月，县司法局在“三定”的基础上，设立法制宣传、法学教育、公证律师管理、基层工作等七股一室。1995 年 12 月 15 日，澧县县委出台〔1995〕54 号文件，进一步加强乡镇司法行政工作，进一步明确乡镇司法行政工作的职责和任务，加强对乡镇司法行政工作的管理。保证乡镇司法行政干警的福利待遇。1996 年 1 月，成立桃花滩法律服务所。1996 年 4 月，县编委又发文批准全县 32 个乡镇设立司法所，并明确为基层行政机构。县司法局形成较完整的机构网络和工作体系，下辖 1 个公证处、3 个律师事务所、32 个乡镇司法所、5 个法律服务所、1200 多个基层人民调解委员会。2015 年，根据《中共澧县县委澧县人民政府关于印发〈澧县人民政府机构改革方案实施意见〉的通知》和《中共澧县县委办公室澧县人民政府办公室关于澧县人民政府机构设置的通知》，设立澧县司法局，正科级，为县人民政府工作部门。

澧县司法局内设机构调整为 5 个：办公室、政工室、法制宣传股、基层司法管理股、社区矫正工作股。

2015 年年底，根据工作需要，经党组研究，将法律援助、公证及中介机构法律服务等纳入公共法律服务管理，成立公共法律服务管理股。

基层司法所系司法局的派出机构。2010—2012 年，基层司法所为 32 个：澧阳司法所、澧澹司法所、道河司法所、澧南司法所、澧东司法所、张公庙司法所、涔南司法所、大坪司法所、九垸司法所、官垸司法所、小渡口司法所、永丰司法所、如东司法所、雷公塔司法所、复兴厂司法所、梦溪司法所、双龙司法所、宜万司法所、盐井司法所、大堰垱司法所、金罗司法所、中武司法所、王家厂司法所、闸口司法所、车溪司法所、火连坡司法所、杨家坊司法所、太青司法所、洞市司法所、码头铺司法所、甘溪司法所、方石坪司法所。2014 年，根据区划调整，澧阳镇和澧澹乡划分为澧阳街道、澧西街道、澧浦街道、澧澹街道，32 个司法所调整为 34 个司法所。澧阳司法所、澧澹司法所根据街道分布调整为澧阳司法所、澧西司法所、澧浦司法所、澧澹司法所，其余司法所维持不变。2015 年，因澧县撤乡并镇，34 个司法所调整为 19 个：澧阳司法所、澧西司法所、澧浦司法所、澧澹司法所、小渡口司法所、官垸司法所、如东司法所、复兴司法所、金罗司法所、盐井司法所、火连坡司法所、甘溪司法所、涔南司法所、梦溪司法所、城头山司法所、澧南司法所、王家厂司法所、大堰垱司法所、码头铺司法所。

至此，澧县司法局共管辖 19 个基层司法所。

1980—2015 年澧县司法局历届局长名录

表 1-21

姓名	出生年月	性别	籍贯	学历	政治面貌	职务	任职时间
李德茨	1928 年 1 月	男	常德澧县	高中	中共党员	代局长	1980 年 9 月—1982 年 2 月
唐先望	1931 年 3 月	男	常德澧县	初中	中共党员	局　长	1982 年 3 月—1984 年 12 月
曾林庆	1946 年 10 月	男	常德澧县	高中	中共党员	代局长	1985 年 1 月—1986 年 12 月
龚光锦	1941 年 11 月	男	常德澧县	高中	中共党员	局　长	1987 年 1 月—1993 年 11 月
谭大武	1953 年 3 月	男	常德澧县	本科	中共党员	局　长	1993 年 12 月—2008 年 3 月
刘承建	1964 年 4 月	男	常德澧县	本科	中共党员	局　长	2008 年 4 月—

2015 年澧县司法局现任班子成员名录

表 1-22

姓名	出生年月	性别	籍贯	学历	政治面貌	职务	任职时间
刘承建	1964 年 4 月	男	常德澧县	本科	中共党员	党组书记、局长	2008 年 4 月—
张长清	1968 年 11 月	男	常德澧县	本科	中共党员	党组成员、副局长	2012 年 10 月—
刘延岸	1968 年 9 月	男	常德澧县	本科	中共党员	党组成员、副局长	2011 年 1 月—
赵　里	1976 年 11 月	男	常德澧县	本科	中共党员	党组成员、纪检组组长	2009 年 3 月—
李宽祥	1974 年 7 月	男	常德澧县	本科	中共党员	党组成员、政工室主任	2016 年 9 月—

人员编制。自 1980 年恢复重组县级司法局以来，机关人员编制，除 1994 年增加 2 名编制外，基本处于恢复时的状况。全系统共计人员 78 人，机关干部共计 19 人，2003 年 10 月，县委、县人民政府决定将原七里湖的彭大明等 8 人安排进司法行政系统，经市局、省厅同意后进行安排，但不具备公务员资格。

1995 年，根据省委办公厅(1995)26 号文件、市委办公室(1995)61 号文件精神，经县委、县人民政府批准，澧县司法局设立五股一室，乡镇一律设司法所、法律服务所，明确乡镇司法所、法律服务所隶属司法局管理的管理体制。1995 年，为 5 名司法工作人员解决副科级待遇，为符合条件人员的 86%。解决 35 户家属子女“农转非”。1995 年 11 月 25 日，县编委印发澧县司法局职能配置、内设机构和人员编制方案通知，进一步转变职能、明确职责和内设机构，设置 6 个股室即办公室、政工股、政策法规股、法制宣传股、基层工作股和行财装备股。全局机关工作人员 18 人，其中局领导职数 4 名、纪检组组长 1 名、股长（主任）职数 6 名、工作人员 7 名。1995 年，先后选聘 15 名法律服务工作者充实基层，5 名机关工作人员与基层双向交流。1996 年，中共澧县县委机构编制委员会办公室澧编办发〔1996〕13 号文件在县司法局增设法学教育股和公正律师管理股。各配股长 1 名，办事员 1 名。1996 年，中共澧县县委机构编制委员会以澧编办〔1996〕14 号正式成立乡镇司法所。2003 年 4 月 30 日，对司法所行政编制进行核定，根据《中共常德市委、常德市人民政府关于澧县限制机构改革方案的通知》，核定司法专项行政编制 69 名，经研究，全县 32 个乡镇司法所共核定专项行政编制 45 名。局机关精简股室 3 个，新设立法律援助中心，全局精简编制 7 个，机关分流 10 人，其中 3 人充实到基层司法所。2004 年，澧县司法局设四股一室，另有公证处、法律援助中心 2 个独立二级机构。人员编制共 24 人，其中局机关 16 名、公证处 5 名、法律援助中心 3 名。2012 年，根据工作需要，经申请增加 3 个编制，共为 76 个编制。

至 2015 年，县司法局机关共有政法专项编制 16 名，其中局长 1 名、副局长 2 名、纪检职务 1 名、政工室主任 1 名、其他工作人员 11 名。

澧县公证处，副科级，为县司法局管理的二级机构。核定政法专项编制 5 名，其中主任 1 名、其他工作人员 4 名。

澧县法律援助中心，正股级，为县司法局管理的二级机构。核定政法专项编制 3 名，其中主任 1 名、其他工作人员 2 名。

全县共设 19 个乡镇或街道司法所，为县司法局派出机构，负责所在乡镇和街道办事处的各项基层司法行政工作。核定政法专项编制 52 名。

澧县司法局现任班子成员简介

刘承建，男，汉族，常德市澧县人，1964 年 4 月出生，中共党员，本科学历，现任澧县司法局党组书记、局长。

张长清，男，汉族，常德市澧县人，1968 年 11 月出生，中共党员，本科学历，现任澧县司法局党组成员、副局长。

刘延岸，男，汉族，常德市澧县人，1968 年 9 月出生，中共党员，大学本科学历，现任澧县司法局党组成员、副局长。

赵里，男，汉族，常德市澧县人，1976 年 11 月出生，中共党员，大学学历，现任澧县司法局党组成员、纪检组组长。

李宽祥，男，汉族，常德市澧县人，1974 年 7 月出生，中共党员，本科学历，现任澧县司法局党组成员、政工室主任。

主要职能。职责调整增加指导管理全县社区矫正工作的职责；取消组织指导公证员考试、律师资格考试工作的职责。

一、贯彻执行国家有关司法行政工作的方针、政策和法律、法规、规章；编制全县司法行政工作发展规划、年度计划，并监督实施。

二、会同有关部门监督检查法律、法规、规章的执行情况；指导司法行政系统行政复议与应诉工作。

三、指导全县普法依法治理工作；参与社会治安综合治理工作。

四、负责指导管理全县律师工作和公证工作并承担相应责任；负责管理公证机构。

五、负责指导监督基层司法所建设和人民调解、社区矫正、基层法律服务和帮教安置工作。

六、负责监督管理全县法律援助工作。

七、负责组织实施全县国家司法考试工作。

八、负责指导管理全县面向社会的司法鉴定工作。

九、负责指导管理全县司法行政系统计划财务及枪支弹药、服装和警车管理工作。

十、负责指导司法行政系统的队伍建设、党组织建设和思想政治工作，指导管理司法行政系统的教育培训、考核奖励和警务工作。

十一、负责承办县委、县人民政府交办的其他事项。

图 1—18　澧县司法局全体在职人员合影

第八节　津市市司法局

机构沿革。津市市司法局是市人民政府主管司法行政工作的职能部门，担负着全市人民调解、普法宣传、社区矫正、安置帮教、法律援助和法律服务等职能职责。

图1—19　津市司法局办公楼

该局于1981年1月重建后，分别于1981年6月和1981年7月成立由司法局归口管理的津市市公证处和津市市法律顾问处。1984年3月，成立津市市拘役所（股级）。1984年8月，将津市市拘役所更名为常德地区第十一劳改队（副科级事业单位）。1985年，成立津市市普及法律常识领导小组。1989年，成立津市市依法治市领导小组，下设办公室于市司法局。1987年，12个乡镇街道以司法办为依托均成立法律服务所、实行一个机构两块牌子。1989年7月，根据省市精神将津市市法律顾问处更名为津市市第一律师事务所。1993年，成立津市市第二律师事务所，拥有专职律师23名。

司法局重建初期的职能有以下六项：一是管理法院的机构设置；二是司法干部的管理和培训；三是公证律师的建设；四是各级调解组织的建设；五是法治宣传教育；六是司法枪支、弹药、服装的管理。

1996年，随着社会主义民主与法制建设的发展，津市市司法局的职能范围和工作任务有新的调整。根据中共津市市委机构编制委员会“三定”文件精神《关于印发津市市司法局职能配置、内设机构和人员编制方案的通知》，津市市司法局职能有所改变，强化研究制定全市司法行政工作的发展规划，加强司法行政干警的管理教育和培训工作，宏观管理全市法律服务事宜，指导行政机关企事业单位的法律顾问工作；组织和指导全市法学教育和普法宣传工作，管理指导法制基础建设工作等职能。加强刑满释放和期满解教人员回归社会的管理工作。减少具体事务性工作，将律师、公证员的培训工作转移给有关事业单位和中介组织承担；不再直接管理有关事业单位的具体事务；不负责全市仲裁委员会的登记工作。司法局是市人民政府主管全市司法行政工作的职能部门。主要职责：编制全市司法行政工作的中长期规划和年度计划并监督实施，贯彻执行国家有关司法行政工作的方案、政策、法规，维护国家及社会稳定；制定全市法制宣传教育、普及法律常识规划并组织实施、指导各乡镇街道各行业的依法治理工作；综合管理社会服务机构，监督指导全市律师工作和法律顾问工作；管理全市公证机构，监督、指导全市公证业务活动；管理乡镇街道司法所和法律服务工作，指导全市人民调解和基层法律服务工作；参与包括惩治罪犯在内的各项综合治理，会同有关部门负责刑满释放和期满解教人员回归社会的管理工作；指导和管理全市法学教育，法学理论的研究工作；指导和管理司法行政队伍建设，思想政治工作。1996 年的编制文件确定司法局有 4 个职能股室，分别是办公室、法制宣传教育股、基层司法管理股、公证律师管理股，确定人员编制数 28 名（乡镇街道司法员 13 名），其中局领导职数 3 名（局长 1 名、副局长 2 名），正副股长（主任）职数 4 名，其他工作人员 8 名，该次的“三定”方案没有把市公证处、市第一律师事务所、市第二律师事务所纳入编制文件中。

2006 年，第一律师事务所、第二律师事务所分别更名为湖南鼎鸣律师事务所、湖南津正律师事务所。

2000 年，各乡镇街道以司法所为依托，设立司法调解中心。

2001 年，湖南鼎鸣律师事务所和湖南津正律师事务所分别改制为合作制律师事务所。

2001 年 9 月，成立津市市法律援助中心，具有行政职能的事业单位，定编 6 人。

2002 年，市、乡机构改革，进一步明确司法局是主管全市司法行政工作的市人民政府工作部门，其职能职责人员编制以及机构配置发生新的变化。根据津市市人民政府办公室“三定”文件《津市市司法局职能配置、内设机构和人员编制规定》，对司法局的职能进行调整，新划入一项职能，即指导和管理全市企业法律顾问工作。增加三项职能：一是指导管理全市面向社会服务的司法鉴定工作；二是管理全市国家司法考试的报名及组织工作；三是指导和管理全市法律援助工作。人员编制由 1996 年的 28 名增加到 39 名，同时还进一步明确津市市公证处、津市市法律援助中心是具有行政职能的事业单位，管理人员实行公务员管理，乡镇街道司法所是市司法局设在乡镇街道的派出机构。

2005 年 6 月，成立九澧司法鉴定中心，由津市市司法局给予业务指导和监管。

2008 年，津市市被确定为全省社区矫正试点县、市（常德唯一），社区矫正工作暂纳入基层司法管理股业务范围。2009 年，成立社区矫正股（暂未进入“三定”方案）。

2011 年 11 月，成立湖南秦明律师事务所。

2011 年，根据津市市人民政府办公室“三定”方案《津市市司法局主要职责，内设机构和人员编制规定》，增加一项新的职能，即管理全市社区矫正工作，增设一个新的工作机构，即社区矫正工作股。

1981—2015 年津市市司法局历届局长名录

表 1-23

姓名	出生年月	性别	籍贯	学历	政治面貌	职务	任职时间
张帮栋	1929 年 08 月	男	湖南澧县	初中	中共党员	局长	1981 年 01 月—1983 年 12 月
向盛柏	1935 年 12 月	男	湖南慈利	高中	中共党员	局长	1984 年 01 月—1990 年 03 月
张明全	1938 年 11 月	男	湖南津市	中专	中共党员	局长	1990 年 04 月—1993 年 12 月
万长生	1945 年 04 月	男	湖南津市	高中	中共党员	局长	1994 年 01 月—1994 年 12 月
辜建校	1955 年 02 月	男	湖南澧县	本科	中共党员	局长	1994 年 12 月—2000 年 12 月
傅　义	1966 年 06 月	女	湖南津市	本科	中共党员	局长	2001 年 01 月—2002 年 06 月
杨丙武	1966 年 05 月	男	湖南津市	本科	中共党员	局长	2002 年 06 月—2005 年 12 月
卜茂贵	1963 年 06 月	男	湖南津市	本科	中共党员	局长	2006 年 01 月—2009 年 12 月
聂平凡	1964 年 10 月	男	湖南津市	本科	中共党员	局长	2010 年 01 月—

2015 年津市市司法局现任班子成员名录

表 1-24

姓名	出生年月	性别	籍 贯	学历	政治面貌	职 务	任职时间
聂平凡	1964 年 10 月	男	常德津市	本科	中共党员	党组书记、局长	2010 年 1 月—
杨启文	1968 年 6 月	男	常德津市	本科	中共党员	党组副书记、副局长	2010 年 1 月—
杨重遥	1970 年 11 月	男	常德津市	本科	中共党员	党组成员、纪检组组长	2016 年 1 月—
颜甲丙	1988 年 12 月	女	常德澧县	本科	—	副局长	2016 月 1 月—
石瑞玲	1985 年 8 月	女	常德鼎城	本科	中共党员	党组成员、政工室主任	2016 年 1 月—

人员编制。1981 年津市司法局重建时，由张邦栋和向盛柏先后任局长，李森林、周序阁、覃士文先后任副局长。当时，司法局实有干部 5 人，1982 年津市市委编制委员会给司法局核

编15人(局机关10人,法律顾问处2人、公证处3人),由夏治忠和杨名浩先后任公证处主任,羿保刚任法律顾问处主任。1984年3月,津市市拘役所成立,周德明任所长。1984年8月拘役所更名为常德市第十一劳改队,由严其梅任队长,劳改队有干部职工20人(干部15人、职工5人),劳改队于1985年11月宣布撤销。

1996年,编制文件确定人员编制数28名(乡镇街道工作人员13名),其中局领导职数3名(局长1名、副局长2名)、正副股长(主任)职数4人。其他工作人员8名。内设4个职能股室(办公室、法制宣传教育股、基层司法管理股、公证律师管理股)。

2002年的编制文件确定人员编制数39名。局机关编制15人,其中局长1名、副局长3名、股级职务数4名、其他工作人员7名;法律援助中心编制数6名,其中主任1名、副主任1名、其他工作人员4名;公证处编制数5名,其中主任1名、副主任1名、其他工作人员3名;乡镇街道司法所编制人数13名。司法局内设5个机构,即办公室(政工室)、法制宣传股(市依法治市领导小组办公室)、律师公证管理股(法规股)、基层司法管理股、社区矫正工作股。

2011年,编制文件确定人员编制数46名,局机关编制数16名,其中局长1名、副局长3名、纪检组组长1名、工会主席1名、政工室主任(副科级干部)1名、股级领导职数5名、其他工作人员5名;法律援助中心编制数5名,其中主任1名、副主任1名、其他工作人员3名;公证处编制数5名,其中主任1名、副主任1名、其他工作人员3名;乡镇街道司法所编制数20名,其中所长11名、其他工作人员9名。内设机构5个,即办公室(政工室)、法制宣传股(市依法治市领导小组办公室)、律师公证管理股(法规股)、基层司法管理股、社区矫正工作股。

2001—2015年,司法局的组织机构也经历一些新的改革。2001年,湖南鼎鸣律师事务所和湖南津正律师事务所进行脱钩改制。2005年9月,公证处和法律援助中心由具有行政职能的事业单位改为行政机构,纳入公务员管理。2015年,根据市委书记办公会议纪要(二〇一五年第三号)确定,将中共津市市委"法治津市"建设工作领导小组办公室办公地点设在市司法局,实行一个机构三块牌子(市委法治办、依法治市办、法制宣传股),司法局内设5个职能股室,分别是办公室(政工室)、法制宣传股、律师公证管理股、基层司法管理股、社区矫正工作股,直属机构2个,即公证处、法律援助中心、派出机构11个,即三洲驿司法所、汪家桥司法所、襄阳街司法所、金鱼岭司法所、新洲司法所、李家铺司法所、保河堤司法所、渡口司法所、棠华司法所、白衣司法所和灵泉司法所。

津市市司法局现任班子成员简介

聂平凡，男，汉族，常德市津市市人，1964年10月出生，中共党员，大学本科学历，现任津市市司法局党组书记、局长。

杨启文，男，汉族，常德市津市市人，1968年6月出生，中共党员，大学本科学历，现任津市市司法局党组副书记，副局长。

杨重遥，男，汉族，常德市津市市人，1970年11月出生，中共党员，大学本科学历，现任津市市司法局党组成员，纪检组组长。

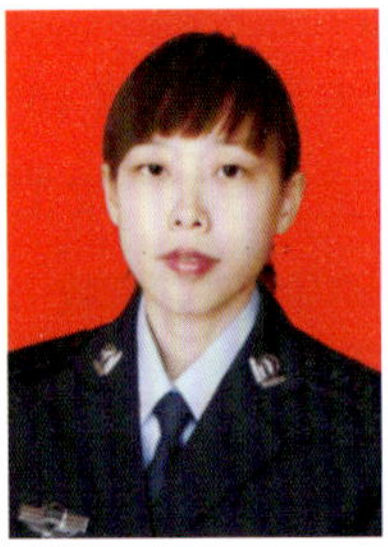

颜甲丙，女，汉族，常德市澧县人，1988年12月出生，本科学历，现任津市市司法局副局长。

石瑞玲，女，汉族，常德市鼎城区人，1985年8月出生，中共党员，大学本科学历，现任津市市司法局党组成员，政工室主任。

主要职能。一、贯彻执行国家、省和常德市有关司法行政工作的方针政策和法律法规；编制全市司法行政工作发展规划和年度计划并监督实施。

二、拟订司法行政方面的规范性文件并组织实施。

三、指导全市普法依法治理工作；参与社会治安综合治理工作。

四、指导监督全市律师工作和公证工作并承担相应责任；负责管理公证机构。

五、指导全市公共法律服务工作；监督管理全市法律援助工作。

六、指导监督基层司法所建设、人民调解、社区矫正、基层法律服务和帮教安置工作。

七、指导管理全市面向社会服务的司法鉴定工作。

八、管理全市司法行政系统计划财务和装备工作。

九、指导司法行政系统的队伍建设、党组织建设和思想政治工作；指导管理司法行政系统的教育培训、绩效评估、考核奖励工作。

十、承办市委、市人民政府交办的其他事项。

图 1—20　津市市司法局全体在职人员合影

第九节　安乡县司法局

机构沿革。安乡县司法局是县人民政府主管司法行政工作的职能部门，担负着全县人民调解、社区矫正、安置帮教、普法宣传、法律援助和法律服务等职能。

图 1—21　安乡县司法局办公楼

司法局于 1980 年 12 月重建后，分别于 1981 年 8 月和 1983 年 10 月成立由司法局归口管理的安乡县公证处和安乡县法律顾问处。1983 年 12 月，成立劳改队，即常德地区第八劳改队。1984 年 9 月，安乡县法律顾问处更名为安乡县律师事务所。1985 年，成立安乡县普及法律常识领导小组。1989 年 5 月，成立安乡县依法治县领导小组，下设办公室。1997 年 5 月，经安乡编制办公室批准设立湖南深柳律师事务所，安乡县律师事务所随之取消。拥有专业律师 13 人。

1995 年，随着社会和民主法制建设形势的发展，安乡县司法行政的职能范围和工作任务有新的调整。根据中共安乡县委机构编制委员会“三定”文件《关于印发安乡县司法局职能配置、内设机构和人员编制方案的通知》，安乡县司法局的职能有所改变，强化研究制定全县司法行政工作的发展规划，加强司法行政干警的管理教育和培训工作；宏观管理全县法律服务事业，指导行政机关，企事业单位的法律顾问；组织和指导全县法学教育和普法宣传工作，管理基层法制基础建设工作等职能。加强刑满释放和刑释解教人员回归社会和管理工作。司法局的主要职责确定为是县人民政府主管全县司法行政工作的职能部门，主要职责：编制全县司法行政工作的中长期规则和年度计划并监督实施，贯彻执行国家有关司法行政工作的方针、政策、法规，维护国家及社会稳定；参与有关规章的起草工作，会同有关部门监督检查法律、法规、规章的执行情况；负责司法行政执行监督检查与处理，为经济建设、民主与法制建设提供法律保障；制定全县法制宣传教育、法学教育、普及法律常识规划并组织实施，指导各乡镇、各行业的依法治理工作；综合管理社会法律服务机构、监督、指导全县律师工作和法律顾问工作，管理全县公证机构，监督、指导全县公证业务活动。指导全县的人民调解、司法助理及乡镇司法所、法律服务所工作，参与包括惩治罪犯在内的各项综合治理，会同有关部门负责刑满释放和刑释解教人员回归社会的管理工作。1995 年的编制文件确定司法局有 5 个职能股室，分别是办公室、法制宣传教育股、基层工作股、政工股、法规股。直属机构 1 个：安乡县公证处。确定人员编制数为 15 名，公证处编制 5 名。

1999 年 10 月，成立湖南信义律师事务所。

2002 年 5 月，县法律援助中心正式成立，定编 7 人

2002 年 12 月，乡镇助理员收编为县司法局，设立司法所。

2003 年 8 月，县司法局设立城关法律服务所，对全县法律工作者实行统一管理。

2005 年 7 月，成立安乡孱陵司法鉴定所，由安乡县司法局给予业务指导和监管。

2008 年 12 月，城关司法所与官陵湖司法所合并成立深柳司法所。

2013 年 3 月，湖南深柳律师事务所改制为合作律师事务所。

1980—2015 年安乡县司法局历届局长名录

表 1-25

姓 名	出生年月	性别	籍 贯	学历	政治面貌	职 务	任职时间
彭次卿	1927 年 11 月	男	湖南安乡	初中	中共党员	局长	1981 年 1 月—1983 年 12 月
张叶池	1949 年 2 月	男	湖南安乡	高中	中共党员	局长	1984 年 1 月—1986 年 9 月
王建国	1950 年 11 月	男	湖南安乡	高中	中共党员	局长	1986 年 10 月—1988 年 1 月
杨其芳	1950 年 7 月	女	湖南安乡	本科	中共党员	局长	1988 年 2 月—1992 年 1 月
王精明	1943 年 12 月	男	湖南安乡	本科	中共党员	局长	1992 年 2 月—1992 年 9 月
王德凡	1956 年 11 月	男	湖南安乡	本科	中共党员	局长	1992 年 10 月—1994 年 11 月
彭训安	1952 年 8 月	男	湖南安乡	本科	中共党员	局长	1994 年 12 月—1997 年 11 月
程明德	1959 年 2 月	男	湖南安乡	本科	中共党员	局长	1997 年 12 月—2000 年 12 月
杨　钦	1962 年 11 月	女	湖南安乡	本科	中共党员	局长	2001 年 1 月—2012 年 3 月
周德林	1962 年 8 月	男	湖南安乡	本科	中共党员	局长	2012 年 4 月—2015 年 11 月
赵杰锋	1969 年 3 月	男	湖南安乡	在职研究生	中共党员	局长	2015 年 12 月—

2015年安乡县司法局现任班子成员名录

表 1-26

姓名	出生年月	性别	籍贯	学历	政治面貌	职务	任职时间
赵杰锋	1969年03月	男	常德安乡	在职研究生	中共党员	党组书记、局长	2015年12月—
邬明	1984年8月	男	常德鼎城	本科	—	副局长	2011年3月—
毛学庆	1967年10月	男	常德安乡	大专	中共党员	党组成员、副局长	2015年12月—
席在春	1965年11月	男	常德安乡	大专	中共党员	党组成员、纪检组组长	2010年3月—
张献革	1965年3月	男	常德安乡	大专	中共党员	党组成员、政工室主任	2012年3月—

人员编制。1981年司法局重建时，由彭次卿任局长，共有政法专项编制27名，其中，局机关13名、公证处4名、法律顾问处3名，司法助理7名。1988年，根据安乡县人民政府办公室“三定”文件《关于印发安乡县司法局内设机构和人员编制规定的通知》》，局机关增编2名，公证处增编1名，律师事务所增编1名，司法助理增编1名。1994年增编1名，1996年增编4名。2015年，乡镇司法助理增编1名，到2015年年底，安乡县司法局实有政法专项编制48名，即局机关15名、法援中心10名、公证处2名，乡镇司法助理21名。

2011年，根据编制文件确定，司法局内设5个职能股室，分别是办公室、宣传教育股、基层工作股、政工股、法规股。直属机构有法律援助中心、公证处及乡镇司法所，确定人员编制数47名，其中局机关专项编制15名。设局长1名，副局长3名，纪检组组长1名，工会主席1名；政工室主任1名；股级领导职数4名，其他工作人员4名，法援中心核定专项编制10名，其中主任1名、其他工作人员9名；公证处核定专项编制2名，其中主任1名、公证员1名；乡镇司法助理员核定专项编制20名。

2002—2015年，司法局的组织机构经历一些新的改革。2008年，城关司法所与官陵湖司法所合并成立深柳司法所。2013年，湖南深柳律师事务所进行脱钩改制。安乡县司法局内设五个职能股室，分别是办公室、政工股、宣教股、法规股、基层工作股；直属机构2个，即公证处、法律援助中心；下辖深柳、唐家铺、三岔河、官珰、大杨树、三仙咀、黄山头、董家垱、黄山岗、焦圻、大湖口、张九台、出口洲、槐圃垸、大鲸港、北河口、下渔口、陈家嘴、芦林铺共19个司法所。

安乡县司法局现任班子成员简介

赵杰锋，男，汉族，常德市安乡县人，1969年3月出生，中共党员，在职研究生学历，现任安乡县司法局党组书记、局长。

邬明，男，汉族，常德市鼎城区人，1984年8月出生，中共党员，本科学历，现任安乡县司法局副局长。

毛学庆，男，汉族，常德市安乡县人，1967年10月出生，中共党员，大专学历，现任安乡县司法局党组成员、副局长。

席在春，男，汉族，常德市安乡县人，1965年11月出生，中共党员，大专学历，现任安乡县司法局党组成员、纪检组组长。

张献革，男，汉族，常德市安乡县人，1965年3月出生，中共党员，大专学历，现任安乡县司法局党组成员、政工室主任。

主要职能。一、贯彻执行国家有关司法行政工作的方针、政策和法律、法规；编制全县司法行政工作发展规划、年度计划并监督实施。

二、参与有关规章的拟制工作，会同有关部门监督检查法律、法规、规章的执行情况。

三、制定全县法制宣传教育计划和普及法律常识规划，并组织实施；指导全县各乡镇、各行业的依法治理工作。

四、监督管理全县法律服务市场；指导和管理全县律师、法律顾问、法律援助和公证工作；管理社会法律服务机构和公证机构。

五、指导和管理人民调解工作及司法助理员和基层司法、基层法律服务工作，参与社会治安综合治理。

六、会同有关部门负责对刑满释放和解除劳动教养人员的安置帮教工作。

七、指导和管理全县面向社会服务的司法鉴定工作。

八、指导和管理全县社区矫正工作。

九、协助组织全县的司法统一考试工作。

十、负责管理司法行政系统内部法制建设，指导本系统复议、应诉和执法监督检查工作。

十一、负责管理司法行政系统队伍建设、思想政治工作和警务工作，协助对本系统的录用及调进人员的审核报批工作。

十二、承办县委、县人民政府交办的其他事项。

图 1—22　安乡县司法局全体在职人员合影

第三章　行业协会

第一节　律师协会

一、律协简介

律师是社会主义法律工作者，是民主法治建设的重要组成部分，是法律共同体的重要一员。从 1980 年恢复重建常德市律师制度，经过 37 年的发展壮大，律师事务所从 11 家发展到 40 家，律师从 18 人发展到 538 人。常德市律师制度的建立对于维护社会公平正义，保障法律的正确实施，维护公民和法人的合法权利发挥十分重要的作用。

图 1—23　常德市部分所主任、支部书记参加全省律所主任、书记培训留影

1996 年，成立 常德市律师协会至 2015 年历经 3 届。常德市律师协会是依照《中华人民共和国律师法》和相关法律成立的行业自律性组织，是由常德市全体律师组成的社会团体法人，受常德市司法行政机关的领导、监督和上级律师协会的指导，依法对常德律师实施行业管理。依法取得律师执业证书，在常德市登记的律师为常德律协的个人会员；常德市依法设立的律师事务所、外地律师事务所在本市设立的分所为本会的团体会员。它的宗旨是：坚持中国共产党的领导，高举中国特色社会主义伟大旗帜，忠实履行中国特色社会主义法律工作者的职责使命，团结和教育会员维护宪法和法律的尊严，忠实于律师事业，恪守律师职业道德和执业纪律；维护会员的合法权益，为依法治国，建设社会主义法治国家，促进社会的文明和进步做出贡献。

图 1—24 常德市律师协会会长胡云武主持会长办公会

常德市律师协会的最高权力机构为全市律师代表大会。常德市律师协会每四年举行一次全市律师代表大会，选举产生理事会，理事会选举产生会长、副会长和常务理事。在全市律师代表大会和理事会闭会期间，常务理事会行使理事会的职权，执行全市律师代表大会的决议。

二、主要职能

1.支持律师依法执业，维护律师的合法权益；

2.总结、交流律师工作经验，提高整体律师执业水准；

3.制定并监督实施律师行业规范和惩戒规则；

4.指导、检查和督促律师事务所的规范化工作；

5.组织律师职业道德和执业纪律的教育、监督和检查，对律师的执业活动进行考核；

6.组织开展执业律师的继续教育和业务培训；

7.组织管理申请律师执业人员的实习活动，对实习人员进行考核；

8.对律师、律师事务所进行奖励和惩戒；

9.受理对律师、律师事务所的投诉或者举报，调解律师执业活动中发生的纠纷，受理律师和律师事务所的申诉；

10.宣传律师工作；

11.组织律师开展对外交流；

12.组织律师开展社会公益活动；

13.开展律师福利事业；

14.建立并完善律师执业责任保险制度，增强律师行业的抗风险能力；

15.协调与相关司法、执法、行政机关的关系，提出立法和司法建议，拓展与规范法律服务市场；

16.司法行政部门及上级律师协会委托行使的其他职责；

17.法律、行政法规、规章规定的其他职责。

三、机构设置

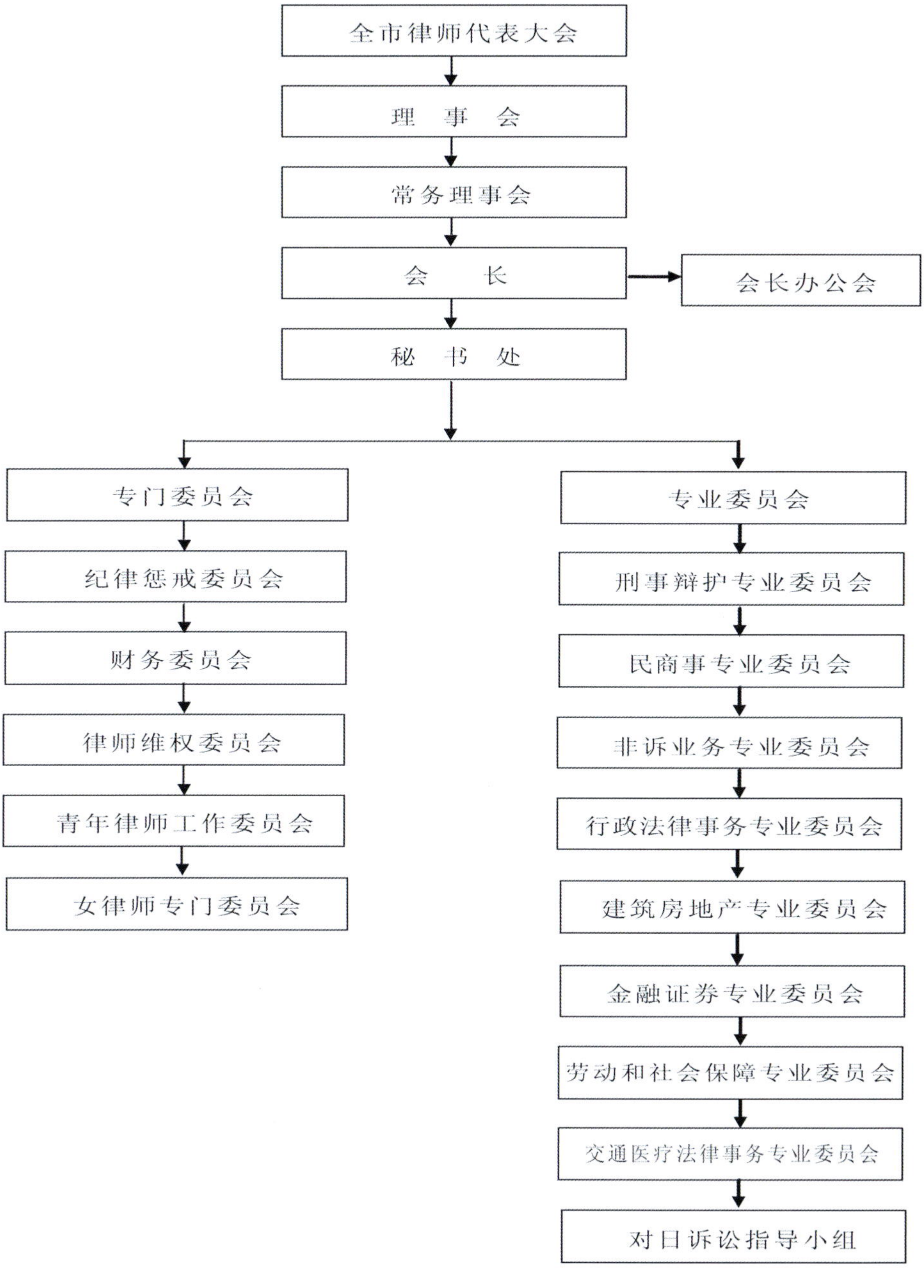

图 1—25　**常德市律师协会机构设置图**

第一次常德市律师代表大会于 1996 年 8 月 26 日召开，出席律师代表大会代表共 43 人，大会选举理事 25 人，理事会选举邓应典、关英男、张光荣、肖世标、李兴初、吴恒山、张舰、羿保刚为常务理事，选举邓应典为第一届市律师协会会长，聘任龚玉昆为荣誉会长，选举羿保刚、张光荣为副会长，聘任张光荣兼任秘书长。1998 年，选举燕兴家接替邓应典担任第一届市律师协会会长，后续又增选肖世标、姚长友为副会长，补选车军、郭青云、王宁为常务理事，免除张舰、关英男常务理事职务，先后改聘张智慧、张丕仪、胡小青为秘书长。

第二次常德市律师代表大会于 2010 年 2 月 7 日召开，出席会议代表 70 人，大会选举理事会理事 29 人，理事会选举胡云武、胡小青、羿保刚、肖世标、丁伟志、兰志龙、凌星、王恒明、王宁、陈杰才、邹晓邦、张剑梅、周德芳为常务理事，选举胡云武为第二届市律师协会会长，聘任胡宗清为荣誉会长，选举胡小青、羿保刚、肖世标、丁伟志、兰志龙、凌星为副会长，聘任梁开国为秘书长。2010 年 10 月，改聘张丕仪为秘书长。2011 年 3 月，增选杨迪清为市律协常务理事、副会长，免除肖世标常务理事、副会长职务。

图 1—26　时任常德市委政法委书记何英平(前排左三)在第三次常德市律师代表大会上发言

第三次常德市律师代表大会于 2016 年 1 月 21 日召开，出席会议代表 85 人，大会选举理事会理事 37 人，理事会选举杨迪清、丁伟志、兰志龙、黄道田、邹晓邦、周德芳、罗畅、黄琦、雷志锋、梅刚、肖兴江、邓智军、阳小军、何光照、戴建国为常务理事，选举杨迪清为第三届市律师协会会长，聘任曾勇为荣誉会长，选举丁伟志、兰志龙、黄道田、邹晓邦、周德芳、罗畅为副会长，聘任张丕仪为秘书长。2017 年 3 月，改聘莫杨为秘，书长。

四、协会事务

自 1996 年成立以来，常德市市律师协会在省律协的指导和市司法局党组的领导下，认真贯彻落实中办发〔2010〕30 号、湘办发〔2012〕27 号和湘司发〔2014〕36 号文件精神，扎实开展各项工作。充分发挥律师职能作用，服务经济社会发展成效显著；不断加强律师思想政治、职业道德、业务素质建设，律师队伍不断发展壮大，综合素质稳步提高；行业自律管理和服务职能全面强化，工作机制逐步完善，律师事务所规范管理质量不断提升；维护律师执业权益、社会保障权益和行业宣传工作得到加强，律师执业环境改善取得明显成效。

(一)法律服务

服务经济建设。在市委六届七次全会上,市委书记王群向全市人民发出"新常德新创业"的号召,常德市律师积极响应,为新常德新创业提供优质高效的法律服务。为把常德打造成泛湘西北经济中心,全市律师积极为各级政府和企业献计献策,为地方政府和企业招商引资、投资立项出具法律意见书16700份,审查经济合同58300份,代理经济纠纷案件7368件,为本地企业挽回经济损失18亿元。湖南合策律师事务所在市经信委的大力支持下,成立常德市中小企业法律服务中心,为全市中小企业免费提供法律咨询。在"芙蓉王"异地搬迁工程、灌溪工业园走廊和德山经济开发区三个"千亿"工程中,常德市律师积极作为,为工程的顺利推进提供法律保障。如湖南云济律师事务所为"芙蓉王异地搬迁工程"进行代理,做拆迁"钉子户"张某的工作,使搬迁工程如期进行。常德市律师还跟踪服务"三改四化"柳叶湖文化产业开发、常德电厂、澧县大象产业新城等项目,保障市重点工程的有序进行。常德市律师为市人民政府调处"桃花源大桥"工程结算纠纷、紫菱地段土地出让纠纷等,全市律师共调处各类经济纠纷3481件。

服务和谐稳定。全市律师参与信访接待2000多人次,解答上访人员的法律疑问6000余人次。市直所律师连续14年参与市信访局的涉法涉诉信访接待,为市信访局化解大量的矛盾纠纷。利用律师解社会矛盾和群众疾苦,熟悉精通法律知识,与人民群众具有亲和力的优势,参与重大矛盾纠纷调处。2016年9月,市律协安排3名律师每周二、周三、周五在市中级人民法院、市人民检察院、市信访局联合接访中心参加涉法涉诉信访值班,安排3名律师代理3起涉法涉诉信访案件。陈某红家族集体上访自杀纠纷、岗市收费站下岗职工集体上访事件、鑫城公司破产清算纠纷等,律师介入后使缠访多年的纠纷得到化解。积极开展"9·1"案、李某葆系列贪污受贿案等重大刑事案件的庭审辩护,协调保障辩护律师执业权利,切实履行职责,依法提供优质高效法律服务,维护当事人合法权益,促进依法惩治犯罪,保障人权,用法治维护稳定。

图1—27　时任常德市委政法委书记何英平在湖南合策律师事务所调研律师服务和谐稳定工作

服务改善民生。引导律师做好农民工、未成年人、特困企业等群体法律服务。市城区服

20名律师参与市委统战部成立的律师·同心团，为20家特困民营企业免费担任法律顾问。石门县司法局组织石门县律师为外出农民工签订免费维权协议。湖南协平所律师张进千因办理职工维权、医疗保障等涉及民生案件成绩突出，2013年年初被常德市总工会、常德市人社局评为劳动模范。2013年5月31日，市律协在紫桥社区举行“法律进社区”启动仪式，全市各律师事务所共为社区免费担任法律顾问87家。湖南鼎鸣律师事务所律师到白衣镇金泉村开展“法治夜话”活动，为村民送法上门。全市共有30名律师参加市法律援助志愿团，据近3年数据统计，全市律师共办理法律援助案件1600多件，市直所每天安排2名律师参与市法援中心“12348”值班，每天接待来电来访100余人次，为人民群众免费法律咨询，排忧解难。澧县澧州所律师汤涔、徐远祥、城头山所律师范道华每年超额完成法援任务，服务态度好、质量优，受到当事人好评。南天门所主任丁伟志不单法律上援助弱势群体，还十几年如一日帮助石门山区的40多名贫困学子，每年捐赠学费10多万元。

图1—28　湖南协平律师事务所律师张近千务改善民生成绩突出，被评为市“优秀律师”

服务法制建设。2012年9月，协助司法行政部门，组建常德市法律顾问团，常德市7名律师担任顾问团成员。市法律顾问团成员为市人民政府组成人员举办“社会管理体制创新中的法律问题”和“依法行政是新常德、新创业的必然选择”等多场法制讲座，市人民政府法律顾问还经常出席政府全体会议和常务会议，参与制定、修改和审议市人民政府的各种规范性文件。在市局和市律协的大力督促和倡导下，武陵、鼎城、津市等地相继成立法律顾问团。组织律师积极参与“行风热线”“市长热线”“今日说法”专题节目，向人民群众传播法律知识，为需要提供法律帮助的人释惑解难。与市妇联联合举办“家庭律师社区行活动”，安排20名律师在社区进行30多场法制讲座。澧县城头山等3家律师事务所的律师利用宪法宣传日在公园、车站等人员集中的地方开展法律咨询。2016年12月4日，市律协在步行街举办国

图1—29 市委常委、政法委书记黄清宇（前排左三）考察国家宪法日宣传活动现场

家宪法日宣传活动，市委政法委书记黄清宇考察宣传活动现场。

（二）队伍建设

加强作风建设。将深化社会主义法治理念和核心价值观教育、深入学习实践科学发展观和中共十八大会议精神、中共十八届四中全会精神培训作为律师思想政治教育重要内容加以布置和落实。石门县楚江所和前进所将依法治国教育与服务企业、公益服务和对照检查相结合，提升教育效果。2011 年 6 月，根据市纪委的安排，将常德市的律师管理教育工作作为专项效能监督事项进行立项，制定《常德市律师协会专项效能监督》实施方案，在全市律师队伍中开展遵守职业道德和执业纪律的自清自查活动。律师协会的《狠抓效能监察 提高办案效率》的经验材料在市纪委 2011 年第 4 期《督查通报》上发表。按照市委组织部和省律协党委的要求，制定常德市律协党委党的群众路线教育实践活动方案。2014 年 4 月 25 日，组织律所支部书记进行党的群众路线教育知识培训，创建两个党的群众路线教育实践活动示范点，下基层督导党的群众路线教育实践活动 17 次。注重引导律所发挥律师党员的先锋模范作用，湖南劲鸣律师事务所“把优秀律师培养成党员，把党员培养成骨干律师”和“党员律师亮身份”的做法得到省司法厅的高度赞赏。

图 1—30　省司法厅厅长谈敬纯（前排右二）在湖南劲鸣律师事务所调研律师党建工作

加强党的建设。新建 3 个律师事务所党支部，对 4 个支部的支部书记和支部委员进行改选和补充，进一步筑牢律所党建基础。按照“坚持标准、保证质量、改善结构、慎重发展”的原则，选送 15 名律师参加市委组织部和市非公组织党工委举办的入党积极分子培训班，先后在骨干律师中发展 14 名新中共党员。完善律所党支部支部工作制度、党支部学习制度、党务公开制度、党员发展制度、党员管理制度。监督各律所党支部落实“三会一课”制度，抓好律所党支部“五个一”阵地建设。常德市湖南云济律师事务所党支部被湖南省律协党委确定为“基层党建工作示范点”。开展纪念中国共产党建党 90 周年庆典活动，组织“跟党走，做人民满意律师”演讲比赛。成立创先争优活动领导小组，并将创先争优工作纳入律师工作年度考核。在律师事务所党支部中建立联系点，开展领导点评、民主评议、创建示范窗口等一系列活动，该项工作在全省创先争优活动电视电话会上得到领导的充分肯定。2012 年 7—9 月，组织优秀律师党员参加全省“先锋问答”党的基本知识竞赛，常德市湖南劲鸣律师事务所党支部获得全省比赛总冠军，为常德市争得荣誉，受到市委政法委书记何英平和市委宣传部部长刘进能的高度赞扬。

加强青年律师培养。各律师事务所对青年律师的帮带和基本生活保障做出安排，把该项工作的落实情况作为对律师事务所监督检查和年度考核的重要内容。云济所、合策所率先实施的团队化运行模式使青年律师的业务来源和基本收入得到切实保障。安排青年律师参加市法援“12348”值班，增加青年律师的社会知识，为值班律师每天解决100元生活补贴。鼓励青年律师担任社区法律顾问，并从会费中为生活困难的青年律师每人补贴2000元。开展常德市“十佳律师”评选、“十佳法律服务工作者”评选、市优秀律师的评选都要保证青年律师占一定比例，其中“十佳律师”占30%，“十佳法律服务工作者”占20%，市优秀律师占40%。

图1—31 常德市律师代表队在全省“先锋问答”比赛中获得第一名

（三）行业管理

强化自律管理。建立和完善以律师事务所统一收案收费为核心的受案登记、印章管理、投诉查处、质量监控、利益冲突审查、重大疑难案件讨论等项制度。在充分调研的基础上，借鉴先进所管理的经验，加强台账的统一规范，与市局律公科联合出台常德市律师管理制度和台账规范指引，并联合市局律师公证管理科对各所建立台账和落实制度的情况进行4次督促检查。2012年6月，组织全市律师事务所主任、党支部书记参观全省律师事务所规范化建设典范湖南金州律师事务所、湖南湘晋律师事务所和湖南昌言律师事务所，对全市律师起到较大的促动作用。在此基础上，制定《常德市律师事务所规范化建设示范窗口标准》，树立常德市的学习样板，全市分两批表彰云济所、劲鸣所、合策所、信义所、先锋所5个规范化建设示范窗口单位。为申请律师执业人员办理实习证873本，组织734名实习人员参加全省的实习律师集中培训，对实习人员进行面试考核11场，加强对进入本行业人员的入口把关。

强化分配管理。长期困扰常德市律师事务所发展的障碍就是律师收入分配机制落后，聘用律师向律师事务所上交3000～5000元包干经费后，长期不到律所上班，统一收案收费形同虚设，律师的服务质量较差，律师被投诉现象较普遍。为顺应大多数律师的要求，经过一年多的酝酿讨论和反复征求意见，制定《关于规范律师事务所律师收入分配方

图 1—32　四川省绵阳市司法局局长、市律协会长到常德市律协学习取经

式的暂行规则(试行)》,在 2013 年 4 月 3 日的市律协理事会上获得表决通过,并在第三次全市律师代表的会上通过。每年年度考核时,要求律师事务所提交落实《关于规范律师事务所律师收入分配方式的暂行规则(试行)》的具体方案,实习律师的申办材料中必须有律师事务所落实《关于规范律师事务所律师收入分配方式的暂行规则》的证明材料,否则,将实习律师调整到实行提成制的律师事务所实习。到 2015 年,全市大部分律师事务所实行提成制或者公司制分配方式。对于常德市的这一做法,四川省绵阳市司法局、绵阳市律师协会到常德市学习取经。

强化考核管理。为做好年度考核,每年组织区县(市)律公股长和市直所的内勤进行专题培训,认真检查和考核律师和律师事务所依法执业情况、内部管理情况和遵守职业道德执业纪律情况。共发出检查通报 6 份。在 2010—2015 年度考核中,经常发现个别律师事务所统一收案收费制度不完善、投诉查处制度不落实、重大疑难案件讨论制度不健全、利益冲突审查制度不到位。通过年度考核,逐一扭转个别所管理上的漏洞。一手抓整顿,一手抓违法违纪案件的查处。妥善处理 50 多起律师被投诉的案件,严肃查处湖南海河律师事务所对律师疏于管理、违反"统一接受委托、统一收取费用"规定的违法案件,上报市司法局建议对湖南海河律师事务所处以 3 个月的停业整顿。对 2 名私自收案收费的律师分别作出停止执业的处罚和通报批评的处分,对 1 名违反利益冲突审查的律师进行训诫。调处律师事务所与当事人的代理合同纠纷 47 起,退换当事人代理费 8 万余元。

(四)业务建设

加强业务指导。利用专题培训和以会代训等方式组织律师学习《关于加强律师事务所管理的规定》《关于规范律师执业的规定》《湖南省律师和律师事务所重大情况报告规则》等规范性文件并进行专题辅导。会长、副会长多次到区县(市)律师事务所听取基层律师的意见,对区县(市)律所的建设进行现场指导。2010—2015 年,先后聘请屈茂辉、邓祥瑞、陈锦红、赵兰、廖永安等知名学者为全市律师辅导新颁布和修改的法律法规;聘请李德文、高向荣、刘彦、贺晓辉、文颖、尹成林、周红艳、陈平凡等省律协领导和知名律师为全市律师介绍如何拓展律师业务领域；安排市律协兰志龙、丁伟志、杨迪清、副会长凌星向律师介绍办案体会，增强广大律师的业务技能。除第一届市律协举办过1次律师业务辩论大赛外，2010年和2014年举办两届律师业务辩论大赛。各个律师事务所精心挑选辩手，认真开展预赛，提高常德市律师的办案能力，展示常德市律师精湛的辩论艺术水平。其中，桃源县、汉寿县的律师参赛积极性较高。武陵区代表队在第三届律师辩论赛中获得团体第一名。组队和市人民检察院开展刑事辩护友谊赛，律师代表队获奖，辩手刘科获“最佳辩手”称号。2015年，组队参加全省律师法庭辩论赛，获得全省冠军，队员向衍诚获得最具风采奖，为常德律师在全省争得荣誉。

图1—33 省厅、市局和市律协领导在湖南劲鸣律师事务所检查指导工作

发挥专业委员会作用。市律协成立5个专门委员会和8个专业委员会。制定专委会主任和副主任的工作职责，各专业委员活动开展得有声有色。行政与非诉业务专业委员会先后组织“如何开拓常德市律师行政与非诉业务新领域”“律师在行政诉讼案件代理中如何做到稳操胜券”“服务、专业、升级”“强制清算与破产清算的区别与衔接”等多场学术活动；刑事辩护专业委员会举办“人民法院量刑指导意见（试行）研讨”“刑辩律师的风险及其防范”“刑辩律师目前面临的困难和难题”“刑事辩护大案要案分析”“关于职务犯罪的辩护与风险防范”等学术研讨活动；民商事专业委员会也举办“民商事法律服务领域及业务拓展主题沙龙”活动，活动邀请省律师协会电子商务专家、律师周红艳，湖南师范大学兼职教授律师陈平凡，湖南金州律师事务所律师童钧作主题演讲，其他律师交流互动，进一步提升和拓展常德市律师的创新思维能力。常德市广大律师学术研讨氛围浓厚，湖南合策律师事务所律师李也、湖南群杰律师事务所律师梅刚在中南六省区学术研讨会上发表的学术论文分别获得二等奖和三等奖。2016年12月30日，常德市律师协会邀请日本爱好和平的国际友人、律师一濑敬一郎、木村庸五、浅野史生、田代博之等外宾在常

图1—34 常德市细菌战受害对日诉讼日本代理律师一濑敬一郎，等四人与常德市律师交流合影

德金沙宾馆进行业务交流活动，扩大常德市律师的视野。

（五）权利维护

积极维护律师执业权利。召集部分律师事务所主任、骨干律师进行座谈，解目前律师在执业中遇到的困难，听取律师对改善执业环境的意见和建议。通过座谈解到，虽然新《中华人民共和国刑事诉讼法》（以下简称《刑事诉讼法》出台后，对律师的会见、阅卷、调查“三难”问题有很大改善，但仍还存在办案机关虚拟贿赂标的、藏匿重要卷宗、加大查阅成本，阻碍律师完全行使会见权、阅卷权和调查权的问题。还有门难进、查阅居民身份信息不畅等问题。借助人大的力量帮助律师维权。选派优秀骨干律师参加市人大组织的执法检查，检查中向公检法部门提出的建议，畅通律师的执业渠道。与市人民检察院联合出台《市检察院与市司法局、市律师协会工作协调机制的规定》，市司法局和市律协的领导以及律师代表与市检察院领导以及检察官代表，就保障律师执业权利问题进行坦诚交流，并形成会议纪要，为进一步规范律师和检察官的正常交往，解决律师会见、阅卷、取证等执业中的困难提供便捷通道。邀请市政法委的领导在市中级人民法院召开律师执业维权现场会，为律师解决“停车难、进门难、阅卷难、见法官难”的问题。

积极维护律师生存发展的权利。为152名律师解决初级职称，为68名律师解决中级职称，为23名律师解决高级职称。在律师家庭出现困难、身体出现疾病时，及时给予援助和进行探望。吊唁病老律师本人及父母19人次，慰问困难律师11人次。看望生病律师3人次。督促律师事务所开展爬山、拔河、球类、书法、摄影、卡拉OK比赛，市律协组织全市律师文艺会演。

努力提升律师的社会形象。开展“十佳律师”“双十佳法律服务工作者”的评选，向省律协推荐省级优秀律师事务所、优秀律师和优秀青年律师。在常德市开展优秀律师事务所和优秀律师的评选表彰活动，树立优秀标杆，提升正面形象。在常德电视台、常德广播电台、常德政府网站、《常德日报》开辟专栏，定期播放、刊登律师工作的亮点和典型，共计制作播放《市长热线》《行风热线》《嘉宾访谈》《每周说法》《律师管理系列报道》等专题节目12期。利用《常德日报》、常德电视台、常德律师网、常德律师短信平台等多种媒体以及各种会议的机会宣传律师的地位作用，宣传律师的先进典型。将全市评出的优秀律师新闻常年登载在常德律师网上，供全市律师学习和提高。在《常德日报》上刊登《常德律师服务社会促发展》的通讯报道。在《常德日报》开辟《律师风采》专栏，刊登《铁骨柔情》《律界巾帼》《“亮剑”队长》《最佳辩手》《以法的名义》等一系列优秀律师的先进事迹文章，用以大力宣传律师的正面形象。

第二节　司法鉴定协会

司法鉴定协会是司法鉴定人的行业自律组织，是司法鉴定机构和司法鉴定人自愿组成的社会团体法人。《中央司法体制改革领导小组关于司法体制和工作机制改革的初步意见》明确规定“面向社会服务司法鉴定机构实行行政管理和行业管理相结合的制度”。成立协会的目的在于协助政府从事行业自律管理，通过制定实施司法鉴定行规行约，规范司法鉴定服务活动，保障司法鉴定质量，促进司法公正和司法鉴定事业的健康发展，维护司法鉴定机构和司法鉴定人合法权益。

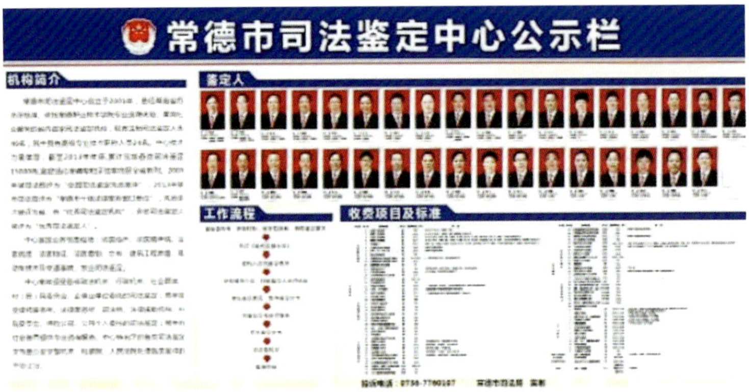

图 1—35　常德市司法鉴定中心公示栏

2010 年 9 月，由常德市司法鉴定中心、湖南鼎信司法鉴定中心、湖南德源司法鉴定所、常德市明鉴司法鉴定所、常德市凯信司法鉴定所、常德市政弘司法鉴定所 6 家鉴定机构发起，筹备成立常德市司法鉴定协会。2010 年 9 月 28 日，主管部门市司法局下发《关于同意筹备成立常德市司法鉴定协会的批复》，同意筹备成立常德市司法鉴定协会。

2010 年 11 月 18 日，社会团体登记机关市民政局批准成立常德市司法鉴定协会。

2010 年 12 月 7 日，召开协会成立暨第一次会员代表大会，选举产生第一届理事会，共有理事 26 名，名誉会长 2 名，会长 1 名，副会长 8 名，秘书长 1 名，副秘书长 1 名。成立之初，协会有团体会员 17 个，个人会员 304 个。到 2015 年，协会有团体会员 20 个，个人会员 286 个。

2011 年 2 月 28 日，市司法鉴定协会成立司法鉴定人维权委员会、纪律惩戒委员会、财务委员会、对外联络和宣传委员会、业务培训和质量监督委员会 5 个专门委员会，负责处理维权、查处、会费管理、对外联络、宣传等事宜。成立法医司法鉴定专业委员会、资产评估、司法会计、微量物证、农业司法、知识产权司法鉴定专业委员会、建筑工程司法鉴定专业委员会、机动车技术及道路事故、车辆价值评估、痕迹司法鉴定专业委员会 4 个专业委员会，负责指导全市司法鉴定机构和司法鉴定人开展相关司法鉴定服务。

常德市司法鉴定协会秉承“一切为司法鉴定机构，一切为司法鉴定人，一切为当事人”

的宗旨，依照《全国人大常委会关于司法鉴定问题的决定》《司法鉴定机构登记管理办法》《司法鉴定人登记管理办法》《常德市司法鉴定协会章程》，在湖南省司法厅、湖南省司法鉴定协会和市司法局的监督指导下，履行好下列职责：制定行业自律、健全行业管理、开展业务培训、组织学术交流、提供咨询服务等，切实规范常德市司法鉴定市场秩序，提高司法鉴定质量，维护合法权益，促进司法公正，为构造和谐常德做出积极贡献。

名誉会长　饶南丙

名誉会长　王明集

会　长　黄冰毅

副会长　丁四喜

副会长　石长明

副会长　刘　峰

副会长　何俊杰

副会长　李祖福

副会长　陈忠志

副会长　邵国湘

副会长　熊文华

秘书长　黑启安

2010—2015年，市司法鉴定协会先后召开14次会长会议，其间，2011年6月16日，市涉保司法鉴定工作联络协调领导小组办公室成立，举行授牌仪式。2011年8月7日，在市图书馆四楼举行来自全市13家法医司法鉴定机构的法医司法鉴定人共50余人参加的继续教育培训班。2012年9月2日，在市第七人民医院六楼会议室举办有120名专职司法鉴定人参加的司法鉴定继续教育培训班，省司法厅司法鉴定管理处副处长严思斯就如何做好司法鉴定文书和档案作系统的讲解，华中科技大学同济医学院法医学系的张玲莉教授主讲《交通事故人身损伤法医鉴定》。

2015年6月17日，省司法厅向司法局转办“湖南宇达电力工程有限公司反映常德市倚天司法鉴定所及司法鉴定人超范围执业，出具虚假鉴定报告”的投诉件，通过开展调查，请协会的专业委员会专家进行会审，到被鉴定人的家中解情况，向投诉人作出“司法鉴定人没有超范围执业、没有收受当事人好处，不存在作虚假鉴定的问题”的答复。

第三节　基层法律服务工作者协会

在湖南省司法厅的指导下，常德市基层法律服务工作者协会，结合常德市基层法律服务工作的实际情况，经市民政局批准并进行社团法人核准登记该协会是常德市基层法律服务所和基层法律服务工作者组成的行业性、非营利性社会团体法人，是基层法律服务工作者的自律性组织。

2011年5月20日，常德市基层法律服务工作者协会第一次会员代表大会在市司法局十二楼大会议室召开。各区县(市)、“四区”和市局机关推选出的常德市基层法律服务工作者协会第一次会员代表共73人，代表43个团体会员、369名个人会员参加会议。省司法厅基层处处长、省基层法律服务工作者协会常务副会长兼秘书长刘刚魁，省司法厅基层处副处长、省基层法律服务工作者协会副秘书长张智武，市司法局党组书记、局长胡云武，市司法局副局长黄冰毅，市司法局党组成员、直属机关党委书记张修超，市民政局民间组织管理科科长陈立初等领导出席会议。

大会选举产生协会第一届理事会，黄冰毅、祁政、徐智、杨踴、黄维纲、于国运、伍娥、陈子昂、赵君、朱勇辉、赵里、廖益松、唐汇香、龙贤岩、何谷秋、张志玩、刘慧芳、朱乐安、欧波、郑菊仙、杨海娟、曾甫坤、杨成华、陈锦平、彭大明、王德华、谷超、孙效年、陈银葆、宋静波、丁春生、陈伯武、熊友全、陈振兴、鲁小兵、喻教福、彭逢玉、杨其国、周林军共39人当选为理事。

市法协会第一届理事会第一次会议审议通过《协会筹备组关于协会在区县(市)、“四区”设立联络组和成立协会专门委员会的建议》,选举产生常务理事会、会长、副会长、秘书长,决定聘任名誉会长、副秘书长。常务理事会由13名常务理事组成,胡云武被聘为名誉会长,黄冰毅当选为协会第一届理事会会长,祁政、黄维纲、陈子昂、朱勇辉、彭逢玉5人当选为副会长,黄冰毅、祁政、黄维纲、陈子昂、朱勇辉、彭逢玉、于国运、伍娥、赵君、赵里、廖益松、唐汇香、龙贤岩共13人当选常务理事,祁政兼任秘书长。

常德市基层法律服务工作者协会第一次会员代表大会的顺利召开,对加强常德市基层法律服务工作的行业自律,规范常德市基层法律服务工作起到重要作用,极大地促进常德市基层法律服务工作进一步发展。

2012年8月29日上午,全市法协一届二次理事会议在石门县壶瓶山镇召开。该次会议审议通过《常德市法协会关于2011年财务决算和2012年财务预算的报告》。

2012年9月7—12日,为稳步推进全市基层法律服务“三服务”(服务改善民生、服务村和社区经济社会发展、服务法治常德建设)主题活动,抓好市法协工作,根据市法协2012年工作要点和2012年财务预算安排,市法协会在市司法局机关12楼小会室召开一届二次常务理事扩大会议。

2013年8月30日上午,常德市基层法律服务主题教育实践活动经验交流暨市法协会一届三次理事(扩大)会议在澧县召开。

为进一步提升常德市基层法律服务工作者的政治素质、业务能力和服务水平,规范执业纪律和执业道德,强化为民服务执业理念。2015年7月1—3日,市法协会在桃源县茶庵铺镇举办全市基层法律服务所主任培训班。各区县市法律服务所的主任共40余人参加培训。

图1—36 2015年7月1—3日,常德市基层法律服务所主任培训班在桃源县举办

第四章　市强制隔离戒毒所

第一节　机构设置

图 1—37　常德市强制隔离戒毒所

湖南省常德市强制隔离戒毒所(原常德市劳动教养管理所),属国家行政执法机关,行政隶属于常德市人民政府,主管机关为常德市司法局,教育矫治业务属湖南省戒毒管理局领导,其主要职能是对强制隔离戒毒人员实施戒毒矫治。常德市强制隔离戒毒所为正处级单位,占地面积 52800 平方米,建筑面积达 35000 平方米,民警职工编制 161 人,下设 12 个科室,9 个管教大队,1 个特殊人群涉毒人员收治中心,场所收治规模 1400 人。

一、机构沿革

1981 年 10 月 28 日,成立常德地区劳动教养管理所,为常德地区行政公署公安处管辖的独立事业单位,与地区收容审查站合署办公收容劳动教养(收审)人员,所址位于常德县白鹤山乡。

1983 年 7 月,劳动教养工作由公安部门划归到司法行政部门管理。1984 年 3 月 27 日,地区劳动教养管理所迁至常德市西郊护城公社聚宝大队(现武陵区长庚街道聚宝社区)。

1984 年 6 月,常德地区劳动教养管理所开始收容劳动教养人员。1988 年,常德地区撤地建市后,常德地区劳动教养管理所更名为常德市劳动教养管理所。

1992 年 8 月,常德市劳动教养管理所由科级单位升格为副处级单位。

1995 年，常德市劳动教养管理所成立湘西北戒毒康复中心和戒毒大队，收容常德、益阳、张家界、怀化和湘西自治州等地的戒毒人员。

2003 年 7 月，常德市劳动教养管理所升格为正处级单位。2008 年 4 月，经湖南省劳教（戒毒）管理局批准，加挂“常德市朱湖强制隔离戒毒所”的牌子。2009 年 4 月，开始收治强制隔离戒毒人员。

2014 年 1 月，成立常德市特殊人群涉毒人员收治中心，对患有严重疾病并继续危害社会的社会涉毒人员进行集中收治。

同年 6 月，经常德市编委批准，常德市朱湖强制隔离戒毒所（原常德市劳动教养管理所）正式更名为常德市强制隔离戒毒所。2015 年 11 月 6 日，常德市看守所特殊人群收治中心在常德市强制隔离戒毒所正式挂牌，常德市人民政府副市长、市公安局局长胡丘陵为其揭牌。

二、机构设置

1988 年，由于地改市，常德地区劳动教养管理所更名为常德市劳动教养管理所。1988 年 11 月，正式组建常德市劳动教养管理所党支部委员会。由所长谌顺卿任党支部书记，教导员杨建国任党支部副书记，副所长贾建华，副教导员李力，副所长张建国为党支部委员。

1991 年 6 月，常德市劳动教养管理所召开党员大会，选举产生新一届所党支部委员会和纪律检查小组。所党支部委员会由谌顺卿、贾建华、熊丹清、杨维双 4 人组成，谌顺卿为所党支部书记，贾建华为党支部副书记，杨维双为纪检组组长。

1992 年 8 月，常德市劳动教养管理所由正科级单位升格为副处级单位，选举产生新的所党总支。由谌顺卿、贾建华、熊丹清、曾志平、杨维双 5 人组成。谌顺卿任所党总支书记，贾建华任所党总支副书记，熊丹清任所党总支副书记、副政委，杨维双任纪检组组长。1994 年曾志平改任其他工作，所党总支由谌顺清、贾建华、熊丹清、杨维双 4 人组成。常德市劳动教养管理所升格后，机关股室随之升为科室，中队升格为大队（正科级别），机构设置逐渐完善，至 1992 年年底全所共设 8 个管教大队、10 个科室。

1995 年 9 月，所党总支书记、所长谌顺清退居二线，选举产生首届党委，由丁忠庭、刘国高、熊丹清、龚建国、姚勇 5 人组成班子成员，丁忠庭任党委书记，刘国高任党委副书记，熊丹清任所党委副书记。

1998 年 10 月，新任命刘国高为常德市劳动教养管理所党委副书记、政委，党委原副书记、政委贾建华调任常德市公安局副局长，调整后的所领导班子由丁忠庭、刘国高、熊丹清、龚建国、姚勇5人组成。丁忠庭任所党委书记、所长，刘国高任党委副书记、政委，熊丹清任党委副书记、副政委。1999年10月，任命彭亦农为党委委员、副所长。

2001年1月，龚建国调任其他工作，彭亦农调武陵监狱任纪委书记。

2002年，党委副书记、副政委熊丹清退居二线，任命聂仁贵、张文进为党委委员、副所长，管治云为党委委员、纪委书记，潘国平为党委委员、政治处主任，张立军为党委委员、工会主席。

2003年8月，常德市劳教所由副处级单位升至正处级单位。2003年8月，高乐毅从司法局调入劳教所被任命所党委书记、所长，覃正元从市人民政府法制办调入劳教所任副所长，管治云任纪委书记，张文进聂仁贵任副所长，潘国平任政处主任，张立军任工会主席。

2005年2月，所长高乐毅调入司法局，政委丁忠庭退休，常德市委任命刘国高为常德市劳动教养管理所党委书记、所长、政委，调整后的所党委班子由刘国高、覃正元、邵建林、聂仁贵、张文进、李宗翰、管治云、潘国平8人组成。刘国高任党委书记、所长、政委，覃正元为所党委副书记、副所长，管治云任纪委书记。2006年，李宗翰副所长调武陵区政府任副区长，同年市委任命胡云武为常德市劳教所党委副书记、政委，邱彬如任党委副书记、副所长，余少尧任所党委委员副所长，皮明文任所党委委员政治处主任。2009年7月胡云武调入常德市司法局任局长，任命江志晖为市劳教所党委副书记、政委，戴国清、姚勇为党委委员、副所长。2012年，管治云调入监狱任党委委员、纪委书记。同年，胡劲调入市劳教所任命劳教所党委员、纪委书记。

2015年4月，所党委副书记副所长邱彬如，党委委员、副所长聂仁贵，党委委员、工会主席潘国平3人退出现职领导职务改为调研员，警衔晋升为三级警监。所党委书记、所长刘国高、党委委员、副所长戴国清2人提前退休，党委班子成员进行调整，班子成员由8人组成。常德市委任命江志晖任常德市强制隔离戒毒所党委书记、所长，程志刚任所党委副书记、政委（2016年2月到任），邵建林、张文进、姚勇、龙全友（2015年9月到任）为党委委员、副所长，皮明文为党委委员、政治处主任，胡劲任所党委委员、纪委书记。

2015年常德市强戒所现任班子成员简介

江志晖，男，汉族，1967年12月生，湖南桃源县人，1987年6月加入中国共产党，1991年12月参加工作，本科学历，现任常德市强戒所党委书记、所长。

程志刚，男，汉族，1961年1月生，湖南桃源县人，1990年7月加入中国共产党，1977年7月参加工作，本科学历，现任常德市强戒所党委副书记、政委。

邵建林，男，汉族，1962年10月生，湖南桃源人，1986年12月加入中国共产党，1981年8月参加工作，大专学历，现任常德市强戒所党委委员、副所长。

张文进，男，汉族，1964年1月生，湖南常德武陵区人，1984年10月加入中国共产党，1981年7月参加工作，本科学历，现任常德市强戒所党委委员、副所长。

皮明文，男，汉族，1967年10月生，湖南澧县人，1989年1月加入中国共产党，1990年7月参加工作，大学本科学历，现任常德市强戒所党委委员、政治处主任。

姚勇，男，汉族，1963年11月生，湖南常德武陵区人，1991年6月加入中国共产党，1980年12月参加工作，大专学历，现任常德市强戒所党委委员、副所长。

胡劲，男，汉族，1960年9月生，湖南澧县人，1994年6月加入中国共产党，1978年12月参加工作，本科学历，现任常德市强戒所党委委员、纪委书记。

龙全友，男，汉族，1966年9月生，湖南临澧县人，1985年7月加入中国共产党，1981年10月参加工作，本科学历，现任常德市强戒所党委委员、副所长。

第二节　人员编制

一、干警情况

在职人数:1988年,常德市劳教所共有民警46人,其中男44人、女2人;文化层次:大专文化2人,中专5人,高中毕业18人,初中及以下21人;年龄结构:25～30周岁18人,31～35周岁15人,36～40周岁7人,41～45周岁4人,46～50周岁2人。1991—1993年,常德市劳教所从外单位调入人员转为民警,大中专分配等程序,民警人数及文化程度都有较大的变化,至1993年在所民警91人,其中男84人、女7人;本科6人,大专25人,中专17人,高中文化25人,初中及以下18人。从1994年起,民警参加函大、党校、电大等形式的高等教育,学习的人数不断增加,民警的知识结构发生很大的变化,劳教所以工代干的工人通过公开考试录用一批新民警。至2001年,有民警112人,其中男100人、女12人;本科7人,大专60人,中专18人,高中17人;25周岁以下1人,25～30周岁15人,31～35周岁36人,36～40周岁20人,41～45周岁21人,46～50周岁15人,51～59周岁4人。

2004年以后,随着公招人员的录入、军转干部分配、离退人员陆续离岗,民警的知识结构年龄结构又发生一系列的变化(详见常德市劳教、戒毒所民警结构变化表)。

二、职工情况

1988年,有工人4人。其中男3人,女人1人。随着劳教经济的发展,劳教所新办纸箱厂、塑料加工厂。于1990年新增32人,绝大部分从外单位调入,也有部分是从家属子女中招录的。到1991年年初,有工人20人,其中男15人、女5人,随着改革开放的不断深入,所企分开,所部将工人统一安排到所新生开关厂和所劳动服务公司工作,只保留个别的工勤人员。至2008年,后大部分工人积极参加社会招考,至2015所部工人为5人,均为所部工勤人员。

1988—2015年常德市劳教(戒毒)所民警结构变化表

表 1-27

年份	民警总数		文化程度					年龄结构						
	男	女	本科	大专	中专	高中	初中及以下	25岁以下	25—30岁	31—35岁	36—40岁	41—45岁	46—50岁	51—59岁
1988	44	2	0	2	5	18	21	0	18	15	7	4	2	0
1989	46	2	1	3	5	18	21	0	18	17	7	5	1	0
1990	49	2	4	3	5	18	21	0	15	18	9	6	2	1
1991	62	5	6	10	9	22	20	0	17	21	15	7	4	3
1992	80	7	6	21	15	25	20	0	19	26	24	10	5	3
1993	84	7	6	25	17	25	18	0	20	29	24	10	5	3
1994	87	7	10	32	10	27	15	0	22	29	25	10	4	4
1995	91	8	12	32	12	33	10	0	24	31	26	9	6	3
1996	90	8	12	34	14	31	7	0	23	30	28	8	7	2
1997	90	8	13	35	16	28	6	0	23	30	28	8	8	1
1998	92	9	13	47	15	22	4	0	20	30	29	10	10	2
1999	96	9	15	49	18	20	3	0	15	28	29	15	13	5
2000	98	11	16	52	20	18	3	0	16	27	28	20	15	3
2001	100	12	17	60	18	17	0	1	15	26	30	21	15	4
2002	102	12	17	71	13	13	0	1	16	25	26	26	18	2
2003	105	13	18	76	12	12	0	2	15	24	22	30	22	3
2004	108	16	19	94	6	5	0	3	14	23	22	32	26	4
2005	109	16	20	94	6	5	0	4	14	23	22	32	26	4
2006	111	14	42	73	6	4	0	3	15	26	24	27	26	4
2007	114	14	48	70	6	4	0	1	10	19	30	29	26	13
2008	117	16	53	70	8	2	0	0	12	18	29	22	32	20
2009	132	22	60	80	7	7	0	0	9	27	39	25	27	27
2010	133	21	68	73	7	6	0	0	6	20	34	35	24	35
2011	133	21	68	73	7	6	0	0	6	19	34	35	24	36
2012	131	21	68	71	7	6	0	0	3	17	29	25	39	39
2013	131	22	68	71	7	7	0	0	3	17	30	25	39	39
2014	131	25	77	69	5	5	0	3	7	11	24	37	26	48
2015	129	25	77	70	4	3	0	1	8	6	24	39	27	49

常德市劳教(戒毒)所历年职工人数变化情况一览表

表 1-28

年份	人数	年份	人数	年份	人数	年份	人数	年份	人数	年份	人数	年份	人数
1988	4	1989	3	1990	12	1991	20	1992	8	1993	4	1994	16
1995	17	1996	22	1997	25	1998	24	1999	22	2000	19	2001	17
2002	12	2003	22	2004	16	2005	19	2006	21	2007	18	2008	12
2009	7	2010	7	2011	5	2012	5	2013	5	2014	5	2015	5

第三节　主要职责

一、劳教工作职责

1.贯彻党的“教育、感化、抢救”的劳教工作方针，执行国家劳动教养法律法规和政策。

2.负责对劳教人员实行“依法、严格、文明、科学”管理，负责对劳教人员实施考核与奖惩。

3.负责对劳教人员进行思想政治教育、法治教育、道德教育、职业技术教育和文化教育。

4.负责组织劳教人员参加生产劳动、转化思想、矫正恶习、传授技术、造就人才、发展劳教生产和劳教事业。

5.负责劳教所的生产、基建、财物工作和国有资产的保值、增值工作。

6.负责劳教工作干警队伍建设，提高干警队伍整体素质，协助上级对本所干警进行考察考核，培养和管理，负责本所警务工作。

7.承办市委、市人民政府和市司法局及省劳教局交办的其他事项。

二、戒毒工作职责

负责收容收治常德、益阳、张家界等湘西北地区送治的强制隔离戒毒人员和常德市送治的特殊人群涉毒人员，通过戒毒医疗、心理康复、行为矫治、价值观重建、生活技能培养、再社会化促进于一体的强制隔离戒毒工作体系，为吸毒人员安心戒毒创造良好的人文环境。具体职责如下。

1.贯彻党的“教育、感化、挽救”的工作方针，执行《中华人民共和国禁毒法》(以下简称

《禁毒法》《戒毒条例》等国家相关法律、法规和政策。

2.负责对戒毒人员实行“依法、严格、文明、科学”管理；负责对戒毒人员实施考核与奖惩。

3.负责对戒毒人员进行思想政治教育、法制教育、道德教育、职业技术教育和文化教育。

4.负责组织戒毒人员参加生产劳动，转化思想，矫正恶习，传播技术，造就人才，发展强制隔离戒毒和习艺劳动。

5.负责强戒所的生产、基建、财务工作和国有资产的保值增值工作。

6.负责强戒工作干警队伍建设，提高干警队伍整体素质，协助上级对本所干警进行考察、考核、培养和管理；负责本所警务工作。

7.承办市委、市人民政府和市司法局及省戒毒局交办的其他事项。

1984—2015 常德市劳教(戒毒)所历届领导班子名录

表 1-29

时间	姓名	行政职务	党内职务
1984 年 3 月—1984 年 7 月	王福明	教导员	临时领导班子
	许付介	副所长	
1984 年 8 月—1986 年 1 月	王福明	教导员	总支书记
	许付介	副所长	总支副书记
1986 年 2 月—1988 年 10 月	郑跃清	教导员	总支书记
	杨维双	副所长	总支副书记
	许付介	副所长	总支副书记
	杨万家	所长	—
1988 年 11 月—1991 年 5 月	谌顺卿	所长	总支书记
	杨建国	副教导员	总支副书记
	贾建华	副所长	总支委员
	李　力	副教导员	总支委员
	张建国	副所长	总支委员
1991 年 6 月—1991 年 12 月	谌顺卿	所长	总支书记
	贾建华	教导员	总支副书记
	熊丹清	副教导员	总支委员
	杨维双	纪检组组长	总支委员

续表 1-29

时间	姓名	行政职务	党内职务
1992 年 1 月—1993 年 12 月	谌顺卿	所长	总支书记
	贾建华	政委	总支副书记
	熊丹清	副政委	总支委员
	曾志平	副所长	总支委员
	杨维双	纪检组组长	总支委员
1994 年 1 月—1995 年 8 月	谌顺卿	所长	总支书记
	贾建华	政委	总支副书记
	熊丹清	副政委	总支委员
	杨维双	纪检组组长	总支委员
1995 年 9 月—1998 年 10 月	丁忠庭	所长	党委书记
	贾建华	政委	党委副书记
	熊丹清	副政委	党委副书记
	龚建国	副所长	党委委员
	姚　勇	副所长	党委委员
1998 年 10 月—1999 年 9 月	丁忠庭	所长	党委书记
	刘国高	政委	党委副书记
	熊丹清	副政委	党委副书记
	龚建国	副所长	党委委员
	姚　勇	副所长	党委委员
1999 年 10 月—2000 年 12 月	丁忠庭	所长	党委书记
	刘国高	政委	党委副书记
	熊丹清	副政委	党委副书记
	彭亦农	副所长	党委委员
	姚　勇	副所长	党委委员
2001 年 1 月—2001 年 12 月	丁忠庭	所长	党委书记
	刘国高	政委	党委副书记
	熊丹清	副政委	党委副书记
	姚　勇	副所长	党委委员

续表 1-29

时间	姓名	行政职务	党内职务
2002 年 1 月—2003 年 7 月	丁忠庭	所长	党委书记
	刘国高	政委	党委副书记
	姚　勇	副所长	党委委员
	张文进	副所长	党委委员
	聂仁贵	副所长	党委委员
	管治云	副政委	党委委员
	潘国平	纪委书记	党委委员
	张立军	工会主席	党委委员
2003 年 8 月—2004 年 12 月	高乐毅	所长	党委书记
	丁忠庭	政委	党委副书记
	刘国高	副所长	党委副书记
	覃正元	副所长	党委委员
	张文进	副所长	党委委员
	聂仁贵	副所长	党委委员
	管治云	纪委书记	党委委员
	潘国平	政治处主任	党委委员
	张立军	工会主席	党委委员
2005 年 1 月—2006 年 8 月	刘国高	所长、政委	党委书记
	覃正元	副所长	党委副书记
	邵建林	副所长	党委委员
	聂仁贵	副所长	党委委员
	张文进	副所长	党委委员
	李宗翰	副所长	党委委员
	管治云	纪委书记	党委委员
	潘国平	工会主席	党委委员
2006 年 09 月—2009 年 7 月	刘国高	所长	党委书记
	胡云武	政委	党委副书记
	邱彬如	副所长	党委副书记
	邵建林	副所长	党委委员

续表 1-29

时间	姓名	行政职务	党内职务
2006 年 9 月—2009 年 7 月	聂仁贵	副所长	党委委员
	张文进	副所长	党委委员
	余少尧	副所长	党委委员
	管治云	纪委书记	党委委员
	潘国平	工会主席	党委委员
	皮明文	政治处主任	党委委员
2009 年 7 月—2012 年 3 月	刘国高	所长	党委书记
	江志晖	政委	党委副书记
	邱彬如	副所长	党委副书记
	邵建林	副所长	党委委员
	聂仁贵	副所长	党委委员
	张文进	副所长	党委委员
	管治云	纪委书记	党委委员
	潘国平	工会主席	党委委员
	皮明文	政治处主任	党委委员
	姚　勇	副所长	党委委员
	戴国清	副所长	党委委员
2012 年 3 月—2015 年 4 月	刘国高	所长	党委书记
	江志晖	政委	党委副书记
	邱彬如	副所长	党委副书记
	邵建林	副所长	党委委员
	张文进	副所长	党委委员
	聂仁贵	副所长	党委委员
	潘国平	工会主席	党委委员
	皮明文	政治处主任	党委委员
	姚　勇	副所长	党委委员
	戴国清	副所长	党委委员
	胡　劲	纪委书记	党委委员

续表 1-29

时间	姓名	行政职务	党内职务
2015 年 4 月—	江志晖	所长	党委书记
	程志刚（2016 年 2 月到任）	政委	党委副书记
	邵建林	副所长	党委委员
	张文进	副所长	党委委员
	皮明文	政治处主任	党委委员
	姚　勇	副所长	党委委员
	胡　劲	纪委书记	党委委员
	龙全友（2015 年 9 月到任）	副所长	党委委员

第四节　依法治所

一、行政管理

1988 年，在册中共党员共 20 人，经过严格管理严格考核，全年没有被处分的干部。所部评选教育科、管理科，一中队、二中队为先进单位，评选出 13 名先进工作者。实现所长目标管理，干警队伍完成任务达 99.5%领取全年奖金，管教工作达 85%，扣全年奖金的 1%，生产完成 70%的中队领导辞职，中层骨干任职 16 名，落选 6 人，干警实行选聘制，总数 37 人，聘 33 人，落选 4 人。

1989 年，在册中共党员共 27 人，加强基层党组织建设，开展三会一课，举办四期党员学习班，发展 2 名新共产党员，3 名预备党员转正。

单位荣获省司法厅集体二等功，所长谌顺卿记二等功。21 人被评为“先进工作者”，5 人被评为优秀共产党员，2 人为优秀党务工作者，6 人记功，2 人被评为全市综合治理先进个人，所党总支被市直工委评为先进党组织。

抓干警的廉政教育、遵纪守法教育，职业道德教育，全年累计拒收礼品礼金达 1750 元。自清自查、查出乱收费 2 起，金额 1964.5 元，私批私放劳教人员 6 人，打骂体罚劳教人员 1 起，与劳教人员吃喝 1 起，全年立案查处干警违纪 2 起，扣岗位津贴 17 人次，累计

438 元，罚款 1030 元。

在大连召开的全国劳教工作会议，常德市劳教所二中队被司法部评为“全国五好中队”。同年 10 月 19 日，司法部副部长金鉴到常德市劳教所考察，勉励该所干警“继续前进，跃入全国先进所行列”。

图 1—38 司法部常务副部长张秀夫（左二）考察常德市劳教所

全年投资 30 万元修建车间两栋共计 1200 平方米，投资 37.5 万元修建一栋 1500 平发米集伙房、礼堂为一体的教育堂。

1990 年，全所在册中共党员 30 人。年初，建立党总支，中队科室建立 5 个党支部，各支部组织干警每周开展学习 2 次，进行宗旨教育、十不准规定教育等，开展学雷锋树新风活动，演讲比赛 15 人获奖。

干部拒请吃喝 33 次，拒收礼物 37 次，折合人民币 1450 元。对违纪问题进行严格查处，先后有 14 人受到扣除岗位津贴的处罚。

12 月，万某彪受到开除公职处分。

1991 年，全所在册中共党员 42 人，全年干警请吃不到，拒礼不收 20 多人次。二中队指导员沈某祥因过失伤害劳教人员王某跃被检察机关立案起诉，武陵区法院作出免予刑事处罚的决定。开展创办劳教特色的工作，对劳教人员实行分编、分管、分教，调动劳教人员改造的积极性；卫生工作达到省二级标准，劳教所被命名为全省第一家校园式、军营式和园林式单位。全年共投资 50 多万元，修建一栋 300 平方米办公楼，180 平方米的车库，新修所部大门和两个高标准凉亭，新砌围墙 300 米，新购小车一台，四道打字机一台，添置部分教学设备，全年共植树 600 多棵。

1992 年，全所在册中共党员 45 人，16 名“以工代干”职工全部转为国家干部，抓中层骨干的培训，举办为期 4 天的培训班，提高骨干的工作积极性。

同年 8 月 25 日，经常德市委常委扩大会议研究，常德市编制委员会于 1992 年 8 月 29 日发文，明确常德市劳教所为副县级机构管理的事业单位，下设办公室、政工保卫科、管理教育科、生活卫生科、生产科、财务科、一大队、二大队、三大队，均为正科级。

1993 年，全所在册中共党员 60 人，在组织人事部门的支持下，采取公开、平等择优的原则，录取 16 名“以工代干”职工为国家干部，充实干警队伍。年初，所党总支改选三个大队党支部，一个机关党支部，成立党小组。举办四期党员学习班，发展两名新党员，为三名预备党员办转正手续。重点抓对干警的廉政教育，全年累计拒收礼品礼金1750元，树立人民警察的新形象。

年终，有5个中队被省局授予“五好中队”称号，政保科、生卫科两个单位被评为“先进单位”。有21人被评为“先进工作者”，有5人记功，还有2人被评为“全市综合治理先进个人”，所总支被市直工委评为“先进党组织”。

同年12月，被省劳教局授予“省级劳动教养学校”称号。12月6日，举行省级劳动教养学校授牌大会，司法部劳教局副处长董存德、省司法厅副厅长龙虎魁，市人民政府副市长杨万柱，省劳教局党委书记、政委任曙军，市直政法单位的主要领导，区、县(市)公安局、司法局的领导，常德电视台、常德日报等新闻单位记者、劳教人员家属代表参加大会。

1994年6月7日，经中共常德市委批准，成立中国共产党常德市劳动教养管理所委员会，全所在册中共党员67人；干警队伍全年无违纪，李林华、游昌荣、姚勇分别被市人民政府授予“十佳劳改劳教干警”荣誉称号，并记二等功，全所共有19人评为“先进工作者”，6人被评为“优秀党员”，5人受到记功奖励。

1995年，全所在册中共党员72人，发展2名新中共党员，考察培养3名建党对象；2名干警被省劳教局授予“全省个别教育谈话能手”荣誉称号，34人被评为“先进工作者”和“优秀党员”。

成立劳教所戒毒大队(湘西北戒毒康复中心)。省劳教局在劳教所召开生卫工作现场会，推介常德市劳教所大种大养的经验。

图1—39　常德市新园学校大会

1996年，全所在册中共党员75人；抓党组织建设，改选成立6个党支部；全所20名干警被评为优岗，5人被记功，2名干警被评为个别谈话教育能手。先后派干警20多人在党校、警校学习，组织22名干警参加中南政法学校的专业证书培训，分批组织干警到湖南省新开铺劳教所和湖北省武汉河湾劳教所参观学习。

杜绝公款吃喝和私客公请的现象，接待费用比上年减少24906元，车辆油耗及维修费比上年减少84892元。

1997年，全所在册中共党员79人，改选六个党支部，全年发展新中共党员5名，评选出优秀党员8名。民警赵某香、伍某铣，因违反规定，私自为劳教人员保管现金(8000

元),给予赵某香行政记大过处分,给予伍某铣行政记过处分,退回保管的现金 8000 元。五大队民警刘某国,因私批劳教人员出所造成脱逃(发生在 1996 年),给予行政记大过处分。

建立廉政机制,推进党员廉政建设,全所累计拒贿 12 次,拒收礼金 3000 余元。

1998 年,加强对干警职工业务知识学习和培训,全年参加省市组织的各类岗位培训 7 人次,参加法律知识学习的 24 人,参加监所管理专业自学考试的 65 人,参加市直工委举办的入党积极分子培训班的 11 人;

20 名表现突出的工作人员受到表彰。其中张胜昔被省劳教局评为"种菜能手",刘惠清被常德市政法委评为"抗洪英雄"。

教育科科员唐某利因违反财经纪律,给予行政警告处分,违纪所得 5630 元全部退回。

年初,被省司法厅劳教局评为"现代化文明劳教所创建工作先进单位"。

在硬件建设上投入 30 多万元,修建办公楼和劳教大院围墙,软件建设上重点抓管教基础工作的规范化管理。

1999 年,全所在册中共党员 90 人;

5 月 17 日,三大队发生一起虐待劳教人员(李某国)致死事件,经法院判决,大队长姜某、副教导员郭某润以虐待被监管人员罪被判处有期徒刑一年,缓刑一年,副大队长周某保、副科级干部黄某初、唐某辉 3 人分别受到行政记过处分。

同年,经省现代化文明劳教所考评委员会考评验收,湖南省司法厅授予常德市劳教所"省级现代化文明劳教所"称号,率先跨入省级现代化文明劳教所序列。

2000 年,全所在册中共党员 98 人;李明祥、胡又先被评为"全省劳教系统个别谈话教育能手。"

针对 1999 年"5·17"事件暴露出来的问题,所党委采取强有力的措施,狠抓干警的教育培训。举办一期中层骨干培训班和干警个别谈话教育理论研讨会。规定每周三为固定学习时间,在全所干警大会上突击性对干警进行考试,现场出题,评分点评。

2001 年,全所在册中共党员 108 人。

1 月 10 日,组织干警进行"双向选择",全所 127 名干警有 124 名找到合适的岗位,与所在单位签订责任书,其余 3 名干警落选,在政治处待岗。

3 月 7 日,省司法厅副厅长罗炳忠一行 3 人,到所检查执法执纪专项教育整顿工作,给予充分肯定。

11 月 17 日、18 日,全所干警集中到常德市三中参加由司法部统一组织的劳教工作干警素质教育全国统考(12 月份结果公布,全所及格率达 100%,优秀率达 95%)。

2002年,全所在册中共党员113人;进行干部技能培训,全年共举办培训班三期,培

图 1—40 全所开展民警基本技能大培训

训干警 128 人，占培训总数的 98.5%，参与率达 100%，及格率达 100%，优良率达 32.8%；

54 名干警被评为“五星级”政法干警，占干警总数的百分之 42%，全年无违纪违法事件。

2003 年，全所在册中共党员 114 人；6 月 30 日，召开新党员宣誓、先进党支部、优秀党员表彰大会。李菊华等 6 人加入中国共产党。机关一支部被评为“先进党支部”，游昌荣等 11 人被评为“优秀共产党员”。

6 月 18 日，常德市劳教所由副处级单位升为正处级单位，市委对所级领导班子进行调整，新任所党委书记、所长及高乐毅到任。

12 月 9 日，召开全所干警职工竞争上岗演讲大会，进行民主测评，全所共有 8 人竞争三个正科级职位，43 人竞争 17 个副科级职位，聘请常德市司法局政治部和常德市五中的老师担任评委。

12 月 31 日，中共常德市机构编制委员会《关于常德市劳动教养管理所职能配置、内设机构和人员编制方案》明确：根据省机构编制委员会《关于常德市劳动教养管理所升格为正处级机构的批复》精神，常德市劳动教养管理所（以下简称市劳教所）升格为正处级机构，仍由市司法局管理。市劳教所是负责对被劳动教养的人员实行强制教育改造的执法机关。内设 11 个职能科室（含政治处下设的 2 个科），9 个大队，均为正科级，即办公室、政治处（组织人事科、宣传教育科）、管理科、教育科、探视管理科、生产科、生活卫生科、行政装备科、后勤管理科、监察室（与纪委合署办公）、医疗卫生大队、一大队、二大队、三大队、四大队、五大队、六大队（警戒护卫大队）、七大队、八大队（出入教大队）。

2004 年，全所在册中共党员 116 人；组织干警职工学习“三个代表”重要思想、中共十六大精神、《中华人民共和国人民警察法》、《中华人民共和国公务员条例》等相关的法律法规和劳教工作业务知识，学习采取集中授课和分组讨论的方式，共集中授课 30 课时，分组讨论 40 课时，干警职工共撰写学习心得体会 900 篇。

2005 年，全所在册中共党员 119 人；根据中央省委和市委的统一部署和指示要求，扎实开展保持共产党员先进性教育。组织全所 140 名党员开展“封闭式”集中学习培训，通过走访、发调查函、召开劳教人员家属座谈会、设立意见箱等形式，征求到对所党委班子的意见和建议 12 条，对党委成员的意见和建议 18 条，对各支部的意见和建议 56 条，对全所党员的意见和建议 217 条。召开民主生活会，对每个中共党员进行客观公正的评议。坚持边整边改，针对劳教人员亲属反映会见不方便的问题，所党委立即作出调整，由原来仅限周三会见，改为全日制会见，方便到所探视的群众，受到群众的好评。

2006年，全所在册中共党员120人；实行联带包创星级管理，推选生卫科科长孙宾为全市“十佳司法干警”“全市人民满意干警”，常德电视台报道先进事迹。在内刊《常德劳教》推介一大队一中队长严冰、三中队长代伟典型事迹，用身边典型事例鼓舞干警、教育干警。

在全所民警中广泛深入地开展社会主义法治理念教育。全所每个干警都写出2500字以上的剖析材料，每个单位都写出5000字以上的剖析材料，真正把问题摆出来找出根源。

11月5日，劳教人员李某兵脱逃，责任人李某华受到纪律处分。

2007年，全所在册中共党员121人；对干警开展培训，5月组织全所民警职工到市警校教育基地、武陵监狱接受警示教育，选送48名民警到省、市参加培训，全面提高民警的综合素质和业务技能。

民警李某峰因贩毒受到刑事处理，被开除公职。

2008年，全所在册中共党员125人，坚持从严治警，根据市委政法委关于政法队伍联带包创精细化管理办法，建立“四级督办”机制，做到时时有督办天天有记载，全年共出《督察通报》12期，发出整改通知书41份，累计扣分55.7分。

全年所党委中心组集中组织学习12次，党委成员参加上级部门举办的理论培训班和研讨班10次。

集中组织全所民警参加5天脱产培训，举办讲座10场。聘请省劳教局生卫处处长张军就艾滋病的预防和管理作专题讲座，聘请湖南文理学院教授重点讲授公文处理、办文办公等机关工作的相关业务知识。

2009年，根据湖南省劳教局(戒毒局)统一部署，常德市劳教所加挂常德市朱湖强制隔离戒毒所牌子。全所在册中共党员127人。所部从5月开始集中3周时间组织全所民警开展岗位大练兵活动，严格训练严格考核，参训率达100%，考试考核率为100%。

推行廉洁行政，一是办公用品统一集中采购，大宗物品的采购实行全程“阳光作业”，有效禁绝暗箱操作；二是规范公务接待管理，严格控制接待标准，严格控制费用超支。据统计截至10月全所公车油修费，接待费、水电费较年同期分别下降8%、3%、4%，全所非公务用车收费近2万元，有效防止各种腐败现象的发生。

组织基层民警集中学习《湖南省强制隔离戒毒工作实施办法》和《湖南省强制隔离戒毒考核评估工作规定》，熟练掌握诊断评估操作程序，再次组织部分中层骨干到先进所参观考察。

同年10月13日，二大队发生一起六名戒毒人员集体脱逃事故，责任人周某军、李某辉、李某主受到行政纪律处分，大队长赵某红、教导员杨某荣受到免职处理。

2010年，全所在册中共党员129人；开展业务知识培训学习，根据民警所在工作岗位的特点，全所分三批进行业务知识培训，一是组织所领导班子成员参加上级业务主管部门组织的培训，其中政委参加司法部组织的全国劳教系统政委培训班的学习，其他班子成员分六期参加省司法厅组织的培训，每期十天。二是组织中层骨干，各大队长、教导员、各科室科长、主任等20名中层骨干参加由省劳教局组织政工线、教育改造线和生产线的业务培训。三是所部集中两周时间，采取聘请专家授课和所领导亲自授课相结合的方式，对全体民警集中进行理论和业务知识培训。

3月11日，中共常德市委机构编制委员会办公室文件《关于市劳动教养管理所加挂牌子的批复》，同意常德市劳教所加挂市朱湖强制隔离戒毒所牌子。其机构性质、人员编制等仍维持不变。

实行量化管理、量化考核的精细化管理，精细化管理机制管理队伍的经验被省劳教局在全省劳教系统中进行推行，得到省政法委的高度肯定。

图1—41　司法部副部长陈训秋(中)春节前考察常德市劳教(戒毒)所

2011年7月22日，在常德市司法局和省劳教局的支持下，举行“延伸矫治手臂千户行”启动仪式，在全国率先建立延伸矫治工作模式。2012年4月17日、19日，法制网、中国日报网、法制日报等国家级主流媒体分别以“湖南常德打造全方位综合性矫治帮教网络平台”和“常德打造综合矫治帮教网络平台延伸矫治手臂到场所到家庭到社会”专题报道该所以“延伸矫治手臂千户行”活动为切入点，通过与地方司法行政部门的职能对接，在劳教、戒毒场所与地方司法行政部门之间全面构建起矫治帮教专业化网络平台，建立劳教、戒毒场所—服教、强戒人员家庭—政府、社会组织“三位一体”的社会联动帮教工作机制，通过社会关怀、亲情感化、政府救济的形式开展对劳教、强戒人员的综合性矫治帮教的工作经验。实现“帮扶一个对象，挽救一个家庭，平安一个社区，和谐整个社会。被破格列为“全市反邪防邪工作成员单位”，被评为“全市反邪防邪工作先进单位”。

继续推行联带包创精细化管理机制，开展“规范化管理年”活动，实行精细化、规范化管理无缝覆盖；精细化管理考评机制经验做法多次在全市政法系统和全省劳教（戒毒）系统推广。1月20日，荣获全省劳教（戒毒）系统精细化管理考核一等奖。3月30—31日，全省劳教（戒毒）系统精细化管理经验交流现场会在所召开。

被省司法厅评为“执法大培训，岗位大练兵、技能大比武”三大活动组织工作先进单位，政治处主任皮明文被评为“三大活动”先进个人。

2012年，先后在桃源县漳江镇漳江社区和常德市复兴电子有限公司联合建立“社区延伸矫治帮教工作站”和“回归人员过渡性就业基地”，为劳教（戒毒）场所教育矫治与社会帮教安置的无缝化对接探索有益的经验。

为全面总结和推介常德市劳教（戒毒）所开展“服务性执法、教育性管理、综合性矫治”三项创新性工作的经验，湖南省劳教（戒毒）局将延伸矫治手臂工作列为专项资助课题重点，以“关于回归人员延伸矫治手臂工作联动机制探索”为课题组织攻关和探索。

是年，全所在册中共党员135人，多层面全方位加强队伍建设。9月13日，在全省劳教（戒毒）系统率先启动民警岗位资格认证考试试点工作，组织编印下发《民警岗位资格认证考试操典》。6月15日，司法部网站等主流媒体以“湖南省常德市劳教所建立首个社区延伸矫治帮教工作站”为题报道劳教所创新社会管理的经验。

10月31日，全省劳教、戒毒系统民警岗位资格认证工作推进会在劳教所召开，标志着该项工作走在全省劳教、戒毒系统前列。

开展廉（贤）内助评选、致民警家属一封信、聘请行风监督员到所评议活动，实行所务公开和干警相片上墙公示等。8月21日，市纪委第五纪工委监察分局“廉政风险防控现场观摩暨转段工作调度会”在劳教所召开，所纪委书记胡劲作典型发言，受到市纪委领导的高度肯定。

进一步完善财务管理，公务接待公用物品采购，车辆管理等制度，与上年度同期比较公务接待开支减少近5万元，车辆油耗减少15%，修理费减少近一半。

信息调研工作取得长足进展，截至9月底完成信息报道215篇，在全市政法系统和全省劳教、戒毒系统名列前茅。提交理论研讨文章20篇，被市级和省级刊物登载4篇。

2013年，开展“全所学习月”活动、“百日学习”活动和培训讲座。，采取竞争上岗方式民主选拔任用中层骨干，通过个人自荐、民主推荐、竞职演讲、民主测评、党委集体研究方式，选拔任用11名中层领导干部，激发内在活力。

7月，经常德市委、市人民政府研究决定，在常德市朱湖强制隔离戒毒所建立常德市特殊涉毒人员收治中心，负责收治全市患有癌症、尿毒症、艾滋病等重（绝）症和吞食异物的吸、贩毒人员，设计规模为120人。实行由市人民政府主导，市综治委、市禁毒委指导，市强戒所管理，市司法局、市卫生局协调，各区、县（市）协作的工作机制。

9月，医疗卫生大队大队长廖某湘、七大队教导员姚某杰、民警陈某在办理戒毒人员周某春紧急所外就医过程中，徇私舞弊、弄虚作假，分别受到撤销职务、行政记大过等党纪、政纪处分。

12月26日，中共常德市委机构编制委员会办公室文件《关于市劳动教养管理所有关机构编制事项的批复》明确，在常德市劳教所内增设市特殊人群涉毒人员收治中心，为正科级内设机构，下设管教室、医疗室、保障室和综合室，负责收治特殊人群涉毒人员。收治中心人员编制37人，其中民警9人、医护人员14人、协警14人。是年，累计收治特殊人群涉毒人员50余人。

2014年，全所在册中共党员140人；全所8个党支部、145名党员参加第二批党的群众教育实践活动，征求意见100多条，解决急待解决的问题26件。为民警职工和戒毒人员做20件实事，在市级文明标兵单位评比活动中名列前茅。

为有效整合强制隔离戒毒资源，进一步规范戒毒执法管理，经湖南省编办批准，常德市朱湖强制隔离戒毒所（原常德市劳动教养管理所）正式更名为常德市强制隔离戒毒所，依据《禁毒法》有关规定，全面履行强制隔离戒毒和特殊人群涉毒人员收治工作执法职能。

9月2日，中共常德市委机构编制委员会《关于市劳动教养管理所（市朱湖强制隔离戒毒所）更名及职责调整的批复》，明确常德市劳动教养管理所（市朱湖强制隔离戒毒所）更名为常德市强制隔离戒毒所，不再履行劳动教养管理职能，履行强制隔离戒毒职能。定编11个科室、9个大队，设计收治规模1400人，负责收治常德、益阳、张家界等湘西北地区送治的强制隔离戒毒人员和常德市送治的特殊人群涉毒人员。

图1—42 常德市强制隔离戒毒所揭牌

按照强制隔离戒毒执法工作标准设立三期（生理脱毒期、身心康复期、回归适应期）、四区（医疗戒护、康复教育区、常规矫治区、回归适应区）、“五级管理”（即监护管理、封闭管理、常规管理、宽松管理、自我管理）、“六项机制”（戒毒医疗、康复训练、关怀求助、后续照管、再社会化教育、心理矫治工作机制）戒毒工作流程，根据强制隔离戒毒人员毒瘾戒断稽延症状控制、生理体能康复的评估效果，建立集戒毒医疗、心理康复、行为矫治、价值观重建、生活技能培养、再社会化促进于一体的强制隔离戒毒工作体系，为吸毒人员安心戒毒创造良好的人文环境。

2015年，全所在册中共党员145人；在全所开展为期三个月的“严明纪律、严格履职”专项教育活动，严格落实司法部的“六个一律”，着力加强戒毒人民警察职业操守和职业底线教育，为场所持续安全稳定提供有力的保障。

以警营文化为载体，激化民警队伍活力，成立文化宣传、户外健身、文体活动、文艺娱乐、古玩收藏5个警营文化兴趣小组。全所80%的民警报名参加，5个兴趣小组以开展活动30多次，先后有80多件文学作品、100多篇工作信息在各级媒体发表。熊刚先后获得缅怀宋教仁先生殉难100周年、全国诗词大赛征集评选活动二等奖，第二届跃苗文学创作二等奖。

全所开展“最美戒毒警察”系列宣传活动，先后评选出江志晖、严冰、郭建、聂祝春、陈红、肖光新、谭伟、袁杰、蒋林林、代伟10名先进典型，借助媒体向社会充分展示司法行政戒毒警察忠诚为民、公正廉洁、爱岗敬业、创新有为的精神风貌。

同年11月6日，常德市看守所特殊人员收治中心启动仪式在市强戒所举行，常德市人民政府副市长、市公安局局长胡丘陵为收治中心揭牌，市公安局、市检察院、市司法局、市强戒所、市康复医院、市五医院等单位负责人和市强戒所部分中层骨干出席启动仪式。

二、所政管理

1988年，在所劳教人员303人。管理秩序稳定，全年实现“四无”(无逃跑、无事故、无自伤自残、无够立案标准)的目标，一般违纪减少21%，摘掉三年发生逃跑事故的帽子。实现干警直接管理，打掉“拐棍”；干警由原来的“睡班”改坐班。加强场所管理，先后揭发赌博违纪四起，盗窃违纪3起，还揭发一起3人结伴逃跑的重大反改造线索。6月1日，新入所劳教人员彭某华、钟某、李某来，三人密谋结伙逃跑，干警及时制止一起重大逃跑事故。为此，所部增加防逃设施，加修围墙。

全年劳教人员减期34人，立功29人，评先37人，加教14人，严管23人。

1989年，在原来三个中队的基础上，再增设一个中队，共设一、二、三、四中队，在所劳教人员538人。解除劳动教养215人。

1990年年初，在册劳教人员538人，年中新收210人，解教232人。年底，在所劳教人员516人，四个管教中队连续三年实现“三无”安全。劳教人员全年减教68人，立功57人，评先进学员59人，处罚加教7人。

1991年，全年收容劳教人员489人，解除劳教330人，对劳教人员实行分编、分管、分教，其中，宽管级占18.2%，普管64.8%，严管5人，占0.09%，18岁以下占1.5%。

对劳教人员的管理上实行“三包”(所部包中队、队包班、管班干部包人)“三保”(个人保班、班保中队、中队保全所)。6 月上旬,二中队学员胡某军企图趁天黑时逃跑,包队的所领导及时与中队采取夹控措施,避免事故的发生。

所部对 1988 年全市所有解教的劳教人员进行摸底,调查和跟踪考察,一是对所内劳教学员有针对性的教育,二是对各区县(市)乡镇村组的信息反馈,作出对桃源、安乡两县 4 名表现不好的所外执行、所外就医人员收所的决定。

1992 年,落实分编、分管、分教工作,劳教人员实行三等三级处遇;3 月,成立入教中队集中管理出入教人员,全年共收容劳教人员 826 人,解教 286 人。

一大队、二大队分管滋扰型劳教人员,三大队集中管理"所内试工"的劳教人员,全所获减教的劳教人员达 71 人,立功 91 人,评选出改造积极分子 112 人。

1993 年,全所按"三等六级处遇"管理劳教人员,在不断总结"三分"经验的基础上,对"三分"工作进行调整和改革,形成一大队分管财产型和淫乱型劳教人员,二大队分管滋扰型劳教人员,三大队集中管理"所外试工"的劳教人员的格局。全年获减教的劳教人员 71 人,立功的 91 人,评选出改造积极分子 112 人。

3 月,正式成立入教中队,集中管理出入教人员全年共收容 826 人,解教 268 人。

撤换不称职的民管人员 11 人,对 2 名严重违纪的民管人员给予加教处分,收缴各种有效证件 16 份,兑换现金 4750 元,查禁危险物品和助逃工具 28 件。

1994 年,全所收容劳教人员 601 人,解教 329 人,转所 252 人,总收容 1161 人,全年仅逃跑 1 人,逃跑率为 0.09%。

1995 年,全所累计收容劳教人员 1125 人,其中新收容 643 人,减教 168 人,记功 242 人,加教 17 人,所外就医 12 人,请假 18 人,解教 666 人,有 12 名劳教人员被评为改造积极分子。

1996 年,全所在册劳教人员 1599 人,全所共收容劳教人员 1224 人,解教 688 人,转所 140 人,请假 6 人,所外就医 5 人,所外执行 37 人,全部符合法定程序。全年累计减教 180 人次,记功 302 人次,表扬 608 人次,加教 12 人次,记过 30 人次,严管 28 人次。

配合公安机关参与"严打"斗争,全所劳教人员共检举揭发违规违法案件 28 起,其中大案 4 起,交余罪 48 起,协助公安机关侦破案件 4 起。

成立戒毒大队后,收治戒毒劳教人员 217 人和社会自愿戒毒人员 102 人,收到较好的社会效益。

1997 年,全年收容劳教人员 1619 人,新收 951 人,其中收治吸毒劳教人员 154 人、解教 517 人,全年共收社会自愿戒毒人员 204 人。

开展"百日安全"竞赛活动,收缴各种有效证件 12 本,查获各种危险物品及助逃工具 20 余件,全年有 1146 名劳教人员受到减教记功和表扬奖励。严惩"所王""所霸",撤换不合格的民管班长,查处违纪违法劳教人员。全年被加教12人次,记过28人次,严管30人次。

1998年,全年收容劳教人员1057人,解教756人,办理所外就医2人。共有574名劳教人员分别受到减教、记功和表扬等奖励,有57名劳教人员分别受到加教、记过、严管等处分。

实行半军事化管理,优化改造环境,所特警队由原来的5人增加到12人,管教大队坚持24小时巡逻值班。

1999年,全年新收劳教人员1215人,解教486人,减教60人,立功125人,评先进176人,加教35人,所外就医9人,所外执行10人,严管39人,禁闭31人。

2000年,全年收容劳教人员966名,解教933名,减教47人,立功97人,评先进143人,加教29人,所外就医7人,所外执行8人,严管38人,禁闭30人。

抓制度落实,杜绝"四防事故"发生。全年共包夹重控人员12人次,查获携带违禁危险品15人次(其中海洛因5克、白酒17瓶、刀具6把),整改安全隐患5处。

2001年,全年收容劳教人员1280人,解教589人。4月4日起,改变值班干警睡班制,实行干警通宵坐班制度,要求值班干警在晚上值班期间每隔半小时进行一次巡查。全年未发生"四防"事故。

2002年,全年收容劳教人员917人,解教713人,减教49人,立功98人,评先139人,加教27人,所外就医8人,所外执行5人,严管34人,禁闭29人。场所秩序持续稳定,全年所内发案率为零,劳教人员逃跑率为零,全所实现"四无"安全。

2003年,全所在册劳教人员1517人,在所1490人,新收劳教人员1060人,解教833人,所外执行3人,准放假10人,协助政法各部门提审76人次,"三试"12人,公安机关逮捕29人,禁闭24人次,延期(三个月以内)26人,三个月以上一年以内有5人,记过62人次,减期94人次,记功126人次,表扬256人次。全年未发生"四防"事故。

2004年,全年在册劳教人员1075人,新收劳教人员850人,解除劳动教养1134人,减教51人,加教30人,所外就医7人,所外执行4人,严管37人。

1月1日,发生2名劳教人员脱逃事故,及时追捕抓回。

2005年,全年共收劳教人员970人,解除劳动教养723人,减教47人,加教28人,所外就医6人,所外执行3人。

成立以副所长聂仁贵任组长的管理工作改革领导小组,在全所推行对劳教人员进行"严管、普管、宽管"三种管理模式的改革工作。4月25日,为落实开放式管理模式,经省劳教局批准,在桃源县郑家驿乡民营企业跃宇竹业有限公司设立劳教人员习艺基地。调派开放式管理劳教人员前往学习竹艺技术,实行由干警直接管理下的开放式管理。

2006年,全年收容劳教人员819人,解教614人,减教49人,加教20人,所外就医5

人，所外执行2人。

1月21日，德山分所劳教人员撤回所部。2月15日，三大队（所外试工）从桃源县郑家驿乡整体搬迁至聚宝金城砖厂开展外务劳动。

2007年，全年收容劳教人员902人，解教619人，减教52人，加教19人，所外就医4人，所外执行3人。投资15万元重修围墙，安装防刺网，建立与驻地公安机关的联防共建机制。

2008年，全年收容劳教人员853人，解教586人，减教45人，加教17人。设立调解法庭，各大队均设立“模拟小法庭”，及时化解劳教人员之间的矛盾纠纷。全所以“小法庭”的形式有效调处可能发生的矛盾纠纷8起，可能引发涉法投诉上访的矛盾4起。

2009年，全所收容收治劳教、戒毒人员612人，解教415人，减教29人，加教11人。5月25日上午，成功处置一起外来艾滋病人袭扰事件。10月13日晚，六名戒毒人员从二大队宿舍集体脱逃，省戒毒管理局将全所戒毒人员集中调遣到省坪塘、新开铺、白泥湖劳教、戒毒所。

2010年，全年收容收治劳教、戒毒人员302人，解教151人，减教17人，加教10人。开展处置各种突发事件的实战演练。组织防止逃跑演练5次，防暴动骚乱演练5次，防冲所演练3次，每次演练全程录像。参加劳教系统组织的处置冲所、暴力事件预案演练取得第一名，省劳教局奖励1万元。

2011年，共收容、收治劳教、戒毒人员800余人，因故暂缓或不予收容收治50余人。

对原警戒护卫大门进行改扩建，完善监控系统，巡更系统，指纹打卡装置，及固定点火装置，等物防、技防设施，并更换灭火器材，重新加固防护网，移植有安全隐患的树木30棵，更换无防护吊扇100把，对车间食堂医务室部位安装安全防护设施。

开展场所安全大排查，把生产工具的管理纳入日常考核范畴。

2012年，收容收治劳教、戒毒人员307人，解教184人，减教18人，加教12人。

8月，按照司法部的统一部署，启动开展“场所安全隐患百日排查整顿”活动，定期或不定期开展安全管理“十八查”，拓展排查内容，扩大排查区域，有效治理各类安全隐患近30起。是年，全所组织大小检查和考核20多次，实现场所安全“六无”目标。

2013年，全所收容收治劳教、戒毒人员403人，解除206人。年初，全所各大队向党委签订安全工作稳定责任状，全员承诺维护场所安全。围绕违禁物品和安防设施，落实定位安检，门卫安检，大队日常安检工作。组织全所紧急疏散和防骚乱演练。

2014年，全年共收治强戒人员565人，解除57人，转所78人，收治特殊人群涉毒人员94人，全年共查处各类安全隐患80余起，全年场所安全零事故。严格规范强戒人员的探视会见、外出就诊、住院、请假、所外就医等工作程序，每个程序都有专人负责签字审核。

2015 年，收治强戒人员 1000 人，在新收治人员中共排查出重疾病 3 人，传染性疾病 4 人，残废 3 人，吞食异物 4 人，按照规定予以拒收。通过入所谈话和心理量表测试重点排查精神异常人员 5 名，自伤自残者 2 名，身负余案者 16 人，性格偏执冲动者 3 人，家庭有重大变故者 2 人，从源头上降低场所安全风险系数。强化预知、预防、预制工作，落实并完善大队每月、所部每两周的两级研判机制。对排查出的问题实行分级挂牌督办制，一般隐患由本大队解决，相关职能科室督办，对重要隐患上升到分管领导督办，重大隐患由所长、政委直接督办。全年通过研判会消除安全隐患 20 多处，减轻基层管理压力。

投资 80 万元对场所物防技防设施进行全面升级改造。

三、教育矫治

1988 年，在全省基础工作检查评比中以 99.98 分的高分，获得全省第一名。办《浪子吟》手抄小报 9 期。

组织干警走访劳教人员原单位 13 次，走访居委会，派出所、乡村政府 22 次，专访家属 47 次。通过走访原单位安置工作的 6 人，表示保留职籍的 10 人，解决夫妻不和的 18 人，解决债务纠纷的 6 人，解决家属长时间不来看望的 11 人，解决缺衣少被的 10 人，解除劳教人员的思想负担，促进其安心服教。

与常德师专、常德农校、常德林校、常德汽车保修厂开展共建活动 18 次，组织 7 次演讲会、6 场球赛和文艺活动，共建单位与劳教人员结成帮教对子 122 对，共建单位派人到所帮教 22 人次，劳教人员接到共建单位青年、学生的来信 125 封，鼓励他们奋发向上走向新生。“共建活动”引起省、地电视台的关注，先后报道 10 余次。组织全体劳教人员到市内参观“血壮军魂”“自卫反击战”革命烈士事迹展览。组织劳教人员参加“金芙蓉杯”歌手大赛，获得“净化心灵、陶冶情操”锦旗一面。

1989 年，设专职教师 12 人，兼职教师 20 人。对劳教人员的教育以政治教育为核心全年授课 320 课时，文化课授课 180 课时，技术教育以岗位培训为主，进行塑料，纸箱生产的技术培训。

1990 年，聘任教师 14 人，兼职教师 24 人，以政治教育为中心，全年授课 350 课时，以文化课教育为主授课 180 课时，技术教育以岗位培训为主，进行塑料生产和纸箱生产的技术培训。

3 月 5 日，组织 500 名劳教人员到市内参观雷锋事迹展览，组织劳教人员参加省劳教局组织的学雷锋演讲比赛，获得集体第三名，劳教人员雷某新、田某分别获得个人二等奖和三等奖。参加省劳教局组织的国情知识抢答赛，劳教人员杨某皇获得个人第二名。

干警全年进行个别谈话教育4889次，中队和科室从事管教工作的干警人均96次，通过个别谈话教育，解除劳教人员思想疙瘩消除有逃跑念头的12人，消除有自杀念头的2人，消除自伤自残念头的7人。先后派干部走访劳教人员原单位60次，走访乡村、派出所、居委会87次，走访劳教人员家属56次，帮助转变安置工作8人，给予保留职籍有18人，使夫妻和恋爱关系和好的有26对，解决债务纠纷3人，解决缺衣少被43人，解决长期无人看望的33人。

1991年，完成政治课720课时，全所3个中队232名劳教人员参加全省政治统考获得人均95.8分的成绩，扫盲授课130课时，24名劳教人员脱盲。

采取边学习边实践的方式开展技术教育，使一批劳教人员掌握纸箱加工、塑料制品加工、建筑装饰技术及铝合金门窗、柜台安装和维修技术，掌握自食其力的本领。

全年进行个别谈话教育5478人次，中队管班干警人均150人次，全所表彰个别谈话教育能手11人。通过个别谈话教育9名劳教人员消除逃跑思想，2名劳教人员消除自杀念头，57名劳教人员的改造表现明显的好转。帮助解决债务纠纷2人，解决家庭长期不接见26人，使7对分手的夫妻恋人重归于好。

12月3日，石门县人民政府对正在劳教所服教的29名石门籍劳教人员与劳教所签订帮教安置协议书。全年与各区县（市）有关单位签订帮教协议300份。

常德市遭受特大洪水灾难，组织劳教人员向灾区人民献爱心捐款410多元。

1992年，常德市新园学校挂牌，成立校务会，下设政治、文化、技术3个教研室，聘任25名干警为专、兼职教师，统一颁发聘书，制定教育工作制度29个，汇编成册建立劳教人员教育档案650份，清理教育基础资料40册。整理个别谈话记录，教师教案教学日志等1380本，添置课桌、书籍等教学基础设施保证教学工作顺利进行。

全年累计授课480课时，备课16本，批改劳教人员作业1200本，304名劳教人员参加上半年全省劳教人员政治统考，平均成绩96.94分，及格率达100%，扫盲教育入学62人，全部脱盲，技术教育以岗位培训为主，全年培养纸箱加工、电工等技术人员48人。

图1—43　"八一"建军节，组织退役矫治对象举办"军旗下的反思"座谈会

全所个别谈话教育达到每人每月12.8人次，解决劳教人员各类问题33起，共解决婚姻家庭纠纷23起，不安定因素

3起。

继续与常德师专、农校、军分区共建精神文明。与9个区、县(市)及常德市司法局签订帮教协议562份。劳教人员积极为灾区人民捐款760元,奉献失足者的爱心。

1993年,劳教人员“三课”教育效果显著。全年累计授课460课时,备课16本,批改劳教人员作业1200本,举办两期扫盲班,入学人数达52人,全部脱盲,技术教育以岗位培训为主,48人获家电维修、电工等证书。

1994年,所部下发《关于个别谈话教育的规定和要求》,干警谈话记录与其岗位津贴挂钩,规定每少一篇记录扣1元钱,每月由教育科查验一次,共发现问题724起,防止矛盾激化78起,及时解决实际问题524起。

1995年,开展以政治教育为核心的三课教育,巩固省级劳动教养学校达标成果;开展理论调研,全所共撰写论文20篇,其中两篇分别获得省劳教学会理论研究一等奖、二等奖,并先后在《劳改劳教理论研究》和《常德社会科学》杂志上发表。

1996年,完成三课教育720课时,劳教人员入学率、及格率均为100%,举办文化补习班,入学劳教人员248名,全部达到补习要求。有1名劳教人员参加英语自学考试,3名劳教人员参加书法函授大专班学习。开办汽车驾驶技术培训班,72名劳教人员获得驾驶证;开展水产养殖、种植、宝石加工、电屏开关安装、装订书箱、造纸等岗位培训,全所有800多名劳教人员学到一技之长。

全所民警对劳教人员进行个别谈话教育及时发现和处理问题184起,防止矛盾激化69起,防止集体脱逃事故一起,防止个体脱逃事故2起,所内改好率为98.5%。

1997年,在劳教人员中举办“香港回归”知识讲坛2次,举办《基本法》知识竞赛一次,选送2名劳教人员参加全省劳教人员“香港回归”知识抢答赛,获优胜奖。

全所干警对劳教人员进行个别谈话教育9440人次,发现和处理各类相关问题385起,防止矛盾激化24起,劳教人员所内改好率为98%。

组织劳教人员开展“学雷锋,送温暖,我为贫困山区人民献爱爱心”活动,共为石门贫困山区捐献4000余元。请武陵区检察院干警到所举办“迎香港回归,洗百年国耻”纪念禁毒日座谈会,全所签订帮教协议980份。

1998年,开展基础教育工作,圆满完成全年的教学任务。通过民警个别谈话教育,及时发现和处理安全隐患和劳教人员思想问题15起。请武陵区关协的工作人员到所给劳教人员上形势教育课。开展社会帮教活动,全年共与劳教人员所在单位、居委会家属签订帮教协议1000多份。

开展驾驶烹饪、理发等项目的技术培训,经考核共为20名劳教人员颁发劳动部门认可的技术等级证书。

1999 年 7 月，全所举行专兼职教师法律常识课堂教学比武，二大队干警黄祖伟获一等奖。

改革劳教人员思想动态分析办法，参加劳教人员思想动态分析会的干警由负责管教工作的教导员、内勤，增加到管班干警。

成立职业培训办，开办汽车驾驶、彩灯组装、绣花等培训班，使劳教人员掌握一技之长。

大力宣传禁毒工作，在所内开办禁毒展览室，开展吸毒人员现身说法，组织学员观看缉毒禁毒宣传影片，远离毒品的活动。6 月 26 日，30 多名干警上街开展禁毒戒毒知识的咨询，发送宣传单 1.5 万份，张贴横幅标语 300 条。

2000 年，全年授课 450 课时，教育覆盖面达 100%，及格率达 100%，劳教人员参加全省政治统考，平均分 94.5 分。举办 12 期文化扫盲班，有 423 名劳教人员脱盲举办 10 期文化补习班，620 名劳教人员入学。开办种养殖，烹调、电器修理等多个培训项目，效果良好。如五大队学员潘某华通过培训掌握造纸技术，解教回家后办起纸浆厂，走上勤劳致富的道路。开展辅助教育，与劳教人员亲属及所在单位签订帮教协议 856 份，邀请大雅“艺术”学校的老师、广东轻骑艺术团进行帮教演出。

全所干警累计进行个别谈话教育 10500 人次，完成谈话教育记录 8710 篇，及时发现和处理各类问题隐患 126 起，化解矛盾纠纷 25 起，防止逃跑事故 2 起，转化难改人员 39 人，维护场所稳定，促进改造质量的提高。

2001 年，全年授课 720 课时，教育覆盖面达 100%，及格率达 100%。

干警累计进行个别谈话教育 10300 人次，完成谈话教育记录 7900 余篇，及时发现和处理各类问题隐患 98 起，化解矛盾纠纷 35 起；

6 月 26 日，开展“6·26”国际禁毒日宣传活动，在市区参加全市禁毒宣传一条街活动。在所内组织劳教人员参观大型禁毒图片展，举行“珍惜生命、远离毒品”的集体宣誓活动。

2002 年，全所干警累计进行个别谈话教育 10300 人次，完成谈话记录 8115 篇，及时发现和处理各类问题隐患 121 起，化解矛盾纠纷 20 起，防止一起脱逃事件，转化难改造人员 31 人次，维护场所的稳定。

2003 年，完成政治教育 230 课时，备教案 28 本，劳教人员完成作业 3800 本，政治教育入学率达 100%，考试考核及合格率达 100%。进行文化补习教育。全年共举办 2 个文化补习班，129 名劳教人员参加补习，通过考试全部达标。对 30 名文盲学员进行扫盲教育。与社会培训机构学校联合在所内开办二期电脑操作培训班，42 名学员参加培训，30 人拿到电脑操作初级证书。送 4 名劳教人员到省劳教局光明职业培训学校参加汽车驾驶培训。与此同时，从服务经济发展出发，开办书籍装订、编织袋生产、造纸生产、碎石加工、电子元件组装、刺绣等岗位的培训，全所有1300多名人学到一技之长。

全所干警对劳教人员进行个别谈话教育12248人次，完成谈话记录10892篇，与上年相比增加1.6%和1%平均人每月谈话14.5篇。通过细致的谈话教育，及时发现和处理事故216起，防止矛盾激化41起，防止逃跑2起，所内改好率为98.5%。9月3日，召开全所个别谈话教育能手评选及经验交流会，熊刚获得一等奖，邓德福、胡又先获得二等奖。根据省劳教局统一部署，在全所劳教人员中开展“确保改造目标、争取早做新人”系列教育活动，劳教人员积极参与书写改造计划1238份，开班会讨论3次，出墙报13期。

2004年，全年共授课230课时，教育覆盖率达100%，收到良好效果。6月2日，副所长聂仁贵带队，组织4名干警和2名劳教人员到市十三中开展现身说法法治教育，聂仁贵被聘为法治副校长。创办劳教工作特色有新进展，各大队对劳教人员实行奖励工资制。上半年，一大队、二大队、五大队分别给劳教人员发放奖励工资2万元，劳教人员基本享受劳动成果，调动劳教人员自我改造的积极性。劳教特色理论调研获得省劳教学会的奖励。

2005年，狠抓“三课教育”，全年授课256课时，教育覆盖率达100%，收到良好的效果。5月24日，组织3名劳教人员到湖南文理学院开展“现身说法”活动。

图1—44　女儿莫哭，爸爸一定戒掉毒瘾

2006年，落实“课堂化”教育，其中重点进行“法律常识”课堂化教学、“八荣八耻”思想道德教育，教育覆盖率达100%。4月2日，全所举行法律常识课堂教学比武，6名基层干警参加竞赛，八大队干警黄林大获一等奖。

2007年，授课实现课堂化，全年授课230课时，备课26本，入学率考试考核合格率均为100%；全年共举办3期文化补习班，有35名劳教人员脱盲。

全年共选送100余名劳教人员参加省劳教局组织的汽车驾驶和维护培训，获证率在98%以上。依托所外试工基地举办三期制砖习艺培训班，50多名劳教人员学到一门谋生技能，6名劳教人员经推荐在附近企业就业。

建立心理档案，尝试心理治疗，吸毒劳教人员所内戒毒率达100%。

对劳教人员进行个别谈话教育10200余人次，通过个别谈话及时发现和处理多种问题20余起，难改造人员转化率达99.8%以上。

市关工委法制教育报告团一行10人到所对劳教人员进行法制教育，法学专家张先前作专题法制报告。

教育科组织法制教育报告团在全市10所大专院校、中学、社区，对近2万名青年学生社区居民进行现身说法教育。

按照全省司法行政系统开展的“司法行政大动员，化解矛盾促和谐”专项维稳活动要求，设立所长信箱，进行劳教人员预约谈话，开展劳教人员解教前问卷调查，组织进行民管班长测评，推行心灵之窗半月谈。

全所共有3篇戒毒理论研讨文章在省局获奖。

2008年，对劳教人员开展法律法规、思想道德、爱国主义、时事政治教育，全部实行课堂化教学。年授课350课时，编写教材30本，入学率、参考率、合格率均达100%。先后选送5批劳教人员参加省局组织的汽车驾驶和维修培训，获证率达100%，所部举办4期电子元件组装技术培训班，350名劳教人员学到一技之长。

5月19日，组织全所民警职工及500名劳教人员为“5·12”汶川大地震灾民现场募捐，共捐款2万多元。6月，组织劳教人员举行以“大爱无边、同舟共济”弘扬民族精神为主题的演讲比赛。

对艾滋病感染劳教人员胡某权实施重点帮教。经请示省劳教局批准，抽调8名精兵强将组成特护专管大队，对其全方位全天候单独看护，给予住院治疗，花费医药费1万多元。所外就医期间给予5000元救济，与当地民政部门联系，将其一家两口纳入社会低保范畴，解决后顾之忧。

图1—45　为青少年学生开展禁毒警示法制教育

2009年，春节期间，与当地专业艺术团体联谊，其组织一场文艺联欢演出；举行国庆60周年歌咏比赛活动；利用中秋佳节开展传统文化教育，组织劳教人员在国庆中秋节前，写一封家书向亲人汇报思想，传递思念感恩之情；建立心理咨询中心、心理辅导室，对新入所的劳教（戒毒）人员开展全员心理测验，建立心理档案，增强教育矫治的针对性。与市关工委、市司法局等单位联合，分期分批到全市大中院校对8000余名青少年学生进行法制警示教育，实现教育工作与社会学校教育工作的整体联动。

2010 年，成立新园学校校务会，刘国高任主任，江志辉、张文进任副主任，成员为教育科科长、大队教导员；建立教育中心，增添办公桌椅设备等 30 件，电脑、打印机各 1 台，沙包、沙发等 5 件顺利通过省级劳动教养学校的复检；参加省劳教系统讲评教育比赛，夏立华获得三等奖，省劳教局奖励 4000 元。

开展“6·26”禁毒宣誓活动，全所劳教、戒毒人员参与禁毒签名。

2011 年，大力推行心理调适性管理，在矫治对象中设立心情晴雨表，对心理情绪存在问题的矫治对象，及时跟踪谈话。通过实行工间操适时播放健康音乐，舒缓情绪，缓解心理压力。

强化民警联带包教责任制，准确及时掌握矫治对象的身体状况，思想情绪变化家庭变故，日常消费以及现实表现等动态信息，每周进行稳定性评估和矫治效果评估，研究制定有针对性的管教措施，提高个别教育矫治效果，及时转化危难人员。

2012 年 1 月，《新园报》正式创刊开版，每季一期，每期四版。

以矫治和戒毒为主题，以优秀传统文化要素为补充的软文化建设，构建场所价值文化体系。10 月，建成以红色文化、传统文化长廊为主线的矫治大院文化墙，以常德市图书馆劳教所分馆、文化娱乐中心、心理咨询中心、延伸矫治工作站为主要功能区的教育矫治中心全面正式运行，获得全省劳教（戒毒）系统场所文化建设三等奖。

2013 年，全面推进“服务性执法，教育性管理，综合性矫治”三项创新工作。通过开展“延伸矫治帮教手臂千户行”活动，全市各区、县（市）司法局（办）都与常德市劳教所签订帮教协议 50 份，开展入所帮教 15 次，协助排解各类矛盾纠纷 50 余件，拓展社会帮教领域，创新社会管理，促进社会和谐稳定。

2014 年，延伸矫治手臂工作进一步升温，投资 10 余万元，在武陵区穿紫河街道康桥社区、鼎城区灌溪镇分别建立常德市首批社区戒毒（康复）工作站。

同年 3 月 13 日，联合常德市司法局、常德市关心下一代工作委员会、常德市文明办下发《关于开展“关爱孩子、情暖高墙”大型爱心公益活动的通知》，率先在全省监狱、戒毒系统启动开展以“爱心帮教戒毒人员未成年子女”为主题的“情暖高墙、关爱孩子”大型爱心公益活动，累

图 1—46　戒毒人员未成年子女现场接受爱心捐助

计向社会募集善款 13000 元和价值 8000 元的衣物、文具、食品等物资。先后对 50 名戒毒人员未成年子女及家庭给予经济救助和各种形式的社会关爱。

组织民警下基层开展帮教、帮扶工作，所领导和民警分批深入临澧县、桃源县、西洞庭管理区等地，走村入户，访贫问苦，先后向 30 户困难群众送去慰问金 1.5 万元，为困难村级财政解决帮扶资金 6 万元等。

依托地方司法行政机关网络平台寄送解教通知书、出所评估意见以及协助跟踪所外就医、所外执行人员等函件 100 份，函件回复率达 100%，向地方司法行政机关发出重点对象矫治帮教交办函 21 份，15 名危顽重点强戒人员被彻底转化，转化率达 100%，全所未出现强戒人员严重违纪现象。全年签订帮教协议 400 份，入所帮教 30 多人次，协助排除各类矛盾 10 多起。消除矫治对象自伤、自残等场所安全隐患 4 起；先后投入 5 万元新建戒毒人员宿舍、走廊文化设施，配套完善收治中心设施。

2015 年，深化“延伸矫治手臂千户行”活动内涵，通过全警“对接走访、个案跟踪回访”拓展帮教领域。与常德市司法局法律援助中心、桃源县漳江镇漳江阁社区、鼎城区灌溪镇司法所、武陵区穿紫河康桥社区联合建立法律援助工作站、法律咨询工作站、社区延伸矫治工作站、社区戒毒(康复)工作站和解戒回归人员过渡性就业基地，实现信息互通，消除场所安全隐患，提供就业机会，降低复吸率。

联合常德市健力心理研究院发起成立常德市健力心理服务志愿者分队，定期组织心理咨询师、心理治疗师和社会工作者进高墙、入社区开展心理卫生科普公益宣传，为特殊人群提供心理援助服务，开展心理咨询，调适矫治对象心理，增强戒毒人员的戒毒信心。

保障常规教育，实现授课课堂化，政治教育入学率达 100%，考试考核率 100%，合格率 100%。

四、生卫保障

1988 年，办好劳教人员的伙食，劳教人员月生活标准为 20 元，实际开支为 20.75 元，加上养猪种菜，基本可以吃饱吃好。抓好防病治病工作，全年医疗费开支 4400 多元，人均药费 20 元以上，治愈性病患者 14 人，消灭疥疮，防暑、防寒措施到位。

1989 年，办好劳教人员的伙食，关心他们的健康，派干部专管劳教伙食，劳教人员月生活标准 20 元，实际开支 20.75 元，加上养猪种菜，基本上能吃饱吃得卫生。所部派 2 名医生专抓防病治病工作，全年医疗费开支 4400 多元，人均药费 20 元以上，治愈性病患者 14 人，消灭疥疮，个别重病患者及时送上级医院治疗，夏天防暑措施，如装电风扇、发防暑药等以及冬天防寒措施到位。

1990年，劳教人员伙食账目专项管理，按季度公布，在伙食标准低的情况下，采取租地种菜，予以补助伙食。上级拨款标准人均26.5元（含水电运输费），加上租地20亩，年产鲜菜12万公斤，基本供给实际人均伙食费29元，每周吃1次肉。劳教人员全年就诊5682人次，支出药费6899元，人均13元，查性病患者116例，共治愈94例，疥疮69例，全部治愈，卫生进行日检查周评比的制度，全所每月检查一次，收到很好的效果。

1991年，开展大养大种，租赁附近农田30多亩种菜，喂猪80多头，每周吃肉1次，每月伙食开支人均达41.5元。实行凭票就餐制度，对学员生活进行规范化的管理。全年共进行入所身体健康检查489人，门诊达6675人次，全年共发现性病患者112例。治愈98例，治愈率达87%，发现和治愈细菌性疾病3例，对各中队安排热水淋浴，改善劳教人员的生活条件。

1992年，由干警、劳教人员代表共11人组成劳教人员生活管理委员会，定期开会收集反映劳教人员的合理要求，研究解决生卫工作中的具体问题。所部从生产积累中拿出9万元进行补贴食堂伙食。与常德肉联厂、河洑肉食站、常德市大米厂建立定点供货关系，解决肉、油、米采购难的问题。租赁土地1.4公顷，开展大种大养，蔬菜实现半自给。全年共查出性病患者64例，其他传染病5例，投放鼠药8次，做到小病不出所、大病少出所。

同年12月16日，经省劳教局验收，该所生卫管理工作达到省二级标准。

1993年，实行伙食账目专项管理，按季度公布，在伙食标准低的情况下，争取租地种菜，予以弥补伙食。上级拨款标准人均26.5元（含水电运输费）加上租地20亩，年产鲜菜12万公斤，实现基本供给，实际人均伙食费29元，每周吃2次肉；全年劳教人员就诊5682人次，支出药费6899元，人均13元，查性病患者116例，共治愈94例，疥疮69例，全部治愈，卫生进行日检查周评比的制度，全所每月检查一次，收到很好的效果。

1994年，租地2公顷，进行大种大养，蔬菜半自给；对劳教人员进行性病普查，普查率为100%，全年共查出性病患者62人，其他传染病6例。

1995年，开展大种大养，全年共种植蔬菜2公顷，产蔬菜66872.5公斤，产鲜肉11000公斤，养鱼8亩，产鲜鱼3394.5公斤，劳教人员的月生活水平达到人均78元。所医务室全年门诊9800人次，全年无疾病疫情流行、无医疗事故。

1996年，租赁土地2.13公顷，组织劳教人员大种大养，全年产蔬菜78800公斤，养猪191头，出栏120头。养鱼0.53公顷，产鲜鱼2800公斤，基本实现蔬菜、猪肉、鱼“三自给”，劳教人员月生活费达到100元。举办4次医疗卫生讲座，进行2次疾病普查，全年共接诊10078人次，为1224名学员进行入所体检，治疗性病75人次，全部治愈。

1997年，全年“大种大养”收入近16万元，全部用于补给劳教人员的生活，保证劳教人员的生活水平逐年提升。以预防为主，重点防性病在劳教人员中传染，疾病诊疗做到小病不出所，大病能诊断，没有发生过一起医疗事故。

1998 年，大种大养的收入达 16 万元，全部用于劳教人员生活开支；未发生传染病的流行和医疗事故。

1999 年，每周开展一次生卫工作评比检查，在确保劳教人员吃饱、吃够标准、吃得卫生的同时，加大卫生防疫工作力度，杜绝传染病的发生。

2000 年，租地 2 公顷，鱼池 0.53 公顷，组织劳教人员种菜养鱼，仅上半年生产蔬菜 6 万公斤，养猪 125 头，养鱼 2500 公斤，自制干菜腌菜 4500 公斤，实现蔬菜半自给和肉类自给，劳教人员每月伙食费由原来的 100 元提升到 123 元，其中 23 元是靠种养解决的，劳教人员改过去每周一次荤菜为每周两次荤菜。在劳教人员中开展性病普查，全年共查出性病 49 例，治愈率达 100%，全年共收治门诊病号 3870 人次，实现小病不出所。

2001 年，为确保劳教人员生活经费足额落实，所部对劳教人员生活物资实行集中招标采购，减少中间环节，降低伙食成本，确保劳教人员伙食实物量按标准到位。对劳教人员进行性病普查，查出性病 32 例，集中进行治疗，治愈率达 100%，查出结核病 4 例，对达到所外就医条件的 3 名劳教人员，予以所外就医。

2002 年，劳教人员每月实际伙食费标准 130 元/人，其中 30 元是靠种养和所部从生产利润中支付的。按照省局制定的相关标准，制定合理的配膳方案，对食堂菜谱、食堂食物、出账实物量消耗等进行规范管理。对公共部分卫生区域由生卫科指定划块进行保洁。对各大队的生活用水重新进行过滤消毒处理，防止劳教人员的用水不受到污染、产生过敏等其他问题的发生。

2003 年，为应付“非典型肺炎”疾病流行，按照上级领导统一部署，采取非常措施防止疾病传播。一是全部实行“三个暂停”，即暂停劳教人员家属会见、配偶同居、亲情餐。二是坚持日常消毒和预防工作。三是对场所实行全封闭式管理，干警分组轮流工作，每班连续工作 14 天，不与外界有任何接触，直至 6 月上旬。

2004 年，所部每月从生产创收中拿出 9 万元用于补贴劳教人员生活费不足，确保劳教人员月均生活费达 130 元。劳教人员的医疗条件逐步改善，与常德市第四人民医院联系合作确诊治疗传染病和把关审批所外就医。

2005 年，市政协提案委员会委员就劳教人员生活费标准过低和医药费短缺等问题到所进行调研。

2006 年，提高劳教人员的实际生活标准，每月人均 154.25 元，其中 24.25 元是所部从生产利润中补贴劳教人员的生活。生卫科建立新入所的劳教人员健康档案共有 200 份。

2007 年，租赁土地开展自种自养，劳教人员伙食费达到人均 130 元，每周吃两餐肉。医务人员实行巡诊制度。建立劳教人员医疗档案。落实预防艾滋病工作，全年组织 3 次劳教人员进行艾滋病血样抽查，杜绝重大传染流行疾病的发生。

2008年，劳教人员的伙食未因物价上涨而降低，所部从生产创收中拿出6万元用于补贴劳教人员生活费的不足，劳教人员月均生活费开支达160元/人。所内出现劳教人员季节性流感，所部及时请市疾控中心专家到所鉴定、确诊核实病情，组织力量对患者诊治，设立隔离区、巩固区，规范病人体温检测及病情记录，规范门卫进所人员测温记录，及时控制病情。

2009年，突出卫生工作职能特色，开展职业暴露预防和卫生健康教育。组织和指导疾病预防和艾滋病筛选工作，加强防治甲型HINI流感的宣传教育工作，向矫治对象发放有关宣传资料350份。从9月开始，对进入劳教大院的人员进行体温测试。强化生活物资的保障职能，实行大宗生活物质招投竞价，定点采购。

2010年，投资800万元新修面积600平方米的食堂，冷库容量增加到22平方米，劳教人员餐厅1600平方米，全所实行劳教、戒毒人员集中就餐。

劳教、戒毒人员伙食标准达到每月180元/人，原来每周2餐荤菜增加到每周3次荤菜，周一、周三、周五早餐每人增加1个鸡蛋。推行生活卫生大宗物资集中采购制度，实行每月2次询价，提高采购质量，降低采购成本。

先后派医生杨元、吴靖华到常德市第一中医院进修。

2011年，劳教人员食堂添置全套不锈钢炊具，劳教人员就餐免带餐具。劳教人员每周有3餐荤菜，每两天有一个鸡蛋；月生活标准190元/人。为防止季节性传染病，中暑、中毒事故的发生，利用所内《新园报》和墙报等宣传工具，大力宣传高温季“三防”的主要内容和流行性疾病预防知识，增加自我健康保护能力，同时为全所劳教人员配发清凉油、十滴水、藿香正气水等防暑降温药物，做到防患于未然。

图1—47　戒毒人员集中就餐

2012年，为保障劳教人员吃饱、吃好、吃健康，规定对从事劳教食堂的人员每季度体检一次，有传染病的一律调离食堂。每月对各大队劳教、戒毒人员宿舍卫生区食堂水沟、围墙、厕所等进行卫生全面检查，将检查结果纳入绩效考核。

2013年，劳教人员月生活水平达200元/人。每天把劳教人员的食品进行48小时留样，全年无食品中毒等其他事故发生；未发生传染病、禽流感的流行。

2014年，戒毒人员月生活费标准达220元/人。所部投入20多万元，统一为戒毒人员配备马夹1500套，衬衫1500件，垫盖棉絮、被套床单各500套。

2015年，严格按照戒毒人员伙食实物量标准改善戒毒人员的生活，做到戒毒人员主食敞开供应，餐餐有荤，月伙食标准达到人均220元；开展文明餐桌评选活动，实行戒毒人员餐桌浪费情况登记通报制度，杜绝浪费现象发生。

五、习艺生产

1988年，大力发展生产，先后办起木器加工厂、养鸡场、纸箱厂、皮蛋厂，随后增加塑料包装生产和其他副业生产，全年增加固定资产800万元，实现产值80万元，利润17万元。与1987年比较增加产值55万元，增加利润12万元。

1989年，大力发展生产，巩固原有生产项目，全年生产产值135万元，创利润27万元。

1990年，全年总产值208万元，增长54%，利润34万元，增长26%。

1991年，全年劳教生产产值310万元，利润50多万元，仅装饰工程一项就完成产值180万元。

1992年，转换经营机制，下放“三权”（生产经营权、财务开支权和人事优化组合权），生产由死变活。新生开关厂投资3万元添置5台新设备，开辟节能灯和汽车变光器等新项目，产品很快打入市场。内外引联，引进资金、设备，创办双龙机械厂，于12月8日正式投产。

图1—48 戒毒人员在标准化车间习艺劳动

同年6月12日，安排干警黄林大和黄祖伟带领3名职工和10余名劳教人员筹建常德市拓新包装材料厂（纸厂），同年11月2日生产出第一张箱板纸。纸厂投产后，成建制转为劳教所三大队，实行生产承包责任制。

1993年，二大队纸箱厂一改过去依靠烟厂“下计划”“等饭吃”的被动局面，拓宽生产门路，先后为洞庭制药厂、常德曲酒厂、市蛋卷厂等六家企业生产纸箱，生产业务由死变活，效益日益明显。三大队与桥南纸厂“联姻”月产包装纸150吨，全年总产值609万元，实现利润50.8万元，超额完成年计划。清理、调整三大队纸厂，由所党支部委员杨维双带头承包，自筹资金10多万元，添置设备，投入生产后创造日产包装纸150吨的新纪录，实现扭亏为盈。

1994年，以纸箱为龙头，以电屏开关为拳头，以纸厂为重头，以租赁办厂为搭头，全年累计完成产值700万元，实现利润70万元，分别比上年增长62%和25.5%。全年完成总产值700万元、利润70万元，产值和利润分别比上年同期增长62%和20.5%。

1995年，以新生开关厂、拓新包装材料厂、双龙粮食机械厂为支柱，以劳务创收和第三产业为补充发展劳教生产，全年完成产值1000万元，实现利润63万元。

1996年，全年完成产值1175万元，利润125万元，分别比上年增长20.5%和83%，劳教生产项目在历年的基础上新增宝石加工生产线，引进订书生产线，开辟建筑施工业务。

1997年，完成产值1300万元，实现利润100多万元，分别比上年同期增加5%和6%。生产项目在巩固老企业的同时，开发一条印刷生产线、一条订书线和电表安装线，开辟纸袋加工及水电安装业务。大力组织劳务创收。经省劳教局批准开设一个劳教人员“所外试工点”，主要从事上车搬运工作，赚取一定的劳务费，既解决因收容量爆满劳教人员住宿紧张的困难，又解决100多名劳教人员坐吃闲饭的问题。

1998年，引进废纸加工，解决一大队大部分劳教人员无事可做的现状，又取得经济效益。组织劳教人员进行外务劳动创收，五大队在鼎城区雷公庙碎石厂和水泥厂从事搬运上车等工作，不仅养活10多名干警和100多名劳教人员，创收经济效益，用于改善劳教人员生活，全所年产值1300万元，实现利润130多万元。

1999年，生产产值达1500万元，实现利润150万元。引进一条彩灯组装成批塑料加工生产线，选派5名干警职工赴广东学习组装技术。

2000年，从省国开公司调进张厚怡投资300万元对原拓新包装材料厂(纸厂)进行扩建，购置生产设备，年产白板纸4000吨规模，产值可达1500万元。引进绣花、电子元件加工，组装彩灯等多个项目。计划投资800万元购买德山分所，在所内建设一栋宿舍大楼。

2001年，全年生产产值1300万元，实现利润150万元；筹建塑料编织袋厂，围绕筹建编织袋厂的工作，对各单位进行分工，基建队进入劳教大院开始施工。

2002年，劳教经济持续稳定增长，实现年产值1665万元，实现劳务收入334万元，实现利润228万元，超额完成省劳教局下达的指标。

2003年，保持强劲增长，实现年生产值1665万元，劳务收入334万元，实际利润228万元，超额完成全年任务。7月8日，六大队进驻鼎城区石板滩乡碎石厂进行外务劳动。因安全隐患大增多，经所党委研究决定，于年底撤回。

2004年，劳教经济稳定发展，全年共完成产值1800万元，实现利润260万元。

2005年，实现产值1556万元，利润168万元，减少历年累计欠款30万元。

2006年，实现产值501万元，利润89万元；彻底改组拓新包装材料厂(德山纸厂)，转变承包经营方式。

2007年，实现产值902万元，利润219万元；对车间的电力线路进行改造更新，投入

5000 元重新配置消防器材和警示标志，消除安全生产隐患。

2008 年，完成总产值 560 万元。实现劳务净收益 100 万元；劳教收容量由原来的 1000 人降为年底的 300 多人，生产面临严峻挑战，及时整合资源，优化项目配置，劳教人员人均生产效益由原来的每人每月 300 元提升至每人每月 500 元；全年排查并清除生产安全隐患 10 余起，杜绝生产安全事故的发生。

2009 年，调整生产经营主体。由原来的两个生产大队合成一个大队，由原来的两个生产项目调整为一个项目，尽可能地减少闲杂人员。整合后的劳教大队五大队，全年共节约劳教人员人力资源 35 人，节约水电费 1000 多元，节约原材料费 6000 多元，节约其他开支 5000 多元。不仅提高单个产量，而且形成生产规模，提高了效益。全年实现产值 644 万元，利润 115 万元。

2010 年，实现产值 758 万元，利润 135 万元；引进一批有一定经济实力、有一定技术含量，生产附加值高的生产企业和项目——电子元件加工，劳教、戒毒人员习艺劳动效益由原来的每月 300 元/人增加到每月 500 元/人。

2011 年，全年实现产值 890 万元，利润 160 万元；职能科室坚持每天巡查，随时安检定期考核，生产任务实行量化分解，分解到单位、个人，分解到每天、每月、每季度，半年和全年。劳教、戒毒人员生产效益每月达 600 元/人左右。

2012 年，习艺劳动车间设施建设逐步完善，达到全省劳教、戒毒系统一流水准，矫治对象生产效益也到达 600 元/人·月以上。截至 9 月底，全所劳务总产值达到 1021 万元，全年总利润达 240 万元。

2013 年，完成总产值 700 万元，实现利润 70 万元。

2014 年，完成产值 1112 万元，实现利润 260 万元，戒毒人员生产效益超 700 元/人·月，缓解所部资金短缺的困境，促进场所持续安全稳定发展。

2015 年，完成产值 1206 万元，实现利润 280 万元；严格实行“收支两条线”，规范生产结账方式，杜绝大队与外协厂家直接结账，足额收取安全生产保证金，最大限度地降低安全生产风险。严格按照每周习艺劳动不超过 5 天，每天习艺劳动不超过 6 小时的规定。

图 1—49　司法部副部长金监到劳教所考察

图 1—50　组织劳教人员基建队修建的原办公楼(现为收治中心)

图 1—51　2000 年新落成的新办公楼

第五章　湖南省武陵监狱

第一节　机构设置

图 1—52　监狱办公楼

湖南省武陵监狱属于国家刑罚执行机关，主管机关为常德市司法局；监管改造业务属于省监狱管理局领导。其主要职能是对受国家刑罚处罚的犯罪分子进行惩罚和改造。1988 年，占地面积 1866.6 公顷。1989 年，总建筑面积 28000 平方米，其中监管设施建筑面积 7400 平方米、干部、职工住房 10000 平方米、工业厂房及其他生产区房屋面积 10600 平方米。2008 年，占地面积 267.9 公顷，退田还湖工程启动后，原有土地中 247.4 公顷于同年 6 月由市人民政府收回。至 2015 年，武陵监狱占地面积 33.8 公顷（含市人民政府划拨的 13.3 公顷），其中监管区面积 3.2 公顷，驻狱武警部队营房及训练生活用地 0.42 公顷；监狱各类建筑面积总计 31580 平方米（其中监管、警察办公等建筑面积 30865 平方米，其他附属用房建筑面积为 715 平方米），武警营房建筑面积 1740 平方米；共有警察 306 人，离退休人员 165 人，中共党员 388 人，年均押人员 1800 人左右。武陵监狱为正处级单位，建有党委、纪委、团委；内部机构设置有 22 个科室和 7 个监区。1988 年以来，监狱对服刑人员实行监管改造以惩罚管制为前提，以思想教育与劳动生产为基本手段，以将服刑人员改造成为守法公民为出发点，执行《中华人民共和国监狱法》，贯彻落实“惩罚和改造相结合，以改造人为宗旨”的监狱工作方针。1988—2015 年来，监狱队伍建设、监管改造及生产经营得到协调发展。

1988 年，湖南省武陵监狱当时的名称为常德劳动改造管教支队（常德汽车改装厂）。由于支队于 1986 年 7 月才由正科级单位升格为正处级单位，因此，1988 年 9 月前，支队组织为临时过渡党委，由龚玉昆任党委书记，李日初任副书记。1988 年 9 月，常德劳动改造管教支队（常德汽车改装厂）召开中共党员大会选举首届党委，146 名中共党员参加会议，通过民主选举产生首届党的委员会、党的纪律检查委员会。党委会由李日初、颜明安、卞兆舫、文兵、胡大明、朱辉庭、毛堂金 7 人组成，李日初任党委书记，颜明安、卞兆舫任党委副书记，文兵任纪委书记。1990 年 1 月，支队长（厂长）颜明安工作调动，卞兆舫任支队长（厂长）。1992 年 10 月，党委书记、政委李日初调入市司法局任顾问，卞兆舫任党委书记、政委。1994 年 1 月 5 日，经常德市委、市人民政府同意，并报中汽总公司认可，湖南省常德汽车改装厂更名为湖南省常德轻型汽车厂，湖南省常德劳动改造管教支队名称不变。1994 年 8 月 11 日，湖南省常德劳动改造管教支队（湖南省常德轻型汽车厂）召开中共党员大会进行换届选举，186 名中共党员参加会议，通过民主选举并报常德市委同意，由卞兆舫、廖学斌、聂其龙、胡大明、张家良、刘桂秀（女）、邵建林、辛先桂 8 人组成新一届党的委员会，卞兆舫任党委书记，廖学斌、聂其龙任党委副书记，辛先桂任纪委书记。湖南省常德劳动改造管教支队于 1995 年 5 月 5 日更名为湖南省武陵监狱，并于同年 10 月 10 日举行挂牌仪式。1995 年 8 月，市委、市人民政府对监狱领导班子成员做较大调整，原 8 名监狱领导调出 2 人，2 人退居二线，新任命 5 名监狱领导干部，调整后的党委班子由鲁清阶、聂其龙、胡大明、刘桂秀（女）、邵建林、李宽伟、周日华、马先国、张克武 9 人组成，鲁清阶任党委书记（政委），聂其龙任党委副书记，马先国任纪委书记。1995 年 9 月 16 日，聂其龙任武陵监狱监狱长（常德轻型汽车厂厂长）。1998 年 10 月，党委副书记、监狱长聂其龙调入市司法局。2000 年 1 月，张克武任武陵监狱监狱长。1999 年年初，监狱实行监企分开、工人分流。2000 年 7 月 4 日，经常德市人民政府研究并作出批复："武陵监狱与常德轻型汽车厂实行狱厂分设，不再实行一个机构、两块牌子。"分设后的武陵监狱为国家刑罚执行机关，常德轻型汽车厂为自主经营的独立法人。常德轻型汽车厂于 2001 年 6 月 28 日宣告破产。2001 年 3 月，党委书记、政委鲁清阶调入市委政法委，高乐毅任党委书

图 1—53　2007 年，武陵监狱荣获"全国监狱工作先进集体"称号

记、政委。2003 年 2 月，党委书记、政委高乐毅调入市劳教所，张克武任党委书记、监狱长，张程发任党委副书记、政委，刘锦秀任党委副书记、副监狱长。2007 年 4 月，党委书记、监狱长张克武调入汉寿县委。2007 年 8 月，党委班子由张程发、刘锦秀、周日华、唐光明、伍国纲、符政荣、彭亦农、张立军、谭洪 9 人组成，张程发任党委书记（监狱长），刘锦秀任党委副书记（政委），彭亦农任纪委书记。2015 年 10 月，党委书记、监狱长张程发退休，党委副书记、政委刘锦秀已退职；谭洪任党委书记、监狱长，刘祖欣任党委副书记、政委。

1986 年 7 月，单位由正科级升格为正处级后，机关股室随之为科室，中队升格为大队。机构设置也逐渐完善。至 1989 年年底，全厂（支队）设置五个大队、十三个科室和一个劳动服务公司（副科级）。按生产结构，五个大队又分别称武陵汽车厂、消防车修理厂、机制红砖厂、水泥预制件厂和农副业综合厂五个分厂。1992 年，成立供销总公司，下设供应公司、销售公司、售后服务科、仓储科、财务科等部门。1994 年，设置狱内侦查科，狱政二科被取消。从 1996 年起，大队改称监区。1998 年，实行“三定”，设 18 个科室、6 个监区、1 个附件厂。2000 年，实行中层骨干竞争上岗，中层机构做相应调整，设 16 个科室、7 个监区、1 个直属监区。2001 年 6 月 28 日，由于常德轻型汽车厂宣告破产，供销总公司及所辖部门，汽车附件厂以及劳动服务公司随之撤销。2002 年，设置组织人事科、宣传教育科。2015 年，监狱内设 22 个科室（办公室、组织人事科、宣传教育科、纪检监察室、行政装备科、后勤保卫科、离退人员管理科、采购中心、法制科、审计科、总值班室、信息技术科、反腐倡廉警示教育基地办公室、劳动改造科、安全生产监督管理科、狱政科、刑罚执行科、狱内侦查科、教育改造科、生活卫生装备科、探视管理科、医院）和 7 个监区。

图 1—54　20 世纪 90 年代家属文艺演出

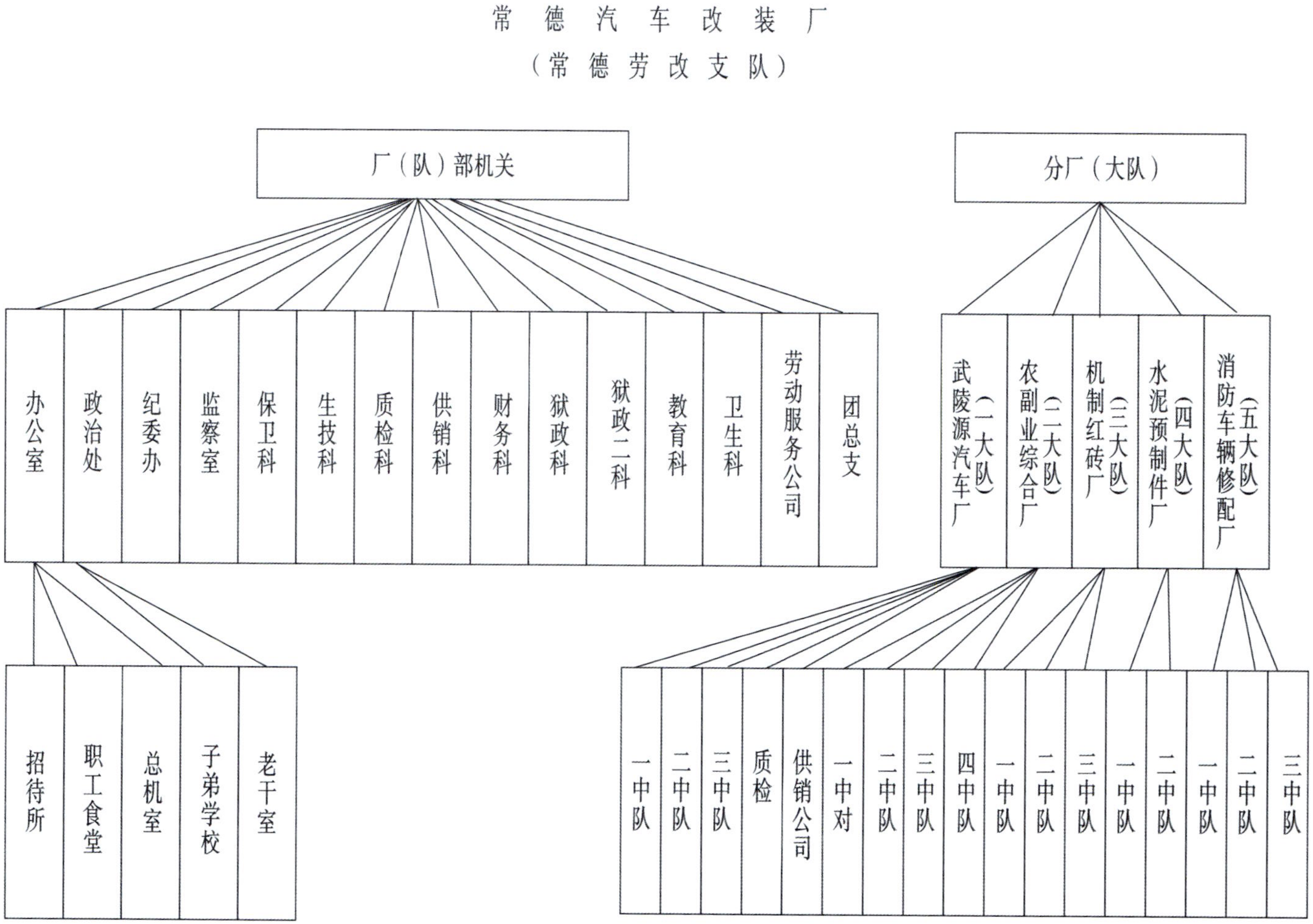

图1-55　1989年武陵监狱组织机构设置图

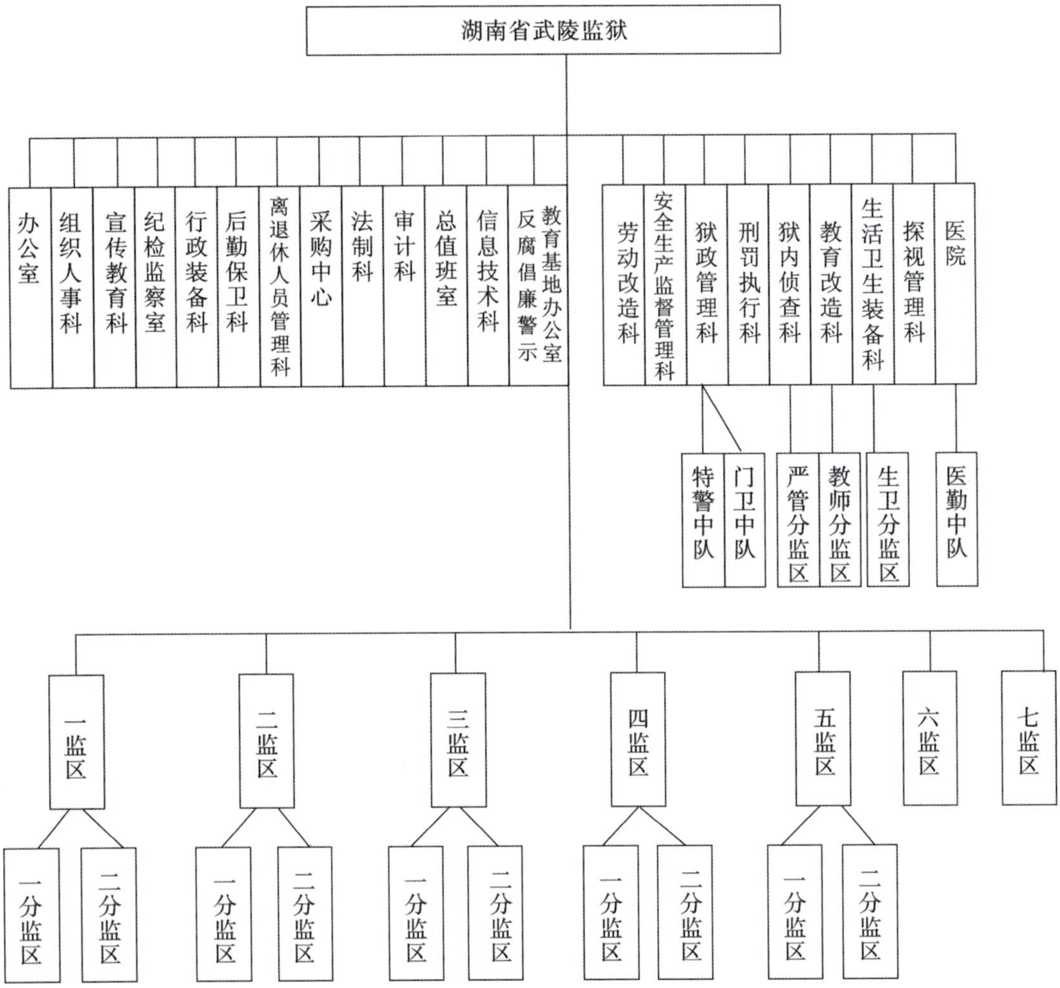

图 1—56　**2015 年武陵监狱组织机构设置图**

第二节　主要职能

根据《刑法》《刑事诉讼法》《监狱法》，运用惩罚和改造相结合，教育和生产劳动相结合的原则，对服刑人员依法实施监管改造、教育改造、劳动改造。组织服刑人员从事生产劳动，完成劳动生产任务，培养服刑人员的劳动技能。抓好内部行政管理，加强对监狱人警察察队伍的教育管理培训，保证监狱人警察依法、严格、科学、文明管理服刑人员，依法保障服刑人员权利。承办市委、市人民政府和市司法局及省监狱管理局交办的其他事项。

1986—2015年武陵监狱历届领导班子成员名录

表 1-30

姓　名	职　　务	任职时间
龚玉昆	党委书记	1986年7月—1988年9月
李日初	党委书记、政委	1988年9月—1992年10月
卞兆舫	党委书记、支队长	1992年10月—1995年9月
鲁清阶	党委书记、政委	1995年9月—2001年3月
高乐毅	党委书记、政委	2001年3月—2003年2月
张克武	党委书记、监狱长	2003年2月—2007年4月
张程发	党委书记、监狱长	2007年8月—2015年10月
谭　洪	党委书记、监狱长	2015年10月—
李日初	党委副书记	1986年7月—1988年9月
颜明安	党委副书记、支队长	1988年9月—1992年1月
卞兆舫	党委副书记、副支队长	1988年9月—1992年10月
廖学斌	党委副书记、副政委	1991年9月—1995年9月
聂其龙	党委副书记	1993年8月—1995年8月
聂其龙	党委副书记、监狱长	1995年9月—1998年10月
张克武	党委副书记、监狱长	2000年1月—2003年2月
张程发	党委副书记、政委	2003年2月—2007年8月
刘锦秀	党委副书记、副监狱长	2005年8月—2008年3月
刘锦秀	党委副书记、政委	2008年3月—2015年10月
刘祖欣	党委副书记、政委	2015年10月—
谭　洪	党委副书记、副监狱长	2009年8月—2015年10月
虞文炎	党委副书记、副监狱长	2012年2月—
颜明安	党委成员、副支队长	1986年7月—1988年9月

续表 1-30

姓　名	职　　务	任职时间
张任洲	党委成员、副政委	1986 年 7 月—1988 年 9 月
胡大明	党委成员、副支队长	1988 年 9 月—1995 年 9 月
文　兵	党委成员、副支队长	1992 年 10 月—1993 年 8 月
刘桂秀	党委成员、副支队长	1993 年 8 月—1995 年 9 月
邵建林	党委成员、副支队长	1993 年 8 月—1995 年 9 月
胡大明	党委成员、副监狱长	1995 年 9 月—2001 年 8 月
刘桂秀	党委成员、副监狱长	1995 年 9 月—2001 年 8 月
虞文炎	司法局党组成员、副局长、副监狱长	2011 年 6 月—2012 年 2 月
邵建林	党委成员、副监狱长	1995 年 9 月—2005 年 7 月
李宽伟	党委成员、副监狱长	1996 年 4 月—2005 年 8 月
张克武	党委成员、副监狱长	1996 年 4 月—2000 年 1 月
周日华	党委成员、副监狱长	1996 年 4 月—2008 年 10 月
唐光明	党委成员、副监狱长	2000 年 6 月—2015 年 7 月
张智慧	党委成员、副监狱长	2001 年 12 月—2005 年 1 月
华学健	党委成员、副监狱长	2004 年 5 月—2007 年 4 月
伍国纲	党委成员、副监狱长	2007 年 8 月—2012 年 2 月
符政荣	党委成员、副监狱长	2007 年 10 月—
张　胜	党委成员、副监狱长	2008 年 3 月—
高庆运	党委成员、副监狱长	2009 年 11 月—
管治云	党委成员、副监狱长	2016 年 1 月—
张家良	党委成员、副政委	1992 年 10 月—1995 年 9 月
文　兵	党委成员、纪委书记	1988 年 9 月—1992 年 10 月
辛先桂	党委成员、纪委书记	1992 年 10 月—1995 年 9 月
马先国	党委成员、副政委、纪委书记	1996 年 4 月—1997 年 10 月
马先国	党委成员、纪委书记	1997 年 10 月—1998 年 9 月

续表 1-30

姓　名	职　　务	任职时间
彭亦农	党委成员、纪委书记	2001 年 10 月—2008 年 7 月
余少尧	党委成员、纪委书记	2009 年 7 月—2012 年 2 月
管治云	党委成员、纪委书记	2012 年 2 月—2016 年 1 月
唐振贵	党委成员、纪委书记	2016 年 1 月—
伍国纲	党委成员、工会主席	2003 年 6 月—2007 年 8 月
张立军	党委成员、工会主席	2007 年 8 月—
伍国纲	党委成员、政治处主任	2001 年 11 月—2003 年 6 月
华学健	党委成员、政治处主任	2003 年 6 月—2004 年 5 月
谭　洪	党委成员、政治处主任	2005 年 8 月—2009 年 8 月
董　慧	党委成员、政治处主任	2009 年 0 月—

武陵监狱现任班子成员简介

谭洪，男，汉族，1967 年 10 月生，湖南澧县人，1994 年 6 月加入中国共产党，1988 年 7 月参加工作，本科学历，现任湖南省武陵监狱党委书记、监狱长。

刘祖欣，男，汉族，1968 年 12 月生，湖南石门人，1992 年 11 月加入中国共产党，1990 年 8 月参加工作，本科学历，现任湖南省武陵监狱党委副书记、政委。

虞文炎，男，汉族，1963 年 1 月生，湖南桃源人，1984 年 2 月加入中国共产党，1982 年 8 月参加工作，中专学历，现任湖南省武陵监狱党委副书记、副监狱长。

符政荣，男，汉族，1968 年 8 月生，湖南桃源人，1995 年 1 月加入中国共产党，1989 年 9 月参加工作，本科学历，现任湖南省武陵监狱党委委员、副监狱长。

张胜，男，汉族，1965年12月生，湖南澧县人，1992年11月加入中国共产党，1987年7月参加工作，大学学历，现任湖南省武陵监狱党委委员、副监狱长。

高庆运，男，汉族，1964年9月生，湖南鼎城人，1985年5月加入中国共产党，1983年9月参加工作，本科学历，现任湖南省武陵监狱党委委员、副监狱长。

管治云，男，汉族，1964年2月生，湖南汉寿人，1987年5月加入中国共产党，1982年11月参加工作，本科学历，现任湖南省武陵监狱党委委员、副监狱长。

张立军，男，汉族，1962年2月生，湖南武陵人，1985年4月加入中国共产党，1979年9月参加工作，本科学历，现任湖南省武陵监狱党委委员、工会主席。

唐振贵，男，汉族，1966年6月生，湖南安乡人，1994年12月加入中国共产党，1985年7月参加工作，本科学历，现任湖南省武陵监狱党委委员、纪委书记。

董慧，女，汉族，1966年10月生，湖南桃源人，1997年6月加入中国共产党，1988年7月参加工作，本科学历，现任湖南省武陵监狱党委委员、政治处主任。

第三节 队伍建设

一、干部管理

(一)管理制度

1988 年,实行干部人事制度和用工制度改革,分厂和机关科室普遍实行聘任制和任命制相结合的制度,中队实行聘任制,对不胜任工作的干部进行调整。干部实行严格的业绩考核,奖优罚劣。在一般干部和广大工人中,根据工作的需要进行聘用,优化组合。同年,进行分配制度的改革。在全厂(支队)干部中,实现 10% 工资浮动和奖励工资、岗位津贴的全浮动。此外,在生产一线的工人中,实行计时、计件工资制。

图 1—57 学习党章党规党员合影

1995—2008 年,警察队伍管理制度不断健全。1995 年 12 月,监狱制定和执行《监管改造工作考核细则》(84 条),细则涉及警察执法、狱政、狱侦、教育、生卫工作等方面;1996 年,又制定和推行《对改造科室考核细则》。1998 年,监狱制定《目标管理奖罚办法》,对全狱的监管改造、生产经营、思想政治工作及机关行政工作等全面实行量化管理。严格按照各项量化指标奖优罚劣,于是年年底,按考核结果兑现。在监管改造工作方面,监狱设立改造风险奖。全年预算改造奖金 20 万元,每个管犯警察平均每月改造风险奖金 100 元,考核中每扣 1 分,扣 20 元,凡一次性扣 40 分以上的单位不能参加评先;月考核达不到 70 分的单位,主要负责人不能评优岗,并取消当月改造奖金。该年度全狱改造线共计扣分 644 分,折扣奖金 12880 元。1999 年 2 月,监狱制定《机关内务管理规定》,以监狱一号文件下发。同年 4 月,进一步组织力量,对机关科室职能权责和每个警察的岗位责任明确界定,并制定量化考核评分细则,使以往笼统抽象的岗位责任制变得具体详细、可操作性强。每个单位、每名警察都建立考核台账,考核分直接与奖金挂钩,并作为年终评先评优的主要依据,形成一个全方位的考核体系、一套较科学的考核方法,在队伍管理中发挥作用。同年 7 月,湖南省监狱管理局在常德召开监管工作会议，推介武陵监狱岗位目标管理办法。1996－2001年，监管改造工作考核经验在全省监狱系统推广，全省先后有20多个监狱派员到武陵监狱参观取经。省监狱管理局还组织全省狱政科长到武陵监狱培训学习。

2002年，监狱按照常德市委政法委联带包创星级管理的要求，一手抓熟规守规，一手抓制度对接，制定《队伍管理考核细则》。2003年，监狱进一步明确科室职责，优化职能，并修改完善《队伍管理考核细则》，引进层级滚动考核机制，实行日考核、月考核与年考核相结合，有力地推动队伍和改造业务工作的全面开展。2008年5月，监狱编印《监狱警察工作制度》，该制度分7个部分、92项，涉及全狱警察的各个岗位。该制度的出台，为武陵监狱警察队伍管理步入法治化、规范化、科学化轨道夯实基础。

图1—58　狱警赞歌

2011－2013年，警察队伍管理制度不断完善。2011年1月18日上午，武陵监狱联带包创精细化管理工作会议在大礼堂顺利召开。监狱领导和全体中层骨干参加会议。会议总结监狱近年联带包创精细化管理工作的经验，研究当前队伍建设工作面临的形势和存在的问题，明确提出“强化管理，严格奖惩”的思路，出台《二层单位考评办法》《内部管理细则》等一系列队伍管理考核的文件规定，为2011年精细化管理工作定 下基调，并形成一整套具体措施。2012年年初，制定精细化管理办法，包括共同性条目3类、11项，职能性条目16类、148条，覆盖到工作的方方面面。为落实制度，年内共组织业务考核14次，集中督察26次，下达整改通知书76份，考核扣分340多分，并将考核结果与警察提拔任用、评先评优和绩效工资直接挂钩。2012年8月2日，湖南省人民政府副省长盛茂林在考察武陵监狱后说：“今天看武陵监狱，使我改变对一般监狱的看法，管理是一流的，管教理念是先进的，他们努力创造规范的、文明的、绿色的监狱，使服刑人员感受到政府在真心地关心他们，从而改造他们，使他们将来成为社会有益的人。这个班子是一个非常想事、干事

图1—59　2012年8月，湖南省副省长盛茂林考察武陵监狱

的好班子。警察的精神状况也非常好。”

（二）干部的选拔使用

1988年，按照“革命化、年轻化、知识化、专业化”的标准选拔19名中青年干部充实到科室、大队领导班子，并为33人解决职级待遇。1990年，再次按照“四化”条件，配备调整中层班子。提拔副科级干部2人、正科级干部5人，调整副科级以上骨干8人。1992年，有75人被评定政工职称，其中中级以上有38人。1999年12月，按照德、勤、能、绩、学的条件开展科级岗位竞争上岗。竞争上岗采取现有科级干部全部免职，全体警察参与竞争的方式进行。全狱65个科级的正副职岗位中共有54个岗位实施竞争上岗，占83%；参与竞争演讲人数164人，实际晋升职务34人，轮岗9人。共有32名原任科级正副职干部从岗位上退下来。通过该次竞争上岗，中层骨干实现彻底的大换血，一批真正德才兼备，受群众拥护的“四化”干部脱颖而出。竞争上岗按照制定实施方案、公开报名、资格审查、竞争演说、民主测评、组织考察、党委考察、党委讨论，并报上级批准、备案的程序进行。2003年7月，梁东平、黄锐两人参加全市优秀年轻人才选拔考试入围后，经市委组织部派人考察，被分别推荐到北站社区、长庚路社区挂职锻炼约一年半时间，担任社区党总支副书记。2001年10月29日，根据市委组织部文件精神，政治处主任职位高配为副处级。2004年，副监狱长华学健被省委组织部选派援藏，担任隆子县常务副县长。同年，先后为3名警察解决科级实职和非领导职务。2005年，另有10名警察通过笔试、演讲、民主测评等层层筛选，走上正副科级岗位。2007年，狱政科警察徐智被市委组织部派往石门县挂职锻炼，担任夹山镇党委副书记。2010年，行装科科长毛志华被市委组织部派往石门县挂职锻炼，担任三圣乡乡长。2012年7月，69名警察报名，对正、副科级空缺职位展开角逐，经过资格审查、民主测评、竞争演讲、民主推荐、党委审议、张榜公示等程序，6人走上中层岗位，其中4人来自基层。2013年，通过公开竞争上岗，将4名优秀警察选拔到领导岗位，将34名长期工作在基层一线，兢兢业业的警察选拔任用到非领导职务岗位。

图1—60　武陵监狱科级领导职位缺位资格竞争民主测评会

（三）干部培训

1988年，为提高“双下”干部的文化素质，监狱开支1万多元开办劳改劳教中专专修班,有 29 名学员参加学习,同时,选送 3 名警察去政法干校、党校脱产学习。1993 年 4 月,支队集中举办干部职工岗位培训,又从 6 月起,结合录干集中 80 天时间,分批对 80 名以上以工代警职工进行系统培训。

2000 年 7 月,按照司法部、省监狱管理局的部署,开展监狱警察基本素质教育基础知识考试考务工作,组建领导和办事机构,安排复习时间,配备的教员参加部、省举办的辅导培训班。将模拟试卷及资料发放到人。11 月中旬,共有 262 人参加省监狱管理局组织的统考、及格率达 92%以上。张先国等 10 多名警察获司法部以及部监狱局、省监狱局表彰。2001 年 9 月初至 11 月底,由政治处具体组织对全狱 272 名参训警察进行为期三个月的实用技能培训与考核,做到经费、人员及措施到位,保障技能训练及考核的顺利进行,参训警察平均受训达 60 课时,合格率达 100%。通过该次技能培训,达到内强素质、外树形象的目的,警察队伍整体素质得到明显的提高。2010 年,按照司法部统一部署,结合市委政法委"执法技能专训"活动,组织全警业务理论集中学习和警体技能集训活动。分批进行警体技能封闭式集中训练,训练科目包括岗位业务培训、队列训练、体能训练、擒敌技术、实弹射击、警戒具使用等,对每名警察的警容风纪、警戒具使用、体能、队列指挥等进行现场考试考核。

2011 年,共有 13 名警察在市委党校参加学习,其中副处级以上干部 3 名,中层骨干 10 名;共有 31 名警察参加狱政、文秘、会计等各类业务培训;16 名警察参加警体技能训练。2012 年4—5 月,组织警察学习《监所警察工作实务》,重点学习监狱法、监狱人警察察职业道德准则等内容;6 月中旬,组织全狱统考。

图 1—61　青年警察封闭培训

2014 年 8 月 19—29 日,武陵监狱组织开展青年警察封闭培训。针对监狱工作特点,突出对青年警察进行"两个重点"培训:一是重点进行警体训练,开展队列动作、擒敌拳、个人队列指挥等训练,并进行考核;二是重点培训相关基础业务知识,内容涵盖监狱发展史、狱政管理、教育改造、狱内侦察、刑罚执行等多项科目。27 名青年警察严格遵守培训纪律,在队列训练中从立正稍息、正步、齐步开始学起,一步一动,严抠细训,保证动作尽量做到规范、整齐。理论培训中的授课老师都为监狱职能部门的领导,业务工作经验丰富,授课内容切合实际,指导性强。整个培训内容做到兼顾全面,突出重点,注重实效。8 月 29 日上午,进行训练成果汇报表演,政治处主任董慧、副调研员曾建军对训练成果进行验收。

(四)离退休干部管理

1993年,建立老干部活动室,配有一名专职人员管理服务,设有棋牌室,组织老干开展有益身心健康的娱乐活动。按照"老有所养、老有所乐、老有所为"的指导思想,确保老干部享有政治、经济等各项待遇。1994年,有离退休人员48名。为使离退休人员安度晚年,支队扎实地采取九项有效措施:一是根据人员情况变化,调整老龄工作领导小组;二是5月4日团委成立时,支队领导向全体青年干部职工进行尊老爱老的教育;三是在"五四"青年节文艺晚会上,朗诵团委祝愿离退休人员"让生命飞扬"的文章;四是出一期中央、省委、市委等领导同志对老干工作指示的宣传栏;五是落实工改精神,44名离退休人员月增5153.6元,补发前8个月生活费共41229元,生活待遇全部落实;六是4月20日,开支1038元,组织离退休人员参观石门夹山寺,陶冶情操,开阔胸怀;七是向全体干部职工、家属宣传"尊老爱老",其中将7名离退休干部的相片扩大,写出简历,张贴在老龄活动时;八是住本支队离退休人员身边无子女的及原住市区的离退休人员可以统一在市区购买商品房;九是进一步加强活动室的建设,不断完善和配套内部设施。1994年,党委书记、支队长卞兆舫被评为全市"关心老干部工作的好领导"。1995年"老人节"那天,在监狱开展钓鱼活动,,共钓鱼55.5公斤,监狱领导到场祝老同志节日快乐,共进午餐。1998年,成立老干办。1999年,有离退休人员87人,其中离休人员6人、退休人员81人。2000年,改善老干部活动中心的条件,购买空调,装修房屋,购置健身器材和娱乐设施,组织老干部开展丰富多彩的文化娱乐活动。2002年,设置离退休人员管理科,配备管理人员3人。离退休干部管理科积极组织老同志发挥余热,为监狱献计献策,让老同志生活充实,安度晚年。2002年前,老干部管理工作由政治处负责,2002年后由专门的科室管理。至2015年,有离退休人员165人。

二、警务管理

(一)警衔授予

1993年,全狱192名警察参加司法部统一首次授衔,其中授予二级警员4人,一级警员3人、三级警司26人、二级警司14人、一级警司36人、三级警督29人、二级警督60人、一级警督19人、三级警监1人。随着首批授衔警察警衔升级和警察人数逐年增多,警察警衔结构也逐年发生变化。2010年年底,有警察296人,其中,授予三级警司13人、二级警司14人、一级警司24人、三级警督87人、二级警督73人、一级警督81人、三级警监4人。2014年6月16日至7月12日,武陵监狱11名警察前往湖南省司法警官学院参加首次授衔培训，系统学习监狱各项相关知识，在全体学员的共同努力下获得“先进集体”称号。至2015年年底，有警察306人，其中，授予三级警司8人、二级警司18人、一级警司23人、三级警督39人、二级警督95人、一级警督101人、三级警监2人，另有新警20人未受衔。

(二)警务督察

1995—2001年，由监狱领导带队值班巡逻，对管教警察实行日督查，政治处不定时抽查，并对督查中发现的问题纳入监管改造工作考核。1998年3月31日，监狱发布“禁酒令”，规定上班早、中餐不准饮酒(含公务接待)，对违反者给予禁闭10小时，并在全狱通报，累计禁闭三次以上的警察、职工当年为不合格岗。4月1日，“禁酒令”实施后，有2名警察先后违反规定喝酒，均被禁闭10小时，并照章予以扣分，各罚款500元。

2002年开始，按照《队伍管理考核细则》相关规定，由监狱领导带队值班巡逻，对全狱警察实行日督查，政治处、纪检监察室不定时抽查。2006年，通过开展以检查、督查、巡查、抽查为内容的“四查”活动，考核警察直接管理服刑人员、遵守工作纪律情况、行使职权情况等，全年共扣监管业务考核分763分，扣除岗位目标奖金16000元。

2008年，制定《警务工作管理制度》，其中规定：①必须按规定范围发放警服，严格任何非着装人员着警服和佩戴警衔标志，严禁任何人将警服和警衔标志借给非着装人员穿戴。②凡已着装警察，必须严格按要求着装和佩戴警衔标志。③严格按批准的警衔佩戴警衔，不得佩戴与本人衔级不符合的警衔标志。④凡已授衔警察离退休后，保留警衔，但不得佩戴警衔标志，警衔标志、警官证上交。⑤凡调离本系统的着装警察，在办理调离手续时，应按有关规定交回警号、警官证及警衔标志。

2012年，监狱开展“强化基层组织执行力”活动，集中督察徒手进监、警察直接管理、安全制度落实等内容，坚定理想信念，打造执法为民的忠诚队伍。

2015年，由政治处牵头，针对全狱警察履职履责、到岗到位、制度执行、执法执纪、警容风纪、警用装备的管理与使用等多个方面，开展内部督察50次，下发通报12期，做到发现问题及时纠正并依规处理。

三、政治教育

(一)法制理论教育

1993年，根据劳改工作的需要，支队党委紧密联系国际国内形势，抓好组织警察对《中国改造罪犯状况》(白皮书)的学习活动。通过学习，不但使全体干部解到该白皮书介绍中国改造服刑人员的基本原则，以及服刑人员在服刑过程应享有的权利，澄清国际社会对中国监狱的一些误解和误传，以铁的事实驳斥西方一些敌对势力对全国监狱人权状况的污蔑和攻击；而且，增强警察严格执法、文明执法、秉公执法的观念和人权意识。2006年5月19日，监狱党委中心组利用一天时间，集中学习社会主义法治理念。党委成员交流前一段的学习体会和下步打算。同年，监狱政治处安排全体警察学习《社会主义法治理念教育读本》，并以支部为单位每月学习4次，要求警察每次学习都要做好学习笔记，在学习结束之后，还要求每个警察撰写3000字的学习体会。整个活动开局好、发展势头好，取得较好的成效。

2013年4月23日，郴州监狱政委、教授吴新中给武陵监狱警察上一堂题为《执法与守法并重，自律与他律并行》的法治讲座。

图1—62 湖南文理学院法学院院长刘潇潇为武陵监狱警察进行法治讲座

2015年5月26日，湖南文理学院法学院院长、湖南省法学会法理学专业委员会副会长刘潇潇应邀到武陵监狱，为全狱警察讲授一堂题为《坚持严格规范公正文明执法、努力规避执法风险》的专题讲座。该讲座内容紧密联系监狱工作实际，语言生动有趣。在讲座中，刘潇潇分析监狱警察执法风险的现状及其成因，并提出监狱警察规避执法风险的对策思考：一是完善监狱规章制度与监管流程，规范执法行为；二是树立科学的行刑与严格规范公正文明廉洁执法的理念；三是强化执法风险意识，全面提高执法能力与风险自我防护能力；四是加强服刑人员的教育，提高服刑人员认知水平，自觉配合警察的执法；五是加大硬件软件投入，把教育改造工作摆在首位。该次讲座有效传达严格规范公正文明廉洁执法的理念，有助于基层警察在工作中采取有力措施规避执法风险。

（二）传统、警示教育

1988年，先后三次组织干部参加地委讲师团主办的马克思列宁主义正规化理论考试，有30名干部三科考试及格。1992年，支队被常德市定为城市社教办点单位，在驻队社教工作组的指导下，紧密联系实际，对警察职工进行社会主义思想教育，做到"四个结合"，即社教同贯彻中央2号文件，大胆进行改革相结合；社教同履行专政机关职能，确保劳改场所的绝对稳定相结合；社教同实现本年度的经济目标"531"工程相结合；社教同警察队伍建设相结合。抓出成效，于10月通过验收，被评为“全市社教先进单位”。

2007年5月24日上午和5月25日上午，监狱分两批组织全体中层骨干、监区分监区长、指导员在本单位中会议室观看《居安思危——苏共亡党的历史教训》警示片。

图1—63　参观林伯渠故居

2015年5月16日，武陵监狱团委组织部分青年警察及警察家属30余人到林伯渠故居参观学习，瞻仰先贤风采，缅怀先辈功绩。充分了解林伯渠生前事迹和重要革命经历，瞻仰和学习老一辈革命家的道德情操和朴实作风。大家表示，作为青年警察，要继承和发扬老一辈无产阶级革命家无私奉献的精神，始终坚持“和谐为本、安全至上、崇法重德、克难奋进”的治狱新理念，力争为监狱事业做出更大贡献。

(三)政策法律教育

1988年，支队举办为期10天的警察整训学习班，通过认真学习有关文件、法规、条例和规定，并对照检查，使之充分认识到法律的严肃性和违法的危害性，提高依法办事的自觉性，明辨真伪，真正做到思想上、组织上、行动上和党中央保持高度一致。2006年，监狱组织开展“强化监管正行风，规范执法树形象”主体教育活动。活动中，组织警察集中学习《刑法》《公务员法》《行政监察法》《司法部六条禁令》等相关法律法规和党风廉政建设规定以及管教业务知识。为保证学习效果，专门请文理学院法学教授、检察院领导作专题辅导讲座。培训中，每名参训警察都撰写5000字以上的学习笔记。学习结束后，组织考试，优秀率达93.8%。

四、纪检监察

1989年，各级领导班子都联系实际制定廉政建设制度。三大队党支部制定的“五禁止”的廉政建设制度收到良好的效果。全厂（支队）党员、干部中为警清廉的典型不断涌现。1994年，先后3次组织学习中纪委关于加强廉政建设的有关文件，并结合实际制定《关于严明警察纪律的通知》，组织召开廉洁自律高标准生活会，并紧紧围绕创“十佳”警察的评选和对其优秀事迹的宣传学习，收到以点带面的特效，较好地解决利用罪犯做私事，少数警察以权谋私、以情代法的问题。据不完全统计，全支队有 71 人次拒收现金及礼品折款 38880 元。同时，纪检监察部门对某些违法违纪案件进行严格查处，其中开除公职 1 人、行政记大过 1 人、记过 1 人、警告 3 人；经济罚款 31 人，罚款金额 6600 元。

2003 年 9 月 3 日，常德市纪委与武陵监狱联合成立"常德市党风廉政建设警示教育基地"，并举行授牌仪式。市委副书记、市纪委书记曹儒国率全市新提拔副处级以上干部 130 人到武陵监狱接受现身说法的警示教育。至 2004 年年底，有 10 多名职务犯罪服刑人员现身说法，接待市财政局、临澧县国税局、常德海关等 40 多家单位，万余名受教育者。自警示教育基地成立以来，每年都有多家单位组织人员到武陵监狱参加警示教育。

2011 年 10 月 24 日，常德市新一届市委常委在武陵监狱开展为期半天的警示教育活动并考察指导监狱工作。该次警示教育活动是常德市新一届市委常委首次民主生活会的一项重要内容，全市市委常委共 11 位领导深入监管区考察服刑人员学习、劳动、生活现场，听取两名职务犯罪服刑人员的忏悔发言。并就监狱今后的发展建设做重要指示。

2012 年，市委提出建设廉洁常德的目标。武陵监狱党委根据市委的意见和决定，分解和落实各项任务。利用网站、宣传橱窗、监内广播、工作简报等方式，大力宣传廉政建设主题，年内出专题简报 3 期、宣传橱窗 2 期；利用讲座、讨论等方式，组织警察学习相关内容。通过开展征文活动、在办公区悬挂廉洁文化宣传牌、向警察家属发放廉政建设公开信等措施，浓厚廉政建设氛围。通过推行党支部权力公开透明运行等试点，健全廉政风险防控等机制。

五、党建工作

（一）组织建设

1988 年年初，在二层机构变动的同时，进一步加强党支部建设，全支队由原来的 6 个党支部增加到 10 个党支部，并选举 40 名支部委员。此外，还设立 21 个党小组。对党员坚持"三会一课"制度外，实行党委抓支部、支部抓小组、小组抓党员的逐级管理。1991 年，突出抓党的基层组织建设。一是根据党章规定按期改选党支部，建立支委岗位责任制，保证党组织生活的正常开展。二是落实党员年度目标管理，并进行民主评议和考核。2004 年，机关设置 9 个党支部，每个监区均设置党支部，共 14 个党支部。对 29 名入党对象进行培训，并发展 39 名新党员，各基层党组织能坚持"三会一课"制度，党的基层组织建设得到明显改善。截至 2015 年年末，有党支部 24 个，党员 388 人，其中男性党员 323 人、女性党员 65 人、在职党员 260 人，在职党员占在职警察总数的 85%。

(二)思想建设

1989 年春夏之交的政治风波中,支队党委始终坚持四项基本原则,坚决反对资产阶级自由化,先后召开党委会、中层骨干会、全体干部职工大会,切实加强对干部职工的思想教育,帮助大家分清是非、明辨真伪,真正做到思想上、组织上、行动上与中央保持高度一致。1990 年,深入进行社会主义思想教育。针对东欧形势巨变,大力宣传社会主义制度的优越性和 40 年来的巨大变化,使大家正确认识当前的国际形势,认识社会主义发展的艰巨性、长期性,坚持走社会主义道路的信念。同年,在抓思想建设中,还注重抓好精神文明建设,开展学雷锋、学焦裕禄活动,并与学徐超明、郭辉结合起来,开展一系列活动,加强全厂(支队)精神文明建设。1991 年,支队党委在思想建设上,主抓三个方面的教育。一是党的宗旨教育。主要是开展"三重温"活动,用上党课专题辅导,组织参观学习,收看电视,办骨干学习班等形式,深化思想认识,使党员干部受到一次为人民服务和党的优良传统作风教育。还通过组织党员认真学习江泽民"七一"讲话,加强党性教育,从思想上筑起拒腐防变的长城。二是以《中国共产党章程》、《中国共产党党员领导干部廉洁从政若干准则》为基本内容的党规党纪教育。三是开展一系列活动进行辅助教育。如党的基本知识竞赛、"三学三推"活动等。1997 年,党委中心学习组组织学习 18 次,重点学习邓小平理论、江泽民的重要讲话、党纪政纪条规和中央、省、市各级关于加强队伍建设的文件,并将"十条要求"和"五个标准"印发至每个党委成员,组织专题学习。通过学习,进一步增强抓好班子建设的信心,并制定做到"五个增强"(增强政治观念、执法观念、组织观念、廉政意识、纪律作风)和实现"五好目标"(建立一支好班子、带出一支好队伍、培养一个好作风、完善一套好制度、塑造一个好形象)的具体措施。7 月 23 日上午,召开全狱党员、警察大会,传达江泽民、胡锦涛的讲话和中央有关文件。7 月 23 日后,各单位进一步抓干部职工的学习教育,学习党章、《人民日报》评论员文章《崇尚科学、破除迷信》等,各党支部皆召开生活会。2010 年,武陵监狱党委坚持从自身抓起,把中心组理论学习作为提高领导班子政治理论素养,提升领导能力和决策水平,加强思想政治建设,增强领导班子凝聚力和战斗力的重要手段。2015 年 8 月 13 日,武陵监狱纪委书记管治云给全狱警察讲授一堂题为"认真践行习主席要求、严于律己做合格党员"的"三严三实"专题党课。在讲授过程中,管治云从社会道德、党纪国法、禁令条规等方面详细分析严以律己的基本要求,并向全体警察提出"有理想、知敬畏、善调节、严把关、能拒止、懂作为"等六个方面的律己标准与措施,为武陵监狱警察队伍作风建设进一步厘清方向。

(三)作风建设

1988 年,纪检工作围绕改造服刑人员和经济建设这个中心,积极参与、保护、促进改革,集中力量抓党纪,协助党委管党风,从严治党。通过对党员纪律教育,使违纪案件明显下降，党员违纪率不超过1.5%，党风也有所好转，艰苦奋斗的光荣传统得到继承和发扬，干部党员积极为灾区捐款1610元，捐粮725公斤。通过年终总结鉴定测评，全厂149名中共党员中，起先锋模范作用的占76.5%，较好的占23.5%；合格党员占92%，基本合格党员占8%。1991年，开展以整顿思想、作风、组织为内容的集中整顿，通过建制，各级领导班子的思想作风建设得到加强。同时，党委狠抓行业不正之风的纠正，根据全市纠风工作会议精神和司法部有关文件的要求，联系本单位的实际，按照《党员目标管理考核细则》和《警察行为规范》考核党员干部，逐渐形成良好的党风、政风。特别是二大队党支部狠抓增收节支，杜绝往年抢收抢种时警察公费集体就餐，遏制警察私拿农副产品等不正常现象，仅此就为大队节约资金2万余元。从2000年3月2日开始，4月30日结束，历时60天，监狱党委领导成员“三讲”教育按照部署，坚持以群众为基础，广泛征求群众意见。为把群众意见及时原汁原味地反馈上来，“三讲”办公室组织征求意见组发放230套“征求意见表”，设立征求意见箱，公布市委巡视组的电话号码。其征求到的意见和建议共48条。“三讲”教育的第二阶段，党委就群众普遍关心、反映强烈的问题，认真研究整改意见，进行解决。党委研究解决改善老干活动中心的条件问题；对科室收费问题进行清理整改；决定进一步推行狱务公开，增强减刑、假释、保外就医的透明度等。2012年，武陵监狱分别于6月7日、13日集中两批组织全狱13个党支部、220名警察前往结对的常德经济技术开发区乌塘岗村、二里岗村、新堰岗村、茶叶岗村、苏家渡居委会和柳叶湖旅游度假区桃树岗村、栗里岗村、岩子堰村、肖伍铺村、靳家湾村、东山村共11个村(居)开展调研、宣传、走访、帮扶活动。各党支部也迅速行动起来，分批组织警察下到田间地头，深入村居社组，走进群众家中，解基层发展形势和问题，扶贫、捐助、献爱心。共捐助帮扶款75000多元，其中警察个人捐助30000多元；走访村、居民户46户，其中服刑人员家庭11户。在调研走访的同时，很多警察也深深感受到自身生活的幸福，表示要努力工作，多为人民群众和社会做贡献。2013年4月，根据中央、省、市有关文件精神，监狱党委下发《关于进一步贯彻落实“厉行节约、反对铺张浪费”的通知》，

图1—64　时任党委书记、监狱长张程发带领警察下基层

努力制止各类铺张浪费行为的发生，有效降低行政成本。据上半年的财务数据显示，武陵监狱的招待费、会议费、交通费和学习考察费综合同比下降30%左右，这是全狱上下共同努力的结果，“厉行节约、反对铺张浪费”已经成为武陵监狱全体警察的自觉行为。2014年4月6日，武陵监狱召开“三严三实”专题讨论会，全体党委中心组成员参加会议并开展讨论，全体中层骨干参加会议。按照会议安排，监狱教育实践活动办副主任曾建军组织全体参会人员全文学习习近平总书记在河南省兰考县调研指导党的群众路线教育实践活动的讲话；党委副书记、政委刘锦秀传达习近平总书记“三严三实”的重要论述，全体党委中心组成员就如何学习领会“三严三实”精神实质谈感受和想法，并结合实际开展讨论。党委书记、监狱长张程发结合实际阐述对“三严三实”论述的理解。2014年，武陵监狱党委根据党的群众路线教育实践活动的总体要求，紧紧围绕群众反映最集中、最迫切的意见建议，有的放矢地开展“禁违拒腐、严管队伍、正风肃纪”专项整治活动。为确保整治活动不搞形式、不走过场，真正解决为群众服务“最后一公里”的问题，监狱纪检监察部门在活动推进过程中突出坚持“四个结合”。一是坚持禁违拒腐与解决当前存在的问题相结合。二是坚持严管队伍与群众满意相结合。三是坚持专项整治与措施保障相结合。四是坚持督查问责与落实责任相结合。自从严开展“禁违拒腐、严管队伍、正风肃纪”专项整治活动以来，武陵监狱先后对6名警察进行警示谈话，对10名警察进行提醒，共考核扣分220分，兑现绩效扣款9000余元。各项整治措施已见成效，警察队伍素质进一步强化，群众满意度日益提高。

（四）创先争优活动

1988年年末，涌现出不少的先进单位和先进个人，全支队149名中共党员中，年中评出先进党支部1个，优秀党员21名，先进工作者49名，并有9名警察立功。特别当年过花甲的技师郭辉，不仅多次谢绝外单位的高薪聘请，就是在身患绝症后仍一直坚持上班，并写下“绝症缠身何所惧，赤诚忠心不可移。老朽明知夕阳短，愿为四化献残年”的誓言。1988—1990年，支队连续三年被省劳改局评为全省监管改造、监管安全和防逃先进单位。1990年，省劳改局给予常德市劳动改造管教支队荣记集体三等功。1992年，省劳改局举办的警察“四知道”竞赛活动中，常德劳动改造管教支队取得全省监狱系统第三名，名列11个地市劳改单位第一名。特警队参加省劳改系统比武中获得第四名，在地市劳改单位中名列第一名。一大队副教导员梅德华被授予“全国劳改系统个别教育能手”荣誉称号，省司法厅予以记二等功。1994年，周日华、张明祥、马文德、邓作舟、孙际柱、丁仁育、丁德权7名警察被常德市人民政府授予监狱、劳教系统“十佳警察”荣誉称号。1995年，武陵监狱三大队大队长周日华、生卫科副科长张明祥分别获常德市“十佳公仆”和市级劳动模范荣誉称号。同年，党委做出向“十佳警察”学习决定的通知，以多种形式宣传三大队大队长周日华真抓实干，使该大队经济效益一年翻两番的突出政绩，还有生卫科副科长张明祥勤政、廉政，一年拒贿近万元的优秀事迹。通过典型引路，全狱掀起争先创优的高潮。1996年，副监狱长周日华被省司法厅荣记一等功。1997年，武陵监狱被评为全省司法行政系统“红旗领导班子”，全省监狱系统“十佳单位”，党委书记、政委鲁清阶被评为“全国优秀监狱长（政委）”。1998年，武陵监狱被评为全省监狱系统监管、生产工作双优单位和全市目标管理红旗单位。2002年，武陵监狱管教工作继续保持在全省领先地位，年度被评为管教工作优胜单位。年底，因监管工作连续五年实现“四无”，武陵监狱被省司法厅荣记集体二等功。同年，张先国被司法部授予全国司法行政系统“公务员基本素质考试考核工作优秀个人”称号。2004年，武陵监狱监管工作连续八年实现“四无”，先后被评为“全省监狱系统文明执法先进单位”“管教工作先进单位”“全市目标管理红旗单位”“人民满意政法单位”等。2006年1月，湖南省司法厅授予武陵监狱为“省级现代化文明监狱”，并记集体二等功。从2010年5月开始，武陵监狱在基层党支部和警察队伍中全面铺开“争先创优”活动，各支部抓住活动契机组织党员、警察公开承诺，形成新老警察比、学、赶、超，人人创先争优的良好氛围。8月17日上午9时，武陵监狱2010年上半年工作讲评暨创先争优活动表彰大会在监狱大礼堂召开，大会对“创先争优”活动中涌现出的先进集体和优秀个人给予表彰和奖励。2014年4月23日，武陵监狱身边典型先进事迹报告会在监狱礼堂召开。会上，贺际祥、高试彪、蔡昌兵三位先进典型用质朴的语言讲述自己的工作实绩，平实的话语生动地诠释他们甘于平凡、爱岗敬业、敢于担当的精神，引起全体与会人员的共鸣。

六、后勤保障

（一）办公设施

1993年，支队耗资300多万元新建大礼堂和办公楼（供销大楼），解决全支队集会、组织娱乐活动难和办公拥挤的问题。投资10万元用于改善通信设备，将40门老式交换机更新为100门自动交换机。各科室和中层骨干宿舍都安装自动电话，初步解决通讯难的问题。1994年，安装有线电话，完成配电房的增容，改善电话通信、打字等办公条件。1995年，购置安装350千瓦发电

图1—65　监狱一角

机组，又将90门电话交换机更新为300门程控交换机。1998年，对狱部办公楼进行装修，每个办公室均配备空调、饮水机等设施，还对办公桌椅、文件柜进行添置和调整，机关干部办公条件大大改善。2002年，内看守监控值班楼投入使用。2003—2005年，监狱建立光纤为主干、百兆交换到桌面的快速局域网，选配具有计算机应用能力、素质较高的警察进行管理，初步实现信息网络化管理。办公区可以通过局域网连接监内监控系统，实现远程监控。共配置办公公用电话100余台，传真机4台，并在每个分监区、餐厅等配置内线电话，建立专门的电信通信网络。2007年，妥善解决工作用餐、上下班乘车等问题，全面更新办公家具，改善机关办公条件，规范内务管理、水电管理。2008年，对大礼堂重新装修，添置桌椅及中央空调等设施、设备。2013年4月1日，武陵监狱视频会议系统全面建成并投入使用，成为首家开通该系统的地市监狱。监狱视频会议分会场多次承接电视会议、国家三级心理咨询师培训辅导、专家讲座，系统运行正常，较好地发挥应有效能。

（二）警用装备

1989年，支队配备指挥车（北京吉普）2辆，小型囚车1辆，摩托车2辆，电警棍20根，手铐2副，指拷2副，脚铐2副，短波机1台，LC—M700电台1台，对讲机5台。1995年，购置追捕车1台，摩托车3辆，还购置移动电话、警棍等一批通信、警戒器材。2002年，会见中心建立电脑监控系统。2005年，监狱配备有SWX—Ⅰ型防暴射网器、防暴头盔、电击警棍、盾牌等防暴器材。2006年，投入40余万元，添置与完善技防设备、设施，完善监控系统，使值班警察可以查看管辖范围内的所有部位；畅通监内通讯渠道，增购对讲机60台，保证每个监区配备15台以上，业务科室正、副科长和共同科室科长及重点部位也均有配备，解决手机禁止进监后信息不畅的问题；加强监内值班室、休息室的防护设施，为值班警察的人身安全提供保障。2010年，监狱共配备警车6辆，囚车1辆，车辆运行状况良好。2014年，为管犯警察配备执法记录仪30台。截至2015年年底，监狱共有警用车辆8台，包含1台19座卡斯特警用车、1台皮卡运输车、6台小型车。

（三）业务经费

《监狱法》公布实施之前，监狱经费基本实行的是“生产自给，不足补助，结余上交”的办法。随着1994年《监狱法》的颁发，监狱业务经费的财政保障逐步完善。1995年，国务院下发《监狱财务制度》，将监狱经费分为二大类五项，纳入财政预算，其中：一类为经常性经费，包括警察经费和服刑人员改造经费两项，实行定员定额管理；二类为专项经费，包括狱政设施维修经费、技术装备经费及其他专项经费三项，实行专款专用、单独核算、有效管理。省政府湘政发〔1997〕26号文件进一步明确规定，将监狱经费分别列入省、地（州、市）财政预算，其标准参照当地公安警察经费标准执行，要求三年逐步到位。

1988—2015年武陵监狱财政拨款统计表

表 1-31

年度	金额(万元)	年度	金额(万元)
1988年	45	2002年	1038
1989年	87.2	2003年	1136.7
1990年	123.8	2004年	1062.2
1991年	66.6	2005年	1095.6
1992年	172.8	2006年	1460.9
1993年	195.4	2007年	2036.6
1994年	75.3	2008年	1885.8
1995年	382.1	2009年	2079.6
1996年	465.7	2010年	2403.9
1997年	307.2	2011年	3116.94
1998年	636.1	2012年	3533.4
1999年	676.7	2013年	3808.7
2000年	959.1	2014年	4148.9
2001年	1093.1	2015年	5208.8

附:全国个别教育能手梅德华先进事迹

梅德华　男,1936年2月17日出生,湖南常德市人,初中文化,中共党员,一级警督,1950年1月参加工作,1961年2月从事劳改工作,1970年3月调入常德劳改支队(现湖南省武陵监狱),历任内勤、中队指导员和大队副教导员,1996年3月光荣退休。梅德华工作期间多次被评为“先进工作者”,1992年7月,被湖南省司法厅记为二等功,同时被司法部授予全国监狱系统“个别教育能手”荣誉称号;1995年,被常德市人民政府记为三等功。

他把个别教育作为一项重要工作,常抓不懈,一贯坚定不移地贯彻执行“改造第一、生产第二”的工作方针。在任中队内勤期间,管理好罪犯副档,建立“九簿一卡”,内勤工作井然有序,在每次“四知道”测试中名列前茅,是全队有名的“活档案”。担任指导员和副教导员后，坚持个别谈话教育常抓不懈，经常深入三大现场，找罪犯个别谈话，了解罪犯思想动态，及时解决各种问题，特别是能注重“身教”，勤政廉洁，防腐拒变，多次拒收贿赂，在罪犯中树立司法干警的高大形象。梅德华不仅本身重视个别教育，还能以自身为表率，带动其他干警，经常检查督促本单位的个别教育工作，使该项工作成为制度，取得改造秩序明显好转和改造质量显著提高的效果。

他总结出一套个别谈话教育的方式方法，在个别教育工作中善于积累材料，总结经验，探索方法。他刻苦自学，钻研《改造教育学》《心理学》等业务书籍，并坚持记录个别谈话素材，现已保存历年谈话记录共 43 本之多。根据长期工作的实践经验，他总结出一套个别谈话的方式方法。即启发式、疏导式、鼓励式、告诫式。在运用这些方法时，根据谈话对象、谈话内容和所掌握的第一手材料，因人、因事、因时灵活运用，有的放矢，对症下药。注重实效，解决问题。在对罪犯进行个别教育过程中，注重政策，讲究方法，做到晓之以理、动之以情，戒之以规，导之以行，持之以恒。

他在个别教育中重点抓危顽分子的教育转化，在对大量罪犯进行个别教育的同时，重点抓好危顽犯的教育转化。自 1989 年以来，共找危顽犯个别谈话 37 人、1214 次。通过教育，这 37 人中，已有不同程度转化的 31 人，转化率达 83.7%。其主要做法：一是找准病因，对症下药。如对两次劳改、两次逃跑、加刑 5 年半的罪犯杨某桂，经过具体分析，找准其抗拒改造的原因是由于家庭解体，孤身一人，加上无一技之长，担心今后难以就业谋生，因而破罐破摔。针对这一情况，便安排杨某桂学蔑工技术，并进行形势、政策、前途教育，使杨某桂树立改造信心，逐渐转变，后两次获得减刑奖励。二是关心疾苦，启迪心灵。如判刑 12 年的陈某焕，装病企图达到保外就医的目的。梅德华通过调查，弄清陈某焕装病的原因是想提早回家处理房产归属问题，便亲自前往陈某焕住地，与当地有关部门协同妥善处理这一问题，消除陈某焕的后顾之忧，使陈犯幡然悔悟，弃旧图新。三是防止反复，巩固成果。对危顽犯抓反复，反复抓，是梅德华运用的一条成功经验。如因诈骗罪判刑 6 年的王某千，入监后头三年内四次逃跑(未遂)，四次禁闭，破罐破摔，家中父母又气又恨，与其断绝关系。梅德华便多次去信去电与当地联合，邀请其父母到队协助帮教，王某千有明显的好转，先后 5 次受到记功奖励，但后又出现反复，参与赌博，输掉 100 多元，无力偿还，便产生邪念，偷越警戒线，想逃跑回去取钱还债，幸被及时追回。在这种情况下，梅德华仍坚持耐心细致的个别谈话教育，并让他与转变快的罪犯结成对子，开展竞赛，每周内找其谈话 2～3 次，巩固教育成果，使王某千获得假释奖励。

“冰雪林中着此身，不同桃李混芳尘。忽然一夜清香发，散作乾坤万里春。”梅老总结出来的个别谈话教育经验在全省引起轰动。但他从不以此自夸，个人生活简朴，严于律己，热爱生活，一有时间就勤学，真正做到活到老、学到老。

第二篇　队伍建设

图 2－1　常德市司法局警体拓展训练

第一章　干部管理

第一节　选拔任用条件

提拔担任处级和科级干部应具备的任职资格为：

①提拔担任处级干部应当具有五年以上工龄和两年以上基层工作经历。

②提拔担任处级干部一般应当具有在下一级两个以上职位任职的经历。

③提拔担任副科级干部应有四年以上工作经历，提拔担任正科级职务一般应有两年以上副科级职务任职经历。提拔担任副处级领导职务应有三年正科级职务任职经历，提拔担任正处级领导职务应有两年以上副处级任职经历。晋升正副处级非领导职务，应分别任下一级职务四年以上。

④一般应当具有大学专科以上文化程度。

⑤应当经过党校、行政院校或者组织（人事）部门认可的其他培训机构五年内累计三个月以上的培训，确因特殊情况在提任前未达到培训要求的，应当在提任后一年内完成培训。

⑥身体健康。

⑦提任党的领导职务的，应当符合《中国共产党章程》规定的党龄要求。另外，法、检两院领导的任职资格还需遵照《中华人民共和国法官法》与《中华人民共和国检察官法》的规定。

第二节 选拔任用程序

选拔任用党政领导干部的基本程序规定六项，即民主推荐，考察，酝酿，讨论决定，任职，依法推荐、提名和民主协商。重点是民主推荐、考察、讨论决定三个关键程序。

图 2—2 市司法局科级领导岗位缺位竞岗演讲与民主推荐大会

一是民主推荐。2004 年年底，中组部明确规定，凡拟提拔任领导职务、非领导职务和同一职级重用的干部都要进行民主推荐，并同时采取会议投票推荐和谈话推荐两种形式。

在具体的民主推荐工作中，应注意三点：①严格按《条例》规定的范围确定参加民主推荐的人员，其中人数较少的单位要扩大到全体人员；②会议投票推荐和个别谈话推荐，这两种形式要同时使用，综合分析；③确定考察对象时，应当把民主推荐的结果作为重要依据之一，得票数多者，方可列为考察对象；同时又要防止简单地以票取人。

二是考察。总的考察其德能勤绩廉学情况。

三是讨论决定。特别注意：①党组会议讨论决定干部任免事项，要有三分之二以上的成员到会，会议才有效；表决时，超过应到会人数的半数同意，才能形成决定。②党组研究干部时要保证与会成员有足够的时间听取情况介绍、充分发表意见；研究讨论干部每次面不宜过大，人数不宜过多，次数不宜过于频繁；每个到会成员须逐一发表同意、不同意或缓议等明确意见；用专门的干部任免记录本如实完整详细地记录干部推荐、考察、酝酿、讨论决定（含表决结果和表决方式）的情况，详细、准确、真实反映讨论的全过程。③不准个人决定干部任免，个人不得改变党组集体作出的干部任免决定；干部任免决定作出后，原则上不予复议，情况特殊需要复议的，应当经党委（党组）超过半数成员同意后方可进行；讨论干部任免事项，必须有组织、政工（人事）部门提出的干部任免方案，不准临时动议决定干部任免。所谓临时动议，是指在党委（党组）讨论决定干部任免的会议上，临时提出本次会议议题以外的其他拟任免人选，并进行讨论研究和作出任免决定。临时动议决定干部任免是严重违反《干部任用条例》的错误行为，应当坚决予以制止和纠正。

第三节　干部培训

2017 年 7 月，王明集参加省厅局长培训班 10 天，2011 年参加保定首授培训 20 天，参加 2013 年 1 月学习贯彻中共十八大精神轮训班 5 天，4 月全省司法行政系统处级领导干部社会管理创新高级研修班 12 天，2014 年 8 月全省司法厅高级研修班。

2015 年 10 月，胡宗涛参加市委党校处级领导干部培训班。

余小萍参加 2011 年 5 月处干班，2013 年 1 月学习贯彻中共十八大精神轮训班 5 天，4 月第一期警衔首授培训班。2014 年 3 月，参加学习贯彻中共十八大精神十八大轮训班。2015 年，参加全省法律援助心培训。

张修超参加 2006 年参加科干班培训 60 天，2011 年参加处干班（下半年），2013 年 1 月参加学习贯彻中共十八大精神轮训班 5 天，4 月参加全省司法行政系统处级领导干部社会管理创新高级研修班，2014 年 3 月参加学习贯彻中共十八大精神十八大轮训班。胡小青 2008 年参加警衔首授培训 30 天，2009 年参加中青班培训 60 天、新任领导干部培训 5 天，2012 年 11 月参加市委党校县处级领导干部进修班，2013 年 1 月参加学习贯彻中共十八大精神轮训班 5 天，3 月全省新任司法局副局长业务培训班，2014 年 4 月参加学习贯彻中共十八大精神十八大轮训班，2015 年 5 月参加清华大学依法治市专题培训班。

胡永 2015 年 10 月参加市委党校处级领导干部培训班。

黄冰毅 2010 年 7 月参加省厅局长培训班 10 天，2013 年参加学习贯彻中共十八大精神轮训班 5 天，2014 年 3 月参加十八大轮训班，2015 年 10 月参加全省司法行政法制工作培训班。

胡云武 2006 年、2009 年参加警衔首授、晋升培训各 30 天，2007 年参加市委组织的领导工作培训 7 天，2010 年参加保定局长培训班，2012 年 4 月参加全省司法行政系统处级干部社会管理创新高级研修班 40 天，2013 年参加学习贯彻党的十八大精神轮训班 4 天。

肖先谋 2010 年 7 月参加省厅局长培训班 10 天，2013 年 1 月参加学习贯彻中共十八大精神轮训班 5 天，2014 年 3 月参加学习贯彻中共十八大精神十八大轮训班，9 月县处级领导干部进修班（第一期）。

刘长城2006年参加司法部组织的工作培训15天，2007年参加处干班培训60天，2009年参加警衔首授培训15天。

傅绍平2007年、2008年、2010年参加省委组织部、省委统战部组织的专题学习培训，训期分别为5天、8天、7天。

樊景华2007年参加处干班培训60天，2008年参加组工干部培训7天，2009年参加政工领导干部培训班60天，2011年参加省委讲师团培训10天，2013年1月参加学习贯彻中共十八大精神轮训班5天，2014年3月参加学习贯彻中共十八大精神十八大轮训班，2015年8月参加全省司法行政法制工作培训班。

黄阳辉2013年1月参加学习贯彻中共十八大精神轮训班5天，3月参加全省新任司法局副局长业务培训班，2014年4月参加学习贯彻中共十八大精神十八大轮训班。

2005年参加科干班培训有张友亚(30期)。

2006年参加科干班培训有马飒英(34期)、杨利霞(35期)。

2007年参加科干班培训有陈爱华(36期)、毛泉清(40期)周世鹏(41期)。

2008年参加中青班培训有高业庆。

2009年参加中青班培训有祁政(17期)。

2010年参加中青班培训有马飒英(19期)；参加科干班培训有罗丹萍(49期)；是年9月参加首次授衔培训20天的有陈爱华、贾茂元、周旎。

2011年5月科干班：周友保；9月科干班：张友霞；12月：副科级以上的中层骨干到市委党校参加“科学发展主题培训班”：曾凡华、黑启安、陈爱华、周世鹏、周旎、柳舟彦、覃清平、鲁科均、彭文清、陈关赐、徐智、陈黎、刘婧、杨利霞、余颖、唐铭蓬。

2012年3月，黑启安参加2012年度上半年市委党校中青班学习；10月夏绪竞参加市委统战部“同心”思想研究班学习，11月梁开国参加科干二班学习。

2013年5月科干二班：姚珍权；冯婉瑜参加新录用公务初任培训班。4月第一期警衔首授培训何俊毅、胡大虎、张友侠。

2014年9月夏绪竞参加党外中青年干部培训班，徐智参加科级干部进修班一班；11月高业庆参加县处级领导干部进修班(第二期)；6月全省首授警衔培训司法局易丹丹、邓霞、黑启安、曾令涛、郑捷文。

2015年5月沈绪湘参加科级干部进修班一班；9月曾凡华参加中青年干部培训班；杨利霞参加市委党校基层党组织书记集中轮训；8月夏绪竞参加全省司法行政法制工作培训班；10月曾凡华参加全省加强行业性、专业性人民调解工作会议暨专职人民调解员培训班；夏静参加全省首授警衔培训和省厅警务业务培训；周友保参加全省法律援助心培训班；32人参加市直机关党组织书记培训班，16人参加党员“四个全面”专题教育培训班，4

人参加市直单位入党积极分子培训班，4 人参加新录公务员培训班。

1991—1993 年，有 64 人获得大专文凭，15 人获本科文凭。有 286 人获得中专文凭或相当的专业证书。共举办各种培训班 105 期，有 753 人参加不同类型的干部轮训。

1999 年，先后选送 305 名干警到省（市）政法干校进行学历教育培训，选派 165 名干警到县（市）人事局培训中心进行计算机、英语等级技能培训；选派 28 名干警到县（市）党校进行岗前培训、政法理论知识培训等。

2001 年 7—11 月，分市、县两级对全市司法行政干警组织培训，强化干警学习。11 月 17 日—18 日，组织全市司法行政警参加全国司法行政系统公务员基本素质教育考试。考试期间，除聘请学校教师监考外，还邀请由市委政法委常务副书记卢子成带队的巡视组与省厅巡考员共同进行巡考。先后举办律师、基层法律工作者、普法骨干、司法员等培训，培训人数达 900 多人。市局 6 人、区县（市）司法局及监所单位有 90 多人利用业余时间分别参加国防科学、党校、政法干部管理学校举办的电大、函授本科、专科学历教育。选派 105 名干警参加全国、省市举办的各类业务知识培训（其中，参加全国培训班 3 人、参加省级培训班 64 人、参加市级培训班 38 人）。

2000 年，先后举办律师、基层司法所二类共 400 多人参加的培训班。

2004 年，安排 2 名处级干部到党校参加学习，还组织部分区县司法局长、市直单位分管负责人到外考察学习。开展一系列的“创学”活动，聘请文理学院的教授到司法局授课三次，干警积极参加，并做大量的学习笔记。5 月，组织一次普通话演讲比赛，市劳教所周旎获得一等奖，武陵监狱吴军获得二等奖，局机关郑捷文获得三等奖。组织全局干警分三批到武陵监狱电脑教学点进行电脑培训，并于 11 月 18 日顺利通过市创学办组织的电脑考试。2005 年，100 名法律专科、本科函授学员毕业。分别举办司法局长、司法所长、警官、公证员、律师业务培训班，参训人员达 910 人次。教育培训工作，要创新学习载体，提高质量，以任职培训、警衔培训、学历培训为主体，采取多种形式进行培训，重在提高实效。

2003—2005 年，分别举办司法局局长、司法所所长、警官、公证员、律师业务培训，参训人员达 910 人次。

2009 年，主要抓三项培训：一是开展职业道德专题教育。全市围绕司法行政的职能，举办“爱我司法讲作为、兴我司法谋发展”专题讲座，律师队伍以“端正服务指导思想，解决利益驱动”为主要内容的专题培训。鼎城、安乡开展以端正学风、工作作风、纪律作风为内容的集中整顿。二是认真抓队伍的业务培训。全市系统共有 2000 多人次参加国家、省市县司法行政部门举办的各类业务培训。在抓短期业务培训的同时，市县司法局还注重文化育警，努力营造学习氛围，一年中有 85 人参加法律本科专业学习，有 2 名干警考取硕士研究生，有 7 名干警通过国家司法考试。另外，我们对新进干警进行集中培训。三是有计划地选送骨干参加司法部、司法厅的专业学习。有20名同志受到较高层次的系统培训。

2010年，全年共聘请专家学者授课5人次，干警培训次数达800人次，参训率达100%。

2011年，市局机关继续开展“司法行政业务课堂”活动，由每个科室负责人轮流讲课，提高干部职工把握运用法律政策能力、群众工作能力、突发事件处置能力和舆论引导能力等。把主题教育实践活动与学习型党组织建设紧密结合，每月组织局机关干部集中进行一次以上理论学习，有效提高干部的综合素养。举办为期三天的党的理论知识全员培训班，由两位局领导分别作专题辅导报告。

2012年，选送中层骨干参加培训学习，选送17人次参加各类业务培训和全市“科学发展主题培训行动计划”培训班和中青年干部培训班的学习。开展“司法行政业务大讲堂”活动。由全局所有业务科室负责人分期为全体干警授课，内容为相应业务工作知识。全部业务讲座结束后，人事科将讲稿汇编为《常德市司法局业务知识读本》，人手一本，要求认真学习，学以致用，年底进行闭卷考试，考试成绩与评先评优挂钩，很好地调动干部职工学业务、用业务的积极性，提升业务能力。全年全市司法行政系统累计举办各类培训班279期，参训人员37424人次。重点开展中国特色社会主义理论体系教育培训120期、8500人次；开展中共十七届六中全会和中共十八大精神、围绕“十二五”主题主线开展专题15次、培训1160人次；党史党风党纪教育培训的65次、培训8300人次。

2013年，市司法局紧紧围绕市委“新常德、新创业”发展目标，举力在局机关推行“学习提质”工程。先后有2名班子成员参加清华大学社会管理创新高级理论班学习，9名年轻干部参加省委党校在职研究生的考试，全系统累计举办各类培训班61期，参训人员达3152人次。为提高干部履职能力，局机关精心选择公文写作、电脑公务实际操作、办会流程及注意事项、网络舆情应对等内容，并聘请相关领域的资深专家，讲授实际工作中可能遇见的问题及解决办法，有效提高大家的办文、办会、办事能力。

2014—2015年，确定的干部培训重点内容为政治强警。通过在全市司法行政系统评选“最美司法人”的活动发现、推荐优秀典型，重点评出一批典型中的典型，展示其风采，凸显其贡献，在系统内部营造比先进、学先进、赶先进、超先进的良好氛围，增强干警素质，提振工作信心，促进工作开展，提升司法行政知名度和美誉度。按照分级负责、分类培训的原则，紧跟省司法厅和市委、市人民政府的安排，通过选派培训、集中培训、业务讲座、以会代训等方式，实现教育培训工作的常态化。一是业务培训常态化。每年根据岗位特点，通过开展体能训练、罪犯改造队前讲话、射击比赛、律师答辩对抗赛、调解能手竞赛、司法行政知识演讲赛、抢答赛、业务能手等不同形式的竞赛活动，在系统中掀起比理论知识、比工作作风、比执法形象、比业务技能的岗位练兵热潮。二是选派培训常态化。只要是部、省及市有关部门组织的培训，都按要求派人参加，不打折扣，有利于及时掌握司法动态及前沿信息。三是主题培训常态化。每年根据有关部门组织的主题活动，分别开展相关培训。2014 年，结合群众路线教育实践活动开展专题组织生活培训。2015 年，结合“三严三实”开展党性教育培训。四是政治教育常态化。每年根据国际国内形势，有计划安排政治学习计划和任务，保持广大干警的政治敏锐性。五是个人自学常态化。要求每一位干警在机关组织学习培训的基础上，每年至少学习 100 课时。正因如此，目前，全市司法行政系统爱学习、钻业务蔚然成风，业务工作蒸蒸日上。

第四节 管理制度

1988—2010 年，制定下发《常德市司法行政系统干部管理暂行办法》《常德市司法局廉政风险点防范管理体系的实施意见》和《常德市司法局廉政风险预防及控制办法》，常德市司法局实施《〈常德市市管单位领导班子集体决策重大问题议事规划〉细则》《常德市司法局干部交流制度》《常德市司法局机关联带包创精细化管理实施细则》《常德市司法局工作考勤及请销假制度》《常德市司法局工作考勤及请销假制度》。

第五节 离退休人员管理服务

从 1981 年第一个退休人员李志垣开始，到 2015 年年底，市司法局离退休人员增加到 67 人。一直以来，常德市司法局党组对离退休老干部工作十分关心，局党组将老干工作列入党组重要议事日程，每年年初都精心制定老干活动的具体实施方案。在政治上关心，凡涉及司法行政工作中重大决策和大型活动，都邀请老干部参加，并积极征求他们的意见和建议。在办公经费紧张的情况下，坚决保证老干部工作的各项费用，严格落实老干部各项待遇，认真解决老干部的来信来访，为他们解决实际困难，努力丰富他们的晚年精神文化生活，使老干部真正感受到老有所养、老有所为、老有所教、老有所学、老有所乐、老有所依。

局党组重视人文关怀，每年安排老干部进行体检，同时很好地贯彻执行慰问和探视制度，坚持春节、重阳、“七一”建党节、“八一”建军节期间走访慰问老干部老党员，凡老干部生病住院，局机关均派专人探望，退休干部70周岁、75周岁及80周岁以上生日局机关均上门慰问，送上生日祝福。

着眼老干部健康保健，局机关为所有退休老干每人订阅一份《老年人》、一本《中老年健康自我管理要诀》和一本《家庭自然疗法简明教材》，为退休的处级领导每人订阅《常德日报》一份，同时还订阅《常德日报》《常德晚报》《潇湘晨报》《三湘都市报》《快乐老年人》《知识与健康》《益寿文摘报》等各类报纸杂志放在老干活动室，丰富老干部的精神生活，更好地做到老有所学、老有所乐。

图2—3 市局老干座谈会

2001年，对老干支部进行改选，并4次召开离退休老干部座谈会，引导他们忆往昔，看今朝，激发工作热情，为司法行政事业奉献余热。

2008年，组织老干部去广西桂林游览祖国的大好河山，陶冶情操，愉悦性情。

2010年，组织老干部赴上海世博会参观，还到澧县张公庙和鼎城区灌溪镇参观新农村建设。7月22日，局退休老干部罗先禄因为见义勇为帮助他人抓小偷时，被小偷推倒摔成重伤，而小偷逃跑致使巨额医药费无人负担，时任局长胡云武多次找市委政法委和市人民政府相关部门协商为其解决医药费，罗先禄的事迹在《常德日报》的夕阳争辉栏目中刊登，同时被评为“武陵区市见义勇为先进个人”。坐在轮椅上还坚持开展法律服务工作的老干部张光前被评为全市“四好”老干部。

2011年，市局被评为“全市老干部工作先进单位”。4月14日，市司法局召开包括全局班子成员、在职干警和全体离退休老党员参加的市老科协市直司法分会成立暨离退休党支部和党员创先争优再动员大会，选举产生第一届老科协市直司法分会会长高乐毅、副会长龙志祥、副会长周履新、秘书长李国芝，常德市老科协会长蒋祖建，市委组织部副部长、市委老干局副局长、市离退创先争优指导小组组长范贤宏到会并作重要讲话。9月27日，局党组组织下全体离退休老干部约40人，前往石门秀坪参观社会主义新农村建设。

2012年7月，见义勇为的老干部罗先禄被评为“全市优秀党员”，在全市创先争优总结表彰大会上予以表彰。5月，组织离退休老干部赴北京学习考察，参观祖国大好河山，激发爱国情感。9月6日，市司法局组织40多名老干部齐聚一堂开展棋牌竞赛，角逐跑胡子、麻将、象棋、扑克牌等若干类比赛，决出名次，颁发奖品。

图2—4　市司法局组织老干部参观规划馆

2013年5月，组织老干部参观常德规划展示馆和常德经济开发区，并进入三一重工和恒安纸业厂房内参观。

2014年，老干支部许寿海被评为“老科协先进工作者”，周履新被推荐为2014年健康老人。重阳节期间，组织局机关退休老干部开展垂钓活动。年初，根据实际情况为7名特困老干部党员、5名特困老干部申请困难补助。组织老干部积极参加市老干局组织的“喜看常德新变化，畅谈中国梦”专题宣传活动，从作品中选取2篇征文和4篇博文上报市委老干部局，得到老干部局的肯定。组织老干部参观常德市的“三改四化”和城区周围的建设。

2015年年初，考虑老干部支部部分支委因身体原因无法履职，经局党组研究，重新调整2名支委成员。针对局老干部活动室设施简陋、老化的情况，投入专门资金对老干部活动室进行整修，并添置桌椅、柜子和麻将机，为老干部平常开展活动提供一个良好的环境。4月，在市老科协的建议下，组织局机关近40名退休老干部赴澧县火连坡参观全市最大的生态农业产业基地，在老干部中积极倡导绿色生活、健康生活的理念。端午期间，邀请市老科协80岁高龄的养生专家李正华医生，在局老干部活动

图2—5　曾勇局长详细询问市司法局第一任老局长张维民身体和生活状况

室上一堂健康养生课，并发放保健养生资料。重阳前夕，组织老干部开展“新常德一日游”活动，感受常德新气象。10月，新局长履新后，借重阳节之机，对市司法局4位历任老局长进行上门走访慰问，听取他们的意见，并送上节日祝福。

1981—2015年常德市司法局退休人员一览表

表 2-1

序号	姓名	性别	离退休时间	序号	姓名	性别	离退休时间
1	李志垣	男	1981年4月	24	刘晓玲	女	1998年5月
2	李承隆	男	1981年10月	25	刘又源	女	1999年12月
3	李文明	男	1983年8月	26	龙治祥	男	2000年12月
4	代荣本	男	1986年1月	27	龚林科	男	2000年12月
5	陈章顺	男	1986年3月	28	史书秀	女	2001年12月
6	杨昌福	男	1987年6月	29	熊锡礼	男	2002年1月
7	罗本宪	男	1990年4月	30	羿保刚	男	2002年1月
8	郑梅卿	男	1990年7月	31	朱伦友	男	2002年1月
9	曾炳麟	男	1992年4月	32	赵之华	男	2002年1月
10	文彩萍	女	1993年8月	33	夏洪瑛	男	2002年6月
11	刘曙光	男	1993年8月	34	罗先录	男	2004年01月
12	周履新	男	1993年3月	35	张洁予	女	2004年1月
13	周大仙	女	1993年3月	36	蒯南海	男	2004年1月
14	何英斌	男	1993年3月	37	李国芝	男	2004年1月
15	贺金华	女	1993年4月	38	胡志初	男	2004年2月
16	吴光华	男	1993年11月	39	文　兵	男	2004年9月
17	许寿海	男	1995年1月	40	王立群	女	2005年1月
18	张光前	男	1995年4月	41	燕兴家	男	2005年2月
19	徐伯祥	男	1995年9月	42	熊述梅	女	2005年4月
20	潘树成	男	1996年10月	43	陈伏珍	女	2006年8月
21	吴昱虢	男	1996年10月	44	王荣华	男	2006年8月
22	李森树	男	1997年1月	45	刘兴隆	男	2007年1月
23	邓应典	男	1997年6月	46	卞兆舫	男	2007年2月

续表 2-1

序号	姓名	性别	离退休时间	序号	姓名	性别	离退休时间
47	龚晓莲	女	2007 年 6 月	58	邵河平	男	2012 年 11 月
48	舒有国	男	2007 年 11 月	59	高守勤	男	2013 年 1 月
49	张光荣	男	2009 年 2 月	60	何哲发	男	2013 年 1 月
50	李国荣	男	2009 年 2 月	61	陈建国	男	2013 年 3 月
51	朱益元	男	2009 年 3 月	62	李丽琼	女	2013 年 6 月
52	丁新泉	男	2009 年 8 月	63	刘长城	男	2014 年 1 月
53	邓　纯	男	2010 年 3 月	64	周利党	男	2014 年 3 月
54	朱德轩	男	2012 年 01 月	65	游立萍	女	2014 年 4 月
55	高乐毅	男	2012 年 2 月	66	廖伯祥	男	2015 年 5 月
56	姚巨庭	男	2012 年 9 月	67	郝冀沙	男	2015 年 6 月
57	李书金	男	2012 年 11 月	—	—	—	—

第二章　警务管理

第一节　警衔等级

一、警衔制度的建立

警衔是区分人民警察等级、表明人民警察身份的称号和标志，是国家给予人民警察的荣誉。为进一步加强人民警察队伍的革命化、现代化、正规化建设，增强人民警察的责任心、荣誉感和组织纪律性，有利于人民警察的指挥、管理和执行职务，1992年7月1日，第七届全国人民代表大会常务委员会第二十六次会议审议通过《中华人民共和国人民警察警衔条例》，正式建立人民警察警衔制度。警衔制度的建立，是人民警察队伍建设的一件大事，标志着依法治警、从严治警进入一个新的阶段。

二、警衔等级的设置

人民警察警衔设五等十三级，即：①总警监、副总警监；②警监（一级、二级、三级）；③警督（一级、二级、三级）；④警司（一级、二级、三级）；⑤警员（一级、二级）。担任专业技术职务的人民警察的警衔，在警衔前冠以“专业技术”。

人民警察实行警察职务等级编制警衔。担任行政职务的人民警察实行下列职务等级编制警衔：①部级正职：总警监；②部级副职：副总警监；③厅（局）级正职：一级警监至二级警监；④厅（局）级副职：二级警监至三级警监；⑤处（局）级正职：三级警监至二级警督；⑥处（局）级副职：一级警督至三级警督；⑦科（局）级正职：一级警督至一级警司；⑧科（局）级副职：二级警督至二级警司；⑨科员（警长）职：三级警督至三级警司；⑩办事员（警员）职：一级警司至二级警员。

担任专业技术职务的人民警察实行下列职务等级编制警衔：①高级专业技术职务：一级警监至二级警督；②中级专业技术职务：一级警督至二级警司；③初级专业技术职务：三级警督至一级警员。

三、警衔的首次授予(首授)

1.首次评授警衔的范围

根据公安部《评定授予人民警察警衔实施办法》及司法部《司法行政机关首次评定授予人民警察警衔审批办法》,可以评授警衔的人员必须是属于人民警察建制的在编在职的人民警察。即指经有批准权限的机关批准,由人民警察编制编成的单位内现在担任人民警察职务的人员。强调的是警察建制、警察编制、现任警察职务同时具备的,才可以评授警衔。

《评定授予人民警察警衔实施办法》中规定评定警衔的人员为各级公安部门(包括公安部门设在铁道、交通、民航、林业部门的公安机构)、国家安全部门和劳动改造劳动教养管理部门中,从事指挥决策、监督保障和业务工作的人民警察,各级人民法院、人民检察院的司法警察,警察专业技术单位、院校、报社、医院中担任人民警察职务的人员。

2.警衔首次授予的审批权限。(1)总警监、副总警监、一级警监、二级警监由国务院总理批准授予;(2)三级警监、警督由司法部部长批准授予;(3)警司由省、自治区、直辖市司法厅(局)长批准授予;(4)警员由省、自治区、直辖市司法厅(局)政治部主任批准授予。3.首次授予人民警察警衔的标准。

首次评定授予人民警察警衔的标准

表 2-2

职级	厅(局)级正职			厅(局)级副职				处(局)级正职					处(局)级副职					科级正职						
警衔	一级警监		二级警监	二级警监			三级警监	三级警监		一级警督		二级警督	一级警督		二级警督		三级警督	一级警督		二级警督		三级警督		一级警司
条件	任现职满3年,工龄满30年	任现职不满3年,工龄满35年	其余	任现职满6年,工龄满22年	任现职满3年,工龄满30年	任现职不满3年,工龄满35年	其余	任现职满5年,工龄满32年	任现职不满5年,工龄满38年	任现职满3年,工龄满18年	任现职不满3年,工龄满22年	其余	任现职满3年,工龄满22年	任现职不满3年,工龄满26年	任现职满3年,工龄满16年	任现职不满3年,工龄满20年	其余	任现职满5年,工龄满32年	任现职不满5年,工龄满38年	任现职满2年,工龄满20年	任现职不满2年,工龄满24年	任现职满2年,工龄满10年	任现职满2年,工龄满20年	其余

首次评定授予人民警察警衔的标准

表 2-3

职级	科级副职							中队长、指导员			科员级				办事员级				
警衔	二级警督		三级警督		一级警司		二级警司	三级警督	一级警司	二级警司	三级警督	一级警司	二级警司	三级警司	一级警司	二级警司	三级警司	一级警员	二级警员
条件	任现职满2年，工龄满26年	任现职不满2年，工龄满30年	任现职满2年，工龄满6年	任现职不满2年，工龄满20年	任现职满2年，工龄满8年	任现职不满2年，工龄满12年	其余	工龄满22年	工龄满14年	其余	工龄满30年	工龄满18年	工龄满8年	其余	工龄满20年	工龄满12年	工龄满8年	工龄满4年	其余

4.警衔晋级、更换、保留、降级、取消

(1)按期晋升:二级警督以下的人民警察,现衔级时间已满晋级期限,经考核具备晋级条件的,可在其职务等级编制警衔幅度内晋升一级警衔。

二级警员至一级警司,每晋升一级为三年;一级警司至一级警督每晋升一级为四年。

(2)晋职晋升:①因职务提升后,其衔级未达到新任职务最低衔的,应当晋升至新任职务等级编制的最低警衔,授衔时间从其干部任免权限机关批准任该职务之日计算。②原已到所任职务等级编制的最高警衔,职务提升后,未达到新任职务的最高衔。达到规定的晋级年限后,可以晋升警衔。晋级年限在任职之前达到的,授衔时间从任职之日起算,在任职之后达到的,授衔时间从达到晋级年限之日起算。

(3)提前晋升:二级警员到一级警司的人民警察现衔级满一年和一级警司至一级警督的人民警察现衔级满二年,有下列情况之一的,可在其职务等级编制幅度内提前一年或二年晋升一级警衔:①现衔级期间获得一级、二级英雄模范称号和一等功奖励或国家、省级劳动模范称号者;②现衔级期间获三等以上国家自然科学奖,科技进步奖、发明奖的个人或课题的一名主要贡献者;③现衔级期获得国家和省级政府特殊津贴奖励者;④其他功绩突出者。

选升:一级警督以上人民警察,德才表现优秀,现衔级期间年度考核称职,在职务等级编制警衔幅度内,符合条件的,可以选升一级警衔。

延期晋升：二级警督以下的人民警察，有下列情况之一的，应当延期晋升警衔：

①受行政警告处分或者党内警告处分的，延期 6 个月；

②受行政记过、记大过处分或者党内严重警告处分的，延期 12 个月；

③受行政降级处分的，延期 18 个月；

⑤受留党察看处分的，延期 24 个月；

⑤不胜任本职工作、纪律松弛并造成不良后果的，可延期 3 个月至 6 个月。

人民警察在延期晋升警衔期满后，如确已改正错误，表现好的，可按规定晋升警衔；仍表现不好的，不予晋升。有立功表现或者做出突出贡献的，延期晋升的期限可适当缩短。

非因公致伤致残或者长期病休的人民警察，现衔级时间已满晋升期限的，应暂缓晋升警衔。连续病休不超过 12 个月的，从恢复工作之日晋升警衔；连续病休超过 12 个月的，待恢复工作后重新计算晋升期限（病休前衔级时间加恢复工作后衔级时间加 12 个月），达到后再晋升警衔。

警衔保留：人民警察离休、退休的，其警衔予以保留，警衔标志和授衔命令证书由本人妥为保管。离休、退休后的人民警察不得佩戴警衔标志。

警衔降级：①人民警察被调任下级职务，其警衔高于新任职务等级编制警衔的最高警衔的，应当调整至新任职务等级编制警衔的最高警衔，其警衔晋级时间可从降级前的警衔等级算起。原警衔标志应予收回。②人民警察违反警纪情节严重的，应当给予警衔降级处分，其警衔晋级时间应当按照降级后的警衔等级重新计算。原警衔标志应予收回。

警衔取消：人民警察被依法判处徒刑、拘役、管制、免予起诉、免予刑事处分和被劳动教养的，或者被开除公职、警籍、党籍的，其警衔相应取消，警衔标志和授衔命令证书均应收缴。

第二节　警衔标志和佩戴

人民警察换发“九九”式警服后，警衔标志的式样为：总警监、副总警监警衔标志由银色橄榄枝环绕银色国徽组成。其中，总警监警衔标志缀钉一枚橄榄枝环绕一周的国徽，副总警监警衔标志缀钉一枚橄榄枝环绕半周的国徽。警监警衔标志由一枚银色橄榄枝和银色四角星花组成。其中，一级警监警衔标志缀钉三枚四角星花；二级警监警衔标志缀钉二枚四角星花；三级警监警衔标志缀钉一枚四角星花。警督、警司警衔标志由银色横杠和银色四角星花组成。其中，警督警衔标志缀钉二道横杠，一级警督警衔标志缀钉三枚四角星花，二级警督警衔标志缀钉二枚四角星花，三级警督警衔标志缀钉一枚四角星花。警司警衔标志缀钉一道横杠，一级警司警衔标志缀钉三枚四角星花，二级警司警衔标志缀钉二枚四角星花，三级警司警衔标志缀钉一枚四角星花。警员警衔标志由银色四角星花组成。其中，一级警员警衔标志缀钉二枚四角星花；二级警员警衔标志缀钉一枚四角星花。

警衔标志佩戴在剑型肩章上。担任行政职务的人民警察的肩章版面为藏蓝色，担任专业技术职务的人民警察的肩章版面为蓝灰色。

一、行政职务警衔标志

图 2—6　人民警察警衔标志式样

图 2—7　人民警察警衔标志式样

图 2—8　人民警察警衔标志式样

总警监：部级正职。总警监警衔标志缀钉一枚橄榄枝环绕一周的国徽。

副总警监：部级副职。副总警监警衔标志缀钉一枚橄榄枝环绕半周的国徽。一级警监：警监警衔标志由一枚银色橄榄枝和银色四角星花组成。一级警监警衔标志缀钉三枚四角星花。

二级警监：二级警监警衔标志缀钉二枚四角星花。

三级警监：三级警监警衔标志缀钉一枚四角星花。

图 2—9　人民警察警衔标志式样

警督警衔标志由二道银色横杠和银色四角星花组成。一级警督：缀钉三枚四角星花。二级警督：缀钉二枚四角星花。三级警督：缀钉一枚四角星花。

警司警衔标志由一道银色横杠和银色四角星花组成。一级警司：缀钉三枚四角星花。

二级警司：缀钉二枚四角星花。三级警司：缀钉一枚四角星花。

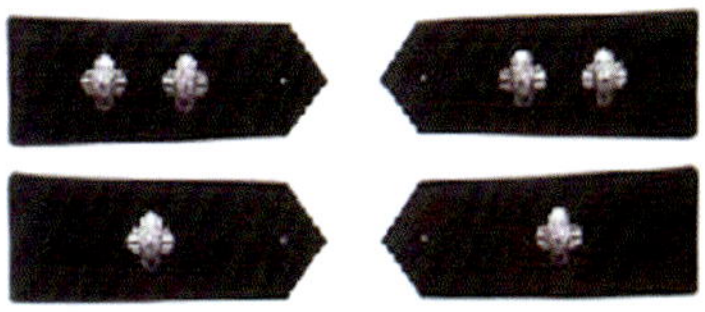
图 2—10　人民警察警衔标志式样

警员警衔标志由银色四角星花组成。一级警员：缀钉二枚四角星花。二级警员：缀钉一枚四角星花。

二、专业技术警衔标志

图 2—11　人民警察警衔标志式样

图 2—12　人民警察警衔标志式样

图 2—13　人民警察警衔标志式样

警监分一级警监、二级警监、三级警监。

警监警衔标志由一枚银色橄榄枝和银色四角星花组成。担任专业技术职务的人民警察的肩章版面为蓝灰色。

警督分一级警督、二级警督、三级警督。

警司分一级警司、二级警司、三级警司。

第三节　警务督察

警务督察机构的设立：省司法厅设立警务督察总队，省监狱管理局、省劳教局、湖南省司法警官职业学院成立警务督察支队，各省直监狱、劳教所成立警务督察大队，各市州司法局比照成立相应机构。警务督察总队（支队、大队）设总队长（支队长、大队长）、政委（教导员）各 1 名，副总队长（副支队长、副大队长）2～4 名，警务督察员 4 至 6 名，分别由政工部门及有关业务部门负责人和工作人员担任。

一、督察机构的职责

一、对司法行政机关及其人民警察在执法执勤活动中依法履行职责、行使职权和遵守纪律的情况进行现场监督和检查；二、研究部署本系统、本单位警务督察工作，制定本系统、本单位警务督察工作规定和有关制度；三、执行上级机关和领导批办、交办的警务督察事项；四、解和掌握下级警务督察机构履行职责的情况，并纠正其不当做法；五、组织实施系统、本单位警务督察人员的培训和考核；

督察的范围：警务督察机构及其督察人员对司法行政机关及其人民警察在执法执勤活动中依法履行职责、行使职权和遵守纪律的情况进行现场监督和检查。一、重要警务部署、措施、活动的组织实施情况；二、突发事件的处置情况；三、重点岗位、环节的执法情况和监管安全制度落实情况；四、使用警械具、警用车辆、警用标志等警用品的情况；五、遵守警容风纪，遵守工作制度和纪律的情况；六、组织管理和警务保障的情况；七、维护所属人民警察合法权益的情况；八、执行司法部监狱劳教人民警察“双六条禁令”、湖南省委政法委员会“六个严禁”情况；九、其他应当纳入督察范围的情况。

二、督察的方式

警务督察机构根据需要，可以定期或不定期地采取随警督察、重点督察、专项督察等多种督察方式。

督察人员在执行现场督察任务时，不得少于两人。根据工作需要，可以采取明察和暗访两种形式。警务督察人员执行明察任务时，必须着制式警服，佩带督察证件。进行暗访时，可着便装，处理有关事项前必须出示督察证件。

在现场督察中，警务督察人员可以通过录音、摄影和摄像等手段，获取信息资料或证据。

被督察的单位应当根据警务督察人员的要求，提供与督察事项有关的文件、资料和情况，如实回答提出的问题。警务督察人员有权对督察事项有关的资料进行查阅或者复制。

三、督察的程序

立项。各级各单位督察机构根据工作需要拟定警务督察事项，制定工作方案；由各层级党委指令所属的警务督察机构对专门事项进行督察；上级警务督察机构可以指令下级督察机构对专门事项进行督察，必要时，可以直接派员督察。

审批。根据督察任务报经不同层级领导审批。各大队的重大警务督察工作报本单位分管领导审批，报总队备案；总队开展的重大警务督察活动由省厅分管领导审批。警务督察机构对重大事项开展较长时间的集中督察活动，必须经本级行政首长批准，并报上一级警务督察机构备案。

实施。根据工作需要，可以采取随警督察，重点督察、专项督察等多种督察手段，以明察或者暗访形式进行警务督察。必要时，督察机构可以邀请司法行政机关有关业务部门和专业人员参与督察。督察人员要做好现场督查记录,去的现场当事人和陪同人员的签名,不能取得签名的,要详细记录原因。

处理。一是做出现场处理。根据《湖南省司法行政机关警务督察暂行办法》的规定,警务督察机构及其督察人员,在现场督察中发现司法行政机关人民警察有违法、违规、违纪行为的,可以采取恰当的现场处理措施。二是被督察单位给予组织处理、纪律处分。三是上级警务督察机构(总队、支队)直接作出处理。

四、督察的权限

警务督察机构及其督察人员,在现场督察中发现司法行政机关人民警察有违法、违规、违纪行为的,可以采取下列处理措施;一、情节轻微的,当场予以制止、纠正;二、情节较重的,给予批评教育,责令作出书面检查或通报批评;三、情节严重的,带离现场或按审批权限和程序采取停止执行职务措施;四、涉及违纪的,移送纪检监察部门处理;构成犯罪的,移交司法机关处理。

第三章　思想政治工作

第一节　政治思想教育

号召广大司法行政干警和法律工作者树立正确的执法理念，1988 年 1 月 30 日，全局组织学习中共常德地委宣传部《关于在本区进行党的基本路线教育的安排意见》。

1985—1990 年，开展五年普法工作，向机关干部、职工普及《宪法》《中华人民共和国经济合同法》（以下简称《经济合同法》）《中华人民共和国民法通则》（以下简称《民法通则》）《中华人民共和国民事诉讼法》（以下简称《民事诉讼法》）《中华人民共和国婚姻法》（以下简称《婚姻法》）《中华人民共和国兵役法》（以下简称《兵役法》）《中华人民共和国名族区域自治法》（以下简称《民族区域自治法》）《中华人民共和国治安管理处罚条例》（以下简称《治安管理处罚条例》）。全局应普对象 71 人（含临时工），参学率、考试及格率均达 100％。

图 2—14　市司法局举办深入学习贯彻中共十八届四中全会精神的宣讲报告会

1989 年 2 月 22—24 日，市司法局党组召开加强全市司法行政自身建设座谈会。参加会议的有县（市）司法局长、副局长、市属劳教、劳教单位主要负责人、市法律顾问处以及市局机关科室所校负责人共 53 人。市委政法委副书记黄德元出席会议并讲话。会议认真学习中共十三届三中全会有关文件。学习司法部“三定方案”。在进一步明确司法行政工作在治理经济环境、整顿经济秩序、全面深化改革中的地位、作用和任务的基础上，针对当前全市司法行政自身建设存在的与形势、任务某些不相适应的问题。进行深入座谈统一思想认识，提出改进措施。

1989 年 8 月 15 日至 1989 年 11 月底，根据中发（1989）3 号、湘发（1989）8 号文件精神和市委、市政法委的部署，结合该局的实际情况，开展市司法局内部清理工作，共 66 人参加。其中中共党员53人、非中共党员13人；处级干部7人，科以下干部51人，工人8人；党员干部48人，非党员干部9人；离退休党员干部2人。在清查清理工作中，共开展五个专题的学习、讨论与反思。66名干部、职工共撰写心得体会264篇。

1989年8月18日至1989年9月9日，根据市委和市宣传部(89)号文件精神，结合司法局实际情况，并在市政法委的具体指导下市司法局党员、干部学习中共十三届四中全会精神第一阶段。学习中，全局共有党员、干部、职工66人参加，其中党员53人，非党员13人；处级干部7人，科以下干部51人，工人8人；党员干部48人，非党员干部9人；离退休党员干部2人。并分为6个小组进行学习讨论，上辅导课4次，参加听课人数264人次，观看录像一次，参看人数78人次，组织收听录音一次，参听人数81人次，根据市委宣传部布置的讨论题共讨论8次，写心得体会264篇，7名局领导均在4篇以上。该次学习无一人漏课。

图2—15 市司法局组织全局干警职工观看《焦裕禄》电教片

1990年3月6日和7月25日，局机关先后召开动员大会，学习市委有关文件，讲清开展学习雷锋活动和“满意在常德”活动的意义、安排和要求，宣传雷锋事迹和精神，倡导人人为常德争光。

1990年3月5日、18日和7月下旬，分别组织律师、公证员50余人，服务小组共5个，在局领导带领下走上街头开展法律咨询和“为您服务”活动，接待群众1300多人，解答法律咨询近千条，为群众做好事千余件。

1990年4月10日，下发《关于组织全体党员、干部认真学习党的十三届六中全会决定的通知》，对学习方法和要求、措施和要解决的问题作出明确具体的规定。

1990年12月25日，召开全局机关职工大会，由局长李登忠作动员报告，布置“两评一纠”工作。

1991年1月3日，以支部、小组为单位组织学习《准则》《为人民服务》《反对自由主义》；列举党员中不符合党员标准的具体表现，明确重点人和事；党员个人对照《党员目标管理书》进行自我评分、自我鉴定。

1991年1月5日，以科室为单位组织学习《为人民服务》《反对自由主义》《关于纠正党内思想》。

1991年，深入开展学习雷锋、学习徐超明和“满意在常德”活动，按照“四有”标准培训司法行政干警队伍。通过集中时间，集中精力，狠抓干警队伍整顿，进一步坚定广大干警的社会主义信念。

1993年，狠抓“爱我司法，兴我司法”的教育和反腐倡廉教育，使司法行政机构和干警保持稳定。

1994年10—11月，进行为15天的队伍教育集中整顿。抓建设有中国特色社会主义理论的教育，进行党课教育、反腐倡廉教育，全年，组织专题辅导12场。组织“日出苍山”等录像6场，组织专题58场次。举办3期干警政治理论培训班、系统地学习党的基本路线、职业道德的教育，200多名干警考试合格。用于培训干警的经费达10万余元，主办10天以上的培训班5期、函授班12期、参训干警近500人，占干警总数的49.6%。

1995年，政治教育方面抓建设有中国特色社会主义理论的教育，进行党课教育、反腐倡廉教育。6—9月，11月，先后两次进行政法干警教育整顿。

1996年，在领导班子中开展“塑形象、争先进、创业绩”的活动，积极开展树形象争贡献的活动。

1997年，按照上级的要求，坚持“四有”的制度，做到每月有学习计划、每次有学习考勤、每人有学习笔记、每季有考勤检查，坚持以邓小平理论和党性教育为主要内容的思想教育，提高干警队伍素质。切实加强各级领导班子建设，认真开展“抓班子创三好，带队伍争一流”活动。切实加强基层党组织建设，深入开展党建“先锋工程”活动。切实加强思想政治工作的针对性，深入开展“形象工程”活动

1999年，深入开展以“三讲”为主要内容的党性党风教育，增强各级领导班子战斗力，以“双学”“创满”为契机的全员素质教育活动。

图2—16　开展廉政警示教育活动，集体观看党内警示教育片《苏联亡党亡国20年祭》

2000年，深入开展以“三讲”为主要内容的党性党风教育、全面加强领导班子建设。3月2日，召集局机关、武陵监狱全体干警、市劳教所中层以上骨干、离退休干警代表和各区、县（市）司法局主要负责人等共400余人，在武陵监狱大礼堂召开市直司法行政系统“三讲”教育动员大会，全面部署市司法行政单位领导班子、领导干部的“三讲”教育工作。在全市司法行政系统掀起以“三观”（世界观、人生观、价值观）、“四德”（思想品德、职业道德、社会公德、家庭美德）和学习领导“三个代表”重要思想为主要学习

内容的思想政法教育高潮。在“创满”活动为载体，大力营造争先创良好氛围。

2001 年 5 月，在市局机关开展“转变干部作风活动月”活动。向社会各层面广泛征求意见，发出征求意见表 100 份，收回 72 份，共征求意见 29 条。5 月底和 6 月初，组织干警参观市委宣传部组织的《红岩魂》大型纪实展览，建党八十周年大型图片展览，并开展全局大讨论，从而极大地激发广大干警爱国主义精神和工作热情。在基层司法行政系统开展“三个代表”重要思想的学习教育活动。1—6 月，在监狱劳教开展执法执纪专项教育整顿活动。在广大干警中开展民主评议党员的活动

2002 年 8 月至 2003 年，开展“公正执法树形象”主题活动。以联带包创为主线，进一步加强队伍建设，端正执法指导思想，重点解决队伍建设和执法中的不公及纪律松懈等突出问题。

图 2—17　市司法局组织党员干部赴武陵监狱、市朱湖强制隔离戒毒所开展警示教育活动

2004 年，不断健全党组织建设和领导班子建设。对直属机关党委进行调整充实，重新划分党组小组，成立律师党支部。局长为班子成员上《执政为民》辅导课，纪检组组长进行《中国共产党监督条例》和《纪律处分条例》辅导，制定《市司法局领导班子集体决策重大问题议事规则》。8 月 24 日，召开由市廉洁领导小组和“两劳”班子成员参加的司法局党组班子成员述廉会议，由班子成员当场述廉，并进行现场民主测评，会后进行包括离退休老干部在内的为期一周的个别座谈。最终市廉洁自律领导小组对司法局的领导班子给予充分的肯定。

以联带包创星级管理为契机，大力提高干警整体素质，切实加强干警管理。以“双争”活动为载体，掀起争创“五好”班子、争做“四型”领导干部的活动高潮，班子成员各自制定活动规划，并写出体会文章和剖析材料。3 月，开展“立党为公、执政为民”专题教育活动，并作为中心组学习的内容进行安排，班子成员每人一篇 2000 字左右的心得体会，集中解决领导干部在权力观、利益观、发展观、政绩观、群众观等存在的突出问题。8—10 月在监狱劳教系统开展“文明执法树形象”活动，并在全市司法行政系统开展“公正执法树形象”活动，党员干部中开展“树立正确的群众观、政绩观、权力观”主题教育活动。6—9 月，在全市司法行政系统内组织开展以政法理论、干警作风大练兵和业务技能大练兵为内容的“百日练兵”活动，以局政法部为主分两组到各区县市司法局和武陵监狱及劳教育所组织

12场政治理论教育，参考 率、合格率均达标。在业务知识演讲竞赛中，武陵监狱、津市司法局、桃源县司法局分别获得第一名、第二名、第三名。

2005年，严格按照市委的要求抓好保持共产党员先进性教育活动，增强全体党员干警的党员意识、服务意识、发展意识、宗旨意识，提高干警素质。以加强思想政治建设为重点。

2006年6月，根据上级部署，开展社会主义法治理念教育活动，取得明显效果。继续深入开展“双争”活动和创建“学习型领导班子”活动。以深化联带创星级管理为契机，开展以政法理论、干警作风练兵和业务技能大练兵为内容的“岗位练兵”活动、“强化监管正行风，规范执法树形象”行风建设主题教育活动、集中开展社会主义法治理论教育。

2007年，继续深入开展“双争”“活动和创建“学习型领导班子”活动，以争创“五好”班子、争做“四型”干部为目标，落实好民主集中制、中心组学习、民主生活会等制度。继续深入开展以政治理论、干警作风大练兵和业务技能大练兵为内容的岗位练兵活动。开展“强素质，抗腐蚀，讲奉献”主题教育活动。继续开展社会法治理念教育。10月底，组织广大干警参加闭卷式的法治理念知识考试，合格率达98%。

2008年，开展“大学习，大讨论”“树组工干部新形象”“爱我司法讲作为、兴我司法谋发展”和“联带包创精细化管理”活动，狠抓落实，取得显著成效。组织市司法行政系统“爱我司法讲作为、兴我司法谋发展”演讲比赛，从中推选的3名选手在市委政法委组织的竞赛中获得1个二等奖、2个三等奖的好成绩。

2009年，启动学习实践科学发展观活动。以科学发展观为主要内容，紧密结合工作实际，运用研讨式的方法组织学习课题，加强学习理解的深度，全面兴起学习实践科学发展观的热潮。全市司法行政系统共举办专题学习交流会24场，举办集中培训班48期，撰写学习心得体会1400多份，拟定调研文章120多篇。继续推进“大学习、大讨论”活动。继续深化社会主义法治理念教育。

2010年，继续深化学习实践科学发展观活动，并以此为载体，努力开展争先创优活动。把抓“创五好领导班子”“联带包创精细化管理”等活动结合起来，大力加强领导班子建设和干警队伍建设。要继续抓好“爱我司法、兴我司法”主题活动和社会主义法制理念教育，开展“以案析理”活动，加大学习培训力度，积极组织和号范执法行为，努力拼搏，积极奉献，增强敢为争先的精神。开展“执法大培训、岗位大练兵、技能大比武”活动、“我当公信政法干警”主题教育活动、“争十佳、创百优”作风建设主题教育活动。继续抓好联带包创精细化管理工作。

2011年，全市司法行政系统以解放思想为先导，以促进发展为目标，以群众满意为标准，因人施教，多措并举，大力将“发扬传统、坚定信念、执法为民”主题教育实践活动推向深入，在队伍建设上取得良好成绩。同时深入开展“我当公信政法干警”主题活动。做到与创先争优活动和“抓重点、强服务、保稳定、促和谐”作风建设主题活动及“六个严禁”“四违”专项整治行动、“社会矛盾化解、社会管理创新、公正廉洁执法”三项重点工作等有机结合，做到主题鲜明，重点突出，形式多样。把主题实践活动作为创先争优的重中之重来抓，在基层党组织中开展“五大主题活动”(“四型”班子建设活动、满意建设活动、先进基层党组织评选活动、基层组织建设经验交流演讲活动和困难群体联系帮扶活动)。在普通党员中开展“五项专题活动”(优秀共产党员评选活动、党的知识竞赛活动、党风廉政知识普及活动、作风纪律“比比看”活动和“我为群众办实事”活动)。在窗口单位和法律服务行业中，开展“三亮三创三评”活动(亮身份、亮承诺、亮形象，创岗位先锋、创满意窗口、创服务品牌，党员自评、领导点评、群众测评)。立足典型示范引导，积极开展好本系统先进人物的事迹挖潜，5月中旬，在全市司法行政系统组织开展“我身边的优秀共产党员”主题演讲比赛，通过现身说法，集中宣传先进典型，进一步激励感染系统内的党员干部，切实加强理想信念教育，进一步弘扬党内正气。

2012年，大力开展“忠诚、为民、公正、廉洁” 核心价值观教育活动。通过做到领导责任、工作方案、安排部署、统筹协调的“四个到位”，全面启动教育活动；通过组织五个活动，深入推进核心价值观教育活动。一是开展主题征文活动。征集心得体会、理性思考和对策建议20多篇。二是组织党日活动。三是评选最佳活动案例。征集许多具有创新示范意义的典型案例。四是深入活动联系点。结合“一包双联” 活动和 “司法行政干警下基层活动月”切实加强对教育实践活动的督查指导，局领导带领科室人员深入基层活动联系点开展调研。活动开展以来，市局机关制定《常德市司法局“领导包案、单位联点”安排表》《常德市司法局单位帮扶安排表》《常德市司法局“干警联户”帮扶活动名单》，先后组织干警下基层活动228人次，累计投入资金32万多元，为民办实事133件，帮助基层单位和群众解决问题18个，帮扶困难群众198人，收集意见和建议122条，有重点、有针对性地排查矛盾纠纷和不稳定因素39件，写《民情日志》近100篇，调研文章13篇。

2013年，扎实开展党的群众路线教育活动工作。开展以“为民务实清廉”为主要内容的群众路线教育实践活动。组织广大司法行政干警深入基层一线，开展“百日大走访”活动。落实上级部署开展中共十八大精神宣讲活动。积极组织全系统党员干部学习新党章和十八大知识，结合全民学习周，通过举办“学习十八大，党在我心中”知识竞赛掀起本系统学习十八大精神的热潮。市决赛队在全省司法行政系统知识竞赛决赛取得第二名。高度重视“忠诚、为民、公正、廉洁”政法干警核心价值观主题教育实践活动，精心安排、周密部署、创新载体、狠抓落实，取得较好成效。活动中，全系统共计下发教育实践活动文件1200份，建立领导联系点150个，发放《政法干警核心价值观教育读本》840册，领导、专家授课辅导 19236 人次，心得体会 1500 篇，高质量调研论文 130 篇，简报编发数量为 200 份，表彰先进集体 71 个，表彰先进个人 116 名，开门评议收集意见 338 条，采纳 338 条。制定《常德市司法局纪律作风教育整顿活动方案》，集中开展纪律作风教育整顿活动。明确纪律作风整顿工作计划，将具体任务分解并逐步督导执行。将纪律作风教育整顿活动与持续深入开展的政法干警核心价值观教育实践活动、“领导包案单位联点干警联户”和“队伍素质提升年”、“矛盾纠纷大排查、大调解”等活动有机结合，找准结合点，做到统筹兼顾，保证每项活动既有侧重点，又相互推进，相得益彰，在工作中形成合力，有力提升教育实践活动的实效性。

2014 年，按照“有信仰、有原则、有担当、有作为”的要求，开展形式多样的理想信念教育学习活动，坚持用中共十八大和中共十八届三中全会精神统一思想、武装头脑，坚定“三个自信”、永葆“四个忠于”的政治本色。各单位结合实际，认真组织，不走过场，确保实效。通过深入开展社会主义核心价值观教育、革命传统教育、以公道正派为核心的职业道德教育、先进典型教育、警示教育，促进政工干部提高政治敏锐性和政治鉴别力，增强党员意识、责任意识、公正意识、廉洁意识。结合开展群众路线教育实践活动和评选常德市司法行政系统“最美司法人”活动开展“司法故事司法人讲”，通过司法人自己讲述自己的先进事迹，达到“司法典型司法树，司法先进司法宣”的目的，切实增强司法行政的知名度和美誉度。

图 2—18　市局召开全市司法行政系统党风廉政建设暨政治工作会议

2015 年，认真开展理想信念教育学习活动。制定《关于加强机关干部队伍建设的十项措施》，建立思想政治工作责任体系。按中央和省厅要求，在全局开展“三严三实”专题教育，落实“四个一”。结合“学讲话用讲话”心得录交流活动，抓好对中共十八届三中、四中全会和习近平总书记系列讲话精神的学习，全面加强队伍理想信念、党性原则、法治理念、职业道德、廉洁从政等教育，落实思想疏导、交心谈心等措施，引导广大干警严守党的纪律和政治规矩，自觉抵制“七个有之”。扎实开展“三个贴近”活动。结合第二批党的群众路线教育实践活动，组织广大司法行政干警深入基层一线，说贴近群众的话，办贴近群众的事，做贴近群众的人，创建更多的“人民群众满意窗口单位”，推出更多惠民利民措施，让人民群众得到更多实惠。开展典型育推，促进创先争优。继续宣传推介“最美司法人”。在 2014 年评选 19 名“最美司法人”的基础上，进一步做好推介宣传工作，展示其风采，凸显其贡献，在系统内部营造比先进、学先进、赶先进、超先进的良好氛围，坚定全体司法人

“爱我司法，兴我司法”的必胜信心，唱出一部“司法故事司法人讲、司法典型司法人树、司法典型司法人宣”的精彩大戏，进一步提升司法行政部门的知名度和美誉度。活动中，共发奖牌19个，印发宣传画册2000份，宣传卡6000份，宣传册1200本。

第二节　法律警示教育

2004年，以全市政法工作会议精神为指导，以“最大的责任是保护干警”为理念，于5月集中一个月时间开展警示教育活动，组织干警收看警示教育片达150人次。5月18日，组织局武陵监狱进行警示教育。23日，在市工人文化宫举行由司法局负责组织牵头的全市政法系统“现身说法”警示教育大会。2011年、2012年，分别组织组织局党组班子成员及二层骨干到武陵监狱开展实地警示教育，增强遵纪守法意识，提高拒腐防变能力。

2011年5月6日，与机关党委一道，组织局机关50多名党员干警参观林伯渠故居，开展重温入党誓词活动，接受生动的革命传统教育，全局广大党员在思想深处普遍接受革命洗礼。

2012年，组织市局部分党员奔赴革命圣地延安组织党日活动，采取重温入党誓词、瞻仰革命遗址、重走老一辈革命家走过的路等形式，接受革命传统教育。

2014年，分两次组织全体干部职工赴汉寿县帅孟奇纪念馆和武陵监狱接受革命传统教育和警示教育。

通过警示教育，确保全市司法行政队伍未发生司法行政干警严重违法违纪问题。

1993年，狠抓法制教育，增加干警法律意识，做到依法行政。采取面授的方式，组织全体司法行政警系统学习市场经济法、宪法修正案和司法行政内部法规和规章，组织参加省科技法律知识竞赛。

2004年，购买专门教材，聘请资深法律专业人员为全局干警上课，对全局干警进行行《中华人民共和国政许可法》的专门培训，并全面通过市人事局组织的考试。

2010年，以《宪法》《行政诉讼法》《行政复议法》《行政处罚法》《公务员法》《律师法》《公证法》等法律知识为主要内容，并根据业务工作开展的实际和国家相关法律、法规，组织系统的法律知识学习，提高干警队伍的法律知识水平和依法行政能力。2011年以来，以全市普法学习考试为平台，加强对普法学习的督导，全面提高全体干警职工的法律素质和业务水平。

2015年，精心组织局机关、武陵监狱、强戒所共计190人参加“法治湖南建设专题培训班”，选送优秀论文 21 篇，进一步提高党员干部的执政水平和能力。

第三节 法治工作

司法行政法治工作是政府法治工作的重要组成部分，在司法行政工作体系中是一项具有全局性、基础性、保障性的工作，在服务和保障司法行政工作改革发展中具有十分重要的作用。其主要职责：一、审查本单位制定的规范性文件、针对具体行政相对人的公文，就制定的主体、权限、程序、内容和形式是否合法，及时出具合法性审查报告；二、对本单位实施的行政审批、处罚出具法制审核意见；三、办理本单位行政复议、行政诉讼、国家赔偿和举报投诉案件；四、开展司法行政执法监督检查；五、为司法行政机关依法决策，当好法制参谋和法律助手作用等。

1995 年，市司法局设立政策法规科。2004 年，政策法规科更名为法制科，兼管司法鉴定管理工作。2010 年，法制科更名为法规科，把司法鉴定管理工作从法规科分离开来，单设司法鉴定管理科。先后由樊景华、李书金、向勇、梁开国、张友亚、周友保任科长。

1998 年，在全市司法行政系统开展“阳光行动”，大力整顿法律服务市场，全市撤销不符合要求的“法律服务接待站”“法律服务联络站”“律师办”等机构 11 个，处罚非法从事有偿法律服务的“黑律师”25 人，没收非法所得 11050 元，处以罚金 8100 元，对 3 名情节严重的“黑律师”移交公安机关依法处理。在查处阶段，对符合基本条件的全市 385 名法律服务工作者举办 7 天的培训，对过去 121 名长期没有登记注册的法律工作者及时补办有关证照。市司法局与市公安局、市人民检察院、市中级人民法院联合下发《关于律师参与法律服务的几荐规定》，县级司法局与人民法院联合下发《关于基层法律服务所工作人员参与诉讼代理有关问题的通知》，有力地推动全市法律服务市场制度化、规范化、科学化建设。

1999 年，在全市司法行政系统启动行政执法责任制。

2000 年，在全市司法行政系统全面实施行政执法责任制，制定实施工作方案，并以常司发(2000)21 号文件下发，围绕三个重点(依法治理、监所工作、法律服务)，突出两个加强(加强基层基础工作和干警队伍建设)，狠抓一个强化(强化职能)，并将主要任务、执法责任逐项分解，落实到位，有力推动司法行政机关正确履行行政职责。为巩固依法行政、依法管理成果，制定《执法公示制度》《报告制度》《备案制度》《岗位责任制》《司法行政干警执法过错追究制度》《社会承诺制度》《接待来访制度》《首问责任制度》等。市司法局以《律师法》和 3 月 31 日司法部颁发的《基层法律服务所管理办法》、《基层法律工作者管理办法》为依据，全市撤销未经批准的“法律服务所”、“律师办”等机构 6 个，查处非法从事有偿法律服务的“黑律师”、“土律师”37 人，没收非法所得 72050 元，处罚金 1280 元。根据 1998 年国务院“三定方案”，市司法局探索司法鉴定新路，主动向市委、市人大、市人民政府领导汇报，走访市人大、市中院、市检察院、市公安局、市民政局、市卫生局、市建委、市劳动保障局等有关部门，与市人大内司委拟制《司法鉴定情况调查表》，下发到各区县(市)司法局和市直各有关单位，并得到及时反馈，为司法行政履行司法鉴定管理掌握第一手资料。

2001 年，为全面推进行政执法责任制，制定《行政执法责任制实施方案》，以常司发〔2001〕74 号文件下发到各区县(市)司法局、武陵监狱、市劳教所以及局机关各科室(处)，层层签订行政执法责任书，将执法责任落实到岗、到人。5 月，对全市所有律师、公证员、基层法律服务工作者进行业务培训。6 月，对监所干警进行为期 15 天的教育整顿。11 月，对司法行政全体工作人员进行素质教育考试。

2001 年年初，市司法局按照“组建司法鉴定机构，启动司法鉴定改革”的思路，制定《关于组建司法鉴定机构的方案》，分别送市委、市人大、市人民政府、市政协有关领导。时任市委副书记莫道宏高度重视，多次过问工作进展情况。市委政法委多次召开公、检、法、司协调会，为司法行政机关从事司法鉴定改革提供保障。同年，依托常德卫生学校，市司法局组建全省第一家面向社会服务的司法鉴定机构——常德市司法鉴定中心，并于同年 7 月 26 日正式挂牌。在市卫生局支持下，市司法局到市城区主要医院，为司法鉴定中心聘请 13 名专职、46 名兼职司法鉴定人员，分别组建法医临床、法医病理、法医物证、法医毒物和法医精神病 5 个专业小组，帮助司法鉴定中心制定系列规章制度。

2002 年，全市司法行政系统继续实行以行政首长负责制为核心的行政执法责任制。

图 2—19　市“六五”普法检查到武陵区沥湖村

按照“持证上岗，亮证执法”要求，全市司法行政执法人员 62 人，执法监督人员 26 名参加培训，市局机关 145 名执法人员领到执法证。加强行政审批制度改革，市司法局行政审批事项从 11 项减少到 7 项，并派 2 名工作人员在市政务中心窗口办理行政审批工作。落实政务公开制度，公开内容共 12 类 、76 项。同年，市司法局办理建局以来第一件行政复议字杂件，湖南省青峰煤矿请求撤销石门县司法局〔2001〕石司决字第02号决定书。市司法局抽调专门力量办理该案，查明石门县公证处办理公证活动中，没有认真审查当事人的主体资格，违反《公证程序规则》(试行)的有关规定，被申请人作出的行政决定正确，同年3月15日，常德市司法局以常司复决字(2002)第01号复议决定书，维持石门县司法局(2001)石司决字第02号决定书。在常德司法鉴定中心成立基础上，新增成立三家鉴定机构；常德师范学校申请设立湖南鼎信司法鉴定中心。湖南德源联合会计师事务所申请设立湖南德源司法鉴定所。桃源县人民医院申请设立桃源县人民医院司法鉴定所。拓展司法鉴定业务范围，并成功实现在区县(市)试点目标。

2003年，市司法局与市人大内司委联合组成面向社会服务的司法鉴定立法调研小组，历时两个多月，对全市面向社会服务的司法鉴定工作进行调研，撰写详细的调研地，为司法鉴定立法工作奠定基础。同年10月下旬，市司法局与市人大、市委政法委、常德职业技术学校市司法鉴定考察团对黑龙江、山东两省司法鉴定活动和系统进行考察，为常德市司法鉴定规范化管理指明方向，有利于促进市人大常委会关于统一规范管理司法鉴定决定出台。组织全市司法行政系统执法人员开展岗位学法活动，11月29日，举办学法考试，全系统参考率、合格率均为100%，常德电视台、《常德日报》对考试活动情况进行详细报道。对本系统所有行政执法人员进行为期一周的业务培训，通过培训考试，对32人办理行政执法证，对56人的行政执法证进行年度检查，确保执法主体的合法性。在本系统内开展执法质量考核评议，加强执法监督检查。

2004年，经过努力，市人大常委会通过《关于规范管理面向社会服务司法鉴定的决定》，市人民政府出台《常德市面向社会服务的司法鉴定管理办法》(试行)，明确规定是政法机关不设立面向社会服务的司法鉴定机构。

2005年，在全系统开展"规范执法行为，促进执法公正"活动，队伍素质不断提高。根据省司法厅部署，开展执法质量考核评议工作，常德市司法局和武陵监狱在当年为优秀单位，市劳教所评为合格单位。同年，《中华人民共和国行政许可法》颁布实施，按要求清理该局行政审批项目，由原来在市政务服务中心办理的6个行政审批项目减少到4个项目，即司法鉴定机构设立、司法鉴定人执业、基层法律服务工作者执业和国家司法考试报名。同年，全国人大常委会通过《关于司法鉴定管理问题的决定》，全市新申请成立8家司法鉴定机构。全市司法行政机关充分发挥职能，整顿规范法律服务市场，市局在执法检查中发现，武陵区中信法律服务所使用名称不规范，法律文书盗用律师名义，及时责成武陵区依法处理。桃源县司法局对漳江镇八字路村村民蒯军成以营利为目的，从事诉讼代理活动，收费代理费案进行查处依据《律师法》《行政处罚法》的规定，作出没收违法所得3000元，罚款6000元的行政处罚决定。

2006 年，为进一步规范和监督行政执法行为，方便司法行政执法人员学习和执法，编印《常德市司法局行政执法工作手册》，内容包括行政执法依据、行政职权分解、行政执法责任制办法、考核办法、行政执法过错责任追究等。同年，省司法厅将执法质量考核评议改为执法状况考核评议，常德市司法局被评为优秀等次。是年，市司法局办理建局以来第一起行政诉讼案件。根据群众举报，市司法局查明，家住武陵区杨某然没有取得律师执业资格，为牟取经济利益从事诉讼代理活动，向当事人收取案件代理费 8000 元。市司法局根据《律师法》第 46 条第二款、第四十八条规定，以常司罚决字(2006)第 001 号行政处罚决定书，对杨某然作出责令停止非法执业，没收违法所得 8000 元，并处罚款 8000 元的行政处罚决定。被处罚人杨某然不服处罚决定，于 2006 年 6 月 20 日向武陵区法院提起行政诉讼。梁开国、黑启安受委托，出庭应诉。在审理过程中，原告杨某然向武陵区人民法院提出撤回对被告常德市司法局起诉的申请，经武陵区人民法院裁定，准许原告的申请，常德市司法局胜诉。

2007 年，全市本系统 83 人行政执法人员参加由市人民政府法制办组织的行政执法证换证培训，领取新的行政执法证。为提高司法鉴定人员职业道德和执业水平，是年，常德市司法局组织开展“十佳司法鉴定人”和“五好”司法鉴定机构评选表彰活动。

2008 年，在法律服务队伍中集中开展社会主义法治理念宣传教育活动，切实解决法律服务队伍建设中存在的突出问题。5 月，组织全市律师学习《律师法》和《湖南省律师收费管理办法》，提高律师职业道德和执业纪律意识。组织开展案卷评查，对市直法律服务机构办结的案卷，各区县(市)抽查 1 家律师事务所办结的案卷进行评查。同年，经市编办批准，增设司法鉴定管理科，与法制科合署办公。常德市司法鉴定中心、常德市信源司法鉴定所被评为“湖南省司法鉴定规范管理年”优秀单位。丁四喜、陈忠志、龚立大被评为“湖南省司法鉴定规范管理年”优秀鉴定人。

2009 年，组织编印《司法行政执法流程图》，制定行政许可、行政处罚、行政复议、行政应诉、行政赔偿、行政检查的程序、流程。

2010 年 8 月，市司法局对内设科室进行调整，把司法鉴定管理科从法制科分离，法制科更名为法规科。市司法局年初下发全市司法行政执法状况考评办法，按执法质量、涉法涉诉、执法监督三大类 35 小项予以细化。同年 7 —10 月，全市司法行政系统开展“执法技能专训”活动，每名干警脱产培训半个月，重点学习法治理念、法律法规、岗位技能、职业道德等八个方面的内容。组织开展“百案评查”活动，抽查律师卷、公证卷、法援卷各 100 本，260 本被评为优秀卷，占 86.9％；33 本评为良好，占 10.6％；7 本为较差，占 2.5％。同年 7 月，市局公律科与市人大内司委对市城区 7 家律师事务所开展一次执法检查。深化执法公开工作，市司法局编印《执法公开手册》，并在市人民政府网站市司法局网页公开职能职责、执法依据、执法流程、执法结果等。

2011 年，全市司法行政系统围绕市人大组织的“司法公正常德行”活动和市人民政府开展的“公正执法年”活动，开展执法监督，推进执法公开。市司法局根据《律师法》规定，对湖南海河律师事务所因对本所律师疏于管理，造成严重后果的违法行为，作出停业整顿三个月的行政处罚决定。

同年，全市整治不具备注册律师资格的“土律师”“黑律师”5 名，查处 3 名公职人员从事有偿法律服务的案件。规范全市法律服务市场秩序。为廉洁、公正执法，制定《常德市司法局规范权力运行制度汇编》，将权力目录、权力运行流程图和 66 项制度汇编成册，并在局网站上向社会公布。同年 9 月，出台《常德市司法局关于公布行政执法依据的公告》，经市人民政府法制办审核后，以常府登〔2011〕108 号登记备案。为确保执法公开公平，市局、武陵监狱、市劳教所聘请 56 名司法公正形象监督员，对全市法行政工作进行全面监督。

第四节　纪检监察

1990 年，在推广澧县经验的基础上，对全市范围内的乡镇司法所财务账目进行清查整顿工作。

1991 年，组织干警观看《廉政风云录》《共产党员违反社会主义道德系列案件评述》等电视录像，并对照本系统个别违法乱纪、触犯刑法的反面教材开展自查自纠等活动。1991 年，全局党员有 45 人拒礼拒贿，金额达 2500 元。

1992 年，全市司法行政系统干警参加党纪政纪教育达 5245 人次，印发资料 1855 份，放映党纪政纪教育录像 50 场次。全年全市司法行政干警、党员拒礼拒贿现金和实物折款 23947 元。“以廉洁为荣，以不廉洁为耻”的风气逐步形成。

1993 年，广泛开展“做公仆、办实事、创廉洁机关”的竞赛和“讲党性、讲团结、讲纪律、讲奉献”的活动。牢固树立为人民服务的思想，增强党性和纪律观念，自觉遵纪守法，增强使命感、责任感。

图 2—20　党风廉政建设主体责任和政治工作会

1995年，认真组织干部职工学习毛泽东、邓小平关于反腐倡廉的论述，江泽民在中纪委五次全会上的讲话，并开展座谈讨论。两次请市委宣传部领导讲授国际国内形势和反腐倡廉课。是年，常德市司法行政系统树立廉政典型13个，主要有“铁公证”朱文君、石门县司法助理员闫先华，武陵监狱大队长周日华等。

1996年，组织干部职工观看《禹作敏案件审批纪实》《梦断钓鱼城》《国耻名鉴录》《闫健宏蜕变记》等电教片，有力提高干部职工的廉政意识，增强干部职工反腐倡廉的自觉性。精心组织党员干警参加全国的党纪政纪条规知识竞赛，干部的参考率达100%，考试成绩在97分以上的100%，受到市政法委的好评。调整充实28名干警组成的廉政监督员网络，依靠该支网络，获取违法线索9起。4月，市局与武陵监狱、劳教所纪检组、纪委以及廉政监督员按照上级的要求，进行执法执纪大检查，检查出违纪问题3个，对这些问题进行剖析和研究，并责成存在问题的单位制定改正措施。

1997年，全市司法行政干警拒收礼金达17382元。仅全省“十佳律师”翟保刚就拒收当事人礼品礼金5000多元。此外，全年招待费用较同期减少28819元。按照市委、市纪委的统一部署，认真进行清理住房和手机大哥大工作，共清理出违纪住房2户，并限期得到改正。清理出违纪手机大哥大16台，及时作处理，清理公费住宅电话16部，及时补交费用。市局关于《狠抓法纪教育，树立队伍良好形象》的经验，在全省司法行政系统政工会议上作介绍，颇受省厅好评。

1998年，开展以惩治司法腐败为主要内容的教育整顿活动。活动以手中握有一定执法权和人财物管理权、容易滋生特权思想、官僚主义和各种腐败行为的部门，特别是执法部门、办证部门、办案部门和人、财物管理部门为重点，对照《中华人民共和国律师法》《中华人民共和国公务员法》及其他规章制度，着重整顿执法犯法、以权谋私、失职渎职、乱收钱物、挥霍浪费等方面的问题。通过自查自纠、主动揭摆和查纠查问，确立25个重点单位、重点案件和重点人，对所有的案件和问题均全部结案作出处理。1998年教育整顿期间，全市司法行政干警拒贿1510人次，折合现金9万余元，拒请898人次。为加强廉政建设，减少行贿受贿情况的发生，召开座谈会295次，发征求意见书1300份，问卷调查4480份，公布举报电话14部，设举报箱418个，开展执法检查21次，共清查出8个方面、37个问题。

2000年7月开始，开展“预防司法腐败　确保公正司法”专项教育活动，重温“三条禁令”和“八个不准”，组织三个专题调查组，对全系统存在的政治观念淡薄、自由主义严重、道德失范、不恪守执业纪律等十种表现进行查摆，从而实现控源治本，常抓不懈。

2004年，召开由市廉洁领导小组和武陵监狱、市劳教所参加的市司法局党组班子成员述廉会议，由班子成员当场述廉，并进行现场民主测评。

2006年，深入学习宣传《建立健全教育、制度、监督并重的惩治和预防腐败体系实施纲要》(以下简称《实施纲要》)，制定贯彻落实意见，认真做好任务分解，建立健全各项规章制度，为全面落实《实施纲要》奠定坚实基础。2007年，初步形成全系统惩治和预防腐败体系的基本框架。拒腐防变的思想道德防线进一步巩固，反腐倡廉的规章制度进一步健全，内外结合的监督网络进一步完善。2010年，基本建立起比较完善的、具有司法行政特色的惩治和预防腐败体系，惩治和预防腐败功能充分发挥，实现党员领导干部不犯或少犯错误，党风、政风、警风进一步好转。

2006年2—11月，开展"强化监管正行风、规范执法树形象"行风建设主题教育活动。组织全系统认真学习《中国共产党章程》《为人民服务》以及《建立健全教育、制度、监督并重的惩治和预防腐败体系实施纲要》。突出抓好党章理论学习，组织全局机关党员和武陵监狱、市劳教所党员积极参加中纪委组织的"红船杯"学党章知识竞答。局机关67名中共党员，除1人病假、1人抽调政法委外，其余65人全部参加竞答。武陵监狱、市劳教所的党员参与率分别达98%、97%。4月19日，组织局机关、监狱、劳教所在步行街进行党风廉政法制宣传教育一条街活动。8月19日，组织全体机关干部到武陵监狱听职务犯罪的罪犯现身说法，引导党员干部增强拒腐防变能力。

2007年，组织全局干警学习胡锦涛总书记在中央纪委七次全会上的讲话精神，并分科室组织干警，分别以八个方面的良好风气为专题进行讨论，使大家充分认识到加强干部勤政廉政建设的极端重要性和紧迫性；并强化在实践中如何从自身做起的自觉性。从全市司法行政系统近年来的先进典型和反面典型中，选取11个典型，编写《以案析理》的学习资料，发放到各科室、各区县(市)司法局、武陵监狱、市劳教所，组织全体干警学习，并要求写出读后感。4月28日，局机关、武陵监狱、市劳教所共推选12名选手，进行演讲比赛，三单位共组织150多人参加，最后评出一等奖1名、二等奖2名、三等奖9名。5月，开展"强素质、抗腐蚀、讲奉献"主题教育活动，要求广大干警提高抗腐拒变的能力。7月，组织学习市直机关工委编发的《党员干部学习读本》和观看警示片《居安思危》，以及电影《我的长征》《公仆》，让大家从中受到教育和启迪。狠抓领导干部个人重大问题报告制度、民主生活会制度的落实。建立罪犯大额资金使用追踪查询制度，防止罪犯向警察赠送钱物。完善流程监督管理制度，将禁令执行作为党风廉政建设考核的一项重要内容。

2008年4月下旬和8月中旬，与政治部一道共同组织局机关和监狱、劳教所干警参加的"爱我司法做贡献、兴我司法谋发展"的演讲赛、知识抢答赛，其中穿插许多反腐倡廉的内容，特别是演讲比赛，内容为身边人如何改进作风、为民服务的身边事，使参听的每名干警受到较深刻的教育。为推动行政效能建设，给每个领导和科室购买一套美国杰·瑞芬伯编著的《没有任何借口》和美国阿尔伯特·哈伯德编著的《把信送给加西亚》，开展读书活动，较好地解决行政执行力的问题。组织局机关干警观看《居安思危》等警示片，在局机关开辟反腐倡廉宣传橱窗，武陵监狱开辟廉政文化墙等形式，丰富和活跃机关廉政文化建设。

2010年，结合党员创先争优教育“六个严禁”和“四违”教育、作风建设主题教育争创“双十佳”等活动，引导干警谈体会、找差距、查原因、定措施，促进党风廉政建设意识的增强。特别是2010年开展的争创“双十佳”活动，先后组织全体班子成员和干警学习邓小平关于党风廉政建设的理论，认真学习党章和《江泽民论党风廉政建设和反腐败斗争》，狠抓《中国共产党党内监督条例(试行)》和《中国共产党纪律处分条例》的学习教育。7月，聘请社会各界共15人为司法局党风廉政建设监督员。另开展“5＋X”反腐倡廉制度执行情况专项检查活动。

2013年，市司法局党组印发《常德市司法局党组领导班子“三重一大”事项集体决策实施细则》。

2014年，按照中央、省、市改进作风、厉行节约的各项规定，结合反“四风”活动，市司法局组织开展整治超标配备公车及公车私用、境外招商奢侈浪费、公款送礼、“庸懒散”、违规职位消费和公款大吃大喝五个专项整治工作。在全市司法行政系统开展“坚决反对司法不公、司法腐败”专项整治工作，坚决查出系统内存在的执法执业过程中的司法不公、司法腐败行为，坚决纠正侵害群众利益的行为。2015年，市司法局印发《常德市司法局党组落实党风廉政建设主体责任的实施法案》。开展《习近平关于党风廉政建设和反腐败斗争论述摘编》专题学习活动。开展“以案说纪”活动，将省、市纪委先后十次通报的违反作风建设的典型案例作为党组中心、各科(室、委)和直属单位警示学习资料，组织开展案件剖析和以案说纪，组织党员干部集中观看警示片《高速公路上的腐败陷阱——湖南省交通运输厅系列腐败案警示》。

第四章 党建工作

第一节 思想建设

1990 年，深入开展学习雷锋、学习徐超明和“满意在常”活动，按照“四有”标准培养司法行政干警队伍，形成人人为“满意在常德”做奉献的局面。

1992 年，全市司法行政系统组织干警进一步学习江泽民总书记的“七一”讲话以及中共十三届八中全会关于农村工作的决定，《社会主义若干问题学习纲要》，组织讲党史，谈学习体会等，并开设专题辅导课 3 堂。

1993 年 5 月，召开中共十四大文件学习心得和论文评优会，重点学习十四大对党章增写和修改的部分。通过学习，加深对党的基本知识的系统解和现阶段任务的理解，提高贯彻执行党的路线、方针、政策的自觉性。

图 2—21 市司法局机关党支部组织召开支部党员大会

1995 年，组织干警系统地学习中共十四届四中、五中全会精神，学习邓小平建设有中国特色社会主义理论，继续抓《邓选》一卷至三卷的学习，共组织五十多堂政治理论辅导课。

1996 年，以新《中国共产党章程》和毛泽东的《为人民服务》《纪念白求恩》为主要教材，通过上党课、辅导课，增强全体党员的党性观念。

1997 年，组织干部职工认真学习中共十五大会议精神，逐字逐句学习江泽民总书记的报告，先后进行“廉洁自律”“党的纪律”“行为规范”“做爱机关、爱事业、爱生活的模范”等 5 个专题的教育。

1998 年，在局机关干警党员中开展以“讲党性、找差距、做合格共产党员”为主题的活动，组织党员自觉搞好理论学习，在提高思想认识的基础上，大胆查找自身问题。

1999 年 3 月，根据省委《关于在全省乡镇干部中开展增强政治组织观念、群众观念、政策法制观念、勤政廉政观念教育活动的意见》要求，切实搞好乡镇司法助理员增强“四个观念”教育，并把“四个观念”教育与素质教育，争创“人民满意”活动结合起来，把“四个观念”教育落实到业务工作中去。5 月，为加强司法行政系统领导班子建设和队伍建设及基层基础建设，开展树红旗、评十佳”活动。7 月，结合常德市司法行政系统的实际情况，在全系统广泛开展“讲学习、讲政治、讲正气”为主要内容的党性党风教育，用整风的精神，认真解决党员干部在党性党风方面存在的问题。

2000 年，深入开展“三观”（世界观、人生观、价值观）、“四德”（思想品德、职业道德、社会公德、家庭美德）教育，扎实抓好思想建设。尤其是认真学习中央和省委关于加强政法队伍建设的决定精神，以及国务院关于《违反行政事业线收费和罚没收入，两条线管理行政处分的暂行规定》的第 281 号令等。

2001 年 2 月，“三个代表”重要思想学习教育试点工作在澧县全面铺开。7 月，深入学习江泽民总书记“七一”重要讲话，并就讲话进行认真的讨论，全市司法行政干警学习笔记和心得体会人均达 2 万字。“三个代表”学习阶段结束后，对全体司法行政干警进行考试，参考率达 100%，考试合格率达 100%，平均成绩在 95 分以上，在政法系统中居中上水平。

2002 年 8 月，为认真贯彻江总泽民书记“5·31”重要讲话精神，加强共产党员的教育与修养，局机关开展保持共产党员先进性实践活动。一是认真学习政治理论，特别是江泽民“5·31”讲话精神；二是组织机关党员参加实践活动，特别是以“三为”为主体的实践活动，即“为经济建设服务，为基层服务，为群众服务”。

2003 年，局机关认真开展学习中共十六届三中全会精神，掀起学习“三个代表”重要思想的新高潮。一是组织三场培训，以“三个代表”重要思想学习为主题，进行干部队伍的教育整顿。同年 7 月，组织以“三个代表”重要思想为主题的演讲活动。12 月，组织业务演讲竞赛活动。通过演讲活动，推动局机关学习“三个代表”重要思想，学法、学业务的热潮。

2004 年，始终坚持以邓小平理论“三个代表”重要思想为重点，狠抓中共十六大和十六届四中全会精神的教育，机关党员共写出心得体会 58 篇。5—9 月，在全市司法行政系统党员干部中开展“树立正确的群众观、政绩观、权力观”主题教育活动，学习《江泽民论党风廉政建设和反腐败斗争》，胡锦涛在第三次全会上的讲话，“两个条例”报告会。12 月，组织全局 70 名党员干警进行学习贯彻中共十六届四中全会精神的意见的理论考试。

2005 年，以党员保持先进性教育活动为依托，狠抓十六大四中全会精神和五中全会精神的学习。同时组织学习毛泽东等老一辈无产阶级革命家的有关著作，强化党员的党性观念，组织开展学习心得交流会，机关党员共写出心得体会 200 多篇。在组织理论辅导基础上，以执政为民、立党为公为主题播放 6 场专题电教片。

2007 年 10 月开始，集中学习胡锦涛在中共十七大作的报告，通过参加上级培训、专题讲课辅导、专题讨论、督促自学等形式，把学习抓到实处。

2008 年 4 月开始，开展以学习、讨论中共十七大精神和全国大法官、大检察官座谈会上的重要讲话为主要内容的“大学习、大讨论”活动。同时，通过开展走访群众、讨论法治热点问题、“以案析理”等方式逐步将活动推向深入。7 月 31 日，开展以“爱我司法讲作为，兴我司法谋发展”为主题的演讲赛。

2009 年，组织广大党员认真学习胡锦涛总书记在第十七届中央纪委第三次全会上的重要讲话，把加强党性修养，树立和弘扬良好作风作为重大政治任务抓紧抓好，自觉遵行社会主义核心价值体系。

2010 年 5 月，邀请交警支队模范人物沈国初作事迹报告。

2010 年 12 月，在全系统开展争创“双十佳”的活动，肖州平等人被评为“十佳人民满意司法行政干警”，邹晓邦等十人被评为“十佳人民满意法律服务工作者”。局党组作出在全系统开展向获得“双十佳”荣誉称号的 20 人学习的决定。

图 2—22　“双十佳“人民满意司法行政工作者

2011 年，在基层党组织中开展“五大主题活动”，即“四型”班子建设活动、满意建设活动、先进基层党组织评选活动、基层组织建设经验交流演讲活动和困难群体联系帮扶活动；在普通党员中开展“五大专题活动”，即优秀共产党员评选活动、党的知识竞赛活动、党风廉政知识普及活动、作风纪律“比比看”活动和“我为群众办实事”活动。在窗口单位和法律服务行业中开展三亮三创三评”活动，即亮身份、亮承诺、亮形象，创岗位先锋、创满意窗口、创服务品牌，党员自评、领导点评、群众测评。

2012 年，重点抓实“三会一课”，积极组织机关党员干部开展政治理论学习和讨论交流。以“会议集中学、专题讨论学、专家传授学”为主，结合观看政治教育影片、开展警示教育等方式，组织局机关党员干部进行政治理论学习、开展交流讨论，不断提升党员队伍的理论修养水平，增强政治敏锐性和鉴别力。进一步规范“一把手”上党课制度，要求每年在请市委讲师团的专家教授讲授专题党课的基础上，局党组书记还要为全局党员干部上不少于 2 次党课。

2013 年，局机关全面启动“学习提质”工程，邀请各方面的专家教授讲授“办文、办会、办事”的基本方法和流程，并进行考试，以提高干部工作实战能力，改变部分机关干部中存在的“庸、懒、散”作风和“本领恐慌”现状，通过系统学习，机关干部普遍达到学以增智、学以致用、学以提质的良好效果。

图 2—23　市司法行政系统隆重举行“我身边的优秀共产党员”演讲竞赛活动

2014 年，为全面推进党的群众路线教育实践活动，市局在全市司法行政系统组织开展“最美司法人”评选活动。通过实 地走访、群众投票、全面公示等程序，评选出 19 名“最美司法人”并在全市司法行政系统予以表彰和推介，其中石门县司法局壶瓶山司法所所长向佐武、汉寿县司法局龙潭桥司法所所长陈晓英的先进事迹先后被《法制日报》等媒体专版报道，根据 19 名“最美司法人”的事迹整理的《常德市司法行政系统“最美司法人”风采》一书编印后广泛发放，活动很好地展示常德市司法行政系统的党员干部良好形象，赢得较好的社会反响。在党的群众路线教育实践活动中，局机关通过局党组中心组会议、局全体干部职工大会、局直机关各党小组会三种形式，分层次、分步骤，采取领会文件学、精读理论学、观看电影学、专题授课学、选树典型学、实地观摩学、组织讨论学共七种方式组织学习，强化思想建设，让群众路线教育入脑入心。

2015 年，在“三严三实”专题教育中，局机关组织党员干部在个人自学的基础上，党组中心组和党支部、党小组重点分 3 个专题开展学习研讨，大体上每两个月 1 个专题。学习研讨坚持个人自学和集体研讨、深化认识和查找问题相结合。深入学习习近平总书记系列重要讲话精神，深入学习党章和党的纪律规定，认真研读《习近平谈治国理政》和《习近平关于党风廉政建设和反腐败斗争论述摘编》，领会核心要义和精神实质。一是 6 月底前，围绕“严以修身，加强党性修养，坚定理想信念，把牢思想和行动的‘总开关’”开展学习研讨。重点学习研讨如何坚定马克思主义信仰和中国特色社会主义信念，如何站稳党和人民立场，如何保持高尚道德情操和健康生活情趣。二是 6 月底至 8 月底，围绕“严于律己，严守党的政治纪律和政治规矩，自觉做政治上的‘明白人’”开展学习研讨。重点学习研讨如何遵守党章，落实习近平总书记提出的“五个必须”要求，自觉维护党中央权威，服从组织决定，管好亲属和身边工作人员。三是 8 月底至 10 月底，围绕“严以用权，真抓实干，实实在在谋事创业做人，树立忠诚、干净、担当的新形象”开展学习研讨。重点学习研讨如何坚持用权为民，自觉遵守宪法法律和党的纪律，如何坚持民主集中制，如何坚持从实际出发谋划事业、推进工作，敢于担责、“为官有为”。

第二节　组织建设

1988 年 11 月 9 日，常德市司法局机关总支部委员会成立。

1990 年，市局人事科改为政治处，局直单位都建立政工科(股)，没有成立专门机构的都配备专职政工和监察干部。

1991 年，针对近几年来由于职能调整，人员变化而造成的总支、支部不健全的情况，重点对总支、支部进行改选和选举，并对四个直属单位的党支部成员进行充实和调整。4 月，中共常德市公证处党支部成立。是年，共组织召开小组生活会 44 次，支部大会 3 次，支委会 4 次，总支会 3 次。

1996 年，局机关结合开展“形象工程”，抓好“四明”活动、“三为”活动。3 月，开展“为人民服务做好事”活动，干警和党员人均做好事三件以上。同时开展岗位练兵、评选优秀共产党员、优秀律师、优秀公证员的创优活动，全体党员在活动中起较好的带头作用。

1997 年，开展“领导班子创先进、领导干部作表率、共产党员当模范”为主要内容的“先锋工程”，狠抓基层党组织的建立健全，做到凡有三名党员以上的单位全部建立党支部，不足三名的成立联和党支部。是年，全市新建党支部 28 个、党小组 52 个。同时，对支部委员会不健全的 15 个党支部进行充实，对 5 个问题比较多的支部进行整顿，均收到较好的效果。

1998 年，全局机关做到“四个坚持”，即每季度坚持上一堂党课教育、每季度观看一次反腐倡廉的电教片、每季度向党组织汇报一次思想情况、每半年向党组报告一次个人重大事项。1998 年 7 月，经市直机关工委批准，成立湖南天门律师事务所、龙马律师事务所联合党支部委员会，朱德轩任中共常德市司法局合作律师事务所联合支部委员会书记，姚长友为组织委员，肖世标为宣传委员。

2002 年 4 月，经市直机关工委批准，撤销中共常德市司法局机关总支部委员会，同时成立中共常德市司法局直属机关委员会。直属机关委员会下设市局机关党总支部、武陵监狱机关党总支部、市劳教所机关党总支部。经选举，黄冰毅任党委书记，杨踊任专职党委副书记，刘国高、李宽伟任党委副书记，李书金、余小萍、梁开国、高业庆任委员。

2004年11月，经中共常德市委组织部批准，成立中共常德市律师协会委员会，委托市司法局党组管理，发展党员、党费收缴管理、民主评议和处置不合格党员等工作接受市直机关工委领导和管理。2004年12月5日，市律协召开党员大会，进行党委书记、副书记和委员的选举。大会应到中共党员59名，实到49名。通过投票选举，王竞迟、肖世标、余小萍、胡小青、姚长友、郭青云、黄冰毅等7人当选为中共常德市律师协会委员会委员，黄冰毅为党委书记，胡小青为副书记。

2005年8月，市局机关开展“五学一推广”活动，号召共产党员带头创学，500多名党员和干警通过培训，普通话考试全部过关。同时，层层组织英语会话比赛活动，武陵监狱党员喻向平代表市局取得全市比赛的三等奖，极大地增强党组织的凝聚力和战斗力。

2003—2010年，组织123名培养对象参加市直工委组织的培训班，接受党员标准和党的基本知识的系统培训；培养和发展党员，按中组部“坚持标准，保证质量，改善结构，慎重发展”，成熟一个、发展一个的要求，共发展102名中共党员。

2010年，市局机关坚持开展“四型”党组织创建活动，提高基层党组织战斗力，市局连续两年被市委市人民政府评为“目标管理先进单位”。

2011年3月，市司法局召开中共常德市司法局机关第三次党员代表大会。会议审议通过第二届局直机关党委工作报告，选举张修超、向勇、邱彬如、谭洪、王忠华、曾凡华、杨利霞等7人当选为新一届机关党委委员，其中张修超任党委书记，向勇任专职副书记，邱彬如、谭洪任副书记，杨利霞任组织委员，王忠华任纪检委员，曾凡华任宣传委员。机关党委下设机关党支部和离退休干部党支部，马飒英任机关支部书记，李国芝任老干支部书记。为保证机关党建活动顺利开展，按照局班子成员的分工，对党小组进行科室重组，局机关支部共整合成立9个党小组，班子成员按照线管分工编入相对应的党小组，以普通党员身份过组织生活。专门举办基层党组织书记培训班，对新成立的党支部、党小组负责人进行党建业务知识培训。同年，通过层层推荐、座谈考察、投票选举，确定局党组书记、局长胡云武为市司法局出席中国共产党常德市第六次代表大会候选人推荐人选。

2012年，积极开展“基层组织建设年”活动，做好基层党组织的分类定级，扎实推进整改提高、晋位升级工作，着力增强基层党组织的创造力、凝聚力、战斗力。

2013年，市局成立基层党组织建设领导小组，确定机关党支部为基层党组织建设试点支部，以《基层党组织整改提高晋位升级方案》为行动指南，首先是查找问题，进行自查和自评；其次是分析问题，查找原因，制定整改措施；再次是落实整改，力求实效；最后是回顾总结，确保落实。

2014年，修订完善《常德市司法局党支部(党小组)工作细则》，对机关支部(党小组)的人员组成、职能职责、组织活动、党员管理等内容进行规范和完善，对机关党员必须遵守的政治纪律、组织纪律进行重申，对其参与组织生活的权利和应履行的党员义务进行明确。

2015 年，对《中国共产党发展党员工作细则》贯彻实施情况进行自查，市局认真贯彻执行“坚持标准、保证质量、改善结构、慎重发展”的方针，发现和考察优秀年轻干部，及时纳入组织视野，为基层党组织输送新鲜血液，2011—2015 年，局直属机关党委共发展党员 32 人。每年结合党员年度评议工作，对机关党组织和党员进行考核评比，评选表彰先进，及时处置不合格党员，2011—2015 年，局机关共表彰先进基层党组织 18 个、优秀共产党员 59 名、优秀党务工作者 8 名。

图 2—24　中共常德市司法局第二届直属机关党委换届选举暨第三次党员代表大会召开

工青妇工作。在组织建设中，局机关始终将工青妇工作摆在重要位置，认真抓好落实。司法局联合工会于 2003 年下半年成立，下辖局机关、武陵监狱和市强戒所三个基层工会。多年来，市局联合工会在市总工会的领导下，在武陵监狱、市强制隔离戒毒所工会的大力支持下，结合局工作实际，在围绕维护干部职工合法权益，活跃干部职工的文体生活等方面发挥积极作用。

工会每年都安排一部分经费用于开展健康有益的文体活动，丰富干部职工的业余生活。工会积极组织干部职工参加市里组织的大型活动和体育赛事，在长跑、羽毛球、气排球、篮球赛中均取得较好名次。工会组织干部职工奉献爱心，对贫困群体进行慈善捐助，同时将工会工作与职能工作相结合，经常开展法律援助和送法下乡活动，更好地为社会、为群众服务。充分发挥群团组织作用，调动广大青年干警的主动性和积极性，增强凝聚力和创造力，组织青年干警参加各类主题活动和公益活动，为全市经济社会建设建功立业。

工会坚持对干部职工“六必访”“三知道”，对干部职工生病住院均前往探望慰问，对困难职工进行帮扶资助，为干部职工购买工会医疗互助，全局干部职工及家属申报的残疾人配发轮椅、拐杖、助听器等辅助器具，每年组织干部职工进行一次体检。大力开展妇女关怀行动，积极组织“三八”妇女节活动，为全局 60 周岁以下的女职工（含退休）购买“两癌”保险，积极维护妇女儿童的正当权益。组织局机关干部职工未成年子女参加各类社会实践活动和爱国主义教育，开阔眼界视野，提升思想境界。

第三节　作风建设

1990 年 6 月 10 日至 10 月 30 日，开展民主评议党员的试点工作。经过思想发动、学习文件，对领导班子考核，对党员干部进行民主评议，全局共揭露在经济上违法乱纪、贪占公物、长期隐瞒计划生育等 10 个方面的问题。逐一进行认真调查核实，作出严肃处理。

1992 年，依托社教工作，常德市司法行政机关的学风会风明显改善，工作上重调查、求实效的作风正在形成。仅第四季度，机关从领导到群众，深入基层 123 人次，为基层办实事 29 件。针对群众反映的热点问题，对律师事务所进行专项检查，发现问题 40 个，纠正问题 35 个，提出建议 38 个。

1995 年 4 月 4 日—6 月 19 日，开展机关作风整顿专项活动。通过整顿，机关干部职工精神面貌为之一新，出现“四多四少”。即敢于同不正之风作斗争的多，犯自由主义的少；加班加点工作的多，迟到早退的少；和睦共事的多，吵吵闹闹的少；积极主动做贡献的多，偷闲、推诿的少，有力地促进机关思想作风建设。专项活动中，聘请公证、律师、法律工作者、劳改、劳教干警形象监督员 28 人。两个月间，局机关累计加班时间达 230 多个小时。

图 2—25　市司法局干警 60 余人到石门县秀坪园艺场开展送法下乡、法制讲座、法律咨询等系列活动

1996—1999 年，市司法局进驻石门县广场村开展“建整、扶贫、支教”工作。8 名班子成员先后 17 次深入点村指导工作，使广场村年人均收入从不足 500 元上升到 1100 多元。

1998 年 7 月，在全市司法行政系统深入开展“创人民群众满意的司法行政单位”活动，以此为载体，促进作风建设，树立良好形象，赢得人民群众的信赖和赞誉。

1999 年，重点开展“四治”兴“三风”活动，即坚定不移地反腐倡廉，大力治奢；坚持倡导真抓实干，大力治“浮”；弘扬励精图治精神，大力治懒；提倡讲真实话、摸实情、报实数、求实效，大力治假，大兴勤奋学习之风、调查研究之风、勤俭节约之风。

2000 年，深入开展“讲学习、讲政治、讲正气”为主要内容的党性党风教育，以整风的精神认真开展批评与自我批评，有针对性地解决领导班子、领导干部在党性党风方面存在的突出问题。2000 年 8 月，开展送政策、送技术、送信息、送温暖的“四送”活动。转变干部作风是“四送”活动的核心。下村入户达到“二熟悉”“一融洽”的工作目标，即熟悉当地的民风社情，熟悉基本的农业常识，融洽和当地群众关系，做到“三同”，即同吃、同住、同劳动。

2000 年 4—10 月，为树立劳改劳教人民警察良好形象，狠抓警容风纪规范化管理，既强化领导，坚持经常性检查督促，突出作风纪律检查整顿，将警容风纪作为一项重要内容纳入干部管理考核，通过上半年开展的为期 40 天的干警队列训练和“警容风纪检查月”活动，发现问题，找到差距。通过半年时间的整改，干警作风转变收到明显的成效。

2001 年 3 月，市局专项教育整顿领导小组派出调查组，走访市人大、市政协以及监所各监区、大队，征求 230 多人的意见，搜集监区、大队及干警身上存在的问题，并实施执法执纪专项教育整顿活动。4 月，为进一步落实八条禁令、五条纪律，要求每人撰写 2500 字的对照检查资料，并给每个人发放“禁令”卡片，开展落实八条禁令的大考验。3 月 13 日—4 月 1 日，局机关 60 名机关干部分三批在安乡县安凝乡亿中村开展“进村入户”活动，进村干部共调查走访 400 多家农户，针对农民的迫切要求，采取广播宣传与上门宣讲的方式，加强农民对税费改革的理解，并聘请市委普法教师团的教员，为村民上三堂法律知识课。5 月，开展“转变干部作风活动月”活动。通过活动，全局上下形成浓厚的“比、学、赶、帮”氛围。6 月，组织干警参观市委宣传部组织的《红岩魂》大型纪实展览，选派干警参加全省司法行政系统建党 80 周年文艺调演活动。

图 2—26　市司法局前往临澧县杉板乡的 15 个村进行调查走访活动

2002 年 8—9 月，开展干警下乡工作，分三批下到桃源县盘塘镇张家桥村，与农民同吃同住同劳动，进一步改进干警作风。10 月，在加强党员学习的基础上，开展“比干劲、比实绩、争做优秀党员”的活动，通过活动增强党员的先进性和模范性。

2005 年，局机关向人民群众发放的调查表就达 350 余份，共征求到如何加强律师队伍监管；如何加强基层法律服务工作者管理；如何提高法律服务人员思想素质和职业道德问题；如何加大法律服务市场监管力度；如何依法治监、治所，文明、公正执法等方面的意见 158 条，并归纳整理为 4 项 14 条。

2006年6月1日，市局党组书记、局长周利党率领市局机关和武陵监狱、市劳教所主要负责人一行8人参加市行风热线广播，接受听众的法律和业务咨询，解答群众提出的问题，听取群众意见，社会反响比较好。6月23日，市局举办有局机关、武陵监狱、市劳教所干警参加的行风教育知识竞赛演讲会。6月26日，市局举行“十杰”事迹报告会，邀请鲁秉锐等3名“十杰”干警作优秀事迹报告，并组织全体干警进行“学‘十杰’，正行风，谈体会”的讨论，有效地激发广大干警学先进、赶先进，争创一流工作业绩的热情。

2007年，根据各岗位的不同特点，通过开展体能训练、罪犯改造前讲话、律师答辩对抗赛等不同形式的竞赛活动，在系统中掀起比工作作风、比执法形象的岗位练兵高潮。

2008年7月，在党员队伍中广泛开展解放思想大讨论活动。组织党员认真学习中共十七大精神，并结合司法行政工作实际，开展学习、讨论、调查、研讨等多种形式的活动，加深对中共十七大精神的理解。同时，组织开展学习的心得体会交流会，机关党员共写出心得体会200多篇。9月，开展“做党的忠诚卫士、当群众的贴心人”主题实践活动，着力解决党员干部队伍在思想观念、工作作风、能力素质等方面存在的突出问题。

2010年4月，组织“爱我司法做贡献、兴我司法谋发展”的演讲比赛、知识抢答赛。其中知识竞赛穿插大部分反腐倡廉的内容，演讲比赛说的是身边人如何改进作风、为民服务的身边事，使参听的每名干警受到深刻的教育。6月，开展“四违”专项整治活动和“我当公信政法干警”主题教育活动。通过悬挂标语、制作宣传专栏、下发专题简报等形式进行深入宣传，在局机关营造比较浓厚的氛围。“我当公信政法干警”主题教育活动的开展做到与创先争优活动和“抓重点强服务保稳定促和谐”作风建设主题活动及“六个严禁”、“四违”专项整治活动、“社会矛盾化解、社会管理创新、公正廉洁执法”三项重点工作等有机结合。

2011年，市局组织开展“零距离”为民服务系列活动，大力推进人民满意机关建设。

2012年，在全市司法行政系统先后开展“争当优秀干警、争创满意机关”作风建设主题活动、深入基层“领导包案、单位联点、干警联户”活动、“忠诚、为民、公正、廉洁”政法干警核心价值观教育实践活动和“岗位学雷锋、争做好员工”活动。6月，被确立为干警下基层帮扶活动月，9位局领导分别带领分管科室人员到汉寿县太子庙镇的九个村组进驻十天，与村民住户同住、同吃、同劳动，既让干警得到锻炼，也对村民进行各方面的帮扶。

在2010—2012年的创先争优活动中，全市司法行政系统全面开展“抓重点、强服务、保稳定、促和谐”作风建设主体活动和“六个严禁”专项治理活动及“四违”专项整治活动，司法行政队伍的公信力和群众满意度得到进一步提升。

2014年，按照省、市委部署要求，局机关紧紧围绕“为民、务实、清廉”主题，按照“照镜子、正衣冠、洗洗澡、治治病”的总要求，聚焦作风建设，求真务实、严格规范、立行立改，扎实推进党的群众路线教育实践活动。

随着教育宣传发动、广泛征求意见、认真查摆问题、严肃开展批评、严格落实整改、全面整章建制等几个环节活动的扎实推进，局机关党员干部队伍中存在的“四风”问题得到有效地整治，干部队伍的工作作风明显好转，规范干部管理和权力运行的长效机制得以建立，联系服务群众的渠道逐步打通，司法行政干部队伍的良好形象进一步树立。

通过一项一项攻坚、一个一个突破，全局上下大幅压缩会议数量、精简文件，进一步端正会风、提振学风，减少评比达标、迎来送往活动，全面清理超标办公用房、超配公务用车，着力压缩“三公经费”，严肃查处上班迟到早退、工作纪律涣散、干事庸懒散拖等问题，干部自由散漫、铺张浪费、脱离群众现象明显扭转，规矩意识、节俭意识、服务意识全面提升；在整治关系群众切身利益和“最后一公里”方面存在问题时，市局整体联动，攻坚克难，使基层司法行政系统的人财物保障不断加强，法律服务市场、社区矫正对象和司法鉴定人员管理进一步规范，法律援助宣传和普法宣传覆盖进一步扩大，真正赢得众的认可；通过教育实践活动，市局还办成一系列打基础、利长远、惠民生的大事难事。

整个教育实践活动中，局机关共集中开展各类学习讨论 39 次，进行谈心谈话 160 人次，征集各类意见和建议 568 条，召开专题民主生活会和组织生活会 10 次，提出相互批评意见 658 条。其中局领导班子查摆存在的“四风”问题 41 条，明确整改任务 23 项，落实整改措施 29 条，局班子成员查摆个人存在的“四风”问题 108 条，明确整改任务 79 项，落实整改措施 86 条。

局党组还对照市委确定的 53 项整治工作任务要求，突出抓好 15 项专项整治任务的落实，同时，着力建设长效机制，围绕改进文风会风、厉行勤俭节约、坚持民主集中、规范权力运行、密切联系服务群众、加强干部监督管理等方面，对之前制定下发的 17 项规范性文件进行全面梳理，废止 2 项、保留 1 项、修订完善 14 项，并在此基础上新出台制度 11 项，共计出台制度 26 项，其中针对反对形式主义方面有 9 项制度，反对官僚主义方面有 4 项制度，反对享乐主义方面有 7 项制度，反对奢靡之风方面有 6 项制度，从制度层面保证作风的转变。

图 2—27 司法局在教育实践活动中对查摆出的问题进行整改交办

2015 年，局机关以党组书记讲专题党课开局，其他班子成员分别在联系点授课为前奏，吹响“三严三实”专题教育的动员号。在专题教育中，市局通过个人自学、党组中心组集中学习、党小组集中学习等方式，合理安排机关干部研读“三严三实”专题教育规定学习书目和重要讲话；组织班子成员围绕“严以修身”“严以律己”“严以用权”三个专题 认真开展学习和研讨，在每次集中研讨中都安排领导主讲，班子成员踊跃发言；年底召开高规格的党组民主生活会，会议效果得到市纪委和市委政法委与会领导的充分肯定，局各党小组也都召开组织生活会，并进行民主评议。

在专题教育期间开展的“一进二访”活动中，市局与武陵监狱、市强戒所、市公路局、常德日报等7家单位共同联系帮扶安乡县安福乡岩桥村，其中市局为牵头单位。局领导多次向联系该村的原市人大副主任曾再农汇报请示，先后召开工作协调会、调度会，组织联点单位多次深入村组核实摸底、走访慰问，并结合实际情况分别制定村集体和贫困户扶贫工作规划，在对村集体的帮扶中，全面铺开机埠维修、沟渠疏浚和道路碎石铺设三个投资数十万元的近期项目建设和一个投资近200万元的道路交通远景项目攻关。在贫困户的帮扶中，为133户贫困户每户送上至少500元的帮扶资金和其他物资，按照中央“四个一批”和省扶贫办“助学一批”的要求，逐户明确具体帮扶措施，对症下药，精准施策，收到较好成效。

图2—28 市人大常务会副主任曾再农和市司法局局长曾勇实地查看扶贫项目工程进度

第四节 创先争优活动

1990年，大力宣扬郭辉、罗林阶、舒有国的优秀事迹，开展创最佳机关工作人员、律师人员、公证员、劳改劳教干警、司法助理员活动。此外，还在全体干警中开展“五比五看”活动，做到比思想，看谁坚持四项基本原则，反对资产阶级自由化的自觉性高；比学习，看谁学习马克思列宁主义、毛泽东基本理论、钻研业务水平提高快；比作风，看谁联系群众、团结协作好；比工作，看谁尽职尽责，勇于改革创新贡献大。在全市司法行政系统形成学先进、赶先进、争先进自我教育的良好气氛。

1992—1993年，深入开展以“为党增光辉，为兴工强农富市做贡献”为主题的创先争优活动。活动注重工作实绩，主要在“争”字和“创”字上下功夫，形成相互竞赛比成绩，你追我赶争上游的政治风气。活动中，共组织局机关、第一律师事务所、公证处、司法干校党支部的党员、干警为群众解答法律咨询和上35堂法制课，运用法律手段为企事业单位和公民避免和挽回经济损失6700多万元；扶贫捐赠现金1000元，衣物271件，参加义务劳动45次，为民办实事25件。1993年7月1日，召开“两为”创先争优活动表彰会，表彰先进党组织和优秀党员。

1997年，努力抓好“四五六”好工作，充分挖掘培养先进典型，局机关推出3个，基层单位7个，局级以上领导3个，科级以下11个。“四好”公证处1个，“四好”基层法律服务所8个，“五好”区县市司法局1个，“六好”大队3个。

1998年，深入开展“抓班子创‘三好’，带队伍争一流”的活动。具体抓三项：一是抓学习、树正气，提高领导干部的思想政治素质。二是突出双争工作，抓好班子建设。就是领导班子争创“红旗班子”、领导个人争创“优秀公仆”。三是搞好对照检查，提高班子免疫力。

图2—29　市局“学雷锋、三关爱”志愿服务分队参加常德市“邻里守望”助推完美社区建设志愿服务活动启动仪式

1999年，深入开展“创建人民群众满意单位（干警）”活动。活动以“百姓至上、民安为本”为争创指导思想，以“为民想、察民情、解民忧、帮民富、保民安”为争创思路，着力班子建设、素质教育、职能特点。活动开展以来，全程参与14家企业的兼并和股份制改造，并对全市1650家企业的承包租赁合同进行公证和见证。主动为招商引资提供法律服务，参与招商引资谈判210次，达成意向性项目160余个，成功项目51个，参与引资金额上千万元。

2004年，组织开展争创“五好”班子、争做“四型”干部活动，通过活动使领导班子配合更加协调，决策更加民主，作风更加务实，实绩更加突出，达到根据自身特点提出的“一树、二保、三建、四强”的目标。即，树立公道正派的司法警察形象；保障工作质量，保守工作秘密；建立标准、建立制度、建好“窗口”；强化为民意识、强化服务意识、强化质量意识、强化创新意识，真正把“双争”活动引向深入。

2010—2012年，按照市委的统一部署，全市司法行政系统各基层党组织和广大党员紧扣科学发展主题，认真落实“服务中心、建设队伍、改进作风、提高效能”和“用工作创先进，在岗位争优秀”的要求，紧密结合工作实际，突出司法行政特点，积极参与，自觉践行

“五个好”“五带头”标准，认真开展创先争优活动。通过认真制定活动方案、全面进行公开承诺、广泛开展民主评议，有效地激发局机关党员干部创先争优的自觉性和积极性，所有基层党组织和党员干部都能主动亮明身份、主动查摆问题、主动公开承诺、主动接受监督、主动进行整改。在活动中，各单位坚持“纵向抓书记、横向抓组织、关键抓支部”的思路，层层明确职责任务，做到齐抓共管，形成各级党组织书记“组织指挥”、专职分管领导“督查推动”、各党小组“带头实施”的工作格局。严格落实公开承诺、领导点评、群众评议三个基本环节，党组织公开承诺经过调研走访、提出事项、审核确定、公示公开 4 个步骤，党员公开承诺经过提出事项、审核确定、公示公开 3 个步骤，各级党组织和广大党员认真对照承诺事项，积极创造条件履行承诺；各级党组织采取集中点评、现场点评、谈话点评等形式，做到每季度进行一次领导点评；每半年组织一次群众评议，并对评议结果进行公示，各级党组织和广大党员根据群众评议中指出的问题，及时修改承诺内容，制定整改措施，并在当年整改到位。为丰富活动载体，市局机关在基层党组织中开展“五大主题活动”（“四型”班子建设活动、满意建设活动、先进基层党组织评选活动、基层组织建设经验交流演讲活动、困难群体联系帮扶活动），在党员中开展“五项专题活动”（优秀共产党员评选活动、党的知识竞赛活动、党风廉政知识普及活动、作风纪律“比比看”活动、“我为群众办实事”活动），把活动进一步引向深入。全市司法行政系统创先争优活动成效得到省委政法委、省司法厅以及市委政法委、市委组织部、市直机关工委有关领导的充分肯定和高度评价，并多次在创先争优工作简报进行刊发，推介具体做法与经验启示。

整个活动期间，市、县两级司法行政机关共有 70 个基层党组织（包括 10 个党组、3 个党委、3 个党总支、54 个党支部）、1023 名中共党员（包括在职党员 731 名、退职党员 292 名）参与创先争优活动；各级党组织作出公开承诺 103 次，党员作出公开承诺 1632 人次；党组织接受群众评议 109 次，查摆突出问题 125 个，整改到位 124 个；党员接受群众评议 1628 次，查摆突出问题 386 个，整改到位 385 个；先后开展主题活动 151 次，党员参与 3559 人次，为民办实事 829 件，帮助基层单位和群众解决问题 1559 个，帮扶困难党员、困难群众 1332 名；党组织和党员个人先后获中央、省、市、县表彰奖励 191 次。整个活动实现人员全面覆盖、承诺全程公示、履诺全面评议、整改全面推进。

2012 年年底，市局对全市司法行政系统活动开展情况进行总结表彰，授予鼎城区司法局等 16 个单位“常德市司法行政系统创先争优活动先进集体”荣誉称号，授予张丕仪等 25 人“常德市司法行政系统创先争优活动先进个人”荣誉称号。

第五章 后勤保障

第一节 办公设施

常德地区司法局于1980年11月27日建立。1983年以前，由于地区司法局是新建单位，无基础办公条件，一直寄寓在地区行政公署院内临时办公。1981年，地区行政公署研究决定为地区司法局拨款45万元，筹建办公楼及生活设施。经过认真选址，在当时的常德市东郊乡南竹村(现在的武陵区城北办事处新利居委会)征地0.56公顷，经过一年的紧张施工，于1983年地区司法局机关初步成形，是年2月正式迁入办公楼。到1985年，其他设施逐步形成，建起包括一栋四层办公楼、三栋宿舍楼、一栋教学大楼组成的5栋楼房"四合院"，总建筑面积为5738.8平方米。

至1988年年底，老司法局大院建设基本完工，共建成院北一栋四层办公楼、一栋五层新宿舍楼，院南为一栋四层老宿舍楼、一栋单身宿舍楼，包括厨房、锅炉房、浴室、保管室，院西有一栋四层教学大楼，包括车库、招待室。院东为3间平房，包括门卫室、传达室、接待室。院内有花台四座，花台与楼间栽种有乔木，空地种植各种花草，四季空气清新，春夏绿树成荫。1987年，地区司法局大院被常德市人民政府授予"花园式单位"称号。

院北四层的办公楼共24间办公室，配套有办公用的办公桌椅、程控电话和办公家具等。院西一栋四层的教学楼，一楼为司法局车库和干校食堂，二楼为司法干校教师办公室，三楼为公证处办公室，四楼为司法干校教室，二间大教室可容纳300余人，是年共有在校学生200多名。1998年，司法局领导在当时经济相当困难的情况下，多方争取省厅、市人民政府的支持，通过各种渠道筹建公证处大楼。2000年，在院北建起一栋五层的公证处大楼，一层至四层为公证处办公场所，五楼为司法局会议室，解决司法局自建立以来无正规会议室的难题。同时也为司法干校空出一层教学教室，为司法干校的发展提供宝贵的空间，是年干校办班在校学生两个班，电大、函授共四个班，为全市和周边地区培养司法行业人才1000多人。是年，司法局公证处正式迁入公证处办公大楼办公。

随着改革开放的不断深入，全国经济形势不断发展，常德市司法局与全国司法系统一样，也在不断地向前发展，司法行政系统的职能不断提升，司法队伍扩大。当时的司法局机关大院已难以满足办公的需要，为适应形势的发展，缓解机关办公场地的不足，自1999年起，当时的司法局党组成员一班人，自司法部到省司法厅、市委、市人民政府分头多方做工作，终于在2001年得到市委、市人民政府批准，筹建司法教学大楼。2002—2003年，在市城区武陵大道中段原常德市第一律师事务所的旧址上，建起一栋高十二层、建筑面积10000余平方米、总投资2600多万元的集办公、教学、培训、接待等功能于一体的司法教学大楼，其中一楼大厅为宽敞的接待大厅，4楼、5楼、6楼共52标准间办公室，十二楼有能容纳120余人、30余人的大、小会议室，其余为教学、接待用楼。2004年7月18日，常德市司法局正式进驻司法教学大楼办公。

进驻新办公大楼以后，对三层52间标准办公室进行整体规划、统一布置，配齐配全全新办公设施、设备、办公家具，配备齐全的水电等生活设施及消防等安全设施。办公条件大为改善。至2010年，全局配备办公用电脑共81台，打印机39台，传真机12台，程控电话50部。联接互联网，根据需要有的科室联通内网，程控电话连接到每个办公室，适应现代化办公的需要，极大地提高公效率。全局还安装监控设备2套，中央空调3台，及会议音响设备、教学电视1套。基本实现司法局司法行政办公现代化的初级规模。

此后，根据事业发展和工作需要，2011年投入5.87万元，在办公楼四楼裙楼天台搭建机关食堂。2014年，投入19.6万元，在办公楼五楼改造装修高标准的党组会议室。2015年，投入18.6万元，对四楼、五楼、六楼公共卫生间进行升级改造。2014—2015年，先后投入31万元铺设局域网线，连通全省司法行政电子政务内网和安防联动指挥系统及视频会议系统。

第二节　警用装备

警用装备管理工作归口由计财装备科负责，主要包括枪支与弹药管理、车辆管理、服装管理、执法执勤专用设备设施管理等。

自1983年劳动改造、劳动教养工作从公安机关移交至司法行政机关管理后，司法局还担负着劳教所及监狱干警的枪支、弹药监理任务。1987年，公证员、律师统一着装，司法局开始负担劳教、监狱干警及公证、律师人员和各区县(市)司法局着装人员的服装管理。

车辆保障是常德市司法局服务监所单位，联络基层，提高工作效率的基本保证，尤其在常德市司法局成立初期，在指导“两劳”工作中起到重要的作用。1984年，司法局共有办公用车2台，主要服务于“两劳”单位，担负着“两劳”单位的追逃、取证任务，由于当时车辆质量与路况的原因，往往每台车寿命为1至2年。1985年，司法部分配给常德市司法局办公用车2台，至1986年常德市司法局办公用车4台，车辆主要用服务于“两劳”单位执行任务。1988年，司法干校为工作需要，添置吉普车1台，既服务于司法干校，又是常德市司法局办公用车，1988年以前，常德市司法局车辆无警车牌，在执行任务时外挂警灯，至1988年，全局办公用车辆共5台。1990年起，常德市司法局正式有警用车辆，当时常德市司法局警用车辆2台、无警牌办公用车1台。1995年，常德市司法局车辆全上警牌，是时共有警用车辆3台。2002年，在局财政非常困难的情况下，当时的局领导多方做工作，争取省厅领导的支持，省厅配备1台警车，警用车辆增至4台。以后，根据有些科室职能增加，有些科室职能加强的实际情况，通过省、市支持，陆续争取到3台警车，到2004年，警用车辆6台，2005年警用车辆7台。2015年常德市司法局执法执勤车辆编制7台，实有车辆6台。

执法执勤专用设备设施方面2013年，购置社区矫正警务通5台。2014年，建设社区矫正管理信息系统，购置社区矫正执法记录仪2台。

第三节　业务经费

为加强经费管理，1986年7月，市司法局成立行政装备科。2001年12月，更名为计财装备科。

为确保经费投入能稳中有增，市司法局及时理顺关系，以文字报告的形式向市人民政府和财政部门请求汇报，赢得财政部门的大力支持。2001年，争取财政部门支持，争取预算外拨款60万元，改善办公条件和设施。2003年，争取省、市财政专项维修费8万元，对部分陈旧和年久抢修的房屋进行修，为3个科室配齐微机、激光打字机和复印机；为部分办公室安装空调，改善办公条件。2004年，经过多方面做工作，争取省、市财政基建专项经费800多万元，为司法教学大楼的落成解决部分资金；此外，安装中央空调，先后配齐23万元购置一台小车，使装备和基础设施建设得到巩固和加强。2005年，由于新迁办公楼后，经费方面非常紧张，从省财政厅和市财政局争取资金20多万元，用于完善各方面设施建设。

市司法局经费保障力度不断加大。2010年，财政拨款789.05万元，预算外收入29.97万元。2011年，财政拨款936.64万元，其他收入122.39万元。2012年，财政拨款1133.72万元，其他收入38.73万元。2013年，财政拨款1284.6万元，其他收入38.82万元。2014年，财政拨款1361.13万元，其他收入50.62万元。2015年，财政拨款1763.98万元，其他收入52.63万元。

争取省司法厅下拨物资，公务用车 5 台，警用摩托车 144 台，电脑 181 台，打印机 62 台，传真机 20 台，摄像机 4 台，复印机 7 台，照相机 8 台。

2006 年 7 月起，全体在编干警开始发放执勤津贴。2007 年，争取财政拨款人均 4.5 万元，解决办公经费“吃皇数粮”的问题。

大力加强基层司法行政系统的建设，努力改善基层司法局、司法所条件。近年来，争取市财政配套资金 2007 年 37 万元，2008 年 26 万元，2009 年争取 26 万元，2010 年争取 17.43 万元，上述物资和经费的争取和下拨，对基层司法行政单位办公用房建设给予有力支持，加速基层办公条件的不断改善。据不完全统计，全市计财装备科系统将 20％的装备经费用于扶持基层司法所建设，大大缓解基层司法所办公条件困惑的局面。同时，积极为直属单位湖南省武陵监狱和市强制隔离戒毒所解决实际问题，和直属单位一道通过与省司法厅、省强制隔离戒毒工作管理局、省监狱工作管理局汇报情况，争取资金。武陵监狱新建 1970 平方米的综合大楼、3250 平方米的现代化标准监舍；市强制隔离戒毒所新建 2800 平方米的生活教育综合大楼、自动广播系统和全封闭会见室，2006 年争取到省、市共建资金 1000 万元。

在经费管理上，市司法局坚持健全管理制度，杜绝滥用和浪费。从严控制开支，合理安排经费，做到把钱用在刀刃上，严格执行财经管理制度，实行“收支两条线”，确保收支平，依据财务管理制度和财经纪律，严格执行经费预算，建立科学化、程序化的经费计划、预算和拨付制度，严格控制“三公”经费的支付。实行资金流向动态追踪，积极完善财务监督审查制度。同时，切实加强经费的计划管理和预算管理，完善财务信息反馈和监管系统，注重健全财务内部约束制度。按照财政部门的要求，市司法局狠抓财务报表、会计账目等基础性工作，并认真做好年度部门决算和预算编制工作以及各类报表的汇总上报。不断规范政府采购制度，按照《政府采购法》和《合同法》的要求，针对司法行政系统装备薄弱环节，认真制定采购计划，充分考虑购置装备的质量、效能和实用，切实提高经费使用效益，确保物资采购的合法性。不断强化资产管理。按照“用管结合，责权一致”的原则。2000 年，建立《小车管理制度》《公务接待标准制度》；2005 年，建立《物业管理制度》；2006 年，进一步出台经费管理制度，“坚持资金统收统支高度集中统一理财的制度”，实行财务“五个统一 ”的原则，即统一科室经费费用收入支出由局财务集中一个出入口；统一会议开支和外来人员就餐接待；统一政府采购；统一物业管理和维修；统一一支笔审批。2008 年，进一步完善并出台《账务管理制度》《装备管理制度》《机关用水用电管理制度》《公用物资管理制度》以及多项规章制度。此后，根据形势和政策的不断变化，分别于 2010 年、2013 年、2015 年，进一步修订完善《警务用管理办法》《接待管理制度》《财务管理制度》等一系列规章制度，并坚持有章必依，严格按规章制度办事。

第三篇　法律服务

图 3－1　津市市司法局开展农村法制宣传月集中宣传活动

法 律 服 务

第一章　公　证

第一节　机构设置

1953年7月，常德市人民法院试办公证业务。1956年6月，正式建立公证室，配备4名专职公证员。1958年，湖南省第七次司法会议后，常德市撤销公证室，由常德市人民法院原信访接待人员兼办公证业务。至1981年4月，公证处才得以恢复，配备4名工作人员。

图3—2　公证处为弱势群体提供上门公证

1985年，开始在全市各相关单位发展公证联络员，协助办理公证事项。截至1988年6月，公证联络员发展到85名。1988年地改市后，原常德市公证处更名为常德市武陵区公证处，由常德市武陵区司法局管辖。1990年5月，经市委、市人民政府批准，由常德市司法局收编原常德市武陵区公证处，重新更名为常德市公证处。2002年8月，常德市人民政府政务服务中心正式对外挂牌运作，常德市公证处开始在政务服务中心设立窗口。2010年4月，常德市公证处更名为常德市德诚公证处。2010年7月，公证处整体迁址至政务服务中心。

常德市德诚公证处成立后，多次被省司法厅和市司法局评为“公证工作先进单位”和

“公证质量先进单位”。其中，1991 年，被司法部评为，“廉洁奉公先进集体”。1992 年，被湖南省委、省政府评为“双文明建设模范单位”；同年 5 月，被省司法厅，记集体二等功。1993 年，被司法部评为“全国公证质量先进集体”。1996 年 1 月，被司法部记集体一等功。2004 年，被中国公证员协会授予“全国公证行业文明公证处”荣誉称号。

2009 年，被湖南省文明委评为“双文明建设窗口示范单位”。

图 3—3　从左到右依次为朱伦友、赵之华、曾令涛、姚善平、沈蕾、高业庆、陈吉红

为真正把公证机构建设成为便民服务的场所和司法行政机关法律服务的窗口，常德市德诚公证处采取有效措施，优化服务环境、提高公证人员综合素质、完善各种规章制度、规范业务操作程序，使公证处能够依法执业、制度完善、管理规范、设施齐全、环境优美、服务优良，服务经济社会发展和人民群众的能力和水平进一步增强。

公证处基础设施建设。(1)办公场所：办公桌椅美观大方，办公环境美观明亮，物品摆放整齐规范。该局公证处有办公室十一间，会议室一间，档案室一间，录音录像室一间。(2)配齐办公设备。配齐公证工作必需的电脑、复印机、传真机、打印机、扫描仪、二代身份证识别仪及录音录像等现代化办公专用设备，档案管理和水印制管理符合要求，能满足公证业务发展需要，满足公证质量的需要。(3)规范接待窗口。在办公场所放置申办公证须知和《法律服务投诉须知》等资料，设置休息座位，提供书写工具、饮水机等便民措施。在常德市政务中心设立窗口，并按照要求放置有关物品，做到便民利民。(4)落实公示内容。按照有关要求，将公证机构执业证、公证业务范围、办理公证程序、办理公证须知、公证服务社会承诺、执业公证员彩照名单、公证收费标准、公证复查投诉办法以及所在司法局和公证协会的监督投诉电话等全部公示上墙，置于公证处办公场所的醒目位置。公证机构执业证、公证业务范围、办理公证程序、办理公证须知、公证服务社会承诺、执业公证员彩照名单、公证收费标准已在公证处办公室及接待室公示，并公示公证复查投诉办法以及所在司法局和公证协会的监督投诉电话等。(5)树立整体形象。公证员形象稳重大方；接待当事人热情友好，言谈举止文明礼貌。外出办理公证应主动出示有关证件。(6)努力提高开拓业务的能力。善于从实际出发，抓住机遇，积极探索和研究经济社会发展过程中对公证法律服务的需求，主动提供综合性、全方位的公证法律服务，进一步扩大公证服务领域。同时提高公证宣传的能力。综合运用各种新闻媒介，结合典型案例，大力宣传公证的职能作用，为公证事业的发展奠定更加广泛、坚实的社会基础。

第二节　队伍建设

常德市德诚公证处成立以来，设置一正一副两领导职位，共经历三代领导班子。1981—1984 年，由戴荣本任主任，罗东林、朱文君先后任副主任。1985 年，朱文君任主任，副主任为赵之华。1990 年，曾炳麟出任副主任。1992 年，曾炳麟退休，由朱伦友继任；1996 年，朱文君调入司法局任副局长并兼任公证处主任，由高业庆全面主持公证处工作，姚善平任副主任。2000 年，高业庆正式被任命为公证处主任。其中，朱文君被评为全国十佳公证员，高业庆被评为湖南省优秀公证处主任、湖南省全能公证员。公证处共有工作人员 14 名。其中，二级公证员 3 名，三级公证员 2 名，四级公证员 3 名，其他辅助人员、工作人员 6 名。

图 3—4　常德市公证处合影

常德市德诚公证处从以下几个方面着手加强队伍建设：1.加强思想政治建设。积极引导广大公证人员认真学习邓小平理论和“三个代表”重要思想，增强贯彻落实科学发展观的自觉性和坚定性，增强政治意识、大局意识和责任意识，端正执业思想，增强诚信为民观念。2.建立健全党的基层组织。充分发挥党组织的战斗堡垒作用和党员的先锋模范作用。凡有 3 人以上中共党员的公证处要建立党支部，不足 3 人的建立党小组，健全党的组织生活制度。常德市公证处共有 5 名中共党员，成立公证处党支部。3.加强领导班子建设。公证处主任必须按照《公证机构执业管理办法》第 12 条的规定在三年以上执业经历的公证员中推选产生，并向省厅履行备案程序。公证处领导班子团结协作，具有较强的开拓创新能力。常德市公证处主任符合上述条件，公证处一班人能够团结协作，具有较强的开拓创新能力。4.落实继续教育规划。加强对公证人员学历教育和岗位技能培训，重视公证人员知识结构的更新，积极选派公证人员参加各种形式的业务培训，执业公证员和公证处其他工作人员要全部完成年度继续教育培训和相关学习培训任务。积极组织公证人员参加省、市两级的集中培训处内每周进行一次业务知识学习，经常组织岗位技能考试，每次出一两道小题给公证人员，检验学习成果，长期坚持，大大增强公证人员的自学动力和服务技能。5.加强行风建设，认真落实《公证员职业道德基本准则》，深入开展理想信念教育和法纪教育，培养公证人员遵纪守法的自觉性。严格执行办证回避制度，严禁索取、收受贿赂和支付业务回扣;严禁违法收取费用。设专人受理公证信访投诉。6.规范人员管理。为工作人员按规定缴纳相应的养老、医疗和失业等保险金。

第三节　业务管理

一、业务类型及发展

常德市德诚公证处设五室一窗口,负责全市范围内公证业务的办理,同时也为广大人民群众提供较全面的公证法律服务和免费的法律咨询服务。其中,公证法律服务范围涉及房地产交易、继承、遗嘱、赠与、合同、拍卖、证据保全、彩票开奖、工程招投标、留学、移民等社会生活的各个领域,公证文书通行世界100多个国家和地区。

常德市德诚公证处公证业务的发展共经历四个阶段:20世纪50年代的探索阶段、20世纪80年代的起步阶段、20世纪90年代的初步发展阶段、2000年以来的高速发展阶段。办证数量方面,20世纪50年代仅2621件,20世纪80年代为12529件、比上一阶段增加近四倍,20世纪90年代办证量持续增长至19094件,21世纪头十年的办证数量较上个阶段几乎翻一番。办证类型方面,20世纪50年代95%的公证为经济类公证,民事类公证相当稀少,随着公证业务的推广,民事类公证范围扩大、数量持续增长;涉外公证开办于1982年,到2010年涉外公证数量占办证总量的48%。

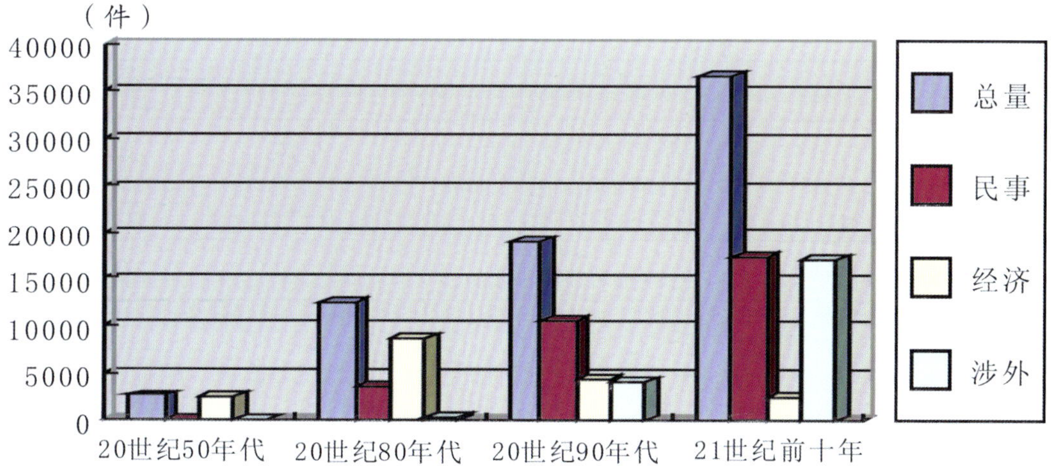

图3—5　**办证数量发展趋势图**

自组建以来，常德市德诚公证处共办理各类公证事项 70979 件，其中民事类公证 31693 件、经济类公证 17874 件、涉外类公证 21412 件。成功地办理日军侵华细菌战幸存者保全证言、中国常德诗墙申报世界吉尼斯纪录、金健米业股票上市、防洪大堤招标等重大事项的公证。尤其是进入 21 世纪后，公证业务范围更广，为社会各方面发展提供优质公证服务。

1988—2015 年常德市公证处办证数量统计表

表 3-1

类型 年份	民事	经济	涉外	总计（件）	类型 年份	民事	经济	涉外	总计（件）
1988	3248	—	39	3287	2002	793	244	1485	2522
1989	3129	—	46	3175	2003	1279	737	1789	3805
1990	834	—	196	1030	2004	1170	1349	1075	3594
1991	1121	—	155	1276	2005	682	679	1052	2413
1992	1100	—	315	1415	2006	1088	610	1446	3144
1993	714	920	603	2237	2007	1448	499	1631	3578
1994	1124	1479	284	2887	2008	1254	27	2210	3491
1995	1210	369	335	1914	2009	1838	510	1872	4220
1996	1048	538	562	2148	2010	1964	245	2077	4286
1997	921	293	455	1669	2011	2091	104	1903	4098
1998	1580	149	421	2150	2012	2343	101	2272	4716
1999	978	579	811	2368	2013	3376	68	2585	6029
2000	1391	419	959	2769	2014	2422	33	2077	4532
2001	1394	145	1374	2913	2015	2070	7	2619	4696

说明：1988—1992 年，民事、经济类公证尚未分开统计

二、业务管理相关制度

1.案件受理制度和公证接待受理制度

(1)“五不办”制度

公证处实行案件统一受理制度,所有公证事项由专人统一受理,再根据公证内容及其难易程度指定公证员办理。在受案时坚持:“五不办”制度。

① 违反国家政策、法律、法规的不办;

② 当事人身份不明、证据不全、事实不清的不办;

③ 无权代理、越权代理或授权不清的不办;

④ 法人、其他经济组织未进行合法登记或未经年检注册的不办;

⑤ 实质要件齐全形式要件不全的不办。

(2)公证接待受理制度。明确公证接待人员的责任义务,接待人员的态度举止要端正,语言要规范。规定公证人员必须遵守的作息时间和检查办法。

2.领导审批制度和疑难重大案件集体研究制度

为确保办证质量,必须坚持“公证员办理、主任审批出证”制度。实行“谁办证谁负责,有纠纷,承办人处理”的原则。

①审查民事法律关系人主体是否合格,内容是否真实,客体是否合格,当事人有无行为、权利能力等。

② 对法定代表人、法定代理人、委托代理人的资格和各种证件、证明材料,要进行认真的查对核实。公证申请表按要求的内容填写完整、并由当事人签名。

③ 对当事人申请的公证事项要按照规定的程序进行全面细致的调查,收集证据。不准凭一份证明材料、一份证人证言就盲目定论;接待、调查笔录要针对证明对象、办证目的,采取问答告知的方式做好详细的记录。对合同(协议)需要提出修改和补充条款的,笔录中要有与本合同(协议)具有同等法律效力的内容记载、字迹要清楚,并且对告之内容详细记载。

图 3—6 桃源县公证处工作人员现场办公

④ 送审案卷材料必须齐全,手续完备。审批人应在当天或次日内批阅完毕。凡未经审批的公证事项,打字员不予打印,内勤人员拒绝盖章,发证员拒绝发证,否则追究有关人员责任;凡未经签发的案件,除招标投标或开奖、拍卖等现场监督的公证事项,可由承办公

证员负责现场宣读证词外，一律不再补签，并在年终考核时以不合格公证每件扣三分。

⑤ 公证词一律按司法部统一格式书写。如无规定的格式内容，可比照相近格式拟制。报上级批准后执行。公证书作成后加盖公证员签名章和公证处印章才能发给当事人。

⑥ 公证审批制度。规定公证事项的审批方式，明确公证的审批人，以及审批人因事或因程序原因不能审批时的授权方式。公证事项由公证处主任审批，主任因事或因程序原因不能审批时，由主任指定执业公证员进行审批。

⑦ 办理收养、继承、遗嘱、涉台和经济合同标的在500万元以上及其他重大疑难公证事项，由承办人提请分管业务的领导决定，召开处务会议进行集体讨论；按规定应当由上级批准的公证事项，应及时上报审批。

3.岗位目标责任制

① 明确公证处内部各类人员的岗位责任制度，做到分工明确，职责到位。主要包括主任（副主任）岗位职责、公证员职责、公证员助理职责、各类行政辅助人员职责。

② 对因公证错误致使当事人损失的，必须按照规定予以赔偿。同时规定公证人员过错责任追究制度，通过明确过错责任的种类，区分不同过错的类型，明确不同的处理和处罚办法，防止相同性质的问题屡次发生。

4.公证事项互查制度

① 对于办理完结的公证事项在发现证据方面存在疑问时，非承办人员有权提请处领导对该案卷进行重新审查，如确有问题则追究该案承办公证员的直接责任，签发人员承担连带责任，对提出疑问的公证员进行奖励。

② 对办理完结的公证案卷每季率进行一次交叉检查，在交叉检查中发现的问题应及时报送领导处理，该补齐证据的补齐证据，不能补齐证据的该撤证的坚决撤证，并追究相应人员的责任。

5.公证质量监督制度

加强对办证各个环节的监管，确保及时发现并纠正质量隐患，并实现严格的质量奖惩制度；同时，由市司法局分管领导每月对公证质量进行一次抽查，每季度进行一次检查，每半年开展一次公证质量评议活动。建立和完善错证赔偿及责任追究办法。建立和完善公证投诉和复查处理制度。规范投诉和复查案件的受理、登记、处理、送达等程序，做到不拖延时间、不推诿借故、不推脱责任，做到有误必改、有错必纠、有责必担。

6.证后回访制度

回访是一种证后服务形式，是对公证效果的检验。其目的是通过回访进一步宣传公证业务，增强人们的法制观念，能够起到及时发现隐情、预防纠纷的作用。

① 回访的范围：对大、要、疑难经济合同公证事项，要定期回访；对承包、租赁、债权、债务等一般经济合同，要适时回访以及承办公证员认为有必要进行回访的其他公证事项。

② 回访中发现问题及时处理，对一时难以调处或无法继续履行的合同，要向分管业务的领导汇报，以便采取措施解决。

图 3—7　公证处主任罗冬平和工作人员吴赟上门服务

③ 公证员每次回访均应将情况详细记入《回访笔录登记卡》，该卡平时由个人保管使用，每季向档案室移交一次，对于调处纠纷，变更终止合同的笔录及证明材料，必须作为原案的一部另设附卷保存。

7.财务管理及物资保管制度

① 为杜绝收费上的违法违规问题，常德市公证处严格执行公证收费标准。收费标准和收费文号对外公示，实行专人统一收费和收支两条线，公证收费减免以及公证法律援助必须由公证处主任审批。

② 建立和完善公证专用纸管理制度。按照水印纸管理的有关规定，明确公证处主任为管理责任人，做到专人保管、专人使用、专人登记，确保水印纸保管和使用的安全。

③ 建立和完善固定资产管理制度。包括电脑、网络设备、复印机、影音器材等使用和管理制度。

8.“公开、监督”制度

① 设立办事公开栏和文明服务承诺栏，公布办理公证程序和应提交的材料及收费标准，公证人员一律实行挂牌上岗。

② 设立并公布举报电话：0736－7760089。聘请市委政法委、常德电视台、常德日报社等单位的知名人士和政协委员作为公证工作的行风监督员，自觉接受社会监督。

9.社会援助制度

凡持有下岗证和社会最低生活保障证的当事人申办公证。在填写减免申请后均可以减半收费待遇。

10.其他制度

① 建立和完善相关登记制度。包括设立投诉接待登记记录本、业务（政治）学习记录本、案件讨论记录本、收文发文登记本、支部活动记录本、公证处重大事项记录本等。

② 建立和完善公证印章管理制度。原则上公证员签名章归个人保管，本人使用。公证处钢印、公章由专人保管，按规定使用。

③ 建立和完善档案及图书资料管理制度。按照公证档案管理的要求，加强公证处档案管理和图书资料的管理，指定公证处工作人员专门管理，并建立查阅登记销毁等手续。

图 3—8　市公证处咨询台

④ 建立和完善考核激励制度。将公证人员业务成绩、收费数额、公证质量、服务态度、工作态度、组织纪律等方面统一纳入考核激励制度，建立科学、合理的公证人员业绩评价体系和分配制度。从制度上对公证员、工作人员的公证质量、服务态度、工作态度、组织纪律等方面该项工作加以规范。

附：典型案例

一、防洪大堤招标

1996 年和 1998 年，常德市连续遭到历史上罕见的洪涝灾害，市委、市人民政府于 1999 年年初投入资金 10 亿元兴修和加固防洪大堤 1120 公里。为消除工程腐败，确保大堤质量，常德市公证处及时调整工作重点，主动为防洪大堤建设提供全方位公证服务。

第一，常德市公证处坚持提前介入，在大堤工程面向全社会招标前，依照国家关于招标投标公证的有关法律规定，对参与大堤建设的单位和个人进行逐个资格审查。为防止弄虚作假，公证员对投标人提供的企业简介、营业执照、资格证书、信用担保、法定代表人资格证书以及授权委托书等资料进行认真甄别。同时，还对招投标单位和个人的施工能力、施工信誉等进行调查，从一开始就做好避免层层转包的防范工作。在资格预审阶段，依法取消 332 个单位和个人的投标资格。开标大会上，公证处公开宣布 74 个为提供营业执照和资格证书原件的单位所投标书无效，从而确保招投标质量。

第二，在招标过程中，常德市公证处坚持依法提出公证建议。提出将底标的研究放在投标人标书送达并密封之后进行的建议，有效防止底标泄露。

同时，认真行使监督职能，并将重点放在投标监督、开标监督和质量监督上。在投标监督中，主要监督投标人送达标书的情况。先后有 31 个单位因超过规定送达时间，被公证员当场取消资格。在签订合同时，要求投标单位法定代表人亲自到场，实在不能前来的，要出具较为完备的授权委托手续。在开标监督中，严格坚持开标原则，凡是不符要求的，都坚决予以制止。某工程公司所投标书中，出现两个报价，被当场宣布无效。

由于实行公开招标、公证监督，大大节省建设成本，确保大堤工程质量。大堤招标之前，每土石方单位预算为 22 元，通过公开招标降为每土石方 14 元。据测算，仅此一项，大堤建设节约经费占原预算成本的 23%以上。同时，工程进度大大加快，兴修和加固的大堤全部提前 20 天竣工，且一次性验收合格。此外，通过严格的公证监督，还有力消除工程腐败，各施工单位不用请客送礼花冤枉钱，而只是凭实力、凭质量讲话。

为表彰常德市公证处依法介入防洪大堤建设，消除工程腐败，确保大堤质量，常德市委、市人民政府给常德市公证处颁发锦旗，上书“工程卫士、公证尖兵”八个大字。将防洪水利建设工程引入公证机制这一举措先后被《法制日报》《中国律师报》和《人民日报》推介。

二、日军侵华细菌战幸存者保全证言

常德是北通荆襄、西连黔川的军事重镇，为兵家必争之地。抗日战争时期，同时处于第六战区和第九战区接合部，既是第六战区长官部的屏障，又是第六战区军民的粮仓，而且扼守湘川公路，战略地位变得更为重要。1940 年 6 月，日军攻占宜昌，封锁长江三峡水道，将中国的第五战区沿江劈为南北两半。8 月，第六战区宣告成立，长官部设在靠近常德的鄂西恩施。为加大对常德的破坏力度，1941 年 8 月 11 日，日军负责协调细菌战联络工作的井本熊男中佐飞抵南京，下达大本营陆军部作战指令，对中国常德实施细菌战。11 月 4 日，侵华日军 731 部队在常德空投鼠疫跳蚤。2002 年 8 月 27 日，东京地方法院认定至少有 7643 名常德人（仅指有名有姓的死难者）在这场细菌战中丧生。

图 3—9 常德市举行常德细菌战 70 周年公祭大会

然而，长期以来，日军这一骇人听闻的暴行却始终没有完全揭露出来，更不用说得到应有的清算。遇难者含恨九泉，而尚在人世的受害者、亦是当年那段历史的见证人，多数已进入耄耋之年，如果不趁这些老人在世之际，留下日军不容抵赖的罪状，等老人们悄然离去，他们当年所遭受的苦难将永沉海底。多年来，虽有不少民间组织和人士，对侵华日军罪恶历史做过记录，但由于缺乏有效的法律依据，往往事倍功半。“九一八”研究会会长张一波曾指出，日本的右翼势力就是在等待这些耄耋受害者的离去，然后死无对证。

历史不容忘却，历史不容颠覆。作为抗日阵地，常德现有大量战争中受害的幸存者。1999 年，常德市公证处启动日本侵华战争受害者、幸存者证人证言保全公证。通过中华人民共和国公证部门以文字资料、第三者供词等形式进行公证将事实锁定，等于是为历史留下具有法律效力的永久证据。公证书虽只是一份文件，意义却非同寻常。它代表着国家的司法机关经过法律的取证程序，可以在国内、海外及国际法庭上成为有力的证据，指证侵华日军的滔天罪行。

办理此项证人证言保全证据公证，具有特殊的政治意义和法律价值，而且在全市范围内属于首次办理，对于常德市公证工作也是一项新的挑战。为此，司法局领导高度重视，亲自研究、指导指定办证总体方案，要求公证处精心组织力量，确保办证成功。为防止办证过程中因为经验不足而多走弯路，公证处成立由主任高业庆负责的办证组，开展很多前期工作，对办证过程中应注意的方式方法、工作重点进行讨论，并一一做详细记录。从确定承办公证员、查阅当年有关日军侵华的史料、和区有关部门及各镇调查员交流情况，到熟悉每一位幸存者提供的证人证言内容，每一个环节都予以严肃认真对待。

本着实事求是、精益求精、对历史高度负责的精神，常德市公证处对调查材料进行严格筛选，明确凡是证人年龄 70 岁以下的、又不是三亲（亲见、亲闻、亲历）的，一律不进入本次公证范围，最后选定其中 40 余份提供有重大血案和重要事件的证人证言进行保全证据公证。区有关部门对此项工作也相当重视，对公证工作进行全程配合和有力支持。在充分做好准备工作后，常德市公证处在重灾区鼎城区蒿子港镇、武陵区河洑镇、东门等地区开始证人证言保全证据工作。在办证过程中，公证员认真做好公证询问笔录，同时对证人证言予以录音，将幸存者所叙述的历史，以最朴实的文字语言完整地记录下来；记录完毕后当场宣读笔录内容，最后由幸存者在笔录上签名、捺手印。

该次证人证言的保全证据公证，涉及全市范围，需走访 40 余位证人。同时，因为这些幸存者都是高龄老人，公证小组一律采取上门公证的方式，加之居住地相对分散，所以工作量相当大。为按时完成这项重大任务，常德市公证处全体人员积极出动，制作时间表，每周抽出 2～3 天时间，公证处几位同志一起提供公证服务。派出专人小组走村串巷，上门办理。在公证过程中，有一些老人因长期病痛的折磨，对历史的记忆已逐渐模糊，也有很多当事人是文盲或半文盲，公证小组成员就耐心细致地将所有需要当事人签字、按指印的文件（申请表、权利义务告知书、谈话笔录等等）并做出明确的解释。这样，从准备到结束经过半年跋山涉水艰苦认真的工作，完成公证保全。

侵华日军在常德残杀百姓、焚烧房屋、奸淫妇女、破坏公共设施和文化古迹、抢占民地、奴役劳工，犯下累累罪行；但现今日本国内的右翼势力却妄图否定这一铁的事实，他们肆意歪曲历史、修改历史教科书，而常德人民的血泪控诉是批驳日本右翼势力谬论的最有力的佐证。大量前所未闻、触目惊心的事实，都是对历史最好的见证；保全证据公证工作已经远远超越其本身的法律作用和意义。

第二章　律师事务

第一节　律师管理

律师管理是包括对律师组织机构、律师资格、律师证照、律师任职及律师的惩戒等方面的管理。

图 3—10　市司法局暨市律协党的群众路线教育实践活动动员大会召开

司法行政机关依照《律师法》和《律师事务所管理办法》等规定对律师事务所和律师进行监督、管理、指导。市司法局的职责是：负责拟定全市律师工作规划和管理工作规范；指导律师事务所组织建设、队伍建设及律师行业党的建设；负责律师事务所设立、变更、注销的审查报批；负责律师事务所、律师的年度考核、行政处罚和律师职称评聘工作；指导监督企事业单位法律顾问工作。

市司法局具体负责律师日常管理工作的是内设机构律师公证管理科。

一、队伍建设

2001 年 12 月，公证律师科更名为律师公证管理科。2010 年 7 月，《常德市司法局主要职责内设机构和人员编制规定》《中共常德市委常德市人民政府关于印发〈常德市人民政府机构改革方案实施意见〉的通知》《中共常德市委办公室常德市人民政府办公室关于常德市人民政府机构设置的通知》规定，市司法局内设律师公证管理科。

到 2015 年年底，全市律师共担任常年法律顾问 899 家，比上年增长0.44%；担任刑事辩护和代理 848 件，比上年增长 4%；担任民事、经济、行政诉讼代理 3348 件，比上年增长 7.3%，办理各类百万诉讼事务 2637 件，办理法律援助 310 件，解答法律咨询人次，代写法律文书 767 件，帮助国家、集体、公民避免和挽回损失 20631.7 万元。至 2000 年年末，有律师事务所 27 个，律师人数 243 名。

二、业务管理

主要重点工作：(1)为国有企业改革和发展保驾护航。据不完全统计，全市律师帮助企业实行公司改制 7 家，组建企业集团 6 家，实行 3 家企业联合，兼并 6 家，实行租赁经营 87 家，承包经营 176 家，进行股份合作 73 家，参与企业破产程序 24 家，帮助企业建立健全社会保障机制 324 家，帮助 72 家企业安置下岗职工 2321 人，帮助 333 家企业解决改革中发生的各类纠纷 521 件，对社会的稳定、经济的发展起到较好的作用。

(2)倡导律师为抗洪救灾，保卫家园，恢复生产尽职尽责。1998 年，常德市遭受特大洪水袭击，常德市律师管理人员和律师与人民解放军、民兵一道战斗在抗洪抢险的最前线。常德市律师还积极为灾民捐款捐物，据统计，常德市 200 多名律师共捐款捐物合计 7.8万元。

(3)深入开展“双千双万”活动，依法维护当事人的合法权益。随着社会的不断发展，人们的法律意识日益增强，求助法律解决的事务也日益增多。市局抓住这一契机，下发《关于开展“双千双万”法律服务活动通知》，要求律师不论大案小案，收费高低，不论特困企业、下岗职工，能否收费只要能维护社会稳定，保证当事人的合法权益不受侵犯，都要兢兢业业去办，以社会效益为先。

图 3—11　常德市第三次律师代表大会

(4)加强教育整顿，提高两个素质。全面贯彻落实司法部《关于严格执行律师法，进一步加强律师队伍建设的决定》和省厅的贯彻意见，认真抓教育整顿，以教育为主，整改结合树立律师的良好形象。市司法局和湖南龙马律师事务所一道筹集资金，结合纪念《律师法》颁布实施 2 周年，拍摄《从龙马律师事务所的发展看律师在市场经济中的作用》电视专题片，引起社会的普遍关注。

(5)加快改革步伐,发展律师事业。第一是对国资所注入活力,让其引进合伙所的管理机制,实行人员聘用制,主任选聘制,收入分成分配制,增强国资所活力;第二是规范对合作所、合伙所的引导管理,促进合作合伙所健康发展,今年总结《改善管理、严格规范、推动合作、合伙制律师事务所的发展》的经验,在全省律师管理工作经验交流会上发言。

2001 年,全市律师共担任常德法律顾问 1053 家,比上年增长 10.5%,担任刑事辩护及代理 1022 件,比上年增长 10.1%,代理民事、经济、行政诉讼案件 4371 件,比上年增长 10.3%,代理非诉讼案件 4479 件,比上年增长 11%,代写法律文书 1399 件,解答法律咨询 6053 件,涉及标的 50646.2 万元,索回赔款欠款 9174.3 万元。(1)救贫扶弱,积极开展法律援助。是年,全市律师共办理法律援助案件 512 件,比上年增长 20.3%,此外,结合全省进行的"法律服务三湘行"和助残活动,组织全市各律师事务所近 200 名律师,走上街头,开展法律义务咨询,共解答 693 人次,接受案件代理 16 件,其中免费代理 2 件,得到广大群众特别是残疾人的一致好评。

(2)抓培训推优,提高律师业务素质。是年 4 月,组织全市律师在市委党校进行一次《反倾销法》《物权法》等法律法规的学习培训,开展辩论赛。评选全市第一届"十佳律师"。同时,宣传和推介先进律师事务所典型经验和做法,发挥示范作用。

(3)积极推进改革,圆满完成国资所脱钩改制。从 2000 年 8 月开始,经过努力,克服重重困难,完成常德市国资所的清产核资、资产评估、人员安置和重新组建等一系列工作。常德市原有 28 家律师事务所,其中国资所 20 家、合作所 6 家、乡镇所 2 家。经改制后,在 20 家国资所中,保留由财政拨款、承担法律援助义务的 5 家,改为合伙所(合作所)的 15 家,撤销 3 家,还新成立 3 家。

2002 年,有律师事务所 28 个、律师人数有 326 名。全市律师共担任常年法律顾问 1205 家,担任刑事辩护及代理 1280 件,代理民事、经济、行政诉讼案件 5336 件,代理非诉讼案件 5156 件,代写法律文书 2250 件,解答法律咨询 7742 件,涉及标的 79831 万元,索回赔款欠款 15390 万元。律所完善投诉、调查、听证和处罚制度,加大对违法违纪律师的处罚力度。经过整顿规范法律服务秩序,集中惩治假冒律师执业行为,清理非法法律服务机构,净化法律服务市场。是年来,共开展惩治非法执业人员专项活动 2 次,对 21 名非法执业人员进行处罚,净化法律服务市场。

(1)服务经济建设,避免国有资产流失。湖南协平律师事务所律师龙占河为常德三家建筑公司挽回损失 210 万元。湖南云济律师事务所律师陈建成协助常德市农行清收贷款,为常德市农行挽回经济损失 2000 多万元,有效地避免国有资产的流失。

(2)加强律师事务所规模化建设。是年 3 月,市局召开全市分管局局长、律管股股长和市直律师事务所主任会议，会议要求全市律师事务所走规模化、高层次的发展之路，各所要逐步使执业律师人数达到 15 ～20 人，所年办案件达到 500 件以上，年业务收费达到 100 万元，所积累和固定资产达到 200 万元以上。经过努力，全市律师达 15 人以上的所从上年 3 家上升至 7 家，其中 20 人以上的所 共 3 家。

(3)狠抓学历教育，提高律师文化素质。司法部要求，执业律师从 2002 年起 5 年内必须取得本科文凭。广大律师通过各种途径提高学历水平。是年，常德市未达本科学历的执业律师全部开始通过各种途径读取本科文凭，而已达到本科学历的执业律师也有不少在攻读研究生文凭。湖南凌风律师事务所鼓励律师读研报销 50%的费用。

2003 年，有律师事务所 30 个，律师人数有 332 名。全市律师共担任常年法律顾问 968 家，担任刑事辩护及代理 1147 件，代理民事、经济、行政诉讼案件 3824 件，代理非诉讼案件 4080 件，解答法律咨询 15406 件，涉及标的 75814 万元，索回赔款欠款 15406 万元。

(1)加强指导，不断提高社会影响。利用常德市创建学习型城市的第一个学习日，发动城区 11 个律师事务所，100 多名律师走上街头，开展义务咨询活动，在活动中共解答法律咨询 689 人次，接受案件代理 18 件，其中免费代理 2 件，得到广大群众的好评。湖南天迪律师事务所 10 名律师与文理学院 300 多名师生开展一次大型面对面联谊活动。

(2)热情服务，认真开展职称评定。省厅规定律师事务所脱钩改制人员自改制之日起三年内评职称补考英语，通过共同努力，在律师职评方面，是年，常德市共有 3 名律师取得二级律师职称资格，14 名律师取得三级律师职称资格，74 名律师取得四级律师职称资格。

2004 年，共办理民事诉讼代理 3040 件，刑事诉讼代理 1267 件，行政诉讼代理 243 件，非诉讼案件 4383 件，为当事人避免和挽回损失 7346.3 万元。惩戒整顿情况：要求各地成立法律服务市场稽查大队，专门负责法律服务市场的整顿和对违法违纪律师的查处。组织专门力量到法院对查看案卷 10512 卷，特别是对民事、经济案件进行登记，并与律所收案登记相对应，看是否有私自办案、私自收费情况。集中查处投诉案件，是年全市共接到投诉 6 起，其中县局接到投诉 4 起、市局接到投诉 2 起，6 起投诉案件已经调查完毕并进行处理。

(1)建立健全律师管理规章制度。对原有规章制度进行清理和完善，制定《常德市律师队伍管理操作规范》(试行)，作为全市律师队伍的行为操典，并印发《常德市律师事务所和律师诚信服务管理细则》《常德市律师事务所统一接受委托统一收费管理细则》，进一步规范律师的执业行为。

(2)抓律师队伍的党组织建设。是年，经市局党组多次向市委组织部汇报，争取到市委组织部的支持，11 月 10 日，市委组织部行文批准设立常德市律协党委，12 月 5 日市局召开全市党员律师大会，律协党委正式挂牌成立，是年还新设立湖南经卫律师事务所、湖南劲鸣律师事务所、湖南钰鑫律师事务所 3 个单独党支部和湖南独角兽、湖南凌风律师事务所 1 个联合党支部。

(3)强化业务素质，提高律师理论水平。组织全市律师积极向“第四届中国律师论坛”投稿 2 篇，向“中南六省(区)律师协作暨律师业务理论研讨会”投稿 6 篇，向“房地产业务律师事务论坛”投稿 3 篇，并有 3 篇论文在“中南六省(区)律师协作暨律师业务理论研讨会”上获奖并在会上宣读。

图 3—12 市律协党委召开党的群众路线教育实践活动专题组织生活会

(4)积极引导律师为稳定服务。是年，组织全市律师直接参与信访接待工作，并与市信访局联合印发《关于律师参与涉法信访接待工作的意见》，共接待来访人员 351 人次，其中协助信访部门息诉罢访 21 人次、引导法律援助 12 人次。

2005 年，有律师事务所 31 个，律师人数 312 名。

是年，全市律师共办理民事案件 3270 起，刑事案件 1168 起、行政案件 267 起、经济案件 1046 起。

惩戒整顿情况。市局全年接待来访 36 人次，受理投诉 9 件，处理结案投诉 6 起，较好地维护律师和当事人的权益。由于狠抓制度建设和投诉的查处，全市律师事务所的建设和管理进一步规范，律师队伍执业违规违纪现象有所减少，律师队伍执业违规违纪现象有所减少，律师执业行为日趋规范。

(1)扎实开展规范建设年活动，促进律师行业执业规范。是年，按照司法部的部署和省司法厅的工作安排，在律师行业开展“合伙律师律师事务所规范建设年活动”。为确保活动富有成效，市司法局和各区县(市)司法局党组高度重视，召开专题会议研究部署，成立领导小组，制定方案。一是建立领导联系点责任制度；二是采取实地督导和电话督导相结合；三是开门纳谏，广泛征求意见。

(2)积极开展先教活动，加强律师行业党建工作。根据市委统一部署，市直律师事务所党员先进性教育活动 7 月正式启动，市律协党委积极组织市直 5 个律师事务所党支部开展党支部开展先教活动，认真制定活动方案，及时指导督导。参加先教活动的党员认真学习教育读本，联系实际撰写心得体会，对照党章剖析党性，结合群众意见制定整改措施，积极参与“为党争光，为民服务”主题实践活动。

（3）把握标准，做好年检注册。是年，律师事务所、律师年检注册工作出现新要求，所以市司法局多次下文对年检注册中不再收取注册费用作出详细说明和具体要求，各地认真按照新标准对申报年检注册的律师事务所、律师进行审核，较好地完成31个律师事务所，312名律师的年检注册工作。

（4）认真进行业务培训，不断增强律师业务素质。为把全市律师队伍建设成“精通法律，一专多能”的团队，市律协在10月组织全市注册执业律师进行为期四天的培训，由省司法厅律管处处长彭炎生，法学博士、教授邱兴隆等进行授课。

2006年，有律师事务所31个、律师人数322名。据统计，截至10月底，全市律师共办理民事案件3476起、刑事案件1235件、行政案件287件、经济案件1215件，全市律师志愿团为农民工提供法律援助162次，参与涉法信访接待467人次。惩戒整顿情况：全年市局接待来访群众48人次，受理投诉8件，处理结案8起，较好地维护律师和当事人的权益。

（1）认真开展律师“三进”活动，努力提升律师队伍的整体素质。按照司法部的部署和省司法厅的工作安排，是年，在律师行业开展法律服务进乡村、进社区、进企业的“三进活动。”市、县两级司法行政机关高度重视，组建律师志愿者队伍，各区县（市）司法局精心挑选5～6名律师组成律师志愿团，由分管局长负责，为农民、社区、企业提供优质法律服务，同时为确保律师“三进”活动的实效，市司法局、市律协组织两个检查组对全市活动开展情况进行督查，并提出督查意见。

（2）服务党委政府中心工作，大力拓展业务领域。认真参与涉法信访接待，市、县司法行政机关始终把律师参与涉法信访工作作为维护社会稳定的重要工作狠抓落实，挑选素质较高的律师参与当地政府部门的信访接待工作，主动对上访人员按程序正确行使权利，为各级行政部门减轻压力，维护稳定做出贡献。拓展涉外、非诉讼、公益事业3大业务领域，各地积极组织指导律师将法律服务延伸至外商投资、进出口贸易、知识产权保护、环境保护、专利、商标等领域。

图3—13　常德市律师参加公正司法常德行法律咨询活动

2007年，有律师事务所33个，律师人数233名。是年，全市律师共办理民事案件2736件、刑事案件1023件、行政案件174

件、经济案件 1107 件，全市律师志愿团为农民工提供法律援助 137 次，参与涉法信访接待 415 人次。

惩戒整顿情况。是年，市局接待来访群众 27 人次，受理投诉 7 件，处理结案 7 起，较好地维护律师和当事人的权益。

(1)积极参与“司法行政大动员，化解矛盾促和谐”专项维稳活动。根据省司法厅的工作安排，组织全市律师参与“司法行政大动员，化解矛盾促和谐”专项维稳活动，市司法局、市律协组织市直律师事务所律师志愿团成员经社区、企业，义务解答法律咨询 437 人次，调处纠纷 66 起，发放宣传资料 1700 余份，进乡村发放宣传资料 3 万余份，义务解答法律咨询 2000 余人次，调处化解矛盾纠纷 310 余起，为农民工代理诉讼 107 起，追讨欠款筹款项 130 余万元。

(2)认真参与涉法信访接待。据统计，全市律师接待涉法信访人员 1400 百余人次，通过解答，息访 121 人次，指导转诉 207 起，指导其他途径 623 人次。为各级行政部门减轻压力，为维护社会稳定做出贡献。

2008 年，有律师事务所 34 个，律师人数 326 名。是年，全市律师共办理民事案件 4590 起、刑事案件 1113 件、行政案件 250 件，全市律师志愿团为农民工提供法律援助 248 人次；有 149 名律师参与大调解，开展法律宣传 260 次，义务解答法律咨询 2345 人次，参与调解 364 次，调解结案 281 件，参与涉法信访接待 553 人次。全年市局接待来访群众 54 人次，受理投诉 4 件，处理结案 4 起，较好地维护律师和当事人的权益。

(1)积极参与维稳活动，律师职能明显发挥。继续组织全市律师参与“司法行政大动员，化解矛盾促和谐”专项维稳活动。市司法局、市律协组织市直律师事务所律师志愿团成员经社区、企业，义务解答法律咨询 447 人次，调处纠纷 76 起，发放宣传资料 1790 余份，进乡村发放宣传资料 3 万余份，义务解答法律咨询 2000 人次，调处化解矛盾纠纷 300 余起，为农民工代理诉讼 110 起，追讨欠款筹款项 160 余万元。

(2)认真参与涉法信访接待。全市律师接待涉法信访人员 1400 余人次，通过解答，息访 121 人次，指导转诉 207 起，指导其他途径 623 人次。为各级行政部门减轻压力，为维护社会稳定做出贡献。

2010 年，全市律师共办理民事案件 3870 件、刑事案件 1435 件、行政案件 218 件，办理非诉讼法律事务 1527 件，参加公益事业和社会活动 1560 次。

(1)加强领导，健全机构。是年 2 月 8 日，召开常德市第二次律师代表大会，出席会议的律师代表共 61 人，大会通过修改常德市律师协会章程，第一届律师协会理事会工作报告、财务工作报告，选举产生 1 名会长，6 名副会长，13 名常务理事，33 名理事，聘任秘书长，成立律师维权、纪律惩戒和财务 3 个专门委员会和刑事、民商事和非诉及行政诉讼三个专业委员会，讨论通过律协相关会议规则和纪律惩戒规则为律协各项活动的开展打下良好基础，为律师行政和行业两结合管理提高保障。

（2）扩大宣传，提升形象。在常德广播电台、常德电视台、常德日报建立宣传阵地，开辟专题栏目，产生良好的社会影响。特别是“行风在线”和“法治在线”两个节目，深受人民群众喜爱。开展“十佳律师”评选活动推介律师中的先进典型。4 ～ 9 月，开展全市“十佳律师”评选活动。

（3）开展律师行业“创先争优”活动。按照省律师行业创先争优活动领导小组和市委创先争优活动办的要求，6 月 13 日，市律师行业创先争优活动领导小组办公室向各区县（市）司法局、各律师事务所下发通知，要求各地要立即召开律师党员大会进行动员，开展好宣传活动，明确律师事务所党支部和律师党员公开承诺的目的意义、方法步骤。9 月 10 日，市律协召开市直所党支部书记和主任会议，进行创先争优活动领导点评，该项工作在全省创先争优活动电视电话会上得到赞扬。

（4）提供平台，搞好信息公开。是年 3 月下旬，开通常德律师网，将全市律师和律师事务所的基本信息实行网上公开，接受社会监督。同时，常德律师网上开辟工作信息、业内动态、法律查询、公证业务、司法鉴定等栏目，为律师提供了解律师协会和律师管理工作动态的窗口，为律师的管理交流提供有效平台，受到律师的普遍肯定。

第二节　律师事务所

1989 年，法律顾问处统一更名为律师事务所。1993 年，实行律师制度改革，律师事务所成为自收自支、自负盈亏的事业单位。后几经改革，出现国资所、合伙所、个人所三种类型的律师事务所。2001 年 1 月，省司法厅同意正泰、天迪、洞庭、宏声、前进、凌风、澧州、鼎鸣、津正 9 家律师事务所改制为合作律师事务所，远大、辰龙、中锋 3 家律师事务所改制为合伙律师事务所。2001 年 4 月，省司法厅同意湖南朗州律师事务所由国资所脱钩改制为合作律师事务所。改制后的律师事务所是独立承担民事责任的中介组织（机构）。此后，律师事务所几经改制。截至 2015 年 12 月，全市共有律师事务所 39 家，其中国资所 3 家、合伙所 34 家、个人所 1 家；共有执业律师 540 名，其中一级律师 1 名、二级律师 3 名、三级律师 3 名。

2015年常德市律师事务所一览表

表3-2

名称	设立时间	律师人数	办公地址	负责人
湖南正泰律师事务所	2001年1月	15人	常德市洞庭大道中段419号德鑫花园12号楼5楼	李　强
湖南南天门律师事务所	1993年5月	35人	常德市武陵阁广场南天门律师楼	丁伟志
湖南协平律师事务所	1996年6月	16人	常德市武陵大道常德市住房和城乡建设局综合楼5楼	黄　琦
湖南龙马律师事务所	1994年1月	7人	常德市皂果路1322路	辛道云
湖南沅澧律师事务所	2002年8月	8人	常德市武陵大道浙商广场B座24楼	李文军
湖南经卫律师事务所	1997年4月	25人	常德市洞庭大道中段100号	兰志龙
湖南云济律师事务所	1985年4月	13人	常德市滨湖路666号时代广场12楼	杨迪清
湖南劲鸣律师事务所	2003年5月	25人	常德市柳叶大道1105号柳城印象13楼	罗　畅
湖南凌星律师事务所	2002年9月	9人	常德市武陵大道中段南坪信用社5楼	凌　星
湖南金州(常德)律师事务所	2014年3月	18人	常德市武陵大道紫云天大厦2306、2301室	雷志锋
湖南中思律师事务所	2007年3月	30人	常德市武陵大道南段1号楼4～6楼	周德芳
湖南群杰律师事务所	2009年9月	8人	常德市朗州路808号环卫处四楼A座	梅　刚
湖南合策律师事务所	2012年6月	20人	常德市洞庭大道尚城酒店6楼	黄道田
湖南和讯律师事务所	2012年9月	14人	常德市朗州路137号农商行大厦4楼	王　辉
湖南天迪律师事务所	1995年12月	20人	常德市洞庭大道东段207号	邹晓邦
湖南万昌律师事务所	1999年8月	12人	常德市人民中段1508号金城领域704室	张云华
湖南洞庭律师事务所	2001年2月	6人	常德市洞庭大道东段湘北一村B区1栋3楼	邹明宏
湖南天思律师事务所	2014年6月	5人	常德市朗州路水榭花城2栋	张孝天
湖南保协律师事务所	2010年1月	10人	常德市朝阳路泽云广场7栋703室	刘胜平
湖南先锋律师事务所	2013年8月	9人	常德市鼎城区武陵镇临沅路63号	何光照
湖南宏声律师事务所	2001年1月	11人	常德市武陵镇鼎喜万和大酒店10楼	黄宗纲
湖南远大律师事务所	2001年1月	10人	临澧县安福镇迎宾路邮政局1楼	陈雪凤
湖南朝阳律师事务所	2003年4月	10人	临澧县安福镇朝阳东街(原县司法局院内)	张简政

续表 3-2

名称	设立时间	律师人数	办公地址	负责人
湖南辰龙律师事务所	2001 年 3 月	3 人	汉寿县龙阳大道君领天下 B308	吴文化
湖南龙阳律师事务所	2013 年 7 月	5 人	汉寿县城关镇南岳路口	黄少华
湖南周建新律师事务所	2009 年 5 月	1 人	汉寿县龙阳镇龙阳大道龙城花苑 2 号门面	周建新
湖南独角兽律师事务所	2001 年 5 月	8 人	桃源县漳江镇漳江中路 57 号	周文锋
湖南凌风律师事务所	1985 年 5 月	11 人	桃源县漳江镇漳江路 57 号	宋　彪
湖南信义律师事务所	1999 年 1 月	8 人	安乡县洞庭大道日峰楼 6 楼	戴建国
湖南深柳律师事务所	1997 年 5 月	3 人	安乡县文艺北路(县司法局 2 楼)	王　宁
湖南前进律师事务所	2001 年 3 月	10 人	石门县楚江镇澧阳西路 70 号	李书欣
湖南楚江律师事务所	2009 年 1 月	15 人	石门县楚江镇西溶路	邓智军
湖南鼎鸣律师事务所	2001 年 1 月	11 人	津市市六一路 115 号	赵继庆
湖南津正律师事务所	2001 年 1 月	5 人	津市市银苑路 194 号	田裕林
湖南秦明律师事务所	2011 年 11 月	5 人	津市市澹津路 76 号	明文富
湖南城头山律师事务所	1996 年 7 月	18 人	澧县澧阳镇永兴寺路 45 号	阳小军
湖南澧州律师事务所	1993 年 2 月	10 人	澧县澧阳镇永兴寺路 60 号	张剑梅
湖南中锋律师事务所	1980 年 6 月	13 人	澧县澧阳镇永兴寺北街 49 号	胡一飞
湖南扬世律师事务所	2015 年 5 月	4 人	常德市武陵区锦辉佳苑	苏贤茂

附案例一：

原告鼎城区武陵镇王家铺社区第四组 132 名居民
诉被告常德市鼎城区人民政府征收土地合法性争议纠纷

案情简介：2011 年 8 月 1 日，常德市鼎城区人民政府发布常鼎政(2011)第 14 号《常德市鼎城区人民政府征收土地公告》。

鼎城区武陵镇王家铺社区第四组 132 名居民认为鼎城区人民政府实施的此一征收土地的具体行政行为不具有合法性。遂于 2011 年 9 月 3 日向常德市中级人民法院提起行政诉讼。

办案过程:湖南云济律师事务所律师杨迪清作为被告常德市鼎城区人民政府的委托代理人参加该次诉讼。

原告方共提出5个观点:1.我委托方超越职权,征收主体不合法。2.作出的具体行政行为没有法律、行政法规、地方性法规依据,且征收目的不合法。3.适用法律法规错误,征收补偿标准不合法。4.滥用职权、征收安置办法不合法。5.违反法定程序,征收程序不合法。

我方认为,1.从程序上讲,原告之起诉完全没有法律依据。2.从实体上讲,原告起诉所列之种种理由因缺乏事实依据和法律依据而不能成立。我委托方作为县级政府,具有征收土地的合法主体资格。我委托方征收土地具有充分的法律依据且目的合法,并采用的补偿标准合法。我委托方征收土地采用的征收安置办法及程序均为合法。

办案结果:法院认为,我委托方的土地征收公告针对的是行政管理区域,即常德市鼎城区武陵镇王家铺社区和该社区内农村集体经济组织、农村村民或其他权利人,该行政行为目前尚未直接涉及具体的行政行为相对人,且行政行为只进行到公告阶段,完整的行政征收土地行为尚未完成并最终产生法律约束力和强制执行力,故原告的起诉条件尚不具备。另原告132人起诉,仅提供103人居民身份证或常住人口登记卡等基本身份情况,尚有29人基本身份情况不明。遂依法驳回原告邓某平等132人起诉。

专家评价:本案在办案过程中,主要抓住以下几个关键点逐一剖析,最终达到令人满意的代理效果。

1.根据现行《土地管理法》和《土地管理法实施条例》,国家征收集体土地是强制性的,无须以被征收主体同意为条件;国务院或省级人民政府的审批属上下级政府间的内部行政程序,而非相对于被征收主体的农村集体经济组织和农民的具体行政行为。

2.根据《土地管理法》和《土地管理法实施条例》的相关规定,被征地的农村集体经济组织和农民只能对征地补偿方案中的补偿标准提出异议。而处理程序是:争议发生后,首先由县级以上人民政府协调,协调不成的,由批准征地的人民政府裁决。在鼎城区人民政府只发布征收土地公告、尚未发布征地补偿安置方案公告的情况下,原告针对征收土地的合法性问题、而不是针对征收土地补偿标准问题直接提起诉讼,显然不仅在诉权上没有法律依据,而且违反了明确规定的法律程序。

3.鼎城区人民政府作为县级政府,具有征收土地的合法主体资格,其征收土地符合公共利益需要,因而其目的合法。且其征收土地采用的补偿标准及征收土地的程序均为合法。

附案例二：

原告熊某、周某田、黄某桂、周某雄诉被告湖南省电力公司常德市电业局、湖南省电力公司常德市城区供电局等触电人身损害赔偿纠纷案

案情介绍：2011 年 8 月 18 日，常德市武陵区人民法院受理原告熊某、周某田、黄某桂、周某雄与被告湖南省电力公司常德市电业局、湖南省电力公司常德市城区供电局触电人身损害赔偿纠纷一案。

社会效果：因该类事故在司法实践中频率较高且存在较大争议，且该案受害人周某刚死亡时，其妻子熊某已有 7 月身孕，而电力部门坚持认为自己没有过错而拒绝赔偿，故该案一度引起社会各界广泛关注，2010 年 6 月 24 日《常德晚报》对此予以专题报道。

办案过程：湖南云济律师事务所律师赵勇刚，接受此案四原告的共同委托担任其代理人，参与此案诉讼。

熊某诉称，其夫周某刚于 2010 年 6 月 23 日下午 1 时 30 分左右，在柳叶湖老溪鱼塘钓鱼时因鱼竿触及鱼塘上方的高压线导致触电身亡。同年 8 月 12 日，经常德市广德司法鉴定中心尸体检验意见书（常广司鉴〔2010〕病鉴字第 039 号）鉴定：死者周某刚生前系遭电击致呼吸心搏骤停死亡。周某刚死亡时，熊某已有 7 月身孕（当时周某雄尚未出生），且一直无工作亦无任何收入来源，受害人周某刚是家庭的唯一经济支柱，其父母常年患病，一个月近千元医疗费全靠其生前一人支付。请求赔偿各项费用共计 625809.74 元，并由被告承担全部诉讼费。

专家评价：承办律师赵勇刚接手该案后，亲赴事故现场调查取证，查找大量电力设施架设技术规程，并精心绘制现场示意图，找准案件的关键点。

办案结果：最终，双方当事人在法院主持下自愿达成调解协议：由城区供电局向原告熊某等共计补偿 30 余万元，诉讼费全部由城区供电局承担。

第三章　司法鉴定

司法鉴定是指在诉讼活动中鉴定人运用科学技术或者专门知识对诉讼涉及的专门性问题进行鉴别和判断并提供鉴定意见的活动，是司法活动顺利进行的重要保障，在实现司法公正、提高司法效率、维护司法权威方面发挥着重要作用。

第一节　机构设置

2001 年 4 月 18 日，湖南省司法厅核准原常德卫校设立省第一家面向社会服务的司法鉴定机构——常德市司法鉴定中心。同年 7 月 26 日，全市各司法鉴定所(中心)相关负责人、鉴定专家，市、县两级司法鉴定工作管理人员、参与组建常德市司法鉴定中心的老领导及常德市司法鉴定的全体工作人员就“如何进一步促进司法鉴定工作规范发展”进行座谈，共庆常德市司法鉴定中心成立十周年。该中心在原卫校附属医院正式挂牌开业，标志着省司法行政部门指导管理面向社会服务的司法鉴定工作正式拉开序幕。2015 年，全市共有各类司法鉴定机构 20 家。

一、常德市司法鉴定中心

成立时间：2001 年 4 月 18 日。

依托单位：常德职业技术学院。

办公地址：常德市武陵区人民路 1266 号(原常德卫校院内)。

业务范围：法医病理鉴定、法医临床鉴定、法医精神病鉴定、法医物证鉴定、法医毒物鉴定、文书鉴定、建筑工程质量鉴定、机动车技术及交通事故鉴定、农业司法鉴定。

图 3—14　常德市司法鉴定中心

二、湖南鼎信司法鉴定中心

图 3—15　湖南鼎信司法鉴定中心

成立时间:2002 年 9 月 10 日;

依托单位:湖南文理学院;

办公地址:常德市洞庭大道 3150 号;

业务范围:微量物证鉴定、建筑工程质量鉴定。

三、湖南德源司法鉴定所

图 3—16　湖南德源司法鉴定所

成立时间:2002 年 9 月 24 日。

依托单位:湖南德源联合会计师事务所。

办公地址:常德市武陵区武陵大道 694 号(城西鸿景公寓 2 楼)。

业务范围:司法会计鉴定、建筑工程质量鉴定、资产评估鉴定、建筑工程造价鉴定。

四、常德市捍正司法鉴定所

图 3—17　常德市捍正司法鉴定所

成立时间:2002 年 10 月 24 日。

依托单位:桃源县人民医院。

办公地址:桃源县漳江镇横东街 2 号。

业务范围:法医临床鉴定。

五、常德市政弘司法鉴定所

图 3—18　常德市政弘司法鉴定所

成立时间:2005 年 5 月 17 日。

依托单位:鼎城区人民医院。

办公地址:常德市鼎城区武陵镇金霞路鼎城区人民医院门诊大楼内。

业务范围:法医临床鉴定、法医病理鉴定。

六、常德市九澧司法鉴定所

图 3—19　常德市九澧司法鉴定所

成立时间：2005 年 6 月 17 日。

依托单位：津市市人民医院。

办公地址：津市市人民医院门诊大楼三楼（津市市孟姜女大道 19 号）。

业务范围：法医临床鉴定、法医病理鉴定。

七、常德市澧州司法鉴定所

图 3—20　常德市澧州司法鉴定所

成立时间：2005 年 7 月 15 日。

依托单位：澧县澧州医院。

办公地址：澧县澧阳镇澧阳北路。

业务范围：法医临床鉴定、法医病理鉴定。

八、常德市龙阳司法鉴定所

图 3—21　常德市龙阳司法鉴定所

成立时间：2005 年 8 月 11 日。

依托单位：汉寿县人民医院。

办公地址：汉寿县龙阳镇东正街 60 号。

业务范围：法医临床鉴定、法医病理鉴定。

九、常德市倚天司法鉴定所

图 3—22　常德市倚天司法鉴定所

成立时间：2005 年 8 月 11 日。

依托单位：石门县人民医院。

办公地址：石门县楚江镇阳路 45 号。

业务范围：法医临床鉴定、法医病理鉴定。

十、常德市澧陵司法鉴定所

图 3—23　常德市澧陵司法鉴定所

成立时间:2005 年 9 月 29 日。

依托单位:安乡县澧陵医院。

办公地址:安乡县城关镇东后街 167 号。

业务范围:法医临床鉴定、法医病理鉴定。

十一、常德市杏德司法鉴定所

图 3—24　常德市杏德司法鉴定所

成立时间:2006 年 1 月 20 日。

依托单位:临澧县人民医院。

办公地址:临澧县人民医院门诊楼(安福镇人民街 48 号)。

业务范围:法医临床鉴定、法医病理鉴定。

十二、常德市信源司法鉴定所

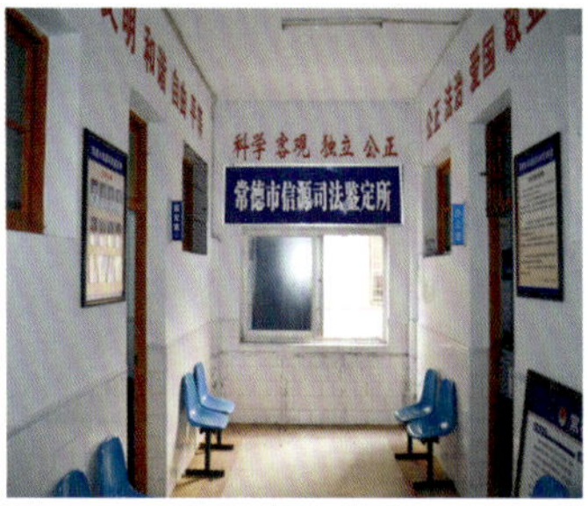

图 3—25　常德市信源司法鉴定所

成立时间:2006 年 2 月 13 日。

依托单位:桃源县中医院。

办公地址:桃源县中医院门诊四楼(漳江镇渔父南路 8 号)。

业务范围:法医临床鉴定、法医病理鉴定。

十三、常德市凯信司法鉴定所

图 3—26　常德市凯信司法鉴定所

成立时间:2007 年 5 月 22 日。

依托单位:常德市老年病医院。

办公地址:常德市老年病医院门诊楼三楼(常德市人民西路)。

业务范围:法医临床鉴定、法医病理鉴定。

十四、湖南明鉴司法鉴定所

图 3—27　湖南明鉴司法鉴定所

成立时间：2007 年 11 月 13 日。

依托单位：常德市明鉴二手车鉴定评估有限公司。

办公地址：常德市武陵区洞庭大道东段 361 号（市排水管理处 2 楼）。

业务范围：机动车技术及交通事故鉴定、车辆价值评估鉴定。

十五、常德市广德司法鉴定中心

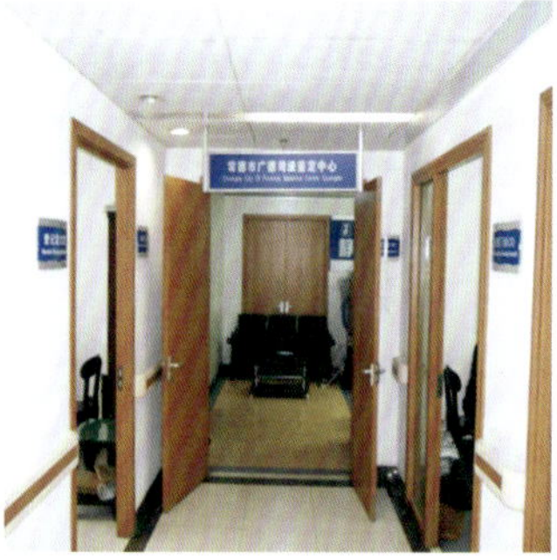
图 3—28　常德市广德司法鉴定中心

成立时间：2008 年 12 月 8 日。

依托单位：常德市第一人民医院。

办公地址：常德市武陵区人民东路 388 号。

业务范围：法医临床鉴定、法医病理鉴定、法医毒物鉴定、法医物证鉴定、微量物证鉴定、痕迹鉴定。

十六、常德市博联司法鉴定所

图 3—29　常德市博联司法鉴定所

成立时间：2009 年 3 月 19 日。

依托单位：湖南博联工程检测有限公司。

办公地址：常德市武陵区皇木关（三闾路与港区路交会处）。

业务范围：建筑工程质量鉴定。

十七、常德市常价司法鉴定所

图 3—30　常德市常价司法鉴定所

成立时间：2009 年 5 月 6 日。

依托单位：常德市湘北价格事务所。

办公地址：常德市武陵区武陵大道北段常德市物价局院内。

业务范围：价格评估鉴定、机动车技术及交通事故鉴定、车辆价值评估鉴定。

十八、常德市岐黄司法鉴定所

图 3—31　常德市岐黄司法鉴定所

成立时间:2012 年 7 月 10 日。

依托单位:常德市第一中医院。

办公地址:常德市滨湖中路(市第一中医院内)。

业务范围:法医临床鉴定、法医病理鉴定。

十九、常德市宏德司法鉴定所

图 3—32　常德市宏德司法鉴定所

成立时间:2013 年 10 月 23 日。

依托单位:常德市宏锦前列腺疾病研究所。

办公地址:常德市武陵区人民路 1266 号。

业务范围:法医临床(限性功能)鉴定。

二十、常德市惠林司法鉴定所

图 3—33　常德市惠林司法鉴定所

成立时间:2014 年 10 月 27 日。

依托单位:常德市林业科学研究所。

办公地址:常德市武陵区河洑镇。

业务范围:林业司法鉴定、野生植物鉴定、野生动物鉴定。

第二节　队伍建设

司法鉴定工作管理队伍建设。2001 年机构改革时,常德市人民政府赋予常德市司法局管理全市面向社会服务的司法鉴定工作职能,由法制科行使司法鉴定管理职能,同时负责全市司法行政部门的行政复议、行政诉讼、执法监管等工作,没有专职的司法鉴定行政管理人员。

2008 年,市司法局成立司法鉴定管理科,但仍和法制科合署办公,与司法鉴定工作的迅猛发展对行政管理的需求不相适应,在一定程度上制约司法鉴定工作的开展。

2010 年 8 月,市司法局单设司法鉴定管理科,配备 3 名专职工作人员,加强指导管理力量。

同年，常德市司法局被省司法厅评为全省“司法鉴定质量建设年活动”先进单位，司法鉴定管理科科长黑启安被评为“全省优秀司法鉴定管理干部”。

2010 年 12 月 7 日，组织召开常德市司法鉴定人第一次代表大会，成立常德市司法鉴定协会，并先后组建 5 个专门委员会（司法鉴定人维权委员会、纪律惩戒委员会、财务委员会、对外联络和宣传委员会、业务培训和质量监督委员会）和 4 个专业委员会（法医司法鉴定专业委员会、资产评估、司法会计、微量物证、农业司法、知识产权司法鉴定专业委员会、建筑工程司法鉴定专业委员会、机动车技术及道路事故、车辆价值评估、痕迹司法鉴定专业委员会），制定工作机制和各项规章制度，实现司法行政部门的行政管理和鉴定协会行业自律的“两结合”管理模式，使常德市司法鉴定工作逐步走上规范化发展轨道。

2013 年 3 月，市司法局经验材料《创新机制强化监管全面提升司法鉴定公信力》在全省司法行政工作会议上推广。

2016 年 3 月，市司法局经验材料《勇于探索强化规范推动司法鉴定管理工作创新发展》在全省司法行政工作会议上推广。

司法鉴定人队伍建设。2001 年，市司法鉴定中心成立时只有 5 名专职司法鉴定人，28 名兼职司法鉴定人，中、高级职称 10 人，法医专业毕业的只有 1 名。经过 10 年的发展，通过培养、引进，全市司法鉴定人队伍业务素质得到较大提升，人员构成和业务构成得到优化，能最大限度地满足各类司法鉴定需求。

2010 年，全市共有各类司法鉴定人 296 名，其中“三大类”司法鉴定人 185 名，“其他类”司法鉴定人 111 名；博士学历 2 人、硕士学历 32 人、本科学历 201 人，专科及以下学历 61 人；30 周岁以下 8 人、31～50 周岁 214 人、51～60 周岁 66 人、61～70 周岁 6 人，71 周岁以上 2 人。正高职称 47 人、副高职称 82 人、中级职称 140 人、初级职称 27 人。

2011 年，全市共有各类司法鉴定人 298 名，其中“三大类”司法鉴定人 182 名，“其他类”司法鉴定人 116 名；博士学历 2 人、硕士学历 33 人、本科学历 194 人，专科及以下学历 69 人；30 周岁以下 11 人、31～50 周岁 211 人、51～60 周岁 73 人、61～70 周岁 3 人。正高职称 34 人、副高职称 86 人、中级职称 156 人、初级职称 22 人。

2012 年，全市共有各类司法鉴定人 302 名，其中“三大类”司法鉴定人 184 名，“其他类”司法鉴定人 118 名；博士学历 4 人、硕士学历 42 人、本科学历 197 人，专科及以下学历 59 人；30 周岁以下 16 人、31～50 周岁 198 人、51～60 周岁 82 人、61～70 周岁 6 人。正高职称 35 人、副高职称 120 人、中级职称 115 人、初级职称 32 人。

2013 年，全市共有各类司法鉴定人 307 名，其中“三大类”司法鉴定人 238 名，“其他类”司法鉴定人 69 名；博士学历 4 人、硕士学历 42 人、本科学历 202 人，专科及以下学历 59 人；30 周岁以下 16 人、31～50 周岁 202 人、51～60 周岁 83 人、61～70 周岁 6 人。正高职称 35 人、副高职称 120 人、中级职称 119 人、初级职称 33 人。

2014 年,全市共有各类司法鉴定人 311 名,其中“三大类”司法鉴定人 233 名,“其他类”司法鉴定人 78 名;博士学历 6 人、硕士学历 13 人、本科学历 196 人,专科及以下学历 96 人;30 周岁以下 5 人、31～50 周岁 179 人、51～60 周岁 95 人、61～70 周岁 30 人、71 周岁以上 2 人。正高职称 47 人、副高职称 101 人、中级职称 124 人、初级职称 39 人。

2015 年,全市共有各类司法鉴定人 288 名,其中“三大类”司法鉴定人 187 名,“其他类”司法鉴定人 101 名;博士学历 7 人、硕士学历 21 人、本科学历 184 人,专科及以下学历 76 人;30 周岁以下 6 人、31～50 周岁 150 人、51～60 周岁 99 人、61～70 周岁 31 人、71 周岁以上 2 人。正高职称 52 人、副高职称 91 人、中级职称 112 人、初级职称 33 人。

第三节　业务管理

2001 年,常德市司法鉴定中心成立之初,只有法医临床鉴定、法医病理鉴定、法医精神病鉴定、法医毒物鉴定、法医物证鉴定五项鉴定业务,年业务量不足 200 件,年业务收费 10 万余元。经过多年拓展,到 2015 年年底,全市各司法鉴定机构共有法医临床鉴定、法医病理鉴定、法医精神病鉴定、法医毒物鉴定、法医物证鉴定、文书鉴定、痕迹鉴定、农业司法鉴定、微量物证鉴定、知识产权鉴定、司法会计鉴定、资产评估鉴定、价格评估鉴定、建筑工程质量鉴定、建筑工程造价鉴定、机动车技术及交通事故鉴定、车辆价值评估鉴定、林业司法鉴定、野生动植物司法鉴定共 19 项鉴定业务,是全省鉴定业务门类较为齐全的市州之一。2010 年,全市各类司法鉴定年业务总量突破 1 万件,年业务收费突破 600 万元,位居全省市州之首.2015 年,全市各类司法鉴定收费突破 1000 万元,较 2010 年增长 82.21%。

图 3—34　省厅司法鉴定管理处副处长严斯斯一行到政弘司法鉴定所调研

常德市司法鉴定中心刚刚成立时,该中心不仅业务量较小,而且其鉴定结论意见采信率不高,发展乏力。其后几年,面向社会服务的司法鉴定工作艰难前行。为争取重视与支持，市司法局积极向市委、市人民政府、市人大、市政协汇报，在充分调研和考察的基础上，借鉴外地经验，2004 年 10 月 10 日，市人民政府下发《常德市面向社会服务司法鉴定管理办法(试行)》，在一定程度上解决司法鉴定工作发展中遇到的困难和问题，但作用有很大的局限性。直到 2005 年 2 月 28 日《全国人大常委会关于司法鉴定管理问题的决定》出台，司法行政部门指导管理司法鉴定工作真正具有尚方宝剑，司法部、省司法厅及时出台一系列法规、规章及规定，并积极开展“司法鉴定规范建设年”“司法鉴定质量建设年”和“司法鉴定规范执业大检查”等活动，有力地推进司法鉴定工作的深入发展，工作环境和办公条件大为改善，司法鉴定人队伍素质不断提升，职业道德和执业纪律不断增强，鉴定质量逐步提高。据不完全统计，到 2015 年年底，常德市各司法鉴定机构出具的司法鉴定结论意见采信率在 95%以上，不仅为常德市相关部门开展工作提供优质鉴定服务，而且不少外省、市有关部门慕名前去常德市司法鉴定机构寻求帮助。通过全市司法行政部门司法鉴定管理工作人员、司法鉴定机构和广大司法鉴定人的共同努力下，常德市的司法鉴定数量、鉴定质量、鉴定效益、社会影响不断提升，为维护合法权益、促进司法公正做出积极贡献，受到广大人民群众和上级有关部门的充分肯定和好评。2008 年湖南省司法鉴定协会成立时，常德市司法鉴定中心侯宏锦、常德市倚天司法鉴定所丁四喜、湖南德源司法鉴定所陈忠志当选为理事，侯宏锦还当选为常务理事。2014 年，在湖南省司法鉴定协会第二次代表大会中，常德市倚天司法鉴定所丁四喜、常德市司法鉴定中心李英明当选为湖南省司法鉴定协会第二届理事会理事，李英明当选为湖南省司法鉴定协会第二届理事会常务理事。常德市司法鉴定中心注重软硬件建设，真正起到领头羊的作用，多次被省司法厅、市司法局评为“优秀司法鉴定所”，2010 年被评为“全国优秀司法鉴定机构”，同年，该中心司法鉴定人李祖富被市司法局授予“全市十佳法律工作者”称号。2011 年，常德市司法局被省司法厅评为全省“司法鉴定质量建设年活动”先进单位。据不完全统计，全市各司法鉴定机构近年来共收到感谢信 50 多封、锦旗 120 多面。

2015 年 5 月 13 日，邢金莲向司法局反映“常德市岐黄司法鉴定所鉴定不合法”。通过开展调查，司法鉴定人在鉴定过程中没有发生违规违纪行为，但由于鉴定人经验不足，没有发现被鉴定人系陈旧性骨折，导致对伤情认定出现一定的偏差，引起投诉人不满。依据有关规定，司法鉴定意见实行鉴定人负责制，通过多次召开现场协调会、案情分析会，最后通过司法调解进行妥善处理，获得投诉人的好评。

图 3—35　司法鉴定管理科组织常德市法医临床司法鉴定专家对刑金莲投诉案件涉及的 CT 片进行阅片会审

附:典型案例

司法鉴定机构　常德市司法鉴定中心

案　例　名　称　余某珂、余某芝预防接种损害赔偿纠纷

承办司法鉴定人　李祖富　雷明军

一、案情介绍

卡介苗是一种减毒活性结核杆菌疫苗,正常人体接种该疫苗后,引起免疫反应,起到预防结核病的目的。但是,被鉴定人余某珂、余某芝接种卡介苗后不仅没有起到预防结核病的目的,来源于疫苗减毒活性结核杆菌反而在体内播散,侵袭淋巴系统引发淋巴结核,继而引发全身性症状,导致余某珂终因结核菌严重感染,经多年治疗无效后死亡;余某芝多处淋巴结核威胁生命的严重后果。

2006年2月,余某珂、余某芝的父母以预防接种事故损害赔偿为由向澧县人民法院提起诉讼,要求相关机构进行赔偿。

2007年1月底,澧县人民法院委托常德市司法鉴定中心对本案的相关专业性技术问题进行鉴定。

二、办案过程

这是一起非常罕见的特殊病例。为做出客观公正的科学结论,常德市司法鉴定中心指定由李祖富、雷明军具体负责鉴定工作。2007年2月,鉴定人员多次往返中南大学湘雅医学院、中南大学附属湘雅一医院、湘雅二医院,查找文献,请教相关专家,走访经治医生和医疗专家,阅读和收集大量的文献和病历资料,历时两个月余,才做出鉴定结论。

三、办案体会

1.卡介苗疫苗产生副作用和过敏比较常见,罕见造成死亡等严重后果。鉴定人进入欧洲数据库检索结果:欧洲从1948年至1973年间,接种卡介苗的14亿人中,发生全身性卡介苗感染死亡的仅30人,0.022/10万的人与免疫缺陷有关。发生在同胞兄妹身上更是没有记载。

2.本案是常德市司法鉴定中心受理的第一起涉及国家法定免疫所引发的人身损害赔偿纠纷案件,其鉴定结论将对未来常德市处理此类案件纠纷产生重大和长期影响。

3.由于本案的当事人法律属性十分复杂,投诉历时近十年余,如果我们鉴定失误,将会使双方矛盾进一步加深或复杂化,稍有不慎还会引火烧身。

4.我们也认识到:如果把本鉴定搞好,在提高和扩展鉴定人专业知识的同时,也将会扩大中心在常德市的社会影响力和公信力。

四、社会效果

1.由于以前没有发生过该类诉讼案件,加上案件定性不清,赔偿主体不明,怎么赔,赔

多少，原告和被告分歧很大。通过我们鉴定，认定这是一起特殊的人身损害案件。最终法庭依据我们的鉴定结论，结合相关法律，按照行政程序，以国家赔偿的性质调解结案，结束一桩历时十年的疑难案件。

2.由于我们为该案的诉讼提供科学客观的鉴定结论，为法庭审判提供依据，深得本地法院的信任。近五年来，我们先后又接受各级法院、卫生局、疾病控制中心委托的有关人体接种该疫苗后，因不良反应引起的法律纠纷，为案件的审理和调解起到关键作用，获得各方高度评价。

第四章　基层法律服务及法律援助

第一节　基层法律服务

常德市基层法律服务工作起源于20世纪80年代初中期，在当时律师极为稀少的情况下，基层法律服务工作者的出现极大地缓解常德市法律服务市场供需关系不平衡的问题，广大基层法律服务工作者发挥贴近基层、便利群众、服务便捷、收费低廉等优势，面向基层提供法律服务。

基层法律服务主要有以下业务：

（一）担任本辖区内乡镇人民政府及其各行政管理部门、村（居）民委员会、企事业单位、农村承包经营户、个体工商户、个人合伙组织以及公民的法律顾问；

（二）代理参加民事、经济、行政诉讼活动；

（三）代理非诉讼法律事务；

（四）主持调解纠纷；

（五）解答法律咨询；

（六）代写法律事务文书；

（七）协助办理公证；

（八）办理见证；

（九）开展法制宣传教育和其他有关法律事务。

2000年前，司法所和基层法律服务所实行合署办公，一个机构、两块牌子。

2000年，司法部颁布《基层法律服务所管理办法》和《基层法律服务工作者管理办法》，随后印发《基层法律服务机构脱钩改制实施意见》，司法行政机关也继续采取多种措施，提高人员整体素质，逐步实现两所分离，使基层法律服务走上正规化的道路。根据《基层法律服务工作者管理办法》建立规范的执业资格认定和执业准入控制制度。2000年12月24日，司法部组织首次全国基层法律服务工作者执业资格统一考试。

常德市形成拥有38个基层法律服务所，近300名执业人员，遍及城乡的基层法律服务网络。广大基层法律服务工作者，辛勤工作在基层第一线，以“三个代表”重要思想

图 3—36 为基层法律服务工作者在为群众解答法律咨询

和科学发展观为指导，紧紧围绕党和政府的中心工作，充分发挥“扎根基层，贴近群众”的优势，积极为基层社会稳定、经济建设和改革开放提供法律服务和法律保障，取得社会效益与经济效益的双丰收，得到各级党委、政府的肯定，赢得广大群众的赞誉。

在基层法律服务事业蓬勃发展的同时，建立与基层法律服务工作发展规律相适宜的管理模式，健全基层法律服务行政管理与行业管理相结合的管理体制，促进常德市基层法律服务事业的持续、快速、健康发展，常德市于 2011 年 5 月成立市法律服务工作者协会。

第二节 法律援助机构沿革

常德市法律援助中心（以下简称市法援中心）设立于 1997 年 10 月 20 日，是经市编委办（1997）92 号文件批准设立的正科级机构管理的事业单位，归口市司法局管理。职责任务：(1)负责全市法律援助工作的指导、管理、协调事宜；(2)负责法律援助工作的组织实施，直接办理全市有影响的或党政领导交办的法律援助案件。核实该单位律师专项编制 8 名，从市云济律师事务所划拨，所需人员经费由市财政列支。设主任 1 名、副主任 2 名、律师 4 名、其他工作人员 1 名。

1999 年 4 月 28 日，市法律援助中心正式挂牌办公。2001 年 11 月 16 日，市人民政府以常政办发〔2001〕42 号文件规定，常德市法律援助中心为正科级，管理指导全市法律援助工作。核定专项编制 8 名，其中主任 1 名、副主任 2 名、其他工作人员 5 名。管理人员实行公务员制度。2001 年 7 月 26 日，市人民政府以常政发〔2001〕12 号文件，督促区县（市）加快法律援助机构设立步伐。经过全市上下共同努力，2001 年年底，市、县两级编委批准设立法律援助机构，共划定行政编制 37 人，事业财政拨款编制 16 人。至 2002 年底，市、县（区）两级法律援助机构均挂牌运转。至 2015 年，全市形成以市、区县（市）法律援助中心为主体，以乡镇（街道）法律援助工作站、村（居）法律援助联络点以及与妇联、共青团、工会、残联、军分区（武装部）、劳动仲裁、看守所、律师事务所等部门和单位联系与合作为补充的法律援助网络体系。自 1999 年成立起，先后有张光荣、樊景华、胡小青、郝冀沙、梁开国、周友保担任常德市法律援助中心主任。

第三节　法律援助队伍建设

图 3—37　法律咨询

全市法律援助工作从无到有，从小到大，经历初期起步阶段，稳步推进阶段、发展壮大阶段。

初期起步阶段（1999 至 2002 年）。全市法律援助工作在省司法厅、市委、市人民政府和市司法局高度重视和强有力领导下，市、县两级成立法律援助机构，配备专职工作人员，工作经费和办案补贴纳入市、县两级财政预算，做到专款专用。

2000 年 6 月，司法部下发《关于加快法律援助机构建设步伐的通知》，湖南省司法厅及时转发，并召开专门会议，要求各地必须在县级以上建立法援中心。是年，常德市法律援助中心被省司法厅评为“法律援助工作先进集体”，张光荣被评为“法律援助先进工作者”。

2001 年，经市司法局党组研究并经市委政法委批复同意，任命樊景华任市法律援助中心主任。2001 年 5 月 18 日，常德市司法局向常德市人民政府递交《关于进一步加强全市法律援助工作的通知的请示》。同年 7 月 26 日，常德市人民政府下发《关于进一步加强全市法律援助工作的通知》。《通知》主要有五个方面的内容：提高认识，发挥法律援助保障作用；健全机构，加快法律援助网络建设；制定措施，鼓励社会各界积极参与；安排经费，确保法律援助工作顺利开展；广泛宣传，扩大法律援助社会影响。

2001 年，省法律援助中心下达常德市法律援助机构办理法律援助案件数量目标为完成数 800 件，目标数 1000 件。是年，常德市法律援助中心应完成法援案件 120 件。2001 年 6 月 15 日至 19 日，市法律援助中心指派 20 多名律师，担任杨某秀特大贩毒案刑事指定辩护，确保市中级人民法院审判顺利进行，维护当事人的合法权益。同时在该案审理中，辩护律师与执勤法警因检查公文包发生言词冲突后酿成法警拘禁、殴打、侮辱律师和律协领导的“6·19”事件，该事件导致律师对市中级人民法院刑事指定辩护案件拒绝出庭辩护。经过市中级人民法院、市司法局、市律师协会领导协调得以解决。

为进一步加快区县（市）法律援助机构建设，常德市司法局对全市法律援助机构建设情况进行通报。2001 年 12 月，对全市 1999 年以来办理的法律援助案件质量状况做一次全面深入检查。为整顿和规范市场经济秩序，依法惩治制售假冒伪劣产品的行为，切实维护消费者合法权益。2001 年 9 月，常德市消费者委员会、常德市法律援助中心共同组建“常德市消费者委员会法律事务部”，并挂牌成立。市司法局副局长傅绍平、市法援中心主任樊景华出席会议并讲话。为及时有效帮助部队、军人及其亲属解决涉法问题，经市委、市人民政府研究同意，2001 年 4 月，市司法局、常德军分区政治部联合成立“常德市涉军法律事务援助中心”。

图 3—38　武陵区公共法律服务中心

2002 年 9 月 28 日，《湖南省法律援助条例》经湖南省第九届人民代表大会常务委员会第 31 次会议通过，并于 2002 年 12 月 1 日实施。《湖南省法律援助条例》是全省第一部规范指导法律援助工作的地方性法规，对法律援助各个方面都作出明确具体的规定，标志着全省法律援助工作已经纳入法制化、规范化发展轨道。同年 11 月 27 日，纪念湖南省法律援助制度建立五周年暨庆祝《湖南省法律援助条例》颁布实施新闻发布会在长沙举行，省人大常委会副主任罗桂求、省司法厅厅长周敦扣出席会议并讲话。湖南省司法厅下发关于开展《湖南省法律援助条例》宣传月宣传活动的通知，要求全省采取多种形式，从 12 月 1 日开始至 12 月 31 日，开展宣传活动。

为更好地贯彻市人民政府〔2001〕12 号文件《关于进一步加强全市法律援助工作的通知》精神，有效维护妇女儿童的合法权益，经市司法局批准成立常德市法律援助中心妇联工作站，机构设立在市妇联，业务接受市法律援助中心指导和监督。2002年，全市法律援助机构办理法援案件任务数800件，目标数1200件。

稳步推进阶段(2003年至2009年)。随着国务院《法律援助条例》和《湖南省法律援助条例》颁布实施，全市法律援助工作步入法制化轨道。

图3—39 常德市采取政府购买的形式为常德市弱势群体提供法律服务

2003年12月5日，召开全市法律援助工作会议，副市长刘剑英到会并作重要讲话。会议对贯彻全省会议精神进行布置和安排，确定今后一段时期的工作重点。12月20日，在步行街组织一次大型《湖南省法律援助条例》宣传活动，重点宣传法律援助有关知识，邀请市妇联、团市委、市消协、湖南文理学院、常德高职院法律专业学生开展法律咨询。是年，市司法局两次向市人民政府领导专题汇报市人民政府关于进一步加强法律援助工作落实情况，三次邀请市财政局领导到市法援中心现场办公，督促市、县两级财政将法援经费作为专项经费列支，市本级财政同意在原有16万元的基础上增加预算。是年，鼎城区原种场一分场何某先、田某珍、何某珍等28人联名委托市法律援助中心的律师为委托代理人，向武陵区人民法院提起“女儿户”土地收益分配权的诉讼，将鼎城区原种场告上法庭。市法援中心指派中心工作人员刘婧代为诉讼，经过艰难取证，历时几个月，经过武陵区人民法院3次开庭审理。2003年7月2日，武陵区人民法院判决被告鼎城区原种场给付原告何某珍、田某珍等28人每人农村征地青苗补偿等集体收益分配款项各2000元，共计56000元。是年9月8日，《潇湘晨报》以《收益分配搞性别歧视》、《常德日报》以《“女儿户”，法律为你讨说法》为题，常德电视台等媒体都对该案作报道，该法律援助案例有力地维护妇女与男子平等的合法权益。

同年，常德市法律援助中心开展妇女儿童维护工作成绩突出，被共青团省委评为“优秀青少年维权岗”。后经省厅推荐，被评为“全国青少年维权岗”。

为大力宣传国务院《法律援助条例》，在《条例》于2003年9月1日实施之际，《常德日报》记者于2003年8月30日，以问答形式采访市司法局局长周利党，周局长就法律援助范围、申请法律援助手续、法律援助政府责任、当前全市法律援助工作评价回答记者并予以刊发。

2004年，市法律援助中心在市劳教所、湖南省武陵监狱设立法律援助工作站，形成以市、区县(市)法律援助中心为主体,以社会团体和公益事业联络点为补充的二级法律援助体系。为尽快解决全市法律援助工作人员、经费等存在的问题,呼吁全社会关注法律援助事业,市法律援助中心邀请《常德日报》记者到市法援中心进行现场采访。记者以《法律援助面临尴尬》为大标题在《常德日报》刊载,分法律援助供应不足、援助机构急待强体、援助环境需要改善三个小标题,撰写一篇新闻调查,加深社会公众对法律援助工作的认识,让法律援助制度不断深入人心。

2004 年 11 月 18—19 日,湖南省司法厅举办全省法律援助机构从 1997 年 3 月成立以来,第一次全省的、大规模的、综合性的法律援助业务培训,市和区县(市)法律援助中心主任共 10 人参加业务培训。同年,常德市法律援助中心、临澧县法律援助中心、津市市法律援助中心,常德正泰律师事务所被省司法厅评为“2004 年度法律援助工作先进集体”,栗波、凌星、李日初、宋卫华被评为“法律援助工作先进个人”。

2005 年,司法部、省司法厅组织开展法律援助专项检查和调查研究活动,市司法局成立专项检查和调研活动领导小组,对全市法律援助中心在落实“三项标准”以及九部门《关于贯彻落实(法律援助条例)切实解决困难群众打官司难的意见》和《律师和基层法律服务工作者暂行管理办法》的情况进行专项检查和调研,并及时上报相关材料。市司法局先后出台《常德市承办法律援助案件补贴标准》,明确公民经济困难的标准,按城市居民最低生活保障和农村贫困线标准执行,办理法援案补贴刑事案件每件 300 元,民事及行政案件每件 500 元。《常德市法律援助制度实施办法》《法律援助受案制度》《常德市法律援助工作管理细则》等明确法律援助经费使用、受理案件“四统一”、法律援助服务质量等规定。

2006 年,为进一步建立健全全市法律援助工作网络,市司法局下发《关于在各区县(市)基层司法所设立法律援助工作站的通知》,要求各区县(市)司法局必须于年底前在基层司法所设立法律援助工作站,统一标识,要求有固定的办公和接待用房,1 名以上专职或兼职工作人员,建立法律援助工作台账。

2006 年,临澧县法律援助中心、鼎城区法律援助中心、被省司法厅评为“全省法律援助工作先进集体”,谢飞、唐植建、杨耀华、唐群、宋卫华被省司法厅评为“全省法律援助工作先进个人”。

2007 年,全市法律援助机构紧紧围绕全省“法律服务和法律援助为构建社会主义和谐社会服务”主题实践活动暨“司法行政大动员,化解矛盾促和谐”专项维稳活动,大力建设规范化法律援助中心、法律援助骨干律师队伍、村(居)法律援助工作联系点,认真落实中共十六届六中全会提出的“加强和改进法律援助工作”,采取有效措施,实现“应援尽援”目标。全年全市法律援助机构办理法律援助案件 1293 件,其中刑事案件 382 件、民事案件 888 件、行政案件 23 件,涉及农民工案件 328 件。在全市 223 个乡镇基层司法所设立法律援助工作站。

2008年，在国务院《法律援助条例》颁布实施五周年之际，加大法律援助宣传。市法律援助中心于当年6月23日在《常德日报》以《为民撑起一片天》为题，对全市法律援助工作取得的成绩进行专题报道。8月中旬，常德电视台以《法律援助暖民心》，连续报道全市法律援助工作。

图3—40 桃源县法律援助中心工作人员正在办公

为确保2008年北京奥运会安全，全市法律援助中心指派律师、基层法律服务工作者轮流到信访窗口值班，协助党委、政府解决涉法上访案件。市法律援助中心妥善处理一起长达6年的破产企业幼师集体上访案。全年共办理法律援助案件1284件，其中刑事案件256件、民事案件1157件、行政案件27件，非诉案件655件，解答法律咨询4655人次。是年11月，省法律援助中心主任许光汉一行到常德，对桃源、石门、安乡、汉寿法律援助工作进行督导检查，检查结果令人满意。

2009年，全市法律援助工作围绕"应对金融风险，促进富民强市"专项法律服务活动，积极实施法律援助民心工程，完善法律援助的组织网络，依托全市司法行政机关健全乡镇（街道）法律援助站，建立村（居）法律援助联络点，扩大法律援助覆盖面。广泛组织法律服务从业人员、人民调解员、法制宣传工作人员积极为返乡农民工、破产企业职工等困难人群有关就业、就学、就医、社会保障等民生问题，提供免费法律咨询和法律服务，预防纠纷、减少诉讼，依法维权维稳。全年共办理法律援助案件1630件，确保法律办案数量递增20%以上，解答法律咨询4179人次，为受援人避免和经济损失2890.48万元。

发展壮大阶段（2010年至）。全市法律援助工作在经历十年发展的基础上，随着困难群众对法律援助不断需求，进一步完善法律援助制度，扩大法律援助覆盖面，确保困难群众在遇到法律问题或权利受到侵害时获得及时有效法律帮助。

2010年，中央专项彩票公益金法律援助项目首次实施，市法律援助中心、桃源县法律援助中心、鼎城区法律援助中心三个项目实施单位推荐35个法律援助案件，上报获得批准，为该基金项目在全市实施打下良好基础。

2010年，省司法厅下发《湖南省法律援助为民办实事工作实施方案》，省人民政府把法律援助首次纳入为民办实事项目。市司法局党组决定，从2010年起，市本级所有法律援助案件的办案补贴专项经费不足部分，一律从中央和省财政转移支付的业务经费中开支，确保办案补贴落实到位，补贴标准有大幅提高。全年共办理法律援助案件1814件，超过省人民政府为民办实事法律援助1600案件任务指标。石门县法律援助中心成功调处该县维新镇九间铺村委会与养殖户签订水面养殖合同，导致该村16户80余人生产生活用水受污染。桃源县法援中心承办叶某银医疗事故损害赔偿纠纷案，为受援人多争取3.2万元赔偿金，杨某芬与新华人寿保险公司的社会养老保险纠纷案，为受援人补交保险2万多元。石门县法律援助中心为向某勇等68名农民工代理追索劳动报酬案，使农民工18万余元工资得到法律保障。

图3—41　困难群众到县法律援助中心咨询

为加大全市法律援助工作宣传，市法律援助中心与市电视台拍摄一部针对农村交通事故纠纷多发的专题片，并在常德电视台播放。为通过网络面向社会宣传法律援助，为群众提供在线法律咨询，为同行提供相互交流平台，常德市法律援助中心在常德市人民政府网站建立常德市法律援助子网站。

2011年2月10日，市委常委会专门听取市司法局关于法律工作的情况汇报，作出加强法律援助机构建设的决定。同年6月中旬，市司法局与市编制办组成考察组，到山东省济南市、聊城市和黑龙江省齐齐哈尔市的法律援助工作进行考察，市编委办决定市法律援助中心在现有8个编制基础上再增加行政编制5个，2012年达13个编制。市财政当年拨给法律援助专项经费17万元，案件补贴提高到每件800～1000元。7月19日，市委办公室、市人民政府办公室下发《关于进一步加强和改进法律援助工作的意见》，从进一步扩大法律援助的覆盖面、完善法律援助便民措施、全面落实法律援助政府责任、建立健全法律援助协调工作机制、加强法律援助工作组织领导五个方面提出具体要求，为全市法律援助工作发展指明方向。

2011年下半年，市法律援助中心在常德经济技术开发区、柳叶湖旅游度假区和西湖、西洞庭管理区设立法律援助工作站，并建立村(居)法律援助联络点，使全市法律援助工作站、点覆盖到全市所有乡(镇)、村(居)。把全市法律援助中心、站、点名称、联系人及电话在常德法律援助网站进行公示，实现法律援助“一小时服务圈”目标。为壮大法律援助队伍，市司法局出台《法律援助志愿者管理办法（试行）》，招募573名法律援助志愿者，并颁发法律援助志愿者证，组建11个法律援助志愿服务团，为他们提供必要的法律援助志愿服务平台。市法律援助中心开通“12348”法律援助服务热线，市司法局下文明确各区县（市）司法局把现有法律服务热线电话号码统一更设为各地前两位数加“12348”，方便群众通过电话进行法律咨询。实现“12348”与青少年服务热线“12355”的联动对接，为青少年提供在线法律帮助。2011年，市法律援助中心组织拍摄继2008年、2010年之后的第三期法律援助专题宣传片，并在常德电视台播出。全年共办理法律援助案件1716件，完成中央彩票公益金法律援助案件100件。

2012年，市法律援助中心为配合法治常德建设试点，编印《农村简要法律读本》，印制一万册，免费发放到试点农村和社区。3月14日，市司法局与常德电视台合作拍摄的第四期法律援助专项宣传片在常德电视台新闻频道播出。为配合全市司法行政开展“延伸监所帮教矫治手臂”活动，市司法局决定，由市法律援助中心牵头，在武陵监狱、市劳教所设立法律援助工作站。10月底，组织律师到武陵监狱、市劳教所为罪犯和劳教人员开展法律咨询、法律宣传，收到良好效果。为贯彻执行《劳动争议调解仲裁法》，市司法局与市人社局决定在全市劳动争议仲裁机构设立法律援助工作站。为开展“双联”和困难职工帮扶工作，市总工会聘请部分法律援助律师参与“双联”企业结对帮扶，9名法律援助律师为40家困难企业担任常年法律顾问，5次组织律师到困难企业开展法律咨询等帮扶服务活动。

2012年，市司法局在全市开展优秀法律援助志愿者评选活动，有22名法律援助志愿者获得表彰。全年办理法律援助案件2011件，完成中央彩票公益金案件187件，使用中央彩票公益金36万元。常德市法律援助网上传各类文章1065篇，在线阅读人数达283000人次。法律援助临街一楼便民服务窗口建设全面启动，建成鼎城区、桃源县、安乡县、临澧县、石门县法律援助服务窗口。

2013年，市政协法群民宗委对全市法律援助工作进行专题调研。市政协第五次主席会议听取全市法律援助工作情况汇报。市人民政府第五次常务会议对法律援助工作进行专题研究，着重解决市本级法律援助人财物的问题。一是解决法律援助便民服务窗口建设，租用市工业学业校临街门面100平方米，由政府拨专用经费用于门面装修、设备采购。二是解决“12348”法律援助律师经费问题。通过政府购买，从是年9月起，市法律援助中心“12348”法律援助服务热线在工作日期间，每天安排2名律师值班接访、接听热线、解答法律咨询，每人每天按100元补助，从而建立“12348”律师值班长效机制。

为落实新修改的刑事诉讼法，当年市县司法局、法律援助中心主动与公安看守所联系，在9个看守所设立法律援助工作站。全市法律援助中心受理公安、检察机关转交或通知办理的刑事法律援助案件106件，呈稳步增长趋势。市法律援助中心组织编辑《2010年至2012年全市法律援助典型案例》40例，印制3000册。司法部重新规定24种法律援助格书后，市法律援助中心与计财装备科联系，各印制一万份，下发到各区县(市)法律援助中心。市法律援助中心还不断更新常德法律援助网，150名有QQ号的律师参与到该网站在线义务法律咨询，不断拓宽法律援助服务渠道。是年，点击人数达55万人次。全年共受理法律援助案件1986件，申报中央彩票公益金案件177件，使用公益金项目资金350800元。

图3—42　“法律援助”进监所现场咨询会

2015年，中办、国办印发《关于完善法律援助意见》，为贯彻落实中共十八届三中、四中、五中全会明确提出完善法律援助制度的要求和习近平总书记多次对做好法律援助工作作出重要指示，根据省厅的要求，是年常德市武陵、鼎城、澧县、安乡、津市纳入全省首批33个公共法律服务中心建设试点，争取省级财政建设资金补贴各20万元以上，5个中心于是年年底全部建成并投入使用。中心集法律咨询、法律援助、法治宣传、司法鉴定、人民调解等司法行政职能，为人民群众提供“综合性、一站式”公共法律服务。是年，市级法律援助纳入市本级政府购买公共服务七项项目试点之一，司法局与湖南南天门律师事务所签订市本级政府购买法律援助服务合同。

第五章　人民调解

人民调解作为具有中国特色的非诉讼解决纠纷方式，以其独特的魅力在国际上享有“东方之花”的美誉。人民调解在全国有着深厚的文化底蕴和悠久的发展历史。自古以来“以和为贵”的传统文化让调解优先、息事宁人的思想深入人心。早在古代，全国就有由德高望重的老者和乡官调解民间纠纷的习俗。改革开放以来，随着外来新事物、新思潮大量涌入和因社会利益格局发生大的调整，各类社会矛盾急剧增加，人民调解工作面临前所未有的新挑战，在全面总结新中国人民调解工作发展经验的基础上，2010年8月28日全国颁布《中华人民共和国人民调解法》，从制度创新、制度规范、制度保障的高度，以国家立法的形式对人民调解的性质、任务和原则，人民调解组织形式和人民调解员选任，人民调解的程序、效力等问题作出规定，使人民调解工作进一步有法可依。多年来，市委、市人民政府一直高度重视人民调解工作，面对错综复杂的新形势，常德市人民调解工作迎难而上，循序推进，不断开创新的工作局面。2010年，市司法局被司法部评为“全国人民调解宣传工作先进单位”。2010年，全国道路交通事故民事损害赔偿人民调解工作现场会议在吕梁召开，常德市在会上介绍经验。2010年度，市司法局被省司法厅评为“全省人民调解化解矛盾纠纷专项攻坚活动先进单位”，局长胡云武在全省司法行政工作会议上介绍经验。

图3—43　湘鄂安石边界联合人民调解委员会成立大会在安乡县官垱镇政府召开

2011—2015年，常德市连续5年荣获“全国人民调解宣传工作先进单位”称号，在全省综治委“三调联动”专项组办公室组织的年度考评中连续3年名列第一。2011年1月，常德市在全省司法行政工作会议上介绍人民调解化解矛盾纠纷专项攻坚活动经验。2012年8月，在全省“调解化积案，息访保平安”人民调解专项活动推进会上介绍经验。2013年6月，市司法局应邀出席湘赣边界矛盾纠纷联防联调工作第一届年会，介绍湘鄂常荆边界联合调委会先进工作经验。2014 年以来，全市司法行政系统深入开展“三调联动化矛盾、息诉息访促平安”专项调解活动，在活动中不断创新工作思路和工作方法。

经过建设发展，常德市人民调解工作体系基本形成。市、县两级司法局和基层司法所指导人民调解工作能力不断加强，以乡镇（街道）、村（居）和企事业单位人民调解委员会为主的人民调解组织机构不断得到巩固完善；与相关部门整体联动，建立道路交通事故民事赔偿、医患纠纷、劳动人事争议等矛盾多发行业和领域的专业人民调解组织；安乡县与湖北公安县联合开展湘鄂边界联防联调等重点区域的人民调解工作。因道路交通事故民事赔偿和边界联防联调成效明显，其工作经验被中组部、司法部向全国推广。据统计，截至 2015 年 12 月全市共建人民调解委员会 3883 个，其中乡镇（街道）人民调解委员会 229 个，村（居）人民调解委员会 3396 个，企事业单位人民调解委员会 55 个，社会团体和其他组织调委会 203 个，共有人民调解员 14317 名，其中村（居）调委会人民调解员 1185 名，乡镇（街道）调委会人民调解员 1457 名，企事业单位调委会人民调解员 256 名，社会团体和其他组织调委会人民调解员 719 名。

人民调解委员会是群众自治性组织，人民调解是依靠人民群众自身力量解决人民群众内部之间的矛盾纠纷，相对于行政调解和司法调解具有独特的基础优势。人民调解组织遍布城乡、覆盖面广，方便群众办事、反映问题；人民调解员生活在人民群众中，便于及时发现、捕捉矛盾纠纷的苗头，获取深层次、预警性信息；人民调解在双方自愿的前提下开展，平等协商、不伤感情，可以因地制宜，适当参考当地风俗、道德、人情等社会规范，做到合情合理合法，容易被人民群众所接受，有利于减少当事人的对抗情绪，做到和平解决纠纷；人民调解具有成本低、效率高的特点，有助于缓解公检法部门办案压力，减轻财政负担。据临澧县统计测算，2014 年以来，人民调解组织共调解各类民间纠纷 3537 件，成功率达 99.5%，履行率为99.5%，是县法院同期处理的民事案件的 3 倍，是县公安部门同期处理的治安行政案件的 15 倍，按照县法院每件立案费 500 元加上律师代理费等计算，至少为纠纷当事人节约诉讼成本近 900 万元；如果纠纷全部交由县人民法院处理，至少需增加法官 150 人，增

图 3—44　剪市镇司法所在剪家溪居委会调解一起因生产噪音扰民产生的纠纷

加500多万元的经济负担；如果纠纷全部交由县公安部门处理，至少需增加公安干警100人，增加400多万元的经济负担。

稳定的社会环境是建设和谐常德的重要基础和保障。人民调解的工作目标就是通过开展大排查、大调解，将矛盾纠纷消灭在萌芽状态，力争做到"小纠纷不出组，大纠纷不出村"，达到"无民转刑案件、无自杀事件、无群众性械斗、无群体性上访"。据统计，2015年，常德市人民调解组织共调处各类民间纠纷22348件，调解成功21165件，调解成功率达95%，防止因民间纠纷引起的自杀事件82件、民转刑176件、群体性上访263件、群众性械斗81件，起到化解矛盾纠纷"第一道防线"的作用，有力地维护地方稳定和谐。

第一节　调解组织

一、调解领导小组

图3—45　司法干部现场调解纠纷

2007年4月，为进一步加强对社会联动调解工作的领导，实现人民调解、行政调解、司法调解三大调解手段的对接联动，根据中央、省有关要求和市委、市人民政府《关于建立社会联动调解工作体系的意见》、市综治委《常德市社会联动调解工作体系操作办法》文件精神，市综治委决定，调整常德市社会联动调解工作组织体系，将市社会联动调解工作委员会由与市综治委合署办公（一个机构、两块牌子），调整为成立专门的社会联动联调工作机构，正式组成市"三调联动"工作领导小组（以下简称"领导小组"）。由市委常委、政法委书记胡宗清为组长，市人大常委会副主任杨先平、市人民政府副市长李爱国、市政协副主席万成贞、常德市军分区政治部主任张恒洲任副组长，市委政法委、市综治办、市维稳办、市司法局、市中级人民法院、市人民检察院、市公安局、市人民政府法制办、市信访局、市财政局、市民政局、市教育局、市农办、市人事局、市劳动局、市城市管理行政执法局、市建设局、市工商局、市人口计生局、市总工会、市国土资源局、市交通局、市卫生局、市规划局、市水利局、市环保局和市妇联等部门负责人为成员。领导小组办公室设在市司法局，由市政法委副书记、市综治办主任姚景平任办公室第一主任，市司法局局长周立党任办公室主任，市司法局副局长肖先谋任办公室副主任。领导小组印发《常德市三调联动工作办法》，明确领导小组制定工作规划、督导工作落实、解决重大问题、落实经费保障等主要职责，明确领导小组办公室在“三调联动”工作中行使健全机制、分流调度、检查督办、对调处单位提出奖惩建议等职权。随后按照市综治委的统一要求，各区县（市）先后成立相应的“三调联动”工作领导小组及办公室。市、县两级“三调联动”工作领导小组及其办公室，在“三调联动”机制建设和狠抓工作落实方面发挥领导核心作用，为“三调联动”工作的顺利开展打下坚实的基础。

2009 年 2 月 5 日，市委书记卿渐伟主持市委常委会，专题研究“三调联动”工作，并决定将“三调联动”工作经费纳入市财政预算；2 月 13 日，市人大五届二次会议上，市长陈文浩在《政府工作报告》中提出，要“发挥人民调解、司法调解、行政调解‘三调联动’的作用，有效化解矛盾纠纷”；同年，市综治工作“一中心、五网络”建设也将其中“调解转化”网络调整为“三调联动”网络，从机制上保障“三调联动”工作健康有序发展。伴随着市委、市人民政府这一系列的新举措，常德市“三调联动”工作步入快车道。

2009 年 8 月，因工作需要，市综治委对市“三调联动”领导小组成员和办公室工作人员进行调整，由市委副巡视员、市委政法委副书记吴生元任组长，市政协副主席敖建斌、常德市军分区政治部主任张恒洲、市委政法委书记饶南丙、市人大内司委主任万利、市司法局局长胡云武任副组长，饶南丙兼任办公室主任。

二、联调组织

驻交警中队人民调解工作室。2009 年，根据公安部和司法部基层工作指导司《关于开展人民调解委员会调解道路交通事故民事损害赔偿试点工作通知》，常德市与辽宁大连、江苏南京、湖北武汉、广西南宁一起被确定为试点城市，承担起探索建立新形势下中小城市和农村道路交通事故民事损害赔偿纠纷调处新机制的任务。接到试点工作任务后，常德市成立人民调解委员会调解道路交通事故民事损害赔偿试点工作领导小组，由市委政法委副书记饶南丙任组长，市综治办副主任程志刚，市公安局副局长、市交警支队支队长廖建华，市司法局副局长肖先谋，常德市保险协会会长杨克文，市交警支队副支队长雷秋红，市中级人民法院民一庭负责人为成员。常德市从退休交警、司法助理员、法官中选聘 52 名专职人民调解员，在县（市、区）城区、城关镇的 20 个交警中队设立人民调解工作室开展试点工作。经过一年的实践，常德市试点工作基本达到预期工作目标，人民调解在化解道路交通事故民事损害赔偿争议、确保道路交通秩序畅通中发挥重要作用，得到公安部、司法部的高度认可。2010 年全国道路交通事故民事损害赔偿人民调解工作现场会议在吕梁召开，常德市在会上作经验发言。试点工作一年（2009 年 7 月至 2010 年 6 月），全市各驻交警事故处理中队人民调解工作室共调处案件 6151 起，涉及金额 1.57 亿元，调解成功率达 95%，未发生因调解不力或不及时引发的矛盾激化事件和群体性事件。

医患纠纷人民调解工作室。为有效预防和化解医患纠纷，努力构建和谐医患关系，2009 年，根据全省集中治理医患纠纷专项行动电视电话会议精神，常德市探索解决医患纠纷的新机制，积极运用三调联动工作机制调处医患纠纷。是年，全市共建立医患纠纷专业调解委员会 10 个，在全市 29 家二级以上医院设立医患纠纷人民调解工作室，聘请专（兼）职人民调解员 58 人，建立专家库 10 个，聘请法学、医学专家 300 多人。从是年 3 月至 2010 年年底，各医患纠纷专业调解委员会和医患纠纷人民调解工作室共受理医患纠纷 83 起，调处成功 81 起，成功率达 97%，赔偿金额达 145 万元，避免因医患纠纷引起的群体性事件 8 起。

湘鄂黄山周边五乡镇联合人民调解委员会。为维护边界稳定构建平安边界，1989 年 5 月，湖南安乡、湖北公安两个县跨界联合，在湖北省公安县黄山头镇携手组建“湘鄂黄山跨省民间纠纷联防联调工作委员会”（以下简称湘鄂黄山联合调解委员会），专门调处跨省纠纷。联合调解委员会成立后，各成员单位积极运作，调处大量跨省纠纷，促进边界秩序的明显好转，受到接边地区党政领导和人民群众的高度赞扬。联调委成立 23 年来，该会共调处边界各类纠纷 1800 余件，避免群体械斗 85 起，消除重大纠纷隐患 335 件，实现边界连续 23 年来无群体械斗，防止非正常死亡 61 件 73 人，防止民转刑案件 56 件，消除重大隐患 190 余件，同时为公安机关提供破案线索 480 多条，为边界群众避免和挽回经济损失 700 多万元。1999 年 5 月 8 日第十次年会上，吸收湖北甘家厂乡、湖南焦圻镇和安生乡加入，更名为“湘鄂黄山周边五乡镇联合人民调解委员会”。

图 3—46 边界联调会议上，双方代表签订协议书

第二节　调解业务

一、业务培训

业务培训是司法行政机关指导人民调解工作的重要形式。常德市、县两级司法行政机关高度重视对人民调解员的培训工作，把教育培训作为提高人民调解员素质的基本途径紧抓不放，建立培训制度，制定培训计划，编写培训教材，采取岗位培训、年度培训、示范培训、观摩交流、旁听案件审理等多种方式，分期分批对全市人民调解员进行培训，使广大人民调解员解党和国家的方针政策，掌握一定的法律、政策知识和调解技能，人民调解队伍的整体素质得到明显提升。

全市各地立足人民调解工作的性质和特点，结合常德市实际和新形势下人民调解工作的实际需要，着眼于提高人民调解的社会公信力，大力推进人民调解工作规范化建设，取得积极的进展。全市各人民调解组织普遍健全和完善人民调解工作流程，明确受理、调解、履行等环节的具体要求，规范人民调解工作程序；健全完善人民调解委员会岗位责任制、重大纠纷讨论、学习、例会、回访、业务登记、统计和档案管理等制度，继续推进统一人民调解文书格式和标识徽章工作，规范人民调解工作管理，多数调委会做到印章、标识、程序、徽章、文书、标牌六统一；组织、工作、制度、人员、场所、经费六落实，各地还进一步健全完善人民调解员行为规范，严格人民调解工作纪律，保障人民调解工作的公正性。

二、调解原则

《中华人民共和国人民调解法》第 3 条规定的人民调解委员会调解民间纠纷，应当遵循下列原则：(1)在当事人自愿、平等的基础上进行调解；(2)不违背法律、法规和国家政策；(3)尊重当事人的权利，不得因调解而阻止当事人依法通过仲裁、行政、司法等途径维护自己的权利。

三、调解程序

1.纠纷受理

《中华人民共和国人民调解法》第17条规定："当事人可以向人民调解委员会申请调解；人民调解委员会也可以主动调解。当事人一方明确拒绝调解的，不得调解。"

《中华人民共和国人民调解法》第18条规定："基层人民法院、公安机关对适宜通过人民调解方式解决的纠纷，可以在受理前告知当事人向人民调解委员会申请调解。"

图3—47　矛盾纠纷周排查大调解工作手册

2.组织调解

《中华人民共和国人民调解法》第19条规定："人民调解委员会根据调解纠纷的需要，可以指定一名或者数名人民调解员进行调解，也可以由当事人选择一名或者数名人民调解员进行调解。"

《中华人民共和国人民调解法》第20条规定："人民调解员根据调解纠纷的需要，在征得当事人的同意后，可以邀请当事人的亲属、邻里、同事等参与调解，也可以邀请具有专门知识、特定经验的人员或者有关社会组织的人员参与调解。人民调解委员会支持当地公道正派、热心调解、群众认可的社会人士参与调解。"

《中华人民共和国人民调解法》第21条规定："人民调解员调解民间纠纷，应当坚持原则，明法析理，主持公道。调解民间纠纷，应当及时、就地进行，防止矛盾激化。"

《中华人民共和国人民调解法》第22条规定："人民调解员根据纠纷的不同情况，可以采取多种方式调解民间纠纷，充分听取当事人的陈述，讲解有关法律、法规和国家政策，耐心疏导，在当事人均等协商、互谅互让的基础上提出纠纷解决方案，帮助当事人自愿达成调解协议。"

《中华人民共和国人民调解法》第23条规定当事人在人民调解活动中享有下列权利：

（一）选择或者接受人民调解员；

（二）接受调解、拒绝调解或者要求终止调解；

（三）要求调解公开进行或者不公开进行；

（四）自主表达意愿、自愿达成调解协议。

《中华人民共和国人民调解法》第24条规定当事人在人民调解活动中履行下列

义务：

（一）如实陈述纠纷事实；

（二）遵守调解现场秩序，尊重人民调解员；

（三）尊重对方当事人行使权利。

《中华人民共和国人民调解法》第25条规定："人民调解员在调解纠纷过程中，发现纠纷有可能激化的，应当采取有针对性的预防措施；对有可能引起治安案件、刑事案件的纠纷，应当及时向当地公安机关或者其他有关部门报告。"

3.调解终结

《中华人民共和国人民调解法》第26条规定"人民调解员调解纠纷，调解不成的，应当终止调解，并依据有关法律、法规的规定，告知当事人可以依法通过仲裁、行政、司法等途径维护自己的权利。"

《中华人民共和国人民调解法》第27条规定："人民调解员应当记录调解情况。人民调解委员会应当建立调解工作档案，将调解登记、调解工作记录、调解协议书等材料立卷归档。"

四、调解协议

1.调解协议的生效

《中华人民共和国人民调解法》第28条规定："经人民调解委员会调解达成调解协议的，可以制作调解协议书。当事人认为无需制作调解协议书的，可以采取口头协议方式，人民调解员应当记录协议内容。"

《中华人民共和国人民调解法》第29条规定调解协议书可以载明下列事项：

（一）当事人的基本情况；

（二）纠纷的主要事实、争议事项以及各方当事人的责任；

（三）当事人达成调解协议的内容，履行的方式、期限。

调解协议书自各方当事人签名、盖章或者按指印，人民调解员签名并加盖人民调解委员会印章之日起生效。调解协议书由当事人各执一份，人民调解委员会留存一份。

《中华人民共和国人民调解法》第30条规定："口头调解协议自各方当事人达成协议之日起生效。"

2.调解协议具有法律约束力

《中华人民共和国人民调解法》第31条规定："经人民调解委员会调解达成的调解协议，具有法律约束力，当事人应当按照约定履行。人民调解委员会应当对调解协议的履行情况进行监督，督促当事人履行约定的义务。”

《中华人民共和国人民调解法》第32条规定：“经人民调解委员会调解达成调解协议后，当事人之间就调解协议的履行或者调解协议的内容发生争议的，一方当事人可以向人民法院提起诉讼。”

《中华人民共和国人民调解法》第33条规定：“经人民调解委员会调解达成调解协议后，双方当事人认为有必要的，可以自调解协议生效之日起三十日内共同向人民法院申请司法确认，人民法院应当及时对调解协议进行审查，依法确认调解协议的效力。人民法院依法确认调解协议有效，一方当事人拒绝履行或者未全部履行的，对方当事人可以向人民法院申请强制执行。人民法院依法确认调解协议无效的，当事人可以通过人民调解方式变更原调解协议或者达成新的调解协议，也可以向人民法院提起诉讼。”

2002年最高人民法院《关于审理涉及人民调解协议的民事案件的若干规定》第1条规定“经人民调解委员会调解达成的、有民事权利义务内容，并由双方当事人签字或者盖章的调解协议，具有民事合同性质。当事人应当按照约定履行自己的义务，不得擅自变更或者解除调解协议。”

最高人民法院《关于审理涉及人民调解协议的民事案件的若干规定》第4条规定：具备下列条件的，调解协议有效：

（一）当事人具有完全民事行为能力；

（二）意思表示真实；

（三）不违反法律、行政法规的强制性规定或者社会公共利益。

最高人民法院《关于审理涉及人民调解协议的民事案件的若干规定》第5条规定有下列情形之一的，调解协议无效：

（一）损害国家、集体或者第三人利益；

（二）以合法形式掩盖非法目的；

（三）损害社会公共利益；

（四）违反法律、行政法规的强制性规定。

人民调解委员会强迫调解的，调解协议无效。

最高人民法院《关于审理涉及人民调解协议的民事案件的若干规定》第6条规定，下列调解协议，当事人一方有权请求人民法院变更或者撤销：

（一）因重大误解订立的；

（二）在订立调解协议时显失公平的；

一方以欺诈、胁迫的手段或者乘人之危，使对方在违背真实意思的情况下订立的调解协议，受损害方有权请求人民法院变更或者撤销。

当事人请求变更的，人民法院不得撤销。

最高人民法院《关于审理涉及人民调解协议的民事案件的若干规定》第 7 条规定，有下列情形之一的，撤销权取消：

（一）具有撤销权的当事人自知道或者应当知道撤销事由之日起一年内没有行使撤销权；

（二）具有撤销权的当事人知道撤销事由后明确表示或者以自己的行为放弃撤销权。

最高人民法院《关于审理涉及人民调解协议的民事案件的若干规定》第 8 条规定“无效的调解协议或者被撤销的调解协议自始没有法律约束力。调解协议部分无效，不影响其他部分效力的，其他部分仍然有效。”

附：典型案例

1.十七年债务积案 三个月案结事

因为 17 年前的一笔债务纠纷，家住武陵区东郊乡皇木关社区 11 组的孙某（女，57 岁）长期上访，但问题一直没有解决。今年 2 月，武陵区司法局东郊司法所受理该纠纷后，仅用 3 个月，就结这起积案。

纠纷基本情况：该纠纷形成于 1993 年。当时，孙某作为某服装厂（村办集体企业）的法人代表，向乡基金会申请 17 万元的贷款，用于采购设备、原材料，扩大生产。但是，由于市场风险、经营管理、产品款式等原因，服装厂陷入困境，最后破产倒闭。企业剩余资产在清偿有关税费、职工工资和债务后，抵偿乡基金会的部分债务。此后，乡基金会经常向孙某催收剩余债务。孙某认为该债务不属于个人债务，自己不应该也无力偿还。乡基金会便通过乡、村两级，累计扣留孙某应该分得的征地补偿款近两万元。为此，孙某一家便到省里、市里上访，但是问题一直没有得到妥善解决。今年年初，由于常德大道改扩建，东郊又有部分土地被征用，孙某应该分得的补偿款又将被扣留。

纠纷调解过程：今年 2 月份，孙某找到东郊司法所反映情况，提交有关证据，请求调处。司法所工作人员受理该债务纠纷后，认真调查解，收集证据，研究相关法律法规，对纠纷双方开展调解工作。同时，在事实基础上，司法所根据《民法通则》《乡村集体所有制企业条例》等法律法规，向东郊乡党委政府、乡基金会出具该债务纠纷的调解意见书。《乡村集体所有制企业条例》第 17 条规定企业破产应当进行破产清算，法人以企业的财产对企业债权人清偿债务，也就是承担有限责任。东郊乡党委政府和乡基金会也接受司法所的调解意见。

纠纷调解结果：经过司法所工作人员 3 个月的细致工作，纠纷双方于 2010 年 5 月 26

日达成一致，乡基金会退还孙某的土地补偿款，并不再向孙某个人追偿剩余债务。这样一起长达 17 年的债务积案，在东郊司法所的调处下，最终妥善化解。该起纠纷的化解，不仅解决纠纷双方间这一历史遗留矛盾，还维护孙某依法取得土地征收补偿款的权利，对类似纠纷起到正确依法调处的引导作用。

2.边界溺水身亡　两地联调化解

2010 年 8 月 14 日 6 时左右，安乡县黄山头镇司法所长彭优农和派出所长吴春节同时收到该镇界沟村调解主任邹爱祜的报告：在界沟村四喜砖厂的水池里发现一具男尸，经辨认系该村 9 组村民周某松的岳父刘某松（刘某之父），而刘某松则是相邻湖北省公安县甘家厂乡同兴村 6 组村民，患有轻度的智障，但已在界沟村四喜砖厂工作三年，该事件尚不知是故意还是意外，死者家属情绪激动。

彭优农意识到事态的严重性，立即与湖北公安县甘家厂司法所长赵正祥联系，双方迅速赶往事发现场解情况，防止事态恶化。通过公安局现场取证及刑事人员鉴定结果表明：刘某松系溺水死亡，现场也并无打斗痕迹，排除他杀的可能性。但死者刘某松之女刘某、女婿周某松则认为砖厂在水池周围未设立任何警示牌和防拦设施，致使死者失足掉入水中溺水而亡，砖厂应负主要责任，要求砖厂赔偿十五万元。砖厂老板认为：(1)砖厂曾多次警告刘某松必须到指定的澡堂内洗澡，不准在水池里进行洗漱；(2)厂方曾要求对方投保，而刘银松则认为投保的费用够喝几个月的酒，不愿投保；(3)厂方是在刘某松女婿的强烈要求下，并承诺今后出事不要厂方负任何责任的前提条件下，出于同情才收留他的，因此，厂方只愿承担死者刘某松的安葬费等部分费用。

由于双方在赔偿的数目上不能达成一致，死者家属的情绪非常不稳定，边界双方迅速成立以黄山头镇政法委书记张建中为组长，湖南湖北黄山头专职调解员为成员的联合调解领导小组，一方面安抚死者亲友的情绪，一方面向双方讲解相关法律法规，联调组不分昼夜地奔波于湖南湖北交界的黄山头，动之以情，晓之以理，以一对一的方式分别做死者家属和砖厂负责人的工作，多次开协调会进行协商，经过两天两夜的不懈努力双方终于达成协议：四喜砖厂一次性支付刘某松 9 万元。

图 3—48 《法制日报》《湖南日报》组织的黄山周边联防联调座谈会在黄山头镇举行

第四篇　监管改造

图 4—1　武陵监狱"喜迎十八大 红心永向党"歌咏暨帮教联谊会演

第一章　综合性事务

作为国家的刑罚执行机关——湖南省武陵监狱担负着全省被判处有期徒刑服刑人员的收押和改造任务。自 1988 年以来，监狱（支队）始终坚持对服刑人员实行惩罚和改造相结合、教育和劳动相结合的原则，努力将服刑人员改造成为守法公民和社会的有用之材；坚持依法监管，根据改造服刑人员的需要，组织服刑人员从事生产劳动，对服刑人员进行“三课”教育、个别教育、辅助教育等，走过一段艰难而曲折的历史发展过程。

1988－1996 年，全面规范化管理时期。1988－1990 年，支队继续全面贯彻落实“改造第一、生产第二”的方针，依照《中华人民共和国劳动改造条例》管教服刑人员、执行刑罚，依照省“两院一厅”下发的《劳改罪犯百分制考核办法》（试行）考核服刑人员；“三课”教育走上正轨，柳泉职业学校在全省组织的办学检查验收中取得合格证，先后办政治教育班 17 个、初中扫盲班 11 个、技术培训班和职业短训班 10 个；在生活卫生方面对服刑人员实行革命的人道主义，在政策许可的范围内尽量改善罪犯伙食，衣被按期发放，疾病及时防治。1990 年 11 月 6 日司法部第 12 号令《罪犯改造行为规范》颁布实施。监狱按照基本规范、生活规范、学习规范、劳动规范、礼貌规范管理和教育服刑人员，要求

图 4—2　每月 1 日清晨，武陵监狱组织全狱服刑人员在监内操场，参加升国旗仪式，加强爱国主义教育

服刑人员背诵和遵守“58条”。1991—1996年，监狱（支队）大力推进规范化管理。1991年3月，确定三大队为规范化管理示范大队。1992年3月，经省劳改工作管理局验收，三大队监管工作规范化管理达标。1993年，支队全面推进规范化管理和“三分”（分押、分管、分教）工作，并从警察执法规范、基层业务规范、罪犯改造行为规范、监舍内务环境规范、劳动现场管理规范五个方面制定可操作的达标标准。3月，支队领导带领工作组在五大队率先办点、召开现场会。1994—1996年，支队（监狱）按规范化管理要求，不断加强监督改造工作。1994年12月29日，《中华人民共和国监狱法》公布施行，《中华人民共和国劳动改造条例》同时废止。支队管教工作走上依法治监的轨道；1995年，《国务院关于进一步加强监狱管理和劳动教养工作的通知》中提出监狱工作要坚持“惩罚与改造相结合，以改造人为宗旨”的方针，“改造第一、生产第二”的监狱工作方针废止。支队管教工作走上以提高教育改造质量为中心的轨道。1995年5月，常德劳动改造管教支队更名为武陵监狱。1995年9月，监狱党委提出管教工作“十项对策”，即全面开展规范化管理；增强专政意识；坚持狱政管理原则；增强警察对服刑人员的个别教育；加大对狱内侦查力度；加强生卫工作；重新组建内看守中队；扩充监外巡逻队；拟定落实追逃方案；抓好安全防范常规性工作。1995年12月，监狱制定《监管改造工作考核细则》（以下简称《细则》），《细则》涉及警察执法、狱政、狱侦、教育、生卫工作等方面。1995年下半年，根据监管形势发展需要，监狱临时安排非管教线科室负责人参与总值班。1996年，总值班工作开始纵横拓展，实行监狱领导和管教线各科室负责人轮班制，制定总值班制度（后被省局借鉴、修改为监狱领导带队值班巡逻制度），设置总值班室，规定总值班日考核，设立与考核挂钩的改造奖金，使总值班工作步入制度化、经常化的轨道。1996年，监狱将规范化管理达标作为监狱工作的重点，通过艰苦的努力，监狱实现无重大恶性事故、非正常死亡和成批流行性疾病的发生，监管秩序持续稳定，服刑人员违规率大幅度下降，狱政、狱侦、教育、生卫等各项指标达到司法部规定的标准，以93.3分的成绩顺利通过省局验收。同年，全省监狱系统在武陵监狱召开现场会，总结、推广武陵监狱规范化管理经验及总值班工作、监管改造工作考核经验。

图4—3　20世纪七、八十年代武陵监狱劳作区岗楼

1997—2005年，创建省级现代化文明监狱时期。1997年后，监狱以《监狱法》为准绳，

以创建省级现代化文明监狱为目标，贯彻落实“惩罚与改造相结合，以改造人为宗旨”的监狱工作方针，健全和完善服刑人员百分制考核办法，分押、分管、分级处理实施办法，进一步强化狱政管理、狱内侦查、教育改造、生活卫生等方面工作，服刑人员管理日趋法制化、制度化、规范化。在强化监管手段的同时，紧密结合新形势下在押服刑人员的改造实际，不断深化服刑人员“三课”教育，积极办好柳泉职业学校，让服刑人员“刑期”变“学期”。中华人民共和国司法部令第88号《监狱服刑人员行为规范》自2004年5月1日起实施，《罪犯改造行为规范》同时废止。1997年年初，监狱党委提出创建一个文明监区(一监区)、一个文明分监区(严管分监区)的目标，提出“跑掉一个罪犯，开除一个干部”的严厉处罚措施。“创建”工作成效显著，一监区于11月经省局验收合格，成为全省第一个现代化文明监区。2003年，监狱党委确立“利用三年时间，确保2005年顺利通过省局现代化文明监狱达标验收”。10月，省级现代化文明伙房、现代化文明接见室及两个现代化文明监区经省局验收合格并授牌。2003年12月10日，《司法部关于进一步推进监狱工作法制化、科学化、社会化建设的意见》公布，武陵监狱紧密结合监狱工作“三化”建设与“创建”工作。2003—2005年，服刑人员违规率持续下降，改造质量稳步上升，危顽犯转化率不断提高，服刑人员生活条件明显改善，截至2005年9月，武陵监狱连续八年实现监管安全“四无”，连续四年被评为全省监管改造工作先进单位、优胜单位，“创建”工作的硬件、软件建设达到省级现代化文明监狱的要求和标准。2005年12月16日，武陵监狱以三年平均得分966.17分的优良成绩通过全省第一个省级现代化文明监狱考核验收。2006年1月，省司法厅授予武陵监狱为“省级现代化文明监狱”，并记集体二等功。

2006—2015年，向部级现代化文明监狱迈进时期。自获得“省级现代化文明监狱”殊荣后，武陵监狱党委立足长远，放眼未来，认真思考和规划监狱发展方向，将创建“部级现代化文明监狱”确立为奋斗目标。2006年后，武陵监狱认真贯彻执行监管改造工作方针、政策、原则、法律法规，以监狱工作“三化”建设为指导，以提高教育改造质量、降低刑释人员重新犯罪率为目的，面临监管改造工作的新要求、新压力，监狱上下围绕创建“部级现代化文明监狱”的奋斗目标，在精心做好监管改造日常工作的同时，突出创新教育改造方式方法，突出改善物防、技防条件，确保监管持续稳定，确保改造质量稳定提高。从司法部印发的《司法部关于进一步推进监狱工作法制化、科学化、社会化建设的意见》中指出：“探索服刑人员改造工作有效途径和方法，增强教育改造的有效性。”自2006年开始，武陵监狱在创新教育改造方式方法上进行一系列有益的探索和实践，尤其是服刑人员改造状况讲评和大墙日记等项工作，成为武陵监狱的特色和亮点。从2006年至2015年，服刑人员改造状况分监区周讲评、监区月讲评、监狱季讲评持续坚持；从2007年至2015年，全狱服刑人员共撰写日记15万篇，《大墙日记增刊》出刊21期，选登优秀日记376篇。这两项创新性工作步入制度化、经常化，受到省局的肯定和推介。坚持服刑人 员改造状况三级讲评和撰写大墙日记的制度，对稳定监管秩序、提高改造质量起到良好作用。2011—2012年，物防、技防条件不断改善。2011年，先后投入近300万元，其中：90多万元用于配电系统的改造，新建配电中心；100多万元用于监控系统的升级，增设摄像头300多个，新建监控点26个，全面实现狱内二级监控；30多万元用于监舍结构性缺陷的改造，拆除86间监舍的卫生间隔墙，消除监控死角；10多万元用于监门门禁系统的升级，将网格式钢管门换成全封闭铁板门，在门内安装转闸，实现门禁系统智能化（一人一卡，刷卡通过）；投入30多万元用于增加对讲机、催泪喷射器、网枪等单警装备。5月中旬，全省监狱系统监管工作会议在武陵监狱召开；8月，省局号召全省各监狱学习武陵监狱不等不靠、艰苦创业、规范管理、确保安全的经验。2012年，安装钢网墙并新铺980米电网，在生产车间增加承重钢梁。至2015年，武陵监狱连续八年实现监管安全“四无”和“七个不发生”，实现警察队伍公正、文明、廉洁执法，实现教育改造有新特点，实现劳动改造有新提高，监管改造工作受到省监狱管理局充分肯定，教育改造工作得到司法部通报表彰，为创建部级现代化文明监狱夯实基础。

2015年11月11日上午，湖南省武陵监狱迁址新建工程举行开工仪式。武陵监狱党委书记、监狱长谭洪，党委副书记、政委刘祖欣，党委副书记、副监狱长虞文炎，常德市金禹水利投资有限公司董事长刘润年，总经理朱军，鼎城区和石板滩镇政府相关负责人等出席仪式。武陵监狱迁建新址位于常德市鼎城区石板滩镇狮子山村，占地面积239.7亩，总建筑面积6万多平方米。武陵监狱迁建工程前期工作于2012年6月开始启动，预计2017年建成并投入使用。迁建工程启动以来，武陵监狱紧紧围绕“创建部级现代化文明监狱”的目标，严格执行监狱建设标准，科学布局规划，适度超前设计，强化功能融合，突出文化特色，决心将武陵监狱建设成为一所布局合理、功能齐全、设施完善、管理规范的现代化文明监狱，打造成为全省监狱系统和常德政法战线的一大亮点，为维护社会的安全稳定和服务经济社会发展贡献新的力量。

第一节 规范化管理

1991年，全厂（支队）的监管改造工作紧紧围绕贯彻落实司法部5、11、12号令来开展，以防逃保安为中心，以稳定监管改造秩序为前提，以提高改造质量为目的，以推动规范化管理为重点而开展工作。同时，确定三大队为实施规范化管理的示范大队。自3月开

图 4—4 严管禁闭人员座谈会

始，三大队在省劳改工作管理局、市司法局的指导下，在支队的直接领导下，认真贯彻落实省局规范化管理达标意见，注重结合实际，制定规章，不等不靠，因地制宜，创造条件，始终坚持抓住三个具体规范不放松，大力促进“三个转变”。3 月初，经支队党委研究同意，正式成立以支队分管改造工作的副政委任组长，市司法局劳改科科长、三大队教导员任副组长，政治处、狱政科、教育科、生卫科主要负责人任组员的坚强有力的 领导小组；并由支队狱政科、三大队、市司法局劳改科组成工作班子。班子成立后，使规范化管理工作事事有人管、件件有人抓。4 月，在落实 1990 年 11 月 6 日司法部令第 11 号《监管改造环境规范》过程中，支队拨给三大队 3000 元奖金改造罪犯接见室；5 月份，确定宽管室和严管室的选点。同时，狠抓《警察行为规范》及考核细则和“三分”等项工作的实施。就这样一环扣一环，一步一个脚印，使三大队的规范化管理逐步走上正轨。

是年，支队在三大队办试点的基础上，狠抓全支队的生活卫生规范化管理，积极组织资金，新修一幢 1630 平方米监舍楼、240 米监房围墙、650 平方米监区水泥路及二、五大队罪犯伙房，蒸汽房、开水房、蓄水池，对 1800 平方米监舍全面维修等，共耗资 62.2 万元。特别是三大队因地制宜，将一栋旧地下室改建成全封闭式的规范化接见室，还利用雨天修缮围墙、道路、植树种草，优化改造环境。

1992 年 3 月，经省劳改工作管理局检查验收，三大队监管工作规范化管理达标。

1993 年初，支队党委决定以全省规范化管理达标单位——三大队为榜样，在全支队展开这一工作，力争年内规范化管理全支队达标。为此，支队成立由主要领导挂帅的领导小组，从警察执法规范、基层业务规范、罪犯改造行为规范、监舍内务环境规范、劳动现场管理规范五个方面制定可操作的达标标准。3 月份，支队领导带工作组在五大队率先办点召开现场会，以点带面，有效地加快全支队规范化管理的进程。经过近一年的努力，五个大队的规范化管理基本达标。

1996 年，武陵监狱党委将规范化管理达标作为监狱工作的重点，进一步加强服刑人员改造行为规范化管理，加强基层基础业务规范化管理，加强监舍内务和环境规范化管理，加强劳动现场规范化管理，加强警察执法规范化管理。1996 年 8 月，在全省监狱系统规范化建设达标检查中，以 93.3 分顺利通过验收，名列全省 17 个达标单位之首，受到省厅、局领导高度评价。

2011 年，党委按照司法部统一部署和省监狱局实施方案，全面开展监狱规范化管理年活动，并在管教工作中大胆采用新方法、新举措。高标准抓好内务规范化管理。生卫部门、监区、分监区逐日对服刑人员内务进行检查，从严管理、从重考核。监狱投入 70 万元，统一配发囚服、被褥 3500 套，在全省率先实现管理标准、卫生要求、囚服寝具、生活用品、考核奖罚“五统一”。7 月，全狱内务管理工作顺利通过省监狱局的试点验收。2011 年 7 月 21 日，由省监狱管理局生卫处副处长申祖军带队的省局验收组，对武陵监狱服刑人员内务规范化管理达标工作进行评审验收。验收组深入监区后看到，武陵监狱监内种植和摆放大量月季、菊花、兰草各色花卉及绿色植物，处处花团锦簇、郁郁葱葱。监区走廊、楼梯、监舍内部精心布置传统文化、儒家思想等宣传板块，在营造良好生活环境的同时，营造浓厚的特色文化氛围。服刑人员监舍的地面、墙面、门窗纤尘不染；服刑人员床单铺设平整、被子折叠方正；整理箱、塑料凳、牙刷、香皂、口杯、毛巾、水桶、热水瓶等各种生活必需品规格、编号、式样统一，摆放整齐有致。在每名服刑人员床位墙面上，都贴有服刑人员本人设计的工艺画板，画板中有个人感悟、亲人照片、手绘图片、警官寄语等，布置得温馨整洁。验收组一行还对服刑人员生产车间、生卫科伙房、服刑人员就餐现场、超市、澡堂等处进行逐一检查验收。经过全面细致检查后，验收组人员一致认为，武陵监狱服刑人员内务软硬件建设符合省局标准，内务规范化管理扎实有效；服刑人员着装规范，举止文明，秩序井然，达到省局关于服刑人员内务规范化管理的相关要求。

图 4—5　服刑人员改造状况讲评大会

2013 年，武陵监狱继续深化规范化管理和“双基”工作，趁热打铁、进一步夯实基础管理，着力加强基层和基础业务建设，并顺利通过省局检查验收。5 月份，武陵监狱被司法部评为“全国监狱劳教(戒毒)场所基层基础建设年活动”先进单位，狱政科长胡建军被评为“先进个人”。

第二节　现代化文明监狱建设

1995 年 9 月 14 日，司法部印发《关于创建现代化文明监狱的标准和实施意见》。1997 年年初，武陵监狱按照省监狱管理局的部署，在监狱工作要点中提出创建一个文明监区（一监区）、一个文明分监区（严管分监区）的目标。为此，监狱党委提出“认识要有新高度，行动要有新举措，效果要出新水平”和“硬件要硬，软件要强”，二者齐头并进的总体要求。成立领导小组，设立办公室，制定《一九九七年度“创建”工作实施细则》。《细则》把“创建”任务进行分解，列为 42 个大项，化为 111 个小项，每项工作落实到单位和责任人，限定时间完成，详细具体，可操作性强。在实施过程中，大家克服困难，狠抓硬件；持之以恒，狠抓软件。监狱主要领导和分管改造工作的副监狱长经常深入现场检查督导，曾组织 9 次全面检查，召开 3 次评议会，及时总结经验，指出问题，保证“创建”工作健康发展。狱部千方百计挤出资金，优先保证“创建”经费开支。在“难为无米之炊”的情况下，有的警察主动用私款垫付。一监区监区长杨玉波从家中存款中取出 24000 元，支付装饰材料费用；严管分监区指导员蒋海波在铺设地面砖缺钱时，自己垫付 12000 元。由于全狱上下心往一处想，急“创建”之所急，终于筹集 42.5 万元资金，基本上保证硬件建设的经费。在使用资金时精打细算，厉行节约。一监区管教股股长聂松林开动脑筋搞设计，加班加点，利用废旧材料制成电动切割机，节省请工艺美术厂作标牌的一大笔开支。各单位发扬协助精神，对“创建”给予大力支持。狱政科不仅积极筹集经费，还组织和调集罪犯劳力，尽量满足创建单位的需要；一监区罪犯阅览室缺少图书，政治处发动警察职工，不到 5 天时间，共捐书 3400 多本；四监区在自身基地任务繁重的情况下，派出 30 名技术熟练罪犯，调出楠竹 400 根，竹架板 100 块及其他基建器材，对一监区给予无偿支援。此外，监狱还根据上级的规

图 4—6　美化的监内环境

定，投资改建标准较高的宽管罪犯接见室。仅用三个多月时间，就使创建单位硬件建设基本达到创建标准。在软件建设上，全狱齐动，强化管教干部队伍建设，巩固规范化管理成果，落实各项规章制度。特别是年初监狱党委部署全年监管安全工作时，提出"跑掉一名罪犯，开除一名干部"的严厉处罚措施。"创建"工作成效显著，一监区于11月被省局验收合格，成为全省第一个现代化文明监区。

2003年，武陵监狱党委确立"利用三年时间，确保2005年顺利通过省级现代化文明监狱达标验收"。并成立领导小组和工作机构。4月17日，现代化文明监狱创建办公室挂牌成立，同年10月，省级现代化文明伙房、现代化文明接见室及两个现代化文明监区（四、五监区）经省局验收合格并授牌。

2003—2005年，武陵监狱以创建省级现代化文明监狱为总揽，根据《湖南省现代化文明监狱考核评审细则》《司法部关于印发〈现代化文明监狱标准〉的通知》要求和标准，全狱警察发扬"团结一心、艰苦奋斗、善谋实干、开拓进取"的创建精神，励精图治，勤奋创业，科学管理，大胆探索，全面提升监狱工作的整体水平。三年中，服刑人员违规率持续下降，2004年，狱内发案率为0.65%。2003年、2005年狱内发案率为0。截至2005年9月，监狱连续八年实现监管安全"四无"，连续四年被评为"全省监管改造工作先进单位""优胜单位"。三年中，全面推行狱务公开，不断强化执法监管，促进执法工作的公开、公平、公正，共办理服刑人员减刑859人次，假释35人，保外就医39人，无一起违纪违法案件发生。三年中，改造质量稳步上升，顽固犯、危险犯转化率分别为56.52%、68.80%、53.30%；共派出67名警察参加心理测试、咨询等知识培训，有效地提高心理矫治专业化水平。三年中，服刑人员生活卫生条件明显改善，新建综合楼、监舍楼、开水房、浴室、操场、球场等设施，严格按实物量标准，保障服刑人员的膳食供应，修建监内医院及购置必要的医疗器械、设备、药品，增强疾病防治能力，保证服刑人员基本医疗条件。三年中，认真贯彻落实《监狱法》《人民警察察法》和《2003—2005年监狱劳教警察队伍建设纲要》，深化人事制度改革，狠抓警察队伍基本建设、基本教育和机关管理，不断加强警察队伍的革命化、正规化、专业化建设。全狱警察中85%达到专以上学历，42%达到本科学历，其中，法律、监管、教育等专业人数达到56%以上。2003年，全狱违纪立案1起，1名警察受到政纪处分，2004年、2005年，警察违纪率为0。三年中，监狱面貌焕然一新，共投资近千万元，用于加强基本建设。新建的服刑人员监舍、服刑人员就餐场所、医院、教学楼建筑总面积共计8016.6平方米，修建警示文化墙、监内操场，进行监狱内中心路升级改造和围墙电网改造，装备电子监控系统，完善监内警戒报警装置和监听设备，完成三监区（单独关押点）的搬迁等。监狱整体布局合理、设备先进、功能齐全、环境优美、硬件建设得到极大的改观。2005年12月16日，武陵监狱以三年平均得分966.17分的优良成绩通过省级现代化文明监狱考核验收。

第三节 “两个考核”相结合的实施

1995年9月，监狱党委提出管教工作十项对策并强调要着重抓好“两个考核”，即管教警察责任制考核与服刑人员行为规范考核，要将两个考核结合起来，要从“带工带队”“门卫值班”“监内管理”等方面考核管教警察，还要根据服刑人员的违规情况考核管犯单位和管教警察。要改变过去那种服刑人员违规只处理服刑人员的做法。哪个中队的罪犯违规，既要扣当事罪犯的分，又要扣责任警察的分，这样有利于消除处理服刑人员违规，责任警察说情的坏风气。为实施此项决策，监狱采取各种途径和手段，将考核警察与考核服刑人员有机结合起来。其主要措施有两点：其一，将警察直接考核服刑人员和服刑人员违规率等内容纳入《监管改造工作考核细则》，作为考核警察的重要依据。对服刑人员的考核，实施警察全员参与的考核方略。发现某个分监区服刑人员违规，另外分监区警察、另外监区警察、科室警察、监狱领导人人可抓。监狱规定，每个监区及直属分监区每月要完成40%的扣分面，要求每个管犯警察每日要填写一次以上扣分单，完不成任务的，按《监管改造工作考核细则》对责任监区、直属分监区及责任警察给予扣分。其二，认真落实总值班日考核。总值班由狱领导与改造线科室正副科长担任。为提高值班科长的责任心，1998年3月的一次改造工作会议上，决定当日值班科长要完成扣5分以上的任务(包含扣警察的分或扣罪犯的分)。总值班记录设有“考核警察扣分”与“考核服刑人员扣分”两个栏目。牵涉警察自身违反监管改造工作制度的，则扣警察的分；若牵涉服刑人员违规行为的，既要扣罪犯的分，又要扣责任警察的分。2000年度，总值班日考核查处服刑人员扣分达2125分。

第四节 实施管教工作“8526”系统工程

2002年，为实现监管安全“四无”，提高教育改造质量，保证省级现代化文明监区、文明窗口等目标的实现，武陵监狱大力实施管教工作“8526”系统工程，即管好8个部位，开展5个创新，抓好2个考核，施行6项举措。8个部位是三监区、生卫科菜地、会见中心、监外其他服刑人员活动现场、监房门卫、内巡队、严管禁闭室、监区小围墙；5个创新是创新制度、创新监督机制、创新考核体系、创新管理方式、创新教育改造方法；2个考核是警察考核与服刑人员考核；6项举措是进一步强化监狱领导带队值班巡逻，重新编制警察考核网络，举办警察业务轮训班，制定基层管教警察一日工作规程，实行警察责任倒查制，设立曝光台。通过“8526”系统工程的实施，切实解决“创建”中的难点问题，解决依法、严格管理服刑人员中的热点问题，解决警察队伍中存在的做“偶相”、用“拐棍”、放弃监管权及各种不照章办事的问题，形成管教工作高效、统一、廉洁的运行机制，形成监督、控制、协调、考核、奖惩一体化管理模式，形成“大教育”格局，确保监管场所的安全稳定，确保警察队伍整体素质不断提高，确保服刑人员的改造质量的不断提高。该项工程实施至2006年，并被纳入每个年度《管教工作要点》。实施中，形式未变，内容根据当年度的狱情而略有变动。

第二章　分类性事务

第一节　狱政管理

一、收监、调遣

20世纪80年代，限制收押范围。20世纪90年代后，限制将本市内各区县市有期徒刑服刑人员，由各看守所送押。收押时，需具有人民法院的《刑事判决书》(两份)、《执行通知书》、《服刑人员结案登记表》，后增加人民检察院的《起诉书》(副本)，并符合收押范围，否则拒收。验证时发现法律手续不完备的，由送押机关予以说明或补充。还要进行健康检查(附体检表)。最后给送押单位开出收监凭证。收监工作由狱政科负责档案管理的警察兼管。

图4—7　武陵监狱监房大门

服刑人员入监后，要填写《服刑人员入监登记表》、照相、捺指纹、建档案等；同时，通知服刑人员家属。1988年前，对罪犯进行3～7天的入监教育。1989年，办起入监队。成立入监队后，配备专职专管警察，入监教育延长1个至3个月，实行半天学习、半天劳动，并与原来收押的服刑人员分开关押。入监教育结束后，按服刑人员类别、刑期长短、技术特长和改造与生产的需要进行分配到位。1990年，入监队对新收押的401名服刑人员举办12期入监教育学习班，使之能熟记各种监规纪律和制度。

1989—1991年“严打”期间，共新收押服刑人员1628人。1992年，在押服刑人员达1881人，为1988—2015年在押人员数最高的年度。

2003 年，省监狱管理局设置收押调遣中心，对服刑人员集中进行入监教育。自此，武陵监狱新收服刑人员由湖南省第二收押调遣中心分配，监狱负责调押。

2011—2015 年，收押的一年以下、三个月以上的短刑犯增多，出现释放频繁的现象。有的短刑犯从收押调遣中心分配到监狱时，余刑不足一个月。2014 年，满刑释放 687 人，减余假释 257 人，调训出监 101 人，年度新收押 926 人。2015 年，满刑释放 730 人，减余假释 214 人，调训出监 94 人，年度新收押 880 人。短刑期犯成为监狱押犯的主要成分。

二、监内管理

（一）三分工作

1991 年，在三大队进行“三分”（分押、分管、分教）工作示范。1993 年，“三分”工作在全支队推行。实行“横向分类、纵向分级、分类施教、分级处遇”的管理办法。按押犯类型分为财产型、暴力型、性欲型、其他型共四大类型，以中队为单位分别关押、管理教育，并对服刑人员进行分级处遇，分为基础级、普管级、严管级、宽管级。普管级又分为普管甲级、普管乙级，严管级又分为大队严管、支队严管，宽管级又分大队宽管、支队宽管。称之为“四级管理，七等处遇”，并且实行定期定级、升级、留级、降级制度，不同处遇的服刑人员佩戴不同的胸卡标记。1993 年 5 月，进行分押大调整，分押纯度骤然达 80%。1994 年，已分押人数 1435 人，占押犯总数的 92%，实行分押分管的有 6 个大队、30 个中队，其中分级处遇 1528 人，占押犯总数的 98%。同时，“三分”工作办公室还撰写《试论罪犯分级处遇与进档的合理衔接》，对该项工作开展研究。同年，实行分级处遇与服刑人员进档（奖励分档次）的挂钩。2002 年，取消大队（监区）严管级。

2013 年 1—6 月，省局指定武陵监狱为全省分级管理工作五个试点单位之一，在武陵监狱三监区、五监区分别开展分级管理试点。根据省局分级管理制度，监狱对全部在押服刑人员重新审核定级，实行张榜公示，根据定级，对不同处遇等级的服刑人员，在胸卡信息中明确标示，在亲情电话、会见、购物消费、奖励等管理环节，分别按标准给予

图 4—8 全省监狱教育改造场地建设暨罪犯出监教育工作会议

相应处遇。5 月，武陵监狱警察代表参加省局分级管理试点工作座谈会，会上省局根据该狱等几家试点单位的意见，提出地市监狱服刑人员分级管理以日常考核为主的原则。

（二）服刑人员考核

《关于印发〈劳改罪犯百分制考核办法〉》（试行）下达后，支队立即贯彻实施。1987 年 7 月，组织 17 名警察去长沙监狱参观，在学习经验的基础上，结合本支队实际制定考核细则，并进行多次修改。从 11 月 15 日起，在四大队进行试点。同时，培训各科室负责人和全体管犯警察，以及罪犯中的积委会成员、小组长、登记员，使他们对考核办法加深理解，明确具体做法，为全面实施做好准备，并利用广播、黑板报、《柳泉报》、标语、大会宣讲等形式，大讲“总则”和细则的有关条文，使全体服刑人员消除顾虑、增强信心。在此基础上，于 1988 年 1 月起全面实施。1988 年 1 月 3 日，成立以分管改造工作的副政委为组长，由八人组成的支队考核领导小组，下设考核办。各大队、中队以教导员和指导员为主要负责人相应成立考评组。共建立减刑分总台账、分台账及有关七种登记报表，实行基础奖扣分中队一支笔和减刑分奖扣分支队一支笔审批制度。为搞好原“日规则”记功和现“百分制”考核的衔接，对原“日规则”记功而且没有得到减刑的进行一次全面清理，根据记功的不同情况，分别折算减刑分，计入百分制考核台账。

1991—1994 年，三大队在实施服刑人员的逐日考核中，“严”字当头，按照《罪犯改造行为规范》和《劳改罪犯百分制考核奖罚细则》认真掌握标准，毫不放松。其一，考核全面。三大队对服刑人员的考核，不但反映劳动改造，而且全面地反映思想改造；不但记载奖分部分，而且全面的记载扣分部分；不但记载重大违规，而且全面的记载轻微违规。特别是一中队指导员廖新民起带头作用，他随身携带考核本，对本中队服刑人员的改造表现每日均有记载。一中队《罪犯改造考核奖、扣分登记表》填写得十分全面，有的服刑人员一天之内有几次奖分或几次扣分，个别服刑人员奖、扣分填满两张表。

图 4—9　服刑人员持证上岗考试

其二，考核公正。其三，考核直接。坚持警察亲自抓，罪犯考评员只负责登记。其四，考核公开，坚持逐日考核逐日公布。各中队都建有公布栏，每日服刑人员的奖、扣分均及时填写在栏内。其五，考核准确。三大队管犯警察按照“百分制”考核细则，切实做到奖、扣适度。大队规定：警察对服刑人员考核失误或放弃考核的要扣奖金，罪犯考评员登记有错或漏记的，要扣改造基础分。1994年4月，支队推广三大队实施服刑人员逐日考核的经验。

1998年5月，对服刑人员的考核，执行省监狱管理局制定的《关于对罪犯实行考核计分、以分折奖的规则》。规定服刑人员累计奖励分达20分折计表扬一次，两次表扬折记小功一次，两次小功折记大功一次，结合其综合表现，依法提请减刑、假释。

1999年，为确保对服刑人员的考核公平、公正，充分发挥其改造服刑人员的作用，监狱在各监区设立警察考核服刑人员公布栏和服刑人员奖惩计分公布栏，把考核工作置于全体警察和服刑人员的监督之下。同时，将该“两栏”的公布情况纳入管教工作考核内容，对监区进行检查、考核、督促，对监区考核罪犯中发生的问题进行整改，提高服刑人员考核工作的质量。在5月，召开的全省服刑人员考核工作会议上，省监狱管理局给予高度评价。6月24日，市委政法委执法检查组到监内找服刑人员谈话时，服刑人员一致反映考核做到公开、公平、公正，满意率达100％。

2007年12月，武陵监狱制定《湖南省武陵监狱服刑人员考核办法》，对服刑人员考核采取日记录、月公布、年终评定的工作程序和逐月进档考核。该考核办法共分四章、四十四条。从2008年1月1日起，武陵监狱的服刑人员考核执行本办法。

2012年下半年，省监狱局对服刑人员考核制度进行全面修订，从2013年1月开始执行新的《湖南省服刑人员考核奖惩办法》，武陵监狱在全体服刑人员中，利用监内小报对新考核办法进行广泛宣传，同时在各监区召开罪犯大会开展宣讲，保证新考核办法的顺利实施。

（三）日常管理

“三防一保”（防脱逃、防非正常死亡、防重大恶性事故，保监管安全）是历年监管工作的首要任务。1988年，常德劳改支队在重点工作中突出抓“三防一保”，在“三防一保”中，又坚持以防逃为中心。整改互监组。上半年，对全支队324个互监组先后进行三次整改，撤换18名不称职的互监组长，举办互监组长学习班，提高互监组长质量，为防止服刑人员脱逃和其他事故发生起重大作用。如工业大队服刑人员官某某，有次趁收工之机，躲进型铸车间的窑洞内，企图逃跑。互监组长及时清查报告干部后，仅在十分钟内便将官犯搜出。

1990年，结合贯彻《罪犯行为规范准则》，在监内开展狠刹打架、斗殴、逃跑、酗酒、赌博几股歪风的监规纪律整顿。随后，在开展的学雷锋、树新风活动中，进一步督促《罪犯行为规范准则》的实施，从而，在服刑人员中逐步形成讲文明、守纪律的风气，使监内违规率明显下降，改造秩序保持良好。同时，开展“四打一交代”为中心内容的严打斗争以及贯彻落实省里“两厅两院一委”通告，共查证落实线索3件，检举揭发犯罪线索83件，其中重大线索28件，检举犯罪金额近14万元，坦白交代犯罪金额2850元。

1994年至1995年1月，两次开展“四打一整顿”的专项斗争。整顿期间，主要采取如下措施：①召开全支队罪犯大会，宣讲《监狱法》，进行整顿动员，使每个罪犯明确整改的意义、目的、步骤和要求。②连续三天对服刑人员着囚服、理光头、戴囚犯标志进行检查。③狠抓罪犯行为举止和行为养成，对各大队监纪组罪犯、支队巡逻值班罪犯进行专门强化训练。④由内看守中队警察带领支队监纪组罪犯，每两天对罪犯搜身检查，查现金和违禁物品。⑤狠抓监容、内务卫生整理。对监区卫生进行两次检查评比，对死角进行清扫，新修垃圾园，使监内卫生有很大变化。⑥组织改造线副科长以上的干部和大队分管改造的副教导员对全支队进行两次安全大检查，对伙房刀具管理提出具体要求。⑦对各大队危险分子的“三包”夹控工作进行全面检查落实，并调整互监组。⑧压缩外宿勤杂罪犯，由原来的48人减少到28人。⑨专门召开狱情分析会，及时掌握监内动态，防止事故发生。⑩组织两次清监，对私藏的铁架、电炉、酒类进行收缴。发文决定开展《从严管理服刑人员的十项规定》检查评比活动，将评比结果与各单位服刑人员进档总分挂钩，要求服刑人员熟背和遵守《罪犯改造行为规范》，彻底解决“囚犯不囚”等问题。从而，有力地遏制脱管脱逃、酗酒闹事、打架斗殴、偷摸盗窃和打牌赌博等邪风，尤其是刹住以往家在常德市城区的服刑人员私自回家、严重脱管的邪风。

1996年上半年，监狱成立追捕领导小组，拟定追逃方案，快速追捕队进一步充实警力，抽调12名精兵强将，分几路追捕逃犯，不仅将1995年“3·11”脱逃的3名服刑人员全部抓获，而且将此前历年在逃的8名服刑人员抓捕归案，震慑监内服刑人员。2001年，根据省局的整体部署，武陵监狱开展一次以追捕保外就医逾期不归为内容的代号为“2102”的集中统一行动。时间从11月1日起至11月30日，在“2102”统一追捕行动中，抽调十多名警察组成精干队伍，兵分三路，走遍10个县(市)的40多个乡镇，超额完成省局下达的任务。

2003年，为进一步深化服刑人员行为规范教育工作，增强服刑人员身份意识，根据省监狱管理局的统一部署和安排，从3月15日起至4月15日，集中一个月时间，在全体服刑人员中开展一次行为规范训练教育和促进服刑人员行为养成的专项整顿活动，整顿活动分为三个阶段：第一阶段为准备发动阶段(3月15—26日)，主要是搞好宣传发动，提高认识，统一思想。第二阶段为教育训练阶段(3月27日—4月6日)，主要是开展具体规范整顿，包括基本规范、生活规范、文明礼貌规范、学习规范、劳动规范、队列规范等内容，要求人人过关。第三阶段为检查验收阶段(4月7日—4月15日)。在各监区自行组织验收的基础上，监狱组织验收。为指导服刑人员行为规范训练，监狱根据本狱特点，制定《武陵监狱服刑人员行为规范操典》，打印成册，人手一本，并在此基础上拍摄成录像电教片，并在监内电化教学网络放映 8 次。据统计，活动中共有 264 名警察对服刑人员的各类不规范行为进行校正 860 多次，扣奖励分达 340 人次。通过严抓细管，边整边改，服刑人员的行为规范发生明显变化：自由散漫的行为少，游监串号的少，违规违纪的少；讲礼貌礼节的多，讲秩序讲规矩的多，学习认真的多。

2004 年，根据省局的部署，武陵监狱自 5 月 20 日至 10 月 31 日，在狱内开展以“五好”（监管改造秩序好、服刑人员普法教育好、刑罚执行专项检查好、五项经费落实好、重点问题整治好）为主要内容的监管工作百日安全竞赛活动。

2009 年 5 月 9 日，武陵监狱印发《武陵监狱四项制度实施办法》，对“零监号”、徒手进监、门卫安检、门卫防逃演练四项制度的实施，提出具体的解决方案和工作步骤。随着“四项制度”的全面执行，监内服刑人员流动更加有序，死角隐患进一步减少，监管安全更有保障。

2011 年 4—11 月，有针对性地开展专项整治行动。4 月，在监内开展危险、违禁物品专项整治活动，组织集中搜查 4 次，将监内长鞋带、腰带、包装袋等全部清出。5 月，采用“倒查法”，对服刑人员逐个进行危险性评估，从身残体弱、无人接见、性格孤僻、家庭离散等几类重点人员中确定危险分子 13 人。9—11 月，开展“强化服刑人员行为规范”活动，通过行为规范教育、监规纪律教育和队列训练等，促使服刑人员端正改造态度，改善行为习惯，减少违规违纪。

2012 年 4—6 月，开展服刑人员行为规范集中整训。通过组织背诵《监狱服刑人员行为规范》、“六同、四固定、四互相”，观看《行为规范示范片》等，规范坐立行走，强化身份意识，促进互监组等制度的落实。整训期间，各监区每天利用 1 小时，开展队列训练，服刑人员除老弱病残外均参加训练。6 月中旬，组织全狱队列会操和行为规范比赛，在省局验收中取得较好名次。

2012 年，武陵监狱在监管工作中推行人防、物防、技防、联防“四防一体化”建设，监管工作中综合运用视频监控、红外报警等技防措施。对于服刑人员的互监组管理，严格执行省监狱局关于“板块移动、联号管理”的规定，运用胸卡对服刑人员进行编号，胸卡显示互监组成员姓名，互监组成员均为连号，以便警察随时抽查互监组是否统一行动。

自 2014 年 2 月中旬开始，在省局统一部署下，监狱开展“查隐患、堵漏洞、防脱逃”专项整治活动。活动期间，全狱对监管安全工作进行拉网式大排查，各监区、科室，分别建立排查工作责任制，分层次、按区域、有计划地落实排查整改工作责任。重点落实“六查”，即查思想，查硬件，查制度落实，查狱情研判，查危险和违禁物品，查严管队、禁闭室、接见室、生卫科伙房、医院等重点部位的管理是否存在安全隐患。同年 4 月 23 日至 7 月 31 日，监狱又开展为期100天的“打击破坏监管秩序行为，整治服刑人员行为养成，整治监内违禁物品”(以下简称“一打两整治”)专项行动。又于9月15日至12月31日，在全狱开展为期一百天的安全隐患排查整治活动，有效解决监狱在监管工作、服刑人员改造、制度落实方面的突出问题。

是年，突出现场管理。一是严格落实警察直接管理制度。先后开展5次集中抽查，对服刑人员代管部分区域钥匙，擅自进入警察办公区等问题，进行重点整改。二是车间现场推行走动式管理，及时解服刑人员劳动任务完成情况，解现场动态情况，及时制止服刑人员违规行为。一年中，劳动现场保持良好秩序，车间内违规比上年下降15%。三是加强互监组、点名落锁、值班交接等制度执行力度，及时合理编排新犯互监组，实现年内新调入700多名服刑人员的平稳过渡。四是加强现场处置的应急管理，完善应急处置预案，开展应急演练11次，与武警联合演练6次，增强各类突发情况处置能力。五是充分发挥总值班监控作用，加强总值班督导考核工作，及时督办整改各类问题。

2015年1月15日上午，武陵监狱在监内大操场举行服刑人员行为规范暨队列会操竞赛，共有11支代表队参加本次比赛活动，4名驻狱武警应邀担任评委，该次比赛是整治监内改造秩序的专项行动，旨在检验服刑人员整训的成效，使“行为规范、知行合一”成为每位服刑人员的行为准则。比赛现场，指挥警察警容严整、动作规范、口令清晰响亮；服刑人员精神状态饱满、口号洪亮、动作整齐划一。服刑人员的良好表现，充分体现武陵监狱服刑人员昂扬向上的精神风貌。本次比赛设立一、二、三等奖各一名，组织奖三名。五监区代表队拔得头筹，一监区、二监区分列第二名、第三名，四监区、生卫科、三监区获得组织奖。

是年6月5日起至9月5日，在监内开展为期三个月的“学习法纪制度，打击违法违规，整肃改造秩序”(即“学、打、整”)教育整治活动。以整肃监规纪律、维护监管秩序、优化改造环境为目标，组织全体服刑人员学习监规监纪，强化身份意识，提高行为养成；采取深挖细查，检举揭发，突击行动等措施，查处惩治监内违规违纪；落实规范化改造标准，严格执行“三大现场”各项监管制度，整顿改造秩序，匡正改造风气，创造规范、文明、有序的改造环境。

是年，武陵监狱加强与驻狱武警部队协作，强化共管力度，合力构筑“四防一体化”新体系，共召开狱情研判联席会12次，开展当班执勤纪律联合督查4次，联合排查、整改安全隐患20多处，升级改造执勤与监管设施10余处，开展联合处突演练2场，开展警体技能集中轮训2期，配合完成调犯押解任务24批次，真正做到联动联处，建立起共保安全的长效机制。12月，在全省监狱安全工作会议上，武陵监狱被省司法厅、武警总队评为“三共”活动先进单位。

第二节 教育改造

一、“三课”教育

根据1985年全国司法行政工作会议指示的把劳改单位办成对罪犯进行系统化、正规化、制度化、经常化的政治、文化、技术教育，以政治教育为中心，文化教育为基础，技术教育为重点，把罪犯改造成遵纪守法、有文化、有技术，能自食其力的公民的特殊学校的精神。1987年9月1日，经常德地区教育委员会批准，常德劳动改造管教支队柳泉职业学校正式成立，由支队党委书记兼任校长，分管改造工作的副政委兼任副校长，教育、狱政、生卫、生产计划技术部门主要负责人为校务委员会委员，设教务处和政治、文化、技术教研室。文化教研室下设语文、教学两个教研组。同时，接受学员1021人，聘请专职、兼职教员65人，学校采取“一级办学、集中管理”方式，统一教学内容，统一教学计划，统一教学进度，统一考试，使“三课”教育基本走上正规化、系统化、经常化。1988年，“三课”教育走上正轨，特殊学校在全省组织的办学检查验收中取得合格证。1989年，“三课”教育有新的突破，政治教育及格率达91.7%，名列全省政治统考第一名；文化教育入学率达82.6%，并有127人分别获得中、小学毕业证书和脱盲证书；技术教育发展也很快，先后办起引擎、电工、油漆、冷钳、土建、农技、养殖、医务、轻化、建材等10个技术培训班，并有80人获得劳动部门颁发的等级证书。文化教育编班11个，其中，初中班4个、小学班5个、扫盲班2个。此外，还有30多名服刑人员参加成人高等自学考试。127人获得小学、初中毕业证书，80人获得常德市劳动局颁发的中级技工等级证书，6人获得7个单科的成人高等自学考试结业证书。

1989年，各大队明确教育专干1名，在三大队设立建材分校，配备有专职管理干部两名。教学时间安排：每周星期天、星期一、星期二晚上为政治教学时间；星期三、星期四、星期五晚上为技术教学时间；星期一、星期二、星期三、星期四早晨为文化课教学时间。另外，星期天上午为职业短训班上课时间。做到每周上16课时以上，基本解决工学矛盾。

1992年，在监内开展对服刑人员的社会主义思想教育、开展《中国改造服刑人员状况》(白皮书)的教育，分8讲进行，95%以上的罪犯参加听课，绝大多数罪犯提高认识和改造自觉性。

1994年，按省局的部署，在服刑人员中系统地开展社会主义道德规范教育。以爱国主义、人生观、幸福观、婚恋观为重点，对服刑人员进行课堂教学和开展各种活动相结合的办法，以求收到理论联系实际的效果。年内围绕政治教育开展活动，一是放映录像 32 场次，通过教授、专家、学者的讲授，使罪犯加深对教材的理解。由于录像带音相质量较差，效果不理想，为弥补这一缺陷，教育科通过翻印讲课资料，下发到各大队学习，收到很好的效果。此外，还由各大队召开现身说法会 21 场，辩论会 5 场，演讲会 14 场，有 465 名罪犯撰写心得体会，有 964 人参加给亲属写一封汇报信的活动。在道德规范教育中，还抓"两个结合"：一是把道德教育同行为规范教育结合起来；二是把道德教育同常年开展"学雷锋"活动结合起来，使罪犯养成良好的行为规范和道德风尚。

图 4—10　武陵监狱纪念《监狱法》颁布实施一周年座谈会

1994 年 12 月 29 日，《中华人民共和国监狱法》颁布试行。翌年，根据省监狱管理局的统一安排，武陵监狱迅速组织对服刑人员系统地进行《监狱法》教育。2 月下旬，召开全体罪犯动员大会，布置学习任务。4 月中旬，再次召开大会动员，并提出八大具体要求和硬性指标，特别是《监狱法》中对服刑人员义务与权利的规定，要求都能背诵。会后，各大队都掀起学、背的高潮。宣讲《监狱法》中分 13 课讲授、42 课时。90％以上的服刑人员能按时完成作业，基本上领会精神。

1997 年 3 月 14 日，全国人大五届五次会议第二次会议通过修订的《中华人民共和国刑法》，开展新刑法的教育。1998 年，在罪犯中进行爱国主义教育和开展"讲文明、树新风"等活动，好人好事层出不穷。监内的罪犯之间互相问好，晚上互祝晚安，人人学会使用文明语言。8 月 8 日上午 11 时，二监区担负防汛任务的服刑人员张某、汤某某等人正在占天湖巡堤，忽然听到 100 米外的电排站传来"救人"的呼喊声，他俩寻声奔向出事点。原本是四个小孩在湖边玩水，其中一个不满七岁的女孩不慎落入水中，生命危在旦夕，他们顾不得水流湍急和浑浊的湖水，纵深跳入水中。经过奋力抢救，小孩终于脱险。

1999 年下半年，开始分步骤、分阶段、分性质的对各类犯罪性质的服刑人员进行分类教育。教材取决于统编教材，教学方法灵活，理论联系实际。在生动有趣的教学中，服刑人员受到教育，对自己的罪行有新的认识。共有 1486 名服刑人员接受分类教育。

2002年，开展师资培训和系列教育比武活动，全面提高教员授课水平，教育科先后四次集中组织思想、文化、技术教员分期分批轮训，提高师资队伍的整体素质。同时，还在警察教员和罪犯教员中开展两个不同层次的教学比武活动，坚持紧密结合实际，采取面对面的课堂化讲课方式，聘请专业教员进行综合评分，先后组织54堂生动精彩的比武课，评选出一批优秀的警察教员，分别给予表彰和奖励。

是年，从培养实用技术人才出发，监狱与市博亿电脑公司联合开办电脑培训班，由他们出设备、出师资，监狱提供场地并对学员进行管理，全年办班7期，培训罪犯160多名，让服刑人员掌握一技之长，确保出狱后适应社会的需要。同时，先后请市科协和市畜牧局的专家到狱主办四期科普知识讲座。

2003—2005年，监狱根据服刑人员的实际和社会需要，把技术教育作为基础性工作来抓，对已达到初中以上文化程度的服刑人员组织开展技术教育，并通过岗前、岗位培训，使凡是有劳动能力的服刑人员掌握一门实用技术，如电脑、烹饪以及毛织、电子元件、宝石加工等。狱内实际服刑三年以上的服刑人员，刑满时均掌握一门以上技术。

图4—11　民警指导服刑人员学电脑

2006—2010年，思想教育坚持以德为先，注重法制、道德、形势、政策教育，并组织开展学雷锋、禁毒、防艾、打黑等专题教育，同时组织开展普法知识征文与竞赛等辅助活动。通过多种形式的教育，促进服刑人员的思想转变；文化教育注重以打基础为主，做到扫盲与提高基础文化知识相结合；通过各层次教育，服刑人员文化程度普遍有较好提高。2010年，为加强服刑人员的实用技术教育和职业培训，武陵监狱与常德工业学校联合办学，对服刑人员开展技能培训。8月18日，在监狱举行开学典礼。常德市工业学校、市物价局、市劳动和社会保障局、省监狱局以及武陵监狱的领导到会并讲话。监狱投入资金，设立职业技能培训实际操作室，配备各类工具和齐全的实习材料，邀请学校教师现场授课，并组织职业技能考试考核。是年，100多名服刑人员获得由市质量技术监督局、市人力和社会保障部门颁发的锅炉、电工等技术等级证，使服刑人员掌握一门实用技能或专业技术，进一步增强服刑人员对未来生活的信心。

2011年4月11日上午，监狱组织130余名服刑人员在监狱电教室集中观看《中华传统文化公益论坛》电视专题讲座，启动服刑人员中华传统文化教育大讲堂工作。电教片以公民德行教育公益论坛包括《弟子规》《三字经》《增广贤文》等内容为主，分期分批组织全体服刑人员集中观看。

2011 年 7 月 27 日至 7 月 29 日，武陵监狱在教学楼电教室内进行“教育改造服刑人员工作大讲堂”大比武。三天时间里，来自全狱各监区和改造科室的 13 名警察分别给服刑人员授课，进行课堂比武角逐。比武活动中，各参赛警察运用现代多媒体教学手段，播放精美的课件视频，课堂上精彩纷呈。经过三天的激烈角逐，五监区选手熊某夔获得一等奖；教育科聂某林、三监区刘某中分别获得二等奖；五监区白某凡、一监区谌某雄、蒋某杰获得三等奖。

是年，通过加强与劳动部门的联系，和常德工业学校联合办班，在监内开设电工等实用技术培训班，共有 205 名服刑人员参加培训，202 人获得劳动部门颁发的技术等级证书，市委书记卿渐伟等领导在监内考察时，对出监培训寄予厚望。

图 4—12　服刑人员获得技术等级证

2014 年，“三课”教育的规范化教学进一步加强。严格落实“三课”教育，确保教学时间，对服刑人员“三课”教育全面实行课堂化教学。在教育科的统一安排下，全狱各单位每周接见日上课一天。上午思想课，下午文化课，晚上为思想讨论课，周六全狱服刑人员统一休息一天，充分保证省局规定的教学时间和教学效果。共开设思想教育大班六个，开展学法懂法、明礼诚信等内容的思想教育，入学率为 100%，到课率为 98.65%。开设文化教育班 2 个，其中高小班 1 个，扫盲班 1 个，学员 83 人，入学率达到 100%，到课率达到 100%。技术教育以使服刑人员掌握一技之长为目标，针对服刑人员的求知特点，监狱开设维修电工专业课程，开班 4 个，入学率达 100%，到课率达 98%。课堂化教学起到很好的效果。

2015 年 3 月 19 日上午，为严格落实司法部“5+1+1”制度，强化“三课”教育作用，武陵监狱召开“三课”教育教员会议。经基层推荐，教育科严格考核并报监狱领导同意，成立由向伟炜等 31 名警察组成的教员团。教员团的成员中既有工作经验丰富的监区领导，又有教学经验丰富、教学水平高的教学能手，还有富有工作激情在基层工作的青年警察，他们主要担负全监服刑人员思想教育、文化教育和技术教育的教学任务。

2015 年 6 月 24 日上午，武陵监狱对 23 名“三课”教育警察教员进行业务培训。培训内容包括三个方面：一是针对当前服刑人员现状如何进行思想教育；二是就怎样开展好教学进行讨论；三是如何利用现代化教学手段进一步创新思维，增强教学效果。该次培训，增强警察教员的业务水平，一定程度提升对服刑人员“三课”教育授课水平，从而提高服刑人员受教育的针对性，提高教学质量，使服刑人员在思想教育中真正有所得、有所感、有所获。

2015 年 10 月 19 日，在监区教学楼举行武陵监狱警察教师教学比武活动，来自各管犯单位的 13 名选手参加该次比赛。比武过程中，各参赛警察将服刑人员改造生活的实例融入教学过程，内容丰富，蕴含哲理，教学过程注重互动，便于服刑人员接受和理解。经过六个多小时的紧张角逐，青年警察赵凯荣获一等奖；潘星中、龙亢荣获二等奖；周舟、范斌、谌志雄荣获三等奖。

二、心理健康教育

2004—2007 年，武陵监狱在服刑人员中普遍实施心理矫治工作，分别采用 SCL—90、WAIS—RC、EPQ、COPA—PI 等多种心理测试方案，每天对服刑人员进行一次综合心理测试，累计测试达 6800 人次，建立服刑人员心理档案，为开展个别教育、心理咨询和心理矫治提供重要的参考分析资料，推动教育改造科学化进程。

2011—2013 年，在抓好“五个测试”，建立心理档案工作有新突破。“五个测试”是指全面测试、重点测试、随机测试、入监测试、出监测试。自 2011 年成立心理健康指导中心后，在服刑人员心理测试、心理咨询、心理矫治方面开展大量的工作。特别是从 2013 年 3 月开始，对全狱的服刑人员进行全面心理测试，并建立全面、系统的心理档案。测试选定的是 COPA—PI 测验及 90 项症状清单(SCL—90)测试。为及时准确地掌握服刑人员的心理状态，有针对性地实施心理矫治，对所有测评结果进行分类统计，对测试情况和服刑人员的心理倾向进行整体分析，并于 6 月初形成综合报告。同时，还将《分析报告》中反映出的情况及时反馈给各监区、分监区，督促监区、分监区警察针对反馈的情况认真排查、核实，心理健康指导中心再根据具体情况制定相应的矫治方案。其他各项测试工作的成效也较为明显。2013

图 4—13　2006 年，武陵监狱举办服刑人员心理综合测试

年 4 月，心理健康指导中心对有严重心理疾病的服刑人员进行心理测试，30 次为 20 名服刑人员进行心理治疗，收效很好。

2012—2013 年，在心理健康教育方面，得到外界专业人士和专业机构的大力支持。特别是 2012 年 6 月 12 日，常德市心理医院专家、国家二级心理咨询师杨舸教授应邀到狱主讲“树立良好心态重塑健康人生”专题讲座。2013 年 4 月 27 日，湖南文理学院心理健康中心主任辛斌应邀到狱主讲“安心改造，重塑自我”专题讲座。

图 4—14　常德市心理医院专家、国家二级心理咨询师杨舸授课

2013 年 9 月底，教育科对 205 名新入监服刑人员进行个体心理测试，建立心理测试档案和专档，并将测试结果转发至各管犯单位，由监区准确解服刑人员个性心理特征，对有心理问题或心理疾病的服刑人员进行心理咨询或心理治疗，使其恢复健康心理。有效预防服刑人员个体在监内的违规违纪。

2015 年，为及时掌握服刑人员心理变化，疏导不良情绪，矫治犯罪心理，不断提高服刑人员的心理适应能力，增强服刑人员心理矫治的针对性、准确性、科学性，深化心理健康教育效果，武陵监狱在各管犯单位设立服刑人员心理辅导站，并于 4 月 20 日上午召开心理健康指导中心工作会议。监区站长、辅导员共 40 余名警察参加会议，进一步明确辅导站站长、心理辅导员、心理互助员的职责及相关要求。辅导站协助指导中心开展心理健康教育工作摸底、排查，发现心理异常者，及时与指导中心沟通联系，并提供必要的信息资料，引导服刑人员主动寻求心理帮助。心理矫治工作是消除服刑人员心理障碍、稳定监内改造秩序的重要手段，监狱把它作为一项日常性的工作，做到制度化、常态化、规范化。心理咨询师定期或不定期为有心理障碍的服刑人员进行心理测试，并建立心理矫治档案，对具有严重心理疾病的服刑人员采取集体“会诊”的办法重点进行个案治疗，利用心理健康指导中心的各种资源为其治疗，收到较好的效果。

三、个别教育

1988 年，支队把因人施教的个别谈话教育摆到重要位置，突出抓好三类、四类罪犯，特别是反改造尖子的转化工作，明确责任，落实“三包”。

1990 年，支队、大队干部都有教育联系点，对危险分子和顽固犯实行包教育、包控制、包转化。三大队罪犯张某某，13 岁开始流窜盗窃，1986 年被判刑 5 年。投入改造后，还企图逃跑，受到禁闭、严管处分。严管期间，曾 4 次用割血管、吞玻璃等手段自杀，为改造张某某，支队、大队领导对他进行个别教育 10 多次，并从生活上关心他。他没有衣穿，大队给他发，还派警察走访他家，缓解他与家人的矛盾，张某某终于转化，并且获得减刑分 70.5 分。

1991 年，支队按照省局文件精神，制定《对服刑人员个别谈话教育工作考核办法》，规定各级警察对所管服刑人员个别谈话教育次数和转化率，列入指标，并定期开展个别教育能手评选。

1993 年 5 月 13 日，由政治处、教育科、狱政科牵头，组织各大队教导员共 13 人，分三组对各管犯副教导员和各中队指导员、中队长共 46 人对服刑人员个别教育和“四知道”情况进行一次抽查、考核。被抽查的 46 人中，44 人有谈话记录和“四知道”卡片。有的大队领导不但在“四知道”卡片上填写服刑人员的基本情况、刑期起止、改造表现、主要社会关系等，还在卡片上贴上服刑人员的照片。特别是三大队每月检查一次警察对服刑人员个别谈话的次数，并在个别谈话记录本上加盖验收公章。这一加盖公章的做法被省局推广，以致全省监狱系统沿袭至今。

1994 年，支队统一制发《个别谈话记录本》，开展个别教育能手竞赛和警察“四知道”考核。在个别教育能手竞赛中涌现出一批个别谈话教育效果好的典型。全年个别教育次数最多的达 320 人次，有 25 名“三包”对象转化率达 100%。五大队一中队被评为“全省个别教育工作先进单位”，全支队有两名警察被评为“全省个别教育能手”。通过开展竞赛和检查督促、考核评比，促进警察抓个别教育和“四知道”工作的积极性、自觉性，使个别教育工作步入制度化、经常化。全支队管教警察运用动之以情、晓之以理、戒之以规、导之以行的个别教育方法，使危顽犯和反改造尖子转化率达 78%。

1998 年 4 月 22 日，开展警察“四知道”大比武，取得人均 95.2 分的好成绩。四监区代表队不但获得集体第一名，而且参赛的三名警察都获得满分。在参加全省监狱警察“四知道”大比武中，武陵监狱代表队获得精神文明奖。

2002 年，在警察中开展“争当个别教育能手”活动。形成人人参与、个个负责的个别教育改造服刑人员高潮。这项活动的重点是对重点服刑人员落实包教措施，特别是对重点反改造尖子采取打擂台、挂牌攻关、承包转化等措施。评选出监狱级个别教育能手和省级个别教育能手，对在转化工作中有突出成绩的警察给予奖励和表彰。

2003 年，试行服刑人员择警约谈制。以往的个别教育形式都是警察主动找服刑人员个别谈话，进行有针对性的教育，对全面、准确掌握犯情思想动态存在一定的局限性。为此，武陵监狱大力创新个别教育模式，2003 年上半年，在全狱范围内试行服刑人员个别教育约谈，就是服刑人员在接受警察个别教育过程中，根据个人均时对警察相关能力、水平、信任度的解，通过一定的程序，点名挑选自认为信得过的警察诉说思想问题，实现服刑人员接受教育由被动向主动、教育形式由单向向双向、教育内容由任务型向重点型的转变。制定《服刑人员个别教育约谈制度》《服刑人员择警约谈指南》及《武陵监狱服刑人员预约谈话申请表》等。实行约谈制后仅 1 月内先后就有 125 名服刑人员预约谈话，98 名服刑人员向警察汇报自己的思想。警察为服刑人员解决实际问题 79 件，解答刑罚执行问题 83 条。通过试行“约谈制”，警察的事业心、责任心和紧迫感得到进一步增强，激励警察在改造服刑人员的实践中努力勤奋工作，在监狱事业中实践人生价值，同时对少数警察也起到警示作用，促进少数警察自强压力、自我鞭策、不断学习、不断提高素质的自觉性，促进警察队伍整体素质的提高。

2003—2005 年，武陵监狱建立严格的个别教育和“四知道”工作制度。对监狱领导、职能科室和监区领导、分监区警察都规定个别谈话任务，并按“三要素”的要求做好谈话记录。对“邪教”服刑人员、顽固犯、危险犯实行监狱领导、监区长、分监区长、管教警察的四级包教制度，实施攻坚招标工程和联合攻关活动，并强化承包和个案矫治工作。监狱成立个别教育考核领导小组，加强制度考核，把个别教育考核结果与警察的政绩、评先、评优、评选“五星级警察”及经济利益挂钩，严格实行“一票否决”。

2008 年 6 月 18 日，武陵监狱在总值班会议室举行个别教育技能比武暨个别教育优秀监区评选活动，全狱共 6 个管犯单位 11 名选手参加本次个别教育的技能比武活动。经过一天的紧张角逐，一监区谌志雄、三监区刘青松获得一等奖；一监区高试彪、二监区陈建获得二等奖；五监区秦阳、四监区王平、二监区殷清平获得三等奖。一监区以 95 分的高分被评为“个别教育工作先进监区”。

2010 年，武陵监狱进一步落实警察包教责任制。分监区警察能按要求迅速熟悉新犯姓名、籍贯、案由、刑期等信息。大力推介个别教育经验，组织技能比武。以心理咨询室、个别谈话室、发泄室为依托，积极探索心理矫治的有效方法。

2013 年 4—5 月，武陵监狱开展包教业务大练兵活动，通过培训、考试、测试，提高警察包教业务认识和实践操作水平。警察之间传、帮、带，单位之间相互学习交流，积累经验，包教体系不断健全，转化技能不断提高，营造重业务、重技能、强素质的浓厚氛围，尤其培养一大批军转、公招新警察包教业务骨干。6 月，举行包教业务大比武，省局领导亲临现场观摩，对武陵监狱重视包教专项技能，创新发展改造手段，加强警察业务素质锻炼的方式给予高度赞扬，认为该次比武活动非常出色。

2014 年 9 月 3—4 日，武陵监狱在教学楼进行警察个别教育技能比武活动，24 位选手参加活动。该次比武分两个层面进行，即监区领导层和分监区警察层，参赛选手以积极的态度、饱满的热情，对“个案分析”“四知道抽背”“背影点名”“见字辨人”“闻声辨人”五个项

图 4—15 武陵监狱警察个别教育业务比武活动现场

目进行角逐。赛场上选手沉着冷静，出色发挥，部分选手还获得满分，充分展示当代人民警察优良风采。经过两天的激烈角逐，三监区、一监区分别获得集体一等奖、二等奖；张刚、秦阳分别获得监区领导组一等奖、二等奖；向伟炜获得分监区组一等奖，江林树、蒋晓杰、周志军、陈佳获得分监区组二等奖。该次技能比武强化警察的基本功，提高个别教育业务水平，为进一步提升服刑人员教育改造质量打下坚实的基础。

2014—2015 年，个别教育工作常抓不懈。为更好地促进各管犯单位的个别教育工作，监狱加大对管犯单位个别谈话室的建设，添置录音笔、谈话椅等设施设备，共耗资 15 万余元。

“三无”人员是服刑人员群体中的“边缘人”，关注、关心“三无”人员，用特殊的方式给他们送上生日的祝福是四监区创新管理理念、强化服刑人员教育转化工作的新举措。为此，监区建立“三无”人员摸排机制，明确规定，半年之内无人接见、无书信往来、无汇款的服刑人员即为“三无”人员，并专门建立滚动式的“三无”人员台账；监区建立帮困机制，坚持定期为他们发放必需的生活日用品，力所能及地帮助解决实际困难；监区建立情感关怀机制，明确要求，包教警察在传统节假日必须与所包教的“三无”人员进行一次“家常式”的谈话，在他们过生日时，以生日餐的形式给他们送上生日的祝福。

四、监区文化建设

1988—1990 年，监区文化建设丰富多彩。每逢春节前夕，以大队为单位举行迎春茶话会。对刑释人员考察后，及时宣传好典型，举办《人生新旅途》摄影展览。为配合罪犯人生观教育，组织服刑人员参观《血壮军魂》展览，使其受到形象生动的爱国主义和革命英雄主义教育；为宣传好的典型，交流改造经验，支队办《柳泉报》、快报，大队办黑板报，深受欢迎。为使罪犯受到潜移默化的教育，每逢节假日，举办法律、道德、文化知识抢答赛，书画展览，球棋类比赛和自编自演文艺节目。1988 年 10 月，支队承办省监狱系统湘北片文艺会演。同年 10 月下旬，在举行的首届全省文艺调演中，支队演出的歌舞《万金障赞歌》和常德丝弦《八大员》获得优秀节目奖。

1991—1993 年，支队编辑的《柳泉报》连续被评为全省监狱系统小报第一名。1994

年，柳泉广播站做到每天播音，以表彰好人好事，抨击歪风邪气；《柳泉报》按时出刊，共24期，保持全省领先地位；全年通迅站共收到稿件1866篇，利用或播出1464篇，向省《育新报》选送稿件125篇；组建建队以来规模最大、阵容最好的“大墙艺术团”，6—7月，除在本支队演出外，还在常德师专、二职中和临澧、桃源、鼎城等县（区）进行37场公演，场场爆满，深受观众欢迎，收到很好的社会效益。

1998年6月9日，湖南省监狱管理局、《湖南育新报》社在武陵监狱召开监区通信报道现场经验交流会，来自湘北片13个监狱主管通信报道工作的负责人、武陵监狱分管改造工作的副教导员和通信报道人员共38人参加会议。会上，武陵监狱作题为《加强监区通信报道工作，更好地为教育改造服务》的典型发言。10—12月，举办第二届监区文化艺术节，活跃监区文化生活，陶冶服刑人员情操。同时，加强硬件建设，先后投资数万元进行监区文化建设，购置广播、音响、VCD等视听设备及各种文化器材，开办桌球室、录像厅、卡拉OK厅，更新监内广播设施，开通有线电视，拓宽活动场地，建立图书阅览室，成立文化中心和读书协会等等。

1999年6月初，武陵监狱开始在服刑人员中全面推广和普及第八套广播体操。到6月底，除个别有身体缺陷的罪犯外，监内服刑人员全都学会第八套广播体操，并能自觉参加。同年6月3日，成立服刑人员球类协会，旨在通过该协会的活动，活跃服刑人员文体生活，增强服刑人员体质、稳定监管改造秩序。

图4—16　武陵监狱服刑人员学做广播体操

2001年6月29日，服刑人员与全体警察一起汇聚监狱大礼堂观看文艺会演，热烈庆祝中国共产党成立八十周年。市委政法委政治处主任杨峻应邀参加。同年11月20日，常德市图书馆武陵监狱分馆成立，市委宣传部、市图书馆领导到狱庆祝。

2002年10月20日至2003年1月20日，由武陵监狱、常德市图书馆联合举办“以知识陶冶情操，用科技培育新人”为主题的读书活动。本次读书活动以普及科普知识竞赛等系列活动，调动服刑人员这一特殊群体学习的积极性和热情；通过开展读书活动，陶冶服刑人员的情操，培养高尚的人格；通过传输科学知识，提高服刑人员的综合素质和劳动效率，最主要的是让服刑人员在学习中掌握一技之长，为出狱后就业谋生创造条件，为使服刑人员真正改造成为自食其力的社会公民奠定基础。10月25日，常德市图书馆向武陵监狱图书分馆赠书1000册。2002年10月25日至2003年1月20日，在服刑人员中掀起读书的热潮。先由市科协、市畜牧水产局等部门的领导、专家给服刑人员上一堂科技知识辅导讲座课，提高服刑人员学习兴趣，并引导服刑人员学习入门，掌握正确的求知方法。活动期间，要求监狱服刑人员各读一本好书、写一篇读书心得，掌握一门以上科普知识和实用技术。全狱评选出 20 名读书积极分子，并按一、二、三等奖给予奖励。同年，在服刑人员中开展“献礼杯”改造竞赛活动。

2003 年，为创新监区文化建设，武陵监狱完成监内警示文化墙的创建工作。墙内容纳警言警句、书法作品 70 个条幅，并按忏悔篇、心灵篇、自强篇、理想篇、希望篇 5 个篇幅分门别类。中国书协副主席周志高题写墙名，省文化艺术界副主席兼省书法家协会副主席何满宗、常德书法协会主席张弓等知名人士赠送书法作品。监内警示文化墙的建造成功，极大地提升监区文化建设的品位。

图 4—17　监内警示文化墙一角

2004 年，为配合全狱大型迎春晚会，共创作小品、相声、快板书、诗朗诵等形式的节目 12 个，参与“柳韵春晓”迎春帮教联欢会的演出。同时，还组织拔河、象棋、乒乓球、围棋、书画比赛活动，参加活动的人数占总人数的 98%，且有 100 名服刑人员还在活动中获得奖励。此外，各监区还根据不同的特点组织各种形式的活动和赛事 86 场，“读书组”“电脑组”“书画组”都成监区文化的亮点，四监区还组织全体服刑人员欣赏监内警示文化墙。

2008 年 7 月下旬，全省服刑人员“迎奥运杯”乒乓球赛在武陵监狱举行，这是我省监狱系统近几年来举办的规模最大、质量最高的体育赛事。

2009 年，为庆祝中华人民共和国成立 60 周年，武陵监狱于 9 月下旬在监内举办迎国庆 60 周年爱国歌曲歌咏比赛活动。通过这次活动，达到人人会唱爱国歌曲，养成出工、收工、会前、会后、课前、饭前等都有歌声的良好风尚，营造服刑人员爱党、爱国、积极向上的改造氛围。

2010 年，武陵监狱在监内开展一系列监区文化建设活动，每月初举行升国旗仪式，组织罪犯唱红歌，大力开展爱国主义教育。元旦、春节、端午节开展篮球、乒乓球等文体竞赛活动，掀起监区文化建设新高潮。同时，通信报道成效显著，截至 5 月底，全狱通迅报道员在《湖南育新报》刊稿 13 篇，完成年刊稿任务的 65%；《柳泉报》办报 10 期，刊登稿件 392 篇；监区广播站、黑板报、墙报刊发各类稿件达 1200 多篇，对改造服刑人员起到很好的宣传、推动作用。

2011 年 5—10 月，开展“红色文化进高墙”活动。各监区组织开展一系列工作。一是购买一定数量的红色经典书籍，定期组织服刑人员阅读红书，要求每名服刑人员至少阅读 5 本以上的红书，能讲 3 个以上红色经典故事，并在《大墙日记》上写好 2 篇红色感言。二是以监区为单位组织服刑人员学唱 10 首红歌，服刑人员在出、收工进行间或工间休息时间唱红歌，并开展红歌比赛、诗歌朗诵比赛等，“七一”当天，在监狱操场举行大型“庆祝中国共产党成立九十周年”文艺会演，警察以昂扬的状态进行合唱、诗歌朗诵等节目，服刑人员则以监区为单位进行“红歌”合唱比赛，将庆祝党的生日推向高潮。三是从 7 月 11 日开始，每天在教学楼电教室放映红色电影，各监区轮流组织服刑人员观看。为确保红色电影顺利播映，教育科根据电教室座位相对不足的实际，采取分押犯单位、分时段严密组织的方式，确保服刑人员观看红色电影的秩序和播映效果。通过观看红色电影，触动大多数服刑人员的红色记忆，有服刑人员在《大墙日记》中写道：“今天看红色电影《上甘岭》，重温小时候看电影时的心情，感觉心中有团火在燃烧，我也曾胸怀远大理想，可现在却为党和人民抹黑。如果我不好好改造，对得起谁呢？”

图 4—18　武陵监狱 2006 年禁毒宣传图片展

从 2011 年 9 月开始，武陵监狱科学规划，创造性地进行监区文化建设。2011 年 11 月，监狱投入 60 万元，完成 12 项场地建设达标，成为全省第一家达标监狱。2012 年 5 月，监狱投入 17 万元，购置大型花钵 500 个，小花钵 2000 个，大型观赏灌木 500 棵，小型花卉 1800 株，不锈钢垃圾桶 20 个，美化监区文化环境。2012 年 6 月，监狱投入 50 万元铺设管网电线 5000 米，安装音箱 30 个，倾力打造监区文化广播系统。2012 年年底至 2013 年年初，监狱拿出 1 万 3000 余元，制作监内大型墙体文化标语 11 幅，大型不锈钢橱窗 2 个，传统文化展示板、警言警句 103 条幅，服刑人员床头心语牌 1300 块，服刑人员餐厅装裱名人名言 20 幅，大型墙壁节俭文化帖字 24 个，购置摄影器材 2 套。2013 年 6 月，监狱投入 9 万元，更新陈旧的外墙文化展牌，制作监内电子文化墙。此外，进一步加强孝德教育，着力传递监区文化正能量，初步建成“一区一品一景”文化育人的监区文化格局，实现“让每一面墙壁会说话，让每一个故事能育人”。

2014 年 5 月 28 日，武陵监狱成功举办“集聚正能量·放飞新生梦”歌咏暨演讲比赛。来自监区的 6 支歌咏代表队进行精彩的角逐，比赛中还适时穿插有 6 位服刑人员以“集聚正能量、放飞新生梦”为主题的精彩演讲。三监区代表队合唱的《弹起我心爱的土琵琶》最终拿下集体一等奖。五监区何某获得演讲比赛第一名。

五、社会帮教

根据中央政法委关于改造工作要“向前、向后、向外”三个延伸的指示和省劳动局党委作出的改造服刑人员帮教工作由亲属帮教发展到政府部门、企事业单位的决定，1988 年，常德劳改支队邀请安乡县、桃源县、常德县、常德市党政领导和政法机关来队签订“三好两包”协议书。与罪犯亲属签订协议书，上半年完成五种对象的签协，下半年开展其他罪犯的签协。全年签订帮教协议达 386 份。

图 4—19　亲情帮教会上，服刑人员代表在会场发言

1990 年，“三个延伸”不断拓展。在向外延伸方面监狱与罪犯家属签订帮教协议 1088 份，先后邀请汉寿、慈利、鼎城、桃源、武陵五个县(区)法院、检察院的同志来队现场办公，宣讲政策、法律，开座谈会等，解决实际问题。在向前延伸方面，监狱先后派员前往常德市各区县(市)公检法机关和有关单位解罪犯案情、羁押期间的表现 287 人次，为因人施教掌握第一手材料。在向后延伸方面，监狱做到对刑释人员进行回访考察；与当地政府签订“三好两包”协议；罪犯临近刑满前，与罪犯捕前所在地发函联系，建议安置，搞好接茬帮教。

1994 年《监狱法》颁布后，武陵监狱按照《监狱法》第 68 条关于“国家机关、社会团体、部队、企事业单位和社会各界人士以及服刑人员亲属，应当协助监狱做好对服刑人员的教育改造”的精神，广泛动员社会力量协助监狱做好对服刑人员的教育改造工作。1994 年春节前夕，监狱邀请桃源县、鼎城区的党政领导和社会各界人士到队给罪犯“送温暖”，举办报告会、座谈会。

1998 年，武陵监狱进一步采取“走出去，请进来”的办法，多次邀请社会知名人士、专家、教授到狱为服刑人员上课、谈心，多次邀请犯属来狱进行帮教。全年有 13 名社会帮教人员为罪犯上课 5 场次，有 17 个地方单位与监狱签订帮教协议，有 85%以上罪犯家属与服刑人员结成帮教对子。同时，监狱还配合地方政府做好刑释人员的安置工作。10 月，由监狱教育科牵头，在市司法局监所科和基层司法所的大力支持下，共抽调 4 名警察，对监狱 4 年来鼎城区、武陵区、桃源县的 104 名刑释人员进行为期 12 天的调查，落实“安、帮、教、管”工作。鼎城区中河口镇政府，还联合司法所、公安派出所，共同筹集资金 20 万元，作为刑释解教人员救济基金，为刑释人员解决后顾之忧。

2003 年，武陵监狱实施“万人帮教工程”，形成以警察为主体的包教体系，以社会人士、服刑人员亲属为主体的帮教体系和以机关、学校、企事业单位和群团组织为主体的共建体系，帮教形式涵盖法制帮教、亲情帮教、结对帮教、文化技能帮教、物资救济、安置帮教等方面。监狱共与共青团常德市委、市关工委、常德市科协、常德卷烟厂、湖南文理学院等 12 家单位签订长期帮教协议，帮教网络由原来的 38 家增加到 50 家，参与社会帮教的志愿者人士有 530 人，结对帮教服刑人员 680 名，占押犯总数的 43%，举办各类大型帮教活动 12 次。2003 年 1 月 6 日，监狱与常德市文化局、汉剧院等专业文艺团体联合举办“庆十六大迎新春联欢会”；3 月 6 日，监狱与常德市关工委、市图书馆、常德高职院开展“武陵监狱第八次积代会暨社会帮教活动”，常德市图书馆为在全市读书征文活动中荣获一、二、三等奖的 21 名服刑人员现场颁奖，由 90 多名社会志愿者走进高墙捐书捐物，《湖南日报》、湖南电视台、《常德日报》、常德电视台及中央教育电视台给予专题报道。长达 15 分钟的专题片《高墙内的图书馆》均在湖南教育台、国家教育台黄金时段连续报道。9 月 25 日，共青团常德市委、常德卷烟厂、湖南文理学院 50 余人到狱进行“同在蓝天下，关爱手牵手”社会帮教活动，37 名常德卷烟厂团干部与 30 名服刑人员当场签下“一对一”帮教协议，并捐赠价值 15000 元的图书，向监狱“帮教助困基金会”捐款 6500 元，为家庭特困罪犯向某的两个子女上大学捐赠 1000 元，为蒯某等 92 名服刑人员捐赠助困日用品。11 月 6 日，湖南文理学院师生一行 70 多人带着常德家润多超市友情赞助的日常生活用品来到监狱与 50 多名“三无”服刑人员手牵手，心连心，一部分女大学生将自己亲手编织的围巾、枕巾、手套、手绢、布娃娃赠送服刑人员。

2004 年，武陵监狱按照司法部提出的监狱工作法制化、科学化、社会化的基本要求，充分开发社会资源，利用社会的力量帮教服刑人员，组织系列社会帮教活动。一是签协帮教。该狱与湖南文理学院、常德卷烟厂、常德市文化局、常德市图书馆、常德市电信局、常德市关工委等单位签订帮教协议，开展大型活动 7 次。监狱有选择性地将服刑人员的有关情况提供给社会志愿者，志愿者根据自身经历、思想感受和从业特点，选定个体帮教对象，先后由 60 多位社会志愿者与该狱 80 多名服刑人员结成“一帮一”对子。1 月 15 日，该狱与团市委、市文化局、市科协、湖南文理学院、常德电信局等 8 家单位联合召开社会帮教联谊座谈会。二是法制帮教。该狱引进社会力量，健全监内法律援助站，运用警示教育基地的功能，对服刑人员进行法制教育。市中级人民法院、湖南文理学院、市司法局等单位先后参与活动。1月22日，常德市中级人民法院一行5人，放弃春节休息，冒着严寒，到狱为服刑人员提供法律咨询。5名法官与服刑人员在教学楼进行面对面展开法律咨询。参与咨询的40多名服刑人员代表分别就减刑、假释、子女抚养、债权债务、房产纠纷、改造出路等热点问题提出问题，法官们一一耐心认真地作回答。围绕在服刑人员中有效开展普法教育年活动，湖南文理学院教授、市司法局律师共计5名法学专家、法律工作者为该狱培训师资力量，各监区正副教导员、管教股长、指导员、管教各科室正副科长等参加培训。在常德市司法局的支持下，该狱建立法律援助站，常德市一批知名律师和法律工作者为家庭特别困难的服刑人员打官司，开展法律咨询服务。围绕在服刑人员中进行禁毒宣传教育活动，常德市图书馆将50多块禁毒图片送入高墙，使该项活动起到增色添彩的作用，也对服刑人员起到活灵活现的警示作用。三是学习帮教。常德市图书馆武陵监狱分馆图书容量大大增加，满足服刑人员读书求知的要求，图书存量达万册以上，市图书馆保持每月调换新书500册。1月，该狱与常德市文化局联合进行"创学习型监区，争当学习型个人"总结表彰及送电影进监活动。3月5日，该狱与常德市散文家协会、常德市图书馆举办捐书帮教暨送书进高墙活动。四是娱乐帮教。1月15日，该狱与常德卷烟厂联合举办"柳韵春晓"迎春文艺帮教联欢会，。五是助困帮教。一年中，先后有常德市武陵区计划物价局、常德市人大等10多个单位到狱开展助困帮教。监狱从"助困帮教基金"中列支出部分资金，对向某、周某某、汤某某等6名家庭特别困难的服刑人员给予每人200元的助学捐助，为25名家庭比较困难的服刑人员购买胶鞋、牙刷、肥皂、洗衣粉等日用品，在服刑人员中产生较大的反响。

2003—2005年，社会帮教掀起高潮。三年中，帮教活动开展得有声有色，形成多层次、多渠道、多形式的社会帮教网络体系，帮教覆盖率三年分别达79.1%、78%、76.4%。

2010年，监狱大力开展多种形式的"送温暖"、促新生活动。2月，开展迎春茶话会和助贫帮困茶话会。监狱领导、业务科室负责人分别与服刑人员一起喜迎新春、共话未来。监狱扶贫助困基金为100名特困服刑人员每人发放价值100多元的"助贫帮困"爱心卡、春节慰问品及生活日用品。端午节前夕，监狱邀请部分罪犯家属走进监狱进行亲情帮教，让服刑人员与亲属面对面交谈，组织服刑人员亲属参观服刑人员学习、生活、劳动场所，与监狱签订亲情帮教协议书，促进服刑人员改造稳定。

2011年6月2日上午，武陵监狱20多名服刑人员家庭的50多名亲属进监开展亲情帮教活动，用他们对服刑亲人的期望、感召，说服服刑人员认罪服法，遵规守纪，安心踏实改造。上午9时许，亲属们在警察的陪同下进入监管区，先后参观监内超市、服刑人员伙房、监内警世文化墙、服刑人员生产车间和监舍，亲属们对监狱良好的改造环境赞叹不已。随后，亲属们到电教室参加帮教大会。副监狱长符政荣向亲属介绍监狱的教育改造情况和有关法律政策。服刑人员代表和亲人代表分别发言。帮教会上,监狱还征求亲属代表对监狱的意见和建议,同亲属签订帮教协议书。

2013年,为实现服刑人员帮教矫治工作向社会领域延伸,监狱通过与犯属、志愿者和社会团体签订《亲情帮教协议》的方法,实现监狱、社会、亲情同步教育转化。新签订《亲情帮教协议书》近300份,配合“同在蓝天下、关爱手牵手”“延伸矫治手臂,呼唤亲情关怀”“粽叶飘香、情系高墙”系列亲情帮教活动,使服刑人员与亲属融洽关系,增强改造的信心。

图4—20 服役人员与探视亲属子女共进午餐

还先后组织家访31次,家访时通过摄影录音,让亲属为服刑人员传话留言,使家属、服刑人员的心灵产生共鸣,帮助服刑人员的思想行为发生很大转变。此外,还联系常德市海燕歌舞团、常德市金秋艺术团、湖南文理学院芙蓉学院团委等社会团体到监狱为服刑人员进行“大爱进高墙、真情促改造”帮教演出、座谈等活动,社会反响很好。

2014年,稳步推进亲情帮教工作。全年开展大型亲情帮教活动3场,累计签订亲情帮教协议书2000多份,为服刑人员与家庭、社会之间搭建起顺畅的沟通和交流渠道。组织开展“情暖高墙,关爱孩子”系列活动。投入资金4万余元,采取“请进来”“走出去”“爱心助学”“传递亲情”等方式,对29名失管流浪、失学辍学、生活极其困难的服刑人员子女进行帮扶,取得良好的社会效果,有效调动服刑人员改造积极性。

2015年8月16日,武陵监狱联系市司法局法律援助中心,邀请南天门律师事务所的两名律师为服刑人员开展一次法律咨询活动,为服刑人员答疑解惑。法律咨询的内容主要涵盖财产纠纷、婚姻家庭、赔偿责任和社会保障等方面。该次活动律师共为服刑人员解答法律和政策问题30余个。活动结束后,不少服刑人员表示,律师的解答消除他们心中的担忧和顾虑,对有关法律条文有更深刻的理解,也明白维护自身权利的途径和方法,自己今后将认真学习法律知识,安心改造,争取获得减刑、早日出狱。

同年,邀请服刑人员亲属到监狱开展亲情帮教活动11场次,邀请常德市新华书店、文理学院等单位联合举办帮教活动,捐赠各类图书5000多册,丰富服刑人员的改造生活。

六、特色教育

2002年，武陵监狱将“创新教育改造方式方法”纳入“8526”系统工程，并写入《管教工作要点》。2003年12月10日，司法部印发的《司法部关于进一步推进监狱工作法制化、科学化、社会化建设的意见》中提出：“探索服刑人员改造工作有效途径和方法，增强教育改造的有效性”。自始，武陵监狱在创新教育改造方式方法上进行一系列有益的探索和实践，尤其是服刑人员改造状况讲评、大墙日记等项工作，成为武陵监狱教育改造服刑人员的特色和亮点。

图4—21 武陵监狱服刑人员改造状况讲评大会

(一)实施改造状况讲评制

2006年年初开始，武陵监狱大力实施服刑人员改造状况讲评，即监狱警察按层级、周期运用政治、法律、伦理学、哲学、心理学等综合常识和相关监狱工作方针、政策对所辖的服刑人员群体思想行为动态和正反两方面的典型事例作出改造导向阐述或点评，进行集中教育。通过点评，对改造表现好的服刑人员给予表扬和鼓励，对违反监规甚至严重破坏监管秩序的服刑人员给予批评和鞭挞，起到抓两头、带中间的群体激励作用；通过警察运用法律、伦理、心理健康等方面的尝试并结合服刑人员改造状况，向服刑人员宣讲政策、指点迷津、引导方向，使服刑人员树立正确的世界观、人生观、价值观，起到普遍性、思想性教育的作用。讲评建立有效的制度。制定《服刑人员改造状况讲评制》，并纳入警察目标管理考核体系，促进讲评工作的规范化、经常化。讲评设定合理的程序。一是实行三级讲评制，即分监区进行周讲评、监区进行月讲评、监狱进行季讲评；二是分监区讲评时间定于每周五下午，监区讲评时间定于每月的最后一周，监狱讲评时间定于每季最后一个月下旬；三是各层次做点评记录，并以表格的形式上报。通过一年的实施，出现“三多三少”的服刑人员改造趋势，即遵规守纪的逐渐增多，不服管教的逐渐减少；改造目标明晰的逐渐增多，混刑度日的逐渐减少；积极参加“三课”教育的逐渐增多，破罐子破摔的逐渐减少。特别是服刑人员禁闭率明显下降，实施讲评的2006年度仅占未实施讲评的2005年度的30%。服刑人员黄某某说：“以前，一般在违规后，警官才会给予批评或给予处罚，属于事后控制。

现在，每周、每月、每季都有讲评，我脑子里时刻绷着一根弦，一些消极的错误的念头在萌芽时就会被各层次的讲评会的提醒及时打消，改造上再也不会走弯路，达到事前预防的目标。自始，服刑人员改造状况讲评步入制度化、规范化、经常化。

2013 年 1 月 11 日，武陵监狱召开 2012 年四季度全狱服刑人员改造状况讲评大会，全狱 1400 多名服刑人员参加讲评会，接受点评、教育。这次讲评会由狱政科牵头，其他改造科室协助，在总结回顾上年四季度改造状况的基础上，对全狱服刑人员改造情况开展综合讲评。副调研员张先国主持会议，副监狱长符政荣发表主题讲话，改造科室胡建军、郭金波、张之、李春华等科长从各自业务管理的角度，讲评服刑人员行为规范和改造情况。上年四季度以来，武陵监狱开展的“落实制度比比看”竞赛活动，推动监管改造工作，监内保持良好秩序，服刑人员改造总体平稳，无重大违规现象。大会要求全体服刑人员充分认清改造形势，自觉服从管理，遵守监规监纪。对改造表现出色、一贯表现积极、思想转变较大的几类人员，给予表扬鼓励，通过列举典型人和事，引导服刑人员学习先进，针对不良现象提出严肃批评。大会强调，必须严格违禁品管理制度，禁止利用他人私自捎带物品进出监；必须严格执行互监组板块移动，实行联号管理，禁止无序流动；必须严格落实服刑人员行为规范，继续加大条文抽背和日常行为督查，纠正不良行为习惯；必须坚持内务规范化管理，防止内务和环境卫生下滑。此外，大会就服刑人员分级管理制度、服刑人员考核奖惩制度进行宣讲。

（二）实施“大墙日记”撰写制

图 4—22　服刑人员撰写“大墙日记”现场交流会

2007 年 3 月，武陵监狱采取“大墙日记”方式教育改造服刑人员 。2007 年年初，在监狱管教工作会议上，监狱党委书记、监狱长张程发强调：要进一步创新教育改造方式方法，要采取“大墙日记”的方式教育改造服刑人员……会后，教育改造科及时制定，下发《武陵监狱推行“大墙日记”工作实施方案》。从始，教育改造服刑人员的“大墙日记”工作也步入制度化、规范化、经常化。

在推行过程中，监狱十分

重视各项制度的制定和完善，对服刑人员和警察分别提出严格的要求。一是制定《服刑人员大墙日记书写规定》，在书写上要求服刑人员必须是自己心声的记录，每篇字数不少于200字；完成撰写篇数，每周一篇以上；爱惜《大墙日记本》，不得遗失、撕页或做他用；写明“时间”“星期”“天气”；不能虚构、实事求是；力求当日事当日记，既可以叙述，也可以说理。二是制定《武陵监狱“大墙日记”考核试行办法》。对服刑人员、包教警察、分监区、监区在考核内容与标准上均作出具体的规定。三是制定《武陵监狱“大墙日记”工作制度》，规定监狱、监区、分监区警察的工作责任及运用程序、操作方法。此外，还制定《服刑人员撰写大墙日记及责任警察评语书写模式》，分为“实录式”和“随感式”两种范本。

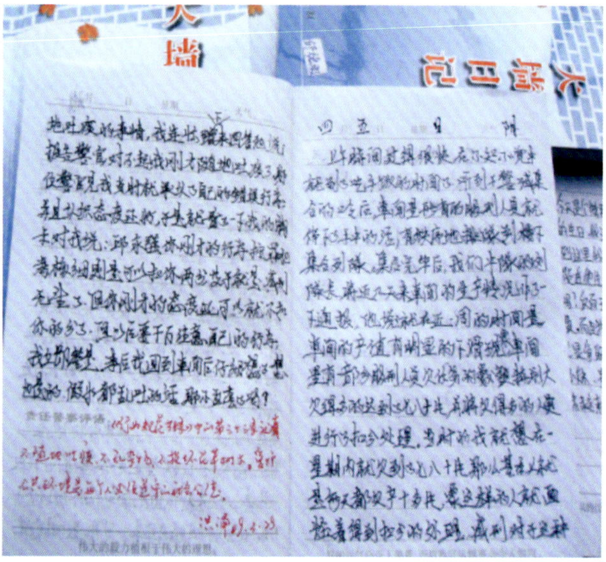

图 4—23 警察批阅“大墙日记”记载

在推行过程规范操作，不断完善。一是印刷精美的《大墙日记本》。为给服刑人员撰写“大墙日记”提供方便，监狱指派由工艺美术专业院校毕业的教育科副科长聂松林精心设计、编印《大墙日记本》。在《大墙日记本》上，每页可写日记，也可做读书笔记；每页的下方配有丰富的语言快餐（包含处世格言、名人名言、人生箴言等等）。本子设计精巧，印制精良，集科学性、思想性、可读性、实用性于一体。另外，每篇的后面还设计“包教警察评语”一栏，包教警察在查阅日记后须在此批写评语。创办《大墙日记增刊》。随着“大墙日记”工作的深入推行，服刑人员撰写“大墙日记”的热情空前高涨。原来在改造小报《柳泉报》上选登日记的办法已不适应形势发展的需要。为扩大影响，增强效果，监狱拨出专款创办《大墙日记增刊》，将服刑人员中诚实写出的心里话、主动倾诉的情感困惑、切实交流的改造经验、认真树立的改造目标等优秀日记，有针对性地选载在增刊上。2008 年 6 月 25 日，经过一系列的紧张筛选、编辑、校对、印刷等工作，第一期《大墙日记增刊》如期与全体服刑人员见面。《大墙日记增刊》每季度出刊一期，每期刊载日记 25 篇左右。截至 2015 年共编印 13 期，共刊载 340 余篇发到服刑人员手中，受到服刑人员普遍欢迎。特别是奥运期间，全狱服刑人员共写出“奥运与我”的日记数千篇，通过监区评选推荐，在《大墙日记增刊》、柳泉广播站刊播 45 篇，其真情实感激发服刑人员的爱国热情和民族自豪感，坚定积极改造、回报社会的信心 。通过采取定期刊登服刑人员日记的方法，推介典型，促进服刑人员改造经验的交流，在服刑人员中产生强烈的反响。如服刑人员郭某，看到《大墙日记增刊》后，立即在日记里写道："小报中的人和事，是我学习、改造中的榜样，一定以实际行动记录好每一天的自我改造轨迹，切实总结经验教训，加快新生步伐。"三是召开推行"大墙日记"工作经验交流会。为总结经验，推动"大墙日记"工作不断向前发展，2009 年 4 月 16 日，监狱以一监区为示范单位，召开推行"大墙日记"工作经验交流会。狱领导、改造科室负责人、各监区主管和分管改造工作的负责人及基层警察 50 多人参加该次交流会。会上，部分基层警察、监区副教导员作典型发言。与会人员通过听取经验介绍、翻阅日记、提出问题、座谈讨论等形式，对深入推行"大墙日记"工作的意义、方法等有更为明确的认识，增强持续开展"大墙日记"工作的信心。四是实行"大墙日记"工作的三个结合。①将"大墙日记"与包教警察"个别谈话记录"相结合。要求包教警察将评阅服刑人员"大墙日记"后的看法或措施及时写进《个别谈话记录本》，同时把从"大墙日记"中搜集到的素材，作为进行个别教育的依据，有的放矢地做好一人一事的个别教育工作。②将"大墙日记"与"三级讲评"相结合。每周分监区、每月监区、每季监狱在召开服刑人员改造状况讲评会时，纳入对服刑人员撰写"大墙日记"情况的内容。对保质保量完成撰写任务的服刑人员给予表扬；对态度不端正、不严肃，内容空虚、字迹潦草及抄袭的服刑人员给予批评。③将"大墙日记"与犯情分析相结合。分监区、监区在召开犯情分析会时，将服刑人员在"大墙日记"中反映的不稳定的情绪、不利于监管安全的迹象纳入犯情分析内容；每月监狱在召开犯情分析会时，也要求各监区汇报服刑人员在日记中反映出的不利于监管安全等重大问题。五是加强推行"大墙日记"工作的分类考核。为确保"大墙日记"工作健康有序的发展，监狱采取严格考核的措施。从 2008 年 3 月起，监狱将"大墙日记"工作纳入警察队伍考核范畴，监区、分监区、包教警察未按标准和要求开展"大墙日记"工作的，均分别给予单位和个人扣分。同时，实行服刑人员撰写"大墙日记"与月考核、季评估挂钩机制。对无故不写日记或不按要求完成任务的服刑人员，除进行扣分处罚外，季评估不得评为"好档"或"较好档"；对所撰写的日记载入《大墙日记增刊》的服刑人员，均给予奖分。六是通报"大墙日记"工作开展情况。监狱每季度对开展《大墙日记》工作通报一次。《通报》

图 4—24　服刑人员撰写"大墙日记"

按服刑人员参与率、服刑人员撰写日记的质量和数量、警察书写评语等方面情况分类全面点评，对工作开展好的管犯单位及包教警察给予表扬；反之，则给予批评。同时，每次《通报》中都提出下步工作措施，这对“大墙日记”工作规范推行起到持续性作用。

推行“大墙日记”工作效果显著。一是构建引导服刑人员重塑人生的阵地。“大墙日记”是包教警察教育、鞭策、引导服刑人员重塑人生的阵地。特别是包教警察一句好的评语能给服刑人员心灵上以无限的慰藉，对他们的改造乃至一生产生积极深远的影响，甚至对减少刑释人员重新犯罪大有裨益。如服刑人员齐某在2010年4月17日的日记中写道：“……有可亲可敬的监狱人民警察，如大漠中的航标、夜幕中的明灯，给我指明人生前进的方向，照明重塑自我的道路。记得我把迷茫的想法和感受写在日记里，是您用坚实的笔尖、肯定的话语化解我心中所有不解。谆谆教诲、默默关爱，重新燃起我心中的激情，坚定我的改造信心。改造路上，虽然会有艰辛、有挫折，但有《大墙日记本》上警察的字字批语和引导，我相信，今后的改造路上将会更加顺畅”。二是构建沟通与交流的平台。“大墙日记”不但是包教警察引导服刑人员重塑人生的阵地，而且是服刑人员畅通心声的平台。过去，一些服刑人员由于性格内向、不善言辞或有话羞于说出等原因，总是怯与警察沟通和交流，即使包教警察对其进行个别教育中，也不能将自己的真实思想表露出来。实行“大墙日记”教育方式后，这些服刑人员没有上述心理障碍，将自己想说的话、要说的话，通过日记的形式充分表达出来。而包教警察又通过查阅服刑人员日记和批写评语的方式对服刑人员进行沟通、交流和教育，起到拓宽教育渠道、拓展教育内容的作用。三是提高个别教育的针对性和实效性。三年多来，通过“大墙日记”这个平台，使包教警察对服刑人员的思想动态、心理状况等问题有更准确的把握，对有针对性地开展教育转化工作，提高教育实效起到积极的促进作用。实施“大墙日记”教育方式后，由于做到有的放矢、措施得力，服刑人员个别教育转化率比实施前有很大的提高。解决服刑人员一些正当的诉求。如有的服刑人员在日记中反映：由于家庭特别困难，达到减刑条件时，因实在交不出罚金而不能获得减刑，希望得到减免。为此，监狱积极与有关机关协调，减免部分服刑人员的罚金，有力地促进服刑人员的改造。四是宣泄服刑人员的不良情绪。许多服刑人员通过撰写“大墙日记”，心情得到释放。一些不良的情绪在撰写日记中得到宣泄。许多服刑人员反映撰写日记后，自己的性格变得好多。五是起到帮助服刑人员修正改造言行的作用。服刑人员通过在日记中对自己改造生活的反省、总结，知道自己有哪些不对或不足的地方，并按包教警察评语的要求加以约束和改正，使自己在改造中少走弯路。六是促进监管安全稳定。包教警察对服刑人员在“大墙日记”中流露出的悲观情绪和反映出危害监管安全的迹象，在及时向相关部门反馈的同时，积极采取疏导和防范措施，制止和化解各类安

图 4—25　新春助贫帮困物资发放

全隐患。如服刑人员方某在日记中写道:“我的同犯在会见时,他家中来人给他带一些腊肉,当时他非常高兴,把腊肉带到车间准备第二天中午吃”。这一信息被包教警察及时掌握后,当即采取措施,既制止一起违规行为,又避免可能发生的食物中毒。七是提高服刑人员的文化素质。有的服刑人员通过坚持撰写日记,文字水平、认知能力有明显的提高。如三监区服刑人员赵某,过去连最简单的便条都写不好,通过写日记,写作能力不断提高。现在他不但能按质按量地完成撰写日记的任务,而且还能向监狱小报——《柳泉报》写稿、投稿。八是促进改造质量客观评估。省服刑人员矫治阶段个体改造质量评估的内容包括认罪悔罪、服从管教、行为规范、教育改造、劳动改造、心理健康六个方面。而在服刑人员的“心理健康”打分上很难客观掌握,通过包教警察检查、评阅服刑人员日记,可全面知晓服刑人员的心理状况,从而对服刑人员“心理健康”方面作出客观公正的打分。九是促进文明执法。通过查阅服刑人员日记,使广大警察进一步解服刑人员的所忧所求,在执法中,以人为本的理念不断增强,在态度上、方式上一改过去那些粗暴、简单的毛病,变得更理性、更为温和、更贴近实际。

第三节　劳动改造

1986—1989 年,汽车工业迅猛发展。1986 年后,武陵监狱以汽车改装为龙头,狠抓汽车修理,基本形成以工业为主、农业为辅的生产格局。兴办汽车改装、机制红砖、水泥预制件、汽车沙发等厂,工业产值在全厂工农业总产值的比重由原来的 69.8%上升为 92%。农业也实行合理调整,在保证粮食种植面积前提下,大力发展养猪、养鱼和种植经济作物。共开挖鱼池 40 公顷,新扩果园 18.7 公顷。1989 年,生产稻谷 53 万公斤,产鲜鱼 4.5 万公斤,生猪出栏 400 头,产肉 4 万公斤。从 1986 年起,经济开始走出低谷,工农业产品质量、产值和利润实现同步增长,连续 4 年跨出四大步。1986 年,全厂工农业总产值 250.4 万元,扭转自 1980 年以后连年亏损局面,基本实现收支平衡;1987 年,工农业总产值达 428 万元,比上年增长 70.9%,实现盈利 22.72 万元;1988 年,工农业总产值达 587.7 万元,比

1987 年增长 37.3%，实现盈利 35.23 万元；1989 年工农业总产值达 745.2 万元，比 1988 年增长 26.8%，实现盈利 63.1 万元。四年中，共开发新产品 14 个。1989 年试制成功的 WLY—6600 旅行车顺利通过省级鉴定，且上全国生产目录，1990 年投入批量生产，产品经省交通科研所等单位质量检验合格。与此同时，汽车修理稳步发展，平均年修车量达 1200 台次；年产红砖 100 万块，水泥预制件 15000 平方米。此外，队伍素质整体提高，教育改造长足发展等等。

1987 年，省委政法委肯定武陵监狱的成绩，并总结成六句话、二十四个字："自力更生，艰苦创业；团结奋斗，迎难而上；勇于改革，善于应变。"同时将这种精神誉为"万金障精神"，在全省监狱系统推广学习。1989 年 12 月，省委书记熊清泉、省委副书记、省政协主席刘正考察该狱后给予高度的评价和肯定。

1989—1993 年，支队合理安排罪犯劳动，让罪犯在劳动中学到一技之长。新罪犯入监后，进行一段时间的入监教育，摸清和掌握罪犯的思想底细。然后根据刑期长短、文化高低、捕前职业、技术状况、居住地等情况综合考虑、合理分配。原则上实行刑期长，年轻有文化，家住城镇可有技术的到工业队或副业队从事汽车改装、修理、机械加工、基建预制件生产劳动；家住农村，刑期短的一般到农业队从事养殖或上红砖队从事简单生产劳动，使罪犯在劳动生产中学有所长、学有所用，为释放后就业谋生打基础。

同时，对罪犯实行定额劳动管理，要求他们出满勤，干满点，并以思想考核、劳动生产各 100 分实行考核，以分计奖，与减刑、假释直接挂钩，逐日考核，分月公布。盗窃犯叶某某入监前无一技之长，经过 10 年的劳动改造，学会汽车底盘修理技术，成为全队不可少有的人才，1989 年提前释放后被聘任留厂。不少人释放回家后，被工厂、乡镇企业聘用，有的还当上厂长、技术人员。

1993—1994 年，两个农业大队按照"两高一优"原则，调整产业结构，逐步将农业改造成养鱼、水稻、果园，支队投入劳力近万个工日，将 300 亩低洼低产稻田改造成高效鱼池，又投入大批罪犯劳力进一步整修鱼池，对果园管理也花大力气，专门请来石门县园艺师傅对罪犯传播柑桔嫁接技术。

图 4—26　千亩良田

1996 年，五监区服刑人员开始从事电子元件加工。1999 年，大量引进劳务加工项目。

6月初，将原从事农业的六监区和一监区一分监区改组，主要从事装饰彩灯劳务加工，11月份又引进皮件加工生产项目。全狱从事劳务加工的服刑人员达500人，占押犯总数的三分之一。

2000年，全狱生产经营实行承包，个别监区存在着重生产、轻改造、劳务加工超时，严重影响监管安全的现象，针对这一现象，监狱党委及时召开扩大会议，严厉批评这种做法，并帮助分析“生产为改造让路，改造为生产报务”的辩证关系。并于4月召开管教工作经验现场会，推广四监区抓改造、促生产，取得改造与生产双丰收的典型经验。四监区是新组建的电子元件加工监区，监区领导一班人在不放松改造的前提下，狠抓服刑人员技术指导，建立奖罚机制，使服刑人员劳动效率有大幅提高。

是年，在劳务加工项目上，罪犯从事电子元件加工、手套加工、绣花、编制凉席生产劳动。翌年，又有部分罪犯从事宝石加工生产劳动。

2001年，实行事务犯竞争上岗。先在四监区试点，后推广至各监区、直属分监区。对监纪组值班员、监区生产统计员、保管员以及分监区值班员等事务犯劳动岗位于6月前全部实行竞争上岗。

是年9月25日—11月5日，开展警察日常管理、实际操作及应知应会劳动技能三个方面的竞赛活动。通过该次竞赛，广大警察精神面貌焕然一新，现场管理能力大大增强，实际操作综合能力大大提高，由原来的外行变成内行，对促进服刑人员劳动改造，提高服刑人员劳动生产率产生深远的影响。

2003年4—5月，监狱根据个别监区服刑人员劳动改造自觉性、积极性、主动性较差的现状，组织专题调研活动。该次调研活动，由监狱主要领导定课题。调研采取发放《问卷调查表》及警察座谈会、罪犯座谈会、个别谈话等方式进行。共撰写调研报告1篇，论文7篇，查找、分析问题17次，提出意见和建议35条。该次调研为党委对服刑人员劳动改造进行决策提供参考。

图4—27　宽敞、整洁的新电子生产车间

是年，服刑人员实行劳动定额管理，按完成生产任务情况统计奖分，建立激励机制，调动服刑人员从事生产劳动的积极性。同时，车间实行“无烟、无声、走动”管理，警察取消坐班制，保证正常的生产 劳动秩序，劳动进度明显加快，生产质量明显提高。

2004 年年底，完成三监区（红砖监区）整体搬迁，全狱服刑人员从分散式劳作向密集式劳作转换。

2004—2005 年，对事务罪犯、勤杂罪犯及辅助工种实行定编、定岗、定责，坚决清理关系罪犯，合理利用现有的劳动资源，切实保障生产一线的劳动力。同时，实行服刑人员奖分向生产一线和技术能手倾斜的政策。实行工时定额管理和产品质量监督管理，提高服刑人员劳动熟练程度。另外，于 2005 年 6 月 28 日上午 9 时，组织服刑人员生产技能比武。技能比武设一等奖一名（奖奖励分 5 分）、现金 100 元（上卡）；二等奖二名（奖奖励分 3 分）、现金 80 元（上卡）；三等奖三名（奖奖励分 2 分）、现金 50 元（上卡）。

2007 年，服刑人员劳动每周停工一天，法定假日全休，夏季还安排午睡。

2008 年，生产计划科更名为劳动改造科，配备专职人员 5 人。劳动改造科的设置，凸显劳动改造职能发挥，加强对服刑人员的劳动改造。

2010 年，服刑人员劳动落实司法部“5＋1＋1”教育改造模式，即每周保证服刑人员 1 天休息，一天学习的条件下参加 5 天劳动。

2011 年，监狱根据省局规定，结合本狱实际，对参加生产劳动的服刑人员实行劳动定额管理，试行劳动力分类分级、动态管理，调动服刑人员劳动改造积极性。适应市场变化，及时调整劳务加工项目，将毛织加工项目调整为耳机、可变电容及线圈加工等项目，实现生产项目的平稳过渡，保证监狱劳动改造工作的稳定。

2012 年，监狱在生产车间全面推进以“整理、整顿、清扫、清洁、素养、安全”为主要内容的“6S”管理，劳动改造现场管理不断规范，各类物品定置摆放，人员流动有序，管理水平不断提高。

2013 年 8 月以来，劳动改造科根据监狱党委要求，以“两个安全”为重点，强化劳动现场各项制度落实，强化直接管理的督导与考核工作，取得一定进展。一是积极宣传发动，营造竞赛活动氛围。二是积极深入劳动改造现场，加强督导与考核，确保工作有效推进。自竞赛活动开展以来，劳动改造科除不定期对生产现场及仓库进行 10 余次检查外，共组织进行 6 次大型检查督导与考核，考核扣分共计 13 分，督导整改 14 余次，并以流水账的形式建立竞赛活动考核台账，使每次考核及督导情况有据可查。

2013 年，武陵监狱不断调优项目，保证劳动改造工作稳中有进。一是不断建立和完善服刑人员劳动改造管理机制，先后制定和完善服刑人员出勤制度、劳动保护制度、生产用危险化学品管理办法、劳动工具管理办法、外协工人管理规定、车辆装卸货管理规定等，推进劳动改造工作的规范化建设。二是进一步加大监狱生产区“6S”管理和生产现场、装卸货现场、仓储现场的检查力度,对生产过程中使用的易燃、易挥发物品定期或不定期进行督查,发现问题,及时提出整改意见督促整改,确保监管安全和生产安全。三是加强劳动保护和产品质量管理。四是主动收集、解来料加工行业的市场信息,抓好市场调研,积极做好项目调整工作,保证新项目的顺利投产,实现劳动改造工作平稳发展。

是年,监狱根据劳动改造工作的新要求,制定《湖南省武陵监狱劳动工具管理办法》,对服刑人员劳动工具管理的各个环节均作出明确规定,提高工具管理的规范化水平。7月,监狱对生产项目进行微调,将四监区原从事的可变电容加工项目改为手机喇叭加工项目,同时,针对该项目生产过程中使用危化品较多的实际情况,依据国家有关法律法规,制定《湖南省武陵监狱生产用危险化学品管理办法》,对危化品的领用、回收、仓储等各环节实施严格管理,明确责任主体,确保监管安全与生产安全。

2014年5月底,三监区一分监区按照监狱要求,顺利完成项目转产。为确保项目转产后续各项工作顺利进行,分监区警察带领部分服刑人员认真学习一、二监区的先进生产经验,积极培养小师傅的实际操作技能,保证车间流水线的正常运行;特别制定《车间生产管理考核暂行办法》;为进一步提高生产效率,根据服刑人员的年龄大小、刑期长短合理编排劳动岗位,制定详细的生产任务及奖惩条例,保证流水线高效畅通。

是年7月以来,天气逐渐炎热,二监区一分监区车间劳动改造秩序出现滑坡,少部分服刑人员在车间随意走动,不按规定时间外出车间吸烟、打开水、上厕所的现象增多,既破坏劳动现场纪律,同时也降低劳动效率。为整肃不良风气,尽快扭转局面,分监区及时召开犯情分析会,全体警察纷纷献计献策。会上大家一致同意:在车间后门(厕所走廊)处增设一个警察值勤点,由每天当班的警察轮流在值勤点值班,同时其他两名警察深入劳动现场,实行走动管理。并且规定:分监区共设四个流动牌,由每条线的线长掌管,服刑人员外出车间必须找线长领取流动牌,做到一人一牌、持牌外出。当班警察亲力亲为,深入现场,认真检查把关,车间纪律明显好转,服刑人员外出车间都能持牌流动,劳动改造效率显著提高。

是年,监狱着力加强劳动改造基础业务建设,推动劳动改造基础业务工作的规范化、标准化建设,统一印制劳动改造工作有关的业务薄卡。对监区管犯警察开展以"五个熟知"(熟知生产现场劳动力的现状;熟知原材料及产成品状态;熟知生产定额及完成情况;熟知工艺流程、工艺标准;熟知物料 损耗控制指标等)为主要内容的业务技能考核。及时调整生产项目,将三监区一分监区生产项目由线圈加工改为耳机加工,四监区由手机喇叭加工改为耳机加工,二监区一分监区由手机充电器加工改为耳机生产加工。

2015年,监狱根据省局要求,制定《湖南省武陵监狱服刑人员劳动报酬管理办法》,对服刑人员劳动报酬的发放原则、发放范围、发放条件、发放标准、发放程序等均作出详细规定，并严格组织实施。切实加强服刑人员劳动保护，保障服刑人员合法权益，严格落实加班审批制度，禁止超时超体力劳动。加强生产过程管理，抓细抓小，及时淘汰没有市场前景的加工项目，将三监区二分监区原来的线圈加工项目转为耳机加工。

第四节 生活卫生

对服刑人员的生活卫生管理，始终坚持人道主义原则，维护服刑人员合法权益的宗旨。

一、生活管理

1988年，罪犯每人每月实际伙食费标准由以往的21元提高到27元，将罪犯食堂由原来的三个分成四个。全年投入12万多元改善罪犯的生活卫生条件，新添置锅炉两台，较好地解决罪犯蒸饭和用水的问题。监内办起小卖部和小吃部，扩大罪犯菜地、鱼池，开展大种大养，提高肉、菜自给程度。

1989年，全支队投资4.4万元，为罪犯添置蚊帐、衣被，添置棉絮300床，铺板170块，胶鞋1200双，加工棉絮400多床，罪犯的基本生活用品得到保证。同时，开展大种大养，努力进行生产自补。全支队共有蔬菜基地172亩，产各类蔬菜71万余斤；鱼池37.7亩，产鱼5650公斤；罪犯食堂养猪380头，用于改善罪犯生活。

1990年，新修一栋共7间144平方米的蒸汽房，改建罪犯食堂252平方米和14间猪舍。罪犯每月人均伙食费达35元，比上年提高8.88元，人均口粮达21.8公斤。翌年，又投入40万元用于维修和改造监房，投入15万元，解决罪犯的用水问题。

图4—28 服刑人员监舍

1994年6月，省粮食局下达《关于国家专项储备粮食抛售计划的通知》，其中规定劳改人员每人每月供应大米22.5公斤，定点供应以平抑粮价。省劳改局强调：①必须严格执行国家粮食政策。根据文件精神，掌握用粮情况，押罪犯数由生卫科归口汇总，报当地粮食部门审核，作出统售安排定点供应。必须坚持囚粮囚用，不准虚报人数，不准挪作他用或转手倒卖……违者从严查处。②执行中有什么情况和问题，必须及时上报省局狱政处。按省局的要求，除确保罪犯的口粮外，组建监内生活物资供应站和开设豆腐房，使罪犯每周吃一餐豆腐两餐肉。农业单位四名罪犯一头猪，工业单位六名罪犯一头猪，月生活标准由省局规定的农业49.5元，工业51元提高到84元，保证服刑人员吃热、吃饱、吃得卫生。同时购物实行验收制度，做到“一保证”“二合格”。

1995年，财政部、司法部以〔1995〕137号联文对服刑人员伙食实物量作如下规定：人均月供粮17～25公斤；蔬菜15～25公斤；食油0.5～1公斤；肉食1.5～2.5公斤，蛋、鱼、豆制品1～2公斤。省监狱管理局又以湘监管狱〔1995〕31号文件规定服刑人员口粮按湖南省人民政府〔1995〕20号文件精神，实行定购销售计划，由所在地定点供应。以1994年年末人数为基数，每人每月22.5公斤包干。伙食费从7月1日起，每人每月由51元增至72元。为落实上级的文件精神，在物价上涨的困难条件下，支队通过大力开展自种、自养、自加工，罪犯肉食自给率达85%、蔬菜自给率达80%，每名罪犯月平伙食费达90元，保证服刑人员实物量标准到位。

1998年，监狱给各管犯单位伙房划出专门的菜地、猪圈，有条件的单位还配有鱼塘。全狱罪犯蔬菜、猪肉自给有余，各监区伙房坚持对服刑人员每天公布菜谱，每月公布伙食账目。

2000年7月，建筑面积近3600平方米的新监舍竣工并投入使用。

2001年，解决生卫工作历年来遗留下来的几件难事：一是以往的水塔矮、容量小，供水不及时，严重影响罪犯的生活。监狱党委将该事作为一件大事来抓，投入38万元资金修建水塔。5月中旬，新水塔交付使用，彻底告别罪犯吃水、用水犯愁的问题。二是针对监内排污系统不畅通、粪便四溢、蚊蝇滋生的问题，又投入6.3万元铺设1230米的地下管道，完善、更新排污设施。三是克服资金紧张困难，完全按照省局标准落实“五项经费”，实行单独财务，专款专用。

是年，罪犯五项经费均达140.2元，其伙食费达121元，“两部一室”取消经济承包，利润基本上控制在省局规定的范围，所得利润全部用于添置伙房设备，改善罪犯生活。为确保蔬菜和肉类自给到位，年初监狱增拨菜地1.9公顷，鱼池2.7公顷，猪栏、鸡舍24间。罪犯人均菜地及鱼池面积达0.011公顷。并抽调3名经验丰富、责任心强的警察组建菜园养殖分监区。仅上半年产菜34500公斤，养猪470头，养鸡鸭2800只，加工豆制品15000公斤，自制干菜、腌菜10500公斤，实现蔬菜和肉类自给。罪犯人均每月伙食费121元中

21元是通过“三自”解决的。服刑人员食物改过去每周2餐荤为逢双日吃荤。“三自”工作呈现前所未有的好形势。

2003年，为确保服刑人员生活经费足款落实，监狱对服刑人员生活物资实行集中招标采购，比质比价，减少中间环节，降低伙食成本，确保服刑人员伙食实物量按标准到位。翌年，对服刑人员生活物资的供应与使用分离，成立专门采购供应部门，建立健全物资入库、领用制度，防止物资流失和短缺，服刑人员大宗生活物资采购由生卫、采购、财务、纪检部门联合组织招标，竞质竞价，降低成本。

2005年，按照省局制定的相关标准，制定合理的配膳方案，对食堂菜谱、食堂食物台账、实物量日消耗、服刑人员生活统计等内容进行完善、规范的管理，对原始的物资入库、使用情况进行清理。建立健全各项规章制度，制定伙委会等十八项管理制度，并规范上墙。对集中开餐、亮点工程进行全面布置，制定警言名句二十条。对服刑人员的就餐、卫生检查、消毒等工作做到每日必查。

是年，由于粮、油、肉等农副产品不断涨价，监狱全年增加开支近80万元，补贴财政拨款不足。为调剂伙食品种，监内伙房进行豆制品加工，保证服刑人员每周能吃两次豆腐、喝一次豆浆。

2007年，服刑人员“八项经费”实行独立核算，“两部一室”收入主要用于补贴服刑人员生活，监狱每月从生产创收中拿出10多万元用于补贴服刑人员生活费不足，确保服刑人员生活标准不因物价上涨而降低。服刑人员月均生活费开支达154.16元。先后投入10多万元更换服刑人员床具、被服等。至2015年，服刑人员月均生活费开支已达220元。

二、卫生、医疗

1988年，对监房医务室、住院部进行调整维修，改善医疗条件，监内无流行性疾病、无医疗事故，罪犯发病率有所下降。

1994年，在医疗卫生上，保持监内环境的清洁卫生，每月进行一次伙房卫生和环境卫生大检查；一年中，收治门诊病号11000人次，住院病人150人次。

1998年，加强医疗保障和卫生防疫工作。是年夏季，常德市发生洪涝灾害。7月、8月、9月三个月，常德市范围内流行2号病。对此，监狱准备充分，行动迅速，派人专程从长沙购进2号病疫苗，从监狱医院抽调医务人员，对全狱罪犯注射疫苗，确保大灾后无瘟疫流行监内。

是年，开展生卫工作记分和评比活动。生卫科、总值班室组织有关人员每日检查一次内务和环境卫生，实行日检查、周讲评、月小结、季汇总、年评比。特别是日检查做到持之以恒，并将检查结果纳入管教工作考核范围。

2001 年，防病治病工作坚持每周对各车间、监区进行消毒处理，防止传染病发生；对服刑人员进行肺结核病普查，将 68 名肺结核患者进行隔离治疗，使监内肺结核发病率上升趋势得到有效遏制。

2002 年，针对以往监狱基建任务大，监内施工材料、垃圾堆积如山、非常零乱，苍蝇、蚊子、老鼠更容易滋生繁衍的状况，监狱于 4 月、5 月开展监内三次大规模的清扫活动，每个监区分段划地，落实责任制。重点清扫“三大现场”：一是清扫围墙电网四周及生产区的杂草、垃圾、粪便，做到“三光”：杂草光、粪便光、垃圾光。二是疏通监管区阴阳沟，对化粪池、猪栏、阴沟进行消毒处理。做到“两畅通四无”。即阴阳沟通畅，监舍楼梯过道等处通畅，地上无痰迹污物，区内无杂草、无污水、无杂物堆放。三是对生活饮用水重新进行过滤消毒处理，花 1.2 万元清洗 6 个水池，重新更换过滤砂，解决饮用水混浊、偏黄、水中含铁、锌及其他微量元素过高的问题。四是大清扫活动共投入罪犯劳力 6100 个工时。

2003 年，服刑人员医疗条件逐步改善，疾病基本得到及时有效治疗。而且与地方医疗机构联系，三次成批组织服刑人员外出体检和诊疗，使结核病、性病及其他流行性传染病得到有效治疗和控制。

是年春天，武陵监狱根据省监狱管理局和常德市委、市人民政府的统一部署和安排，开展防“非典”工作。4 月 22 日，进行总动员，宣布全狱进入高度戒备时期，确保“非典”不传入监内。监狱投入 5 万元专项资金，专门用于全狱防“非典”工作，统一购买口罩、体温计、喷雾器、巴斯净、99 消毒液、84 消毒液、过氧乙酸等防“非典”药品、器材和设备。先后开展两次大规模“搬家式”卫生大扫除，全面清理卫生死角，并采取集中统一消毒与定期分别消毒相结合的方式，对各场所地毯式灭菌，消除病源，设立发热门诊和隔离留观室，及时排除疫情。自 5 月 1 日起，直接管犯警察分两批轮流上岗，每批连续值班一周。接班警察进监、交班警察出监前都要严格体检，由生卫科负责，组织人事科配合。当班警察进监后，不到换班时间，不得出监房大门，进行封闭管理。轮班警察的工作、生活、休息都在监内进行，由生卫科保证警察开餐。

2005 年，监狱投资近 200 万元，用于新修监内医院和购置医疗设备，新修的监内医院共两房，面积为 1117 平方米，可同时容纳上百名服刑人员就诊、住院。同时为每名服刑人员建立健康档案，内容包括体检记录、门诊记录、住院记录等。增购 X 光机等必要的医疗设备和药品，保障服刑人员的基本医疗条件。加强对结核病等甲、乙类传染病的防治工作，提高治愈率，减少发病率。同时，积极开展春季爱国卫生运动和夏季“三防”工作。卫生部门争取到常德市卫生防疫部门的支持，对服刑人员进行艾滋病和结核病普查，并免费获得传染病防治药品。

图 4—29 服刑人员就诊

2008 年，为推进“6S”管理工作，加强监舍内务制度化、规范化管理，构建文明、整洁、卫生、和谐的改造环境，武陵监狱于第二季度组织开展监舍内务管理竞赛活动。本次竞赛活动采取平时考核和集中评比相结合，平时考核占 30%，集中评比占 70%。平时考核由生卫科每周不定期组织二次检查，活动结束后结果按监区、分监区、监舍分别得出平均分。集中评比由改造线科长和两名武警战士担任评委，并定于 6 月进行评比打分。自从 4 月中旬在全狱范围内开展监舍内务整理竞赛活动后，各管犯单位加强监内内务制度化、规范化管理，形成“比、学、赶、帮、超”的局面，构建出文明、整洁、卫生、和谐的改造环境。经平时考核和集中评比，评出二监区为优胜监区；三监区一分监区、二分监区，二监区一分监区为优胜分监区。另外，还评选出十个优胜监舍。

2009 年 7 月 31 日，武陵监狱出现服刑人员季节性流感。监狱在组织力量对患者诊治的同时，及时请市疾控中心的专家到狱鉴定、确诊。自流感病情发生后，狱党委高度重视，严密部署，全狱警察认真落实防控措施。主要开展五项防控工作：一是加强隔离区、巩固区的管理，彻底地切断传播源。二是加强病情鉴定，8 月 11 日上午，再次邀请疾控中心 4 名专家到监狱进行采样，再次对流感病情鉴定确诊，核实病情。三是加强警察自身防病保护，监狱为进监警察发口罩，发感康等药品服用。四是对复发病人详查病因，防止出现诊断失误。五是规范隔离区、巩固区值班记录，规范病人体温测量及病情记录，规范门卫进监人员测温记录，至 8 月 11 日，病情逐步缓解。又至 19 日，未出现新增病人，流感基本得到控制。

是年，也在监内开展防控 H1N1 流感的工作。

2012 年，以“人造环境、环境育人”为理念，扎实推进“6S”（整理、整顿、清扫、清洁、素养、安全）管理。先后投入近 200 万元，建成苗圃，育种花卉，做到监内春色满园，四季鲜花盛开；内务规范化管理，实现生活用品“五统一”、内务卫生“五条线”，做到监舍内无异味、无蝇虫鼠害、无杂物垃圾、无乱扔乱吐现象。

2014 年夏季高温天气逐渐来临，为防止季节性传染病、中暑、中毒事故的发生，确保监狱安全稳定，医院结合实际和季节特点，利用监内宣传栏和墙报等宣传工具大力宣传高温季“三防”的主要内容和流行性疾病预防知识，增强自我健康保护能力，同时为全体服刑人员配发清凉油、十滴水、藿香正气水等防暑降温药物，做到防患于未然。

2015 年 10 月中旬，爱国卫生和三防活动讲评会顺利进行。自 4 月以来，由监狱生卫科、监狱医院牵头，在全狱范围内开展“爱国卫生和防中暑、防中毒、防流行性疾病活动”。在各单位积极配合下，通过 6 个月的检查评比，服刑人员的内务规范化标准不断提高，卫生防疫知识和卫生习惯养成不断加强，半年内未发生服刑人员中暑、中毒和患流行性疾病导致的死亡，未发生服刑人员集体食物中毒，未发生甲乙类传染病成批流行，疾病防治工作得到切实加强。在活动讲评会上，监狱综合各监区每月开展情况进行评比：一监区、五监区并列第一，三监区、四监区并列第三，二监区、监狱医院获得优胜奖。

第五节　刑罚执行

1988—1990 年，有 1064 名服刑人员获得减刑假释。其中，中途减刑 210 人，减余刑释放 704 人，假释 150 人。对服刑人员的减刑假释实行“三榜”公布：第一榜公布服刑人员基本情况（含奖励分、刑期及刑期执行情况等）；第二榜公布支队集体研究审议结果；第三榜公布法院裁定结果。服刑人员减刑假释，原则上由支队每季度向常德市中级人民法院呈报一次并由法院裁定。服刑人员刑满后，一般由原单位或亲属接回，对可能外流的对象，派人送回原籍。

1995 年，在服刑人员减刑、假释申报过程中，实行“两公开、四监督”，张榜公开，发动服刑人员举报、评议，改变以往减“关系刑”的状况。

1998 年，为防止对严管、禁闭服刑人员滥用械具，一律由狱政科科长审批。全年严管服刑人员 23 人次，禁闭服刑人员 34 人次，均严格履行审批程序，克服警察执法的随意性。

2003 年，武陵监狱大力实施狱务公开，实行“阳光作业”，主动接受社会监督，在会见中心向社会公布监狱执行的依据，减刑、假释、保外就医的条件和程序，并宣传监狱工作方针和政策；设立举报箱，广泛接受社会监督；建立监狱执法人员和服刑人员改造查询系统，服刑人员亲属可随时解监狱执法情况、服刑人员奖惩情况、伙房账目按月公布情况等。

2004 年，武陵监狱在刑罚执行工作中，不断强化公正、文明执法，一是在办理减刑、假释案件时，严格按法律、法规执行，通过四级研究、监狱长办公会审定，进行四榜公示，力求公平、公正、准确。本年度，该狱假释面控制在 3% 以下，减刑面仅达 22.79%。全年三次共呈报减刑、假释案件 290 件，法院均予受理，无一退卷，体现较高的刑罚执行水准。同时，也体现刑罚执行激发服刑人员积极改造的一贯性。二是严格办理服刑人员保外就医手续，对不符合保外就医条件的服刑人员，坚决拒之办理；对符合保外就医条件的服刑人员想方设法主动办理，并要求罪犯家属积极配合。三是服刑人员的申诉、控告、检举的受理步入正常轨道，做到有受理、有调查、有结果、有回复，维护服刑人员的合法权益。四是监狱长接待日有序开展，执法监督员工作有效实施，大力促进依法治监的工作。五是实行狱务公开，他们将刑罚执行活动予以透明化、公开化，将执法过程中法律依据、办事依据、办事程序、执法纪律、执法要求、监狱投诉方式公布于社会。该狱在会见中心设立电脑查询台，将刑罚执行、管教服刑人员的有关内容输入电脑，以便服刑人员亲属、社会人士查询，使会见中心形成监狱联系社会的桥梁，依法、严格、科学、文明执法的窗口。

是年，制定《武陵监狱减刑、假释、保外就医工作规定》，进一步明确办理程序。

2004 年 5 月 22 日至 2005 年 1 月，根据最高人民检察院、公安部、司法部统一部署，遵照省局《减刑、假释、保外就医专项检查活动实施意见》的通知精神，武陵监狱进行一次减刑、假释、保外就医专项检查。检查范围是 2002 年 1 月至 2004 年 4 月 30 日监狱办理的减刑、假释、保外就医案件。检查的重点是办理的减刑、假释、保外就医案件是否符合法定条件、法定程序，法律手续是否齐全。

2008 年，设置刑罚执行科，核定编制 3 人，监狱狱政科不再履行刑罚执行职能。刑罚执行科设置后，监狱刑罚执行职能进一步强化。在监内设立的刑罚执行信箱，有一名副科长按时开箱、处理，服刑人员的申诉、检举、控告权利得到有效保障；对每个保外就医服刑人员，监狱不惜人力、财力，均由刑罚执行科邀请驻狱检察室一道按时考察，维护刑罚执行的严肃性。

2009 年，进一步完善呈报审批制度。对服刑人员减刑、假释、保外就医呈报工作中，严格执行分监区、监区、刑罚执行科、减刑（假释）评审委员会和监狱长办公会“五级把关制”，做到事实清楚、材料翔实、证据确凿、程序严谨、执法公正、监督到位。同时，每季度减刑、假释都组织服刑人员代表参与减刑、假释听证会，增强执法的透明度和公信力。该年度呈报的减刑、假释案件，法院退卷率为零，未收到任何服刑人员对刑罚执行工

图 4—30　常德市中级人民法院减刑假释听证会

作的举报、投诉。

2010 年 10 月，在会见中心设置的电子触摸屏正式对外开放，既丰富狱务公开的内容，又方便服刑人员亲属和社会各界的查询、监督。

2011 年 7 月，监狱组织教育改造、劳动改造、狱政管理、刑法执行、纪检监察等部门制定《武陵监狱执法规范流程图》，明确规范包括 10 个大项，86 个要点的执法内容，有效杜绝警察粗线条执法，提升执法水平。全年抽查减刑案件 4 件，合格率均达 100%。走访群众和案件当事人 60 多人，回访个案 30 余件，有效促进执法程序的规范高效。

2013 年，武陵监狱深入开展法治建设，确保刑罚执行公平、公正。一是通过开展"公正、文明、廉洁执法竞赛活动"深入推进监狱法治建设、廉政建设，提高警察执法的水平。二是通过举办法制讲座、开辟法治论坛深化法治理念，强化执法主体，引导广大警察模范守法、严格执法。三是认真贯彻落实宽严相济刑事司法政策，坚持"阳光执法"，把公正、公开、公平贯彻于刑罚执行全过程，并突出对老弱病残服刑人员的人文关怀。四是通过畅通公开渠道，完善公开平台，坚持"四公开"与执法监督确保刑罚执行公平、公正。12 月，监狱在全省司法行政系统执法状况考核评议中被省司法厅评为优秀等次。

2014 年 8 月 3 日，一监区一名服刑人员因患病突然昏迷，经常德市第一中医院诊断，该罪犯患有冠心病、急性心肌梗死，心功能Ⅰ－Ⅱ级，且为 PIC 术后。由于病情严重，常德市第一中医院连续两天下达病危通知书。刑罚执行科获悉此情况后，本着一贯为基层办实事、解难事的工作作风，与监区进行衔接沟通，共同商讨危重病犯处理事宜，并于该罪犯入院当天赶往医院解病情；积极协调各单位组织患病罪犯鉴定。根据常德市第一中医院诊断结论以及患病罪犯鉴定结果，该罪犯病情危急，随时有生命危险，从监管安全稳定大局出发，刑罚执行科向监狱领导报告，提请启动"急保程序"。经批准同意后，科长易先建与副科长戴名贵于 8 月 6 日携带相关材料前往省监狱管理局请示汇报。经省局批准，该罪犯符合保外就医条件。该服刑人员被依法保外就医出监，并于 8 月 7 日由警察将其送往原居住地进行监管。

2014 年，共办理服刑人员减刑案件 526 件，案件办理合格率达 100%。办理保外就医案件 3 件。认真落实中政委〔2014〕5 号文件精神，对主刑未执行完毕的职务犯罪、破坏金融管理秩序和金融诈骗犯罪、组织（领导、参加、包庇、纵容）黑社会性质犯罪的服刑人员，进行减刑、假释、暂予监外执行案件清理，共清理出减刑案件 10 人、17 件，假释案件 12 人、12 件。

2015 年 8 月 29 日，国家主席习近平签署主席特赦令。特赦令作出后，武陵监狱迅速开展对四类服刑人员的摸排，经过排查，并经服刑人员提出申请，全狱共摸排 3 名服刑人员，服刑人员申请材料汇总到刑罚执行科后，根据监狱领导指示，刑罚执行科组织服刑人员所在监区副教导员、狱政科副科长一行 5 人，前往服刑人员居住地龙山、华容和湘阴等县市，走访相关部门对申请服刑人员提出的情况进行核查，经核实其中 1 名服刑人员的申请材料不符合档案记载的情况，另外 2 名服刑人员的申请材料内容符合特赦条件，最终监狱组织好特赦材料，报请常德市中级人民法院裁定 2 名服刑人员特赦释放。

第三章　安置帮教与社区矫正

第一节　安置帮教

一、安置帮教机构

现行的安置帮教机构全称为刑释解教人员安置帮教工作领导小组。领导小组名单如下：

组　长：政法委书记。

副组长：市人民政府分管政法的副市长；市委副秘书长一名；市人民政府秘书长一名；政法委副书记一名；司法局局长。

成　员：市中级人民法院、市人民检察院、市综治办、市公安局、市民政局、市财政局、市人力资源和社会劳动保障局、市工商局、市国税局、市编委办、市总工会、团市委、市妇联等部门分管领导，领导小组下设有办公室。办公室主任由政法委副书记担任，副主任由司法局分管工作的副局长担任，办公室设在司法局。人员异动，在相应岗位担任相应职务的人员自然替补。报市综治办备案。

图 4—31　市司法局组织召开全市社区矫正对象考核和档案管理工作会议

各区县设立与市相应的组织机构，乡镇（街道）党委、政府领导任组长，有关部门负责人员参加刑释解教人员安置帮教工作领导小组。在司法所设立安置帮教工作站。所辖村（社区）和辖区内企事业单位成立刑事解教人员帮教站，并明确帮教人员。

二、安置帮教基地

对刑满释放解除劳动教养人员开展安置帮教工作是中共中央、国务院在20世纪90年代初针对社会治安综合治理问题作出的一项重要决策。根据省委、省人民政府要求，常德市从1996年开始有领导、有计划、有步骤地推进该项工作。13年来，按照上级部署，围绕维护社会稳定的总体目标，采取积极步骤，落实安置帮教措施。在预防重新犯罪、减少社会乱源方面取得显著成效。据统计，1996—2010年，全市13个区(县、市)现有刑满释放解除劳动教养人数总计达8855人，其中刑满释放7556人，解除劳动教养1299人，安置率达93%，帮教率达97%，重新犯罪率控制在3%以内。安置帮教工作呈现出整体推进稳步发展的良好态势，具体体现：一是网络体系健全。全市13个区(县、市)和市本级成立刑释解教人员安置帮教工作领导小组及办公室，230个乡镇(街道)建立安置帮教工作站，3700个村(居)委和企事业单位落实安置帮教小组，在基层形成一支以公安干警、司法助理员、村(居)委会干部、人民调解员为骨干的安置帮教工作组织网络队伍，成为基层综合治理工作的一支生力军。各级安帮工作实现“八有”，即有组织机构、有人员、有制度、有牌子、有章子、有办公场所、有经费、有基地，为安帮工作的顺利开展铺平道路。二是安置渠道拓宽。对刑释解教人员采取就业教育、技术培训、择业指导、推荐岗位等方法，使安置工作的形式更加多样化。在现有的刑释解教人员中，由原单位安置的有1286人，落实责任田的有3070人，从事个体经营的有3242人。全市创建过渡性安置基地11个，安置770人，创办安置实体7个，安置660人。其他方式安置110人。三是帮教力度加大。将帮教工作普遍纳入全市社会治安综合治理“一中心五网络”目标考核内容。结合实际开展“创无重新违法妇女罪乡镇(街道)”，争做遵纪守法好、勤劳致富好、互助友爱好的“三好”新人，“送真情、送温暖”，“两奔一促”，“包教育、包管理、包转化”，“三帮一”等多种形式的结对帮教活动，取得显著成效。一大批刑释解教人员成为遵纪守法公民，走上正确的人生轨道。1999年，石门县楚江镇镇长王茂文与回归社会人员金某兵主动结对帮教，提供资金扶助，帮助

图4—32　常德市武陵区社区矫正和安置帮教志愿者协会成立大会

创办羊场，使他走上致富路，受到社会好评，王茂文帮助回归人员勤劳致富的典型经验在全省得到推介，他也被评为“全省安置帮教工作先进个人”，《常德日报》给予宣传报道。四是保障措施落实。市、县、乡、三级财政为安置帮教工作安排专门经费，并列入每年度财政经费预算。对城镇生活困难的刑释解教人员，将其列入最低生活保障对象，每月发给最低生活保障费，对农村生活困难的刑释解教人员，将其列为特困户，发给一定的救济金。近年来，有石门楚江镇和桃源陬市镇司法所所长罗林阶被评为“全国安置帮教工作先进集体”“和先进个人”；有临澧县政府等 6 个单位和市司法局原副局长傅绍平等 6 名个人被评为“全省刑释解教人员安置帮教工作先进单位”和“先进个人”，受到表彰。

三、安置帮教成果

全市刑释解教人员安置帮教工作，以科学发展观为指导，贯彻落实全省、全市司法行政工作会议精神，围绕加强和创新社会管理，切实抓好中办发[2010]5 号、[2010]13 号和湘办发[2011]38 号三个文件精神贯彻落实。着力抓好刑释解教人员的衔接接收，服务管理，教育帮扶三项重点工作，不断提高刑释解教人员安置帮教工作质量和效果，为维护全社会和谐稳定做出积极贡献。2015 年年底，全市在册刑释解教人员共 5080 人。全部落实帮教措施，据各区县（市）上报统计重新犯罪率仅为 2.3%，市、县、乡三级刑释解教人员信息库全部建立。

图 4—33　常德市司法局政府购买社区矫正服务签约

延伸手臂帮教.市司法局、常德市劳教所、武陵监狱领导和监狱劳教管理科、社区矫正工作科相关人员组成的常德市在劳教强戒服刑人员延伸社会矫治帮教领导小组及其办公室，指导基层安帮组织协助监所做好在教强戒服刑人员帮扶矫治。一是帮教进监所。对思想情绪不稳、抗拒教育改造的服刑在教人员和强制戒毒矫治人员，根据监所的要求，由乡镇安置帮教站派出工作人员，与服刑在教强制戒毒人员的家（亲）属、村（社区）干部一道到监狱、劳教所、戒毒所协助监所做好教育改造工作，开展帮教、送温暖活动，向他们转达亲朋好友的问候和希望，宣传中国共产党的富民政策，介绍当地刑释解教人员致富典型，增强他们重新做人的信心，使他们安心积极改造、矫治，争取早日回归家庭和社会。2015 年，全市基层安帮组织动员服刑在教、强制戒毒人员的家（亲）属、村（社区）干部到监狱、劳教所、戒毒所 176 人次，使 61 名服刑在教、强制戒毒人员思想发生明显好转。二是解难于监外。监所在送交保外就医犯和患病、残废释放人员时，往往地方基层组织和家属都不愿接收，监所为此耗费不少人力精力，都得不到有效解决。为解决该问题，减轻监所的压力，全市基层安帮组织大力协调地方各部门、各单位，尽力为监所排忧解难，很多困扰监所多年的问题得以解决。武陵监狱石门籍服刑人员郑某帮，因患空洞性肺结核病被保外就医，其家庭生活相当困难，父母 80 多岁年高多病，无力支付郑某的住院治疗费用，家人强烈要求郑某再送监狱，其姐在监狱大吵大闹。为解决这一问题，2015 年 4 月下旬石门县安帮办组织召开信访、民政、镇村干部参加的联系会议，共同研究帮扶措施，为其解决困难补助资金 1 万多元，办理农村合作医保手续，并解决住院治疗费用。桃源县籍劳教人员陈某林因在教期间学艺时违反操作规程，导致右手指被机械切除致残，桃源县安帮办召集县民政局、乡村干部共同做工作，使问题得到圆满解决。此外，市安帮办和安乡县安帮办还及时办理广西女子监狱等监所请求协助、处理的问题和事项。

落实衔接接收制度.一是按时完成平台建设。认真贯彻落实中办发〔2010〕5 号和湘安帮领〔2011〕3 号文件精神，做好服刑在教人员的信息核查、帮教和预释放人员的衔接工作，从上年 3 月开始，市、县两级安帮机构全力进行全国刑释解教人员安置帮教工作管理系统的建设。首先，调整配备人员。接省里通知后，局党组高度重视，及时为市安帮办选调 1 名专干，鼎城区、汉寿县、桃源县、西湖管理区、津市等配备专人进行日常系统操作处理。其次，保障系统装备。为确保完成信息系统及时联网，各区县（市）想方设法为司法所和安帮办配备电脑、接通宽带，并及时完成安装，确保按时升级联网和正常操作。石门县司法局为解决全县 20 个司法所中 16 个没有上网、7 个没有电脑、三分之一的所无内勤工作人员的状况，局党组研究决定，为基层股重新开通宽带专户、安装固定办公电话，给每个司法所配发电脑、安装空调，把新进的 3 人全部下放到司法所，并安排一名副局长、

图 4—34　常德市社区矫正、安置帮教工作业务培训班

基层股股长、装备股股长专抓该项工作，按时完成全县司法所的组网和平台建设任务。汉寿县司法局优先为每个司法所配发笔记本电话，确保全县司法所的组网和平台建设任务按时完成。2014 年 3 月下旬，市安帮办完成刑释解教人员的安置帮教工作管理系统软件的安装，并且由单机版升级为网络版，随即市安帮办下到各区县指导进行系统软件装载、升级。再次，及时检查督导。针对管理系统软件安装完毕运行中出现的问题，市安帮办及时下到各区县督查，对系统操作人员进行实地指导，直到操作人员基本掌握操作程序为止。经过近一个月的努力工作，市、县、乡三级基本上在省安帮办要求的时限内完成软件安装、下载和调试，并于 2011 年 4 月 8 日前通过该系统网络平台上报 2011 年第一季度的统计报表。全市 224 个在编司法所，全部配备电脑，完成全国刑释解教人员安帮工作管理系统联网，司法所的工作人员能独立使用安置帮教工作管理系统。二是抓好培训。为建好、操作好全国刑释解教人员信息管理平台，提高专干的业务素质，市安置帮教办分别在 2014 年和 2015 年两次组织全市各区县(市)安帮办专干和司法所长进行业务培训，以提高刑释解教人员管理工作信息化水平。各地根据实际情况适时组织志愿者进行学习培训，以提高帮教志愿者的政策水平和实际工作能力。各区县安帮办根据实际情况多次组织司法所所长和专干进行学习培训，以提高系统操作人员的实际工作能力。三是做好衔接。各区县市安帮办和司法所及时对全国刑释解教人员安置帮教工作管理系统的信息进行处理，认真核实、反馈信息，及时与监所衔接预释放服刑劳教人员的帮教工作、反馈在监所服刑劳教人员的帮教计划，按时导出预释放服刑劳教人员的情况建立符合要求的信息库。落实刑释解教人员必接制度，按有关要求，司法所、刑释人员安置帮教责任单位、家庭成员和村(社区)代表在“三无”人员、重点人员刑释解教之日将其接回。自系统使用开始至 2015 年 10 月底，全市核实成功服刑在教人员 5636 名，核实率达 98%，向监所反馈帮教计划 5636 人。2015 年，全市衔接预释放刑释解教人员 372 人，重点帮教对象 17 人，接回 17 人，接回帮教率达 100%；一般帮教 355 人，接回 306 人，接回率达 86%；372 人全部列入帮教，帮教率达 100%。四是及时安帮。认真做好以下几个方面的工作：①登

图 4—35 武陵区司法局南坪司法所对社区矫正对象集中训话

记建档。及时将刑释解教人员登记在册，建立一人一档，实行分卷管理，统一编号。②落实帮教责任人。对每个帮教对象建立由民调主任、村民组长、释解人员亲属实施“三包一”的帮教矫正小组，做到刑释解教人员前脚到家，帮教小组就后脚跟上。③宣传政策。为稳定刑释解教人员返乡后思想，帮教人员及时向他们宣传党的富民政策，介绍本地区的变化及本地刑释解教人员致富典型，增强他们重新做人的信心，扶持走好步入社会的第一步。

服务帮扶安置。2015 年，全市安帮部门主动争取党委政府和社会各界的支持，提高服务帮扶安置认识，完善安置机制，不断优化安置帮扶政策环境。一是规范建立过渡性安置基地。常德市 2008 年通过省厅确认的安置基地，2015 年得到进一步加强和规范；市司法局和鼎城区司法局投入近 3 万元在灌溪工业园依托荣城机械有限公司（民营）新建一个较大规模的过渡性安置基地；汉寿、安乡等县根据实际情况，及时重新选定企业建立过渡性安置基地。二是落实安置帮扶政策。以《关于进一步做好刑释解教人员促进就业和社会保障工作的意见》和中央十一部委关于贯彻落实《中央办公厅国务院办公厅转发〈中央社会治安综合治理委员会关于加强刑满释放解除劳教人员安置帮教工作的意见〉的通知》精神为指导，坚持以安置就业防脱管这一工作主线，为刑释解教人员自食其力创造条件，想方设法安置有重新违法犯罪倾向、“三无”刑释解教重点人员和有安置需求的人员。积极联系劳动社保部门，将刑释解教人员列入劳动技能职业培训计划，给符合政策的安置对象落实养老保险，申请最低生活保障待遇。鼓励刑释解教人员通过灵活多样的形式实现就业，包括非全日制、临时性、季节性工作，逐步实现安置就业市场化、社会化和多元化，并鼓励安置对象在社区服务的岗位就业。尽力解决刑释解教人员在落户、升学、就业、培训、分配责任田、享有收益分配等方面存在的实际困难和问题，帮助刑释解教人员顺利回归社会，成为自食其力的新人。三是将安帮矫正基地列入建设项目。2015 年，市委、市人民政府将 9 个县市区安帮矫正基地列入“十二五”重大建设计划项目，计划投资 6000 万元，各县市区正在着手编列项目计划书，争取立项。2015 年，全市过渡性安置基地共安置刑释解教重点人员 28 名（含历年 11 人），安置 270 人，推荐就业 18 人，给符合政策的安

图 4—36　桃源县司法局党组成员、副局长吴坤在马鬃岭司法所与社区矫正对象交谈

帮对象落实最低生活保障待遇6人，列入农村“五保”1人，一次性救济72人，进行劳动技能培训21人，落实责任田、地、山林（水面）、宅基地180人，按政策优惠、减免税费33万余元。

提高帮教质量市局采取七条措施促进帮教质量提高。一是扎实开展“两奔一促”活动。2015年上半年，继续深入开展“奔新生，奔富裕，促和谐”主题帮教活动，有效地稳定刑释解教人员的思想和行为。二是认真开展中央综治委部署的服刑在教人员未成年子女排查帮扶活动。根据省安帮办通知，全市各级安帮工作机构结合本地实际，研究制定活动方案，全面部署，集中在7—10月认真开展排查帮扶活动，通过与监所、公安派出所联系、上门走访服刑在教人员家庭或单位等方式，摸清服刑在教人员未成年子女基本情况，登记建档；积极协调民政、教育、人力资源和社会保障等部门帮助解决服刑在教人员未成年子女就学、就业、生活等方面的实际困难和具体问题。三是健全帮教网络。各乡镇（街道）建立帮教矫正站，机关企事业单位、村（居）、社区建立帮教矫正小组。按照“三帮一”的形式配齐帮教小组人员并组织帮教人员进行业务培训，帮教矫正站、组人员异动后及时进行调整补充，杜绝漏帮失控现象的发生。对每个帮教对象建立民调主任、村民组组长、释解人员亲属实施“三包一”的帮教矫正小组，做到刑释解教人员前脚到家，帮教小组就后脚跟上。四是落实帮教责任。建立帮教矫正责任制，并将帮教矫正工作纳入综合治理目标管理责任制进行考核；对乡镇（街道）帮教矫正、村（居）和单位帮教矫正组、村（居）民小组帮教矫正组成人员（指干部职工）建立个人岗位责任制，考核结果作为年度评先、评优的依据；建立公安局派出所、司法所、学校、妇联、共青团、民政和基层组织、被帮教矫正者家庭协同帮教的矫正责任制；并制定帮教矫正工作考核、奖惩制，实行绩效挂钩。五是重点帮教。加强对有重新违法犯罪倾向和“三无”刑释解教人员的安置帮教工作，努力预防和减少重新违法犯罪。注重解决重点刑释解教人员在落户、就业、技能培训、分配责任田、享有收益分配等方面存在的实际困难和问题，帮助重点刑释解教人员顺利回归社会，成为自食其力的新人。同时，将重点刑释解教人员的帮教管控责任分解落实到人，基本做到重点刑释解教人员的一举一动都在视线内。六是落实安帮制度。基层司法所建立落实跟踪回访制度、定期谈话制度、信息报告等

图4—37　石门县磨市镇社区矫正人员点验

制度。坚持一月一谈心，一季一回访，半年一小结，工作记录进入帮教个人档案。对刑释解教人员外出、外来务工、人户分离的实行“两头包、双例管”。强化教育帮扶措施，提高刑释解教人员安置帮教工作实效。七是发动社会帮教。把帮教工作与平安建设、社会主义新农村建设、预防青少年违法犯罪、精神文明创建等有机结合起来，充分发挥工会、共青团、妇联、个协和其他社会团体的作用，扩大热心安帮工作的社会志愿者队伍，广泛动员职工、团员、青年、离退休人员积极参与帮教工作。八是开展“创无重新违法犯罪活动”。

第二节　社区矫正

一、社区矫正的定义

社区矫正是与监禁矫正相对的行刑方式，是指将符合社区矫正条件的罪犯置于社区内，由专门的国家机关在相关社会团体和民间组织以及社会志愿者的协助下，在判决、裁定和决定确定的期限内，矫正其犯罪心理和行为恶习，并促进其顺利回归社会的非监禁刑罚执行活动。社区矫正属于非监禁刑的刑罚执行，监狱改造属于监禁刑的刑罚执行。

图 4—38　社区矫正心理咨询师进行辅导授课

二、社区矫正的主要依据

（一）2003 年 7 月，最高人民法院、最高人民检察院、公安部、司法部下发《关于开展社区矫正试点工作的通知》。

（二）2009 年，最高人民法院、最高人民检察院、公安部、司法部下发《关于在全国试行社区矫正工作的意见》。

(三)2011 年,《刑法》修正案(八)首次规定了判处管制、宣告缓刑、假释的犯罪分子,依法实行社区矫正。

(四)2012 年,修改的《刑事诉讼法》第 258 条规定:“对判处管制、宣告缓刑、假释或者暂予监外执行的犯罪,依法实行社区矫正,由社区矫正机构负责执行。”

(五)2012 年 1 月,最高人民法院、最高人民检察院、公安部、司法部颁布《社区矫正实施办法》:由司法行政机关负责指导管理、组织实施社区矫正工作。

(六)2012 年 12 月,湖南省高级人民法院、湖南省人民检察院、湖南省公安厅、湖南省司法厅颁布《湖南省社区矫正实施细则》。

(七)2013 年,修改的《监狱法》第二十七条规定:对暂予监外执行的罪犯,依法实行社区矫正,由社区矫正机构负责执行。

三、社区矫正的适用范围和主要任务

(一) 适用范围:被判处管制、被宣告缓刑、被暂予监外执行、被裁定假释的 4 种罪犯。

(二)主要任务:按照中华人民共和国刑法、刑事诉讼法等有关法律、法规和规章的规定,加强对社区服刑人员的管理和监督,确保刑罚的顺利实施;通过多种形式,加强对社区服刑人员的思想教育、法制教育、社会公德教育,矫正其不良心理和行为,使他们悔过自新,弃恶从善,成为守法公民;帮助社区服刑人员解决在就业、生活、法律、心理等方面的困难和问题,以利于他们顺利适应社会生活。

四、社区矫正的负责部门

市司法行政机关负责管理、监督、指导本市社区矫正工作。主要做好全市社区矫正工作规划、沟通协调、组织绩效考核及与市本级有关社区矫正工作,营造良好工作环境,参加工作顺利开展。

区县(市)司法行政机关负责对社区矫正人员进行监督管理教育帮助。主要做好以下工作:

(一)社区矫正适用前调查评估;

(二)法律文书和社区服刑人员的接收,进行宣告,做好信息录入,建立社区服刑人员执行档案;

(三)社区服刑人员进入特定场所、外出、变更居住地的审批;

(四)给予警告,提出治安管理处罚建议;

（五）提出撤销缓刑、假释、收监执行建议，提出减刑建议；

（六）对脱离监管的社区服刑人员组织追查；

（七）发放解除社区矫正证明书；

（八）开展集中教育、心理矫正、协调有关部门和单位为社区服刑人员提供帮扶等工作。

乡镇（街道）司法所承担社区矫正日常管理工作。主要有：

（一）根据县级司法行政机关的指派，接收社区服刑人员，组织参加宣告人员，确定社区矫正小组，制定矫正方案；

（二）建立社区矫正工作档案；

（三）采取实地检查、通讯联络、信息化核查等措施及时掌握社区服刑人员的活动情况；

（四）重点时段、重大活动期间或者遇有特殊情况，可以根据需要要求社区服刑人员到办公场所报告、说明情况；

（五）定期了解、核实社区服刑人员的思想动态和现实表现等情况；

（六）发现社区服刑人员脱离监管的，及时向县级司法行政机关报告；

（七）组织社区服刑人员进行学习、开展社区服务。

五、社区矫正工作人员的职责

积极构建以司法行政机关执法工作者为核心、社会工作者为辅助、社会志愿者为补充的“三位一体”的社区矫正工作队伍。

（一）社区矫正执法工作者：由政府公务员组成。依法履行刑罚执行职责，对社区服刑人员进行各项监督管理。

（二）社区矫正社会工作者：由政府购买社会服务。在社区矫正执法工作者的指导下，承担联系沟通社区服刑人员、开展“一对一”或“多对一”的谈话教育、心理矫正、社会适应性帮扶等专业化工作。

（三）社区矫正志愿者：社会招募，自愿参加。具有教育学、心理学、社会学等专业知识的人员担任社区矫正工作志愿者，与社区矫正社会工作者一起，协助开展社区矫正工作。

六、社区矫正工作流程

（一）调查评估

调查评估是社区矫正非常重要的一个环节，刑法修正案（八）明确规定，对犯罪分子判决缓刑时，应当将对所居住社区没有重大不良影响作为适用条件；对犯罪分子裁定假释时，应当考虑其假释后对所居住社区的影响。受委托的司法行政机关应当根据委托机关的要求，对被告人或者罪犯的居所情况、家庭和社会关系、一贯表现、犯罪行为的后果和影响、居住地村（居）民委员会和被害人意见、拟禁止的事项等进行调查了解，形成评估意见，及时提交委托机关。

（二）接收

1.县级司法行政机关收到决定机关送达的法律文书材料，要认真核对并登记，将回执在三日内送达决定机关；发现文书缺项的，要及时通知决定机关补齐。社区服刑人员在规定时限内报到的，县级司法行政机关应对照已收到的法律文书核实其身份，并填写接收登记有关法律文书。对没有收到相关法律文书而社区服刑人员已经前来报到时，应先进行登记，同时与决定机关联系约定送法律文书。社区矫正中心工作人员办理完接收登记手续后，告知社区服刑人员到指定的司法所接受社区矫正并通知司法所。

2.社区服刑人员超过规定时间未报到的，县级司法行政机关要组织查找，同时将有关情况通报给原裁判人民法院，抄送人民检察院，对被裁定假释接受社区矫正的罪犯，还要增加抄报原服刑的监狱、看守所。

3.社区服刑人员在法律文书规定的报到时间未报到的，应当给予警告处分。超过 1 个月未报到的，应当提请决定机关收监执行。

4.暂予监外执行的罪犯应由决定机关和执行机关当面办理交接手续。

5.社区服刑人员报到时应当录入基本信息，包括本人照片、指纹，手机号码、家庭成员、住址等，并建立文字档案和电子档案。

（三）宣告

社区服刑人员在社区矫正中心集中宣告。

1.参加对象。社区服刑人员本人、家庭成员或亲属、监护人、保证人、居住地的村（居）委会成员、所在单位的代表、就读学校代表、矫正小组成员。

2.宣告内容。一是宣读判决书、裁定书、决定书等有关法律文书的主要内容；二是宣布社区矫正期限；三是宣告社区服刑人员必须遵守的各项规定、违反规定应承担的法律后果以及该社区服刑人员依法享有的权利和被限制行使的权利；四是宣布矫正小组人员组成及职责。宣告结束后，社区服刑人员和参加宣告的人员应在社区矫正宣告书、社区矫正责任书、社区矫正方案、谈话笔录等法律文书上签名。

（四）建立档案

社区服刑人员档案包括执行档案和工作档案，一人一档。社区服刑人员档案是社区服刑人员遵守社区矫正管理规定的依据，同时也是社区矫正管理人员履责和追责的依据，必须按照相关规定建立。

（五）监督管理

1.社区服刑人员实行手机 APP 或电子腕带（适用严管级社区服刑人员）定位。

2.社区服刑人员每月到司法所报到，实行人脸指纹考勤识别签到。

3.社区服刑人员每月要组织学习和进行社区服务。

4.社区服刑人员要按期进行日常情况报告。

5.对社区服刑人员适时进行走访调查、心理矫正和社会适应性帮扶，并记入社区服刑人员档案。

6.严格落实分级管理和分级处遇，分为基础级、普管级、宽管级、严管级，根据社区服刑人员表现，对管理级别进行调整，决定和调整管理级别必须逐级审批且要告知本人。不同等级的社区服刑人员实行分级处遇，教育学习、社区服务、报到、走访考察、定位、请假时间、个别教育等均有不同。

7.每月进行考核记分。每月基本分 5 分，按规定奖惩加分扣分，考核结果应与社区服刑人员本人见面。考核积分是等级管理和分级处遇的重要依据。

8.实行重要事项报告或审批制度。

重大事项报告：社区服刑人员要定期向司法所报告其遵纪守法、接受监督等情况；发生居所、工作、家庭重大变故以及接触对其矫正产生不利影响人员的，应当及时报告；保外就医的还应当定期报告身体情况和病情复查情况。

外出审批：社区服刑人员未经批准不得离开所居住的市县。因就医、家庭重大变故等正当原因，确需离开的，经司法所长批准，外出时间不超过 7 天；经县级司法局批准，外出时间不超过一个月。

进入特定场所审批：进入人民法院禁止令确定特定区域或者场所的，应当经县级司法局批准。

变更居住地审批。未经批准不得变更居住地。因居所变化确需变更居住地的，社区服刑人员应当提前一个月提出书面申请，由县级司法行政机关审批。

9.实行督导点名训诫制度。省市县检察部门对社区矫正工作进行监督指导，省市司法行政部门对社区矫正工作进行监督管理，落实对社区服刑人员点名训诫制度，一般提前 3 小时通知。

10.开展处罚。对违规社区服刑人员按《社区矫正实施办法等进行处罚》。

（六）解除矫正

由社区矫正中心负责办理：

1.提前一个月通知社区服刑人员做出个人总结。

2.填写《社区矫正期满鉴定表》，做出鉴定。

3.社区解矫宣告。参加人与入矫参加人相同。宣告内容:鉴定意见;宣布矫正期满,依法解除矫正;管制宣布解除管制;缓刑宣布考验期满,原判刑罚不再执行;假释考验期满,原判刑罚执行完毕。

4.签发解除社区矫正证明书,3 日内通知决定机关和当地检察院、公安机关;暂予监外执行的通知监狱或看守所办理刑满释放手续。

5.落实安置帮教措施。均列入安置帮教对象,落实帮教措施。

七、社区矫正工作开展情况

2008 年 9 月,省高级人民法院、省人民检察院、省公安厅、省司法厅联合下发《关于在湖南省开展社区矫正试点工作的通知》,常德市津市市被确定为 15 个试点单位之一,拉开了常德市社区矫正工作的序幕。2010 年 10 月,常德市司法局下发《关于在全市试行社区矫正工作的方案》,提出要在 2011 年年底前,实现社区矫正工作全覆盖。2012 年 1 月和 12 月,《社区矫正实施办法》和《湖南省社区矫正实施细则》先后颁发实施,常德市社区矫正工作逐步走上了法制化、规范化轨道。全市 2008—2018 年累计接收社区服刑人员 13000 余人,常年在矫社区服刑人员 2000 人以上,管控率、转化率均在 99.95%以上,为社会和谐稳定做出了积极贡献。2013 年,常德市津市市司法局等单位被评为“全省社区矫正工作先进集体”。2017 年,常德市司法局因推进“社区矫正中心建设”等三项重点工作成绩突出被省司法厅记集体三等功。

图 4—38　社区矫正心理咨询师进行辅导授课

(一)夯实基础保障情况

1.建好工作机构。2010 年 7 月,市司法局成立社区矫正工作科,编制 4 人。根据工作需要,争取有关部门支持,2013 年 5 月,在常德市司法局社区矫正工作科加挂常德市社区矫正工作管理局(正科级)。2016—2017 年,率先将 9 个区县(市)司法局社区矫正工作股升格为社区矫正工作局(副科级,局长为副科级实职),有效提升社区矫正工作地位。

2.配齐工作力量。通过采取政府购买服务、选派监所干警、接纳警院实习生等方式,有效缓解了社区矫正工作力量不足的难题。截至 2018 年 6 月底,全市共有社区矫正工作人员 1130 名(其中,市司法局 5 名,县级司法行政机关 44 名,司法所 213 名,社会工作者 340 名,社会志愿者 518 名)。

3.保障工作经费。市司法局每年社区矫正工作经费 20 万元,区县(市)司法局按照社区服刑人员每人每年不低于 1500 元的标准纳入财政预算,并可因需追加。

4.建好社矫中心。2015 年——2016 年共建成 9 个社区矫正中心,出台了《常德市社区矫正中心规范化运行考评办法》,充分发挥社区矫正中心集中执法、管理、教育等功能。

(二)执法水平提升情况

1.健全工作机制。编发了《常德市社区矫正工作手册》,对社区矫正工作审前评估、入矫宣告、集中教育、公益劳动、行为规范、教育矫治、解矫等一系列流程进行细化,明确职责,落实任务,做到有章可循、规范统一。

2.健全培训机制。按照"统一管理,分级负责"的原则,采取业务讲座、以会代训、以考促学、技能比武等方式,加强业务知识学习,更好提升业务水平。2013 年常德市代表队荣获"全省社区矫正知识抢答赛一等奖",2017 年常德市一名选手在全省社区矫正技能比武活动中被评为"全省社区矫正岗位能手"。

3.健全督导机制。实行定期或不定期督导机制,市局每月轮流选择 3 个区县(市)进行督导,敏感时段和特护期随时督导,区县(市)局负责督导所辖乡镇街道,以便及时发现监管隐患,及时采取整改措施。同时,市司法局积极邀请市、县检查机关,对社区矫正工作进行巡查,通过第三方更好发现问题、分析问题、解决问题。

4.健全考核机制。合理制定考核办法,实行平常考核与年终考核相结合,考核情况与绩效评估挂钩,促进工作人员认真履责,提高刑罚执行意识,提升矫正执法水平,确保工作落到实处。

(三)强化监管安全情况

1.入矫立规明则。实施入矫集中宣告,在一个时段入矫的社区服刑人员必须统一集中到社矫中心进行集中宣告,矫正小组成员一并参加,通过教育学习,立好规矩,明确职责。

2.排查安全隐患。通过工作督导、上门走访、个别谈话、矫正小组成员和网格员报告等形式,及时发现排除安全隐患,并层层召开监管安全分析会,研究制定对策,防控隐患发生。

3.严格兑现奖惩。通过落实记分考核制度,强化分级管理和分级处遇,兑现奖惩,起到了激励先进、鞭策后进、处罚违规的良好作用。2017 年常德市某县针对违规现象严重、脱管时有发生,加大处罚力度,仅在一个镇就撤缓 6 人,很快扭转监管秩序。常德市 2008—2018 年共表扬社区服刑人员 100 人次以上,裁定减刑 1 人次,警告 343 人次,治安处罚 13 人次,撤销缓刑 72 人次,撤销假释 5 人次。

4.实施科技监管。按照省司法厅统一部署,加大经费投入,建好社区矫正网络监管系统，通过培训人员、录入信息、上传资料、实施定位、适时监控，极大提升了监管实效。待系统全部建成后，将形成全方位、全天候的监管态势。

（四）落实帮教矫治情况

1.注重法治教育。定期组织社区服刑人员进行集中教育学习，重点加强法治教育，另外，还采取组织社区服刑人员到监狱参观、参加法院庭审等方式，开展警示教育，提升法纪意识，促进认罪服法。

2.注重行为教育。从2017年开始，对社区服刑人员进行集中行为规范教育活动，包括队列训练、日常报到、接受点训、手语操、唱红歌等规范训练内容，提升服刑意识，收到较好成效。

3.注重心理矫治。通过政府购买服务等方式，聘请心理咨询师，建立心理档案，进行心理矫治，促进社区服刑人员摆正心态，自觉遵规守纪。

4.注重救助帮扶。成立社区矫正安置帮教协会，组织社区矫正工作者和志愿者走访慰问重点和困难社区服刑人员（包括刑满释放人员），解决生活困难，增强改造信心。据不完全统计，全市司法行政机关每年通过自筹、向有关部门争取、社会捐赠等方式，为困难社区服刑人员（包括刑满释放人员）及家属子女解决救助资金近100万元。

5.注重宣传教育。通过培植遵规守纪、认真改造的积极分子，采取适当形式进行宣传，让他们现身说法，树立正气，打击邪气，起到宣传一个、教育一片的良好效果。

第五篇　依法治市

图 5—1　2010 年武陵区百日专项法律集中普教及送法进农村、进社区活动启动仪式在武陵区委区政府机关院内举行

第一章　法学教育与普法培训宣传

第一节　法学教育

2001 年 11 月，常德市司法局政治部组织培训科加挂司法考试科牌子，2003 年 4 月政治部增设司法考试科(国家司法考试办公室)。

2001 年 6 月，九届全国人大常委会第二十二次会议通过法官法和检察官法修正案，规定国家对初任法官、检察官和取得律师资格实行统一的司法考试制度。随即，全国司法考试的职能机构——司法部国家司法考试司、国家司法考试中心和国家司法委员会成立。

2002 年 3 月 30 日、31 日，全国首次司法考试如期举行。此后，每年举行一次。

2005 年，十届全国人大常委会第十七次会议通过公证法，将通过司法考试作为公证员的任职条件之一。自此，从事法官、检察官、公证员、律师等法律职业，必须通过国家司法考试。国家司法考试作为国家统一组织的从事特定法律职业的资格考试，规范特定职业人员的遴选条件，体现全国法律人才选择方式的重大变革和法律职业准入的制度创新，遴选和储备大量法律人才。

图 5—2　市局司法干部到石门农村送法下乡

国家司法考试制度的实施使许多知识结构完整、法律专业知识扎实、综合素质较高的人才进入法院、检察院、公证处、律师事务所，改变这些部门的人才结构。至 2012 年，全国有 50 多万人，全省约 3 万人获得法律职业资格。

2002 年，常德国家司法考试报名人数 1257 人，获得法律职业资格人数 72 人；2003 年，国家司法考试报名人数 342 人，获得法律职业的人数 29 人；2004 年，国家司法考试报名人数 371 人，获得法律职业的人数 41 人；2005 年，国家司法考试报名人数 468 人，获得法律职业的人数 43 人；2006 年，国家司法考试报名人数 556 人，获得法律职业的人数 69 人；2007 年，国家司法考试报名人数 583 人，获得法律职业的人数 136 人；2008 年，国家司法考试报名人数 630 人，获得法律职业的人数 152 人；2009 年，国家司法考试报名人数 660 人，获得法律职业的人数 135 人；2010 年，国家司法考试报名人数 640 人，获得法律职业的人数 89 人；2011 年，国家司法考试报名人数 650 人，获得法律职业的人数 107 人；2012 年，国家司法考试报名人数 656 人，获得法律职业的人数 127 人；2013 年，国家司法考试报名人数 744 人，获得法律职业的人数 127 人；2014 年，国家司法考试报名人数 748 人，获得法律职业的人数 132 人。

根据中央关于改革和完善司法考试制度的要求，司法部对国家司法考试大纲内容进行五次较大调整。社会主义法治理念以及有关政法工作的重大理论观点、重大指导原则都被纳入考试大纲，试卷命题中增加考查相关法律的内容和分值比例，注重对司法实践能力的考查，强化政治意识和法律职业道德的考查。

从 2008 年开始，司法部允许本科在读大学三年级考生参加国家司法考试。

2013 年，常德市将主副监考及流动监考的职责细化、责任到岗的创新做法得到省厅领导的充分肯定。市局还出台《常德市司法局机关工作人员参加国家司法考试奖励办法》，在有限的每年考试经费中挤出一部分用以奖励市县（区）两级局机关通过国家司法考试的正式在编在岗人员。

2013 年，开始实行网上报名。

市三中、市职业技术学院（卫校）、常德市工业学校、常德幼儿专科师范学校曾为考点。自 2014 年起，定点常德市七中。

第二节　普法培训

从1986年开始，市司法局和市普法依法治理办公室每年都对全市市级单位的普法专干进行为期三天的培训，每次培训人员都有三百多人，培训内容为每年省普法办下发的普法读本及当年的考试内容。2010—2013年，市依法治市办均在中共常德市委党校举办法治骨干或法治专干培训班。培训内容涵盖《中华人民共和国行政强制法》《中华人民共和国刑事诉讼法》《国有土地上房屋征收与补偿条例》等法律法规。

2013年，湖南省率先在全国试点无纸化学法用法及考试，常德市响应省厅精神推广无纸化学法用法及考试系统，下发《关于开展无纸化学法用法及考试系统操作培训的通知》，并于6月组织各单位法治专干或法治骨干在市人力资源和社会保障局二楼机房进行普法培训。2014年9月16－18日，市依法治市办又开展为期三天的无纸化学法用法及考试系统升级操作培训，培训分8场进行，共308人参加该次培训。湖南办事处主任徐威和3名无纸化系统技术人员就无纸化系统升级操作流程、激活方式、登陆后具体操作、学习和考试等方面进行详细解读，促进无纸化学法考法更好落实。

图5—3　普法培训班

1985年，地委、行署和各县市委、市人民政府的领导成员，都建立学习法律中心组。地委、行署中心组制定每月学习法律一天至两天的制度，地委书记陈彰嘉、行署专员程林义、副书记庞道沐、副专员曾樊友等，每人都阅读一批普法书籍。1986年10月，对地委、行署10名领导干部进行一次闭卷考试，平均得98.2分。从1986年开始，每年除对市委、市人民政府中心组进行法制讲座外，还对全市市级单位的普法专干进行一次法制讲座，时间在国家公职人员学法用法考试前一个月左右。

加强对中小学生的法制教育。1985年，全区有209所中小学开展法制教育活动。常德县黄土店乡中学、汉寿一中、石门二中、常德市一中和育英小学、乔家巷小学等学校在中小学进行法制教育的经验，受到省、地司法行政部门的肯定，《人民日报》《中国法制报》《湖南日报》《人民武警报》和中央人民广播电台、湖南人民广播电台，都先后采用和推广这些学校开展法制教育的经验。1986 年 5 月，地区普法领导小组在石门县召开全区第一次中小学法制教育经验交流会，推广桃源县一中、石门县二中开设法制课的经验。1986 年下半年，全区各中小学校基本上都建立由正副校长为首的普法领导小组，制定本校的法制教育规划。全区 5605 所中小学校，全部开展以普及“十法一条例”为基本内容的法制教育。同时，各地采取上大课、法律知识竞赛、组织法制宣传队、举办法制讲座等多种教育形式开展宣传活动。常德县第一、二、三中学，1985 年发生学生违纪事件 152 起。其中因严重违法犯罪而被司法部门拘留、逮捕的 17 人，受到严重警告以上处分的 51 人。从 1986 年上学期开展法制教育起到 1987 年上学期，这 3 所学校仅 7 人因违反校规受到警告处分。桃源一中开展法治教育以后，全校学生拾到的现金 352 元、手表 25 块、粮票 244 公斤、衣物 314 件，全部交给失主或学校，学生做好事上千件，学校受到感谢信 93 封。在继续抓好宪法等基本法律知识普及的同时，强调部门专业法律知识的宣传教育，重点突出以社会主义市场经济法律法规为主要内容的 200 多部法律法规。这段时间，全市各地编印和发行普法教材 30 多万册、资料 20 多万份；培训法制宣传骨干 75792 人。1991 年下半年至 1992 年上半年，全市各级领导干部认真学习《中华人民共和国宪法讲话》《社会主义法制建设若干问题讲话》两本书。举办领导干部培训班 120 余期，培训领导干部 6800 多人次，举办行政执法干部学习 2026 期。“二五”普法验收中，常德市被评为全省“二五”普法先进单位。依法治理工作逐步开展，为推进国家的法治化管理进行有益的尝试和探索。

将各级领导干部列为普法重点对象。1996 年 3 月，市委中心组组织所有市级领导在鼎城区花岩溪举办法制讲座，聘请普法讲师团成员、市检察院副检察长彭世理讲授《中华人民共和国刑事诉讼法》；6 月，市委中心组在市委党校学习《中华人民共和国香港特别行政区基本法》及新《刑法》；8 月，联通 130 杯全省法律知识电视竞赛总决赛在湖南经视台现场直播，常德市代表队获得团体第一名；11 月下旬，市委中心组及市（厅）级领导在市委常委会议室集中学习《中华人民共和国宪法》《中华人民共和国国家赔偿法》《中华人民共和国行政处罚法》《中华人民共和国国家公务员法暂行条例》。1998 年，全市县（处）级以上党委中心组共举办法制讲座 75 期，由普法讲师团面授各类法律知识。市普法领导小组与市委组织部、市人事局联合发文，全面实施干部普法合格证制度。规定将普法考试成绩及学法用法情况作为考核、使用、提拔干部的重要依据。2001 年，常德市被中宣部、司法部评为全国“三五”普法工作先进单位。

重点宣传学习行《政诉讼法》《行政复议法》《行政处罚法》《行政许可法》国家赔偿法》等 。充分发挥法制宣传队伍、法制新闻队伍、法制文艺队伍的作用，利用电台、电视台、报

图 5—4 武陵区依法治区办、区司法局在东江乡新安社区举行“农村法制宣传月活动”

刊等媒体，开展“走向法治”系列法制宣传教育活动。普法期间，重点开展：“12·4”法制宣传日活动和法律“六进”（进机关、进乡村、进社区、进学校、进企业、进单位）活动。2003 年 1 月 10 日，司法部、民政部在北京联合召开全国农村基层民主法制建设电视电话会议。临澧县作为全国唯一的先进县在湖南分会场介绍经验。临澧县委书记吴友云作题为《深化农村普法依法治理，推进农村民主法制建设》的典型发言。同年 6 月 8 日，司法部法制宣传司助理巡视员姚振怀、湖南省司法厅副厅长林勇等领导深入桃源县双溪口镇灌车湖村指导，由省委宣传部、省司法厅、省依法治省领导小组办公室主办，湖南电视台、常德市司法局承办的农村法制宣传教育《乡村发现》特别节目完成拍摄。

第三节 法治宣传

一、农村法治宣传月

从 2001 年开始，全市依照省依法治省办的指示，每年的 5 月开展为期一个月的农村法制宣传月活动，对基层的村支“两委”和法制宣传员、辅导员以及普法教员进行重点宣传教育。

每年农村法制宣传月活动根据不同的需求确定不同的主题。2011 年 5—6 月，市委宣传部、市委农村工作部、市司法局、市民政局、市林业局、市依法治市办联合组织以“加强基层民主法治建设，促进农村经济社会发展”为主题的农村法制宣传月活动。2013 年市依法治市办组织以“促进城乡统筹，服务农村‘四化’”为主题的农村法制宣传月活动。2014 年的主题为“加强农村法制宣传，提高农民工法律素质，服务深化农村改革。”2015 年的主题为“增强新型农村经营主体法治意识，促进农村经济健康持续发展”。

图 5—5　武陵区司法局到东江乡新安社区开展农村法制宣传月活动

农村法制宣传教育月活动的重点宣传内容主要有关农村扶贫开发的法律法规、有关涉农法律法规，包括《土地管理法》《农村土地承包法》《农业法》《农业技术推广法》《森林法》《种子法》《野生植物保护法》《农产品质量安全法》《农药管理条例》《退耕还林条例》等与农民生产生活密切相关的法律法规，主要目的在于提高农民的法治意识，增强农民的法治观念，有效维护其合法权益。

各区县（市）通过开展送法下乡、举办农村法律明白人培训班、举办法律知识讲座、开展法律风险体检、完善法治宣传栏等活动丰富农村法制宣传月的宣传手段，更好地为广大农民输送法律知识。津市市结合农民农作的作息时间，开展法治夜话特色宣传活动，该活动在湖南省司法厅获得好评并作为先进经验在全省予以推广。

二、青少年法治宣传周

从 2001 年开始，全市依照省依法治省办的指示，每年的 9 月开展为期一周的青少年法制宣传周活动，每年确定不同的主题，不同的内容，对全市青少年开展法制宣传活动，建立法制宣传基地，开展警示教育。

2011 年，常德市依法治市领导小组办公室出台《全市青少年法制宣传教育第六个五年规划》系统的安排 2011 年至 2015 年的青少年普法宣传教育工作。

2011 年，市依法治市办围绕："学法守法用法，在阳光下健康成长"的主题开展青少年法制教育活动。其间，联合市关工委、市教育局、团市委举办警示教育活动，组织市劳动教养所的劳教人员在常德市七中、常德市同德技术学院和常德市工业学校开展现身说法活动，有 5710 名青少年参加警示教育。

2012 年，青少年法制宣传周的主题为"学法守法用法，在法治阳光下健康成长"，为督促市直各单位、区县（市）做好青少年法制宣传教育工作，常德市将青少年法制宣传教育工作统一纳入到年度普法依法治理考核，每年考核分值占 5%左右。同时，为进一步提升青少年法制宣传教育的针对性，常德市根据不同年龄和群体青少年的生理、心理特点，将《宪法》《刑法》《未成年人保护法》《预防未成年人犯罪法》《道路交通安全法》《侵权责任法》等与青少年健康成长密切相关的法律知识，科学编印成《常德市中小学生基本法律知识读本》，经过努力，免费向城区市直中学生发放26000册。

为增加青少年法制宣传的趣味性，市依法治市办开展法治进校园文化活动，以相声、小品等青少年喜闻乐见的宣传方式将法律知识传播给广大中小学生。

各小学、初中还举办法律知识板报比赛，中小学生自行收集法律素材、自己制作板报，进一步深化法律宣传的作用。

2013年，青少年法治宣传周的主题为“与法同行、健康成长”，全市中小学校积极配合开展“法制讲座进校园”活动，专家就青少年安全出行、远离犯罪、校园安全等内容进行宣讲。

2014年，青少年法治宣传周的主题为“学法尊法守法用法，做法制中国的合格公民”，围绕这一主题，全市开展“警示教育进校园”“法律援助进校园”活动，各中小学校积极开展主题班对会、法律知识抢答赛以及征文比赛等活动，不断增强法律宣传的实效性。在“法治阳光、照我成长”的主题征文比赛中，常德市有六篇优秀作品获得省级二、三等奖。

2015年，市依法治市办围绕“学校宪法知识，增强宪法观念，争做守法公民”的主题，联合市教育局组织全市中小学校开展“关爱明天、普法先行”的主题读书活动，各学校积极参与，取得良好的普法学法效果。

三、“12·4”法治宣传日

从2001年开始，全市依照全国普法办的指示，每年的12月4日开展“12·4”法制宣传日活动，每年确定不同的主题，不同的内容，市依法治市办和各区县市依法治县办共同举办法制宣传日活动。

图5—6 澧县2015年“12·4”国家宪法日宣誓仪式

2011年11月底到12月中旬，市依法治市办组织开展以“深入学习宣传宪法，大力弘扬法治精神”为主题的“12·4”法制宣传日活动。

2012年11月下旬至12月中旬，市依法治市办组织开展以“弘扬宪法精神，服务科学发展”为主题的“12·4”法制宣传日活动。

2013 年 11 月下旬至 12 月中旬，市依法治市办组织开展以“大力弘扬法治精神，共筑伟大中国梦”和“加强普法依法，促进新型城镇化”为主题的“12·4”全国法制宣传日活动。

2014 年起，将 12 月 4 日正式设立为国家宪法日（原为全国法制宣传日）。11 月下旬至 12 月上旬市依法治市办组织开展以“坚持依宪治国，树立宪法权威”为主题的“12·4”国家宪法日暨全省社区法制宣传日系列宣传活动。

2015 年 11 月下旬至 12 月上旬，市依法治市办组织开展以“增强宪法意识，培育法治信仰”为主题的“12·4”全国宪法日活动。

四、专项法治宣传活动

2008 年，根据市委政法委的安排，市依法治市办开展为期五年的专项法制宣传活动，编写《公民法常识快读》，发放到每位村（居）民手中，共印读本 120 万册。

第四节　法治考试

一、公职人员年度学法考试

“三五”普法期间，市普法领导小组与市委组织部、市人事局联合发文，全面实施干部普法合格证制度。规定将普法考试成绩及学法用法情况作为考核、使用、提拔干部的重要依据。到 2000 年，全市有 8 万多人领取普法合格证。

从 2001 年开始，每年的 11 月对全市公职人员进行年度学法考试，每次考试都成立领导小组，认真组织考试，并对县处级领导干部单独设立考场，以提高领导干部学法用法的积极性。

2011 年 12 月 17 日上午 9 时，全市市直、中央和省驻常处级领导干部学法用法集中考试在常德市第三中学顺利进行，共有 1129 名处级领导干部参加学法用法考试。同时，市依法治市办派出监考人员奔赴 137 个单位考点对全市 296 个市直、中央和省驻常单位 10313 名科级及以下公职人员进行学法用法考试。在该次全市市直单位公职人员学法用法考试中，市委常委、市委政法委书记何英平担任总监考，全市的学法用法考试纪律严格，秩序井然，效果良好，考前学法参学率达到 100%，考试参考率达 99.47%。常德市 2012 年度市直单位处级领导干部学法用法考试于12月1日，在市三中开考，市委常委、政法委书记何英平担任本场考试主监考。该次考试以《湖南省“六五”普法2012年读本》为主要内容，共有1300多名处级领导干部参加考试。同时，全市还有12000多名科级干部在各自单位进行统一考试。

图5—7　时任市委常委、市委政法委书记何英平(右一)进行巡考

2013年11月21日上午9时，常德市度普法无纸化考试正式拉开序幕，全市8万多名行政事业单位在编人员、国有企业经营管理人员开始登陆普法无纸化学法用法平台参加年度普法考试，标志着常德市的普法工作正式迈入网络化、信息化和规范化的新阶段。这是常德市首次利用普法无纸化学法用法系统开展普法考试。相对往年纸质试卷形式的普法考试不同，2013年的普法考试全部采用单位干部职工在线学习、上机考试的方式进行。每名参考人员只要登陆本单位安装的普法无纸化学法用法平台，就可以在自己的办公电脑上完成日常学分的积累，并参加年度普法考试。最后，平时所修学分与考试成绩按比例折算后作为个人年度普法考试成绩。

2014年，根据全省统一安排，常德市厅级领导干部于11月23日上午9点30分在市委1号楼2楼常委扩大会议室进行集中考试。市委书记王群，市委副书记、市长周德睿，市委副书记宋冬春，市政协主席李爱国等35位厅级干部参加考试。本次考试考核对象为全省各市州、省直和中央在湘单位厅级领导干部和国有大型企业领导班子成员。考试主要测试领导干部学习领会中共十八大、中共十八届三中全会和《法治湖南建设纲要》特别是十八届四中全会决定精神的情况，测试领导者法治理念、法治思维、法治方式掌握运用情况。该次考试情况及考试成绩，省考委会在一定范围内进行通报，并报省委组织部备案，作为厅级干部2014年度考核和年终述职述法的依据之一。

常德市2015年度学法用法考试于12月23日顺利完成。据统计，全市共有8.3万余名公职人员参加该次普法考试，参考率达100%。

二、干部任职前法律知识考试

2003年9月，常德市开展首次干部任前法律知识考试，对于拟提拔任用的干部进行任前法律知识考试，凡法律知识考试不及格者，暂缓提拔任用，以确保领导干部有较强的法律素质，能做到依法执政、依法行政。每次考试由市依法治市办出题，在市人大进行。

考试范围包括《中华人民共和国宪法》《中华人民共和国行政诉讼法》《中华人民共和国行政复议法》《中华人民共和国地方各级人民代表大会和地方各级人民政府组织法》《中华人民共和国全国人民代表大会和地方各级人民代表大会代表法》《中华人民共和国全国人民代表大会和地方各级人民代表大会选举法》《中华人民共和国各级人民代表大会常务委员会监督法》《中华人民共和国公务员法》《中华人民共和国劳动法》等。考试采用开卷考试和闭卷考试相结合的方式。考试题型为：填空、选择、判断、简答、论述。

2015 年 4 月 24 日、27 日，常德市人大内司委会同市人大常委会联工委按照有关规定，对市人大常委会拟任命的政府组成人员分批进行任前法律考试，考试成绩为：李百艳 92 分、向才焰 95 分、伍彩霞 92 分、郑家火 93 分、向勇志 95 分、覃志云 94 分、向美华 93 分、杨成英 94 分、涂贤春 97 分。

各区县（市）也按照工作有求组织专人专场对干部进行任前法律考试。

图 5—8　桃源县领导干部和"两官"任前法律考试考场

三、首任法官、检察官任前法律知识考试

2002 年 12 月，常德市开展首次首任法官、检察官任前法律知识考试，凡法律知识考试不及格者，暂缓任命为法官、检察官，以确保法官、检察官有较强的法律素质，能做到依法办案，杜绝错案的发生。每次考试由市依法治市办出题，在市人大进行。

2011 年 4 月 15—16 日、6 月 24—25 日、10 月 23—24 日市人大内司委会同联工委按照有关规定，对市人大常委会拟任命的人民法院、人民检察院组成人员进行任前法律考试，参考人员有王忠银、黄兴茂等，所有人员考试成绩均合格。

2012 年 4 月 16 日、6 月 25 日、10 月 23 日，市人大内司委对拟任命的人民法院、人民检察院组成人员进行任前法律考试（闭卷）。田建中 88 分、张加军 81 分、喻译婵 92 分。

2013 年 4 月 19 日、6 月 21 日，2014 年 2 月 24 日，2015 年 4 月 24 日，也分别对人民法院、人民检察院组成人员进行任前法律考试，各参考人员均合格。

第二章 区域、行业与基层治理

第一节 区域治理

一、法治常德

1992—1996年，依法治市重点转入夯实基础，全面开展依法治村(居)及行业依法治理上。在制定全村民约、以制治村、村务公开、民主管理的基础上，重点把家庭作为依法治村(居)的“细胞”，开展以“选家长、立家规、正家风、兴家业、评家星”为重要内容的依法治家活动，把农村两个文明建设的要求具体落实到户。

1997年，国家确立依法治国基本方略，常德市普及法律常识领导组织更名为常德市依法治市领导小组。同年，市人大作出《关于继续深入开展依法治市的决议》，市人民政府制定依法治市规划。依法治市进入抓整治、抓延伸、促深化阶段。全市以依法治水为突破口，进一步促进依法治市的全面发展。针对常德“最大的市情是水情，最大的忧患是水患”的特点，根据《水法》规定，市、县先后制发60多个与之配套的规范性文件，坚持依法修堤、依法防污、依法管水，使全市270多万人受到1953公里防洪大堤保护，70%耕地成为国家重要商品粮基地。常德市依法治水的经验被省五大媒体同时报道并在全省推广。1997—1998年，全市进一步规范三大行为：在依法规范政府行政行为(即依法行政)上，实行依法行政岗位责任制，规范性文件拟制、审核、备案制，重大行政为备案制和确权行政行为报告、审批制，行政执法监督检查制，坚持上岗、亮证执法制及国家赔偿制度；在依法规范司法、行政执法部门行为上，抓好内对外法规宣传、培训执法人员、提供法律咨询服务、制定《实施规划》并组织好实施、检查考核执法情况；在依法规范农村管理行为上，依法治理农民负担过重问题，依法治理农业投入问题，依法治理农业科技问题，依法治理农贸市场。

图5—9 常德市依法治市领导小组全会

鼎城区桥南市场是中南6省最大市场之一，在依法处理、调节市场法律关系、规范市场管理等工作，使该市场被评为全国言语明集贸市场。常德先后4次出席全国部分城市学法用法座谈会及全国依法治市经验交流会，并就依法治理集贸、劳务市场、人口生产和依法治理水患的工作介绍经验。

2010年，法治常德建设工作开始，主要是坚持依法治理，依法行政，公正司法。

二、法治区、县(市)

1998年以来，桃源县广泛开展以评选"法制家长"为主要内容的细胞工程通过千万个"法制家长"带领家庭学法用法，把法律交给每一个村民，加强对农民的社会主义综合教育，加快农村依法治理步伐，促进农村稳定和农村经济的发展。

1999年，市委作出《关于深入开展依法治市的决定》。以后，市、县两级先后制定、配套依法治理6个规范性文件，即党委决定、人大决议、政府规划、依法治市领导小组工作意见、法院、检察院实施细则。全市依法治市工作逐步走上规范化轨道。

2000年，全市广泛开展"送法进农家"活动，举办干部学法用法培训班139期，培训骨干6680人，编印专业法律法规5万余册。

2009年，澧县作为"法治区、县(市)"建设的试点县进行区域自治，2010年在全市推行。

第二节　行业治理

1999年3月31日，市委办下发《关于成立常德市依法治市领导小组的通知》，司法局普法办正式更名为依法治市办，市依法治市办专职主任为胡小青，高配为副处。同年，常德市召开全市依法治市理论研讨会，市委副书记李少甫、市人民政府党组副书记杨万柱、局长周利党作重要讲话，多层次多领域的依法治理工作在常德市全面铺开。

一、"依法办事示范窗口单位"的创建与评选

为充分展示基层民主法治工作实绩，发挥先进典型的引导示范作用，进一步扩大基层

群众自治范围，完善民主管理制度，推动法治建设，2003 年 3 月按照湖南省统一要求，常德市下发“依法办事示范窗口单位”标准（主要是组织领导、法制宣传、依法行政、依法决策、政务公开等方面），在 13 个行业和部门开展“依法办事示范窗口单位”创建活动。

2003 年 11 月，首批 13 家“依法办事示范窗口单位”受到省依法治省领导小组的表彰。

2004 年，“依法办事示范窗口单位”的创建及评选增加到至今一直延续的 26 个如公安、质监、交通等主要的行政执法行业和部门。

“依法办事示范窗口单位”活动每 2 年开展评选一次，实行省依法治省办按地州市行业下发指标形式推荐确定。经过行业自我推荐、区县（市）治区县（市）办初审、市依法治市办再审、省依法治省办终审公示程序，最后授予“依法办事示范窗口单位”称号，“依法办事示范窗口单位”实行动态管理，经省依法治省办（2012 年改为省委法治办）抽查不符合标准的取消资格。

2012 年，市依法治市办根据实际需要，起草并下发开展市级“依法办事示范窗口单位”创建的通知，创造性地在常德市开展市级“依法办事示范窗口单位”的创建活动，制定创建标准，并规定以后凡是要参评省级“依法办事示范窗口单位”的，必须首先是市级“依法办事示范窗口单位”。经过层层发动和创建、推荐、现场查看和网上公示，2013 年年底，评出市地税局、德山派出所等首批 22 家市级“依法办事窗口单位”，较好地起到“以创建促规范”作用。该项活动后来因有些地区和部门反映基层人手少、各种评比太多、有钱的单位利用创建先进乱发资金等原因，仅开展一届就停止。

2003—2015 年，常德市的省级“依法办事示范窗口单位”创建评比活动已连续开展 7 届，全市有近 200 个单位成为行业或部门的依法办事示范单位，较好地引导国家公务人员依法行政，使“法无授权不可为”观念逐步深入人心。

二、行业的专项治理

（一）学校的依法治理

2001—2010 年的每年 4 月和 9 月，市依法治市办与市综治办、市公安局、市教育局联合发文，组织两次大规模整治学校周边环境行动，为师生提供良好教学环境。

2001 年 5 月，市依法治市办发文，要求全市各中小学校配备法制副校长，将依法治理理念引入学校。法制副校长可以由学校分管法制教育的副校长或当地法院、检察院、派出所、司法所工作人员或律师等担任。

2001 年年底，全市 92%的中小学校配备法治副校长。2005 年，全市所有中小学校全部配齐法治副校长。在工作实践中，法治副校长主要发挥校园内外综合治理、协调处理学生违法犯罪案件、搞好学生法治教育的作用。

2004年开始，市教育局（没有资料显示市依法治市办与市教育局）在学校开展“依法治校示范校”的创建活动，资料不详。

2005年，与市委宣传部、市关工委、团市委、市教育局等单位联合举办的全市中小学德育评估工作，被中宣部评为二等奖。

（二）对执（司）法质量进行考核评议

2003年6月，市依法治市办制定并下发考核方案，布置考评工作，对全市行政执（司）法单位的执（司）法质量进行考核评议。

2004年上半年、2005年下半年，市依法治市办邀请市人大、市政协、市政法委、市人民政府法制办等部门对部分执（司）法部门的执法质量进行抽查。对临澧县人民检察院、石门县公安交警支队进行执法质量群众满意度调查，对执法效率不高、队伍素质和形象等问题提出整改意见。

2006年9月，通过执法质量检查督促市公安局实行“末位淘汰制”，提高办案质量。

2007年8月，通过对监狱执法情况的抽查，加强对减刑、假释的管理。

此后，该项考核评议工作成为常态。

（三）对法律服务市场的依法治理

2004年4月30日，市人大常委会第十二次会议全票通过《关于规范管理面向社会服务的司法鉴定工作的决定》，市人民政府出台《常德市面向社会服务的司法鉴定管理办法》，把该项工作统一归口由司法行政机关管理。规范司法鉴定工作的管理。

2006年，加大对律师收费管理。开展查禁非法律师机构和“黑律师”“土律师”的“阳光行动”，查处非法机构1个，非法法律服务人员30名。

2007年开始，司法行政系统每年对基层法律服务所和基层法律服务工作者进行清理整顿。

（四）对行政执法依据进行梳理

2006年，市依法治市办指导市直72家行政执法部门对本部门行政执法依据进行梳理，对本部门制定的规范性文件组织一次清理，共清理有效规范性文件和其他文件142件，并把清理结果在政府门户网站予以公示。在行政执法依据梳理的基础上，2007年各执法单位根据梳理结果，将本单位的行政执法职能分解到科室（队）、到人，明确执法机构、执法人员的岗位执法责任。通过执法职责的分解细化，全市行政执法机关行政人员均明确各自的执法权限、执法标准、执法程序、职责范围和执法责任。

2006—2007年，环保、工商、公安等执法部门依法行政，依法关闭全市72家污染严重的小型造纸厂。

2007 年 9 月至 2010 年 4 月，规划、国土、城管、房产等执法主体坚持以人为本，依法拆违，市城市规划区域内群众自拆达 480 户、84133 平方米，行政强拆 282 户、61234 平方米，有力地保障国家的法律实施。

第三节　基层治理

一、“民主法治示范村(社区)”创建和参评

为推动基层民主法制建设，从 2001 年开始，常德市各村(居)(后改为社区)以《关于在农村普遍实行公开和民主管理制度的通知》和《村民委员会组织法》为准绳，围绕落实村民的知情权、决策权、参与权、监督权，建立健全以村务公开、民主决策、民主管理、民主监督为主要内容的村民自治体系，使农村基层民主法制建设工作逐步步入制度化、规范化、法制化轨道。

2001 年，全国和全省范围内的“民主法治示范村(居)”的先后开展创建评选活动。评选活动每 2 年开展一次。2016 年，要求在省级“民主法治示范村(社区)”的基础上推荐产生“全国民主法治示范村(社区)”。对已授予“民主法治示范村(居)”称号的单位实行动态管理，每年对该单位进行一次督查，2 次不合格的取消荣誉称号。

2001—2003 年，市依法治市办、市民政局、市司法局等职能部门联合下发深化依法治村、实行村务公开、民主管理和创建“民主法治示范村”等 8 个规范性文件，提出明确的民主法治村建设的目标、任务和要求。

2004 年，常德市村务公开和民主管理经验在全省推广。

2004 年，临澧县新安镇沙堤村、桃源县桃花源镇黄土坡村被司法部、民政部授予“全国民主法治示范村”荣誉称号。

2001—2015 年，常德市分别参加 6 批次全国民主法治示范村(社区)和 7 批次全省民主法治示范村(社区)评选，全市有近百个村(社区)分别被评为“全省民主法治示范村(社区)”，近 30 个村(社区)被评为“全国民主法治示范村(社区)”。

二、村民自治

1994 年，常德市开展村民自治活动。指导基层农村制定乡规民约，村规民约，更好地为社会主义新农村建设服务。

1995 年，常德市被评为全省“二五”普法先进单位。

2001 年，常德市被中宣部、司法部评为全国“三五”普法工作先进单位。

2010 年，常德市依法治市办被中宣部、司法部评为全国“五五”普法工作先进单位。

从 1996 年至 2000 年，常德市根据中央、省里的统一部署，认真组织实施第三个五年法制宣传教育工作，较好地完成市委、市人民政府规划确定的目标任务。全民法学用法活动广泛开展，公民法律意识和法制观念明显增强。五年中，在全市广泛开展宣传普及宪法和 51 部法律法规，全市有近 400 万人参加各种形式的学法活动，共举办法制骨干培训班 4864 期，培训人员 32 万人次，发放普法资料 150 万本，其中向农民免费发放读本 90 万本。通过宣传学习宪法和基本法律知识广大干部特别是各级领导干部的法律意识明显提高。公民履行法定义务的自觉性不断增强，依法纳税、依法服兵役、依法维护自身合法权益等观念逐步确立，并先后涌现出戚维进、胡远来等一大批见义勇为的典弄。各级领导干部学法用法、依法决策、依法管理和依法行政的能力和水平不断提高。在中央领导同志连续听取 11 次法制讲座的表率作用影响下，市、县两级党委中心学习组先后举办法制讲座 128 场次，举办县处级领导干部法律知识培训班 315 期，1670 人次得到培训，90％的县处级以上领导干部参加每年的学法考试，其中市级领导有 170 人次参考。在学法的基础上，越来越多的领导干部对法制建设的作用有新的认识，由单纯靠行政命令的领导方式开始向依法决策、依法管理、依法办事的新的领导方式转变。普治并举、学用结合，依法治理工作全面推进。“三五”普法期间，特别是中共十五大确立依法治国基本方略后，市委、市人大、市人民政府分别作出和制定决议、决定与规划，市依法治市领导小组提出具体的工作意见，促使依法治理各项工作在全市全面展开。全市 9 个区县(市)、211 个乡(镇)、10 个街道办事处、4075 个村开展依法治理。五年中，全市的依法治水、澧县推行行政执法责任制、桃源“法制家长”评选活动、津市青少年法制教育和依法治校、临澧依法治村等级验在全国推

图 5—10　武陵区司法局组织法律服务志愿者在穿紫河街道西园社区开展“学雷锋”法律进社区志愿服务活动

广。1997 年，常德市作为全省唯一一个连续四次参加全国经验交流会的城市光荣出席全国第四次依法治市经验交流会。一个以基层依法治理为基础，行业依法治理为支柱，多层次依法治理纵横结合的依法治理网络已经初步形成。运用灵活多样的宣传教育方式，不断增强法制宣传教育实效。“三五”普法期间，采取形式多样的方式和手段，使广大人民群众寓法教育于娱乐之中，是其一大特点。全市共组织演讲赛、诗歌朗诵赛 182 场次；编排法制文艺节目 374 个，组织演出 2000 多场次；制作汉制宣传板块 20 多万块，展出 1200 场次；组织普法问卷调查 2 次，对象 63 万人；组织开展依法治理调研活动，302 名县处级以上领导干部撰写理论文章。在省里组织的演讲赛、抢答赛以及法制文艺调演等活动中，常德市均获得一等奖的好成绩。1998 年，出席全国法制文艺经验交流会。

2006 年 4 月，武陵区被中共中央宣传部、司法部评为全国法制宣传教育先进区（县）。2001 年以来，武陵区普法、依法治理工作认真实施阶段性规划，在全区层层建立健全领导机构，设立法制学校，举办各类法制培训班，举办法制专题讲座，法律普及率达 97%以上。通过强化组织领导，全区干部群众学法用法蔚然成风。区政府常务会议坚持先学法，再开会的制度；区人大常委会任命“一府两院”人员时，都要进行法律知识考试，考试不合格者不予任命。2001 年以来，全区机关干部每年都进行学法用法集中考试；全区 90 多所中小学校将学法纳入教学规划，并以“法制宣传月”活动、黑板报、宣传橱窗、手抄报等多种形式进行法律知识宣传。全区的法律意识得到明显的提高。干部群众的法律素质提高，依法行政、依法治区工作水平也得到明显提高。区政府坚持凡政府行文必须经政府法制办审核把关，否则政府常务会议不予研究，区工不签发；区法院积极推行审判组织形式和审判机制创新，健全审判监督体系，加大违法审判责任追究力度；区检察院重点围绕落实岗位责任制、办案考评制、执法公示制、错案追究制加强“四制”建设，以公开促公正，切实把执法活动置于有效监督下；区公安局规范刑事办案制度和执法责任制度；区政府成立政务服务中心，实行“一站式”便民服务，在全区范围内积极推进政务公开，校务公开，厂务公开，实行“阳光政务”；积极开展民主法治示范村（居）创建活动，有 4 个村（居）被评为全省民主法制示范村（居）。通过全民普法和依法治理，全区生产总值，地方财政收入街门一要经济指标连年增长，招商项目和引进资金成倍增长，武陵区进入建区以来发展最快最好的时期。

第六篇　省管监狱

图 6—1　湖南省德山监狱

第一章 德山监狱

湖南省德山监狱位于常德市经济技术开发区东南部，西起常德市高新技术工业园，东抵207国道，北邻常德火车南站，南靠常张高速公路。目前，开发区内已有石长铁路、长(沙)常(德)高速公路、207国道、319国道等交通干线，常(德)张(家界)、常(德)吉(首)两条高速公路也在此交会，此外，监狱距常德机场和沅江航运均不到10公里，交通十分便捷。

图6—2 德山监狱党委书记、监狱长李守进

监狱共占地面积40.6公顷，属丘陵地带，地形起伏，年平均气温16.8℃，相对湿度81%，年平均降水量1372.8毫米，属雷击区。常年四季分明，热量丰富，雨水充沛。

监狱主要关押被判处12年以上有期徒刑、无期徒刑以及死刑缓期2年执行的罪犯，主要生产135系列中等缸径柴油机和柴油发电机组，是国家定点生产135系列柴油机的企业之一。截至2015年12月底，监狱有党委成员9名，中层实职领导110名，在职警察485人，离休警察12人，退休警察234人。

监狱的前身是湖南省专用车辆修配厂，始建于1970年3月。当时承担的任务是收容管理省内刑满释放就业人员。1973年8月，湖南省公安厅将专用车辆修配厂定名为湖南省第四劳动改造管教队。1974年9月，中央一机部和湖南省机械局根据湖南省委远景规划中提出需要建设一座大马力柴油机厂的设想，决定扩建专用车辆修配厂。10月，湖南省公安厅劳改局将专用车辆修配厂更名为湖南柴油机厂。1975年6月，湖南省基本建设领导小组批准扩建。10月，湖南柴油机厂由正科级单位升格为正处级单位。1981年12月，开始收押公、检、法、司等政法机关中犯罪被判刑的人员，1983年收押对象由内部犯改为普通刑事犯。1983年5月起，柴油机厂由公安系统划归司法行政系统管理。1989年4月，湖南柴油机厂在系统内的名称确定为"湖南省第四劳改支队"。1992年12月，第四劳改支队正式更名为"湖南省德山监狱"，收押对象由普通刑事犯转为重刑犯。2001年7月，为加快企业改革步伐，湖南省柴油机厂实施企业破产改制工作。8月8日，湖南柴油机厂因亏损严重，资不抵债，被依法宣告破产，成立湖南芙蓉机械有限责任公司。2005年，按照国务院、司法部监狱体制改革精神，监狱实施监企分离，新组建湖南万安达集团芙蓉机械有限责任公司，监狱职能实现"多元化"向"单一化"转变。

专用车辆修配厂创建初期，经湖南省人保组批准成立革命领导小组。1970年10月实行军管，由革命领导小组和军管小组共同领导建厂工作。当时下设4个中队，机关设4个组。1972年1月，开始实行政委、厂长分工负责制，下属中队陆续改称车间。1977年2月，湖南柴油机厂实行党委集体领导下的政委、厂长分工负责制。1989年4月，实行支队长（厂长）负责制，下属车间也称为大队，实行大队长（车间主任）负责制。1991年10月，恢复实行党委集体领导下的政委、支队长（厂长）分工负责制。1992年12月实行党委集体领导下的政委（党委书记）、监狱长（党委副书记）负责制。从2000年起，实行监狱长（党委书记）、政治委员（党委副书记）分工负责制。

至1977年，厂区实现"三通一平"（通水、通电、通路和场地平整），接着又完成35千伏发电站建设，保证全厂生产、生活用电。通过几届领导班子的努力争取，2002年年底，监狱纳入全省监狱布局调整规划笼子，并进全省第一批改扩建工程之列。2003年5月正式启动，监狱紧紧抓住这一历史机遇，按照"高起点布局规划，适应监狱可持续发展，严格规范质量管理，建好现代化文明监狱"的工作思路，统一规划，科学布局，先后对严管队、禁闭室、1号监舍楼、接见中心、内看守大门、生产区大门、武警营房、武警食堂、监狱北大门、监管指挥中心等进行改造、重建并投入使用。同时完成土地征用3.2公顷、三通一平土方26万立方米以及排污涵管1230米、警戒围墙108米、道路1940米、绿化及广场24000平方米等配套工程。近六年累计完成总投资5085.74万元，竣工建筑面积22148平方米，监狱功能布局更加合理，基础设施更加完善。

作为国家的刑罚执行机关，建队、狱40多年来，监狱历届党委不断适应新形势，应对新挑战，坚持"惩罚与改造相结合，以改造人为宗旨"的监狱工作方针，不断强化监狱职能，不断健全与"首要标准"相适应的工作机制，运用监管、教育和劳动这三大基本手段，依法对罪犯进行严格、依法、文明、科学管理，锐意进取，勇于实践，逐步探索出一条由被动到主动、滞后到超前、经验到规范、传统到现代的重刑犯监狱管理新路子。监管秩序持续稳定，曾创下连续12年监管安全“四无”的良好业绩。尤其是2011年以来，监狱新一届党委在省厅局的正确领导下，认真贯彻中共十七届六中全会、十八大和十八届二中、三中、四中、五中全会精神、习近平总书记系列重要讲话精神，坚持“惩罚与改造相结合，以改造人为宗旨”的工作方针，落实制度保安全，创新管理谋发展，追求高效惠民生，立足新常态，应对新挑战，全面推进法治、平安、文明监狱建设。近年来未发生一起因违法被检察机关立案调查事件，未发生重大群体性事件，未发生重大负面舆情炒作事件，工作成绩多次受到上级表彰，为推进依法治国、维护社会稳定、促进经济发展做出应有的贡献。2011年、2013年，被省局授予“优胜单位”“先进单位”荣誉称号，2015年省局绩效考核评定为优秀等次。并先后顺利通过“省级全国模范职工之家”“省厅文明单位”“省直机关文明单位”“省直文明标兵单位”创建验收。

第一节　组织机构

1988年，湖南省德山监狱（时名为湖南省柴油机厂，对内称湖南省第四劳动改造管教支队）下设42个部门，分别为经济部、生产部、技术开发部、政治处、纪检监察室、审计科、团委、劳资科、职教办、办公室、企管办、狱政科、教育科、保卫科、供应科、销售科、财务科、运输科、综合科、用户服务科、生产科、工具科、动力科、工艺科、设计科、质检科、行政科、生卫科、基建办、金工车间、总装车间、工具车间、汽修车间、锻压车间、型铸车间、机修车间、热处理车间、钎头厂、监训大队、医院、学校、劳动服务公司。

1991年成立湖南柴油机厂工会委员会，设置狱政二科。1992年12月，湖南省第四劳动改造管教支队更名为湖南省德山监狱，同年12月8日授牌。设立司法办、法学会、撤销经济部、生产部、技术开发部。1993年深化内部改革，精简机构，其中法学会并入办公室，运输科并入供应科，技术科、工艺科合并为技术科，团委、职教办并入政治处，司法办并入保卫科，审计科并入纪检监察室，设立总工程师办公室（总师办）、全质办并入总师办。

1997年，湖南柴油机厂（湖南省德山监狱）车间（大队）、中队更名为分厂（监区）、分监区，车间主任（大队长）改称分厂厂长（监区长），中队长改称分监区长。销售科更名为销售公司，设立仓储总库、汽车运输公司。

1998年监狱（厂）机构进行较大调整，设立19个科室，设立分厂（大队、公司）等实体单位16个。2001年8月8日，湖南柴油机厂依法破产，8月29日，湖南芙蓉机械有限公司挂牌成立（正科级），企管办与生产科合并成立生产企管科，科研所与质检科合署办公，基建办并入办公室与房改办合署办公。12月，机构调整：劳务加工分厂调整为四个副科级分监区，农机与汽修合并成立常德重型汽车修配厂，成立总师办，负责监狱规划、技术开发引进、全质管理、质量管理、计量理化等工作；成立考核办，负责改造、政工、经营三方面的考核，撤销供应科、销售公司。

2003年，撤销劳务加工分厂（四监区）、宝石二直属分监区，组建劳务加工一分厂（四监区），下设四个副科级分监区，组建劳务加工二分厂（五监区），下设二个副科级分监区。规划办从总师办分离，基建办从办公室分离，二办合并组建基建规划办。成立全质办，与总师办合署办公。房改办从办公室分离，绿化环境卫生职能及人员从后勤服务站分离，二部分合并组建物业管理公司（房改办）。撤销水电公司，所有职能及人员并入生产科。安环办升格为正科级建制，与劳资科合署办公。成立信息（计算机）管理中心（副科级建制），隶属办公室管理，警车队升格为副科级建制，隶属办公室管理。宝石直属一分监区更名为宝石直属分监区。

2004年，成立刑罚执行科，安全生产科，总师办增加产品开发职能，保卫科设立女警执勤中队，负责生产门卫执勤工作，五监区增设二个分监区（副科级）；芙蓉公司热处理车间从机加一分厂分离，成立热处理分厂；营销工作从柴油机分厂分离，成立营销部；建筑公司增设一个分监区；四监区撤销一个分监区（副科级）；撤销宝石直属分监区。

2005年，撤销芙蓉公司营销部，成立芙蓉公司营销公司（正科级）；五监区增设一个分监区（副科级）；撤销仓储总库，其工作职能划入芙蓉公司；四监区撤销一个分监区（副科级）。

2005年10月，根据《国务院批转司法部关于监狱体制改革试点工作指导意见的通知》和《湖南省监狱体制改革试点方案》的要求，监狱实行体制改革，按照监企分开的要求，监狱生产经营管理、科技开发、工人管理、养老保险等职能划转到湖南万安达集团芙蓉机械有限责任公司。2005年12月20日，湖南万安达集团芙蓉机械有限责任公司挂牌成立。同年12月，根据《关于省德山监狱监企分开后职能、内设机构、人员编制、领导职数调整有关事项的批复》精神，监狱机构设置和职责划分进行调整，具体情况：(1)监狱机关内设科室18个：政治处（内设组织干部科、人事警务科、教育培训科、劳动工资科、考核办5个副科级机构），办公室（内设计算机管理中心、监狱学分会2个副科级机构）、狱政管理科、狱内侦查科、教育改造科、生活卫生科、劳动改造科、安全生产监督管理科、刑罚执行科、纪检监察室、计划财务科、审计科、保卫科、法制科、工青妇办公室、离退休工作管理办公室、基建规划办、行政科等18个科室。(2)监狱下设8个监区、1所医院。狱政管理科、教育改造科、生活卫生科（含物供站）和医院分别设立直属分监区。公司内设办公室、劳动人事部、财务部、生产部、技术中心、营销部 6 个部门，下设柴油机分公司、汽车配件分公司、劳务分公司、物业公司、柴油机分厂、热处理分厂及铸造分厂、锻压分厂、机加分厂、汽车配件分厂、劳务加工一分厂、劳务加工二分厂、劳务加工三分厂、建筑公司等 14 个单位。

监企分离后，部分机构调整和职责划分如下：组建劳动改造科，主要负责罪犯劳动改造管理，罪犯劳动改造岗位设置与管理，罪犯劳动力分配，罪犯劳动现场管理，罪犯劳动改造考核评价，罪犯劳动技能培训及劳动保护，监狱与监狱企业的协调等工作。组建行政科，主要负责房屋管理、办公设施管理及公共设施、公共用水用电管理等工作。撤销劳资科，警察工资及保险等工作并入政治处劳资科，工人管理职能并入公司劳动人事部。撤销考核办，政工、管教工作考核、警察考核及机关考核工作并入政治处考核办，生产经营考核工作由公司负责。撤销法顾办，监狱学分会职能并入办公室，其余职能并入法制科。撤销工会办，所有职能并入工青妇办公室。撤销物业公司，房管职能并入行政科，其他职能并入公司物业公司。撤销后勤服务站，其职能并入公司物业公司。撤销生产科、总师办，其职能划归公司管理。劳动服务公司不再作为监狱的下属机构，由公司托管，由公司物业公司代管，逐步实现自主经营、自我发展。共青团工作从政治处分离出来，并入工青妇办公室。女警执勤中队及生产区门卫、围墙警戒职能从保卫科分离出来并入狱政管理科，居委会从保卫科分离出来并入行政科。罪犯接见审核、登记、监听、物品检查含安全检查等工作从生活卫生科分离出来并入狱政管理科。企业财务管理从计划财务科分离出来并入公司财务部。原芙蓉公司部室及柴油机分厂、热处理分厂并入公司。

2010 年，根据湖南省监狱管理局《关于湖南省德山监狱内设机构职能职数和人员编制调整方案的批复》精神，监狱内设机构调整为 30 个：内设科室 16 个，下设 11 个监区、医院、警备大队、物资供应站。警备大队负责生产门卫、内看守、生产区围墙警戒、禁闭室、监控中心的管理工作。物资供应站负责监狱办公、生活物资采购和职工食堂、招待所管理。公司内设 6 个部门、3 个分公司和 1 个分厂。

2012 年 2 月，政治处考核和精细化管理职责划归法制科。成立十二监区，单位以原八监区二分监区为基础设立，八监区、十二监区实行扁平化管理，负责罪犯改造与劳务加工生产工作。

2012 年 6 月，纪委和监察室合署办公，原纪检监察室名称规范为“纪委监察室”，实行一个机构、两块牌子，履行党的纪律检查和行政监察两种职能，在监狱党委和省局纪委双重领导下开展工作。

2012 的 7 月，成立高度戒备监区，单位以原狱政科直属分监区为基础设立，负责对须给予高警戒程度罪犯的教育改造和日常管理工作。

2012 年 7 月，教育改造科和出监监区合署办公，按两个机构、一套班子模式进行管理。职责不变。

2013 年 1 月，成立信息技术科，负责监狱信息化建设与管理工作，具体组织落实信息化建设规划与实施、通讯网络、信息化安全防控体系建设及运行、维护管理工作。成立服刑人员心理健康指导中心，负责服刑人员入监测评与出监评估，开展心理健康教育、咨询和矫治，对重点犯、危顽犯心理的危机预防和干预，及其他与服刑人员心理健康有关的工作。行政科与物资供应站合署办公，实行两个机构、一套班子模式管理，物资供应站职工食堂划归公司办公室管理，原有其他职能不变。公司技术部与质量管理部合署办公，实行两个机构、一套班子模式管理，原有职能不变。公司物供分公司与生产部合署办公，实行两个机构、一套班子模式管理，原有职能不变。监狱内设考核办，负责精细化管理与绩效考核工作。

2015 年 2 月，撤销生卫科直属分监区，分监区相关职能并入四监区，生卫科不再直接从事罪犯管理和后勤作业。

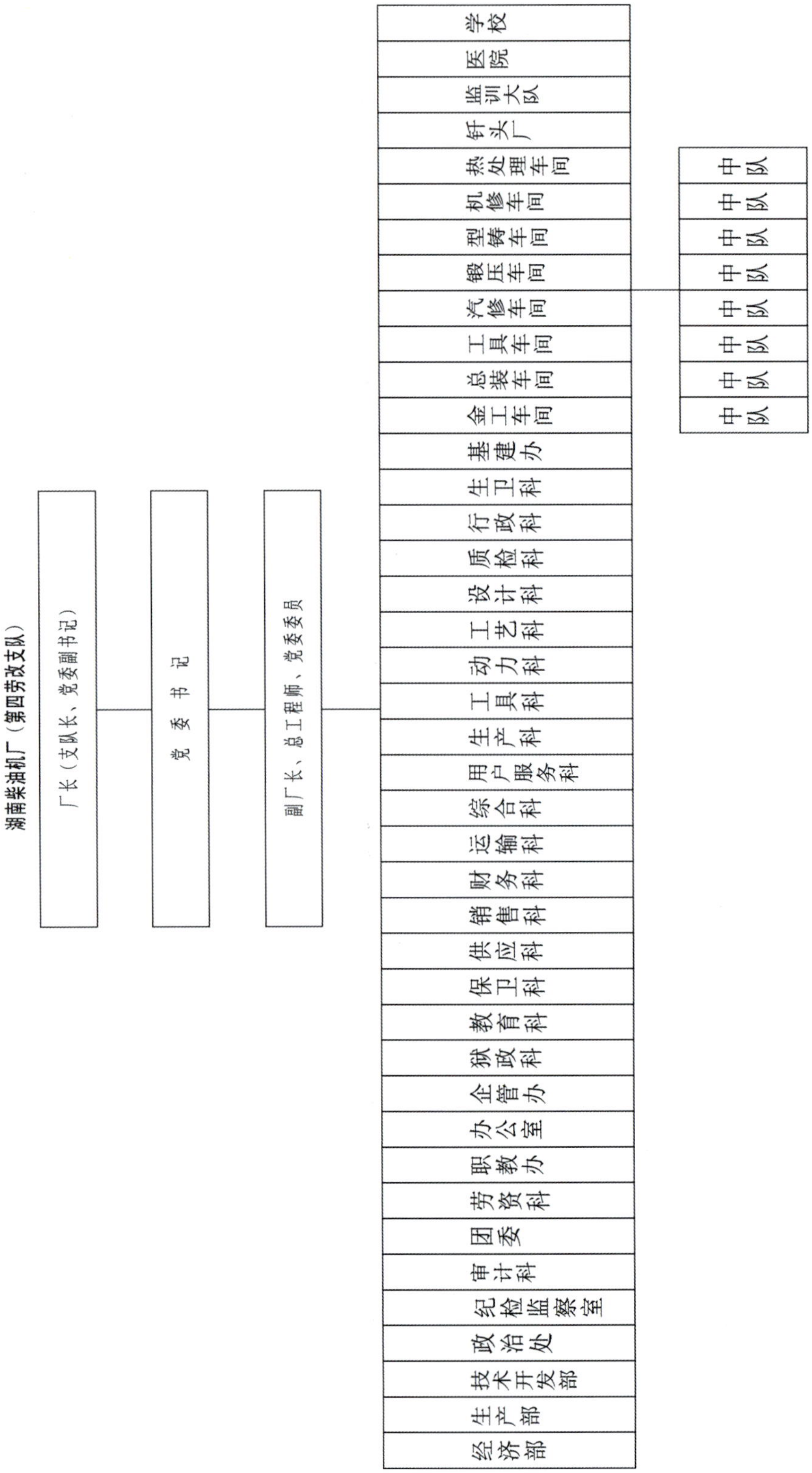

图6-3　1988年湖南柴油机厂组织机构图

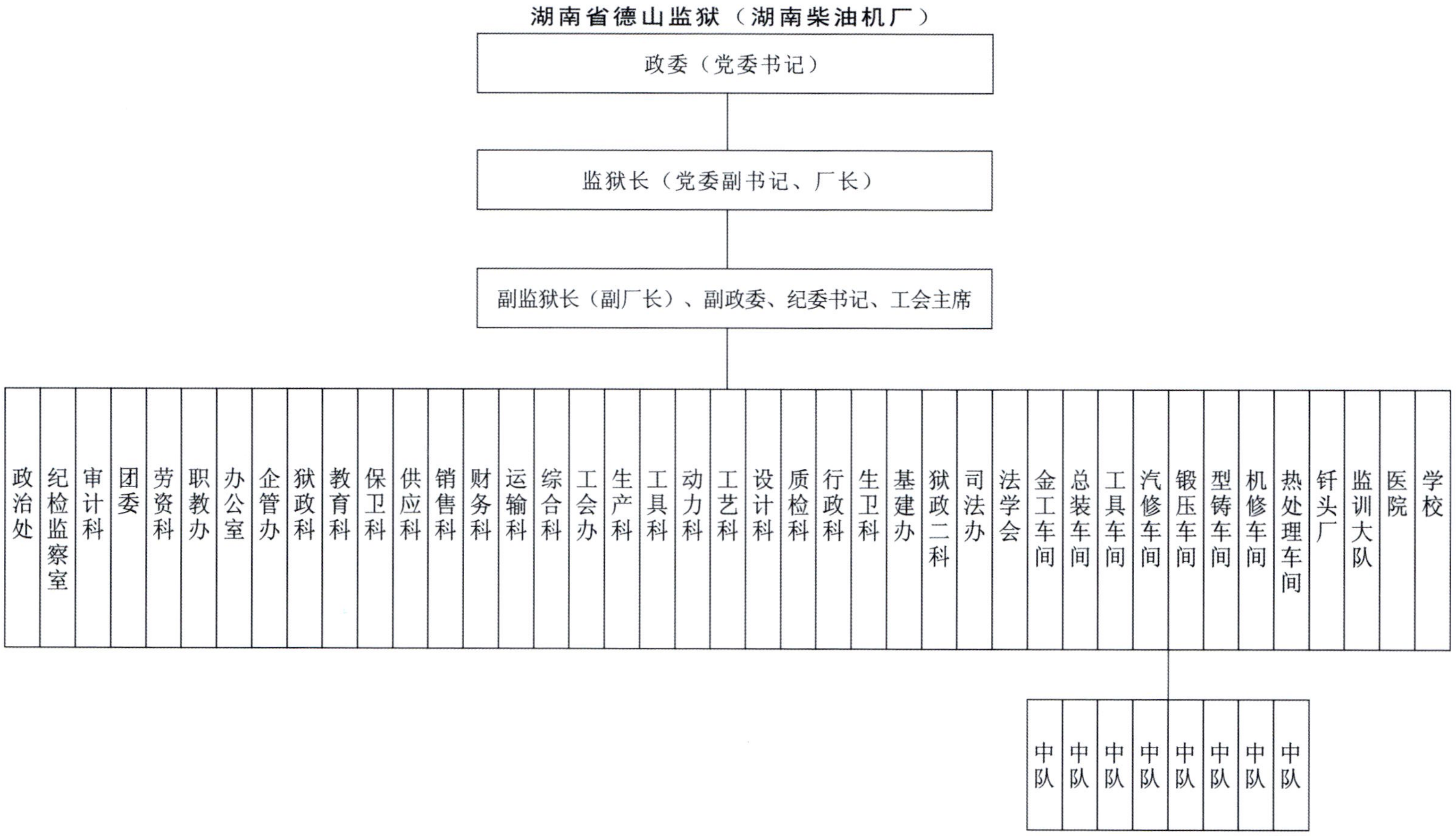

图6-4 **1992年湖南省德山监狱组织机构图**

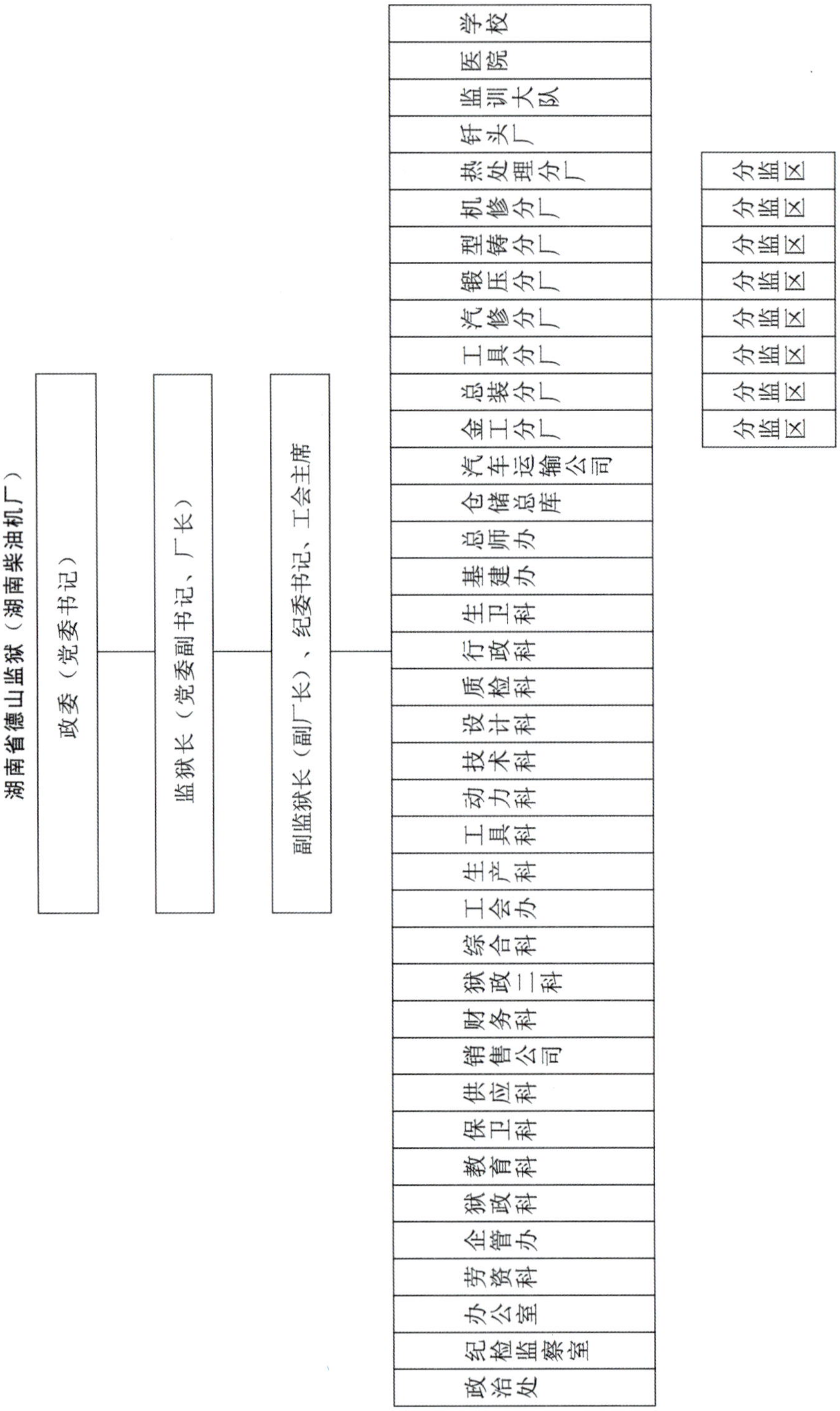

图6－5 **1997年湖南省德山监狱组织机构图**

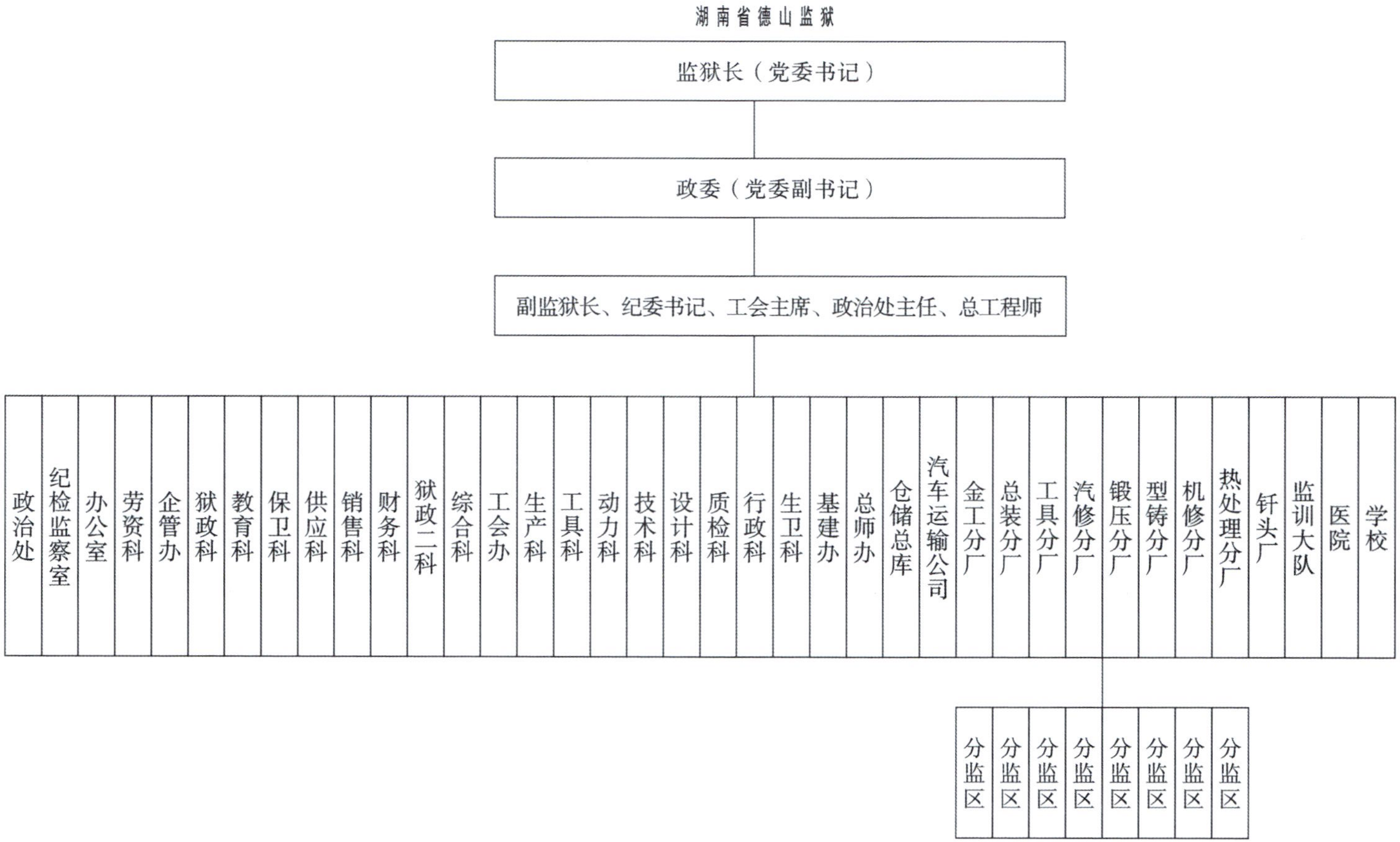

图6-6　**2005年湖南省德山监狱组织机构图**

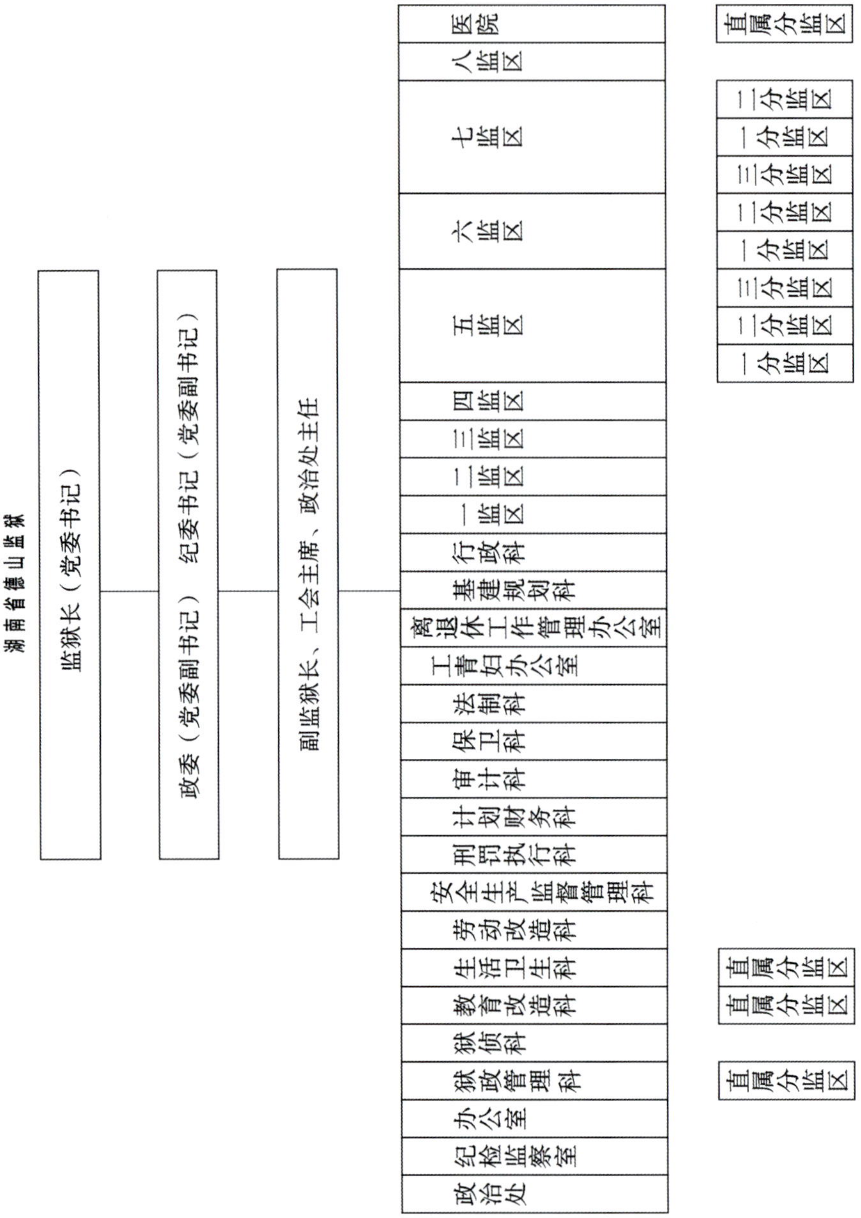

图6-7　2010年湖南省德山监狱组织机构图

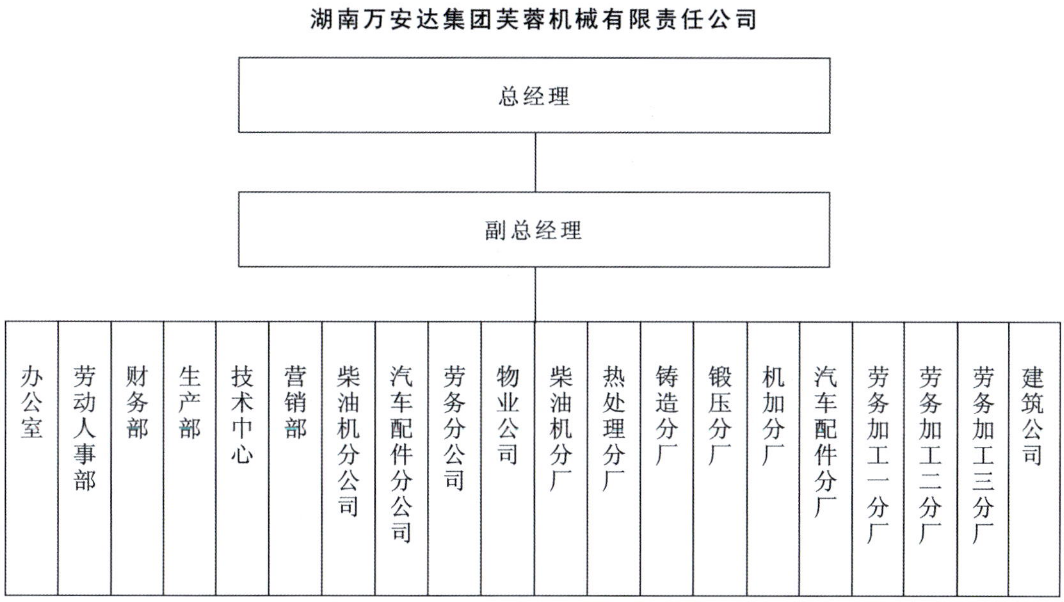

图 6—8 **2005 年湖南湖南安达集体芙蓉机械有限责任公司组织机构图**

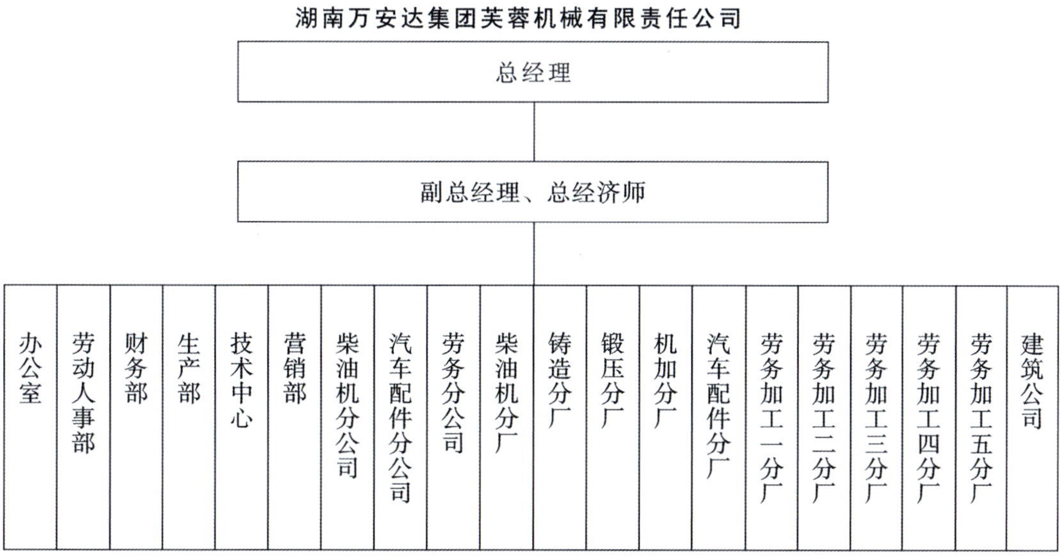

图 6—9 **2010 年湖南湖南安达集体芙蓉机械有限责任公司组织机构图**

第二节 队伍建设

一、干部管理

20世纪70年代中期，从省属劳改单位以及其他机关、单位陆续调入部分警察。1983年，大批部队干部转业到监狱从事劳改工作，扩充警察队伍。1982年年底至1994年，从厂内优秀工人和以工代干人员中选拔录用一大批干部，实行干部聘用制，基本解决警力不足的状况。2000年以后，监狱警察按照国家计划和要求，通过公开招考录用。

建狱以来，在文化程度上，1988年有大专以上学历干部89人、中专学历80人、高中学历132人、初中以下学历174人。截至2010年年底，大专以上学历干部为456人、中专学历9人，文化程度较1988年大幅提升。

1992年7月1日，在干部中实行警衔制，首先评定警衔471人。其中一级警督58名，二级警督73名，三级警督89名；一级警司46名，二级警司116名，三级警司24名；一级警员51名，二级警员14名。

1988年，监狱开展首次职称改革工作，设置各类专业技术岗位199个，其中：高级专业技术岗位9个、中级专业技术岗位54个，初级专业技术岗位136个。专业技术干部227人共涉及八个系列：工程系列69人，经济系列34人，卫生系列23人，会计系列42人，统计系列17人，中小学教师系列37人，档案系列3人，图书资料系列1人，专业技术干部占全厂总人数的47.9%。截至2010年，监狱(公司)有高级技术职称17人，中级技术职称84人，初级技术职称257人。

(一)干部选拔任用

监狱根据工作不同时期的主要任务和要求，坚持“党管干部”“德才兼备、任人唯贤”“群众认可、注重实绩、论绩提拔”的原则，参照不同条件和程序，选拔任用大批优秀干部进入中层领导队伍：20世纪70至80年代，领导干部任命一律采用委任制；20世纪90年代初期，由“厂长负责制”更改为“党委集体领导下的政委、厂长分工负责制”的管理体制，科级干部除主要负责人由监狱任命外，其他均实行聘任制。到1997年，领导干部正式实行任期三年的聘任制，重新规范干部管理，推动队伍“四化”(革命化、年轻化、知识化、专业化)建设；2001—2009年，采用“任前公示、试行考察预告、差额考察和坚持党委集体讨论表决”的方式，按照个人自荐—群众举荐—演讲答辩—组织考察相结合的程序，推行公开选拔中层领导的选聘制度，完成中层领导交流轮岗和干警优化组合上岗。1988 年开始至 1989 年，正科级干部由省司法厅任命，副科级干部由监狱任命。1989 后，正、副科级干部均由监狱党委任命。

1994 年至 2015 年，监狱按照“德、能、勤、绩、廉”五个方面要求，根据定编定线规定，选拔任用大批年轻、优秀的中层领导干部充实到各个岗位。

（二）干部培训

干部教育培训工作，长期由职教办主管负责，主要任务是围绕党的中心工作，完成党委和上级业务部门交给的教育培训任务。

80 年代，为解决“两下”干部学历问题，相继开展法学教育招生、电工脱产培训和电大法律分校劳改专业中专班，并开设语文、政治、宪法三门必修课和哲学一门选修课。1989 年，子弟学校拨给职教办一间教室和一间办公室，作为“两劳”专业中专班教学用，新购置课桌 80 套、彩电 2 台、录音机 2 台、录像带 140 余盒和图书资料 600 余册，至此，干部教育培训开始有正式的场地。

1.岗位练兵

1992 年 11 月，为迎接人民警察首批授衔，在干部中开展集中训练。以队列、礼节礼貌、警体、实弹射击和《中华人民共和国人民警察条例》理论知识学习为主要内容，组织 179 人参加《劳改劳教工作干警行为准则》、《干警行为规范》考试，及格率达 100%。1994 年至 1996 年，按照“专业对口”原则，着重开展干警岗位培训和新干警入门培训，选送副处级以上干部到中央两劳学院学习，选送科大队长到省劳改干校培训，并自培新干警 42 名、科以下干警 80 名。1997 年，进行为时两个月的集中军训。1998 年，实施“568”工程，开展秋季干警轮训，并在中层领导集中教育整顿学习中，提出行为规范“十不准”和机关科室“四条禁令”。2000 年至 2002 年，司法部统一部署三年基本素质教育，对干部进行系统化、正规化的教育培训。全狱 400 多名警察培训考核及格率达 100%，并因“七个有”（有一份科学训练计划，有一套完整管理制度，有一套齐全的学习档案，有一本精美的画册，有一部纪实专题片，有一份翔实的汇报材料，有一场总结表彰会）的突出成绩，分别

图 6—10　警察轮训

被司法部、湖南省厅、局评为“民警基本素质教育先进单位”，监狱被授予集体二等功，10名警察荣立三等功。2006年4月至下年3月，在干部中再次开展为期一年的岗位练兵活动。

2.专业技术培训

1989年至1990年，以中共十三届四中全会、五中全会精神为指引，贯彻“教育必须为社会主义建设服务”方针，开办电大机械班、法律中专班、电工培训班，送外大中专培训“政法”、“经济”、“工程”、“工美”、“医务”及“狱侦”等30余人次，并连续两年被评为湖南省司法行政系统“法学教育先进单位”和“职教工作先进集体”。1990年至1991年，开展全面质量管理知识普及教育。根据岗位需求，开办检验人员、机加工、钳工、铸造工学习班，组织管理干部学习培训、新调入干警劳改业务学习以及统计员、车间主任岗位培训，共培训学员438人次。1991年第三季度，参加湖南省劳改局技术比武载誉而归，分别摘取车工第一、二名，钳工第二名，电工第二名的好成绩，并获团体桂冠。在1992年自办狱政内勤、政工职称资格考试、会计职称资格考试和工程技术人员外语考试等四项培训班的基础上，随后几年，监狱以强化政工、法纪、改造业务知识为重点，以巩固岗位技能成果为目的，组织开办供销三包人员、素质加强、全面质量管理等培训班27期，共培训学员1170名。长期以来，监狱摸索出以联合办学为主、送外培训为辅，鼓励在岗自学成才等多种形式并存的学历教育办法，在鼓励干部参加高等教育自学考试和“监所专业”自学考试的同时，组织大批处级领导前往中央劳改劳教学院参加岗位培训班学习，实职正副科级干部前往湖南省劳改干校参加正副科长岗位培训，新干部去省劳改干校参加入门培训及岗位培训。

到2015年，干部队伍中研究生学历4人、大学学历179人、大专学历297人，其中狱领导100%达到大专文化，11名监狱领导取得本科学历。2015年年底，德山监狱本科以上学历较5年前提高35.6%。其中法律、心理学、社会学等核心专业较5年前提高42%。

(三)管理制度

1988年，实行车间主任负责制试点工作。1990年，从工作质量、工作效率、效益和贡献、技术革新和技术开发四个方面对专业技术人员开展考核。1994年开始，按国家公务员管理考核办法从德、能、勤、绩四个方面，对在岗在编干部实施年度考核，规定考核结果为优秀、称职、不称职三个等次。1998年5月，制定《干警职工管理考核实施办法》，成立由狱领导带队的巡逻监察队，内设考核员，从警察政治、执法、改造等方面开展考核处罚，考核结果与工资直接挂钩。2001年年底，制定《干警离岗退养暂行规定》，要求男干警年满55岁、女干警年满50岁的一律实施离岗退养，统一归口离退办管理。2002年，干部实行优化组合上岗，从政治、管教、劳动管理、行政后勤和主要领导五个岗位进行划分，进行岗位基本能力训练考核，并设立上岗干警考核基金。是年，修订《政工管教生产经营及科室工作百分考核实施细则》《干警百分考核实施细则》。在制定《湖南省监狱人民警察考核办法》的基础上，实行警察末位调整，对确定居于最后名次和严重违规违纪受到纪律处分的人民警察进行岗位调整、职务调低和试岗、待岗、辞退。2004—2007年间，修订完善《监狱人民警察百分考核实施细则》《政工、管教、生产经营及科室工作百分考核实施细则》《机关科室工作百分考核实施办法》以及《学习型组织量化考核细则》《德山监狱人民警察工作规范》等大量精细化管理文件，对警察规范化管理实施标准量化。2005年，警察职工开始持证上岗，统一按上下班作息时间考勤刷卡。2007年，按照“一人一档，档随人走；如实记载、定期考核；统一组织，分级管理”的实施方法，首次建立警察“执法档案”。2009年，精细化管理试点工作全面铺开，加大警察“干与不干不一样，干好干坏不一样”的两级考核力度。

2011年7月，制定《德山监狱中层领导任职试用期制度管理办法（试行）》。2012年，制定《德山监狱精细化管理警察百分考核实施细则》。2013年，制定《湖南省德山监狱工作绩效考核办法（试行）》《德山监狱警察借调管理规定》《德山监狱中层领导干部免职问责规定》。2014年7月，出台《德山监狱警察职工队伍思想动态分析制度》《德山监狱中心值班工作制度》。2015年，出台《关于规范警察夜间值勤工作的通知》《关于进一步规范监管现场执勤警力配置的通知》。

（四）离退休人员管理服务

1979年10月，监狱开始有离退休人员。1992年起，设立老干部活动办公室和老龄工作委员会，此前离退休警察由政治处管理，退休职工由劳资科管理。1993年，原老干办正式更名为“离退办”，监狱动员全狱警察职工为离退休人员捐款7000余元，新购置一套健身器材。9月28日，在隆重举行司法行政荣誉章授章仪式上，常德市政法委书记龚玉昆、常德市老干部周局长、常德市司法局李局长以及全狱在家新老领导和全体干部400余人在大礼堂参加授章仪式，龚玉昆向荣获司法行政荣誉章的77名老干部授予二级金星奖。1995年，监狱投入近万元专项资金维修门球场，新提拔2名热心老干工作的年轻干部担任离退办副主任，为老干工作首次注入新的活力。1996年，成立离退办党总支，退休支部分为退休一支部、退休二支部。2000

图6—11　离休干部讲述德监情、德监梦

年4月，制定老干工作管理暂行办法，建立“三五”制度，即每月5日为“老干阅文日”，办公室保密员根据领导阅办意见，组织副处级以上离退休老干阅文。每月15日为“老干政治学习或党组织活动日”，学习和讨论监狱文件。每月25日为“狱领导接待老同志日”，每季度与老同志开一次座谈会，倾听意见、解答问题，拓宽离退休人员参政议政渠道。2001年，表彰“五好老干部”“五好老职工”，在以往认真落实老干部两项待遇、强化保障机制的工作基础上，做好治病、防疫保健工作和对少数高龄、多病老同志的考察、慰问工作。2004年，实行“指纹化滚动”，对退休人员工资发放进行现代化管理。下年，根据离休干部在生活待遇与在职干警享受同等待遇的政策，为离休干部落实十三个月工资。2010年，监狱被列入省直监狱系统“离退休工作规范化建设”检查验收单位，制定完善22项工作制度，6月顺利通过验收。8月，老年活动中心乔迁新址，除原有设备外，新购置2万多元办公设施和娱乐用具，改善办公条件和活动场所。

长期以来，监狱认真落实离退休人员“两项待遇”和“四五制度”，对他们按政策规定享受应有的政治待遇。组织阅文、座谈会、情况通报、走访慰问，重大决策征求他们的意见和邀请参加重要活动，为监狱发展献计献策。监狱还自筹资金修建一栋面积约702平方米的老干部活动中心，2013年，投资近32万余元，再次对老年活动中心进行改扩建，新增建筑面积380平方米，新增操坪面积150平方米，并投入近10万元添置健身器材、乒乓球桌等。改扩建后的狱老年活动中心建筑面积达871平方米，功能房齐备，有会议学习室、书法阅文室、舞蹈室等14个功能房。2015年12月，监狱投入22万多元将老年活动中心门球场改造为室内人造草坪门球场，狱老年活动中心在常德市老年活动中心中排在前列。

积极组织老年太极拳、秧歌、腰鼓、太极剑比赛，开展跳迪斯科、交谊舞等健身和“柳叶湖踏青”“春节联欢游艺”“钓鱼”“厨艺比拼”等益于身心健康的活动。2015年3月，成立德山监狱老年大学，共有学员40多名，离退休人员生活实现老有所养、老有所为、老有所医、老有所学、老有所乐。

二、警务管理

1992年，根据《中华人民共和国人民警察警衔条例》，对全国属于人民警察编制的在编在职人民警察评定授予警衔。1993年4月30日，湖南省德山监狱举行隆重的授衔仪式，省司法厅副厅长王映湘、省劳改局副局长张槐森、常德市政法委书记龚玉昆、副市长杨万柱、市人大常委会副主任何星浦等领导莅临监狱，为监狱371名警察授衔并颁发命令证书。首次授衔：一级警督53人，二级警督72人，三级警督83人，一级警司41人，二级警司92人，三级警司4人，一级警员19人，二级警员6人。

(一)警衔等级

警察警衔分为五等十三级,分别为:

1.总警监、副总警监

2.一级警监、二级警监、三级警监

3.一级警督、二级警督、三级警督

4.一级警司、二级警司、三级警司

5、一级警员、二级警员

根据《中华人民共和国人民警察警衔条例》规定,二级警督以下的人民警察,在其职务等级编制警衔幅度内,根据本条规定的期限和条件晋级,晋级的期限:二级警员至一级警司,每晋升一级为三年;一级警司至一级警督,每晋升一级为四年。在职的人民警察在院校培训的时间,计算在警衔晋升的期限内。

晋级的条件:(一)执行国家的法律、法规和政策,遵纪守法;(二)胜任本职工作;(三)联系群众,廉洁奉公、作风正派。

晋级期限届满,经考核具备晋级条件的,应当逐级晋升;不具备晋级条件的,应当延期晋升。在工作中有突出功绩的,可以提前晋升。

1994 年 6 月 20 日《司法行政系统人民警察警衔晋升培训实施办法》规定,在职人民警察由警司晋升警督,警督晋升警监,必须经过晋升培训,并取得培训合格证书。2002 年 11 月 22 日《司法部政治部关于警衔晋升培训工作有关问题的通知》规定:司法行政系统符合首次评授警衔的人民警察或符合晋升到上一级警衔的人民警察,男年满 55 周岁,女年满 50 周岁以下的,都必须进行培训。

2001 年至 2010 年,监狱共选升三级警监 8 人,晋升警衔(一级警员至一级警督)839 人,其中晋升一级警督 124 人,二级警督 209 人,三级警督 166 人,一级警司 150 人,二级警司 120 人,三级警司 60 人,一级警员 10 人。授予警衔 88 人,其中二级警督 1 人,三级警督 1 人,一级警司 2 人,二级警司 5 人,三级警司 52 人,一级警员 21 人,二级警员 6 人。降低警衔 1 人,取消警衔 2 人。2011 年至 2015 年,监狱共选升三级警监 3 人;降低警衔共 1 人;取消警衔 1 人;晋升警衔(一级警员至一级警督)共 387 人,其中:晋升一级警督 138 人、二级警督 77 人、三级警督 51 人。一级警司 78 人、二级警司 43 人;授予警衔共 57 人,其中:授予一级警司 5 人、二级警司 12 人、三级警司 40 人;微调警衔共 7 人,其中:微调三级警督 1 人、一级警司 1 人、二级警司 5 人。

(二)警衔标志和佩带

根据 1992 年 9 月 12 日颁布《人民警察警衔标志式样和佩带办法》规定,人民警察的警衔标志:总警监、副总警监为金色橄榄枝环绕金色八角星,警监为金色八角星,警督为金色四角星，警司为金色三角星，警员为金色箭头星。

1995年5月16日颁布《国务院关于修改〈人民警察警衔标志式样和佩带办法〉的决定》（中华人民共和国国务院令第177号）规定，人民警察的警衔标志：总警监、副总警监警衔标志由金色橄榄枝环绕金色四角星组成，警监、警督、警司、警员警衔标志由金色四角星和金色横杠组成。

2000年8月18日颁布《国务院关于修改〈人民警察警衔标志式样和佩带办法〉的决定》规定，人民警察的警衔标志：总警监、副总警监警衔标志由银色橄榄枝环绕银色国徽组成，警监警衔标志银色橄榄枝和银色四角星花组成，警督、警司警衔标志由银色横杠和银色四角星花组成，警员警衔标志由银色四角星花组成。警衔标志佩戴在肩章上，肩章为剑形，分为硬肩章和软肩章。担任行政职务的人民警察的肩章版面为藏蓝色，担任专业技术职务的人民警察的肩章版面为蓝灰色。人民警察着常服、执勤服时，佩带硬肩章；着作训服、制式衬衣时，佩带扣式软肩章；着多功能服时，佩带套式软肩章。

（三）警务督察

监狱设立警务督察委员会，由政委任督察委员会主任，政治处主任任副主任，委员由监狱政治处、考核办、纪委监察室、计划财务科、法制科、办公室等部门负责人组成。督察委员会对监狱党委负责，决定监狱警务督察工作的重大事项。政治处为警务督察委员会的办事机构。

监狱成立警务督察大队，设大队长1名，副大队长1名，警务督察员4名至6名，分别由政工部门及有关业务部门的负责人和工作人员担任。

警务督察机构的职责：

（一）对监狱各单位、各部门及其警察在执法执勤活动中依法履行职责、行使职权和遵守纪律的情况进行现场监督和检查；

（二）研究部署监狱警务督察工作，制定监狱警务督察工作规定和有关制度；

（三）执行上级机关和领导批办、交办的警务督察事项；

（四）履行警务督察机构应履行的其他职责。

警务督察机构及其督察人员对全狱各单位、各部门及其全体警察在执法执勤活动中依法履行职责、行使职权和遵守纪律的情况进行现场监督和检查。

（一）重要警务部署、措施、活动的组织实施情况；

（二）突发事件的处置情况；

（三）重点岗位、环节的执法情况和监管安全制度落实情况；

（四）使用警械具、警用车辆、警用标志等警用品的情况；

（五）遵守警容风纪、遵守工作制度和纪律的情况；

（六）组织管理和警务保障的情况；

（七）维护所属人民警察合法权益的情况；

（八）执行司法部监狱劳教人民警察“双六条禁令”、湖南省委政法委员会“六个严禁”的情况；

（九）其他应当纳入督察范围的情况。

警务督察机构根据需要，定期对监管工作现场、警察警容风纪和执行工作制度情况进行督察，不定期地采取随警督察、重点督察、专项督察等多种督察方式。

警务督察人员在执行现场督察任务时，不得少于二人。根据工作需要，可以采取明察和暗访两种形式。警务督察人员执行明察任务时，必须着制式警服，佩带督察证件。进行暗访时，可着便装，处理有关事项前必须出示督察证件。

警务督察机构对重大事项的督察，必须经监狱长批准，并报上一级警务督察机构备案。

根据警务督察工作任务的需要，经警务督察大队领导批准，警务督察人员可以模拟设置警情，实地解被督察对象工作的真实情况。督察任务结束后，警务督察人员应当及时撤销所设警情。未经批准，任何人不得擅自模拟设置警情。

在现场督察中，警务督察人员可以通过录音、摄影和摄像等手段，获取信息资料或证据。必要时，督察机构可以邀请监狱有关业务部门和专业人员参与督察。

被督察的单位应当根据警务督察人员的要求，提供与督察事项有关的文件、资料和情况，如实回答提出的问题。警务督察人员有权对督察事项有关的资料进行查阅或者复制。

警务督察机构接到上级警务督察机构的指令对专门事项进行督察，或者交叉安排督察时，应当按照要求，认真、及时地完成交办的督察事项，并将督察结果报告上级警务督察机构。

警务督察机构应当充分解监狱以及各部门的重大警务活动部署，并且根据情况及时作出督察工作的安排。

警务督察机构应当会同有关部门采取座谈、问卷调查等多种形式，每年定期、不定期地组织开展警务评议活动，广泛听取群众对监狱及其警察履行职责、行使职权和遵守纪律情况的意见。

警务评议的结果应当及时向监狱长报告，并报上一级司法行政机关警务督察机构备案。

警务督察机构对群众的投诉，应当如实登记，认真核实，及时反馈。经警务督察机构核查证实反映问题不实、造成一定后果的，应当予以澄清，消除不良影响。对于不属于警务督察机构督察范围的，警务督察机构应当立即移交有关部门处理，同时将情况反馈给检举人或控告人。

警务督察实行督察情况定期研究和通报制度。警务督察机构一般每半年召开一次工作会议，研究和部署督察工作。必要时，警务督察机构负责人可以临时召开会议。

警务督察大队每年向警务督察委员会或监狱党委报告一次警务督察工作的情况。重大事项专题报告。

三、政治教育

（一）法治理念教育

1988 年，学习十三届三中全会和省委五届七次全体扩大会议精神，开展中共十三大文件学习竞赛活动，完成试卷 218 份。

1989 年，深入学习邓小平三个讲话材料，组织搞好思想清理和处级以上领导班子集中轮训。是年 8 月、9 月，开展“抓好廉政建设、搞好内部清理”反腐败教育活动，举办“热爱党、热爱祖国、热爱社会主义”专题教育展览和四中全会精神宣传展览。

1990 年，以学雷锋、树新风活动为契机，开展向全国司法行政系统一级英模王文清学习的活动。5 月，从“马克思哲学理论”“四项基本原则”“全心全意为人民服务”“劳改工作优良传统”以及“当前形势和任务”五大方面进行政治思想教育轮训。

1991 年，组织学习中共中央关于“八五”计划、“十年”规划的建设、江泽民总书记“七一”讲话、《社会主义若干问题学习纲要》和“三重温”等文章。下年，进行“坚持社会主义信念”政治思想教育，发放资料 1103 份，先后组织干部学习中央 2 号、4 号、7 号文件和《干警行为规范》《干警行为准则》《为人民服务》，观看《警钟》等警示教育片。

1992 年，组织全狱警察职工认真学习中共十四大文件。

1993 年，学习邓小平视察南方重要讲话、中共十四大文件精神和江泽民总书记的七一讲话以及中共十四届二中全会、中纪委二次会议精神、中共十四届三中全会，基本实现“掌握一个理论、坚持一条路线，明确一个目标、突出一个主题，牢记一个保证”目标。

1994 年，贯彻《中共中央关于建立社会主义市场经济体制若干问题的决定》，深入学习《邓小平文选》第三卷和《中共中央关于建立社会主义市场经济体制若干问题的决定》。为庆祝中国共产党诞辰 73 周年，6 月，在全体党员和干警中开展知识竞赛，共评选团体优胜奖 3 个、组织奖 5 个、个人优胜奖 20 名。

1995 年，开展特色理论教育活动，在监狱小广播里进行为时一个半月的邓小平特色理论专题辅导讲座，同时结合孔繁森学习活动，积极培训各级骨干，先后选拔 13 名年轻干部充实到中层领导岗位。

1996 年，以中共十四届五中全会精神，中央、省委经济工作会议和全国、全省监狱工作会议精神为指针，落实司法部“三个继续、三个搞好、三个提高”要求，努力适应“三个转变”。即经济体制由计划经济向市场经济转变；增长方式由粗放型向集约型转变；监管改造工作从“收得下、管得住、跑不”向“改造好”转变。11 月至年底，贯彻中共十四届六中全会精神和《关于加强社会主义精神文明若干重要问题的决议》，在通读原文的基础上，领会其精髓所在。

1997 年 2 月 19 日，邓小平逝世，在全狱警察和服刑人员中开展悼念活动。

1998 年，政治工作强化“五种”观念（“没有经济地位，就没有政治地位”“全狱工作一盘棋”“无功便是过”“管人与管事相结合”“苦熬不如苦干”），振兴光大“三种精神”（厂兴我荣、厂衰我耻“主人翁精神”“团结进取、艰苦奋斗”的吃苦奉献精神“你追我赶、永不满足”的锐意进取精神），争创“两个一流”（一流班子、一流队伍），以中共十五大为指引，强化三德、三观念教育。

1999 年，重点开展“三讲”（讲学习、讲政治、讲正气）教育。

2001 年，进行“一爱三讲”（爱厂如家、讲文明、讲道德、讲卫生）活动，组织 97 名干部参加知识竞赛，平均分 94 分。

2002 年 11 月至下年 1 月，开展宣传贯彻落实中共十六大精神活动。

2003 年，在管教岗位民警中组织开展“岗位学法、背法、考法”和业务知识考试活动。

2006 年，利用半年时间集中开展社会主义法治理念教育活动，教育广大警察树立“党的领导、依法治国、执法为民、公平正义、服务大局”意识。

2007 年，党委认真贯彻落实中共十七大精神，围绕“安全、稳定、和谐”主题，组织警察开展“百日安全维稳专项治理”、社会主义法治理念教育“强素质、抗腐蚀、讲奉献”等主题教育活动，观看《居安思危—苏共亡党的历史教训》《警钟》等历史资料片，开展“以案析理”活动。

2008 年，开展“贯彻科学发展观解放思想 深化社会主义法治理念教育”大学习、大讨论活动。

2009 年，以“提高思想认识、解决突出问题、创新体制机制、促进科学发展”为目标，深入学习实践科学发展观活动实践方案。

图 6—12 德山监狱举办学习中共十七大精神培训班

2013—2014 年，以“为民、务实、清廉”为主题，按照“照镜子、正衣冠、洗洗澡、治治病”的总要求，在全狱党员干部中扎实开展党的群众路线教育实践活动。2013 年，全狱公务接待费用下降54.7%，公务用车费用下降35.3%，会议数量、时间、规模得到严格控制，发文数量比上年减少25%。

2015年，开展“三严三实”专题教育，针对处级和科级干部中存在的问题进行全面分析和剖析，查摆出六大方面存在的不严不实问题，理出清单建立台账，细化量化整改任务，全员整改。

(二)传统、警示教育

1989年，组织警察学习司法部《劳改劳教工作干警廉洁从政、严守法纪的暂行规定》通知，开展对贪污、受贿、投机倒把等违法违纪行为的自查自纠自我教育活动。

1990年10月至下年3月，开展以纠正行业不正之风、加强廉政建设为重点的冬季整训活动。活动以“整顿党风、整顿警风、整顿厂风”为内容，坚持“两为主”(正面教育为主，自我教育为主)、“三自”(自洁、自查、自纠)和“三边”(边学、边整、边改)的方针，紧扣监狱工作实际，从执法领域、经济领域，查行业不正之风表现、摆行业不正之风危害，并发动群众举报，切实整改建制。

1991年，开展为时三个月的“整顿和加强干警队伍”活动，教育警察树立“六个观念”，即：树立党的观念，坚决维护党的领导；树立坚信社会主义信心，增强反“和平演变”能力，坚定走社会主义道路的信心；树立阶级斗争观念，强化专政意识；树立全心全意为人民服务的观念，为政清廉，增强公仆意识；树立纪律观念，坚决纠正一切违纪行为，自觉遵守干警行为规范和各项规章制度；树立法制观念，严格依法办事，维护法律尊严。组织学习《劳改劳教工作干警行为准则》，开展首届干警队列会操比赛。

1992年，开展“反腐倡廉”教育活动月，增强党员干警在改革开放新形势下奉公守纪和抗腐防变的自觉性，树立立党为公和全心全意为人民服务的思想，深入抓好纠正行业不正之风。同时开展以自查为主、自查与自纠相结合的执法工作检查。

1993年，开展“查事故隐患、查执行制度的漏洞、查工作指导思想是否端正”、评选“十佳特殊园丁”、“十佳特殊企业经营管理者”活动及反腐败斗争。

1994年春节前后，进行干警行为规范化教育活动。以邓小平关于“两手抓、两手都要硬”的指示和中共十四届三中全会精神为指针，以司法部5号、7号令及《干警行为准则》为基本教材，采取集中教育和个人自学相结合的方式，熟记熟背《干警行为准则》，进行闭卷、开卷考试。5月，围绕“当前国际国内形势如何看待”、“国务院第17次总理办公会解决干警吃‘皇粮’、罪犯吃‘囚粮’问题”、“劳改单位的形势任务和前途是如何看待”、“当前腐败现象的看法”等四大重点，开展百名干警思想调查分析活动。随后，开展“敬业忠法、从业知法、严明执法、模范守法”集中教育整顿活动。

1995年是全国国民经济和社会发展第八个五年计划的最后一年，也是实施中共十四届四中全会、提出党的建设新的伟大工程的第一年。根据新形势要求，警察教育以邓小平建设有中国特色社会主义理论和党的基本路线为指针，认真贯彻《监狱法》、全国、省局监狱工作会议精神和中央、全省组工会议精神，强化队伍建设，提高队伍素质，促进监管经济、生产经济和各项工作的发展。组织干警分期分批轮训、《监狱法》知识考试、执法执纪教育活动。

1996年，配合全省司法、行政队伍建设"形象工程"的实施，在全狱开展警容风纪检查整顿活动。

1997年，进行"四个专题"教育，开辟整训专栏，对照列举"八种现象"，认真进行"四查四看"。

1998年，进行干警集中教育整顿。采取强化学习班形式，组织全狱108名中层领导分三期集中整顿，以"揭私不怕丑，抖丑不怕痛"的要求，开展"八查八看"，同时组织干警队伍开展"八查一整顿"，力求人人过关、个个洗澡。

1999年，开展"枕戈待旦是监狱劳教单位稳定的屏障 麻痹大意是监管安全工作的大敌"的大讨论活动。同年至下年，集中开展从业素质教育以及"三讲""双创""树红旗、评有突出贡献者"等活动。

2001年，监狱按照厅、局统一部署，扎扎实实开展为期四个多月的执法执纪专项教育整顿活动，开通热线电话，召开离退休老同志、一线干警、罪犯家属、罪犯4个座谈会，走访驻狱检查组，收效良好。11月，为巩固执法执纪专项教育活动成果，组织开展执法执纪专项教育整顿"回头看"活动，按照司法部26个不准，全面检查"两部两室整改落实情况、干警人为责任造成罪犯脱逃"等8个重大情况。

2002年，开展执法执纪再教育和"党风廉政教育月"活动。组织391名干警参加狱规狱纪的答卷考试，优秀率达99%，并开展政工干部"三知道"活动，即知道所管理干部的基本情况、工作情况和思想情况。

2003年，开展"明确职责、强化责任，树立监狱人民警察良好形象"教育活动，达到六个目标：廉洁自律意识进一步增强；执法水平进一步提高；身份意识、工作责任心进一步增强；工作质量、科学管理水平进一步提高；落实各项制度的自觉性进一步增强；省局"五条禁令"得到真正落实。9—10月，在进行"公正文明执法集中教育活动"的同时，在政工部门和政工干部中兴起学习贯彻"三个代表"重要思想新高潮，开展以"公道正派"为主要内容的"树政工干部形象"集中学习教育活动。

2004年，组织党员警察深入学习《中国共产党党内监督条例（试行）》和《中国共产党纪律处分条例》，在全体警察中开展"公正文明执法集中教育"、"回头看"以及"文明执法树形象"等活动。12月上旬至下年1月，重点组织开展"查禁赌博"专项教育整治活动。

2005年,组织机关党支部、党员开展“三为二争一创”(为发展服务、为基层服务、为群众服务,争当优秀共产党员、争做优秀党员领导干部,创建机关先进党支部)的活动基础上,深入开展保持共产党员先进性教育活动,突出解决“坚定理想信念、立足本职勤奋工作、工作不严谨、作风漂浮、政治纪律松散、工作能力不强和执法水平不高”5个问题。

2007年,开展以“热爱军队,情系国防”为主题的系列国防教育活动,通过组织离休老红军讲革命传统、战斗故事、参观博物馆、瞻仰烈士公园纪念碑、观看国防影视节目、开展国防知识竞赛以及国防教育公益广告宣传等形式多样的活动,引导警察职工深刻认识加强国防的重要意义和国防强弱与经济发展、社会安宁、人民利益的重要关系。

2008年,集中开展“爱我司法讲作为、兴我司法谋发展”主题教育、“领会新思想、研究新举措、干出新实绩”大学习、大讨论活动以及“迎奥运、保安全、强基础、抓管理、促发展”专项教育活动。

2009年,为期一年的监狱警察“规范执法行为 提高执法水平”专题教育实践活动拉开帷幕。随即召开警察“岗位大练兵 干部大轮训 技能大比武”活动,采用“集中培训、在岗学习、分类练兵、技能比武”四种形式,开展政治理论培训、法律法规培训、监狱工作有关规定培训、舆论宣传培训、信息化实战应用训练、突发事件防范和应急处置训练、岗位技能培训、警容风纪和警体技能训练八个方面的培训练兵和比武活动。

图6—13　开展警察技能大比武

2015年,开展“牢树法纪观念、切实转变作风”和“查两违、抓两严”专项教育整治活动。

(三)政策法律教育

1988年,监狱把党的基本路线教育作为政治教育重点,分“关于国情”“关于生产力标准”“关于增强改革意识”“关于自力更生艰苦创业”和“关于唯物辩证法”五个专题,在党员、干部中开展系统教育学习及生产力标准讨论活动。1989年,开展系列学习活动:学习人民日报社论和中国共产党十三届四中全会精神,学习熊清泉在全省地州市委书记会议上的讲话和中共常德市委《关于组织市县机关党员干部深入学习中共十三届四中全会文件的通知》文件,学习陈彰嘉在全市内部清理工作会议上的讲话。1990年8月至1991年第一季度，学习社会主义若干问题，并开展讨论。1995年，在“治理隐患、保障安全”第五次安全生产周活动中，积极贯彻《劳动法》等法律法规，坚持预防为主，强化隐患治理，提高全民安全意识。1997年，学习中国共产党十五次全国代表大会精神和江泽民总书记《高举邓小平理论伟大旗帜，把建设有中国特色社会主义事业全面推向二十一世纪》报告。1998年，深入开展“落实责任 保障安全”全国第八次安全生产周活动，利用黑板报、墙报、专刊广泛宣传，组织干部重温总书记江泽民《责任重于泰山》和副总理吴邦国《加强领导、落实措施，努力开创安全生产工作新局面》，牢固树立安全第一的思想。11月，在全党深入学习邓小平理论，克服“四种现象”。即克服轻视理论、淡化理论、学风不浓、玩风趋盛的现象；克服以工代学，以干代学、事务主义、经验主义的现象；克服心浮气躁、急功近利、缺乏毅力，没有恒心的现象；克服被动适应、消极应付、不推不动、推而不动的现象，掀起学习邓小平理论的新高潮。2000年，开展执法大检查活动，重点检查监管改造单位和改造业务管理部门对《监狱法》有关条款的执行情况。2001年10月，聘请市委讲师团教授为监狱党员、干警进行专题江泽民“七一”讲话学习辅导课，并开展讨论。11月，以每周二晚播放专题片的形式，组织收看专题片，撰写思想汇报，并开展“三个代表”知识测试。2003年，迅速兴起学习贯彻“三个代表”重要思想新高潮。在党员干部中开展“艰苦奋斗、廉洁从政”主题教育互动和“狠刹用公款大吃大喝的专项治理”活动，观看中纪委《为民书记郑培民》《慕绥新腐败案》《马向东腐败案》《扭曲的人生——李真贪污案剖析》四个正反典型电教片，同时进行“三个代表”知识测验，优秀率95%。2004年，深入贯彻落实中国共产党十六大和十六届三中全会精神，在处级领导干部中组织开展“立党为公、执政为民”专题学习教育活动。2008年，进行中国共产党十七大精神和胡锦涛总书记重要讲话大学习、大讨论活动。2012至2015年，开始学习习近平总书记系列重要讲话精神。

1988年至1990年，进行“一五”普法教育，培训开班6期，培训骨干72人，普法率达87%；1991年至1995年，开展“二五”普法，重点学习《宪法讲座》《社会主义法制建设若干问题讲话》等书，培训骨干75人，组织82名干部参加普法抽查考试，及格率达91%。1996年至2010年，进行“三五”“四五”“五五”普法教育，警察参加普法考试及格率均达100%。

四、纪检监察

1980年11月，按照中共常德地委组织部通知，湖南柴油机厂成立第一届党的纪律检查委员会。

1984年12月14日，湖南柴油机厂召开第二次党员代表大会，选举产生第二届纪律检查委员会。

1987年，成立党风违纪案件审理小组，负责党内违纪案件的审理工作。1989年8月，经党委研究决定，成立湖南柴油机厂行政监察室，与纪检委员会合署办公。

1990年2月16日，湖南柴油机厂第三次党员代表大会选举产生第三届纪委班子。

1992年9月25日，召开第四次党员代表大会，选举产生第四届纪委班子。

1996年7月24日，在监狱第五次党员代表大会上选举产生第五届纪委会。

2003年10月29日至30日，召开中共湖南省德山监狱第六次代表大会，会议选举产生德山监狱第六届纪委班子。

2011年12月12日，召开中共湖南省德山监狱第七次代表大会，会议选举产生德山监狱第七届纪律检查委员会。

1988年，在各基层党支部中设立纪检委员或明确兼管纪检工作的支委，建立纪委、纪检专干、支部纪检委员岗位（工作）责任制，建立起监狱最早的纪检工作网络。1997年，要求各支部必须设立纪检委员。2003年3月，狱纪委明确要求各支部的纪检委员由支部副书记担任，纪检工作网络得到进一步健全。纪检专干、支部纪检委员在协助纪委抓反腐倡廉、执法执纪和查办案件中，发挥积极的骨干作用。

第三节　党建工作

一、组织建设

1988年，湖南柴油机厂实行厂长负责制。1989年、1990年，实行支队长负责制，均设置专职党委书记，时任党委书记：贺长生，党委副书记：陈雪冬。1991年，湖南柴油机厂实行党委领导下的政委、支队长分工负责制，时任党委书记：贺长生，政委：罗茂智，支队长：聂景福。1990年2月16日至17日，湖南柴油机厂召开第三次党员代表大会。104名代表参会，选举产生第三届党委和纪委。6名党委委员平均年龄49岁，大专以上文化有4人。湖南柴油机厂第四次党代会于1992年9月25日至26日召开。102名代表参会，选举产生第四届党委和纪委。8名党委委员平均年龄46.5岁，大专以上文化有5人。1996年7月24日至26日，监狱召开第五次党员代表大会。112名代表参会，选举产生第五届党委和纪委。9名党委委员平均年龄45.7岁，其中40岁以下3人，大专以上文化有5人。2003年9月29日至30日，监狱召开第六次党员代表大会。108名代表参会，选举产生第六届党委和纪委。9名党委委员平均年龄42岁，其中40岁以下3人，大专以上文化有9

人。2011 年 12 月 22 日，监狱隆重召开第七次党代会，选举产生以李守进为书记的新一届党委和以张志杰为书记的新一届纪委，有党委委员 9 名。

1988—2015 年湖南德山监狱党支部、党员、新发展党员统计表

表 6-1 单位：个

年度	支部数	党员数	新发展党员数	年度	支部数	党员数	新发展党员数
1988	27	313	5	2002	16	399	10
1989	28	323	7	2003	17	416	8
1990	28	335	7	2004	22	427	10
1991	25	338	6	2005	24	434	6
1992	27	346	13	2006	20	445	9
1993	30	360	11	2007	20	458	6
1994	30	369	6	2008	20	471	11
1995	31	382	14	2009	20	484	7
1996	35	387	7	2010	20	488	8
1997	37	388	11	2011	24	489	10
1998	22	357	8	2012	25	496	10
1999	21	388	9	2013	26	508	7
2000	22	382	13	2014	26	520	11
2001	17	389	11	2015	40	525	9

二、思想建设 作风建设

1988 年，湖南柴油机厂全体党员发扬救灾济贫的共产主义风格，共有 265 名党员一次性为遭受严重水灾的常德灾民捐款 2348 元、粮食 622 公斤。

1990 年以来，纪委在党员、干警队伍中广泛开展以纠正行业不正之风，加强自我教育为主的“纠风”行动，从抓“敏感”问题入手，对红包、礼金、回扣、住房、车子、公款吃喝等群众敏感的问题进行监督，先后下发《关于严禁赌博的暂行规定》《关于加强元旦、春节期间党风廉政建设的通知》《关于禁止收受红包礼金的规定》《警车管理使用办法》《业务招待费管理使用规定》《严禁领导干部擅自驾驶公车的规定》等规章制度，促进监狱各项工作质量的提高和工作作风的根本好转。2006年，监狱在全省监狱系统内率先实行狱内电子化无纸办公，所有文件和通知均在监狱局域网上发布，有效地解决文山会海的问题，大大提高工作效率，降低办公成本。

监狱党委不断加强队伍思想建设和作风建设，1989年开展多渠道、多层次的全员教育，特别是加强干部职工的法制教育，成效明显，是年被评为司法行政系统法学教育先进单位。1990年，牢固树立“稳定是压倒一切”的指导思想，认真开展“学雷锋、学焦裕禄”活动，因地制宜开展学习活动，确保活动扎扎实实、深入持久的开展。按照《关于组织党政机关干部下基层的通知》要求，抽调部分机关干部下基层，深入实际，做好调查研究，克服“三难、一低”，办事拖拉互相推诿的不良作风，切实为基层排忧解难。1992年7月16日，开展干警“四知道”比武，切实加强干警业务技能教育。1996年，切实开展“领导班子创先进、领导干部做表率、工厂党员当模范”为主题的党建“先锋工程”。7月，在省遭遇百年不遇的特大洪水袭击时，监狱党委组织干警职工以实际行动投身抗灾自救大行动，要求全体干警职工随时待命、服从调遣，在沅水、洞庭湖流域做到哪里有险情需要救助哪里就有德山监狱派出的大小车辆和人员，7月底，监狱干警职工在经济困难、工资没有到位的情况下仍然人人踊跃捐款捐物，共计捐款54080元。是年，监狱生卫科被评为“全省司法行政系统抗洪抢险先进集体”。9月，监狱党委组织干警开展“宗旨传统教育、党纪法规教育、廉政勤政教育和警容风纪教育”为主要内容的专项教育活动，促进干警队伍建设进一步加强，形成“讲学习、讲政治、讲正气”的良好氛围。1996年，监狱纪检监察部门强力推进党风廉政建设，加大案件查处力度，是年立案2起，查处遗留案件2起，年底全部结案，党纪处分3人，政纪处分5人，挽回直接经济损失近2万元。1996年至2003年，第四届监狱党委班子带领全狱广大民警职工认真学习邓小平理论，坚决贯彻执行党的路线方针政策，深入实践“三个代表”重要精神，积极应对各种挑战和压力，锐意改革、创新进取，监狱各项工作实现历史性跨越，队伍思想建设和作风建设进一步得到加强。1998年4月，监狱举办连续三期为期九天的中层实职领导集中教育整顿学习班，监狱党委向全体中层干部下达行为规范“十不准”，机关科室的“四条禁令”，通过集中整顿，监狱中层领导干部思想意识和工作作风进一步好转。2000年4月14日至5月29日，监狱开展领导班子和领导干部“三讲”专题教育工作。2002年9月，监狱圆满完成三年基本素质教育工作，以“七个有”的扎实工作成效被评为全省“素质教育工作先进单位”。2003年至2011年，监狱党委进一步加强党的思想、组织、作风和廉政建设，各级党组织成为坚强领导核心，紧紧围绕“四个创建”工作目标，各项工作取得新的成效。2003年4月至6月，监狱严格落实“五个暂停”“14天隔离”“封闭轮岗”等硬性措施，众志成城，万众一心，取得抗击“非典”的全面胜利。2004 年 8 月至 11 月，监狱在全体警察中开展“文明执法树形象”教育活动，通过召开文明执法现场会、演讲比赛、警示教育的多种形式，促进警察文明执法意识进一步提高。2005 年 2 月 4 日，监狱召开“保持共产党员先进性”教育活动动员大会，11 月底圆满完成各阶段工作任务，进一步增强党员理论素养和党性观念。2005 年 5 月至 11 月，监狱开展“规范执法行为、促进执法公正”专项整顿活动，通过省局执法质量考评小组的考核验收，获得优秀等次。2006 年 4 月，监狱开展警察岗位练兵活动，狠抓落实、严格督导，在全狱营造出“积极参加岗位练兵，努力提高素质，全面促进工作”的良好氛围。2007 年，开展“德山监狱大动员，化解矛盾促和谐”安全维稳工作，围绕监管安全、生产安全以及队伍稳定深入开展排查，及时解决影响安全稳定的隐患和矛盾纠纷，维护安定团结、和谐发展的良好局面。2008 年面对特大冰冻灾害，监狱党委及时启动紧急预案，严格落实省委省政府、省厅局的指示要求，带领警察职工保电保水保安全，尽全力支援兄弟单位，加班加点装配发电机组，克服重重困难送货上门，安装调试，最终取得抗冰救灾工作的全面胜利。2008 年 5 月汶川地震发生后，监狱党委组织动员警察职工和离退休老同志为灾区捐款 21.597 万元，282 名中共党员缴纳特殊党费 6.4286 万元。2010 年，监狱进一步强化执法监督与公开，自行开发“湖南监狱执法公开查询系统”软件顺利通过应用评审，在全省各监狱推广使用。2010 年 5 月起，扎实抓好“党员公开承诺、群众评议、领导点评”工作，按照“五好五带头”标准，深入开展创先争优活动，创先争优活动以“讲党性、重品行、作表率”活动、学习型党组织建设、文明机关创建、绩效评估和“执法大培训、岗位大练兵、技能大比武”工作为载体，采取评选先进支部、党员先锋岗、党员示范窗口、岗位练兵能手等形式，充分发挥党员先锋模范作用，切实改进作风，提高效能。

监狱党委不断加强自身建设，以切实改善民生为己任，积极落实为民办实事、解难事，不断提高警察职工的福利待遇水平。1996 年至 2003 年，新修 3 栋职工宿舍，翻修职工医院，整修幼儿园、学校、老干活动中心，新建警察监内值班室，购置新交通车，水网、电网改造全面完成，分期分批补发拖欠职工的工资等费用 270 万元，组织“送温暖”工程发放解困资金 68.9 万元。2003 年至 2010 年，在职警察住房公积金比例提高到 12%，在职职工住房公积金比例提高到 8%，兑现职工住房补贴 1400 万元。2012—2015 年在岗职工工资增加 55% 以上。解决警察职工及子女上班、上

图 6—14　美丽和谐的生活区

学交通车问题，实行当班警察免费就餐和警察职工工作餐补贴，定期组织体检，加强女职工“两癌”普查与保险，开展重大节日及生日慰问活动。投入40万元对“职工之家”进行改扩建，进一步丰富职工精神文化生活。切实扶贫帮困，8年间发放困难补助45万元。尤其是2011年至2015年，新一届党委高度重视民生工程，坚持从优待警聚民心，以创建为抓手，积极创造条件，通过发展经济、争取政策，努力落实各项从优待警措施。先后投入千万余元落实十几件实事，着力解决警察职工住房、用餐、职工调资、小区环境建设等问题。

三、创先争优活动

1986年至1990年，党员素质不断提高，共有76名中共党员被评为“优秀党员”。1989年，被评为省司法行政系统法学教育先进单位，被评为湖南省劳改系统物质、精神双文明单位。

1996年至2003年，监狱荣立集体二等功两次，2002年被司法部评为“素质教育先进集体”。先后被湖南省监狱管理局评为年度管教工作先进单位、政治工作先进单位、安全生产先进单位，被湖南省司法厅、湖南省监狱管理局、常德市人民政府等授予各类集体荣誉36项，狱属各单位先后获得各级各类表彰209次。警察职工中有4人次荣立二等功，48人次荣立三等功。1992年和1998年，王长春、葛益涔先后被司法部授予全国“优秀个别教育能手”称号，并获立二等功。2001年周泽龙被评为全省监狱劳教系统廉政建设先进个人，2002年彭立春被评为全省监狱系统“十佳警官”，有253人次受到省厅局和地方各级表彰，有960人受到监狱嘉奖。4个党支部被省局和常德市评为先进基层党组织，有27个党支部被监狱评为先进党支部，239人次被评为优秀共产党员和优秀党务工作者。

2003年至2010年，监狱先后被湖南省司法厅、湖南省监狱管理局评为“监狱工作优胜单位”“监管改造工作先进单位”“双文明建设先进单位”并被授予集体二等功，先后有341人次受到上级表彰。2011年至2015年，监狱先后被全国总工会、湖南省司法厅、省直机关工委湖南省监狱管理局评为“全国模范职工之家”、“全省司法行政系统执法工作先进单位”、“司法厅文明单位”、“全省监狱系统先进集体”等，先后有187人次受到上级表彰。

四、群团组织

监狱工会原名湖南柴油机厂工会，于1991年5月28日在湖南柴油机厂第一届一次职工会员代表大会上宣布成立，隶属于常德市总工会管理。湖南柴油机厂宣布破产，2002

年7月破产清算终结，厂工会分别向常德市总工会和省监狱局系统工会作关于工会组织情况的专题汇报，8月5日，湖南柴油机厂工会更名为湖南省德山监狱工会，隶属于省监狱局系统工会管理。20多年来，工会充分发挥桥梁和纽带作用，着力抓好职工的民主管理，履行监督职能，维护职工合法权益，关心群众疾苦，组织开展文化娱乐活动，多次被评为市、区的先进单位和模范职工之家。

图6—15　警察夫妻瑜伽央视出彩

女工委员会成立于1991年5月，在第一届一次职工代表大会上，选举产生13名委员组成的工会女职工委员会。1998年4月28日，第二届会员代表大会选举产生5名同志组成的女职工委员会。2002年5月，针对女工委员缺额较多情况，组织工会委员和女工委员进行替补选举。

1975年7月，成立共青团湖南柴油机厂总支委员会，有团员39人，由厂党委及常德团地委负责领导。1979年，团员增加到200人，报请共青团常德地委同意，成立共青团湖南柴油机厂委员会，并于1979年4月26日至4月27日召开第一次团代会，设有团委委员9名。1988年常德地区改市后，厂团委由常德团市委负责领导。2001年8月湖南柴油机厂破产，2001年9月狱团委报请常德团市委批准，原共青团湖南柴油机厂委员会更名为共青团湖南省德山监狱委员会。2010年年底，全狱有团员86名，设有团的基层委员会，委员共5名，团委下设9个支部。

五、廉政建设

1988—1989年，监狱纪委全力配合党委开展党性党风党纪教育，组织党员深入学习中共十三大和中共十三届三中全会精神，并结合纪检工作特点，对建厂以来受到党纪处分的案件材料进行全面收集、整理，着重抓好典型案例教育和“党风正、改革好”的典型教育。1988年，纪委对16个单位滥用罪犯违纪违规罚没款的问题进行集中清理和纠正。

1990年，针对党员、干部在执法领域和经营生产中出现的倾向性问题，制定《关于党员、干警保持廉洁必须遵循的若干规定》。5—6月，开展“纪律法规教育月”活动，对全体党员、干警进行一次系统的党风党纪教育；11月至春节期间，在干警队伍中开展以纠正行业不正之风，加强廉政建设为重点的“冬季整训”活动以及党风党纪检查，全面清理党员、干部利用职权低价购买高档消费品的情况，并对住房分配、集体工改合同制等群众反映强烈的问题落实公开制度。纪委监察室按省局要求建立副处级以上党员领导干部“廉政档案”，对领导干部参加双重组织生活会、拒礼拒贿等情况作出详细记载。

1991年，监狱开展“普及党的纪律和劳改工作纪律教育月”和“党风党纪知识竞赛”活动，有308名党员参加考试，参考率为92.2%，选派的三名党员在省局举办的“党风党纪知识竞赛”中获得集体一等奖。在7月湖南省劳改局纪委对副处级以上领导干部组织的党纪条规测试中，德山监狱参考率达100%，人均得分98.3分，名列全省第一。

1992年9月湖南柴油机厂第四次党员代表大会上，审议通过《关于加强社会主义精神文明建设若干问题的决议》和《关于加强厂级领导班子成员党风和廉政建设的若干规定》，通过规章制度的建立和完善，使纪委的监督更加规范化。

1993年，监狱开展评选廉政“十佳”活动，大力宣传工作中涌现出的廉洁自律的先进典型。7月，在党员中开展为期1个月的“党章教育月”活动，系统学习中共十四大修改通过的《中国共产党章程》。同时，针对少数职工和单位盗窃或拿用厂里的零配件擅自组装、翻新柴油机出售的情况，开展全厂性的“经济秩序整顿活动”，共追回经济损失8660元。10月，按有关规定督促和办理领导干部的经济清退工作，9名在职厂级领导共清退1992年7月以来在各种公务庆典活动和下属单位送的礼金和物资折款2272元，补交公务活动中陪餐的基本伙食费286元。

1994年，在现任实职的正副科级干部中开展学习新、老“五条”的廉洁自律活动，102名科级干部参加专题学习和自查自纠，明确廉洁自律的具体要求。

1995年，以学习贯彻中共中央作出的两个“五条规定”、中纪委的四条补充规定、国有企业领导干部廉洁自律“四项要求”为重点，继续抓好领导干部的廉政自律工作，并协助党委和基层党支部开展好以廉洁自律为主题的民主生活会。

1996年，分别组织监狱处级领导干部进行“廉政建设政策纪律知识”测试，对现职科级以上党员领导干部进行党纪条规知识竞赛，对新录用、新调入和受到纪律处分的干警进行执法执纪教育考试，参考率和及格率均达100%。1996年10月，根据常德市委指示，纪检监察部门用一个月的时间对监狱在职领导干部的住房进行清理，没有发现违纪现象。

1997年，中共中央相继颁发《中国共产党纪律处分条例(试行)》等七部纪检监察法规，监狱在经费紧张的情况下，为干警购买500本学习资料，并于年度组织进行纪检监察法规考试，实际参考人数526人，参考率为94.9%，优秀率为84%。1997年一季度，纪委协助党委及时召开以清退红包、礼金为主要内容的民主生活会。通过自查，共清退红包礼金12500元。加强对各种公务活动的管控，做到厉行节约，制止奢侈浪费。全年招待费与上年同期相比节省10万余元，公款大吃大喝、小车私用现象也得到一定的遏制。1997年监狱开始实行基层单位分灶吃饭、独立核算的经济承包体制，为加强对监狱财经纪律的监督，防止出现违纪现象，纪检监察室会同有关部门制定《监狱工作人员违反财经纪律处罚的暂行规定》，对防止截留生产经费收入、侵占变卖国有资产，收受回扣、贪污等违纪问题的发生，严肃财经纪律起到积极的作用。

1998—2002年，监狱开展“效能监察效益年”活动，对群众反映强烈的私设“小金库”、营销人员挪用回收货款及部分职工拖欠公款长期不还的问题进行认真的清理、收缴和催交，共清理出“小金库”违纪金额19.23万元，清理、追缴收回货款、物资折款共计118.90万元，清理出职工拖欠的公款17.22万元，收回12.52万元，为维护监狱财经纪律，服务经济建设起到保驾护航的作用。1998年6月，纪委对全狱的通信工具进行清理，对用公款购置的10部移动电话和64部BP机一次性作价处理到个人，并将所收处理款2万余元上缴监狱财务科。

2000年，根据中共中央反腐败总体要求，监狱领导班子和领导干部开展“三讲”教育活动。纪委以此为契机，狠抓党风廉政教育，坚定广大党员、干警对党和政府的信任，坚定反腐败的信心和决心。

2001年7月，为加快企业改革步伐，湖南柴油机厂开始实施企业破产改制工作。为防止企业破产期间出现资产流失问题，纪检监察部门制定下发《关于企业改制期间的纪律规定》等廉政制度，配合破产清算组做好资产清收工作，通过与财务、审计、破产清算组等部门的协同作战，共收回现金8.3万元，收回物资折款150余万元。开展评选“廉内助”活动，把对领导干部的教育延伸到家庭，有2名领导干部的家属被湖南省监狱管理局评为“廉内助”。

从2002年开始，监狱建立中层领导班子廉政责任制，纪委坚持每年年初组织各单位向党委签订《党风廉政建设责任状》，年中和年底对中层领导干部进行全面的廉政考察，督促各单位班子成员落实分管范围内的党风廉政建设工作，促进党风廉政责任制的有效落实。2002年，建立领导干部廉政档案227卷。

2002年年底，监狱被纳入全省监狱布局调整总体规划，进入全省第一批改扩建工程之列。2003年4月，监狱改扩建工程全面铺开，为实施有效监督，确保改扩建期间的党风廉政建设工作，2003年5月，监狱制定下发《关于加强改扩建工程党风廉政建设的通知》，明确提出参与规划工作的人员在改扩建过程中不准接受施工方的请吃请喝和红包礼金，施工方在进场前必须学习党风廉政建设有关规定，并与监狱签订《廉政协议》，交纳“廉政保证金”。纪检监察部门加强对改扩建工程建设项目的规范管理，实施“项目流程跟踪监督管理”，从设计、招标到施工进行全过程、全方位监督，并把查处工程建设和物资采购中的违法违纪行为作为案件查办工作的重点对象，确保监狱改扩建工程的高效、廉洁、有序实施。2003—2007年实施监狱布局调整期间，纪检和审计部门严格执行招投标和价格预审制度，共核减工程预算 539.77 万元。

2004 年，监狱启动中层领导“述职述廉”机制和执法岗位新民警上岗承诺制，重点加强对各级领导班子和重点执法岗位的监督，深化从源头上治理和防止腐败的工作力度。对 227 名副科以上职级干部的廉政档案实施微机管理，对 98 名中层实职领导完成文字档案管理，为干部的选拔任用提供重要依据。

2005 年 5 月，将治理“红色名片”（请柬），狠刹人情歪风作为一项专项整治活动来抓，组织全狱警察职工签订《治理红色名片（请柬）狠刹人情歪风承诺书》，要求破除陈规陋习，提倡婚事新办，丧事简办，喜事内办，特殊情况下经过批准的宴请也必须勤俭操办，在全狱警察职工中产生较好地反响。

2006 年，制定《湖南省德山监狱关于建立健全惩治和预防腐败体系实施意见》，将党风廉政建设和反腐败的各项主要工作任务分解到相应的责任部门和责任人，并纳入年度工作综合目标进行量化考核。9 月中旬，在全体警察中开展“牢记前车之鉴，永葆警徽尊严”警示教育，在职的 429 名警察 6 期观看警示教育片《警钟》和警示教育图片展，用触目惊心的案例和血的教训警醒广大警察。2006 年全狱警察队伍始终保持稳定，实现“零违纪”，被省监狱管理局授予“零违纪单位”。

2007 年，监狱纪委以学习贯彻中纪委《关于严格禁止领导干部利用职务上的便利谋取不正当利益的若干规定》为重点，组织全狱党员、干警开展“治理商业贿赂”专项活动和“强素质、抗腐蚀、讲奉献”主题教育活动，同时监狱连续十年实现监管安全“四无”之际，开展“强化工作纪律，反骄破满”的专题教育，表彰一大批公正文明和廉洁执法的先进典型。同年 11 月，在狱内开展评选“廉内助”活动，大力营造促廉助廉、勤政廉政之风，为党员领导干部构筑一道反腐倡廉的家庭防线。

2008 年，监狱推行《党风廉政建设责任制考核奖惩办法》，将党风廉政建设纳入年度工作综合目标进行量化考核，按照“一把手负总责，分管领导具体负责，其他领导各负其责”的原则，由狱纪委定期对党风廉政建设责任制的执行情况进行督促检查，坚持目标考核，严格责任追究，狠抓责任落实。2008 年，全狱警察违纪率为“零”。

2009 年，按照集体领导、民主集中、个人酝酿、会议决定的原则，以规范权力运行为重点，制定并下发《湖南省德山监狱“三重一大”事项集体决策及监督实施办法》，进一步完善党委议事和决策机制，形成一套操作性较强的监督制度体系。6 月中旬，纪委启动“六个严禁”和“小金库”专项治理活动，按照“边查边纠、查纠并举、以纠促建”的要求，针对容易发生违纪违规问题的重点部门和重点领域开展突击检查，杜绝管理不规范的现象。组织全狱警察签订《自觉遵守“六个严禁”》承诺书，促使警察认真履行工作职责，加强自我约束。

2010年，先后组织开展“加强党性修养，弘扬优良作风”主题教育活动、“加强执法执纪教育，确保监狱安全稳定”专项整治活动、“抓重点、强职能、保稳定、促和谐”作风建设主题活动、“六个严禁”专项治理活动和“以案析理，规范执法”专题教育活动，组织中层副职以上领导干部认真学习领会贯彻好《中国共产党党员领导干部廉洁从政若干准则》，并结合“执法大培训、岗位大练兵、技能大比武”活动，组织全狱警察分期分批参加廉洁从政培训。

2010年以来，监狱深入贯彻落实“建立健全惩治和预防腐败体系”的规定和要求，把党风廉政建设列入党委重要议事日程，成立由党委书记（监狱长）任组长，党委副书记（政委）、纪委书记任副组长，其他党委成员为组员的党风廉政建设领导小组，每年年初均明确《监狱党风廉政和惩防体系建设任务的分工意见》和《监狱领导班子成员党风廉政建设责任目标分解方案》，形成“一把手”负总责、分管领导具体抓、纪检监察组织协调、职能部门各负其责、全员共同参与的党风廉政建设工作格局。

2013年9月，全面启动“岗位廉政风险防控”机制建设工作，将所有职权绘制成《廉政风险流程图》，组织警察认真分析和全面查找各自岗位上可能引发不廉洁行为甚至违法违纪问题的廉政风险点。全狱42个单位共查找出各类风险点4623条，其中A级风险911条、B级风险1869条，C级风险1843条，制定各类防控措施4376条。

2014年5月，启动预警防范机制，推行“执法状况月排查制”和“廉政风险月评估制”。

2015年，监狱制定下发《关于落实党委党风廉政建设主体责任的实施意见》和《关于落实纪委党风廉政建设监督责任的实施意见》，以制度的形式进一步明确党委领导班子的集体责任、党委书记的第一位责任、班子其他成员的主体责任和纪委的监督责任，使“两个责任”更加明晰化、更具可操作性。开始试行党支部书记、纪检委员、分管领导向纪委述责述廉制度，增强各级抓党风廉政建设工作的责任意识和紧迫感，确保“两个责任”的全面落实。

1988—2015年，监狱党员、干警共有421人次拒礼拒贿达34万元，对47名警察职工因婚丧嫁娶事宜需要举办酒席的情况进行登记备案和跟踪督查。

六、执法监督

纪检监察部门坚持每年对罪犯监管改造中的执法情况开展经常性的监督与定期检查，积极参与到全狱监管改造工作各个方面的重要会议和重大活动，广泛接触干警与罪犯，解各时期执法方面的情况与动态。押犯单位的支部纪检委员，直接参与对罪犯的考核奖惩、加减刑、假释、保外就医审议活动，进行实时监控。

1993年6月，由纪委监察部门和相关业务科室组成四个执法检查小组，对部分押犯单位向罪犯非法集资开办第三产业提供有偿服务和乱收费、乱罚款的现象进行集中清理和整治，基本刹住这股有偿服务的歪风，共清理和审计罪犯违纪违章罚款2878元、罪犯捐款13245元，收到纠风治乱的明显成效。

1994年10月，纪委监察室就干警、职工私自为罪犯保存钱物、体罚虐待罪犯等问题开展“四清两刹”专项清理和教育整顿，党员干部受教育面达95%。年内，对一名有严重违规行为的罪犯被减刑后在监内造成不良影响的情况，建议有关领导和狱政部门核实后提请法院撤销其减刑裁定书，对不公正执法行为予以纠正。

1994年12月29日，《中华人民共和国监狱法》正式出台。1995年，监狱围绕学习贯彻《监狱法》在全狱开展普及教育，以落实“九个不得”为重点发挥法律监督的强制力。深入开展执法纠风工作，坚决纠正执法领域内的“三风”，即乱收费、收受罪犯、罪犯家属钱物、体罚虐待罪犯现象，推行狱务公开，公开办事规则和罪犯奖惩情况，完善群众监督，使每个执法环节和每个干警的执法行为时刻处在监督制约之中。

1996年，按照省司法厅要求，对在罪犯减刑、假释、保外、请假、超范围收押没收、罚款等方面是否收费的问题进行清查。清查总体情况良好，在超范围收押的问题上，监狱边查边改，党委会立即作出停止收费的决定。对36人的收费2万余元和67名罪犯的罚款、没收和赔偿款14000余元及时入财务账。

2001年，监狱开展为期半年的执法执纪专项教育整顿活动，对个别干警管理方法粗暴、体罚罪犯的行为进行调查、整顿；对原宝石大队收取罪犯劳动补偿费的问题进行纠正，将所收取的15000余元全部返还给罪犯。11月，开展执法执纪专项教育整顿“回头看”活动，对执法过程中存在的突出问题进行有效整改。

2002年8月，对监狱执法领域中的31个收费项目进行重点清理检查，按省局要求规范执法收费管理，不能收费的一律停止收费。

2003年，针对警察工作松懈、责任心不强、执法意识淡薄等问题，在全狱开展“明职责、强责任，树立监狱人民警察良好形象”专题教育活动和“公正文明执法集中教育”活动，警察执法水平和公正文明廉洁执法意识明显增强。

2005年，根据司法部的统一部署，监狱用三年的时间开展“规范执法行为，促进执法公正”专项整改活动，对超时劳动、私自为罪犯保管现金、传递违禁物品、打骂体罚罪犯、酒后进监、对罪犯生产现场管理不到位等问题进行严肃整改，有效规范警察的执法行为，确保监管安全。监狱根据不同阶段党员、警察反映出来的思想状况，有针对性地开展“干警专项教育整顿活动”“党风廉政建设教育”“执法执纪再教育”“为警清廉教育”“公正文明执法回头看教育”“文明执法树形象”等一系列教育活动，以及“严禁警察职工私自为罪犯提供、捎带、传递违禁物品”专项整改活动。要求全狱党员干警对照廉洁从政和廉洁执法的有关规定进行自我检查，对问题提出整改措施，并组织全狱警察、职工及外来务工人员签订《不私自为在押罪犯提供、捎带、传递违禁物品承诺书》。

2006年，为切实落实省监狱管理局150号和163号文件精神，严格贯彻执行《局长令》和司法部《六条禁令》，监狱专门下发实施意见，组织全狱警察深入学习《监狱执法与监督工作手册》，印制《局长令》和《六条禁令》小卡片，要求警察职工随身佩带谨记遵守。纪检部门在日常和专项执法检查的基础上，进一步拓宽监督渠道，规范对职务犯会见程序管理，加强对服刑人员存款的管理，向刑释人员发放“德山监狱执法执纪联络卡”，在纪检监察室电脑上安装电子监控终端，及时解和掌握重点场所的改造秩序和警察执法情况。

2008年3月至5月，在省监狱管理局的统一部署下，纪检部门组织开展以“增强警察身份意识，规范监狱执法行为”为主题的专项教育整改活动，活动以“五查五看五纠正”为整改重点，共整理归纳出当前监狱执法领域中存在的三个方面10种不良行为表现，从加强教育、健全制度、严格考核、强化监督等方面入手，制定切实有效的整改措施，使监狱广大警察受到一次深刻的执法执纪教育。4月下旬，组织警察签订《牢记身份意识，确保规范执法承诺书》达440份。

2010年8月，监狱加强对违禁物品的管控力度，先后出台《监狱长1号令》《2号令》《关于严肃查处警察职工为罪犯传递、保管违禁物品行为的通知》，同时正式启用AB门和监门哨，重拳出击查获、收缴违禁物品。

2011年7月，监狱与常德市白洋堤地区人民检察院联合开展“预防职务犯罪”专项行动，狱检双方联合下发《关于加强预防职务犯罪工作的实施意见》，在警察队伍中开展“规范执法行为，预防职务犯罪”主题教育活动。

2013年5月，监狱以“两规范、两提高”（规范办事流程、规范工作秩序、提高工作质量、提高管理水平）为主要目标，制定《德山监狱项目运行监察暂行办法》，通过立项—督查—质询—评估—整改等环节，深入开展“项目运行监察”，对管理过程中存在的突出问题进行重点解决

2010年以来，纪委监察室对“三重一大”集体决策制度的执行情况进行严格监督，先后对净菜中心资产购置、鞋面电子物流中心建设工程、劳务习艺楼消防两自动工程、科级干部选拔等128项“三重一大”事项按程序进行立项、监督和追踪；对6173名罪犯的减、假、保及病残犯的监督评审工作进行监督，对842名罪犯落实出监谈话教育，对罪犯超标准消费、罪犯违规考核、教育小报奖分、严管禁闭、事务犯选用、违禁物品管控等12个事项开展专项监察，重点检查有无徇私舞弊、弄虚作假和暗箱操作的问题；强化对干部管理任用方面的监督，对102名中层领导竞争上岗和58名非领导职务晋升工作进行全程监督，

对233名提拔、交流的人员进行任前谈话，开展廉政提醒谈话434人次，中层领导述职述廉734人次，确保选人用人上的公开、公平、公正；强化经济工作监督，将经营结构调整、劳务项目引进、产品价格变更、大宗物资采购、招投标事项、国有资产处置、大额度资金预算等重大事项全部纳入监察范畴，建立完善纪检、审计、财务“三位一体”的经济工作评审和监督机制，进行工作流程再造，将重大经营活动置于有效监督之下。对囚食供应、办公生活区绿化、罪犯习艺楼、罪犯储物柜等招投标活动进行全程监督，做到及早预警，防患未然；纪检监察部门提出“管采分离”的监察建议，并在各类经济合同中添加防止商业贿赂行为的附加条款，组织合作方签订《廉政承诺书》。

七、内部审计

1989年11月，湖南省第四劳改支队党委根据湖南省劳改局《关于组建内部审计机构和配备内审人员的通知》精神，决定筹建审计科。随着监狱对审计工作的重视，审计科由1人逐步增加到目前的4人。内部审计主要开展以下几方面的工作。

1.整章建制。通过认真学习《审计法》《政府采购法》《监狱财务制度》等法律、法规，审计科相继制定《德山监狱审计工作岗位职责》《内审工作程序》《德山监狱招投标管理暂行办法》等工作制度，使内审工作开展起来有据可依、有章可循。

2.强化监督。监督职能是审计工作的主要职能，审计科从成立之日起就承担着维护监狱财经纪律，服务监狱中心工作，为监狱经济快速、健康发展保驾护航的责任。历年来，根据有据可查的记录显示，审计科共开展各类审计项目654个，主要包括对监狱二级核算单位的财务收支审计、对分厂（科部室）负责人的经济责（离）任审计、狱内自建工程的竣工决算审计、工程预算审核以及其他专项资金的审计。

3.提升素养。审计工作的性质和特点决定审计人员必须具有较高的政策水平、良好的职业道德、全面的业务知识和技能。为适应工作的需要，审计科在加强政治理论学习的同时，还加强业务能力的培养和职业道德教育，鼓励审计人员积极参加职业后续教育、学历教育、审计（会计）职称资格考试，目前审计科4人中会计师职称2人，助理会计师职称2人。

八、案件查处

监狱党委十分重视案件查处工作，始终把查处党员干部违纪行为、纠正党内不正之风，作为从严治党、严肃党纪、惩治腐败的中心环节，案件查办工作一直保持着较强的势头。1988—2010 年，全狱共查处各类违纪案件 96 起，涉及警察职工 127 人，其中给予党纪处分 14 人，政纪处分 106 人(其中，双重处分 8 人)、其他处理 10 人。监狱坚持把纪律和规矩挺在前面，以问题为导向，强化纪律审查力度，充分发挥信访举报在查办违纪违法案件中的线索主渠道作用，通过在门户网站和相关平台公布举报电话、举报信箱，在生产区、生活区、罪犯监院设置举报信箱，畅通监督举报渠道。2010—2015 年，纪委监察室共收到省局转办信访件 12 件，收到信箱、电话举报 21 件，办结率达 100%。2010—2015 年，全狱共查处各类违纪案件 19 起，涉及警察 23 人，其中给予党纪处分 3 人，政纪处分 22 人(其中，双重处分 2 人)。此外，监狱还十分重视信访举报工作，通过设立举报箱、举报电话、领导交办和调查走访等途径，共收到来信来访 146 起，对所收到的来信来访全部查实处理，其中有 21 起 24 人给予全狱通报批评或经济处罚，有 37 起 40 人进行诫勉谈话，有 15 起 20 人被立案查处，有 63 起 64 人经查失实，为其澄清事实。

第四节　监管改造

一、狱政管理

(一)在押罪犯综合结构情况

1989 年 4 月，由原“湖南省第四劳动改造管教队”更名为“湖南省第四劳动改造管教支队”，1992 年 12 月正式更名为“湖南省德山监狱”，收押对象由普通刑事犯转为重刑犯。1996 年 4 月，改为高度戒备等级监狱，开始收押原判 12 年以上有期徒刑、无期徒刑以及死刑缓期 2 年执行的罪犯。此后，押犯结构发生明显变化，重刑犯所占比例快速上升。2010 年在押罪犯综合结构情况如下。

1.刑期结构

原判死缓人数：118 人。

原判无期人数：1210 人。

原判十五年以上(含十五年)：539 人。

原判十五年以下(不含十五年)：1273 人。

2.刑种结构

刑事犯：3140 人。

3.年龄结构

35 周岁以下：1022 人；36－50 周岁：1713 人；51～60 周岁：335 人；61～70 周岁：47 人；71 岁以上：23 人。

4.文化结构

大学 70 人；高中 374 人；初中 1538 人；小学 1067 人；文盲 91 人。

5.民族

汉族：2577 人；少数民族：563 人（其中：满族 1 人；回族 12 人；蒙古族 1 人；藏族 1 人；维吾尔族 8 人；朝鲜族 1 人；布依族 1 人；土家族 344 人；瑶族 7 人；彝族 3 人；苗族 130 人；侗族 37 人；白族 17 人）。

6.外省籍罪犯：325 人

7.基本丧失劳动能力罪犯：156 人。

8.国家工作人员犯罪：28 人。

9.犯罪类型

暴力型：1963 人；财产型：371 人；性犯罪：145 人；过失犯：1 人；渎职犯：28 人；其他：632 人。

10.二进宫以上：591 人。

（二）监管制度

监管制度是经验与教训的积累，也是监管安全的根本保障。监狱根据实际需要，依据国家法律及政策，在各个时期制定出台大量监管工作制度，促进依法治监、规范管理的进程。1989—2002 年，修订完善的主要制度有《罪犯钱粮管理规定》《监区罪犯食堂管理制度》《罪犯出入门卫管理有关规定》《关于枪支弹药、警戒具使用管理的有关规定》《罪犯挂号就诊的规定》《值班犯、勤杂犯管理制度》《罪犯现金管理制度》《监狱老病、残罪犯管理规定》《严管队管理教育细则》《狱内生产、生产区工具及危险物品管理规定》《接见室、同餐室、同宿室管理规定》等 40 余项。2003 年 6 月 20 日，监狱连续 6 年实现监管安全无事故，对 1998 年后修订完善的制度进行汇编，内容为刑罚执行、狱政管理、狱内侦查、教育改造、生活卫生、综合及其他共 6 个方面、48 项，为一本比较全面的监狱管理制度资料。2003—2010 年，先后增加《监管场所手机管理规定》《罪犯分配调动管理规定》《内务卫生八项规定》《留监罪犯管理规定》《罪犯超市管理规定》《罪犯集中送餐管理规定》《“零监号”管理办法》等近 20 项重要管理制度。2010—2015 年，先后制定、修订、完善《罪犯主动上交违禁品、危险品给予从宽处理的有关政策规定》、《德山监狱罪犯集中送餐管理规定（试行）》《德山监狱监管区车辆换乘管理规定》《德山监狱监管工作信息安全管理规定》《监舍罪犯夜间轮流值守制度》《监内违禁品、违规品的特别管理规定》《湖南省德山监狱监管警戒设施管理规定》等 40 余项管理制度。

(三)日常管理

1.整治教育

在不同时期,监狱根据押犯结构特点、罪犯突出违纪问题,开展有针对性的整治教育活动,特别是罪犯行为规范整治教育活动成为罪犯日常狱政管理重要组成部分。其中,1988 年 2 月开展"以遵守监规纪律为中心内容的文明礼貌教育";1990 年 10 月,开展"三打一反"斗争活动;1998 年 12 月,开展"打击狱内罪犯破坏监管秩序行为"整治活动;2001 年 4 月,开展"罪犯认罪服法" 教育;2005 年 7 月,开展"四打击"专项教育整治活动;2006 年 4 月,开展"打黑除恶"专项斗争;2009 年,在全狱 罪犯中开展"四打两反一整治"专项活动,即打击预谋脱胎换骨逃行为、打击自杀自残行为、打击行凶伤害行为、打击牢头狱霸行为;反私藏违禁品、反地域帮派;整治行为规范;2010 年,再次开展罪犯行为规范专项教育整治活动。

2.会见(接见)管理

监狱设立接见室。罪犯会见是指罪犯在服刑期间经监狱批准与亲属、监护人及其他关系人见面的一项日常管理制度,监狱按监区确定罪犯会见日,会见统一在会见室进行。

会见对象一般只限其亲属或监护人。原单位领导和其他对罪犯帮教有利的人、非亲属和监护人要求会见的,须经狱政科和监狱领导审查同意。会见程序要求会见人须持所在单位或村、居委会出具的写明与罪犯关系的证明及身份证或户口簿等有效证件,经狱政科审查后,方可会见。每次会见的亲属不得超过 3 人,会见时间、次数按罪犯分级处遇规定执行;会见时禁止用隐语或外语交谈(外籍犯除外),少数民族罪犯会见时,可以使用本民族语言;会见中禁止谈论机密事项、案情以及不利于罪犯思想改造的事项;会见中不准私转信件、物品。罪犯与亲属会见时,全程由狱政科管理,有专职警察进行监听、录音、登记。

3.分级处遇

分级处遇是以计分考核的办法对罪犯进行考核,计分考核的结果作为分级处遇和行政奖罚的重要依据。(1)对罪犯实行分级处遇的管理办法,分级处遇等级分为宽管、普管、基础严管;(2)根据罪犯服刑时间和改造表现,监狱按规定确定、调整罪犯的处遇等级;(3)不同处遇等级的罪犯,在通讯、会见、文体活动、购物、离监探亲和亲属共餐、同宿等方面,按规定享有不同待遇。

湖南省德山监狱罪犯分级处遇明细表

表 6-2

等级 处遇内容	监狱严管级	监区严管级	基础级	普管级	监区宽管级	监狱宽管级
会见通信	严格控制，确需会见的，需分管副监狱长批准，并安排责任警察进行一对一监听	从严控制需狱政科批准，每2月会见1次，每次时长在10分钟以内。每月亲情电话1次，不超过3分钟	每月会见1次，时长不超过20分钟(须安排监听)；拨打亲情电话2次，时长不超过5分钟	每月会见1次，时长不超过30分钟(须安排监听)；拨打亲情电话2次，时长不超过8分钟，经监区长批准可增加1次	每月会见1次，时间不超过45分钟(可采取录音监听方式)；拨打亲情电话3次，时长不超过8分钟；经狱政科批准可增加1次会见。经审批每半年可进行一次亲情教	每月会见1次，时间控制在1个小时以内(可采取录音监听方式)；拨打亲情电话4次，每次时长不超过8分钟；经狱政科批准可可增加1次会见和。经审批每季度可可进行一次亲情帮帮教
监内消费	汇款消费50元以下(用于购买生活必需品)	汇款消费200元以下(用于购买基本生活、学习用品)	汇款消费400元以下(用于购买基本生活、学习用品和副食品)	汇款消费400元以下	汇款消费600元以下	汇款消费600元以下
刑事奖励(法律有明文规定除外)	不予提请减刑、假释	不予提请减刑、假释。	可依法提请减刑，不予提请假释	可依法提请减刑，提请假释应当从严控制	优先普管级提请减刑，可提请假释	优先监区宽管级提请减刑、假释
劳动改造	根据严管需要安排劳动项目，不得参与初级职业技能培训	有劳动能力必须参加集体劳动，不得参加职业技能培训	有劳动能力必须参加集体劳动，严格控制参与初级职业技能培训	有劳动能力必须参加集体劳动；可报名参加初级职业技能培训；可参与非生产性岗位选用	参加劳动并按照有利于回归就业需要，可优先考虑劳动职业技能培训。优先参与非生产性岗位的选用	根据罪犯个人实际，安排相应的劳动岗位并按照有利于回归就业需要，可优先考虑劳动职业技能培训。优先参与非生产性岗位的选用
考核奖励	不得评先评优	不得评先评优	不参予年终综合性评先评优，可给予物质奖励	可呈报评先评优，可给予表扬、物质奖励、记功和授予改造积极分子称号	优先普管级呈报评先评优，可给予表扬、物质奖励、记功和授予改造积极分子称号	优先监区宽管级呈报评先评优，可给予表扬、物质奖励、记功和授予改造积极分子称号
文体活动	不允许参加娱乐活动，严格控制活动范围	适当限制参加娱乐活动，限制活动范围及时间	按规定参加娱乐活动，限制查阅和借阅书籍	按规定参加娱乐活动，限制查阅和借阅书籍。较基础级适当放宽	参加监狱、监区组织的娱乐活动，可申请积假，可参加监狱组织的外出参观活动，可安排学习时间用于自学考试	比照监区宽管级适当放宽

4.罪犯通信、邮汇、亲情电话

允许罪犯通讯。对罪犯往返信件，由警察负责审查后方可送达和寄出。对不符合要求的予以扣留，为有利于罪犯的亲情联系和帮教，依据省局精神，1997 年在接见室安装亲情电话，由教育课派专门警察负责管理。2009 年 7 月，经省局批准，在监舍内和生产区为罪犯安装亲情电话 32 部，由专职警察负责监听。

5.调遣

2002—2005 年，湖南省监狱系统先后在长沙、津市、雁北、怀化、娄底成立五个收押中心，规范省内新犯收押与分配工作。此前，全省各监狱主要根据省监狱管理局指定范围进行新犯收押，自主安排新犯入监教育再分配至押犯监区。德山监狱收押范围主要为张家界、湘西自治州、岳阳、怀化及常德本地区原判 10 以上重刑犯。2001—2002 年，监狱押犯数量快速增长，两年期间增容近 800 人。2002—2008 年，监狱根据省监狱管理局统一部署，先后从北京、浙江、上海、广东及云南多次组织大批量调犯。

6.考核与奖惩

罪犯的考核，是罪犯改造表现好坏的一个主要体现，是奖惩罪犯和提请罪犯减刑假释的重要依据。

图 6—16　调犯押解

20 世纪 80 年代初，罪犯考核一直沿用《罪犯日规则》。1987 年，监狱根据关于印发《劳改罪犯百分制考核》办法（试行）的通知精神，制定《罪犯百分制考核规则》，于 1988 年 1 月份起在罪犯中学习和试行。百分考核奖惩罪犯，注重干警直接考核，实行“日记载，周评议、月公布”的制度，对罪犯按月实行考核，积极改造的给予奖分，对有违纪行为者给予扣分；并以奖分、扣分的累计分数作为行政奖励的依据，实行不同的处遇。支队建立考核网，每个罪犯正负减刑分须经过中队、大队、支队考核办三级审查。1989 年至 1990 年，对考核规则组织几次修订，重点解决罪犯劳动定额和考核的关系，对老病残犯和勤杂类罪犯的考核标准进行规范，体现考核的严肃性和人性化的互通。同时进一步就违规和进档联系起来，加强百分考核和减刑假释工作的结合。1992 年，监狱对《百分制考核》作出较大的修改，并制定《犯人百分考核规则》，主要是进一步准确运用计分办法考核罪犯的改造表现。共 4 章 40 条，将罪犯表现分为思想改造和劳动改造两部分，各部分满分 50 分，共 100 分作为基础分，逐日进行考核。在月考核思想改造和劳动改造各满 50 分的基础上，以大队（车间）或中队为单位，把百分以上的罪犯从高分到低分排成五个档次，即五档 5 分，受奖人数 15%，四档 4 分，受奖人数 25%，三档 3 分，受奖人数 25%，二档 2 分，受奖人数 20%，一档 1 分，受奖人数 15%。对违规违纪次数较多或重大违规的不予进档。对从事宣教、值班、医务等勤杂罪犯实行以人定岗、以岗定责、以责定分的多层考核。1996 年 8 月，修订版的《罪犯百分考核规则》对罪犯考核的进档面、档次比例作出调整，对罪犯正常改造中的最高奖励分做出限制。同时，下发《监管改造日常工作考核细则》，主要考核押犯单位各项工作质量，并以此确定单位当月的受奖比例。

为进一步严格罪犯考核制度，1998 年 7 月，监狱根据湖南省监狱管理局文件精神，制定《对罪犯实行考核计分、以分折奖的实施细则》，对罪犯的考核采取直接记考核奖励分。实行日考核、日登记、日公布、周讲评、月累计公布，并建立考核台账。罪犯每月的改造奖励分底分为 3 分，实得分根据罪犯改造表现按《细则》的奖罚规定分别予以奖扣。对罪犯的考核分的审批程序重新作调整和简化。同时结合监狱实际，对罪犯超额完成任务和产品质量的奖励作修改。对罪犯的劳动技能、身体素质作鉴定，将其区分为甲、乙、丙三个等次，并根据罪犯的劳动等次，将劳动定额分到个人。

为进一步依法、严格、公正管理罪犯，2004 年 11 月，监狱制定《罪犯量化考核规定》，于 2005 年 1 月 1 日起试行。《规定》将罪犯的奖励分分为月考核奖励分、单项奖励分和特殊情形一次性奖励三部分。罪犯的行政奖励包括奖励分、记表扬、记小功、记大功。记表扬一次折奖励分 20 分，记小功一次折奖励分 40 分，记大功一次折奖励分 80 分。处罚分为：扣奖励分、警告、记过，记大过和禁闭，经常违规屡教不改的可予严管集训，构成犯罪的，依法追究刑事责任。警告一次折扣考核分 20 分，记过一次折扣考核分 40 分，记大过一次折扣考核分 80 分。禁闭严管可单独也可与其他处罚共同实施。2008 年 3 月，罪犯个体改造质量评估实施。为将考核与评估相对应，监狱对《考核办法》作出调整和修改，并成立罪犯考核评估领导小组。2015 年 2 月，监狱出台《监内违禁品、违规品的特别管理规定》，规定要求：自 2015 年 2 月 18 日下午 6 时起，服刑人人员凡私藏、传递、使用违禁品的给予禁闭 15 天处罚，严管集训 6 个月，扣考核分 80 分，并三年内一律不得提请减刑、假释。凡是被查处危险品的，比照违禁品处罚。凡是被查处毒品的，冲减已获得的全部考核分后，并再予扣考核分 80 分，构成犯罪的，依法追究其刑事责任。凡被查获含有酒精的饮品类违规品的，严管集训 3 个月，扣考核分 40 分，并二年内一律不得提请减刑、假释。2015 年 11 月 3 日，监狱出台《关于对罪犯持有、使用、传递违规品考核规定进行修改的通知》，通知要求：自 2015 年 11 月 15 日起，凡罪犯持有、使用、传递违规品的，一律扣考核分 10 分。

7.档案管理

罪犯档案管理分两级管理。罪犯正档由监狱狱政科管理，副档由各押犯监区管教内勤管理。狱政科设有专门的档案室，并有专职的档案管理员和健全的档案管理制度，做到人档相符，资料齐全。

罪犯正档包含有人民检察院起诉意见书副本、人民法院判决书、执行通知书、结案登记表、罪犯体貌特征卡及照片；副档有人民法院判决书、执行通知书（或复印件）、入监登记表、体检表、奖惩资料、考核资料、年度鉴定表及罪犯改造质量评估等相关资料。自 90 年代开始，档案管理进一步规范。统一印制"罪犯档案袋"。罪犯因减刑、调动、释放及其他异动时，档案移交必须登记清楚并有经手人签名。罪犯离监时副档交狱政科档案室，同正档合并后装订成册，编号保存。2004 年，罪犯档案信息资料全部录入电脑，大大提高罪犯档案的查阅效率。截至 2015 年年底，监狱共保存有离监罪犯档案 7796 本。

8.监管安全

监狱大力推进"四防一体化"建设（人防、物防、技防、联防一体化建设），根据押犯结构日趋复杂的形势，把防罪犯脱逃、狱内凶杀、自杀等事件列为监管安全防控工作重点。

（1）特警队

20 世纪 80 年代末监狱组建"防暴队"，主要负责处理监狱突发事件。由狱政科分管改造副科长担任队长，队员设 8 至 12 名。起初"防暴队"配备警犬 4 条。在 80 年代末期罪犯易桃源脱逃案件中，警犬"尼特"嗅出罪犯躲藏具体位置，顺利破案。后因技术、资金等方面原因，放弃警犬喂养。

2006 年，"防暴队"更名为特警队，在处理监狱突发事件的同时，工作重心向查处罪犯违纪、查堵违禁品、强化罪犯行为规范等任务转移。

（2）严管禁闭室

1989 年下半年监狱成立严管禁闭室。对涉案、行凶、自杀等严重危险的罪犯予以禁闭，对个别不服管教、破坏监管秩序等罪犯予以严管，由专门警察对他们进行管理和教育。2004 年，监狱投资近 80 万元新建一栋严管禁闭室，面积约 1772 平方米。2015 年，再次对严管禁闭室改造升级，全面启动高度戒备监区规范化管理，增设 16 个铁艺站立单人反省间。

（3）驻狱检察室

监狱检察室是由担负监所检察任务的人民检察院在不具备成立派出检察院条件的中、小型监狱单位内建立的常驻检察机构。实施对监狱对罪犯执行刑罚、狱政管理、教育改造、生活卫生等活动是否合法所实行的法律监督。

1988—2005 年，由常德市武陵区人民检察院派出检察人员进驻监狱。2005 年 6 月，常德市白洋堤地区人民检察院移交，并派出检察人员进驻。依据法律规定，对监狱在执行方针、政策、法律、刑事判决，裁定的执行是否合法，对罪犯的减、假保是否合法等进行监督。

（4）武警中队

1984年9月，中国人民解放军第四野战军一个中队进驻监狱，担负监狱监区看押和劳作区看押任务。先后更名为中国人民解放军54316部队独立营三连、中国人民解放军怀化军分区三连、武警湖南总队常德地区支队三中队、武警湖南总队常德市支队直属七中队、武警湖南总队常德市支队第七中队、武警湖南总队常德市支队一大队三中队。其中1988年6月，常德地区改为常德市。常德地区支队直属三中队更名为武警湖南省总队常德市支队直属七中队，隶属于武警支队和市公安局双重领导。1988年10月，中队缩编，取消排的编制，人员由124人缩编为55人，不再担负监狱劳动作业区看押任务。1998年1月，中队番号改为中国人民武装警察部队湖南总队常德市支队第七中队，2005年7更名为武警湖南总队常德市支队一大队三中队，主要担负监狱外围武装看押任务。

（5）处置狱内突发事件

图6—17 监狱警察与验狱武警开展预案演练

90年代开始，监狱为快速成有效地处置狱内罪犯脱逃、暴狱、冲监、劫持人质等突发事件，制定监狱处置突发事件预案，每年进行不断修订和完善，并且组织两次以上的预案演练。

（6）落实警察监内值班

1998年开始在监内实行落锁管理。2001年开始在监内实行警察值班管理，确保对罪犯24小时的直接管理和监控，使监内改造秩序更加稳定。2015年开始，监内警察值班室实行夜间坐班制，按照工作要求及时处理值班期间的监管安全问题和隐患。

第五节　教育改造

1992 年前，监狱执行“改造第一，生产第二”的劳改工作方针，1994 年《中华人民共和国监狱法》颁布后，监狱贯彻执行“惩罚与改造相结合，以改造人为宗旨”的监狱工作方针，通过对罪犯进行政治思想教育，文化知识和职业技术教育，将罪犯改造成为自食其力的遵纪守法公民。1988—2010 年，监狱始终坚持“德育为首，因人施教，分类指导，整体推进”的办学指导思想，依法治监，以德施教，不断创新教育手段，拓宽教育渠道，罪犯教育改造质量稳步提升。1986 年 10 月 17 日，经常德地区教育委员会批准，成立湖南柴油机厂育德职业学校。1987 年，常德市区教委在湖南柴油机厂设立高等教育自学考试考点。1990 年，根据省劳改局要求，开展办学上等级工作。1991 年，被省劳改局评为“办学工作优胜单位”。1999 年 12 月，育德职业学校被省监狱局授予“省级优秀特殊学校”。2000 年，德山监狱被省司法厅授予“省级优秀特殊学校”。2002 年，湖南省育德职业学校被省劳动和社会保障厅授予“劳动预备制培训定点单位”。2003 年和 2006 年 11 月，德山监狱“省级优秀特殊学校”先后分别通过省监狱局复查验收。2011 年 3 月，成立育德职业学校教育培训中心。2014 年年底，成立育德大讲堂授课中心。

一、“三课”教育

“三课”教育，即对罪犯进行思想、文化、技术教育。监狱始终把教育改造罪犯作为治本的重点和难点，坚持以思想教育为核心，以文化教育为基础，以技术教育为重点。监狱专门设有“三课”教研室：设教研室主任、副主任各 1 名。思想教育教员聘请监区分管领导和分监区指导员担任；技术教员聘请监区和监狱技术、质量检验部门专业技术人员担任；文化教员一般选用文化程度高，改造表现积极的罪犯担任。罪犯“三课”教育时间每年按司法部要求达到

图 6—18　监内服刑人员阅览室

500课时以上，其中思想教育达到200课时以上，文化教育达到160课时以上，技术教育达到140课时以上。2009年以前，罪犯“三课”教育时间根据生产任务缓急情况，思想教育安排每周一至周三晚七点至九点进行，文化教育每周六安排半天(4小时)，技术教育安排每周四、周五7:～9:00。1989年7月26日，监狱建立罪犯电化教学中心，罪犯“三课”教育迈上新台阶。1999年后，随着监狱体制改革的逐步深入，工学矛盾不断凸显，罪犯“三课”教育时间难以保证。为切实贯彻执行《监狱法》，提高罪犯教育改造质量，2009年以来，监狱按照司法部“5＋1＋1”(5天劳动、1天集中课堂化学习、1天休息)教育改造模式，使“三课”教育的时间、场地、经费得到保障，教育成效显著提升。

思想教育，监狱根据不同时期监管形势需要，坚持密切联系罪犯思想实际，弘扬社会主义核心价值观，着眼转变思想，矫正恶习为目标，及时进行时事政策教育，教育针对性、灵活性和有效性不断增强。自1988年来，监狱先后在罪犯中开展《认罪服法》《刑法》《刑事诉讼法》《监狱法》等法律法规教育以及国情国策、思想道德、理想前途、罪犯改造行为规范、反脱逃教育和分类教育。1989年起，监狱重视罪犯的入监和出监教育工作，注重把好这两道关口。1990年，在罪犯中开展“三反一打”专题教育活动，有16人交代余罪。1994年，监狱组织警察进行社会调查、采访，摄制罪犯亲属生活情况、回归人员工作情况以及改革开放形势下的社会变化，并制成纪录片在全狱罪犯中播放。1997年，针对香港回归祖国，在罪犯中开展专题爱国教育活动和升国旗仪式活动。2000年2月，为增强教育改造的针对性，监狱开展罪犯分类教育工作，经过调查摸底，将1648名罪犯分为盗窃类犯罪、暴力类犯罪、财产类犯罪、性犯罪四种，分类面达88%。分类编班，建立分类矫治卡1494份，并对50名罪犯进行个案矫治。2002年4月1日，监狱在罪犯中开展“树立改造目标，争取早日新生”的活动，全体罪犯迅速掀起“订目标，促新生”热潮，各监区按照监狱“六个一”统一部署，即每个监区建立一块改造目标展示牌、一块警察责任牌、每名罪犯一份决心书、一份规划书、一份目标完成考核登记表、每名警察包教一名罪犯，罪犯改造目标制定率达100%，月改造目标实现率达92%，有147人实现长期目标。监狱在罪犯中经常开展“五比”(比思想、比劳动、比学习、比守规、比贡献)和“三个能手”(劳动能手、技术能手、创新能手)竞赛活动，弘扬健康向上的监狱文化氛围。2004年10月13日，监狱举办首届警察思想教员教学比武，促进教学水平的提升。2007至2010年，监狱在服刑人员中相继举办“学雷锋，树新风，促改造演讲比赛”、法律法规知识抢答赛，组织全狱罪犯观看爱国题材宣传片《伟大的历程》，增强他们爱国守法意识。为进一步增强罪犯行为规范意识，自觉遵守互监组制度，2008年监狱组织罪犯编绘《监狱服刑人员行为规范暨互监组制度图解》。2011年，监狱利用建党90周年契机，举办“颂党恩，跟党走”合唱赛、演讲赛、征文赛和改造歌曲创作赛等系列活动。2015年，在抗战胜利70周年之际，监狱组织服刑人员观看抗战胜利阅兵，开展抗战知识抢答赛，抗战主题征文、讲座、书画等纪念活动。2010年以来，罪犯思想教育考试及格率达到95%以上。

文化教育，监狱根据罪犯文化程度偏低的情况，分层次重点普及扫盲、小学教育、发展初中教育，并支持和鼓励罪犯参加高等教育自学考试。为提高文化教师、教员教学水平和教学的积极性，监狱每年组织进行教学示范、教学比武、评选优秀教师和教员、召开教师节座谈会、表彰优秀教师和教员活动。1989年4月，育德职业学校被常德市教委评为“社会助学先进单位”，同年12月，被常德市武陵区教委评为武陵区成人高等自学考试“优秀考点”。2000年，首次成立女警教师队，彭劲松等6名女警察聘请为育德职业学校文化教育专职教师。1988—2010年，监狱文化教育共开办扫盲、初小、高小、初中班304个，入学13572人，入学率达97%，累计发放小学结业证和初中结业证11196个。据统计，历年来文化教育入学率达96.4%、发证率达34.1%。自1986年设立高等教育自学考试考点以来，监狱共有2418名罪犯参加5314科成人高等教育自学考试，获得单科成绩合格证2221门，有21名罪犯获得大学本、专科文凭，在高墙内圆大学梦。

技术教育，坚持“面向生产、着眼就业、服务社会”的指导思想，将罪犯的劳动改造和将来出狱后的就业需要相结合，使技术培训贯串于罪犯改造全过程。坚持抓好岗前培训、岗位练兵和各类有利于发展监狱生产，有利于罪犯刑满回归就业的职业技术教育，鼓励罪犯开展技术革新和小改小革活动。1988年，开展首届罪犯百科知识竞赛；是年，柴油机节能QC小组获湖南省劳改局一等奖；型铸车间气缸体QC小组、金工机体线QC小组、汽修中队改造QC小组分别获省湖南劳改局优秀奖；同年9月16日至10月旬，第四劳改支队举办首次罪犯技术比武。1989年10月21日，第四劳改支队在全省首届罪犯技术比武中荣获优胜团体三等奖。1993年，监狱在罪犯中成立“育德科学技术协会”，进行首次专业技术职称评定；同年，获得湖南省第二届罪犯技术比武团体第一名，其中单项奖第一名2个、第二名3个、第三名3个。1994年9月8日，经省教委注册批准，监狱在罪犯中开办机电维修中专班。

图6—19　开展技能教育

1996年7月6日，监狱举行首届机电维修中专班毕业典礼，43名罪犯全部获得省教委颁发的中专文凭。2002年4月，湖南省劳动和社会保障厅授予德山监狱“劳动预备制培训定点单位”称号。2003年11月17日，湖南省监狱管理局新桥职业学校在德山监狱设立的育德分校，首期电脑培训班开学，拓宽罪犯职业技术培训的渠道。2004年4月，监狱四监区一分监区QC小组荣获司法部企业管理协会和中南地区工作委员会联合颁发的“中南地区优秀QC小组三等奖”。监狱鼓励罪犯利用业余时间自学，进行发明创造和小改小革活动，先后有十多名罪犯受到记功、表扬刑事奖励。2010年9月20日，监狱投入20万元创办罪犯出监职业技能培训基地。同年11月3日，参加第一期职业技能培训的61名学员全部通过湖南省劳动人事厅的考试。1988年至2010年，罪犯技术教育办班174个，入学率达93.2%，发证率达42.24%，累计有6951名罪犯获得常德市劳动部门颁发的初、中级技术等级证书，有10名罪犯获得湖南省劳动厅颁发的四级技术等级证。监狱通过开展技术培训教育，先后有丁某文、周某招等服刑人员因掌握一技之长，他们刑满释放后，回到社会成为创业的模范，其中丁某文作为回归人员先进典型，还应邀出席湖南省服刑人员第九次积代会。黄某望、李某义刑释后的创业经历被监狱制作为成果采访视频，在省积代会和全省各监狱播放。

二、个别教育和“四知道”

监狱坚持“攻心治本”思路，创新发展“四知道”、个别谈话这一传统教育改造方法，并与心理矫治技术相结合，针对重点犯实行“包管、包教、包转化”的教育矫治工作责任制，形成个别矫治教育工作特色，挽救大批危顽犯。监狱建立狱领导及改造线科室领导基层联系点制度、警察“十必谈”制度，即在罪犯新入监、岗位新调整、受到重大处罚、家庭遭遇重大变故、身患重病、调监区、重大节假日前、刑事奖励、减刑、刑满释放前必须进行个别谈话教育，及时掌握罪犯思想动态。狱领导和改造线科室领导采取挂靠基层监区，协助警察对重点犯、反改造尖子进行个别谈话教育。监狱主要领导每月谈话2次，分管领导每月谈话4

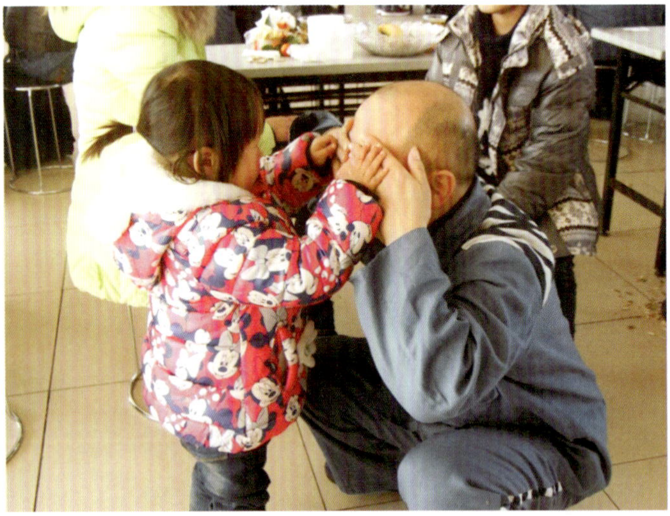
图6—20 亲情帮教

次，科室领导每月谈话6次，监区警察每月谈话20次。对重点犯、危险犯每月谈话至少2次。为练好警察个别教育和“四知道”管教基本功，监狱坚持定期检查、按月考核、按季评比、奖罚兑现的考核机制，通过开展警察“四知道”比武和个别教育能手、个别教育标兵评选活动，促进个别矫治教育的深入开展。1992年和1999年，原总装车间副主任王长春、型铸车间主任葛益涔分别被司法部授予全国“个别教育能手”称号，并荣立司法厅二等功。为改变个别教育形式，促成罪犯主动找警察谈话，2002年上半年，监狱在罪犯中开展“择警谈话”，建立“择警谈话”信箱，调动罪犯改造的积极性，由被动改造转为主动改造，据统计，2002年在禁闭、严管的33名罪犯中，有20人提前解除严管、禁闭。1988年至2015年，监狱相继举行十届警察“四知道”比武活动。2010年10月，监狱开展“第一届警察队前讲评比武活动”，强化警察个别教育的基本功。历年来，警察个别教育和“四知道”考核得分均达90.3分，危顽犯转化率达50%，1988年来，有591名罪犯被评为省级改造积极分子，有6210名罪犯被评为监狱级改造积极分子，相继有159名顽危犯被成功教育转化。

三、监区文化建设

监狱致力于监区文化建设，搭建各种柔性化教育平台，开展形式多样、内容丰富、喜闻乐见的文体活动，营造健康向上的监狱文化氛围，服刑人员在潜移默化中启迪心智，陶冶性情，弃恶向善。1989年7月，支队在监内开通广播、电视，罪犯文化生活得到有效改善；国庆节，支队举办首次罪犯运动会。1993年9月至10月，举办首届监区文化艺术节。2000年9月，监狱在分类教育罪犯中开展“品味人生”系列征文、“认罪悔罪”演讲赛以及“自立、自强、自新”为主题的宣传画、名言警句、格言牌匾征集活动，增强各类罪犯的认罪悔罪意识，重新犯罪率比1999年下降0.25%，重大违规人次由1999年的430人次减少到272人次，下降36.74%。2001年，监狱罪犯篮球代表队在全省监狱系统罪犯第四届艺术节篮球比赛中荣获三等奖。2004年5月，监狱原改造小报《觉非报》更名为《育德报》。2005年6月1日，监

图6—21 监内小报

内广播站正式为罪犯开通生日点歌栏目，罪犯感受到警官的关爱与温暖，增强罪犯的改造信心。2008 年，在全省罪犯“迎奥运”乒乓球比赛中，德山监狱选手包揽团体、单打、双打全部三项金牌。2009 年，监狱在罪犯中举办第十五届监区文化艺术节活动。为庆祝新中国成立 60 周年华诞，监狱在罪犯中开展“唱红歌、颂祖国”比赛、篮球比赛、“祖国在我心中”征文评比等十项大型赛事活动，丰富罪犯文化生活，陶冶思想情操。监狱注重在罪犯中开展辅助教育活动，注重“四室两报二队”建设，配有电化教学室、广播室、图书室、阅览室，为各监区订阅《湖南省育新报》《湖南日报》《法制日报》以及本狱的《育德报》。截至 2010 年，监内图书室藏书 11000 册、阅览桌椅 120 套。为加强改造小报、墙报、黑板报的建设，陶冶罪犯思想情操，每年举办罪犯报道员培训班，开展罪犯优秀报道员评选、优秀黑板报评比、各种征文评选、知识竞赛。监狱《育德报》与省内外 30 家监狱改造小报建立交流关系，改造小报先后获全省改造小报好版式奖三次、综合类三等奖二次。监狱不断加强文体活动室建设，及时更新各类文体器材，1999 年，在各监院修建全省一流的标准篮球场，在节假日期间开展篮球比赛，同时成立篮球队、文艺演出队。2007 年 8 月，常德市图书馆德山监狱分馆挂牌成立。

从 2011 年起，监狱开始注重文化氛围建设，是年 8 月，通过公开招投标程序，由社会专业文化公司中标，对各监院外墙体，各监舍走廊罪犯学习室、积委室进行改造格言警句等文化氛围建设。2014 年，监狱按更高的标准建设文化监院，罪犯监舍统一安装 42 英寸大屏液晶彩电，罪犯床头统一安装精美的心灵寄语床头牌，监舍走廊装饰精美的宣传画幅，各监舍楼层建设藏书不少于 1000 册的罪犯图书阅览室。至 2015 年，建成一号、四号、九号三个标准文化监院。

2012 年，监狱对全狱罪犯进行一次才艺大摸底，组建各种罪犯兴趣小组，其中罪犯管乐队的组建时间最长，投入最多，影响最大。2012 年监狱举办三次乐理知识讲座，2013 年举办每周三晚连续五个月的管乐队培训班，到是年年底，监狱管乐队规模达 30 余人，能在各种活动中演奏长号、短号、小号、大号、黑管、萨克斯等各种管乐合奏。2014 年至 2015 年，监狱又先后组建罪犯民乐队，狮子锣鼓队等。

图 6—22　监内服刑人员锣鼓队

从 2011 年春节开始，监狱每年组织以各监区为单位，自行主办服刑人员春节联欢晚会，由教育科统一协调提供音响设备，并遴选出其中优秀节目，进行改编彩排，在元宵节前后，组织全监罪犯参加的会演晚会。

从 2013 年，春季开始，监狱组织各监区服刑人员，在劳动现场利用放风休息时间，集中罪犯统一做工间操。

2014 年，六监区尝试举办罪犯汉字听写大赛。

2013 年，全国监狱“放飞梦想”征文评比，该狱罪犯黄大红作品《家的味道》获评司法部一等奖。

2013 年年底，监狱购置 22 台电脑，5000 册新书，建成罪犯科普中心。

2014 年开始，监狱与深圳星航文化公司联合，每年在监内主办一次以上“图书进高墙书展”，每次服刑人员购书在 10 万元以上。

四、罪犯心理矫治

从 2005 年 8 月开始，监狱在全体罪犯中开展心理健康教育活动。活动以学习司法部编教材《心理健康教育读本》为主，实施针对性心理咨询、心理矫治工作，并辅以知识竞赛、专题讲座等多种教育活动，使罪犯解心理健康知识，掌握自我调节和控制心理问题的能力，从而促进罪犯自我改造，提高罪犯改造质量。

2010 年，监狱积极探索，努力搭建心理矫治工作平台，坚持“科学化发展、专业化提升、规范化运作、社会化拓展”理念，罪犯心理矫治功能在教育改造工作中的地位和作用进一步凸现。

2012 年 8 月，监狱投入 20 万元与长沙芙蓉心理咨询师培训机构联合办班 3 个月，共有 86 名警察参加培训，其中有 68 名警察获国家三级心理咨询师证。按照《司法部服刑人员心理健康指导中心场地建设规范》，于 9 月启动心理健康指导中心场地的规划设计工作，并呈报省监狱局批准同意实施。至 2012 年 12 月，监狱有国家二级心理咨询师 2 人，三级心理咨询师 97 人。

图 6—23 服刑人员心理健康手语操

2013 年 1 月 16 日，监狱成立服刑人员心理健康指导中心，正科级建制。按照“精通业务，持证上岗”的用人原则，在全狱获得国家心理咨询师资格的警察中择优选拔专职人员 3 人。监狱积极构建罪犯心理矫治工作领导小组、心理健康指导中心、罪犯心理辅导站三级网络“心防体系”，在监区建立心理辅导站 16 个，设警察心理辅导员 64 人，成立服刑人员心理互助组 20 个，设服刑人员心理互助员 81 人。注重加强心理咨询师骨干培训，先后选派2人参加湖南省司法警官学院组织的“罪犯自杀风险管理与干预”培训，选派1人参加北京心际空间组织的“沙盘游戏治疗骨干培训”，选派5人参加省监狱局组织的心理咨询师上岗培训。同年3月5日，通过招投标，积极推进服刑人员心理健康指导中心场地建设，购置广州友迪心理矫治管理系统软件V2.0，心际空间音乐放松系统、沙盘、团体心理辅导活动包等软、硬件设备，设有功能房14间，场地面积达510平方米，5月16日正式投入使用。3月，监狱对认定的30名顽危犯进行心理测试，并将心理测试结果同步反馈给监区心理辅导站，建立顽危犯心理矫治专档，制定心理矫治方案。注重建立健全罪犯心理矫治工作管理制度，相继建立《德山监狱服刑人员心理矫治工作暂行规定》《德山监狱服刑人员心理危机预防与干预工作实施意见》《心理咨询师工作守则》《罪犯心理咨询程序》以及《功能房管理规定》等22项管理制度和18项业务表格。7月，监狱组织对限制减刑的16名服刑人员进行一个月左右的心理调研，对思想包袱重、压力大，环境适应困难，有自杀倾向的罪犯及时进行心理疏导和心理干预，成功化解3名服刑人员的自杀危机，确保监管安全。

2014年，在全狱服刑人员中推广心理音乐和心理健康操活动。3月15日，心理健康指导中心协同监狱医院，邀请常德市康复医院，对86名疑似精神病的服刑人员进行病情诊断，确诊61人。全狱服刑人员心理专档建档率和新罪犯入监测评率均达100%。积极开展心理咨询与治疗、心理危机预防与干预工作，在各监院设立14个心理咨询信箱，每周开箱一次，及时为服刑人员解答心理困惑，相继为71名服刑人员进行心理咨询139次。强化心理危机干预，以顽危犯和高危罪犯为干预重点，对19名顽危犯进行行为观察和逐一面谈，通过深入解和掌握他们的心理危机，因人而异地制定心理矫治方案和措施。先后对被列管的26名高危罪犯实施53次危机干预，成功化解5名服刑人员的自杀危机，维护监管安全。

图6—24 心理健康教育读本

2015年，积极拓宽“心矫思路”，努力创新“心矫手段”，全面夯实“心矫基础”。2月起，加强对自杀类罪犯的危险等级评估，规范《德山监狱自杀类罪犯危险评估表》和《自杀类罪犯危机干预情况记录表》，对摸排出的172名自杀类罪犯进行危险等级评估，其中，极高危4人，高危40人，较高危86人，一般危险42人。3—4月，编印《服刑人员心理健康手册》1500本，按互监组为单位发放服刑人员手中。5月，监狱加入常德市心理学会理事单位，建立长期合作关系。常德市心理学会先后派出4名专家来狱为警察和服刑人员进行团体心理辅导和情绪管理讲座。至2015年年底，监狱共有二级心理咨询师7人，三级心理咨询师93人

五、罪犯改造质量评估

罪犯改造质量评估是指对罪犯在监狱及社会力量的教育改造下所发生的预期变化的程度或达到的状态以及与此相关的工作所进行的评议和估价。评估结果与罪犯改造表现等考核共同作为对罪犯提请减刑、假释的主要依据。监狱建立健全罪犯个体改造质量评估工作各项管理制度，制定评估实施细则、评估工作制度、评估工作流程以及罪犯个体矫治的责任包教体系；在具体实践中摸索和完善一套简便易行、独特的运作方式和工作模式，即“监狱长挂帅、监区长具体组织、责任警察负责落实、罪罪犯人参与”；建立评估业务台账，通过加强宣传、更新观念、强化技能等方式，在实际操作中逐步规范评估基础业务，为罪犯提请减刑、假释工作提供重要参考依据。2011年我狱被评为湖南省罪犯个体改造质量评估工作先进单位。2013年年底，监狱接到省局《关于暂停矫治阶段评估工作的通知》，故矫治阶段改造质量评估工作于2013年第四季度停止。

2010年至2013年德山监狱评估情况汇总表

表6-3　　　　单位：人

年度	参评人数	年评估等次							
		A等	所占比例	B等	所占比例	C等	所占比例	D等	所占比例
2010	2587	768	29.69%	1268	49.01%	339	13.10%	212	8.20%
2011	2746	461	16.79%	1702	61.98%	407	14.82%	176	6.41%
2012	2695	542	20.11%	1738	64.49%	294	10.91%	121	4.49%
2013/1	383	56	14.62%	287	74.93%	33	8.62%	7	1.83%
2013/2	446	43	9.64%	337	75.56%	47	10.54%	19	4.26%
2013/3	311	19	6.11%	255	81.99%	26	8.36%	11	3.54%

六、社会帮教

引入社会力量参与对罪犯的教育改造，是监狱教育改造工作的优良传统和有效举

措。监狱采取“请进来”和“走出去”方式，形成社会帮教“三大体系”，即以社会人士、服刑人员亲属为主体的帮教体系；以部队、学校、机关、企事业单位和社会团体为主体的共建体系；以党政机关工作人员和领导干部为主体的警示教育体系。为贯彻中共中央政法会议提出的关于改造工作要实现三个“延伸”，落实接茬帮教的精神，1988 年 2 月 8 日，湖南柴油机厂召开第一次接茬帮教会议。会上，常德市和常德县的领导与柴油机厂签订接茬帮教协议书，共同商定帮教方案。1992 年，监狱完成与桃源、安化县政府的“三好两包”帮教协议的签订，并对 1989 年后释放人员的改造质量做了一次抽样跟踪调查。1997 年 3 月，开展“万人帮教”活动，采取“走出去、请进来”的办法，与当地政府联系，主动争取社会支持。10 月份召开“万人帮教”经交流会，帮教协议签协面达 40%。1999 年，监狱开通罪犯“亲情热线”，制定《关于狱内“亲情热线”电话管理规定》。2006 年 4 月 1 日，监狱成立“罪犯爱心希望基金会”，2008 年 6 月，在罪犯中开展“一帮一”活动，每年结成帮扶对子 560 多人。2008 年至 2010 年，受助“三无”（无会见、无包裹、无汇款）罪犯接受资助达到 12 万元。为使监狱“三无”罪犯及时得到生活上的救助，2001 年来，相继有澧县县委党校校长、常德市地税局、常德市国税局德山分局、常德市人民检察院、沅陵县委宣传部、常德市武陵区教育局、常德卷烟厂，常德市阳光孤儿院、湖南文理学院、常德市图书馆、常德市消防支队等 17 家党政机关、企事业单位及社会各界人士 2900 人到监狱进行社会帮教，共签订帮教协议 6100 份，向罪犯爱心希望基金捐献爱心款 20 万元。2002 年 10 月，江苏洪泽湖监狱警察和全体服刑人员，从新闻媒体中得知德山监狱四监区服刑人员帅某杰七岁女儿帅某要换肾救母的消息后，该狱教育科科长周吉智千里迢迢到狱帮教帅朋杰，并转交该狱全体罪犯写给帅某杰的鼓励信及资助其女读书的 6000 元捐款。2003 年 9 月 2 日，沅陵县委宣传部和人民武装部一行 6 人，到监狱帮教四监区沅陵籍罪犯杨某军，并为其瘫痪的妻子捐赠人民币 2000 元和一把价值近千元的轮椅。特别是 2006 年 4 月 18 日，常德市地税局德山分局到德山监狱，为罪犯举办以“重拾生活信念，税收为你导航”为主题的税收及经济基础知识讲座，成为首开全省社会力量“送法进高墙”之先河。2008 年，监狱与常德市阳光孤儿院联合开展的“阳光助学行动”，使 6 名罪犯的 7 名子女就学，在监内罪犯和社会上都产生较大的积极影响。为加大罪犯亲属帮教力度，减少偏远地区及外省籍罪犯亲属家庭经济困难导致会见难的问题，进一步

图 6—25　母亲看望服役的儿子

促进服刑人员安心改造,2009 年 7 月,监狱在各监区安装 18 部罪犯亲情电话,进一步加大社会帮教工作的力度。

从 2011 年开始,监狱进一步规范"罪犯爱心希望基金"的使用,一是救济监狱"三无"服刑人员,每年中秋、春节等节假日,为"三无"罪犯发放生活和学习物资 100 元左右。二是资助考入大学本科以上罪犯家庭子女,2012 年 8 月监狱罪犯王某贵的儿子考入太原理工大学,监狱资助 4000 元学费,成为德山监狱资助的第一名大学生。三是开展"温暖狱园·关爱孩子"活动,救济资助特困服刑人员家庭中未成年子女的就读。2014 年 9 月 1 日至 4 日,2015 年 8 月 17—21 日,监狱分管改造副监狱长杨帆和教育科警察连续两年深入张家界桑植、湘西古丈等县乡村、走访、救济特困罪犯家庭未成年子女,资助他们上学读书。并制作《关爱孩子·情满湘西》的走访视频,在服刑人员及社会均产生较大反响。至 2015 年,监狱共有 27 名罪犯的 30 名未成年子女由阳光孤儿院扶养。

图 6—26　深入服刑人员家中关爱未成年子女

2014 年 7 月 23 日,全省首家监狱罪犯视频远程会见系统在监狱正式开通运行。监狱龙山籍罪犯何某坤成为全省第一名通过视频会见家属的幸运儿,在视频中他见到 10 年未见面的母亲。8 月 28 日,全省监狱系统视频会见推广现场会与会人员参观监狱视频会见系统,监狱作典型发言和推介。

七、管理制度

相继建立和完善《"三课"学习制度》《备课制度》、《授课制度》《作业批阅和成绩评定制度》《学员守则》《个别教育制度》《通讯报道管理制度》《亲情电话管理制度》《教育改造基础业务工作实用手册》《罪犯改造质量评估体系实施细则》《顽危犯攻坚招标管理办法》《德山监狱通讯站管理办法》《罪犯积委会管理制度及罪犯积委会"双百分管理考核办法"》《优胜积委会评比条件及评选办法》《"四知道"工作制度》《监区文化工作制度》《入、出监教育工作制度》《思想教育工作制度》《出监教育工作制度》《文化教育工作制度》《技术教育工作制度》《罪犯"一帮一奖励办法"》《德山监狱罪犯个体改造质量评估实施细则》《心理咨询工作制度》《心理咨询室管理制度》《心理咨询师工作守则》《罪犯心理矫治工作制度》等 70 多项制度,促进教育改造健康发展。

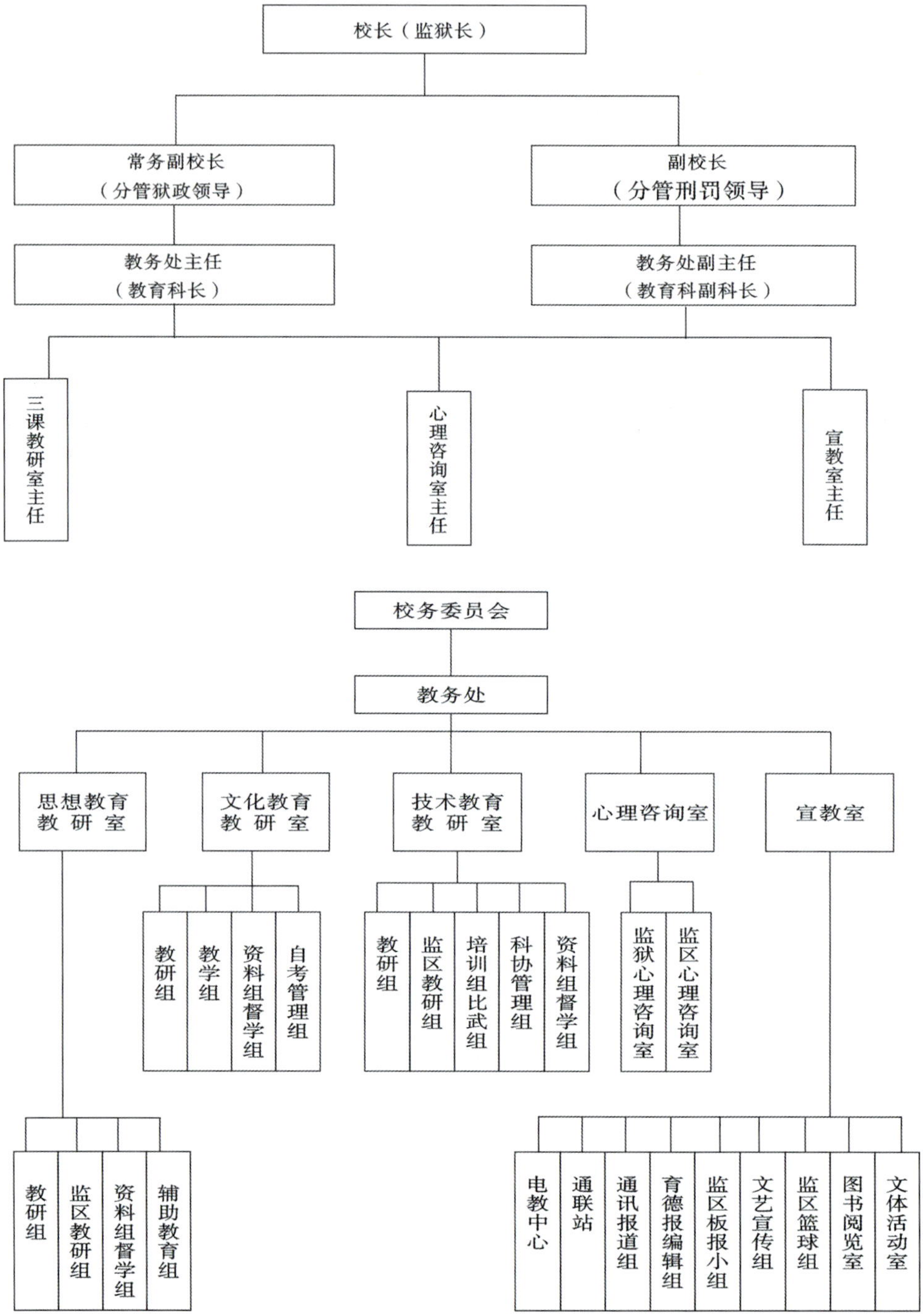

图 6—27 **湖南省育德职业学校管理机构图**

1988—2015年德山监狱罪犯文化教育办班情况统计表

表 6-4

年度＼类型	开办文化班		
	班数（个）	人数（人）	获结业证（人）
1988	12	542	497
1989	12	548	486
1990	13	646	586
1991	13	648	598
1992	16	787	741
1993	16	862	825
1994	14	828	804
1995	14	830	812
1996	16	870	835
1997	16	873	845
1998	18	896	869
1999	18	512	436
2000	11	467	412
2001	11	432	417
2002	12	513	233
2003	10	378	335
2004	10	374	312
2005	12	467	435
2006	12	453	418
2007	12	133	72
2008	12	128	78
2009	12	126	69
2010	12	149	81
2011	4	160	160
2012	4	126	126
2013	4	76	76
2014	4	33	33
2015	4	20	20

1988—2015年德山监狱罪犯高教自考情况统计表

表 6-5 单位：人

报考年度	报考人数	报考科目(门)	及格科目(门)	备注
1988	26	34	25	—
1989	18	31	23	—
1990	19	42	31	—
1991	34	77	36	—
1992	31	67	51	—
1993	45	92	51	—
1994	48	97	62	—
1995	51	109	49	—
1996	58	97	34	—
1997	63	95	29	—
1998	76	103	31	—
1999	70	96	43	—
2000	61	122	31	—
2001	14	28	23	—
2002	15	32	17	—
2003	32	67	55	—
2004	45	98	65	—
2005	190	321	167	—
2006	178	417	181	—
2007	194	517	183	—
2008	262	683	249	—
2009	136	316	77	—
2010	115	269	78	—
2011	59	133	91	—
2012	79	160	55	—
2013	128	343	120	—
2014	221	430	173	—
2015	226	438	191	—

1988—2015 年德山监狱罪犯技术教育办班情况统计表

表 6-6

年度	班数(个)	获证人数(人)	发证率(%)
1988	5	98	38
1989	5	107	34
1990	5	110	29
1991	6	109	38
1992	7	116	41
1993	6	126	39
1994	6	108	37
1995	7	114	29
1996	7	120	30
1997	8	196	33
1998	6	179	34.8
1999	6	189	35.3
2000	7	175	53
2001	8	228	49
2002	13	330	35.6
2003	9	516	63
2004	10	574	57
2005	6	474	43
2006	9	426	58
2007	9	638	71
2008	6	495	45
2009	12	705	60
2010	11	818	49
2011	20	994	87
2012	20	从 12 年开始没有办技术培训证	—
2013	20	—	—
2014	20	—	—
2015	20	—	—

1988—2015年德山监狱顽危犯教育转化情况统计表

表 6-7　　　　单位：人

年度	顽危罪犯数	转化人数	转化率(%)	年度	顽危罪犯数	转化人数	转化率(%)
1988	25	17	68	2002	19	10	52.6
1989	27	20	74	2003	17	10	58.8
1990	20	14	70	2004	20	14	70
1991	19	13	68.5	2005	19	10	52.6
1992	31	17	55	2006	17	10	58.8
1993	26	14	54	2007	15	9	60
1994	29	22	75	2008	19	14	73.7
1995	16	11	68.7	2009	21	13	70
1996	14	10	71	2010	23	12	52.17
1997	6	4	66.7	2011	20	12	60
1998	9	6	66.7	2012	19	10	52.6
1999	18	10	55.6	2013	21	11	52.3
2000	5	3	60	2014	24	14	58.33
2001	6	3	50	2015	26	14	53.8

2007—2015年德山监狱罪犯改造质量评估情况统计表

表 6-8　　　　单位：人

年度	参评人数	年评定等次							
		A等	所占比例	B等	所占比例	C等	所占比例	D等	所占比例
2007	2525	101	4%	1738	68.83%	359	14.22%	327	12.95%
2008	2737	345	12.61%	1680	61.38%	484	17.68%	228	8.33%
2009	2770	449	16.21%	1702	61.44%	411	14.84%	208	7.51%
2010	2587	768	29.69%	1268	49.01%	339	13.10%	212	8.20%
2011	2746	461	16.79%	1702	61.98%	407	14.82%	176	6.41%
2012	2695	542	20.11%	1738	64.49%	294	10.91%	121	4.49%
2013	383	56	14.62%	287	74.93%	33	8.62%	7	1.83%
2013	446	43	9.64%	337	75.56%	47	10.54%	19	4.26%
2013	311	19	6.11%	255	81.99%	26	8.36%	11	3.54%

第六节 劳动改造

根据《监狱法》第69条的规定:有劳动能力的罪犯,必须参加劳动。全国监狱工作的方针是惩罚与改造相结合,以改造人为宗旨,组织罪犯劳动是实现监狱宗旨的重要途径和手段,它具有重要的、不可替代的地位和作用。

一、机构沿革及职能

建队之初,罪犯的劳动改造主要以监狱发展的基础建设为主,成立工程队、红砖队,从事烧砖砌墙、建房的劳动。1983年,为健全社会主义法制,完善国家司法制度,劳改工作由公安部移交给司法部管理,体制实行重大变革。该时期,基础建设已基本完成,罪犯也由单一的基础建设劳动,转变为机械加工、铸造加工、柴油发电机组生产为主,基础建设维修为辅的劳动生产。其间的劳动改造职能管理作用基本涵盖在大的管教工作当中,由管教科统一组织管理,各大队主要领导组织落实。

2003年,以《国务院批转司法部关于监狱体制改革试点工作指导意见》的文件出台为标志,监狱体制改革正式启动。为贯彻落实监狱机关按照"全额保障,监企分开,收支分开,规范运行"的监狱体制改革目标,着力解决几十年来监企不分,导致刑罚执行职能受到严重干扰和弱化的体制弊端,省监狱管理局成立劳动改造管理处。2006年,监狱也相应正式成立劳动改造科。

从2010年开始,劳动改造科在原有职能上增加几项:1.负责罪犯的劳动报酬管理;2.负责生产现场劳动工具、危险化学品的管理;3.负责全狱的6S管理工作;4.负责监狱全国信息化管理劳动平台的运行工作。并先后制定《关于生产现场劳动工具及危险品的管理规定》《德山监狱危险化学品管理规定》《德山监狱劳动工具管理实施细则(试行)》《德山监狱劳动工具射频感应卡管理办法》《湖南省德山监狱全面深化6S管理工作的实施意见》《德山监狱罪犯劳动定额管理与考核意见》《关于进一步规范和加强劳动改造管理的若干规定(试行)》《德山监狱罪犯劳动技术等级管理办法》《关于罪犯劳动力等级鉴定的管理规定》《德山监狱非生产性岗位、生产辅助岗位罪犯管理办法》《德山监狱罪犯劳动报酬考核管理办法》等制度。

二、罪犯劳动时间

科学、合理地确定罪犯劳动时间，既是实现劳动改造的需要，又是完成生产任务的重要保证。根据罪犯的身体状况及刑期，科学分配罪犯劳动，按互监组组合劳动力、分配劳动任务、固定劳动岗位。监狱按照《监狱法》要求和司法部规定，罪犯劳动时间明确为：每日劳动8小时，平均每周劳动时间48小时；在季节性生产劳动等特殊情况下，对劳动时间进行调整；保证罪犯每周休息一天；法定假日如元旦、春节、国际劳动节、国庆节安排罪犯休息。

监狱严格贯彻落实司法部“8511”工作要求的主要精神，坚持每周劳动5天，每天不超过8小时，1天休息，1天课堂教育。休息日主要用于罪犯休息、整理内务、娱乐、购物、会见等。因生产需要调整休息日，监区必须提前在监狱网上进行调整审批，审批同意后方能在休息日出工；在劳动日因生产需要延长劳动时间的，均按程序报监狱长批准方能进行；在法定节假日要确保安排罪犯休息。

三、罪犯劳动报酬

对罪犯实行劳动报酬，体现国家对罪犯劳动价值的肯定和承认，有利于进一步调动罪犯劳动改造的积极性。在相当一段时间，监狱罪犯的劳动报酬形式，主要是实行实物奖励制，即主要以食物等日常生活用品的形式，同时也有少量的货币奖励。1998—2010年，监狱代发放罪犯低报酬70余万元。

2010年起，监狱（公司）加大对罪犯劳动报酬的奖励力度，从激发罪犯劳动改造积极性、提高罪犯改造质量的角度出发、结合监狱的实际，设立监区公卡和罪犯私卡，监区公卡作为各监区劳动改造管理经费，用于补充罪犯劳动生产奖励、“三无”罪犯生活用品的补充以及病犯的慰问支出等项目；罪犯私卡包括罪犯个人劳动奖励账户卡和狱内个人消费账户卡，并严格实行专卡专用。个人消费账户卡严格按照分级处遇级别进行消费，只能在监狱超市购买生活必需品、学习用品和副食品；罪犯个人劳动奖励账户卡除在超市购物外，还可申请物质奖励、鼓励罪犯将劳动奖励寄回家庭。据统计，2010年至2015年，监狱共兑现劳动报酬852.2375万元，发放面占服刑人员的80%，较好地调动罪犯的生产积极性。

四、罪犯劳动保护

监狱在贯彻国家和地方有关劳动保护的法律、法规和政策的实践中，因地制宜地制定一些有关罪犯劳动保护的规章制度。主要由两大类组成：一是属于生产行政管理方面的规章制度，如安全教育制度、工伤事故报告与调查处理制度等；二是生产技术管理方面的制度，如设备维护检修制度、安全操作规章制度等。监狱除发放必要的劳动保护用品，如工作服、工作帽、手套、安全帽等外，同时对罪犯生产劳动现场还采取防暑降温和防冻取暖措施，如隔热通风、提供凉茶等，并在生产车间安装水冷空调。

五、现场劳动工具管理

2009 年，随着公司生产规模的扩大和各类劳务加工项目的增加，生产现场劳动工具的管理成为引发监狱安全事故的重大隐患之一。监狱将劳动工具管理职能划归劳动改造科归口管理，彻底解决长期以来狱政科管工具柜、狱侦科管工具中危险类工具、劳改科管生产现场工具多重管理的现象。并相继出台《关于生产现场劳动工具及危险品的管理规定》《德山监狱劳动工具管理规定》《德山监狱劳动工具管理实施细则（试行）》《德山监狱危险化学品管理规定》等制度，对所有动工具建立台账，严格落实工具的领用、回收以及点检制度，实行定人、定位、编号管理，刀具、刃具、钝器等有危险性的劳动工具，进行钝化短化、链式管理，有效防止安全事故的发生。同时，采用高效实用的科技手段，创建全国信息化管理劳动平台。采用射频技术实行电子标签管理，对每一件劳动工具“绑定”具有唯一编码的射频卡，通过警察每天对发出、收回、库存及链式管理在劳动工位的劳动工具进行扫描识别，系统自动记录并保存负责收发检查工具的责任警察姓名和点检时间，促使带班警察主动履行职责，从而增强警察的履职意识，加强工作责任落实消除劳动工具管理不善的安全隐患。

第七节　刑罚执行

监狱是国家的刑罚执行机关，负有惩罚犯罪和改造罪犯的双重任务。刑罚执行，是凭借国家司法权，依照刑事诉讼法规定的法律程序，将审判机关交付对犯罪人执行的刑事判决和裁定付诸实施所进行的各项执法活动。因此，减刑、假释、暂予监外执行、对罪犯提出的申诉、控告、检举的处理，狱务公开等工作，均属刑罚执行范围。

一、组织机构及工作情况

监狱在正式成立刑罚执行科前，减刑、假释、暂予监外执行的、申诉、控告、检举等职能由狱政科管辖，设业务副科长1名，执法专干1名。根据湖南省监狱管理局2003年12月31日下发的《关于设立刑罚执行科的通知》，监狱于2004年1月6日正式成立刑罚执行科，将其职能从狱政科分离出来，配备警察5名，其中：科长1名，副科长1名，执法专干3名。工作职责：管理提请罪犯减刑、假释工作；管理并办理罪犯暂予监外执行工作；负责受理罪犯的申诉、控告、检举；管理狱务公开和执法监督工作；管理罪犯刑满释放与社会接茬工作。

2011—2014年，监狱连续四年被省局评为刑罚执行工作先进单位，2015年监狱刑罚执行工作再次得到省局表扬，所办理的罪犯减刑、假释、暂予监外执行案件未出现一例差错，没有违规办理一起案件，突出表现在：1.率先在全省推行每两个月一批减刑假释工作机制。2.打破减刑假释指标限制性规定，进一步推动公平、公正原则的执行力度。3.推行减刑假释办案工作办前公示、“全程跟踪”执法监督制度，有效地落实监控监督执行工作力度。4.根据相关法律规定制定出台一系列制度性文件，特别是出台老病残罪犯减刑、假释制度，更好地落实宽严相济刑事政策。

二、管理制度

（一）减刑、假释

1988年对罪犯的减刑、假释、考核按《劳改罪犯百分制考核办法》进行。1989年，支队下发《关于进一步搞好罪犯百分制考核和减刑、假释工作的意见》的文件。2004年，监狱刑罚执行科成立以后，制度日趋完善。2006年11月16日，制定《德山监狱提请减刑、假释工作规程实施细则》，首次明确提请程序中的分监区评议、监区长办公会审核、刑罚执行科审查、监狱减刑假释评审会评审和监狱长办公会审定的五级审批程序。2009年4月30日，下发《关于调整罪犯减刑呈报幅度的通知》，将实行多年的以季度为单位提请减刑幅度更改以月为单位提请减刑。2009年8月5日，下发《关于调整死缓、无期徒刑罪犯减刑工作安排的通知》，规定对死缓罪犯的减刑实行到期呈报制，即死刑缓期执行期满的第二天启动减刑程序。2009年12月14日，制定《关于加强假释案件呈报工作的规定》文件，提高服刑人员的改造积极性，促进社会行刑化的进程。2010 年 3 月 9 日正式出台《德山监狱关于办理减刑、假释案件细则》，对减刑假释的条件、标准和程序作出进一步的规范。2011 年 7 月 13 日，出台《〈德山监狱关于办理减刑、假释案件细则〉补充规定》，针对减刑后三个月内出现一次性扣 3 分以上违规的行为对湘德监管〔2010〕8 号文进行完善。

2013 年，在沿袭原有刑罚执行相关制度的基础上，细化工作标准，完善工作流程，重新制定《德山监狱老病残罪犯认定暂行办法》。2015 年 3 月，以法释〔2012〕2 号、法释〔2014〕5 号、司法部令第 130 号、《最高人民检察院人民检察院办理减刑、假释案件规定》等一系列新的刑罚执行变更政策为基础，吸收常德市中级人民法院、常德市人民检察院、常德市白洋堤人民检察院及常德三个监狱共同形成的会议纪要精神，出台《德山监狱关于办理减刑、假释案件工作规定》，全文共八章、八十五条，从实体条件、承办程序、案卷整理和办案责任四个方面对减刑、假释的各项政策进行整合、完善，并对相关概念在附则中予以明晰。

图 6—28　常德市中级人民法院减刑、假释审判大会

2015 年 6 月，制定《关于进一步规范刑事裁判涉财产部分执行的规定》，确保罪犯减刑、假释过程中涉财产部分判决的规范有序执行，进一步维护监狱的司法公信。2015 年底，为有效解决湘德监管〔2015〕14 号文在运行过程中由于监狱对禁闭严管、私藏违禁品等一系列涉及罪犯考核的制度进行修订而产生的新问题，先后两次对湘德监管〔2015〕14 号文第五十一条、第五十二条、五十六条给予补充规定，确定罪犯违规扣分在减刑假释工作中的时效性，统一案件的裁量尺度。

(二)老病残犯减刑、假释

2000 年 11 月监狱出台《老病残犯管理规定》，将老病犯划分为四类，即丧失部分劳动能力、丧失大部分劳动能力、长期慢性病，不能治愈，基本生活自理，完全丧失劳动能力和患严重疾病，基本生活不能自理四大类。针对监内老病残犯的变化情况，2009 年 10 月，监狱在与常德市中级人民法院、常德市人民检察院进行座谈并协调沟通后，制定《德山监狱老病残罪犯认定暂行办法》和《德山监狱老病残罪犯提请减刑、假释工作暂行规定》。

(三)暂予监外执行(保外就医)

2005 年 5 月 16 日，监狱制定《保外就医动态管理制度》，对保外就医的呈报、交付、考察及管理、预警处置、收监和工作考核进行逐一规范。2006 年 2 月 17 日，监狱下发《罪犯保外就医案件呈报工作的有关规定》，严格保外就医的法定条件，落实工作程序。2008年11月10日，对《罪犯保外就医案件呈报工作的有关规定》针对罪犯的病情鉴定的初审程序进行补充 2014年10月24日，最高人民法院、最高人民检察院、公安部、司法部、国家卫生计生委印发《暂予监外执行规定》，自2014年12月1日起施行。最高人民检察院、公安部、司法部1990年12月31日发布的《罪犯保外就医执行办法》同时废止。

（四）狱务公开

2001年10月23日，监狱下发《湖南省德山监狱进一步推行狱务公开的实施方案》，对狱务公开的内容、方式和监督途径进行明确。

三、管理办法

（一）减刑

办理减刑的方法。1988年以来，监狱在减刑工作中实行累进计奖的考核分值与减刑幅度基本对应挂钩，确定罪犯改造表现与奖惩间的关联度，建立严密有序，优劣有别的竞争机制，适当拉开施奖的档次，使得无论刑期长短，体质强弱的罪犯都被赋予公平的受奖机会，进一步增强透明度。特别2004年刑罚执行科正式成立以后，实行分监区评议、监区长办公会审核、刑罚执行科审查、监狱减刑假释评审会评审、监狱长办公会审定的程序。

减刑的条件。除法定条件外，监狱根据有关法规和上级要求对减刑另外作出一些限制性规定。如呈报减刑、假释的违规考验期为一年内累计扣分10分以上的、严管、禁闭或一次性扣10分以上一年内不得提请减刑，一次性扣5分以上的半年内不得提请减刑。

1988—2015年德山监狱减刑数据统计表

表6-9　　单位：人

年度	1988	1989	1990	1991	1992	1993	1994	1995	1996	1997
人数	286	400	410	301	316	400462	376	371	445	—
年度	1998	1999	2000	2001	2002	2003	2004	2005	2006	2007
人数	233	387	419	673	875	860	792	710	890	371
年度	2008	2009	2010	2011	2012	2013	2014	2015	—	—
人数	828	1105	986	1209	1136	1275	1299	1405	—	—

(二)假释

假释的程序。除按减刑的程序外,自2010年开始,在对罪犯提请假释前,监狱会和罪犯居住地征求意见。

假释的条件。除法定条件和减刑的内部条件外,自2008年对拟提请假释的罪犯进行重新违法犯罪预测,对预测结果为"不宜暂予监外执行的",一律不提请假释。

2010年至2013年,监狱对死缓罪犯的减刑采取到期呈报制,即死刑缓期二年期届满即启动减刑程序,对无期徒刑罪犯、有期徒刑罪犯的减刑、假释每年集中办理四批,并控制年均28%的减刑比例;对情形特殊的老病残罪犯实行适时呈报制。2014年,为平衡各监区减刑、假释案件的呈报标准,扭转各监区因指标问题致使被提请减刑假释的罪犯横向比较条件参差不齐的现状,杜绝减刑、假释办案过程中权力寻租、索拿卡要等违法违纪行为,在全省范围内率先推行减刑、假释六批集中呈报制,且取消普通罪犯的减刑比例限制。是年年底,省监狱管理局与省高院、省检察院联合行文在全省各监所推广。为落实案件办理终身负责制,监狱在减刑、假释工作中实行"一案一表案件审阅责任制",刑罚执行科办案人员对自己所审查的案件均逐案填写《阅卷情况登记》,提出意见,说明理由,签名确认,较好地落实案件办理责任。截至2015年,监狱按预定计划完成12批减刑、假释案件的承办工作,另对两名符合法定条件的病犯适时提请减刑。

1988—2015年德山监狱假释数据统计表

表6-10　　　　单位:人

年度	1988	1989	1990	1991	1992	1993	1994	1995	1996	1997
人数	81	23	81	80	128	88	110	119	142	192
年度	1998	1999	2000	2001	2002	2003	2004	2005	2006	2007
人数	64	30	70	0	0	31	14	11	7	—
年度	2008	2009	2010	2011	2012	2013	2014	2015	—	—
人数	7	14	11	17	29	18	8	12	—	—

(三)暂予监外执行(保外就医)

暂予监外执行的程序分为:鉴定程序、审批程序、移交程序、紧急保外程序。

鉴定程序。1.分监区针对罪犯病情或根据医院的建议,对本分监区符合保外就医条件的罪犯进行摸底,经分监区全体警察会议集体评议后向监区提出保外就医的申请,并在分监区公示;分监区的集体评议情况,要有书面记录,并由与会人员签名。2.经监区长办公会研究同意后报监狱刑罚部门审查,同时将拟报送罪犯的名单及意见在监区公示;监区长办公会议研究情况，有要书面记录，并由与会人员签名。3.经刑罚执行部门初审同意后，由监狱医院根据《罪犯保外就医疾病伤残范围》对罪犯进行病情鉴定，对符合保外就医条件的罪犯，医院作出医疗鉴定，由三名以上的医生签名并加盖医院公章（鉴定人员对鉴定结论承担法律责任）；医院在对罪犯进行医疗鉴定时，应当报经刑罚执行部门并通知监狱纪检监察室和驻狱检察院及相关部门参与和考察，并共同签署罪犯考察鉴定意见。

审批程序。1.监区根据医院的鉴定意见，交由分监区和业务股室填报保外就医审批表和相关材料。2.监区分管领导组织各业务股室进行审核签批后，监区将《罪犯保外就医审批表》《罪犯医疗鉴定表》等材料连同罪犯副档报监狱刑罚执行科。3.经医疗鉴定后符合保外就医条件的罪犯，刑罚执行科对材料进行审查，并向罪犯家属所在地公安机关发出《罪犯保外就医征求意见书》。4.公安机关同意保外就医后，监狱通知罪犯家属确定取保人。取保人必须是罪犯家人和亲属，并有一定经济能力，确保罪犯保外后能就医，能对罪犯进行监管。取保人资格必须得到户籍所在地公安机关书面认可。取保人与被保人在《保外就医具保书》上签名或盖章。5.监狱保外就医评审委员会研究。监狱保外就医评审委员会召开全体会议审查刑罚执行部门提交的保外就医建议，会议邀请驻狱检察机关参加。会议有书面记录，会议结束时全体与会人员对会议记录进行核对，确认无误后签名认可。6.监狱保外就医评审委员会完成评审后，刑罚执行科将拟保外就医罪犯的材料和评审委员会结论，经监狱分管领导签字后，报监狱长签署意见，加盖监狱公章，然后将全部材料按规定顺序装订好报湖南省监狱管理局批准。

移交程序。对经湖南省监狱管理局批准保外就医的罪犯，监狱在接到批准通知后迅即办理出监手续，发给《罪犯保外就医证明书》，对罪犯进行遵纪守法和接受公安机关监督的教育。监狱派警察将保外就医罪犯押解至其居住地公安机关进行移交。移交时，负责押解的警察将罪犯保外就医审批表、罪犯保外就医征求意见书复印件、罪犯保外就医具保书、保外就医罪犯出监鉴定表、人民法院判决书复印件和主要病情诊断材料等移交居住地公安机关和县级人民检察院。移交时，将上述材料连同罪犯本人、取保人与罪犯居住地公安机关当场交接，并当即索取回执。

紧急保外程序。对医院下达病危通知，短期或近期内有死亡危险的罪犯保外就医，事前无法做到征求公安机关意见的，经上级批准可以先行保外，但在交付执行时一并补齐征求意见书。对特殊情况的紧急保外就医，经监狱分管领导批准可以由家属领回；但监狱应当在一个月内补办好交付手续。

老病残犯的减刑、假释、暂予监外执行（保外就医）。监狱老病残犯的认定程序：1.监区申报。监区集体研究后填写《德山监狱老病残罪犯认定表》，由分管管教工作的副监区长、监区长分别签署意见后报监狱医院；2.鉴定小组鉴定。由监狱医院组织进行鉴定并确定病残等级。鉴定小组对鉴定结果签名认可，医院院长审核并加盖医院公章。监狱医院必须出具鉴定结论并填写《德山监狱罪犯病残鉴定表》和《德山监狱老病残罪犯认定表》。监狱医院鉴定病残罪犯必须对罪犯病情进行确诊，否则不能认定为病残罪犯。监狱医院不能确诊的，必须到常德市第一人民医院检查确诊，相关费用按监狱有关规定办理。3.监狱认定工作领导小组认定。认定工作领导小组办公室将鉴定结果提交监狱老病残罪犯认定工作领导小组认定。邀请驻狱检察室派员参加认定小组会议，充分听取检察机关的意见；并请驻狱检察机关出具书面审查意见。4.公示。认定工作领导小组办公室将认定结果进行公示三天。

（四）申诉、控告、检举

1.申诉

申诉是罪犯的一项基本权利。罪犯正确行使申诉权，有助于及时纠正冤假错案，维护公民的合法权益，有助于罪犯知法、懂法、认罪服判，维护法律的尊严，有助于监管秩序的稳定。

监狱对罪犯申诉的受转过程：罪犯的申诉，可以书面或口头的形式提出。书面申诉应写明申诉的理由和目的、要求。书面申诉可直接交监狱人民警察，也可以放在监狱设置的申诉箱内。口头申诉应由有关接待人员按罪犯的陈述作好笔录。根据罪犯的申诉，监狱提请人民检察院或人民法院处理。监狱应当催请人民检察院或人民法院自收到监狱提出处理意见书之日起六日内作出处理，并按处理结果通知罪犯本人。罪犯申诉随意扣压或者不按规定程序办理的，按有关规定追究有关人员的责任。

1987—1988 年，共有 286 人 提出申诉，申诉状 1630 多封，其中由劳改单位发出申诉信件 219 人 1510 封，亲属代为申诉 67 人 1207 多封。原判法院受理维持原判 22 人，改判 50 人，撤销原判 3 人，免予刑事处分 1 人，没回音 210 人。1988 年以来，监狱、劳改队将罪犯的申诉处理工作与日常执法、监管结合起来：(1)对原判正确，仅因申诉犯与他犯对照案情，类比刑期，不区别具体情节与危害程度，自认为属于轻罪重判而提出申诉的罪犯，进行教育疏导，劝其息诉，如其坚持申诉，仍按《刑事诉讼法》规定，照转原判法院处理。(2)对原认定事实清楚，证据确凿，定性准确，量刑适当，经法院多次驳回而继续申诉的罪犯，监狱、劳改队在必要时邀请原判法院的承审人员来监协同监狱干警对申诉犯进行个别教育，解释法条，说明依法驳回的理由，促其认罪服判，接受改造。(3)对以申诉为名，抗拒改造的罪犯，依照监管法规，进行必要的处分。(4)对个别判决确有出入，或折抵刑期上需要纠正的，监狱、劳改队协助罪犯与原判法院联系，使之及时处理或予以纠正。生卫中队乐四保，写申诉 80 多封，后经法院重审，撤销原判，于 1988 年 8 月 5 日无罪释放。

2.控告、检举

监狱对罪犯控告、检举信件的受转过程：罪犯控告、检举可以书面或口头形式提出。

书面控告、检举可以直接交监狱人民警察，也可以放在监狱设置的控告、检举箱内。口头控告、检举应由有关接待人员按罪犯的陈述作好笔录。按规定程序转交有关部门处理。罪犯控告监狱人民警察违法行为的，由监狱纪检、监察部门受理。罪犯向刑罚执行部门提出控告的，刑罚执行部门不得拒绝受理，并及时转交。罪犯检举揭发社会上犯罪行为的，应转交当地人民检察院或公安机关处理；必要时，监狱可以协助查处。罪犯对监内其他罪犯犯罪行为的检举揭发，由监狱负责处理。罪犯控告、检举监狱其他有关问题的，根据具体内容，送监狱有关部门处理。监狱无法处理或答复的，由监狱送交上级相关部门处理。罪犯写给监狱的上级机关和司法机关的信件，监狱应当及时转递。监狱应当及时受理和告请公安、检察、法院及时处理监狱转递的控告、检举材料。对罪犯检举，经查证属实的，依照有关法律和规定予以奖励，并对检举人采取必要的保护措施。对罪犯控告、检举隐瞒不报或打击报复的，按相关规定追究有关人员责任。

2001—2012 年，共收到罪犯检举信 8 封，信件直接转纪检监察室，监察室进行认真调查后，对 8 封信所反映的内容进行查证处理。

（五）狱务公开

监狱自 2001 年起启动狱务公开制度，2003 年正式推行。公开平台由罪犯生活区、生产区狱务公开公示栏逐步扩大至接见室电子触摸屏、监狱局域网站、湖南省监狱管理局网站执法公开栏目等。

监狱狱务公开的内容包括：1.罪犯的基本权利和义务；2.罪犯考核的条件和程序；3.罪犯通讯、会见的规定；4.罪犯行政奖励的条件和程序；5.罪犯行政处罚的条件和程序；6.罪犯减刑、假释和又犯罪处理的条件和程序；7.暂予监外执行的条件和程序；8.罪犯申诉、控告和检举的处理；9.罪犯的生活卫生管理；10.对罪犯的教育改造；11.监狱人民警察的工作纪律和有关法律规定；12.监督部门及电话。

监狱狱务公开的办法：1.借助新闻媒体向社会公开，主要通过常德市报刊，广播、电视等媒体公布狱务公开的要求和内容，宣传狱务公开的做法及其成效。2.运用狱内宣传手段，向罪犯公开，监狱运用广播、闭路电视、监内小报、黑板报、墙报，并设立狱务公开专栏等方式及时向罪犯宣传狱务公开的内容。3.开通狱务公开查询系统，开展狱务咨询。4.印发《狱务公开手册》，让监狱警察进行学习，同时也作为社会解监狱重要的宣传材料，并向罪犯及其亲属和社会公众适时地进行教育和宣讲，消除他们对监狱的偏见和误解。5.进行专项调查，向罪犯及其亲属进行无记名的问卷调查，解监狱执法情况，搜集意见和监狱，及时发现和解决问题。6.设立监狱长接待日，开展每周一天的监狱长接待日活动，听取罪犯家属对监狱执法工作的意见和建议，接受咨询。7.设立监狱长信箱，设立举报投诉电话，多渠道及时掌握罪犯动态。

(六)部分罪犯特赦工作

图 6—29 2015 年罪犯特赦宣判大会

2015 年 8 月,全国人大常委会发布《关于特赦部分服刑罪犯的决定》,按照上级部署,监狱坚持讲政治、遵法令、重证据、按程序,不折不扣落实不错放一人,不漏赦一人的工作要求,扎实推进部分服刑罪犯特赦工作。监狱派出 5 个调查组 14 人次,奔赴全国各地对拟提请特赦对象的相关情况进行调查走访,共走访 94 个单位,完成笔录材料 50 份。刑罚执行科根据《特赦案件办理相关问题座谈会纪要》和《关于规范提请省局审核特赦案卷的要求》的有关规定,列出案卷所需材料的目录清单,对各监区提交审查的二类 9 件、四类 2 件共 11 件案件的卷内材料进行逐人逐项逐页查阅,并建立一案一表审阅责任制。特赦工作开展期间,共完成对调查取证小组从 94 个单位取回的档案材料、身份证明材料及 50 份笔录的审查,对材料是否齐全、完备、规范,相关证明材料是否真实、有效等严格把关,不放过任何疑点。案卷审查结束后,将案卷中存在的问题及时通知取证人、办案人及监区领导予以纠正,确保每一本案卷经得起法律和历史的检验。至 2015 年 12 月 31 日,全狱共特赦 11 名罪犯,其中四类罪犯 2 名,二类罪犯 9 名;经常德市中级人民法院裁定特赦 9 名,经湖南省高级人民法院裁定特赦 2 名。

(七)刑罚执行信息化建设

全省建立的第一个信息化平台——刑罚执行网上协同办案平台于 2015 年 4 月 8 日起在监狱试点运行。试点运行期间,监狱根据全省刑罚执行工作要求,对该办案平台进行板块设计,提出由十二大板块构成:⑴罪犯信息(基础信息、罪犯类型、刑罚变动);⑵减刑假释(含重要罪犯减刑假释审批程序、假释罪犯评估与交付、涉财判决执行能力情况审查、撤卷程序、结案后的数据汇总与统计台账);⑶三类罪犯管理(含有关台账);⑷老病残罪犯管理(含公示、会议记录及相关台账);⑸立功与重大立功表现认定(含公示、会议记录与相关台账及说明);⑹涉财判决执行管理(含有关台账);⑺申控检;⑻暂予监外执行;⑼资料整理与归档;⑽刑罚执行业务报表;⑾查询与统计;⑿文书打印。8 月 6 日,在国科公司完成十二大功能板块中的罪犯信息、涉财判决执行管理等十大板块的搭建后,省司法厅、省监狱管理局会同省检察院对平台进行预验收。预验收后,国科政信公司按照验收会的要求,结合省监狱系统办案工作的实际需要,对办案平台进行重新研发。2015 年 11 月 4 日、5 日,配合省监狱管理局组织全省 26 个监狱的信息技术科、刑罚执行科、监区等警察共近 100 人对平台的操作进行培训,收到预期效果。2015 年 6 月,监狱利用办案平台顺利完成第三批罪犯减刑、假释案件办理工作。

第八节 狱内侦查

狱内侦查是指全国监狱根据法律规定，为防范和办理罪犯在监狱内犯罪案件而实施的，由专门的调查工作的有关强制性措施组成的刑事司法活动。其基本任务是在监狱党委和行政首长领导下，依靠全体监狱人民警察运用隐蔽斗争与公开管控相结合的手段，开展调查研究，解、掌握罪犯思想动态和行为动向，及时发现敌情线索；严密防范、控制罪犯中可能发生的暴狱、行凶、脱逃等各类案件；对重新犯罪嫌疑分子进行预审、结案；对侦查终结的案件依法移送人民检察院审查决定；依法深挖在押罪犯未交代的余罪，其他犯罪线索，及时转递给有关司法机关。积极贯彻“预防为主，防破结合，及时发现，迅速破案”的狱内侦查工作方针。

一、工作机构及流程

1989 年年初，成立监狱狱政科狱侦组，设副科长 1 名、专干 2 名；1990 年，成立狱内侦查专门机构，设科长 1 名，专干增至 4 名；1992 年 1 月 10 日，下发《关于成立狱政二科的通知》，标志着德山监狱狱内侦查科的正式成立。2004 年 1 月 9 日，以湘德监管〔2004〕03 号文件《关于设立狱侦专干的通知》增设监区狱侦专干 16 名，之后，随着监狱机构的调整，监区狱侦专干每年保持在 17～19 名。

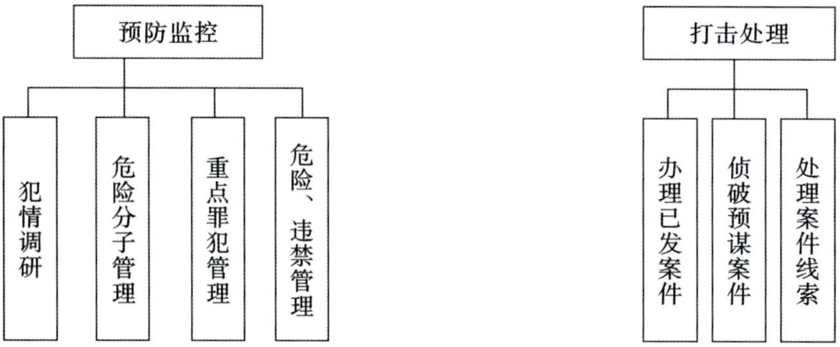

图 6—30 **德山监狱狱侦工作流程图**

二、犯情调研

犯情调研主要针对罪犯个人或群体的有关情况，特别是罪犯思想情绪、活动特点等方面的调查和研判。

1.定期召开犯情分析会。自狱侦科成立以来，坚持定期监狱每月、监区每半月、分监区每周一次的犯情分析会制度。主要领导参加、分管领导亲自主持。主要针对监管安全中出现或可能出现的隐患进行分析，并提出整改和防范措施，同时对不同时期罪犯中可能会出现的苗头隐患，予以分析预测后及时将收集到的狱情、敌情综合逐级上报。

2.适时开展特殊时期的犯情调研。凡遇国内外发生重大事件、组织重大活动、重大节假日或特定的时期以及对不同时期、不同阶段罪犯带倾向性的问题都要进行调查研究。据不完全统计，自 1992 年狱侦科成立以来，共开展防罪犯自杀、防脱逃、防违禁品等到各类专题调研活动 15 次，撰写理论调研文章百余篇。如：1998 年针对监内罪犯袭击警察行为突出的现象，积极组织开展《打击狱内罪犯破坏监管秩序行为的专项整治活动》；同时，在 2002—2010 年，针对监内又犯罪案件不断、罪犯中自伤自杀行为突出、外省调入罪犯思想复杂、抗改袭警行为常有发生以及监内违禁品屡禁不止等突出现状，开展犯情调研，并分别撰写《对监内又犯罪案件的分析与对策》《关于罪犯自伤、自杀现象的调查与思考》《对浙江、广东调入罪犯调查之现实忧》《正确理解袭警内涵、坚持依法文明管理》及《监狱违禁品流入途径及反违禁物品的方式方法》等专题调研论文。2010—2015 年，监狱除每年的元旦、春节、五一、国庆等节假日前后进行犯情摸排收集外，还针对 2011 年 5 月 1 日起实施的《刑法修正案（八）》中无期、死缓法律适用方面的敏感问题和 2014 年 3 月 1 日云南暴恐事件，以及 2015 年罪犯特赦事件均组织进行犯情收集及教育疏导等调研工作。针对犯情案例，先后撰写《有效防范狱内重特大案件的几点体会》《以案析法》《落实重点罪犯及危险分子管控的几点做法》和《监狱关于罪犯持有淫秽物品管控之对策》等调研文章。

（一）危险分子、重点罪犯管理

1.危险分子摸底排查。危险分子是指预谋从事脱逃、自杀、行凶或有其他犯罪迹象、其他危险因素，对监管安全具有现实或潜在危害性和破坏性的罪犯。根据危险分子的行为特征，可划分为脱逃、凶杀、自杀及其他四类。按危险分子的危险程度可划分为一般危险分子和重点危险分子两类。2002 年前，监狱主要针对前面四类重点危险分子予以监控管理。2002 年后，监狱又对死缓、无期尚未减刑的罪犯都列为一般危险分子管理。每月进行不少于一次的摸底排查，对排查出的有危险苗头的罪犯及时建立专档，落实“三包一夹控”措施，并制定《危险分子月排查表》对重点和一般类危险分子摸排情况分别按月登记上报狱侦部门。自 1988 年来，监狱列管监控有现实危险的重点危险分子从 60 名渐增至

185名，2010年，增至202名，其中脱逃61名、行凶53名、自杀69名，其他19名，另监控一般危险分子487名。2010年至2015年，监狱重点危险分子由202名增至349名(由押犯总数的6.5%增至11.5%)，一般危险分子由487名增至670名(由15.8%增至22.1%)。其间，新排查出重点危险分子310人次，一般危险分子878人次，筛选出重点管控罪犯1800余人次。

2.危险分子的教育管理。对已列管的危险分子严格落实“三包一夹控”措施，包教警察每月不少于两次谈话教育，每季进行一次考核。夹控罪犯签订《夹控人责任书》，明确责任，并根据完成任务的情况依据《责任书》有关规定予以考核奖惩。侦查部门每月派警力对监区危险分子夹控情况进行随时抽查，发现落实不到位的，及时通报监区或按有关规定予以严格考核。根据《湖南省监狱高危罪犯管控暂行规定》文件精神，2013年12月起，我狱对极度危险的罪犯实行高危隔离监管，至2015年年底，共办理高危罪犯隔离106人次。

3.重点罪犯的排查管理。重点罪犯是指基于罪犯捕前某种特定的社会身份或犯罪性质或犯罪的社会性影响面，而需要特别提防、特别重视他们的服刑态度及表现的罪犯。1989—1998年，监狱监控的重点罪犯主要为“两乱犯”和“海外关系犯”(其中“两乱犯”22名、海外关系罪犯30余人)。1998年6月根据《关于加强涉黑罪犯管理的通知》要求，监狱摸排出涉黑类重点罪犯8名。1998年8月根据《关于在监内开展集中整治吸毒、贩毒专项活动的通知》要求摸排出涉毒重点罪犯22名。后监狱又相继对捕前系县处级、市人大代表、有社会重大影响、危害国家安全、涉黑涉恶以及涉毒类罪犯列为重点罪犯监控。先后收押过11名捕前系县处以上职务的职务犯、1名社会重大影响罪犯、1名市人大代表、1名危害国家安全、20余名涉黑涉恶及200多名涉毒类重点罪犯。目前监狱管控的重点罪犯主要为县处以上职务、涉黑、有吸毒史、社会重大影响及省局确认五类。至2010年年底，在押重点罪犯242名(其中，处级以上职务犯1名，涉黑罪犯15名，重大影响类罪犯1名，省局确认类罪犯1名，有吸毒史类罪犯224名)。对这类罪犯监狱都建立重点罪犯专档、安排夹控人员监控，每季度进行一次考核。对于他们的减刑、假释、保外就医及调动都必须经狱侦科严格审核，重点罪犯的接见、通讯都由狱侦科审查，并做好登记。据不完全统计，2005—2010年，狱侦科办理重点罪犯减刑、假释等异动审核122人次，每年办理重点罪犯接见登记400余人次。自2012年起，每季度针对涉毒罪犯、情绪波动罪犯、突发精神异常类罪犯及平时方便与外协工作人员频繁接触罪犯等分批次进行尿样筛查检测。2012—2015年，共分14批次对2395人次涉毒类罪犯进行尿样检测。另一方面自2015年起对所有新入监罪犯(共343名)进行普遍尿样检测。

(二)监内违禁物品管理

监内违禁物品是指为监管安全制度明令禁止或妨碍罪犯正常改造可能危及监管场所

安全,禁止罪犯个人持有的物品。监狱的管理方式:一是堵住入口。通过严格落实徒手进监、外来人员及车辆入监检查、接见物品审查等各项基本制度将危禁物品堵塞在监外。二是全面清查。通过分监区每周不少于一次、监区每半月一次,监狱遇重大节假日和特殊时期组织全狱性地毯式大搜查行动和业务科室不定期对各监区重点人员、重点部位、重点时段进行突击清查等多种形式的清监、查监手段,将流入监内和危禁物品彻底清理出监,消除隐患。

第九节　安全生产

一、组织机构及沿革

1987 年 10 月,湖南柴油机厂调整厂级安全生产委员会,由主任委员、副主任委员、委员组成。委员会下设专职安全环保办公室与劳资科合署办公,设主任 1 人,专干 1 人,是湖柴建厂 15 年来第一个安全生产常设机构。同年 12 月,湖南柴油机厂成立厂、车间、班组三级安全组织机构,各生产车间成立安全生产领导小组,车间主任任组长,下设安全生产班组,并设兼职安全员若干名。以后每年安委会都根据厂、监狱党委的人事调动对安委会组成人员及车间、监区和安全班组、兼职安全员进行调整。

为适应安全生产工作需要,1988 年 3 月 7 日湖南柴油机厂正式启用“湖南柴油机厂安全环保办公室”印章,对外开展工作。

1998 年 2 月,监狱党委下文明确安环办为副科级实职单位隶属劳资科。1999 年 1 月,党委决定安环办的消防职能划归保卫科。2003 年 2 月,监狱党委对监狱安全生产常设机构调整,将监狱安环办由劳资科的二级机构升格为独立的正科实职机构。2004 年 5 月,监狱党委根据湖南省监狱管理局的要求成立湖南省德山监狱安全生产管理科。安全生产管理职责不变。配备科长 1 名,副科长 1 名,安全专干 2 名。2010—2015 年,没有发生一起重伤以上安全生产事故,火灾报警事故为零。2011 年、2014 年、2015 年,三年被常德市经开区评为安全生产先进单位。2014 年,被省政府评为省直机关单位“安全生产月”活动开展先进单位。2015 年 11 月,顺利通过常德市安全生产标准化专家组验收评审,获得国家安全生产标准化三级企业认证。

二、教育培训

安全教育是安全生产管理的重要组成部分，是提高全体从业人员安全意识，防止不安全行为，预防事故、保护劳动者在生产过程中安全的一项重要措施，是安全生产管理的一项基础性工作。1991 年，原湖南柴油机厂针对当时的实际制定对员工的安全教育培训制度，通过多次的修改，完善形成《安全生产教育培训制度》。按照教育培训的要求，厂，监狱每年都编制安全生产教育培训计划。

1988 年年初，湖南柴油机厂安委会把职工的安全教育正式纳入职工的教育计划，根据各个车间的生产实际情况，对职工每月基本进行一次安全教育，对罪犯在技术教育中每月安排一个晚上的安全知识教育。

1988—2015 年，厂、狱安委会每年都将国家有关安全生产的政策法规、党和国家领导人对安全生产工作的指示作为安全生产宣传教育的重要内容进行学习。并针对厂、监狱的实际情况对新招工、调入、转岗、下岗后再就业，部队、技校分配的职工和新入监的服刑人员进行“三级”安全教育。其中，对职工开展“三级”安全教育 387 人次，对服刑人员开展“三级”安全教育 3500 人次。为加强对厂、监狱特殊工种人员的教育培训，安委会先后举办锅炉工、电工、起重工、金属焊接工、架子工、厂内机动车辆驾驶员等特殊工种的培训班 48 次，培训 960 人次；获得常德市劳动局特殊工种操作证 810 人次；送外培训 150 人次，获证 132 人次。厂、狱安委会组织安全生产法规知识培训班 18 次，培训 910 人次；安委会举办消防安全知识培训班 15 次，培训义务消防员 750 人次；在全狱范围内播放安全生产警示教育片 17 部。

三、安全活动

1990 年前，湖南柴油机厂在每年的 5 月都会在全厂开展“红五月”安全生产活动，这是湖南柴油机厂的优良传统，每年 5 月安委会下发通知、各单位针对生产特点，主动开展活动并能收到预期效果。1990 年至 2001 年，厂、狱安委会都会按照上级的要求布置，在全厂、狱范围内每年 6 月开展“全国安全生产周”活动。2002 年至 2015 年，狱安委会每年 6 月都会在全狱范围内开展“全国安全生产月”活动。同时，狱安委会每年还会组织开展安全生产专项活动。如“百日安全无事故活动”、“献礼杯”百日安全竞赛活动、消防安全演习活动等。而且在“5・12”国家防灾减灾日、“11・9”全国消防日分别开展大型的应急疏散演练活动。

四、安全检查

安全生产检查是保障安全生产的重要手段。通过仔细的检查，发现隐患及时整改，把隐患消灭在萌芽状态，防止事故的发生。安全检查的内容主要以查思想、查制度、查管理、查安全教育、查事故隐患、查事故处理、查整顿措施的落实。安全检查的方式主要是普通检查与专项检查相结合，经常性检查与定期性检查相结合，全面检查与个别检查相结合、抽查与自查相结合。安全检查的原则是“谁检查，谁签字，谁负责”。

监狱每月组织一次安全大检查，安全办或安全科每天组织力量对全狱的安全生产、消防安全进行检查考核，及时发现隐患、及时整改，确保监狱生产安全。

1988—2015年德山监狱安全检查、隐患排查与整改统计表

表6-11　　单位：人次

项目/年份	安全检查			处隐患	整改隐患	查出三违	下达整改
	监狱	部门	专项				
1988	4	8	1	16	12	4	5
1989	4	8	1	18	13	6	3
1990	4	8	1	21	19	5	6
1991	5	8	2	30	22	15	4
1992	4	8	3	15	11	12	3
1993	4	8	1	11	9	18	3
1994	5	8	1	17	15	20	3
1995	5	8	1	30	28	15	2
1996	4	8	2	27	21	15	4
1997	5	8	1	25	20	31	3
1998	4	10	1	32	28	27	2
1999	4	10	1	28	25	26	3
2000	5	12	2	26	23	16	2
2001	8	12	2	29	26	13	8
2002	10	12	2	31	29	15	7
2003	12	12	2	29	27	17	5
2004	12	12	2	22	19	12	4

续表 6-11 单位：人次

年份 \ 项目	安全检查			处隐患	整改隐患	查出三违	下达整改
	监狱	部门	专项				
2005	12	12	2	28	26	14	4
2006	12	12	2	25	24	16	5
2007	12	12	2	29	26	15	4
2008	12	12	2	27	25	14	4
2009	12	12	2	23	20	12	3
2010	12	12	2	27	26	13	4
2010	12	12	2	83	81	12	2
2011	12	12	2	86	85	18	5
2012	12	12	2	87	85	8	4
2013	12	12	4	85	84	12	6
2014	12	12	6	64	63	11	2
2015	12	12	8	110	104	14	2

六、消防安全

1988 年，消防工作由厂安委会下属的安全环保办公室和厂保卫科共同负责。设专职消防员一人具体负责。1993 年 3 月，鼎城区公安局、1995 年 3 月常德经开区将湖南柴油机厂确定为一级防火单位。1995 年 4 月，厂安委会下发《关于重新建立我厂“防火安全委员会”及组建“义务消防队”的通知》，成员由各单位主要负责人组成。同时组建厂第一支义务消防队共 20 人。1999 年 1 月，将消防职能划归监狱保卫科。2004 年 5 月，将消防职能划归安全生产科。

组织消防人员培训。从 1998 年至 2015 年，共举办培训班 25 次，培训人员近 4300 人次，2005 年、2006 年、2008 年、2010 年分别请省消防协会专家来监狱进行专题讲话。每年进行一次消防演习，每半年开一次消防安全大检查。

配齐消防器材，由 1988 年灭火器 89 具，消防栓 10 个到 2015 年增添至灭火器 686 具，消防栓 30 个。2015 年 9 月开始对一号劳务大楼进行消防两自动工程施工。

第十节　生活卫生管理

一、生活标准

20 世纪 80 年代末至 90 年代初期，由于经济困难，罪犯生活费得不到较好的保障，伙食标准人均每月只有 30 元左右。为丰富罪犯的物资生活，提高伙食质量，监狱开展大种大养。1988 年组织罪犯自捡断砖残料盖一栋 200 平方米的简易猪舍，利用星期日和晚饭后的时间，组织罪犯挖土方 4860 立方米，年底罪犯食堂菜地达 31.2 亩，自产蔬菜 5 万多斤。1989 年人均每月吃肉 2 公斤，自产蔬菜 10 万余公斤，基本做到自食自给。1991 年，罪犯每月生活费标准达到 37 元，比省局规定标准提高 5 元。

图 6—31　罪犯监舍

1992 年，全面推行规范化管理，继续开展大种大养，将大种大养工作与双百分考核和食堂的肉食蔬菜供应挂钩。经过不断的学习和实践，摸索出一套养猪防病的办法，食堂养猪发展到 400 多头，肉食自给率达 100%，罪犯伙食明显改善，达到每月人均 46.6 元，超过省局规定标准 7 元以上，被省局评为“管教工作先进单位”。2005 年，为保障罪犯肉食品的质量，监狱对罪犯肉食品实行集中采购，逐步使罪犯伙食从保障温饱向营养膳食转变，罪犯伙食费标准为 115 元/人・月，实际投入 126.16 元/人・月，监狱补贴 11.16 元/人・月。

罪犯生活管理基本情况对比表

表 6-12

年份	年末押犯数	罪犯伙食费元/人月		罪犯医疗费元/人月		零用钱元/人月		杂支费元/人月		被服费元/人年		被服供应情况		罪犯“五费”是否专款专用
		标准	实际	标准	实际	标准	实际	标准	实际	标准	实际	是否按标准发放	是否统一着装	
1992	2354	39.25	46.65	2	2	3	3.6	1	1.1	2.5	2.5	是	否	是
1993	2324	45	46.98	2	2	3	3	1	1	2.5	2.9	是	是	是
2005	2771	115	126.16	7	10	3	3	2	8.4	5	13.8	是	是	是
2008	3101	148	154	8	8.1	5	5	2	2.62	7	7.1	是	是	是
2010	3140	160	166	18.67	18.67	6	6	2	2	10	10	是	是	是

2007 年，由于物价上涨，罪犯生活费不能同步增长，伙食费较低。监狱努力改进经营管理，挖掘内部潜力，完善各项制度，坚持自力更生，积极组织罪犯自种自养，发展食堂养猪，加强教育罪犯节约粮食，采取各种有效措施杜绝浪费现象，从而缓解物价上涨给罪犯生活带来的影响 2009 年保证存栏猪在 150 头以上，全年共产肉 72 吨，自给率达 100%，保障罪犯每天能吃豆腐，全年共自制豆腐 65.6 吨。

在全狱上下的共同努力下，罪犯的伙食费经过 1995 年、2004 年和 2010 年三次大的调整，得到质和量的飞跃。过年过节期间，在原有生活标准的基础上，罪犯生活补贴每人不少于 30 元。

2011 年，在罪犯主要生活物资市场价格上涨的情况下，监狱采取多种形式保证罪犯食物量标准不下降。一是全面开展节约挖潜活动，尽全力减少浪费；二是收集剩饭剩菜饲养牲猪，自产猪肉 95 吨，全部用于改善罪犯伙食；三是自制白豆腐、剁辣椒、酸菜、干菜等，仅此一项全年节约伙食费 10 万余元；四是从生产经营利润中按 13 元/人·月弥补财政拨款的不足，仅此一项，监狱就提供近 50 万元的资金支持。此外，对罪犯生日和少数民族罪犯均制作特殊用餐，充分体现监狱人文关怀，稳定罪犯改造情绪。

2012—2015 年，监狱充分吸取 2011 年的工作经验，因地制宜，大力发展牲猪养殖和食品加工，充分利用现有资源，减少中间环节，有效地应对物价上涨和财政拨款的不足。

2011—2015年德山监狱补贴罪犯伙食情况对照表

表 6-13

年份	自产猪肉(公斤)	食品加工项目	拨款补贴(元/人·月)
2011	95000	豆腐、剁椒、酸菜、干菜	13
2012	97000	豆腐、咸菜、干菜、辣椒粉	3
2013	115000	豆腐、咸菜、干菜、辣椒粉	4
2014	118000	酸菜、干菜、腊鱼、辣椒粉	5
2015	200000	酸菜、干菜、腊鱼、辣椒粉	7

2015年,监狱自筹资金增设病犯餐,按每个罪犯每月12元标准拨付,根据病情和医嘱,针对性提供饮食。

二、伙房

1988年,罪犯食堂由各单位自行管理。为加强罪犯物资管理,改善罪犯的伙食条件,堵塞管理漏洞,节约开支,监狱制定《关于罪犯生活物资供应、副业生产的有关规定》。凡属罪犯食堂的生活物资,一律由生卫科统一采购,其他单位不得擅自采购;罪犯种菜、养猪所获,一律只能用于改善罪犯伙食;各食堂物资(或现金)于每月底列表向生卫科报告收、发、结、存情况,现金交生卫科统一保管,凡属伙食节余和食堂副业收入,各伙食单位有权用来调剂、改善罪犯伙食或添置少量小型餐、炊具,但不准挪作他用。卫生部门在罪犯食堂较多的情况下,举办一期有43人参加的炊事罪犯烹饪技术培训班,并有42人拿到合格证。

1989年,罪犯食堂统一由生卫科集中管理。之前由支队下属的各车间负责罪犯的生活。在伙食管理上,先后制定和完善物资、采购、保管、食堂开餐、炊事员守则等伙食管理制度,并把制度执行的好坏纳入罪犯的百分考核,对罪犯的日常生活做到制度化和规范化,提高炊事员的积极性,对加强罪犯伙食管理起到很大的促进作用。

在食品的保管、加工、运输过程中,按照物资种类分类储存,明码放置整齐,并有防鼠、防蝇、防潮、防腐烂变质等措施,实行专人管理。炊事用具、餐具“四过关”(洗、刷、冲、消毒),生熟食物菜板、刀具分开,防止食物交叉感染,制定饭菜运输管理办法,确保罪犯吃熟吃热,并为少数民族罪犯配送特殊餐。

2005年，为保障罪犯肉食品的质量，罪犯肉食品实行集中采购，推行伙委会制度和监厨制度，提出检查生活物资“三不收”原则，确保生活物资质量，定期召开伙委会会议，做好伙食信息反馈。2008年，开展“开源节流、增收节支、节能降耗”活动，大宗生活物资实行招标采购。创建省级“文明伙房”，并通过省局验收合格。2009年，监狱投入100多万元资金对伙房进行改造，另外还投入10多万元资金添置切菜机、切肉机、和面机、冰柜、搁物架等厨具设备，将监内的供水管道重新更改，增大供水能力。多面出击组织货源做好生活物资储备，顺利渡过难关。2010年，为加强狱政管理，遏制违禁物品流入罪犯生活区，罪犯就餐由原来各监区自行拖饭改为由生卫科集中统一配送，同时尊重少数民族罪犯生活习惯，将民族餐改为生卫科统一制作，并专门安排一名新疆籍罪犯负责清真灶。

2011年，新的标准化罪犯食堂建成并投入使用，同时完成煤改气工程，此后的几年中，监狱通过狠抓“三自”产业，严格生活物资检查验收，强化伙房后勤服务意识，科学搭配膳食等，囚食供应综合能力、水平和素质均有明显提升。

2015年，罪犯伙房连同罪犯超市一并从生卫科剥离出来，成立后勤监区，便于生卫科集中精力抓管理，后勤监区则专门从事囚食加工和配送。为强化刀具利器的管理，监狱还成立由20余名职工组成的净菜加工中心，专门负责各类蔬菜的洗、择、切。是年，监狱还向常德市食品药品监督管理局提出资质申请，经验收合格后取得“餐饮服务许可证”，正式使罪犯伙房食品加工合法化。

三、监内超市

监狱根据上级的要求与规定，2002年成立监内超市，由生卫科管理。超市所出售的各类物资明码标价，严格做到“五不准”，即不准销售有碍监管改造、有害罪犯身体健康的违禁物品；不准销售假冒伪劣、变质、过期食品；不准销售超出罪犯正常消费水平的高档商品；不准乱提价格、克扣斤两、以次充好、强行搭配；不准使用现金交易，赊欠和超支消费。2001年启动罪犯消费智能卡管理系统。2009年重新制订的《罪犯超市管理规定》明确规定：罪犯超市购物是管理罪犯过程中实施的一种行政奖励办法，罪犯购物只能使用本人的IC卡，购物完毕自觉接受安检。2010年，省局要求监内超市规范化达标，实行由省局统一管理和监狱自行管理相结合的方式。监狱以此为契机，提高“两部一室”服务质量，在软件上，让每名员工熟悉掌握超市规范化达标各项工作要求，责任供应商提高相关资质的有效证件，经审定后签订格式合同。在硬件上，对超市现有消防器材、监控设备、刷卡机、电脑扫描机等设施和超市建筑牢固、防水防潮、防火防盗、面积达标等项目进行检测、维修和更换，对合格商品重新进行分类摆放。同时对各监区购物时间根据各押犯单位实际情况重新进行调整。2010年上半年，监狱育德超市顺利通过省局规范化达标验收。

2011年，监狱超市严格按照省局确定的供货商及商品目录进行公开招标挑选，其中有五家供货商取得供货资格并签订供货合同。2012年，通过加强超市员工管理和教育，提升服务水平，保障罪犯合法消费权益，改进超市购货方式，提升超市营运水平，全年超市营业额首次突破千万元大关。2013年，新的罪犯超市建成，场地变大、设施变优，职工退出，全部由服刑人员进行管理，是年超市营业额达到1160万元。2014年，根据省局要求，超市增加商品数量，确保货源充足，合理调整各监区购物时间，全年实现营业额1400万元。2015年，超市采取网购、配送、现场选购等模式，及时解罪犯需求，在省局商品目录允许的范围内，尽最大努力满足罪犯正当消费需求，全年完成营业额1700万元。

四、罪犯经费管理

罪犯生活费严格按省局规定的标准及时足额拨付到位，罪犯的汇款、接见款一律交财务、打入罪犯个人IC卡。其中按标准拨付的生活费低于实物量标准的，监狱对不足部分进行补充。自1994年起，除医疗费由医院管理以外，罪犯的伙食费、被服费、零用钱、杂支费、防疫费、服务费等费用指标，划归生卫科统一管理和使用。自1995年起，监狱提前一个月核拨下月的罪犯生活费至生卫科。罪犯生活费单独建账号，专款专用。罪犯生活物资设立仓库保管员，设置仓库实物明细账，健全物资管理制度。规范运行“三自”生产，“三自”生产所产生的收益除15%爱心希望基金外，其他收益全部用于改善罪犯生活和添置罪犯生活设施设备。

对于罪犯的现金和存款管理，几经更改。1989年，罪犯的钱粮实行统一按层次管理，由中队(或大队)管账，财务科管钱，狱政科管物品(生卫科管小吃)的办法进行管理。1993年，罪犯所有现金统一集中归口狱政科管理，不准罪犯私自和使用现金，也不准其他单位和个人代为保存、挪用和私自为罪犯购买物品。狱政科设专门的财务室，配专干2名，并制订《罪犯现金管理制度》。1998年，重新修订的《罪犯现金管理制度》规定罪犯的一切经济往来，必须建立严格的账务管理和审批制度，由狱政科一名副科长负责管理罪犯现金收支的审批工作，监狱财务组负责管理罪犯的现金和总账，各分监区指定一名干警管理本分监区罪犯现金的明细账。2002年，罪犯存款现金由财务科管理，账目划归生卫科管理。2005年，设立罪犯存款专项资金账户和罪犯医药费专项资金账户。

从2013年起，罪犯的个人款项实行“一卡通”，监狱不再也没法接受罪犯的个人汇款，一律通过邮政储蓄银行，采取特殊的专用通道和账号汇入罪犯“一卡通”卡上，罪犯在监狱获取的零花钱和低报酬也按月造表逐人打入“一卡通”。罪犯改造经费由省财政核定指标，监狱按指标申报购买计划，经监狱财务核算后通过银行与供货商结算，监狱只见数字和实物，不见现金和汇票。

五、内务卫生

监狱制定《监舍内务管理办法》，把卫生责任区划分到押犯单位及个人，对各监舍进行定期或不定期的常态化管理和考核，并出台一系列的考核奖惩措施，与押犯单位的效益挂起钩。分监区每天至少检查一次监舍内务卫生，监区每周检查一次，监狱每月进行检查评比，并将检查结果详细记录予以公布。生卫科多次修订《监内用水管理办法》、《监内用电管理办法》，完善押犯单位承包水、电措施，在保障罪犯用水用电的前提下节约水电量。

为加强卫生防疫力量，更好地开展对流行病及传染病的防控工作，1992 年开始成立卫生防疫小组；2005 年开始成立监内传染病防治控制工作组织机构；2007 年启动疾控中心，全面开展疾病预防控制工作，重点抓好艾滋病、结核病、性病等重点传染病的预防、监测、治疗以及其他重症疾病的救治工作。在 2003 年“非典”和 2009 年“H1N1 甲流”特殊时期，监狱制定《突发公共卫生事件应急处置方案》和《防控甲型 H1N1 流感应急预案》，防止和处置突发公共卫生事件。2010 年，建立“常德市防疫机构—监狱（医院、生卫科）—各押犯单位—罪犯个人”四级防疫体系。

根据季节和社会上传染病流行情况，每年积极开展春季爱国卫生和夏季“三防”活动，对罪犯宣传卫生和防疫知识，拨出专款（“春爱”按 15 元/人、夏季“三防”按 10 元/人）购买防暑降温和防疫药品，灭杀各类蝇虫；每天对空气和饮用水消毒，定期对洗漱间、厕所、阴沟、垃圾点消毒。2008 年，监狱春季“爱卫”、夏季“三防”活动获得省局三等奖。

1988 年，监狱制订《囚服管理制度》，规范被服发放管理，实行专人专卡，对罪犯的被服加工制作，本着降低费用，节约开支的原则，统一由罪犯加工制作，生卫科统一管理。因经济困难，罪犯被服费偏低，各单位合理计划、统筹安排，按“先外后里、先单后棉、先衣后被”的顺序逐步安排，基本保证罪犯御寒蔽体。1989 年 7 月，省局要求罪犯必须统一着装（含内衣、背心、短裤），并规定囚服明显的标志，便于识别。但由于制式囚服供应有一定困难，只能对罪犯自带的衣服由生卫科采取加工缝扎囚服标志，代作囚服使用。1992 年司法部印发《关于统一罪犯囚服样式的通知》，囚被服仍按需统筹安排生产，由省局委托囚被服制作中心代收。2008 年，监狱全面推行“6S”管理，按照“适应气候、整齐划一、兼顾劳作、便于识别、注意节俭”的基本原则适时发放囚被服，对“三无”人员及老弱病残给予更多的关心和照顾。

1992 年，对罪犯物品全部采用统一样式、统一规格的物品袋保管；2007 年，积极开展

“卫生环境四化”(净化、亮化、美化、绿化)工程活动;2010 年,开展监舍内务“6S”整理整顿活动,统一购买配备饭盒、口杯、凳子、物品柜等罪犯个人物品,严格推行“6S”管理,监舍内务水平提升一个等次。

六、医疗卫生

(一)医院建设

监内医院初始由 300 平方米的一栋破旧平房改造而成,1991 年监狱斥资 30 多万元在监舍区新建一栋两层楼房用作医院,建筑面积约 913 平方米;2010 年年底在原有基础上东西扩建增加 930 平方米的医疗用房,监内医院总面积达到 1832 平方米,病房由原来的 20 床增加到 80 床。狱内医院由院长(教导员)全面负责,业务副院长负责医疗管理,改造副院长负责监管改造工作。

20 世纪 80 年代至 90 年代初期,医技人员缺乏。90 年代中期,在省局组织下,每年送医技人员到湘雅、传染病医院等长沙各大医院进修,并在回来后组织对罪犯医生的培训。至 2004 年,拥有执业医师 4 人,执业助理医师 3 人,药剂人员 2 人,注册护士 7 人,检验人员 1 人,其他卫生人员 3 人,管理人员 4 人;从事生活护理的罪犯 20 人。1997 年省监狱管理局拨付一台 300mAX 光机,监狱利用有限的资金于 2001 年自购心电监护仪和尿 10 项监测仪各一台,2008 年自购黑白 B 超机一台和半自动生化仪一台,在此之前监狱还相继自购抢救推车、洗胃机和输液泵、手术床、十二孔无影灯、麻醉机各一台,2009 年自购全血球自动检测仪一台,2010 年省局拨付全自动生化仪一台。自此,基本满足医疗设施条件。

1988 年,罪犯医疗费每月 2.42 元。2006 年,设立罪犯医药费专项资金账户,保证罪犯医药费专款专用,专户核算。罪犯医疗费用逐年增加,由原来的 2.42 元/人、7 元/人、9 元/人逐渐增至 2010 年 14 元/人,由财政拨款,每年不足部分由监狱支付。罪犯日常基本医疗,包括门诊、住院、急诊在服刑人员药费中开支,但部分情形由罪犯及其亲属自付,罪犯及其亲属无法一次性支付的,由罪犯所在单位按照有关规定先行垫付,然后再由所在单位向罪犯及其亲属收取:罪犯自伤自残的;罪犯行凶肇事,打架斗殴的;个人理由需外出检查、治疗和鉴定的;性病;营养保健药品费和自费药品;基本医疗以外的其他医疗费用。

2010 年至 2015 年 12 月 31 日,累计投资近 200 万元进行硬件建设,在原房屋面积仅 1500 平方米的基础上增建 1500 平方米业务用房,形成单独医院;病床数量由 40 张增加至 80 张,且全部更换为标准病床、床头柜床上用品,增建输液轨道,基本达到标准化病房要求;功能用房更加合理,建设内外诊室、化验室、药房、留观室、预防保健科、信息资料室、医生办公室、标准手术室,门诊与住院部均建设标准化抢救室且配备抢救器械药品柜等。

建设门诊部、住院部、传染病隔离区、警察办公区等功能区域。购置大量的医疗设备，包括全自动血细胞分析仪与生化仪各1台、尿10项分析仪1台、200mAX光机与洗片机各1台、12导联心电图机1台、心电监护2台、麻醉剂1台、消毒机2台、手术床1台、高频电刀1台、电除颤仪1台、常规手术器2套等；部分诊室、药房、手术室、抢救室、部分病房安装空调等辅助设施，配备电脑7台实行药品与医疗资料信息化管理等。另外建设全覆盖监控系统与分控室，留存影像信息。

（二）防病治病

根据罪犯既往病史、体格检查和辅助检查，由医院对新收押罪犯做出体检结论并签名，对体检合格的罪犯予以收监。新犯体检情况，建立健康档案和门诊病历，并与罪犯副档随行，对因病、因伤被拒收罪犯的相关情况建立台账。

20世纪90年代初期，医院医疗指标明显落后，在押犯的主要病种以传染病(结核、肝炎)、心脏血管(中风、心脏病)为主，其次为呼吸道、消化道疾病。随着每年押犯的增多，老病残犯的比例也日渐加大。截至2010年年底，3000余名押犯中，60岁以上的有70多名，年龄最大的有80岁，病残犯有690多人，心脑血管病发病年龄提前，肛肠疾病和胆、肾结石病增多，且危重病犯多，一年每月病重病危人次在20人次以上，并有2名尿毒症患者和2名艾滋病患者。门急诊每月近2000人次，30多名罪犯外出住院抢救。2010年，全年收治住院病犯171人次，门诊病犯23165人次，精神病患病数共12人，艾滋病患者2人。

1990年开始，监狱对老、弱、病、残犯实行相对集中关押管理。2004年监狱组织对全狱罪犯进行结核病普查，查出结核病人数共126人，其中入监前患病11人，入监后患病115人，所有患者均送医院隔离，全程化疗，2002年湖南省罪犯总医院成立后，分批组织送往总医院集中治疗。

1992年监狱成立卫生防疫小组，1993年成立预防保健站，2005年成立监内传染病防治控制工作组织机构。医院结合生卫部门组织“春爱”、“三防”管理，专门抽调警察医生搞消毒、杀菌、卫生宣传与检查监督工作，加强巡诊力度，并有针对性地开展防疫活动，做好预防服药和疫苗接种工作，切实加强对甲流、二号病、流行性出血热、流行性乙脑、伤寒、结核、痢疾等重点传染病的疫情监测工作。发现疫情，及时汇报，并进行隔离治疗。2003年“非典”期间，监狱封闭管理，成立医疗事故预防和处置领导小组。医院作为非典应急医疗队，为防止和处置突发公共卫生事件，全天24小时跟进监测。2007年在全省服刑人员艾滋病防控知识竞赛中获得二等奖。2009年预防甲流，进行流感防控知识宣传，采用非接触式红外线测温仪测量体温；对全监每月进行消毒，重点是厕所、阴沟、垃圾点，对食堂、医院、老残监舍、会见中心等特别防控场所，每周一次消毒；对全狱460多名警察进行体检，对630多名驻狱武警官兵和警察职工进行甲型H1N1的疫苗接种；安排医生、护士24小时值班，对服刑人员采取动态监测。

对于重急症病犯，及时收入院抢救，同时邀请常德市专家参与抢救或外送常德市大型医院和长沙长康监狱医院抢救，同时告知其家属参与配合，通知病犯原籍当地相关领导。对病亡罪犯，及时报送《罪犯病亡报告书》。

为搞好呈报罪犯保外就医、减刑、假释中的病情鉴定工作，于1992年成立罪犯病情鉴定小组。随着执法的逐步规范，监狱先后建立一整套相关程序，对符合保外就医条件的病犯，由监区、医院向监狱提出申请，刑罚执行部门召开专门会议研究讨论初审，通过后，由医院进行鉴定，然后提交省监狱管理局及检察院研究通过。由于医疗设备相对缺乏和罪犯保外就医病残鉴定小组人员异动较大，2006年湖南省监狱管理局暂停德山监狱医院罪犯保外就医病残鉴定工作，改由委托津市监狱医院或常德市第一人民医院、常德市精神病专科医院进行，并由监狱纪检检查室派专人全程监督鉴定过程。

第十一节　生产经营

1988年至2010年，监狱企业经历三个发展阶段，即湖南柴油机厂、企业改制、监企分离。企业为罪犯提供劳动改造的场所和岗位，成功改造一批又一批罪犯，同时也为国家创造出巨大的物质财富，为国家经济发展和社会安宁做出贡献。

一、生产项目

（一）柴油机、发电机组

1988年，湖南柴油机厂生产2135、4135、6135柴油机，均布置为直列，行程有140、150两种，在6缸中增加增压柴油机，功率覆盖21～162kW(40～220Ps)，产品应用范围覆盖通用、农用、车用、船用、工程用和发电用，主要产品电站用的有2135D、4135D－1、4135AD、6135D－3、6135ZD，船用的有2135Ca、4135Ca、4135Aca、6135Ca、6135Aca和配黄河8吨车用6135Q型柴油机；同时生产24kW、50kW、75kW、90kW、120kW柴油发电机组。

1990年至2004年，先后开发2135AD、2135Aca、12V135AD柴油机及2135AD、4135AD、12V135AD配套的30kW、64kW、200kW发电机组；6135Ak～2工程用柴油机、6135AT～1农用柴油机及6135AZG柴油机；135K－9a、6135K～13工程用柴油机；轻型X系列X160F、X165F柴油机。轻型X系列X175F柴油机；Hc6139Cz柴油机；

12V135ZD、12V135AZD 柴油机及 250kW、300kW、400kW 发电机组。

(二)汽车配件

为安徽华菱汽车集团有限公司配套生产汽车零部件,主要产品有五十铃载重车后悬架平衡桥、三菱平衡桥、110－A、110～B 平衡桥和支撑块及桥壳;2918AHD～110－A、2918AHD～110－B 平衡桥和支撑块 29ADZ1～18511 及 29ADZ～18511;2918BHD～140 窄体平衡桥和窄体支撑块等。

(三)劳务加工

1996 年,主导产品柴油机及柴油发电机组的生产、销售陷入低谷,经济严重滑坡,监狱开始启动劳务加工生产,是年劳务加工生产规模仅 80 余人。1998—2009 年,劳务加工项目逐步形成彩灯、管灯、宝石、电容、美耐灯、竹品编制、装卸、毛织、足球、电子产品等产业链,2010 年从事劳务加工的人员达到 2700 余人,纯劳务收入由 1998 年的 121 万元上升到 2010 年的 1700 万元。2010 年,再次进行项目优化,终止毛织加工生产。

(四)其他产品

1.混凝土预制件

湖柴混凝土预制件厂始建于 1976 年,为满足湖柴扩建需要,由国家投资,建设银行监督新建。生产自防水大型面板、空心板、门窗过梁、平板、预制花格等混凝土和预制混凝土构件。通过十多年的生产、扩大和对外销售,至 1988 年生产能力达 3000 立方米,并且拥有生产普通混凝土和预应力混凝土构件的各种机具设备、相应的技术力量,以及较为齐全的检测手段。1988 年 5 月,按二级预制件厂上报各级建委资审。

2.矿山钎头

矿上钎头是 1988 年开发的重点项目,分 GX～3 型和 GY～3 型两种型号。1988 年 6 月 8 日,该产品报请省劳改局和省计委列入 1988 年开发的重点项目。9 月,该产品开始试生产。10 月 24 日,新建的矿山钎头生产线正式流通,日班产量达 180～200 个。1989 年该产品投入批量生产。

3.苎麻细纱机

该产品于 1988 年开发,8 月试制出样机。

4.农机

1995 年,靠引进、消化,新开发水田耕整机,改变单一的产品结构,当年生产的 50 台耕整机被抢购一空。1996 年,开发蒲滚船系列农机产品。1997 年,按“一厂多品,规模化经营”的思路,在农机局系列产品中增加脱扬机,为监狱经济增添新的增长点。

二、生产管理

(一)生产设备

湖南柴油机厂从 1988 年工业生产时，通过前期投入及后续的设备自制，共有设备 543 台，设立有专门管理机构及人员负责设备的管理和维修，并将动力科、机修车间分为两个独立的单位，分别从事设备管理、设备维修工作。动力科负责设备的管理、机修车间承担设备大、中修，车间只负责设备小修及保养，并建立设备资料室，有统一的设备台账及专门的设备管理制度。

1988 — 2002 年，因为自身发展缓慢，基本上未批量购进新设备。2003 年监狱引进工程机械零部件加工后，相继购置立式加工中心，线切割机、500KWK 中频熔炼炉、Q478 抛丸机、碳硫快速分析仪、Z3040 钻床、CW6163 车床、X5042AT 铣床、镗孔车端面专用机床、G4022 带锯床等设备。2009 年完成桥壳 V 法铸造生产线技术改造，对铸造车间进行电力增容改造，新建一条 V 法铸造生产线，配套增加熔炼、热处理设备，达到年产 1 万件桥壳毛坯生产能力。

截至 2010 年年底，共有设备 473 台，其中机加设备 341 台，热处理设备 5 台，机加中心 1 台。

(二)生产组织

计划。1988 年，湖南柴油机厂主要从事汽车修理、柴油机及养殖业生产，设立有专门负责生产组织机构——生产科。根据省局下达的生产计划，结合自身情况，编制年度生产计划，报领导审批后实施。生产科根据年度生产计划和具体市场情况，编制季度和月度生产计划，各车间根据监狱下达的生产计划再编制本单位的年度、月、周生产作业计划，如因市场波动需作调整时，用业务联系单作出说明后更改执行。2001 年监狱体制改革后，生产科负责监狱总的生产作业计划，公司内部生产作业计划由公司生产部制订实施。2005 年，原生产科撤销后，企业生产计划统一由生产部下达。

调度。1988 年湖南柴油机厂开展生产以来，设立生产科，配备专职调度员，负责监狱生产、动力、设备、物资的调度，执行生产计划，各车间均配备兼职的调度员，并定期召开生产经营会、生产调度会。2001 年监狱体制改革后，生产科负责总的生产组织调度，公司内部生产组织调度由公司生产部实施。2005 年监企分离后，生产组织职能由公司生产部负责，生产调度职能由劳务分公司、汽配分公司及柴油机分公司负责。

实施。1988 年湖南柴油机厂在生产柴油机、发电机组的基础上生产钎头。1989 年专利产品矿山通用合金、柱齿钎头投入批量生产；铸造车间新建工程竣工并投入使用。监狱下设钎头、型铸、机修、金工、锻压、热处理、工具、汽修、总装 9 个车间。1997 年成立仓储总库。1998 年成立外协办，兼属生产科，主要负责外协加工管理。1999 年成立宝石队、综合大队及劳务劳二分厂，开始从事外协劳务加工。2000 年外协办分离出生产科，监狱有主抓外协劳务加工的部门。2001 年成立芙蓉公司，各劳务单位由监狱统一管理，自行对外接单。2005 年设立劳务分公司，进一步规范外协劳务加工管理。2006 年后，生产经营归属公司组织管理。

三、财务管理

（一）资产管理

1.湖南柴油机厂

从 1970 年建厂，国家的财务管理先后实行统收统支、财务包干、计划差额拨款等管理模式。湖南柴油机厂锐意改革，强化企业管理，控成本降消耗，着力调整经营机制，大力推行承包经营管理，加快新产品开发与劳务开发，各项工作取得一定的成果。1987 年年底固定资产基金 1190 万元，流动资产基金 217 万元，净资产合计 1407 万元。从 1988 年至 2001 年，企业的资产管理呈现出两个大的变化。

1993 年至 1994 年：1993 年通过会计制度改革推行《工业企业会计制度》，将原有管理成本分摊模式转变为制造费用分摊模式，将固定资产基金与流动资产基金转为国家投入资本金与资本公积。1994 年通过税务制度改革，将增值税由价内税模式转变为价外税模式。

1997 年 6 月，根据财政部、国有资产管理局、司法部《关于监狱资产划分有关规定的通知》和省财政厅、省监狱管理局《关于贯彻实施监狱财务会计制度及实施细则有关问题的通知》要求，将监狱资产 3353 万元从企业资产中分离。

湖南柴油机厂从 1996 年起由于产品本身被其他同类产品替代、技术力量薄弱等因素影响，连年亏损，至 2001 年 7 月累计经营性亏损 3097 万元，资不抵债。2001 年 8 月 8 日依法宣告破产，对破产资产进行清算偿债。破产资产总额 3942 万元，负债总额 5847 万元，经过清算净资产－4819 万元。

2.湖南芙蓉机械有限责任公司

成立于 2001 年 7 月 26 日，注册资本 500 万元（原湖南柴油机厂部分优良资产作为注册资本），系国有独资公司，接收原湖南柴油机厂所有工人（含退休人员，均未进入社会劳动保险），为监狱服刑人员劳动改造提供劳动岗位，监狱与公司从财务上分离。

2005 年 12 月 20 日，根据监狱体制改革整体目标“全额保障、监企分离、收支分开、规范运行”的要求，湖南芙蓉机械有限责任公司管理机构与财务从监狱分离，2006 年 1 月正式运行，财务并逐渐向新的《会计制度》《会计准则》过渡。

通过多年发展与积累，至 2010 年年底公司资产累计达 8881 万元(其中，流动资产 6536 万元、固定资产净值 2345 万元)，自有净资产 1301 万元(其中，实收资本 500 万元)。

(二)生产经营

1.湖南柴油机厂

建厂于计划产品年代，主导产品一直单一，在 20 世纪 80 年代中后期骤然放开的市场竞争机制中，135 系列柴油机由于重量重、体积大、油耗高、噪音大在市场竞争受到其他产品的不断挤压。从 1988 年起厂领导为求得发展，先后开发生产钎头、烘干机、耕种机、蒲滚船、脱扬机、青料切碎机、160 柴油机、175 柴油机、变型拖拉机等多种产品。而监狱企业的性质决定企业的技术力量薄弱带来的产品技术含量不高、生产人员不稳定、实现利润上交使扩大再生产资金来源不足等特点，加之市场经济初步建立时的各种机制尚不完善，导致开发的各种产品易遭到小型企业的模仿而寿命不长，除钎头生产超过 10 年外，其他产品均未超过 5 年就退出市场。

2.湖南芙蓉机械有限责任公司

公司成立之初，包袱依然沉重。135 产品老化无市场竞争力、设备设施老化生产能力低下，国家取消对监所劳教单位地税的减免政策、工人负担沉重、生产流动资金不足。对此，公司在不断强化劳务生产管理、提高劳务产出、使高附加值的劳务产业发展成为公司的支柱产业的同时，通过几年的不断探索，2004 年成功开发汽车配件五十铃平衡桥、2007 年开发桥壳与安徽华菱汽车集团有限公司实现配套，并成功进行平衡桥一期技改、平衡桥二期技改、桥壳一期技改、桥壳二期技改，从 2005 年起汽车配件逐步发展壮大成为公司的主导产品。至 2010 年，公司实现汽配为主导、劳务为支撑、135 系列柴油机及发电机组为补充的良性发展模式。

(三)科学技术

1.新产品开发

1988 年，完成矿山用柱凿钎头系列产品开发，产品主要用于矿山开采、隧道施工等行业。

1989 年，荣获国家专利。

1990 年，完成 2135AD、4135AD 两种柴油机开发，分别在 2135D、4135D 柴油机基础上增大行程改进，提高功率 25%，产品用于发电机组配套；完成 2135ACa、4135ACa 两种柴油机开发，分别在 2135Ca、2135Ca 柴油机基础上增大行程改进，提高功率 25%，产品用于船用主机动力；完成 30kW、64 kW 柴油发电机组开发，增加原有产品的功率档次；完成 150 kW、200 kW、250 kW 柴油发电机组开发，提高产品的功率覆盖范围。

1991年,完成6135ACa柴油机开发,产品在6135Ca柴油机增大行程改进,提高功率25%,产品用于船用主机动力;完成6135AZD柴油机开发,通过增大活塞行程和增压技术运用,将发动机功率从120Ps提高到210Ps。

1992年,完成6135K～9a柴油机开发,产品用于厦工、柳工生产的ZL50装载机配套;完成6135K～13柴油机开发,产品用于厦工、柳工生产的ZL30装载机配套。

1997年,完成XH160F柴油机开发,产品用于小型农机具的动力,具有体积小、重量轻的特点。

1999年,完成HC4139、HC6139两种柴油机开发,产品在135柴油机基础上扩缸改进设计,提高功率30%。

2004年,完成五十铃平衡桥开发,产品用于安徽华菱公司重卡配套。

2005年,完成12伏135柴油机开发,产品主要用于发电机组配套。

2006年,完成三菱平衡桥开发,产品用于安徽华菱公司重卡配套,同时取代原有五十铃平衡桥。

2007年,完成斯太尔中、后桥壳总成开发,产品用于安徽华菱公司中后桥总成配套。

2008年,完成北方奔驰中、后桥壳总成开发,产品用于安徽华菱公司中后桥总成配套。

2009年,完成100～A东风型平衡桥开发,产品用于中联公司吊车配套。

2010年,完成2918BHD～140窄体平衡桥总成开发,产品用于安徽华菱公司半挂车辆配套。

2.技术改造

1989年,实施完成铸造生产技术改造项目。项目投资500余万元,新建铸造生产厂房9489平方米,主要配备安装3吨、5吨冲天熔炼炉各一台、砂处理线一条、抛丸清理室一套,达到年产7000吨铸件生产能力。

2003年,实施完成工程机械零部件加工技术改造项目。投资180万元,新购立式加工中心1台、线切割机1台,提高生产效率,扩大生产能力,增强新产品开发的潜能。

2005年,实施完成平衡桥一期技术改造项目。投资171万元,新购500kW中频熔炼炉1台、Q478抛丸机1台、碳硫快速分析仪1台、Z3040钻床4台、CW6163车床2台、X5042AT铣床1台、镗孔车端面专用机床2台、G4022带锯床1台,达到年产5000台套平衡桥综合生产能力。

2008年,实施完成平衡桥二期技术改造项目。投资1130万元,新建7559平方米劳务加工厂房一栋;改造联合加工厂房3960平方米;新采购设备31台,大修改造旧设备7台,安装组建平衡桥主轴、支架、平衡轴壳、装配等4条生产线,达到年产1万台套平衡桥加工生产能力。同时完成后桥壳加工生产线技术改造项目。投资 320 万元，对厂房和电器线路进行改造；新采购设备 52 台，大修改造设备 7 台，配套相关工装模具一批，安装组建桥壳加工生产线一条，达到年产 5000 台套中后桥壳加工生产能力。

2010 年，实施完成桥壳 V 法铸造生产线技术改造项目。投资 347 万元，对铸造车间进行电力增容改造；新建一条 V 法铸造生产线；配套增加熔炼、热处理设备，达到年产 1 万件桥壳毛坯生产能力。

3.质量管理

1988 年—2001 年，湖南省柴油机厂设立技术科和质检科，全面负责技术质量管理工作。

2001 年湖南柴油机厂破产后，芙蓉公司下设技术质量部，技术质量部于 2003 年开始进行 ISO 9001:2000 质量管理体系认证，2003 年 9 月，获得北京中安环认证中心颁发的 ISO 9001:2000 质量管理体系认证证书。2003 年 7 月，通过柴油机的生产许可证复查，获得国家质量监督检验总局颁发的《全国工业产品生产许可证》。2004 年 12 月，公司船用柴油机通过型式试验检测，获得中国船级社颁发的《船用产品型式认可证书》。ISO 9001:2000 质量管理体系认证证书到期后，2006 年 12 月，再次通过 ISO 9001:2000 质量管理体系认证，并获得北京中安环认证中心颁发的 ISO 9001:2000 质量管理体系认证证书。2007 年 6 月，技术质量部计量室经常德市计量局鉴定，获得常德市计量局颁发的《计量检测保证能力确认证书》。2008 年技术质量部拆分为技术部和质量管理部两个部门，质量管理部负责公司的质量管理和计量理化工作。2009 年 9 月，公司启动 ISO TS16949:2009 质量管理体系认证工作，由质量管理部全面负责认证工作，通过 9 个月的培训辅导及体系的式运行，于 2010 年 6 月顺利通过上海恩可埃认证有限公司的认证，获得《ISO TS16949:2009 质量管理体系证书》。2010 年 12 月，经湖南省质量信用等级评定委员会评定，获得《湖南省质量信用 A 级企业证书》。

2003—2010年芙蓉公司获得质量相关证书情况一览表

表6-14

序号	证书名称	获证时间	有效期	备注
1	全国工业产品生产许可证	2003年7月2日	5年	柴油机
		2010年3月10日	5年	
2	ISO 9001:2000质量管理体系认证证书	2003年9月12日	3年	—
		2006年12月13日	3年	—
3	ISO TS16949:2009	2010.年06.月23日	3年	车配件
	质量管理体系证书	2013年2月18日	3年	
4	船用产品型式认可证书	2004年12月30日	4年	柴油机
5	质量信用等级A级证书	2010年12月	2年	—
6	计量检测保证能力确认证书	2007年6月6日	5年	—

(四)发展与改制

1.湖南柴油机厂破产

湖南柴油机厂是隶属于湖南省监狱管理局的全民所有制企业。当时企业有在册职工864人,其中在职职工460人,退休职工404人。生产的主要产品有"芙蓉牌"135系列2.4.6缸通用农用、车用、船用、工程用、发电用柴油机和8kW—250kW柴油发电机组等80多个品种,为国有二型企业。1981年,湖南柴油机厂开始收押罪犯。

进入20世纪90年代中期,由于市场经济不断发展,企业设备老化,产品落后,市场竞争力弱,加之企业体制、机制、管理等方面的弊端日益显露,连续五年出现重大亏损,资不抵债。1997年亏损1516万元,1998年亏损750万元,1999年亏损386.8万元,2000年亏损273.8万元,截至2001年8月8日,企业资产总值3942万元,负债5847万元,资产负债率达148.33%,经营性亏损累计4317万元。

2001年,监狱党委针对湖南柴油机厂的实际情况,根据湖南省监狱管理局提出的"关闭破产与资产重组"的战略思路,向省局提出破产申请,并得到省局批复同意。7月20日正式向常德市中级人民法院递交破产还债申请书。根据《中华人民共和国破产法(试行)》第二十四条规定,2001年8月8日破产清算组正式接管湖南柴油机厂。通过对资产评估、清理、制定破产资产分配方案、召开债权人会议、破产终结等环节的工作,人民法院于2002年7月5日以(2001)常经破字第43号裁定书终结湖南柴油机厂破产还债程序,常德市工商行政管理局德山分局于2002年7月25日注销湖南柴油机厂工商登记,湖南柴油机厂破产工作终结。

2.湖南芙蓉机械有限责任公司成立

按照现代企业制度的要求，根据《公司法》的具体规定，监狱从2001年初开始企业改制。4月，向湖南省监狱管理局呈报《关于成立湖南芙蓉机械有限责任公司的请示》，并附上《湖南芙蓉机械有限责任公司成立的可行性报告》《成立湖南芙蓉机械有限责任公司实施方案》《湖南芙蓉机械有限责任公司章程》；同时向湖南省监狱管理局呈报关于拟任湖南芙蓉机械有限责任公司董事长人选的请示。6月，省政法委、湖南省监狱管理局分别行文批复同意设立公司和公司董事长人选。

2001年7月，监狱党委在全狱范围内公开招聘公司总经理，通过竞聘，8月，监狱党委确认公司总经理、副总经理聘任人选，并批准公司的组成机构，即办公室、财务部、技术质管部、营销部、生产物资部、机加一分厂、机加二分厂、装配分厂，湖南芙蓉机械有限责任公司组建完成，开始正式运作。

3.监狱体制改革

根据《国务院批转司法部关于监狱体制改革试点工作指导意见的通知》、《司法部关于同意辽宁等八省(区)列入监狱体制改革扩大试点的函》和司法部关于监狱体制改革扩大试点工作会议精神，依据《湖南监狱体制改革方案》按照“全额保障、监企分开、收支分开、规范运行”的要求，2004年12月监狱成立以监狱长、政委为正、副组长，其他监狱领导为领导小组成员的监狱体制改革领导小组，下设监狱体制改革办公室，负责体改日常工作。

2005年1—8月，体改工作主要进行思想动员、调查摸底、清产核资、制定方案，做好监企分开、人员分开、收支分开运行的各项准备工作。8月，根据《关于湖南万安达集团子公司组建工作的通知》精神，确定湖南芙蓉机械有限责任公司为集团公司子公司，在集团公司内名称为湖南万安达集团芙蓉机械有限责任公司(常德市)，对外注册登记不变，仍以湖南芙蓉机械有限责任公司从事生产经营活动。9月，监狱向湖南省监狱管理局呈报《关于德山监狱监企分开后职能、内设机构、人员编制、领导职数调整有关事项的请示》，省局以湘监管函〔2005〕51号文予以批复。10月，监狱向湖南省监狱管理呈报《关于报送〈湖南省德山监狱体制改革实施方案〉的请示》，11月湖南省监狱管理局以湘监体改函〔2005〕5号文予以批复。同意监狱按照“全额保障、监企分开、收支分开、规范运行”的体制改革要求，结合自身实际，认真落实“六个分开”，即职能分开、机构分开、人员分开、资产债务分开、收支分开、监企分开。监狱剥离生产经营职能，工人管理科室和为罪犯劳动改造提供生产项目和劳动岗位的分厂、车间，组建成湖南万安达集团芙蓉机械有限责任公司，为湖南万安达集团有限公司下属的子公司，属于国有独资公司。

12月20日，湖南万安达集团芙蓉机械有限责任公司正式挂牌，集团公司以湘万达干〔2005〕4号文任命总经理(法人代表)、副总经理、总经济师。公司下属机构有办公室、劳动人事部、财务部、生产部、技术部、质管部、柴油机分公司、汽配分公司、劳务分公司。下属11个分厂，即铸造分厂，锻压分厂，汽配分厂，柴油机加工分厂，柴油机装配分厂，热处理分厂，来料加工一、二、三、四分厂，建材分厂。按照监企分开的体制改革要求，全面开始规范运作。

德山监狱历任领导名录

表6-15

一、湖南省专用车辆修配厂（正科级单位，1973年8月定名为湖南省第四劳动改造管教队）

姓名	职务	任职时间
李文斌	党委书记、政委	1970年3月—1975年11月
张辉炬	党委副书记、厂长	1970年3月—1975年11月
张守库	党委委员、副厂长	1970年3月—1975年11月
胡晓峰	党委委员、副政委	1970年3月—1975年11月
杨洪彦	党委委员、副厂长	1970年3月—1975年11月

二、湖南柴油机厂（正处级单位，1975年10月正式更名为湖南柴油机厂）

姓名	职务	任职时间
杨国荣	党委副书记、厂长	1975年11月—1977年2月
董自生	党委委员、副厂长	1975年11月—1977年2月
李文斌	党委委员、副政委	1975年11月—1977年2月
张辉炬	党委委员、副厂长	1975年11月—1977年2月
胡晓峰	党委委员、副政委	1975年11月—1977年2月
姚志川	党委委员、副政委	1975年11月—1977年2月

三、1997 年 2 月—1981 年 4 月

姓名	职务	任职时间
胡志光	党委书记、第一副政委	1977 年 2 月—1981 年 4 月
杨国荣	党委副书记、厂长	1977 年 2 月—1981 年 4 月
董自生	党委副书记、副厂长	1977 年 2 月—1981 年 4 月
张辉炬	党委委员、副厂长	1977 年 2 月—1981 年 4 月
李文斌	党委委员、副政委	1977 年 2 月—1981 年 4 月
姚志川	党委委员、副政委	1977 年 2 月—1981 年 4 月
胡晓峰	党委委员、副政委	1977 年 2 月—1981 年 4 月

四、1981 年 4 月—1984 年 3 月

姓名	职务	任职时间
董自生	党委书记、政委	1981 年 4 月—1984 年 3 月
杨国荣	党委副书记、厂长	1981 年 4 月—1984 年 3 月
李文斌	党委委员、副政委	1981 年 4 月—1984 年 3 月
姚志川	党委委员、副政委	1981 年 4 月—1984 年 3 月
胡晓峰	党委委员、副政委	1981 年 4 月—1984 年 3 月
曲宪斌	党委委员、副政委	1981 年 4 月—1984 年 3 月
张辉炬	党委委员、副厂长	1981 年 4 月—1984 年 3 月
胡修海	党委委员、副厂长	1981 年 4 月—1984 年 3 月

五、1984 年 3 月—1987 年 12 月

姓名	职务	任职时间
贺长生	党委书记、政委	1984 年 3 月—1987 年 12 月
周树祥	党委委员、厂长	1984 年 3 月—1987 年 12 月
纪炳奇	党委副书记、副政委	1984 年 3 月—1987 年 12 月
张辉炬	党委委员、副厂长	1984 年 3 月—1987 年 12 月
胡修海	党委委员、副厂长	1984 年 3 月—1987 年 12 月
陈雪冬	党委委员、副厂长	1984 年 3 月—1987 年 12 月

六、1987 年 12 月—1989 年 4 月

姓名	职务	任职时间
贺长生	党委书记、政委	1987 年 12 月—1989 年 4 月
陈雪冬	党委副书记、厂长	1987 年 12 月—1989 年 4 月
纪炳奇	党委副书记、副政委	1987 年 12 月—1989 年 4 月
廖少林	党委委员、副政委	1987 年 12 月—1989 年 4 月
张辉炬	党委委员、副厂长	1987 年 12 月—1989 年 4 月
胡修海	党委委员、副厂长	1987 年 12 月—1989 年 4 月
黄荡平	党委委员、总工程师	1987 年 12 月—1989 年 4 月

七、湖南柴油机厂(1989 年 4 月系统内又名湖南省第四劳改支队)

姓名	职务	任职时间
陈雪冬	党委副书记、支队长	1989 年 4 月—1991 年 10 月
贺长生	党委书记、副厂长	1989 年 4 月—1991 年 10 月
廖少林	党委委员、副厂长	1989 年 4 月—1990 年(调走)
胡仕权	党委委员、副厂长	1989 年 4 月—1991 年 10 月
罗茂智	党委委员、副厂长	1989 年 4 月—1991 年 10 月
聂景福	党委委员、副厂长	1989 年 4 月—1991 年 10 月
黄荡平	党委委员、总工程师	1989 年 4 月—1991 年 10 月
胡修海	党委委员、纪委书记	1990 年(上任)—1991 年 10 月

八、1991 年 10 月—1992 年 3 月

姓名	职务	任职时间
罗茂智	党委书记、政委	1991 年 10 月—1992 年 3 月
聂景福	党委副书记、支队长	1991 年 10 月—1992 年 3 月
胡仕权	党委委员、副政委	1991 年 10 月—1992 年 3 月
黄荡平	党委委员、副支队长	1991 年 10 月—1992 年 3 月
高丕才	党委委员、副支队长	1991 年 10 月—1992 年 3 月
陈新华	党委委员、副支队长	1991 年 10 月—1992 年 3 月
胡修海	党委委员、纪委书记	1991 年 10 月—1992 年 3 月
李安树	党委委员、纪委书记	1991 年 10 月—1992 年 3 月

九、湖南省德山监狱(1992 年 3 月至 1995 年 12 月)

姓名	职务	任职时间
罗茂智	党委书记、政委	1992 年 03 月—1995 年 12 月
聂景福	党委副书记、监狱长	1992 年 3 月—1995 年 12 月
黄荡平	党委委员、副监狱长	1992 年 3 月—1995 年 12 月
胡仕权	党委委员、副政委	1992 年 3 月—1995 年 12 月
高丕才	党委委员、副监狱长	1992 年 3 月—1995 年 12 月
陈新华	党委委员、副监狱长	1992 年 3 月—1995 年 12 月
秦本英	党委委员、副监狱长	1992 年 3 月—1995 年 12 月
胡修海	党委委员、纪委书记	1992 年 3 月—1995 年 12 月
李安树	党委委员、工会主席	1992 年 3 月—1995 年 12 月

十、1995 年 12 月—1997 年 12 月

姓名	职务	任职时间
胡仕权	党委书记、政委	1995 年 12 月—1997 年 12 月
黄荡平	党委副书记、监狱长	1995 年 12 月—1997 年 12 月
高丕才	党委委员、副监狱长	1995 年 12 月—1997 年 12 月
秦本英	党委委员、副监狱长	1995 年 12 月—1997 年 12 月
彭四清	党委委员、副监狱长	1995 年 12 月—1997 年 12 月
向建春	党委委员、副监狱长	1995 年 12 月—1997 年 12 月
姚绍球	党委委员、纪委书记	1995 年 12 月—1997 年 12 月
李安树	党委委员、工会主席	1995 年 12 月—1997 年 12 月

十一、1997 年 12 月—1998 年 12 月

姓名	职务	任职时间
赵星云	党委书记、政委	1997 年 12 月—1998 年 12 月
彭四清	党委副书记、监狱长	1997 年 12 月—1998 年 12 月
秦本英	党委委员、副监狱长	1997 年 12 月—1998 年 12 月
凌和梧	党委委员、副监狱长	1997 年 12 月—1998 年 12 月
向建春	党委委员、副监狱长	1997 年 12 月—1998 年 12 月
刘宗耀	党委委员、总经济师	1997 年 12 月—1998 年 12 月
周泽龙	党委委员、工会主席	1997 年 12 月—1998 年 12 月

十二、1998 年 12 月—2000 年 12 月

姓名	职务	任职时间
赵星云	党委书记、政委	1998 年 12 月—2000 年 12 月
彭四清	党委副书记、监狱长	1998 年 12 月—2000 年 12 月
向建春	党委委员、副监狱长	1998 年 12 月—2000 年 12 月
刘宗耀	党委委员、副监狱长	1998 年 12 月—2000 年 12 月
周泽龙	党委委员、副监狱长	1998 年 12 月—2000 年 12 月
高丕才	党委委员、工会主席	1998 年 12 月—2000 年 12 月

十三、湖南省德山监狱(2001 年 8 月成立湖南省芙蓉机械有限责任公司)

姓名	职务	任职时间
彭四清	党委书记、监狱长	2000 年 12 月—2002 年 12 月
周泽龙	党委副书记、政委	2000 年 12 月—2002 年 12 月
向建春	党委委员、副监狱长	2000 年 12 月—2002 年 12 月
刘宗耀	党委委员、副监狱长	2000 年 12 月—2002 年 12 月
罗先明	党委委员、副监狱长	2000 年 12 月—2002 年 12 月
徐建军	党委委员、副监狱长	2000 年 12 月—2002 年 12 月
裘冰可	党委委员、政治处主任	2000 年 12 月—2002 年 12 月
李守进	党委委员、总工程师	2000 年 12 月—2002 年 12 月
周 勇	党委委员、纪检书记	2000 年 12 月—2002 年 12 月
高丕才	党委委员、工会主席	2000 年 12 月—2002 年 12 月

十四、2002 年 12 月—2005 年 12 月

姓名	职务	任职时间
向建春	党委书记、监狱长	2002 年 12 月—2005 年 12 月
周泽龙	党委副书记、政委	2002 年 12 月—2005 年 12 月
罗先明	党委委员、副监狱长	2002 年 12 月—2005 年 12 月
徐建军	党委委员、副监狱长	2002 年 12 月—2005 年 12 月
彭立春	党委委员、副监狱长	2002 年 12 月—2005 年 12 月
肖小华	党委委员、副监狱长	2002 年 12 月—2005 年 12 月
刘宗耀	党委委员、工会主席	2002 年 12 月—2005 年 12 月
周　勇	党委委员、纪委书记	2002 年 12 月—2005 年 12 月
裘冰可	党委委员、政治处主任	2002 年 12 月—2005 年 12 月
李守进	党委委员、总工程师	2002 年 12 月—2005 年 12 月

十五、2005 年 12 月—2009 年 11 月

姓名	职务	任职时间
向建春	党委书记、监狱长	2005 年 12 月—2009 年 11 月
张依然	党委副书记、政委	2005 年 12 月—2009 年 11 月
李守进	党委委员、公司总经理	2005 年 12 月—2009 年 11 月
裘可冰	党委委员、纪 委书 记	2005 年 12 月—2009 年 11 月
罗先明	党委委员、副监狱长	2005 年 12 月—2009 年 11 月
周　勇	党委委员、副监狱长	2005 年 12 月—2009 年 11 月
彭立春	党委委员、工会主席	2005 年 12 月—2009 年 11 月
谢华章	党委委员、政治处主任	2005 年 12 月—2009 年 11 月
杨　帆	公司副总经理	2005 年 12 月—2009 年 11 月
李维佳	公司副总经理	2005 年 12 月—2009 年 11 月
朱方元	公司副总经理	2005 年 12 月—2009 年 11 月
燕良红	公司总经济师	2005 年 12 月—2009 年 11 月

十六、2009年11月—2010年5月

姓名	职务	任职时间
唐高国	党委书记、监狱长	2009年11月—2010年5月
黎飞翔	党委副书记、政委	2009年11月—2010年5月
李守进	党委委员、公司总经理	2009年11月—2010年5月
裘冰可	党委委员、纪委书记	2009年11月—2010年5月
周　勇	党委委员、副监狱长	2009年11月—2010年5月
彭立春	党委委员、工会主席	2009年11月—2010年5月
谢华章	党委委员、政治处主任	2009年11月—2010年5月
杨　帆	公司副总经理	2009年11月—2010年5月
李维佳	公司副总经理	2009年11月—2010年5月
朱方元	公司副总经理	2009年11月—2010年5月
燕良红	公司总经济师	2009年11月—2010年5月

十七、2010年5月起

姓名	职务	任职时间
李守进	党委书记、监狱长	2010年5月—
黎飞翔	党委副书记、政委	2010年5月—
胡泽农	党委委员、公司总经理	2010年5月—
张志杰	党委委员、纪委书记	2010年5月—
杨　帆	党委委员、副监狱长	2010年5月—
谢华章	党委委员、副监狱长	2010年5月—
彭立春	党委委员、副监狱长	2010年5月—
张科财	党委委员、工会主席	2010年5月—
陈　纯	党委委员、政治处主任	2010年5月—
李维佳	公司副经理	2010年5月—
朱方元	公司副经理	2010年5月—
燕良红	公司副经理	2010年5月—
李淳华	公司总工程师	2010年5月—
陈　刚	公司总经济师	2010年5月—

第二章　津市监狱

湖南省津市监狱又名湖南省涔澹农场，创建于1955年11月，系全省大型农业监狱之一。位于北纬29°38’27”至29°44’1”，东经111°51’51”至111°56’5”，呈长条形镶嵌于西洞庭西北澧阳平原，澧水下游支流涔河、澹水交汇处。南倚湘西北重镇津市市区，东、西、北三面与澧县毗邻，海拔30～37米。建场时全狱集雨面积50平方公里，1981年北民湖及周围小垸划交澧县，集雨面积33.76平方公里，南北全长11公里，东西最宽处6公里，其中耕地1600公顷。1988年，拥有土地面积35.3平方公里，其中耕地1706公顷(水田920公顷、旱地787公顷)。监狱所处地域属中亚热带向北亚热带过渡的湿润地带，气候温和，四季分明，雨量充沛。年均气温16.5℃，年均降雨量1155.2毫米，年日照1770.6小时，无霜期265天，土壤由第四纪冰期河湖沉积物发育而成，紫黑粘潮，沙松土沃，宜于稼穑。

图6—32　监狱机关办公楼

图6—33　党委书记、监狱长尹利民

1955年，随着全国“肃反”运动的开展，新捕罪犯不断增多，常德专署公安处决定开办一座劳改农场来安置和容纳罪犯。是年6月，公安处劳改科派人到涔澹蓄洪区进行考察，9月下旬通过澧县人民政府接收涔澹蓄洪区；11月13日，由金盆农场调来干部雷文清负责农场筹建工作;11 月 16 日,常德专署公安处将澧县中洲垸及李文垸两个劳改队的干部及罪犯(除女犯外)并入涔澹劳改队。12 月 25 日,成立治湖大队,雷文清任教导员,许广源任大队长,大队下设 6 股 1 室 7 个中队,干部 92 名,工人 6 名,押犯 1827 名。

1956 年 1 月,省公安厅第七次劳改工作会议上决定建立涔澹农场。高喜兰任场长。1958 年 11 月,农场下放给澧县领导,业务由常德专署公安处领导。1959 年 4 月,农场又收归常德专署公安处领导。1961 年 2 月 17 日,常德专署公安处决定将农场编为"湖南省常德专区第一劳动改造管教支队"。1963 年 3 月 8 日,农场移交省公安厅劳改局管辖,更名为"湖南省涔澹农场",同年 7 月 10 日,省公安厅将农场编为"湖南省第二劳动教养队",农场升格为副处级单位。雷文清任场长。1967 年 2 月,农场实行军管,由中国人民解放军 517 部队毛泽东思想宣传队主持日常工作。军代表王宝瑜任负责人。1968 年 10 月 1 日成立军管会,隶属于湖南省公检法军事管制委员会领导。1972 年 4 月,农场升格为正处级单位。军代表吴兰斗任场长。1973 年恢复"湖南省涔澹农场"称谓,7 月撤销军管会,仍归省公安厅劳改局领导,8 月编为"湖南省第一劳动改造管教队"。1983 年 7 月,农场由属省公安厅改属省司法厅领导。雷文清任场长。1988 年 1 月,编为"湖南省第一劳动改造管教支队",黄玉堂任场长。1995 年,更名为"湖南省津市监狱"。行政关系隶属湖南省监狱管理局领导,党组织关系隶属于中共常德市委领导。2012 年起,党组织关系移交湖南省司法厅领导。

2005 年,按照国务院、司法部统一部署,作为湖南省监狱系统试点单位之一,实行监狱体制改革,初步实行监企分开,监狱生产经营管理职能划归新组建的湖南万安达涔澹实业有限责任公司(正处级建制)、湖南鑫源缸套有限责任公司(副处级建制),监狱、公司统一在中共湖南省津市监狱委员会(党委书记由监狱长担任)领导下开展工作。监狱企业从事行业包括种植、养殖、外来劳务加工、缸套生产、砖瓦生产、宾馆等。法庭、中小学校等社会职能移交社会。2012 年,被省直工委评为"省直模范职工之家"。2013 年,被省司法厅授予"文明单位"称号。至 2015 年年底,全狱常住人口超过 1 万人,其中警察职工及家属约 4500 人。监狱下

图 6—34　2005 年成立涔澹实业公司

设 64 个正科级建制单位。

第一节　组织机构

1973 年，津市监狱撤销军管会后，实行场部、大队、中队三级管理体制至今。

1988 年年初机关科室由原来的 14 个合并为 10 个，将原职教办、劳资科撤销并入政治处，将原生卫科撤销并入狱政科，基建办并入财务科。即政治处、纪检会、办公室、狱政科、教育科、工业机电科、生产科、畜牧水产科、供销科、财务科。年底增至 16 个，即撤销生产科，新增劳资科、职教办、生卫科、农业科、林业科、水利国土基建科、安技科。下辖 7 个农业大队及渔场、种猪繁殖场、园林场、农科所、学校、医院和 6 个场办工厂等 24 个单位。

1989 年，成立监察室、审计科。

1991 年，成立企管科。水利国土基建科改为水利电力科、国土基建科。

1992 年，将园林场并入入监队，渔场并入二大队，增设津市白羊贸易总公司。全场有基层单位 28 个，包括：一大队、二大队、三大队、四大队、五大队、六大队、七大队、十一大队、十二大队、十三大队、农科所、种猪场、缸套厂、加工厂、砖瓦厂、甜菊糖厂、建筑大队、电管站、机械化石方工程大队、入监队、劳动服务公司、司法办、老干所、白羊堤贸易总公司、医院、学校、派出所、法庭。

至 2002 年 12 月，全狱设有科室 21 个，监区 13 个，包括 8 个农业监区和鑫源缸套有限公司、砖瓦厂两个工业监区及入监队、罪犯总医院、万头猪场 3 个押犯点；另有加工厂、电管站、种植业公司、畜牧总公司、劳动服务公司、糖厂、锯片厂及阳光宾馆、京溪国际酒店等 9 个企事业单位。

2005 年 10 月，监企分开，机构改革，原机关科室农业科、工业科、企管办、劳务科、畜牧科撤销，新增劳动改造管理科、行政科，法庭改法制科、派出所改保卫科，万头猪场改四监区，砖厂改九监区，入监队改十监区，缸套厂改十一监区，受省局委托代管省罪犯总医院、省第二收押中心。

2008 年撤销四监区，全狱罪犯全部退出外劳。

2010 年年底，成立规划基建科、警备大队、出监监区，撤销鑫源公司劳动人事部、监审室，职能分别并入鑫源公司办公室、财务部，涔澹实业营销部更名为经贸科技部。

2011 年，罪犯总医院下设特殊病监区，结核病防治监区、普通病监区、职工医院等四个正科建制单位。

2012 年，成立服刑人员心理健康指导中心。

2015 年，全狱设有机关科室 20 个，分别是办公室、政治处、纪委监察室、法制科、工会办、离退休人员管理服务科、狱政管理科、狱内侦查科、教育改造科、生活卫生科、刑罚执行科、劳动改造科、安全生产监督管理科、行政后勤科、财务科、审计科、水利国土科、规划基建科、心理健康指导中心、警备大队；监狱直属单位 3 个，分别是教导大队、警备大队、电管站；基层单位 18 个，分别是一至十五监区、总医院、收教中心、出监监区；涔澹实业公司设部室 5 个，下辖 10 个单位；鑫源缸套公司设部室 6 个。

第二节　队伍建设

建场初期的 92 名干部全部由澧县、常德、桃江、益阳等地调入。随着押犯增多，改造生产发展，干部逐年增多，1988 年年初有警察 1005 人，其中女性 141 人，少数民族 14 人。全狱有大专以上学历的 92 人、中专学历 122 人，占干部总数的 28%。有职工 873 人，其中女性 327 人。至 2015 年年底有在职警察 1030 人，其中女性 219 人，少数民族 15 人。全狱有大专以上学历的 588 人，占干部总数的 57%，有职工 746 人，其中下岗职工 80 人，内退职工 112 人。

图 6—35　一线警察队前点评比武活动

一、干部管理

（一）选拔任用

1988 年至 2015 年，副处级以上干部由省司法厅任命。1988—1989 年，正科级干部由省司法厅任命；副科级、中队级干部由监狱党委任命。1990 年开始正科级及以下干部均由监狱党委任命。

1988 年，调整 34 名科级干部，强化分队力量，实行中队长或指导员负责制，把科股室干部调整到分队，分队股级干部由 56 名增加到 81 名，对科级以下干部实行聘用制。截至年底，共有处级领导 16 人，科级领导 223 人，股级干部 404 人。实行职称改革，完成职改评聘工作，全场 259 人通过省、地、市各级评委会的评审，其中高级职务 8 人，中级 91 人，助师 117 人，技术员 43 人。

1993 年至 1994 年，监狱警察实行警衔制，干部队伍按照“四化”（革命化、年轻化、知识化、专业化）标准和德才兼备原则，实行干部人事制度改革尝试，采用委任制和聘任制相结合方式，先后提拔科、大队级干部 265 人。狠抓班子和队伍的考察考评和后备力量的培养，确立场队后备干部 50 余人，一大批年富力强、有一定专长、有一定开拓精神、勤奋务实的青年干部进入中层领导班子。

1995 年，对各单位领导班子进行全面考察，调整充实支部成员 30 人，提拔科级领导干部 86 人，其中 40 岁以下的占 85%，领导集体进一步年轻化、知识化。建立领导班子政绩档案，培养选拔 60 人进入后备队伍，实现追踪考察管理。

1996 年，调整充实中层班子成员 11 名。

1997 年，对 15 名处级后备干部和 150 名科级后备干部按分工进行培养，建立个人追踪考察档案。

1998 年，实施引咎辞职制度，建立起领导干部能上能下、能进能退的动态管理机制。机关实行“三定”，重新调整机关组织结构，确定岗位、职责和人员编制，科室由 26 个减为 19 个，人员由 201 人减为 141 人，将 40 多人充实到基层单位。

1999 年，按照精简、统一、优化、效能原则，完成监区“三定”工作，押犯单位警察占监狱警察总数的 68%，分监区警囚比达 8%；根据班子考察情况，按照“建立机构设置合理，运转协调灵活的管理体系和竞争机制”要求，对中层领导进行调整。

2000 年，改革干部选拔任用机制，对新任中层主要领导采取试用制，对机关新进警察实行竞争上岗。选拔正科职领导干部 3 名，交流副科职领导 36 名。

2001 年，深化人事制度改革，按照“政治素质高、业务能力强、能反映群众意愿”要求，采用竞争上岗形式，公开选拔任用新任科级领导干部。对全体警察实行编内、编外和待岗管理办法，对不能胜任本职工作的予以待岗，对不适应原岗位的予以调整，实现人员和岗位的较好搭配。

图 6—36 科级领导干部选拔推荐会现场

2002 年，推行公开竞争上岗，新选拔任用 10 名中层实职领导干部，对 14 个狱属单位的领导班子进行调整。

2003 年，通过个人述职、群众测评、政工部门考察的形式，选拔中层实职领导干部 13 名，选任主任科员、非主任科员65 名。

2004 年，加强中层班子选配，基层单位均配齐教导员和副教导员，全年通过公开竞争选拔中层实职领导干部 44 名，选拔科级非领导职务干部 100 名，通过考核，免去 8 名不能胜任职责要求的中层干部。

2006 年，完善中层领导干部选拔考核机制，公开选拔监狱、企业中层领导 30 名，改任、交流 1 人，免职 7 人。规范股队级负责人任命程序，任用 216 人，免去 32 人。

2007 年，公开竞争择优选任主任科员、副主任科员 31 人，任用股队级负责人和科员 251 人。

2008 年，制定《科级领导干部选拔任用工作实施办法》，竞争选用正科实职领导干部 12 人、副科实职领导干部 18 人，交流中层领导干部 29 人，免职 9 人，引咎辞职 1 人。

2009 年，交流、调整正科实职领导干部 5 名，1 名副科实职领导干部引咎辞职，调整 267 名股队级负责人。

2010 年，规范选人用人机制，通过公开竞争上岗、职位交流配齐配强中层领导班子，选拔任用 11 名正科实职领导干部、20 名副科实职领导干部，轮岗交流 42 名中层领导，选派 5 名基层单位领导到外省监狱系统挂职锻炼。

2011 年至 2015 年，提拔正处级领导 2 名、调研员 2 名，公开竞争选拔科级领导 74 名，选任科级非领导 194 名，交流中层干部 44 人。

（二）干部培训

图 6—37　警察岗位大练兵大比武

干部队伍的教育培训工作，是在狱党委的直接领导下，由狱政治处具体实施。主要内容包括对警察的政治教育、法制教育、专业教育及警体训练等，形式包括媒介宣传、课堂培训、实训练兵等。

1988 年，在警察职工中开展形势教育和理论教育、国情场情教育，举办学习中共十三大精神辅导员培训班、“祖国在我心中”图片展，组织群众广泛参与的法律知识竞赛。狠抓警察职工的高中文化补课教育、中高等学历教育、岗位职务教育、岗前文化教育，加强对职工的电力、财会等技术教育，组织业务学习 11 次，举办各类培训班 6 期，培训警察职工 800 余人次。

1989 年，认真贯彻“从严治警、从严治监”的方针，加强对警察职工的教育培训，举办政治理论、法规、劳改及生产技术业务知识培训班 34 期，举办首期分队长培训班，通过统计员、劳资人员、驾驶员、电焊割工培训班，培训各类人员 160 人次，基本完成“两下”警察高中文化补课。

1990 年，开展业务培训、岗位练兵活动，先后举办管教、财务、工农业生产技术等短训班 96 期，培训警察职工 1185 人次。

1991 年，围绕建党 70 周年，深入开展“热爱涔澹、建设涔澹、振兴涔澹、献身涔澹”宣传教育活动，深入进行党的基本路线教育和社会主义理论宣传教育活动。开办首届农业中、分队长岗位培训班，质量管理人员培训班、新干警入门培训班，共计培训 133 人次，外送培训 28 人次。把电大法律大专班、劳改专业班和医士班的职业教育继续引向深入，90 名警察职工参加学历教育。

1992 年，组织全场性各类培训 21 期、668 人次。

1993 年，紧扣学习贯彻中共十四大精神，开展一系列宣传教育活动，开展“二五”普法知识学习和“重事业、讲团结、严纪律、争贡献、树形象”教育活动。

1995 年，全狱先后举办警察岗位培训班、新警察入门岗位培训班等各种培训、学习班 12 期，培训人员 1257 人次；举办各类专业技术培训班 10 期，培训 300 人次；送外培训 239 人次，选派 23 人到清华、北大等高校进修。

1996 年，以“讲政治”为主题，组织开展一系列政治宣传教育。举办各种学习培训 12 期，978 人次参培；送外培训 232 人次。举办政工、文秘、“四课教育”等岗位培训班；开办函授政法大专班；13 人参加中央党校本科专业函授学习，4 人进入大专院校深造。

1997 年，投资 20 万元，建立教导大队培训基地，培训工作走向正规化。广泛开展爱集体主义、社会主义教育，举办警察思想教育培训班 15 期，培训 1241 人次，发放政治教育读本 2000 余册；开展《中华人民共和国监狱法》、新《中华人民共和国刑法》、纪检监察法规学习教育活动，举办 6 期执法执纪培训班，852 名警察参训并通过考试；举办 2 期共 108 名警察参加的封闭式警体培训；举办各类岗位培训班 7 期，外送培训 185 人，513 人参加学历教育。

1998 年，以监狱教导大队为核心阵地，举办各类培训班 15 期，培训 1398 人次。其中，举办封闭式警体培训 6 期，培训警察 360 人；首次举办警衔晋升培训 1 期，培训警察 860 人。全狱有 247 人参加大专以上学历教育。

1999 年，各单位每周保证不少于 1 小时的政治学习时间，全狱警察均通过普法考试；

组织700余人次参加狱侦、财务、电脑等业务知识培训;举办警体培训班5期,培训250多人。

2000年,以"三讲"教育和素质教育为重点,加强警察教育培训,收集群众意见建议62条,查摆11个方面的问题,提出整改措施13条,均得到整改落实。

2001年,以警察实用技能训练考核为平台,狠抓警察岗位技能培训教育,按岗位分组对656名警察进行封闭式集中训练和考核,对333名警察进行训练和考核。年内外送培训40人次,有148名警察参加自考和函授学习,337名警察参加电脑培训。

2002年,按照集中培训和分散辅导相结合的办法,开展警察岗位基本能力训练考核工作,全狱警察参训率、参考率、考试合格率均达100%。组织全狱监区和科室主要负责人参加省局举办的中层领导干部培训班,选派警察139人次参加各类业务培训班,83名警察通过继续学习获得大专文凭。以评选首届"十佳"警官为契机,推进"争先创模"活动深入开展,在队伍中形成积极向上、开拓进取的良好氛围。

2003年,新建教导大队培训楼,改善学习条件,举办警衔晋升培训班4期,培训215人。有128名警察获函授大专文凭。开展"公正文明执法"集中教育活动,组织管教线全体警察集中学习管教工作法律法规。深入开展争创"优秀班子、优胜单位、优秀个人"活动,狱属各单位每月评选"岗位之星",激发班子、队伍活力。

2004年,把建设一支学习型队伍摆在队伍建设的突出位置,制定《关于打造学习型班子、学习型队伍的实施办法》,明确各级领导的学习教育责任,统筹规范学习教育内容。在全狱开展"读一本好书,看一本好杂志,写一篇读书心得"的"三个一"活动。加强政治理论学习和以文明执法为核心的执法执纪教育,组织全狱警察系统学习中共十六届三中全会、四中全会精神及"四项纪律、八项要求"等。

2005年,组织931名警察参加司法部组织的执法专项整顿活动统一考试,平均分达到97.98分。以比带学,开展"争先杯"劳动竞赛,在警察中开展多形式的业务比武活动。

2006年,举办封闭式警体培训班12期;按照"缺什么,补什么"原则,扎实开展岗位技能训练,警察参训率、体能测试达标率、政治理论考试及格率均达100%。深入开展社会主义法治理念教育、社会主义荣辱观教育,加强主流思想引导,在全狱形成知荣辱、树新风、促和谐的文明风尚。按照民主推荐、部门会审、警察职工投票推荐、党委投票决议的程序,规范"十佳警察"评选活动,促进争先创优活动制度化。

2007年,开展"巩固法治理念,改进作风,增强素质,树立形象"主题教育活动和学习贯彻中共十七大精神活动,集中培训10期996人次,外送培训57人次。组织警察进行公共管理核心知识考试,及格率达99.9%。坚持经常化、制度化开展政治业务知识学习、岗位技能和体能训练,将岗位练兵融贯到日常工作、学习、生活中。

2008 年，开展“大学习、大讨论”主题教育活动，增强队伍职业责任、职业道德和警务技能。外送培训 92 人次，自办警衔培训 2 期培训 114 人，组织集中培训 13 期培训 979 人次。

2009 年，扎实开展“学习实践科学发展观”活动，人均累计自学 30 小时、集中学习 46 小时，撰写学习笔记 10 篇以上、心得体会 2 篇以上。岗位练兵由以警体训练为主向以岗位业务知识学习、技能训练为主转变，实行练兵常态化。举办业务知识培训 60 多期，培训 700 多人次，先后组织 600 多人次参加技能比武和业务考试，开展防逃防暴演习 24 次。

2010 年，开展警察“大培训、大练兵、大比武”活动，结合岗位实际，拓展学习、训练内容，丰富培训方式，全狱警察考试、考核合格率均达 100%。外送培训 94 人，集中培训 5 期 320 人。深入开展创先争优活动，评选“十佳警官”“十佳工人”“十佳离退休老同志”等。

2011 年至 2015 年，进一步建立健全警察教育培训机制，累计组织内部培训 51 期培训 2178 人次，外送培训 1032 人次。大力加强监狱文化建设，举办多次文体活动，创办《涔谵人》杂志，修建警察职工学习训练中心、荣誉展室、职工之家等。2015 年开展纪念建狱 60 周年系列活动，评选推介 20 名“最美涔谵人”。

图 6—38　津市监狱建狱 60 周年“回顾历史 展望未来”座谈会

第三节　纪检监察

建场至 1989 年，行政监察工作由政工部门负责。1989 年 8 月 17 日，成立监察室，场纪委办与监察室合署办公，履行双重职能的组织形式。

1988 年，严肃党风党纪，加强纪律整顿，对 23 个支部状况进行调查，与 272 名党员进行个别谈话，提高全体党员遵纪守法的自觉性。

1989 年，对全狱警察职工进行整顿，开展“正警容风纪，整不良作风，办改革实事，创文明单位”活动和反贪污反腐败斗争，加强廉政教育，大力倡导廉政新风。

1990 年，在警察职工中开展党纪、政绩、法纪教育，组织“三学三推”“创五优、七手，争当排头兵”活动和“纠正执法领域和经济领域行业不正之风”冬季整训活动，廉政建设取得新成绩，场风场貌焕然一新。

1991 年，以执行劳改政策、依法文明管理罪犯为重点，定期不定期地对押犯单位进行检查，深入基层个别谈话近千人次。将一般教育与重点教育相结合，反面典型教育与正面教育相结合，对各种违纪违法事例进行认真剖析，组织相关警察职工学习，对重点人员重点帮教。开展反腐倡廉活动，进行廉政大检查，每季度出台全场政治工作形势、法纪执行情况和廉政建设情况的分析报告，召开分析报告和对策研究会议。纪检、监察、政工、审计等部门检查中发现的问题，及时向党委上报，向有关单位反馈，提出意见、建议，发挥监督、参谋作用。

1992 年，认真贯彻实施《干警行为规范》，全面整顿警察队伍，加强纪检、监察、审计部门的监督约束，队伍法纪观念和执法水平有所提高。

1993 年，严格落实执法执纪和财经制度，开展以反腐为重点的清查整顿，人人对照自查自纠，对存在的问题限期整改。

1994 年，以规范执法执纪为重点，以查禁赌博为突破口，狠抓队伍教育整顿活动，深入开展反腐败斗争，大力推进廉政建设，建立健全内部管理和监督约束制度，严肃查处违法违纪案件。年内，有 51 名警察职工拒贿 56 次总金额 112696 元，有 9 名警察职工主动上交业务回扣费 28475 元。

1995 年，以“常在河边走，就是不湿鞋”教育活动为抓手，开展队伍教育整顿，提高队伍执法执纪的自觉性。组织法纪教育培训 16 期，参训 1191 人次；进行 3 次执法大检查，检查警察职工 890 多人次；组织专项清理和重点纠风工作，加强场领导与机关科室联系点的工作联系、指导、督促和监督。狠抓案件查处，形成“党委支持查，领导带头查，业务部门认真严肃查”的办案局面。

图 6—39　副省长戴道晋到津市监狱指导工作

1996 年，狠抓党风廉政建设和反腐败工作，强化专题教育，加强制度约束，从制度建设、制度落实、领导表率作用上下功夫，加大教育和案件查处力度，全年受理来信来访 39 件，立案查处 14 起，挽回经济损失4.2万元。

1997 年，健全约束机制，加大执法执纪监察力度，坚持从严治警，严肃查处违法违纪行为。全狱共有52人拒贿或上交回扣3万多元。

1998年，制定实施警察百分考核、回避、制止奢侈浪费和赌博以及反腐败工作责任制等规章制度，大力倡导雷厉风行、令行禁止的纪律作风，推行简化会议、简朴接待、淡化应酬、紧缩开支的新风尚。全狱押犯单位警察就执法执纪、廉洁从政等作出书面承诺。全狱有24人次拒贿合计3.3万元，警察违纪率较上年下降40%。

2000年，加大党纪政纪条规宣传教育力度，全狱警察签订反腐倡廉承诺书，并将廉政建设纳入单位目标管理一票否决项目。全年共有18人拒贿合计39580元。

2001年，开展执法执纪专项整顿活动，认真查摆整改执法过程中的不文明、不规范现象。建立健全监督约束机制，加强对领导干部8小时外的行为监督。强化对警察的考勤考纪，将工作质量考核标准细化到各岗位，每天公布考核情况，促进警察工作质量和工作责任心的提高。

2002年，全面落实党风廉政建设和执法执纪责任制，建立全狱副科以上警察廉政档案。加强执法监督，在全体警察中开展执法执纪专项检查活动，加大案件查处力度，严肃查处和整改减刑、假释等执法执纪领域中存在的突出问题。完善警察百分考核体系，建立统一的宣传栏，实行黄牌、红牌警告处罚制度，加大考核力度。

2003年，突出预防监督，开展“艰苦奋斗、廉洁从政”活动，全面落实党风廉政建设责任制。监狱管教、政工、纪检部门与驻狱检察院相互配合，建立联合监督机制，加大对执法工作的督促和考核，警察违纪率大幅下降。纪检部门组成4个督察组，每周下到包片单位，对招待费、通讯费、车辆管理情况及狱务、政务公开等情况进行检查，及时发现处置违纪现象。提高警务考核的针对性，强化警容风纪考核；定期与改造部门联合对警察执法行为进行考核；组建警务联合督查组，在狱区内全天候巡查，经常性到休闲娱乐场所纠察。

2004年，进一步明确、规范党风廉政建设责任范围和内容，增强班子抓作风建设、廉政建设的责任感和紧迫感，提高警察拒腐防变的自觉性，全年有34人次拒贿6万多元。全面推行民主评议警察制度，成立落实“六条禁令”联合警务督查组，对津市、蔡家河居民区娱乐场所进行定期、不定期检查，净化狱内风气。政治处工作人员分片不定期对各班子成员、警察履行职责、遵守纪律等进行检查、监督，促进监狱工作质量整体提升。

2005年，强化日常监督，建立纵向从监狱到监区，横向以政工、管教、生产等各线互相联系的监督网络。监狱各部门相互配合，深入工作现场，突出对工作质量、落实监管制度、警容风纪的考核，强化对监区及警察执法工作的现场督察，加强与即将释放罪犯的谈话，对发现的轻微违规现象及时查纠，诫勉谈话2人次，批评教育、责令检讨及经济处罚11人次。

2006年，加强部门联合督查和日常模糊考核，推行新的警察考核管理办法，突出对工作质量、落实“六条禁令”和各项监管制度、警容风纪的督察，把考核结果与经济处罚、警示教育、公务员年度考核挂钩。坚持“三项谈话和函询制度”及“罪犯大额经费使用追踪制度”，发放执法执纪监督联络卡，全狱没有发生严重违法违纪案件，有13人次拒贿共计4万余元。

2007年，深入开展“廉政文化年”活动，加强廉政建设和执法执纪源头工作，举办7期警示教育班，把法治理念教育融入队伍执法执纪全过程和思想作风建设中。采取结对子帮促的办法，对执法执纪存在不足的重点单位、个人重点帮促，明确专人对口帮促。完善监事制度，强化对现场的日常、随机督查，推行罪犯因伤就诊查询、出监谈话、执法联络卡、罪犯大额消费追踪查询等行之有效的制度，发现并处理5起一般性违纪问题。重点加强执法执纪、警容风纪、落实监管制度和工作质量的考核督查，成立专门机构，加大对工程招投标、大宗物资采购、土地承租的监督，有效减少违法违纪行为的发生，先后有11人拒贿合计39000元。

2008年，完善反腐领导体制和工作机制，实行党风廉政建设责任考核和责任追究制。严格落实“三重一大”集体决策制度、纪检监察员巡视制度、公务接待定点管理制度、新入监罪犯集体谈话制度等，突出对罪犯调训费、罚金交纳渠道、基建工程、大宗物资采购等重点领域的监督，强化对执法关键环节的监督。重新修订《警察百分考核办法》，下发《警容风纪补充规定》，坚持考核日公布、月通报、季评选，严格落实两级领导带队巡查，开展规范执法行为专项督查，并注重考核处罚与教育疏导并重。

2009年，切实加强对经济领域的监督，完善内控机制建设，强化基建项目和物价审计，审计项目112个，核减金额369.78万元；严控行政经费支出，层层签订《厉行节约承诺书》，支出同比减少10%；规范合同管理，清理合同204份。加大考核督察力度和密度，强化日常随机督查、联合督查和专项督查，实行基层与机关、基层单位间的交叉督查，注重“回头看”，落实考核督察工作成效。

2010年，细分党风廉政建设责任，把反腐倡廉理论学习纳入党委中心组学习内容。规范工程项目、大宗物资采购管理，严格项目审批程序，完善财务管理、招投标、审计等制度。成立招标办公室，对所有项目进行公开招标或邀请投标。成立精细化管理专门机构，进一步分解执法状况考评工作责任，规范警察执法行为。

2011年至2013年，领导认真贯彻执行《廉政准则》、“两项规定”及重大事项报告制度。实行纪委分片巡查，严格落实罪犯入、出监谈话制度和罪犯大额资金消费追踪询查制度等。

2014年，开展执法、经济等重点领域的专项整治活动，立案查处违纪行为2起6人。

2015年，从严落实“两个责任”和领导“一岗双责”，强化对罪犯因伤就诊，大额消费、企业经营、评先评优、节日喜庆事宜的监督。全年党纪政纪处分 3 人,行政处分 8 人,诫勉谈话 3 人。

第四节 党建工作

20 世纪 80 年代末,津市监狱党组织按照“整顿提高,有计划地发展”的精神,坚持严格对照党章规定的标准和程序发展党员,实行党员目标管理,使党建工作步入计划化、规范化轨道。1964 年 6 月成立政治处,至今为党委的办事机构。1988—2015 年,共发展党员 600 人。

1988 年 5 月 17 至 18 日,召开第四次党代会,选举产生第四届党委和第二届纪委,彭天喜任党委书记,叶勇任纪委书记。党委成员 7 人,其中大学 1 人、中专 2 人、初中 3 人、高小 1 人,平均年龄 50.9 岁。本届党委领导体制进行改革,逐步实行党政分开,由过去党委领导下的场长(支队长)、政委负责制改为党委领导下的场长(支队长)负责制;基层单位由党支部领导下的教导员、大队长(厂长)分工负责制改为党支部领导下的大队长负责制,中队机构也作出相应的改革。全狱开展以整顿思想、作风、纪律为内容的教育活动,组织全场警察职工深入学习中共十三届三中全会精神,开展评选先进党支部、“创先进党支部、争当优秀党员”活动。截至年底,有党总支 1 个,党支部 33 个,党员 756 人,其中干部 643 人、工人 91 人、家属 22 人,当年发展新党员 3 人。

1989 年,改进领导作风和工作方法,认真贯彻中共中央关于“迫切需要做几件人民群众普遍关心的事情”的指示精神,监狱党委提出经济工作和机关工作中要做的 10 件实事,并逐步完成;各级领导纷纷下到改造、生产第一线,在春插、“双抢”中深入基层现场办公,为基层支部和群众排忧解难。

1990 年,实行党委领导点对点联系基层制度,深入基层值班,察看农业、畜牧业、基建、冬修水利等进度、质量,及时为基层排忧解难,各单位党支部到中队、分队蹲点,层层建立包管负责体系,加强对罪犯改造、生产、生活的现场组织指挥和监督,发挥基层党组织的战斗堡垒作用。制定党员管理细则,内容包括党内生活、遵纪守法、本职工作、模范作用等,每个党员根据细则要求,制定个人管理目标,以加强自我约束。

1991 年,党组织坚持“三课一会”制度,坚持眼睛向下,指导、服务于基层,为警察职工办好事、办实事。各级党组织成员在抗洪抢险战斗中冲锋在前,吃苦在前,起到表率作用;在业务建设和内部管理中,团结群众,勤政为民,廉洁奉公,党组织凝聚力、战斗力得到增强。

1992 年 1 月 30 日至 31 日，召开第五次党代会，选举产生第五届党委和第三届纪委。黄玉堂任党委书记，何发样任纪委书记。新党委成员 9 人.其中文化程度大学 1 人、大专 5 人、高中 1 人、初中 2 人，平均年龄 49.5 岁。制定《政治工作百分考核细则》，对各级党组织和党员进行考核。

图 6—40 主题党日活动重温入党誓词

1993 年，各单位实行各党支部集体领导下的“一长”负责制，单位“一把手”由场党委委任，其他实行聘任和组合。落实党员目标管理制度，发展党员 31 名。健全党的组织生活，坚持联系群众、民主评议党员和党的“三会一课”制度。强化领导班子的中心小组学习制度、调查研究制度、民主生活会制度和集体领导制度。

1994 年 8 月 23 日至 24 日，召开第六次党代会，选举产生第六届党委和第四届纪委。黄玉堂任党委书记，何发祥任纪委书记。新党委成员 7 人，其中文化程度大学 1 人、大专 3 人、中专 2 人、初中 1 人，平均年龄 47.85 岁。结合各级党组织和警察职工队伍实际，进一步健全政治生活、执法执纪、经济活动等制度措施，坚持按照制度规范加强检查督促约束。

1995 年，党委带头认真落实“三会一课”制度，党委成员分头下到各单位组织上党课。各级党组织认真开展批评与自我批评，坚持民主决策，增强集体领导观念。进一步健全理论学习、调查研究、集体领导、民主生活会、岗位责任、谈心沟通等制度，并将制度与日常岗位责任考核结合起来，建立起日考核、月上报、年总结机制。

1996 年，坚持各项政治工作制度，加强班子政绩档案工作，对各级党组织班子进行全面考察，扎实开展党委民主生活会和中心小组学习活动，党委成员深入基层单位上党课，全场上党课 198 次，召开民主生活会 108 次。

1997 年，对各党支部进行 2 次全面考察，改选党支部 8 个，新增 1 个党支部。

1998 年 4 月 27 日至 28 日，召开第七次党代会，选举产生第七届党委和第五届纪委。卜中云任党委书记，张真钿任纪委书记。新党委成员 7 人，其中文化程度大学 2 人、大专 4 人、中专 1 人，平均年龄 46.7 岁。对全狱中层班子进行一次全面考核考察，召开中层实职领导述职报告会 22 场，广泛收集和听取群众意见建议，与警察职工个别谈话 450 人次。

2002年6月6日至7日，召开第八次党代会，选举产生第八届党委和第六届纪委。卜中云任党委书记，侯祖强任纪委书记。新党委成员8人，其中文化程度大学3人、大专4人、中专1人，平均年龄44岁。对新一届党委工作作出规划，明确监狱今后的发展方向。开展为期一个月的机关作风整顿，促进机关工作作风的转变和工作效率的提高。

2005年，扎实开展保持共产党员先进性教育活动，分两批组织全狱23个党支部、1个党总支共1177名共产党员圆满完成学习动员、分析评议、整改提高三个阶段及“回头看”各环节的工作任务。监狱党委和各党支部围绕群众意见积极开展整改，一些事关群众切身利益的焦点问题得到解决，党群关系进一步密切，群众对狱党委和各支部的群众测评满意率均达100%。

2006年，增选党委委员4名。认真落实“一岗双责”。

2009年，深入群众调查研究，收集意见建议127条，两级党组织深入查摆剖析，针对查摆出的5大方面38项突出问题认真整改，新出台或修订制度28项。11月，周代永调任津市监狱党委书记、监狱长。

图6—41　尹利民监狱长慰问离休老党员

2013年至2015年，陆续开展“党的群众路线”教育实践活动、“三严三实”“两不两失”等作风整治活动。建立健全管理制度39项，处理减少公车57辆，三公经费同比减少30%，业务簿卡压缩30%以上，全狱性会议减少60%，全面精简压缩节庆活动、检查评比，全面整改超面积使用办公用房、赠送贺年卡等事项。

2014年3月，颜忠毅调任津市监狱党委书记、监狱长。

2015年12月，尹利民调任津市监狱党委书记、监狱长。2015年年底，全狱共有党员1280人，其中在职警察689人、工人82人、离退休人员465人、家属11人，大专以上学历党员818人，35岁以下党员179人。共设有1个党委，3个党总支，33个党支部，建有党建活动室26个。

第五节　狱政管理

长期以来，津市监狱坚持依法、严格、规范、文明管理罪犯，不断建立和完善改造工作管理机制。2001年起全面推行罪犯互监组连带责任制；2002年开始对监管设施开展几轮大规模的升级改造；2005年率先推行警察全程管理罪犯、首位问责、罪犯择警约谈三项制度；2008年、2013年先后开展“天网”“清网”行动；2015年开始不断推进现代化文明监狱建设。自2002年12月以来，津市监狱已连续13年保持监内安全“四无”。

一、防暴队

1990年，农场成立专业防暴队，由狱政科兼管，狱政科科长兼任队长，配专职副队长1人，从工人中选拔队员11人，享受干警待遇。配备武器装备。1991年，防暴队归属涔澹公安派出所兼管，队员9人。1992年，重新组建防暴特警队，狱政科科长兼任队长，配专职副队长1人，队员全部由干警组成。特警队主要任务是应对处置突发事件，狱内逃犯围堵追捕，巡逻执勤等。

二、清监

为确保监管安全，对罪罪犯身、监房、劳动场所进行定期和不定期检查。一般在法定节假日进行定期检查，平时也有突击清监。清监方法：由狱机关组织改造线科室人员到各监区，配合监区警察和驻狱武警进行，不时各监区也组织进行自查。

三、互监组

是对罪犯实行严格管理，加强防范控制，预防和减少各类事故发生的一项重要措施。根据罪犯改造表现，成立5～7人的互联保组，组长指定改造积极分子担任。1997年，开展争创优胜互监组活动。1998年，推行《互监组连带责任管理办法》，对互监组实行四级审批，建立台账，张贴公榜。

四、看押部队

驻狱武警部队负责监狱外围警戒、押送罪犯及协助监狱应对突发事件。1988 年 6 月常德地市合并，部队改编为“常德市武警支队直属大队”，后改编为“常德市武警支队第二大队”至今。21 世纪以来，监狱与驻狱武警全面加强共建、共管、共保安全的“三共”建设，综防体系全面巩固。

五、联防

1992 年 5 月，津市监狱（时为湖南省第一劳改支队）、澧县人民政府、县武装部、县政法委、公安局、司法局以及澧县邻近三区、六乡负责人在澧县召开联防工作会议，决定在澧县区、乡、镇建立劳改、劳教工作联络站，由同级分管政法的领导负责。其任务：1.解“两劳”人员家庭情况；2.负责刑满释放人员和解教人员的交接工作，并向“两劳”单位反馈情况。1988—1989 年，澧县城关派出所城北治安队队员喻志银先后抓捕逃犯 4 人，荣获“追捕能手”称号。1998 年以后，随着罪犯从室外劳作转入室内劳动及监管设施的不断完善，罪犯脱逃率下降，自 2002 年以来，监狱再无罪犯脱逃，联防逐步成为历史。

六、“三分”

分押、分管、分教。对罪犯横向分类、纵向分级，分类施教。以中队（分监区）为单位进行分押，按暴力犯罪、盗窃犯罪、性犯罪、财产型犯罪及其他犯罪五个类型进行分类编队。分管：将罪犯按其改造表现好坏，罪行轻重，分成四等六级，即基础级、普通级、宽管级、（支队宽管、大队宽管）、严管级（支队严管、大队严管）。其管理分别在看押警戒、活动范围、接见、通讯、物品、生活待遇、文体活动、请假探亲等方面按不同级别给予不同处理。“三分”工作于 1992 年试点推行，1993 年全面铺开。2004 年，建立罪犯分级管理制度，完善管理程序，按照公平、公正、公开的原则，对罪犯分级处遇实行动态管理，营造积极向上的改造氛围。

七、外宿犯、勤杂犯

外宿犯是指担负监外看守工棚，饲养畜禽而脱离干警、武装管理的罪犯。勤杂犯是指协助干警管理罪犯的罪犯。1987 年，对外宿犯采取“四定”办法，即定名额、定人员、定活

图 6—42　防逃应急演练

动范围、定管理干部。1990 年，制定《外宿犯使用、审批暂行办法》，明确规定外宿犯不得超过押犯总数的 3%，农忙季节不得超过 5%；外宿犯一年一换，最长不得超过二年，发生重大违规违纪的随时撤换。外宿犯使用条件：原判刑七年以下，服刑二分之一以上；年龄在 30 周岁以上，家有父母、妻室儿女，关系正常；思想稳定，安心改造的初犯、偶犯、过失犯、渎职犯。审批程序：经中队研究，填写外宿犯审批表一式二份，由大队考察审核，报狱政科批准。外宿犯单独编成小组或互监组。

1995 年，整顿压缩外宿犯，推行干警带领罪犯夜巡制度，外宿犯由年初的 287 人减少到 46 人，由干警带领的夜巡罪犯 103 人，有效减少安全隐患。1996 年，对罪犯积委会主任进行集中培训，对全部勤杂犯进行重新审查调整。1998 年，大力整顿、压缩勤杂犯，共清理撤换勤杂犯 300 名，取消罪犯夜巡。2003 年，撤销监外勤杂犯，进一步整顿压缩勤杂事务犯，控制在罪犯总数的 3% 以内，对所有勤杂岗位实行公开竞争和挂牌管理。2004 年，全部撤销零散勤杂犯，对勤杂犯全部实行两级管理考核。

第六节　教育改造

一、教育机构

1988 年，经省劳改局和常德市教委批准，正式成立"湖南省津市逢春职业学校"，以改造思想、造就人才、面向社会、服务四化为指导思想。该校为一级办学体制，两级管理。总校成立校务委员会，由正副支队长（后为监狱长）担任正副校长，由政治教研组、文化技术教研组、教务组、电化教学教研组组成教务处，负责管理"三课教育"以及电化教学工作。全校设有 14 所分校。1991 年，逢春职业学校成为津市市劳动就业培训中心的一个分部，列入社会成人教育行列，为省属劳改单位先例。同时从干部、工人及罪犯中挑选部分文化程度较高，并富有教学经验的人员，组成一支以专职为主、兼职为辅的师资队伍。

图 6—43　常德市检察院、《常德日报》、常德心理咨询协会到津市监狱开展"关注罪犯心理健康公益行"活动

二、入出监教育

2002 年，在省监狱局支持下，建立专门的罪犯收押中心，名为湖南省第二收押中心，对新入监罪犯进行为期 2 个月的系统教育后，由省监狱局统一分配到有关监狱。2004 年起，按照《监狱服刑人员行为规范》要求，加强对新入监罪犯的行为规范教育。2009 年，经省监狱局党委扩大会议研究决定更名为湖南省津市监狱收押中心。

2009 年，根据省监狱局文件规定成立出监监区，对余刑 3 个月以内的罪犯进行集中教育和职业技能培训，为罪犯走向新生创造条件。2010 年，根据监狱实际情况推行"入监强化再教育"，对分配来的新犯在原有入监教育的基础上，再组织进行为期 7 天的强化教育。

三、"三课"教育

指思想政治教育、文化教育、技术教育。思想政治教育以法律常识、监规纪律、爱国主义等为主；文化教育以扫盲、普及小学、发展初中教育为主要内容；技术教育结合监狱条件，开办各类职业技术培训班，考核合格者，由地方劳动部门发给技术等级证书，为服刑人员刑满释放后回归社会创造条件。1992 年，监狱投资 10 余万元建立电视差转台，购置彩色发射机、地面卫星接收机、录放机、摄像机、彩色监视器等设备。1993 年，开通有线电视，开展实施全狱电化教学。各监区相应建立电教室、图书室、阅览室、广播室，组建监狱、监区两级师资队伍。文化教育由扫盲教育逐步过渡到学历教育；思想教育包括法制教育、政治教育、爱国主义教育及形势教育等；技术教育逐渐由适应劳动履行岗位需要向有利于罪犯回归社会转变，2004 年建立罪犯回归社会指导中心。2010 年，开始实施"511"教育改造模式，加强"三课"时间和质量保障，将技术教育与减刑、假释挂钩，提高罪犯学习积极性。

2014 年，开始组建女警教师队、退休老干部教师队，完善电教设施，提高思想、文化教育质量。

四、个别教育、“四知道”

个别谈话教育是教育改造罪犯的重要手段，其教育的重点对象是表现不好，或有各种思想包袱和有破坏性、危险性的罪犯。“四知道”：主要内容是 1.知罪犯姓名、住址、体貌、特征；2.知犯罪的主要情节和刑期；3.知罪犯的家庭情况和主要社会关系；4.知罪犯的改造表现。1992 年，监狱获省劳改局颁发的干部“‘四知道’达标优胜单位”称号。个别教育和“四知道”作为监管警察的一项基本功，得到很好的延续，监狱每年都要组织进行监区警察个别教育和“四知道”考核、比武。

1988 年至 1992 年，农场狠抓个别教育的考核和理论研究，坚持月考核、季检查、年评比，定期召开个别教育研讨会。1992 年起，坚持每年评比个别教育能手。1997 年，对顽危犯建立专档。2004 年，在全省监狱系统率先推行个别教育择警约谈制度，罪犯根据自己改造需要，可点名要求与有关警察或领导谈话。2007 年，建立个别教育工作责任制，树立“教育一个，转化一个，巩固一个”的理念，严格考核，加强对顽危犯的教育转化。2008 年，监狱改进个别教育、“四知道”的检查考核办法，解决只重形式、不求实效的问题。

2013 年，开始认真落实个别教育主辅包教、“十必谈”、“跟踪谈”制度。

2015 年，开始实行全体警察全员包教罪犯制度。

五、“三包一夹”

指对摸排出来的危顽犯由警察实行包管、包教、包转化，由互监组严密夹控。1996 年起，每年对危顽犯进行摸底排查，建立专门档案，将每名危顽犯转化责任落实到人。后对转化难度大的危顽犯在全狱范围内挂牌攻坚，对完成任务的警察予以重奖，收到良好成效，确保每年危顽犯转化率均达 70%以上。

六、心理矫治

1996 年，在各押犯单位建立心理咨询室，定期或不定期对罪犯进行心理咨询，建立心理矫治档案 460 份。1997 年，建立心理咨询室 13 个，对全部新入监罪犯进行心理测试，

图6—44　心理咨询师到监狱开展罪犯心理咨询工作

形成心理矫治档案。实行心理健康教育课堂化，下半年坚持每周两晚播放录像片。2004年开展“心理健康教育年”活动，完善罪犯心理矫治专档。2006年起，对有心理疾病的罪犯每天进行摸底评估，定期开展心理咨询，及时化解罪犯不良情绪。2008年，推行心理疗法，提高罪犯心理健康水平。2010年，建立监狱心理健康指导中心和监区健康心理辅导站，为所有罪犯建立心理健康档案，每年开展心理测评6000人次以上、个体心理咨询500人次以上、危机干预100人次左右、团体心理辅导60次左右。

七、个体改造质量评估

2006年，根据省监狱局安排，在津市监狱试点推行个体改造质量评估，2007年全面推行。以罪犯日常考核为基础，以改造质量评估为主体，建立反映罪犯改造实际情况的考核机制，准确把握罪犯真实改造情况。2008年，根据省高院、省检察院、省司法厅联合下发的《实施意见》，加强评估结果与罪犯考核计分的综合运用，拓展评估结果的适用范围，将罪犯改造质量评估结果与减刑、假释挂钩，同时为罪犯分级处遇、个案矫治和刑满释放后再犯罪预测提供依据。

八、辅助教育、社会帮教

是根据教育改造的目的和要求，运用各种辅助手段，对罪犯进行教育的方法。一般采取“请进来”，即邀请社会人士来狱帮教，请犯属规劝，请表现好的刑满释放人员回监狱作报告；“走出去”，即组织罪犯外出参观，以及开展一些有益于身心健康的文体活动和灵活多样的教育方法。

邀请、组织罪犯亲属规劝是运用社会力量教育改造罪犯的一种重要方式，也是一种有效的方法。1989年各押犯单位先后与犯属签订帮教协议1881份。

1988年春节前夕，常德地区党政军主要负责人，市委书记陈彰嘉率领来监狱看望服刑人员。1988年，与湖南车桥厂签订“三好一包”协议。在服刑人员中开展“一封汇报信”活动，要求每名罪犯向亲人如实汇报改造情况和痛改前非的打算。1989年，根据司法部指示，实行“三个延伸”（改造工作要向前、向外、向后延伸），主要加强向外延伸。“走出去”，监狱先后与临澧县、桃源县人民政府及湘澧盐矿等单位签订三好两包协议，开创大墙内外齐抓共管的新局面。1990—1991年，汉寿、石门县人民政府及湘华机械厂等单位签订“三好两包”协议。1996年，组织5名改造表现好的罪犯到津市市中小学进行“忏悔之声”演讲活动，引发强烈反响。2004年以来，随着警示教育的兴起，监狱与社会单位主要采用警示教育与到狱帮教并行，监狱每年都要接待数十批社会团体和部门，为社会力量到狱帮教拓宽渠道，取得良好的社会效益。建立“万人帮教”网络，动员组织各种社会力量关心、支持和参与教育改造罪犯，逐步建立一支多层次且相对稳定的社会志愿者队伍。2006年，监狱邀请有“湖南张海迪”之称的李丽和“全国十大杰出母亲”提名者雷运姣到狱向罪犯作报告，与湖南省女子监狱开展远程帮教，效果良好。设立“爱心基金”，每年为特困罪犯子女发放帮扶金共计10万元左右。2009年以来，采取“请进来、走出去”的办法将社会帮教与警示教育结合起来，先后与机关单位、社会团体开展现身说法和警示教育数百次，收到良好的社会效果。

图6—45 “情暖高墙，关爱孩子”活动现场

2014年，开始创新开展监区开放日活动，监狱领导、“警察妈妈”与困难罪犯家庭子女“一对一”帮扶活动，持续开展“情暖高墙、关爱孩子”帮扶活动，累计重点帮扶81人，发放帮扶金13万元。与央视《等着我》栏目组联合为一名罪犯寻找亲人，取得监内效应与社会效应的双赢。

九、监区文化

根据教育改造罪犯需要，以大队（监区）为单位，在支队（监狱）的指导下，组织罪犯开展文化娱乐活动，是推动罪犯积极改造的一种有效方法。1989年开展每月一歌活动，组织15个押犯单位500多名罪犯进行队列会操和歌咏比赛。1990年9月，组织700多名罪犯进行“迎亚运、庆国庆、爱我中华”大型队列会操、歌咏比赛、两规测试竞赛。1991年2月，组织“羊年”服刑人员迎春文艺会演，共有14支代表队39个节目参加演出。1992年，在监内开展升挂国旗活动，各押犯单位均建立国旗台。1990年以来，以举办“逢春杯”篮球赛为主要方式，每年均组织罪犯进行文体活动，积极参加省监狱局组织的罪犯文艺调演并取得好成绩。1997年，开展迎“香港回归”系列活动，启动现代化文明监区和文明窗口建设工作。2008年，开展“十个一”和“迎奥运”系列文体活动。2009年，开展庆祝建国60周年系列监区文化活动。2013年，大力提升监区文化建设品质内涵，建立起集标语文化、围墙文化、走廊文化、床头文化于一体的监内文化体系。

十、百分考核

1987年，根据省高级人民法院、省人民检察院、省司法厅关于《劳改罪犯百分制考核办法(试行)》的联合通知，将罪犯“日规则”考核理顺为《罪犯百分制考核》。1988年1月在全狱推行，“百分制”考核体系将罪犯考核分为思想改造和劳动改造两大部分，各为50分。思想改造分解为：认罪服法15分，遵守监规15分，政治、文化、技术三课学习15分；生活卫生5分。劳动改造分解为：劳动效率20分，劳动质量20分，材料消耗5分，文明生产5分。后根据监管改造工作新要求、新标准，对“百分制”考核体系进行不断修改完善，对各项指标、要求、标准不断进行量化、细化，同时将考核重点逐渐向教育改造好转移。罪犯百分考核结果作为衡量减刑主要依据，同时也是衡量罪犯能否获得假释的重要依据。2005年推行新的罪犯考核实施办法。

1993年，以《中国改造罪犯状况》白皮书为重点，深化教育改造工作。

十一、专项活动

2002年以来，根据司法部监狱管理局、省监狱局要求全狱树立“教育为先，教育为本”的理念。在罪犯中开展“明确改造目标、争取早日新生”活动，要求所有罪犯必须制定出长期、中期、短期改造目标，90%以上罪犯能实现当年目标。2003年，强化罪犯科学分类，实施分类改造、因人施教，改变以往教育改造“一锅煮”的状况。在警察中开展“争当个别教育能手”活动，要求监区长带头包教反改造尖子。2004年，先后在罪犯中开展“普法教育”活动，增强罪犯法律意识。2011年，创办罪犯教育大讲堂，开展中华优秀传统文化教育。每年举行罪犯行为规范专项整训和秋季整训活动，加强罪犯行为养成和身份意识教育。

第七节　劳动改造

劳动改造是对罪犯进行具体的劳动教育，组织参加生产劳动和培训生产技能等活动。劳动改造与教育改造一样，都是改造罪犯的基本手段。

2005 年，经监狱体制改革，实现监企初步分开，把监狱原来承担的生产经营职能分离，成立独立的湖南万安达集团涔澹实业有限公司和湖南万安达集团鑫源缸套有限责任公司，由公司向监狱提供罪犯劳动改造岗位。同年监狱成立劳动改造管理科，其目的是强化劳动作为改造手段的职能，建立监管、教育、劳动三大改造手段相结合的完善的刑罚执行体系，协调监狱与企业在罪犯劳动改造过程中的关系，促进监企规范运行和协调发展。2006 年，对所有生产车间进行职业病危害因素监测，推行《罪犯劳动保护管理制度》，对罪犯劳动保护逐步走上规范化。

2007 年，经过试点完善，津市监狱在全省监狱系统率先推广《罪犯劳动低报酬制度》，对罪犯能完成劳动任务或超额完成劳动任务的按一定比例发放劳动报酬，劳动报酬由监狱劳动改造科统一审核，由公司统一发放，在一定程度上减少违纪违规现象发生，促进罪犯劳动改造积极性大幅提高，得到罪犯和犯属的普遍认同，取得良好的社会效益，得到省监狱局的肯定，作为成功经验在全省监狱系统推广。为促进罪犯积极主动劳动改造，矫正恶习，维护监管改造秩序起到积极作用。到 2015 年，发放面达到 90%，月人均发放达 96 元，全年全狱共发放 392 万元。同年配合公司开展“6S”管理，严格劳动现场管理；推行生产项目准入审批制度，杜绝危害罪犯身心健康的生产项目进入狱内，进一步加强劳动保护。2009 年，在认真总结试点经验的基础上，全面推行罪犯劳动改造级差管理，从劳动态度、劳动时间、劳动效果等方面，对不同年龄、不同身体状况、不同劳动能力的罪犯实行区别对待，纠正不顾罪犯自身条件、片面追求劳动效率，单纯以生产收入核定考核等次的做法。同年进一步完善罪犯劳动报酬审批发放程序，调动罪犯劳动改造积极性，建立“6S”管理长效机制，基本实现减时增效；开展劳动现场工具专项整治，实行定人、定位、编号管理；明确车间制冷供暖设备、通风设施耗电标准，罪犯劳动保护进一步加强。2012 年“6S”管理实现常态化。

2014 年开始，实行监区定编定员、老病残罪犯劳动能力鉴定、新入监罪犯劳动能力初审、新入监罪犯统一调配，全面压缩非生产性岗位和辅助岗位罪犯。

第八节 刑罚执行

1993年开始，对罪犯减刑、假释实行双轨考察制。凡大队呈报减刑、假释罪犯材料，首先由狱政科管理组进行基础考察，查看近期是否有重大违纪行为，应该入档的奖惩材料是否全部入档，监内其他罪犯的反映，是否有其他徇私枉法情况等；然后由减刑、假释组审查卷内材料是否齐全合法，进档分数是否达到要求，最后依法定程序审批。

2002年以来，推行狱务公开和执法“阳光工程”，将罪犯减刑、假释、保外就医和行政性奖惩等执法环节全部公开，建立狱务公开资料查询制度、举报材料处理制度、来信来访处理制度等，聘用狱内、狱外执法监督员，尽可能把执法过程中可能发生的问题从源头上化解、消除。2003年，建立执法暗访巡视制度、举报有奖制度，增强执法监督力度，制止“随意执法”和“粗暴执法”现象，体罚虐待罪犯现象得到有效遏制。2006年，推行罪犯减刑、假释案件听证会制度，公开审理，实行同步监督。2007年，经与检察院、法院协调，适当放宽老弱残罪犯减刑、假释条件，联合制定《老弱残罪犯减刑、假释规定》，当年为160名老弱残罪犯办理减刑、假释，减轻行刑成本。2009年，进一步规范减刑、假释、保外就医办案程序，实行无逢监督，推行电子化办案，提高办案质量；对重点罪犯开展再犯罪预测，减少刑释人员、保外就医罪犯的重新犯罪。2010年，建立罪犯减刑、假释、保外就医数据库，实行信息动态管理。坚持“五级评议、三榜公示、两道监督”，严把办案质量关。2015年开始全面推广“小步快走”的减刑方式，改每季度集中办理一次为每2个月集中办理一次。及时为老病残犯办理减假保，协助“三无”罪犯申请缓交“三金”，出台短刑犯减刑政策。

自2003年以来，全狱每年办理减刑、假释、保外就医案件1000件以上，没发生一起违规办案。

第九节 狱内侦查

狱内侦查工作是采取公开和隐蔽相结合的手段，以防范和打击罪犯重新犯罪活动的一项专门工作，是狱政管理工作中的一个重要组成部分，是稳定监管秩序，确保场所安全的重要措施。监狱常年坚持中队(分监区)每周召开犯情分析会,大队(监区)每半月一次,全场(狱)每月一次,每月上报下发《犯情动态》。1989年,建立狱政二科,专事狱内侦查工作。1991年,狱政二科再次合并到狱政科。1995年,恢复狱内侦查科。狱侦工作贯彻"预防为主,及时发现,查明情况,迅速破案"的方针。1985年以来,根据罪犯的思想动态和现实表现,实行分类摸底,确定危险分子。对危险分子实行"三包",即包控制、包教育、包转化。2003年,监狱明确规定,凡押犯在300人以上的监区,必须配备狱侦专干,有针对性地开展犯情分析,按照省监狱局"十个一"工程标准,加强狱侦装备建设。2007年起进一步加强犯情分析预警,将互监组作为重要措施,大力开展隐蔽斗争,要求监区每半月、监狱每月召开犯情分析会,全面掌握犯情动态,严防狱内重特大案件发生。2009年,实行狱侦调研工作四级包干制和责任倒查,将重点危险犯夹控管理由生产区向生活区延伸。

2005年,在全省监狱系统率先推行警察全程管理罪犯、警察首位问责和罪犯择警约谈等三项制度,逐步建立监区警察"事必躬亲"狱政管理机制。通过实行三项制度,全面落实警察直接管理罪犯责任,罪犯有问题能得到及时处理,当年监内罪犯违规率下降近50%。"三项制度"得到省监狱局高度肯定,并作为成功经验在全省推广。

第十节 生活卫生管理

把生卫工作提升到执法高度来抓,优先保障"五项经费"(伙食费、被服费、零用钱、杂支费、医药费),2006年改为"八项经费"(即:伙食费、防疫费、被服费、杂支费、医药费、水电费、日用品补助费、监舍用具购置费),单独列支,由生卫科统一管理、核算和使用,定期审计、定期通报。

图6—46 津市监狱蔬菜基地

2003年,成立罪犯生活物资供应站,全狱罪犯主要生活物资由供应站统一配发,逐步完善罪犯生活物资采购制度和程序,对大宗物资实行公开招标采购。

在生活经费不足的情况下，大力开展“三自”（自种、自养、自加工）生产，建立被服加工厂、豆制品厂、蔬菜供应基地，确保罪犯生活实物量达到或超过省监狱局制定标准。2004 年起将炊事犯全部纳入勤杂犯，由生卫科统一管理，统一进行技术培训，规范食堂管理，逐步推行科学配膳，改善罪犯生活质量。

坚持开展春季爱国卫生运动、夏季“三防”活动。坚持每年定期对罪犯进行伤寒、钩体疫苗等接种，接种率达 100%。建立以生卫科牵头，联合罪犯总医院、卫生防疫站的罪犯卫生、防疫、救治保障体系。2006 年，全狱所有监区医务室改造达标并通过省监狱局验收。2007 年，建立罪犯健康档案。自 2002 年以来，津市监狱一直没有发生成批流行性疾病蔓延。

2006 年，监狱从“三自”生产和“两部”利润筹措资金成立“爱心基金”，由生卫科负责管理，制定本人申请—监区核实—生卫科审核—分管副监狱长审定的审批程序，对有特别困难的罪犯予以救助，对“三无”罪犯在节日给予慰问。通过对有困难罪犯的救助，稳定罪犯改造情绪，激发改造积极性。

2007 年，实施监区环境“四化”（硬化、绿化、亮化、美化）工程，改善罪犯改造、生活环境。2009 年，开展文明伙房创建活动，进一步提高罪犯生活水平；同年，监区环境“四化”工程通过省监狱局达标验收。2010 年起，争取津市市委、市人民政府支持，将罪犯医疗纳入农村合作医疗保障范畴，拓展罪犯医疗保障社会化渠道；同年建立监狱屠宰场，实行罪犯食用猪肉自主集中供应。

2005 年开始罪犯生活标准不断提升，条件不断改善，罪犯生活物资统购统配不断规范，实行标准化保障，每年罪犯生活超标准到位，由吃饱、吃熟、吃卫生逐步进入“吃好、吃健康”的新时期。

津市监狱罪犯总医院

津市监狱罪犯总医院建立于 2002 年 4 月，是一座集临床医疗、保健预防、疾病鉴定、全省结核病犯和艾滋病犯集中治疗于一体的一级甲等医院，占地面积 4.7 公顷，固定资产总值 2000 多万元，为正科级建制。承担全省男性结核病犯和艾滋病犯的收押治疗任务，肩负为津市监狱收押中心新入监罪犯体检、津市

图 6—47　医护人员比武活动

监狱罪犯门诊住院治疗等任务，下设结核病犯监区、特殊病犯（艾滋病犯）监区、普通病犯监区及职工医院4个正科级单位。自2002年以来，累计收治全省结核病犯7300余名；自2011年9月以来，累计收治全省艾滋病犯270名。为确保全省监狱系统安全和全省社会秩序和谐稳定做出了突出贡献。

至2015年，罪犯总医院拥有专业技术人员93人，高级职称3人，管理床位400张、住院床位120张。20世纪90年代初期，基本消灭血吸虫病、出血热、钩体病、丝虫病等地方性疾病。

第七篇　先进典型

图 7—1　市司法局隆重召开全市司法行政系统认真学习贯彻中共十八大精神及创先争优活动总结表彰大会

第一章　先进集体

1988—2015 年，全市司法行政系统被评为省、部级以上先进单位共 768 个。

一、市司法局

表 7-1

受奖单位	荣誉称号	颁奖机关	表彰时间
市司法局	全国个体户税法宣传普及教育活动组织优胜奖	国家税务总局、团中央	1990
市司法局	1990 年度《法制月刊》发行工作先进单位	湖南省司法厅	1990 年
市司法局	廉洁奉公先进集体	司法部	1991 年
市司法局	廉洁奉公先进集体	司法部	1991 年
市司法局	全国公证质量先进集体	司法部	1992 年
市司法局	“双文明建设”模范单位	湖南省委、省政府	1992 年
市公证处	全国公证质量先进集体	司法部	1992 年
市司法局	全省司法行政系统先进政治工作机关	湖南省司法厅	1994 年
市司法局	创“四无”乡镇组织工作先进单位	湖南省司法厅	1995 年
市司法局	全省司法行政系统先进政治工作机关	湖南省司法厅	1995 年
市司法局	全国消费者权益保护法知识竞赛组织三等奖	司法部	1995 年

续表 7-1

受奖单位	荣誉称号	颁奖机关	表彰时间
市司法局	1995 年度基层司法行政工作指导管理先进单位	湖南省司法厅	1996 年
市司法局	“双百双联一促进”活动先进单位	湖南省司法厅	1996 年
市司法局	1996 年度《人民调解》期刊征订工作先进单位	司法部基层司	1996 年
市司法局	集体一等功	司法部	1996 年
市司法局	1996 年度司法行政工作先进集体	司法部	1997 年
市司法局	四好公证处	湖南省司法厅	1997 年
市司法局	1997 年度《人民调解》期刊征订工作先进单位	司法部基层司	1997 年
市司法局	全省法学教育先进单位	湖南省司法厅	1998 年
市司法局	法制工作先进单位	湖南省司法厅	1998 年
市司法局	基层司法行政工作指导管理先进单位	湖南省司法厅	1998 年
市司法局	1997 年度律师工作管理先进单位	湖南省司法厅	1998 年
市司法局	1997 年度公证管理工作先进单位	湖南省司法厅	1998 年
市司法局	1998 年度人民调解宣传工作先进单位	司法部基层司	1998 年
市司法局	1999 年度法律援助工作先进集体	湖南省司法厅	1999 年
市司法局	全省司法行政系统警务管理工作先进集体	湖南省司法厅	1999 年
市司法局	全省司法行政系统新闻宣传报道工作先进单位	湖南省司法厅	1999 年
市司法局	防范化解金融风险法律服务先进单位	湖南省司法厅	1999 年
市司法局	1999 年度律师管理工作先进单位	湖南省司法厅	1999 年
市司法局	1999 年度普法依法治理工作目标管理先进单位	湖南省依法治省办	1999 年
市司法局	湖南省省级普法依法治理工作示范单位	湖南省依法治省办	1999 年
市司法局	2000 年度自考律师专业专科招生工作先进单位	全国律师函授湖南辅导总站	2000 年
市司法局	走向法治文艺节目调演一等奖	湖南省委宣传部、省依法治省办等	2000 年
市司法局	律师工作行政管理先进单位	湖南省司法厅	2000 年

续表 7—1

受奖单位	荣誉称号	颁奖机关	表彰时间
市司法局	2000 年法学教育工作先进单位	湖南省司法厅	2000 年
市司法局	2000 年度律师行业管理先进单位	湖南省律师协会	2000 年
市司法局	2000 年业教工作先进单位	湖南省政法干部管理学院	2000 年
市司法局	湖南省电视辩论大赛一等奖	湖南省司法厅、省律师协会	2000 年
市司法局	全省审计法律知识竞赛组织奖	湖南省依法治省办、省审计厅	2000 年
市司法局	全省司法系统公务员基本素质考试考核组织工作先进集体	湖南省司法厅	2002 年
市司法局	全省司法系统公务员基本素质教育工作先进集体	湖南省司法厅	2002 年
市司法局	全国律师函授中心先进辅导站	司法部	2003 年
市司法局	全省计财装备工作先进单位	湖南省司法厅	2003 年
市司法局	全省法制宣传工作先进单位	湖南省司法厅	2003 年
市司法局	全省基层司法工作先进单位	湖南省司法厅	2003 年
市司法局	全省司法考试组织工作先进单位	湖南省司法厅	2003 年
市司法局	全国优秀“青少年维权岗”	团中央等 11 家单位	2004 年
市司法局	全省法律援助工作先进单位	湖南省司法厅	2004 年
市司法局	全省律师管理先进单位	湖南省司法厅	2004 年
市司法局	全省律师队伍教育整顿先进单位	湖南省司法厅	2004 年
市司法局	2004 年度全省公证质量管理先进单位	湖南省司法厅	2004 年
市司法局	全省公证行业文明公证处	湖南省司法厅	2004 年
市司法局	法学教育先进单位	湖南省司法厅	2004 年
市司法局	办公室工作先进集体	湖南省司法厅	2004 年
市司法局	政工人事工作先进单位	湖南省司法厅	2004 年
市司法局	全省司法考试工作先进单位	湖南省司法厅	2004 年
市司法局	全省法律援助先进单位	湖南省司法厅	2005 年

续表 7—1

受奖单位	荣誉称号	颁奖机关	表彰时间
市司法局	全国“四五”普法法律法律知识竞赛湖南赛区优秀组织奖	湖南省司法厅	2005 年
市司法局	先进单位	司法部基层司	2007
市司法局	2007 年度人民调解宣传工作先进单位	司法部基层司	2007 年
市司法局	全省“专项维稳活动”先进组织奖	湖南省司法厅	2008 年
市司法局	全省“专项维稳活动”先进集体	湖南省司法厅	2008 年
市司法局	全省“专项法律服务活动”组织工作二等奖	湖南省司法厅	2008 年
市司法局	湖南省“迎奥运”律师运动会组织奖	湖南省司法厅、省律师协会	2008 年
市司法局	2007 年度市州普法依法治理工作考核优秀单位	湖南省依法治省办	2008 年
市司法局	普法和依法治理工作先进单位	湖南省司法厅	2009 年
市司法局	2008 年度市州普法依法治理工作先进单位	湖南省依法治省办	2009 年
市司法局	2008 年度计财装备工作先进单位	湖南省司法厅	2009 年
市司法局	全省法律援助工作先进单位	湖南省司法厅	2009 年
市司法局	2009 年度人民调解宣传工作先进单位	司法部基层司	2009 年
市司法局	湖南省公证质量管理先进单位	湖南省司法厅	2009 年
市司法局	全省“专项法律服务活动”组织工作二等奖	湖南省司法厅	2010 年
市司法局	2010 年度人民调解宣传工作先进单位	司法部基层司	2010 年
市司法局	湖南省公证质量管理先进单位	湖南省司法厅	2010 年
市司法局	全省司法行政系统执法状况考核评议优秀单位	湖南省司法厅	2010 年
市司法局	全省司法行政系统执法状况考核评议优秀单位	湖南省司法厅	2011 年
市司法局	全省公证质量建设年活动管理先进单位	湖南省司法厅	2011 年
市司法局	全省司法鉴定质量建设年活动先进组织奖	湖南省司法厅	2011 年
市司法局	全省人民调解化解矛盾纠纷专项攻坚活动先进单位	司法部基层司	2011 年
市司法局	全省法律援助为民办实事工作先进集体	湖南省司法厅	2011 年
市司法局	全国司法所建设工作先进单位	司法部	2012 年
市司法局	人民调解宣传工作先进集体	中华全国人民调解员协会	2012 年
市司法局	全省创先争优表彰先进集体	湖南省司法厅	2012 年

续表 7—1

受奖单位	荣誉称号	颁奖机关	表彰时间
市司法局	全省公证质量管理先进单位	湖南省司法厅	2012 年
市司法局	市(州)普法依法治理工作先进单位	省委法治湖南建设领导小组	2012 年
市司法局	全省司法行政系统执法状况考核评议优秀单位	湖南省司法厅	2012 年
市司法局	全省司法所建设先进单位	湖南省司法厅	2012 年
市司法局	全省“司法鉴定质量建设年活动”先进组织奖	湖南省司法厅、省司法鉴定协会	2012 年
市司法局政治部	省司法行政系统先进政工部门	湖南省司法厅	2012 年
市司法局	全国法治城市创建活动先进单位	全国普及法律常识办公室	2013 年
市司法局	全国人民调解宣传工作先进单位	中华全国人民调解员协会	2013 年
市司法局	2012 年度市州普法依法治理工作先进单位 2013 年普法依法治理工作全省综治考评第一名	省委法治湖南建设领导小组办公室	2013 年
市司法局	全省司法行政系统学习十八大精神知识竞赛二等奖	湖南省司法厅	2013 年
市法律援助中心	第一届湖南省“敬老文明号”	湖南省老龄工作委员会	2013 年
市司法局	全省司法考试工作先进工作	湖南省司法厅	2013 年
市司法局	2012 年度全省监所信息工作先进单位	湖南省司法厅办公室	2013 年
市司法局	2013 年社区矫正工作任务全省综治考评第一名	湖南省司法厅	2013 年
市司法局	全省社区矫正 工作岗位练兵知识技能竞赛第一名	湖南省司法厅	2013 年
市司法局	2013 年度全省司法行政系统执法状况考核优秀单位	湖南省司法厅	2013 年
市司法局	2012 年度全省基层司法行政指导管理工作先进基层工作科	湖南省司法厅	2013 年
市司法局	2012 年度信息报道先进单位	湖南省公证协会	2013 年
市司法局	全国“六五”普法中期先进集体	全国普法办	2014 年
市司法局	2013 年度市州法治文化建设先进单位	湖南省湘法治办	2014 年
市司法局	2013 年度市州普法依法治理工作先进单位	湖南省湘法治办	2014 年
市司法局	人民调解宣传工作先进集体	中华全国人民调解员协会	2014 年
市司法局监所管理科	“情暖高墙・关爱孩子”联合帮扶专项活动表现突出集体	湖南省司法厅	2015 年
市司法局	2015 年度人民调解宣传工作先进集体	中华全国人民调解员协会	2015 年

二、市强制隔离戒毒所

表 7-2

受奖单位	荣誉称号	颁奖机关	表彰时间
市劳教所	先进劳教所	湖南省劳教局	1991 年
一中队	五好中队	湖南省劳教局	1991 年
二中队	五好中队	湖南省劳教局	1991 年
三中队	五好中队	湖南省劳教局	1991 年
四中队	五好中队	湖南省劳教局	1991 年
生活卫生科	先进集体	湖南省劳教局	1995 年
特警队	先进集体	湖南省劳教局	1995 年
七中队	五好中队	湖南省劳教局	1997 年
出入教大队	五好大队	湖南省劳教局	1997 年
市劳教所	生活卫生管理、种养竞赛优胜单位	湖南省劳教局	1997 年
市劳教所	二等功	湖南省司法厅	1998 年
市劳教所	“四无”劳教所	湖南省司法厅	1998 年
三大队	五好大队	湖南省司法厅	1998 年
市劳教所	现代化文明劳教所创建工作先进单位	湖南省司法厅	1998 年
市劳教所	生活卫生管理、种养竞赛优胜单位	湖南省司法厅	1998 年
市劳教所	“四无”劳教所	湖南省司法厅	1999 年
一大队	五好大队	湖南省司法厅	1999 年
三大队	五好大队	湖南省司法厅	1999 年
四大队	五好大队	湖南省司法厅	1999 年
出入教大队	五好大队	湖南省司法厅	1999 年
市劳教所	二等功	湖南省司法厅	1999 年
市劳教所	现代化文明劳教所	湖南省司法厅	1999 年

续表 7—2

受奖单位	荣誉称号	颁奖机关	表彰时间
一大队	五好大队	湖南省劳教局	2001 年
二大队	五好大队	湖南省劳教局	2001 年
三大队	五好大队	湖南省劳教局	2001 年
五大队	五好大队	湖南省劳教局	2001 年
后勤大队	五好大队	湖南省劳教局	2001 年
警戒护卫	五好大队	湖南省劳教局	2001 年
市劳教所	目标管理考评三等奖	湖南省劳教局	2001 年
市劳教所	抗击非典工作先进集体	湖南省劳教局	2003 年
市劳教所	先进集体	湖南省劳教局	2003 年
市劳教所	抗冰救灾先进集体	湖南省劳教局	2008 年
市劳教所	全省司法行政执法状况考核优秀等次劳教所	湖南省司法厅	2010 年
市劳教所	处置突发事件预案演练先进单位	湖南省劳教局	2010 年
市劳教所	全省劳教系统精细化管理考核一等奖	湖南省劳教局	2011 年
市劳教所	全省劳教系统 2010 年信息调研工作先进单位	湖南省劳教局	2011 年
市劳教所	全省劳教系统纪检监察信息工作目标管理先进单位	湖南省劳教局	2011 年
市劳教所	全省劳教系统 2011 年信息宣传调研工作先进单位	湖南省劳教局	2011 年
市劳教所	全省司法行政系统执法工作先进单位	湖南省司法厅	2012 年
市劳教所	全省劳教系统精细化管理先进单位	湖南省劳教局	2012 年
市劳教所	全省劳教系统“作风建设年”活动先进集体	湖南省劳教局	2012 年
市劳教所	全省劳教系统规范化管理示范大队竞赛活动二等奖	湖南省劳教局	2012 年
市劳教所	全省劳教系统场所文化建设竞赛活动二等奖	湖南省劳教局	2012 年
市劳教所	全省劳教系统纪检监察审计工作先进单位	湖南省劳教局	2012 年
市劳教所	全省司法行政执法状况考核优秀单位	湖南省司法厅	2013 年

续表 7—2

受奖单位	荣誉称号	颁奖机关	表彰时间
市劳教所	2012年度劳教系统精细化管理市州所二等奖	湖南省戒毒局	2013年
市劳教所	基层基础建设活动先进单位	湖南省戒毒局	2013年
市劳教所	全省劳教(戒毒)系统纪检监察审计工作先进单位	湖南省戒毒局	2013年
市强制隔离戒毒所	全国监狱劳教(戒毒)工作先进集体	司法部	2014年
市强制隔离戒毒所	全省劳教(戒毒)工作先进集体	湖南省戒毒局	2014年
市强制隔离戒毒所	全省劳教(戒毒)系统作先进集体	湖南省戒毒局	2014年
市强制隔离戒毒所	全省劳教(戒毒)系统精细化考核先进单位	湖南省戒毒局	2014年
市强制隔离戒毒所	全省司法行政戒毒系统绩效评估考核优秀单位	湖南省戒毒局	2015年
市强制隔离戒毒所	2015年度全省司法行政戒毒系统绩效评估考核优秀单位	湖南省戒毒局	2016年

三、湖南省武陵监狱

表 7-3

受奖单位	荣誉称号	颁奖机关	表彰时间
常德地区劳改队四大队一中队	先进中队	湖南省劳改工作管理局	1987
常德劳改支队三大队	集体三等功	湖南省司法厅	1992年
常德汽车改装厂	优秀企业	湖南省机械工业厅	1992年
市劳改支队	监管安全单位	湖南省劳改局	1992年
市劳改支队四大队	五好大队	湖南省劳改工作管理局	1994年
财务科	全省监狱系统财务工作先进单位	湖南省监狱管理局	1995年
五大队一中队	全省监狱系统文明监舍	湖南省监狱管理局	1995年
武陵监狱一监区	全省司法行政系统“六好”监区	湖南省监狱管理局	1997年
武陵监狱	春季爱国卫生运动优胜单位	湖南省监狱管理局	1998年

续表 7—3

受奖单位	荣誉称号	颁奖机关	表彰时间
武陵监狱一监区	“六好”监区	湖南省监狱管理局	1998 年
武陵监狱	全省上半年监管工作优胜单位(一等奖)	湖南省监狱管理局	1998 年
武陵监狱	1998 年下半年监管工作检查一等奖	湖南省监狱管理局	1998 年
武陵监狱	科学技术进步奖三等奖:WLY6600B(BC)轻型客车	湖南省监狱管理局科学技术进步奖评审委员会	1998 年
武陵监狱狱政科	1998 年先进狱政科	湖南省监狱管理局	1999 年
武陵监狱	管教生产工作双优单位	湖南省监狱管理局	1999 年
武陵监狱	办特殊学校工作优胜单位	湖南省监狱管理局	1999 年
武陵监狱	管教、生产工作双优单位	湖南省监狱管理局	2000 年
武陵监狱	办特殊学校工作优胜单位	湖南省监狱管理局	2000 年
武陵监狱狱政科	管教工作先进狱政科	湖南省监狱管理局	2001 年
武陵监狱狱侦科	管教工作先进狱侦科	湖南省监狱管理局	2001 年
武陵监狱教育改造科	管教工作先进教育改造科	湖南省监狱管理局	2001 年
武陵监狱生卫科	管教工作先进生卫科	湖南省监狱管理局	2001 年
武陵监狱	监管安全优胜单位	湖南省监狱管理局	2001 年
武陵监狱	办特殊学校工作优胜单位	湖南省监狱管理局	2001 年
武陵监狱	2000 年全省教育改造工作评估第 3 名	湖南省监狱管理局	2001 年
武陵监狱	上半年全省监管工作一等奖	湖南省监狱管理局	2001 年
武陵监狱	夏季“三防”工作二等奖	湖南省监狱管理局生卫装备处	2001 年
武陵监狱狱侦科	先进狱侦科	湖南省监狱管理局	2001 年
武陵监狱	下半年监管工作检查评比一等奖	湖南省监狱管理局	2002 年
武陵监狱	教育改造工作先进单位	湖南省监狱管理局	2002 年
狱政科	先进狱政管理科	湖南省监狱管理局	2002 年
教育科	先进教育改造科	湖南省监狱管理局	2002 年

续表 7—3

受奖单位	荣誉称号	颁奖机关	表彰时间
生卫科	先进生活卫生科	湖南省监狱管理局	2002 年
武陵监狱	管教工作优胜单位	湖南省监狱管理局	2002 年
武陵监狱	上半年监管工作优胜单位(一等奖)	湖南省监狱管理局	2002 年
武陵监狱	“爱卫”运动优胜单位	湖南省监狱管理局	2002 年
武陵监狱五监区	第四届全省司法行政先进集体	湖南省人事厅、司法厅	2002 年
武陵监狱	全省监狱系统干警基本素质教育先进单位	湖南省监狱管理局	2002 年
行政科	基本素质教育先进科	湖南省监狱管理局	2002 年
教育科	基本素质教育先进科	湖南省监狱管理局	2002 年
五监区	基本素质教育先进科室	湖南省监狱管理局	2002 年
武陵监狱	“2102”行动先进单位	湖南省监狱管理局	2002 年
行政装备科	全省监狱系统素质教育先进科室	湖南省监狱管理局	2002 年
教育改造科	全省监狱系统素质教育先进科室	湖南省监狱管理局	2002 年
五监区	全省监狱系统素质教育先进监区	湖南省监狱管理局	2002 年
武陵监狱五监区	全省司法行政系统先进集体	湖南省司法厅	2002 年
武陵监狱	教育改造工作先进单位	湖南省监狱管理局	2003 年
武陵监狱防疫站	先进卫生防疫站	湖南省监狱管理局	2003 年
武陵监狱	监管工作优胜单位(二等奖)	湖南省监狱管理局	2003 年
武陵监狱	集体二等功	湖南省司法厅	2003 年
武陵监狱	管教工作优胜单位	湖南省监狱管理局	2003 年
武陵监狱二监区	全省个别教育工作先进单位	湖南省监狱管理局	2003 年
武陵监狱	夏季“三防”工作(二等奖)	湖南省监狱管理局	2003 年
武陵监狱教育科	先进教育科	湖南省监狱管理局	2004 年

续表 7—3

受奖单位	荣誉称号	颁奖机关	表彰时间
武陵监狱办公室	全省司法行政系统信息工作先进单位	湖南省司法厅	2004 年
武陵监狱	2003 年度管教工作优胜单位	湖南省监狱管理局	2004 年
武陵监狱	上半年管教工作优胜单位(一等奖)	湖南省监狱管理局	2004 年
武陵监狱	夏季“三防”工作二等奖	湖南省监狱管理局	2004 年
武陵监狱狱侦科	先进狱侦科	湖南省监狱管理局	2004 年
武陵监狱	文明执法先进单位	湖南省监狱管理局	2004 年
一监区	文明执法先进集体	湖南省监狱管理局	2004 年
五监区	文明执法先进集体	湖南省监狱管理局	2004 年
武陵监狱狱政科	先进狱政管理科	湖南省监狱管理局	2004 年
武陵监狱教育科	先进教育改造科	湖南省监狱管理局	2004 年
武陵监狱	下半年监管工作优胜单位(一等奖)	湖南省监狱管理局	2004 年
武陵监狱	安全生产优胜单位	湖南省监狱管理局	2005 年
武陵监狱	管教工作优胜单位	湖南省监狱管理局	2005 年
武陵监狱办公室	全省司法行政系统信息工作先进单位	湖南省司法厅	2005 年
武陵监狱	春季爱国卫生二等奖	湖南省监狱管理局	2005 年
武陵监狱	上半年监管工作一等奖	湖南省监狱管理局	2005 年
武陵监狱	夏季三防检查二等奖	湖南省监狱管理局	2005 年
武陵监狱	减刑、假释、保外就医专项检查活动的先进集体	湖南省监狱管理局	2005 年
武陵监狱	狱情犯情调研先进单位二等奖	湖南省监狱管理局	2005 年
武陵监狱	市直和中央、省驻常单位保密工作先进单位	国家保密局	2005 年
武陵监狱	下半年监管工作优胜单位一等奖	湖南省监狱管理局	2005 年
武陵监狱	“省级现代化文明监狱”并记集体二等功	湖南省省司法厅	2006 年
武陵监狱	教育改造工作先进单位	湖南省监狱管理局	2006 年

续表 7—3

受奖单位	荣誉称号	颁奖机关	表彰时间
狱政管理科	先进狱政管理科	湖南省监狱管理局	2006 年
刑罚执行科	先进刑罚执行科	湖南省监狱管理局	2006 年
武陵监狱	管教工作优胜单位	湖南省监狱管理局	2006 年
武陵监狱	安全生产优胜单位	湖南省监狱管理局	2006 年
武陵监狱	湖南省第一次经济普查先进集体	湖南省人民政府第一次全省经济普查领导小组	2006 年
武陵监狱	全省监狱系统经济普查工作先进集体	湖南省监狱管理局	2006 年
武陵监狱	春季爱国卫生活动二等奖	湖南省监狱管理局	2006 年
武陵监狱	湖南省监狱特警比武竞赛一等奖	湖南省监狱管理局	2006 年
武陵监狱	小品《接见》荣获全省服刑人员文艺会演节目一等奖	湖南省监狱管理局	2006 年
武陵监狱	夏季三防工作一等奖	湖南省监狱管理局	2006 年
武陵监狱	教育改造工作先进集体	湖南省监狱管理局	2007 年
武陵监狱	全省监狱系统文明监狱创建工作先进集体	湖南省监狱管理局	2007 年
武陵监狱	全省监狱系统办案质量先进单位	湖南省监狱管理局	2007 年
武陵监狱	狱政管理工作先进集体	湖南省监狱管理局	2007 年
武陵监狱	全省监狱系统安全生产专项整治先进单位	湖南省监狱管理局	2007 年
武陵监狱	上半年监管工作评比三等奖	湖南省监狱管理局	2007 年
武陵监狱	监狱工作先进单位	湖南省监狱管理局	2007 年
武陵监狱	湖南省监狱系统管教工作优胜单位	湖南省监狱管理局	2007 年
一监区	全省监狱工作先进集体	湖南省司法厅	2007 年
武陵监狱	全省司法监狱劳教人民警察岗位练兵活动先进集体	湖南省司法厅	2007 年
武陵监狱	文明监舍	湖南省监狱管理局	2007 年
武陵监狱	夏季“三防”工作二等奖	湖南省监狱管理局	2007 年
武陵监狱	生卫装备工作先进集体	湖南省监狱管理局	2008 年

续表 7—3

受奖单位	荣誉称号	颁奖机关	表彰时间
武陵监狱	刑罚执行工作先进集体	湖南省监狱管理局	2008 年
武陵监狱	监区文化建设先进单位	湖南省监狱管理局	2008 年
武陵监狱	百日安全生产竞赛活动优胜单位	湖南省监狱管理局	2008 年
武陵监狱	上半年全省监管安全优胜单位三等奖	湖南省监狱管理局	2008 年
武陵监狱	春季爱国卫生活动三等奖	湖南省监狱管理局	2008 年
武陵监狱	上半年监管安全三等奖	湖南省监狱管理局	2008 年
武陵监狱	全省天网行动先进单位	湖南省监狱管理局	2008 年
武陵监狱	夏季三防工作一等奖	湖南省监狱管理局	2008 年
武陵监狱	全省狱侦工作先进单位	湖南省监狱管理局	2008 年
武陵监狱	狱内侦查工作先进单位	湖南省监狱管理局	2009 年
武陵监狱	教育改造工作先进单位	湖南省监狱管理局	2009 年
武陵监狱	刑罚执行工作先进单位	湖南省监狱管理局	2009 年
武陵监狱	安全生产工作先进单位	湖南省监狱管理局	2009 年
武陵监狱	生卫执法工作先进单位	湖南省监狱管理局	2009 年
武陵监狱	下半年全省监管安全优胜单位二等奖	湖南省监狱管理局	2009 年
一监区	全省个别教育工作先进集体	湖南省监狱管理局	2009 年
武陵监狱	管教工作优胜单位	湖南省监狱管理局	2009 年
武陵监狱二监区	第五届湖南省司法行政系统先进集体	湖南省人事厅、湖南省司法厅	2009 年
武陵监狱	全省监狱系统全面推行“6S”管理阶段性验收达标单位(优秀单位奖金 4 万元)	湖南省监狱管理局	2009 年
武陵监狱	春季爱国卫生活动二等奖	湖南省监狱管理局	2009 年
武陵监狱	全省犯情调研先进单位三等奖	湖南省监狱管理局	2009 年
武陵监狱	执法公开工作先进集体	湖南省监狱管理局	2010 年
武陵监狱	下半年全省监管安全优胜单位二等奖	湖南省监狱管理局	2010 年

续表 7—3

受奖单位	荣誉称号	颁奖机关	表彰时间
武陵监狱	教育改造工作先进单位	湖南省监狱管理局	2010 年
武陵监狱	刑罚执行工作先进单位	湖南省监狱管理局	2010 年
武陵监狱	安全生产工作先进单位	湖南省监狱管理局	2010 年
武陵监狱	罪犯考核工作先进单位	湖南省监狱管理局	2010 年
武陵监狱	卫生环境“四化”工程先进单位	湖南省监狱管理局	2010 年
武陵监狱	“6S”管理先进单位	湖南省监狱管理局	2010 年
武陵监狱	安全生产工作优胜单位	湖南省监狱管理局	2010 年
武陵监狱工会	文体活动先进单位	湖南省监狱管理局	2010 年
武陵监狱	春季爱国卫生活动二等奖	湖南省监狱管理局	2010 年
武陵监狱一监区	全省监狱系统抗击甲流工作先进集体	湖南省监狱管理局	2010 年
武陵监狱	罪犯教育转化工作先进单位	湖南省监狱管理局	2010 年
武陵监狱三监区	罪犯教育转化工作先进集体	湖南省监狱管理局	2010 年
武陵监狱	夏季三防工作一等奖	湖南省监狱管理局	2010 年
武陵监狱	全省监狱系统“树文明、颂和谐、扬警威”警察职工诗歌朗诵比赛三等奖	湖南省监狱管理局系统工会	2010 年
武陵监狱	下半年全省监狱一级监管安全等级单位	湖南省监狱管理局	2011 年
武陵监狱	下半年全省监管安全优胜单位(一等奖)	湖南省监狱管理局	2011 年
武陵监狱	教育改造工作先进单位	湖南省监狱管理局	2011 年
武陵监狱	刑罚执行工作先进单位	湖南省监狱管理局	2011 年
武陵监狱	生活卫生工作先进单位	湖南省监狱管理局	2011 年
武陵监狱	“6S”管理先进单位	湖南省监狱管理局	2011 年
武陵监狱	安全生产监管先进单位	湖南省监狱管理局	2011 年
武陵监狱	2010 年下半年全省监狱一级监管安全等级单位	湖南省监狱管理局	2011 年
武陵监狱	安全生产工作优胜单位	湖南省监狱管理局	2011 年

续表 7—3

受奖单位	荣誉称号	颁奖机关	表彰时间
武陵监狱工会	工会维权工作先进单位	湖南省监狱管理局系统工会	2011 年
武陵监狱	全省监狱系统“红色文化进监所”文艺会演一等奖(常德丝弦《重生记》)	湖南省监狱管理局	2011 年
武陵监狱	内务规范化管理达标单位	湖南省监狱管理局	2011 年
武陵监狱	2011 年度教育改造罪犯工作目标考评优秀单位	湖南省监狱管理局	2012 年
武陵监狱	2011 年度监狱教育改造工作先进单位	湖南省监狱管理局	2012 年
武陵监狱	2011 年度监狱生活卫生工作先进单位	湖南省监狱管理局	2012 年
武陵监狱	2011 年度监狱刑罚执行工作先进单位	湖南省监狱管理局	2012 年
武陵监狱	2011 年度夏季三防工作三等奖	湖南省监狱管理局	2012 年
武陵监狱一监区	2011 年度罪犯教育转化攻坚工作先进集体	湖南省监狱管理局	2012 年
武陵监狱	2011 年度安全生产工作优胜单位	湖南省监狱管理局	2012 年
武陵监狱	2011 年度“6S”管理优胜单位	湖南省监狱管理局	2012 年
武陵监狱	2011 年度全省监狱法制工作先进单位	湖南省监狱管理局	2012 年
武陵监狱	2011 年度全省监狱教育改造监区文化建设工作先进单位	湖南省监狱管理局	2012 年
武陵监狱	2011 年度全省监狱罪犯改造质量评估工作先进单位	湖南省监狱管理局	2012 年
武陵监狱	2011 年度工会工作先进单位	湖南省监狱管理局	2012 年
武陵监狱五监区一分监区	湖南省司法行政系统 2010—2011 年度青年文明号	湖南省司法厅	2012 年
武陵监狱	2011 年度司法部报表竞赛优胜单位	湖南省监狱管理局	2012 年
武陵监狱	2011 年度全省监狱法制工作先进单位	湖南省监狱管理局	2012 年
武陵监狱	2011 年度监狱劳动管理先进单位	湖南省监狱管理局	2012 年
武陵监狱	2011 年度全省监狱协会工作先进单位	湖南省监狱管理局	2012 年
武陵监狱三监区	全省监狱系统先进集体	湖南省监狱管理局	2012 年
武陵监狱三监区	湖南省司法行政系统先进集体	湖南省人力资源和社会保障厅、湖南省司法厅	2012 年
武陵监狱	狱政管理统计工作先进单位一等奖	湖南省监狱管理局狱政管理处	2012 年

续表 7—3

受奖单位	荣誉称号	颁奖机关	表彰时间
武陵监狱	湖南省监狱劳教(戒毒)系统射击比赛集体三等奖	湖南省司法厅	2012 年
武陵监狱	2012 年度监狱改造工作“七个不发生”目标责任先进单位	湖南省监狱管理局	2013 年
武陵监狱	2012 年度监狱狱内侦查工作先进单位	湖南省监狱管理局	2013 年
武陵监狱	2012 年度监狱生活卫生工作先进单位	湖南省监狱管理局	2013 年
武陵监狱	2012 年度监狱管教工作先进单位	湖南省监狱管理局	2013 年
武陵监狱	2012 年度监狱“6S”管理先进单位	湖南省监狱管理局	2013 年
武陵监狱	2012 年度工会工作先进单位	湖南省监狱管理局	2013 年
武陵监狱	2012 年度政治工作先进集体	湖南省监狱管理局	2013 年
武陵监狱	2012 年度纪检监察工作先进单位	湖南省监狱管理局	2013 年
武陵监狱	湖南省监狱系统 2012 年度会计报表竞赛优胜奖	湖南省监狱管理局	2013 年
武陵监狱	2012 年度思想教育工作先进单位	湖南省监狱管理局	2013 年
武陵监狱	全国监狱劳教(戒毒)场所基层基础建设年活动先进单位	司法部	2013 年
武陵监狱	2013 年度全省司法行政系统执法状况考核评议优秀单位	湖南省司法厅	2013 年
武陵监狱	2013 年度全省“6S”管理优秀单位	湖南省监狱管理局	2014 年
武陵监狱	2013 年度狱政管理工作先进单位	湖南省监狱管理局	2014 年
武陵监狱	2013 年度全省监狱监管工作先进单位	湖南省监狱管理局	2014 年
武陵监狱	2013 年度全省监狱监管改造工作目标奖励——“七个不发生”目标责任奖	湖南省监狱管理局	2014 年
武陵监狱	2013 年度全省监狱教育改造工作优秀奖	湖南省监狱管理局	2014 年
武陵监狱	2013 年度全省监狱“6S”管理优胜单位	湖南省监狱管理局	2014 年
武陵监狱	连续 5—8 年实现“四无”的单位(7 年)	湖南省监狱管理局	2014 年
武陵监狱	2013 年度司法部行业报表竞赛获奖单位	湖南省监狱管理局	2014 年
武陵监狱政治处	2013 年度全省监狱系统政治工作先进集体	湖南省监狱管理局	2014 年
武陵监狱	2013 年度全省监狱系统工会工作先进单位	湖南省监狱管理局	2014 年

续表 7—3

受奖单位	荣誉称号	颁奖机关	表彰时间
武陵监狱	全省监狱教育质量年活动突出单位	湖南省监狱管理局	2014 年
武陵监狱一监区	全省监狱教育质量年活动突出单位	湖南省监狱管理局	2014 年
武陵监狱五监区	全省监狱教育质量年活动突出单位	湖南省监狱管理局	2014 年
武陵监狱	湖南监狱系统受司法部表扬单位	湖南省监狱管理局	2014 年
武陵监狱	2014 年实现“七个不发生”目标的单位	湖南省监狱管理局	2015 年
武陵监狱	2014 年度教育改造工作先进单位	湖南省监狱管理局	2015 年
武陵监狱	2014 年度全省监狱系统市州监狱绩效考核优秀单位	湖南省监狱管理局	2015 年
武陵监狱	2014 年度司法部行业报表竞赛优胜奖	湖南省监狱管理局办公室	2015 年
武陵监狱	全省监狱改造报评比二等奖(《柳泉报》)	湖南省监狱管理局办公室	2015 年
武陵监狱	全省监狱系统“秉承传统文化精髓,践行社会主义核心价值观”文艺调演二等奖(常德丝弦《大墙日记》)	湖南省监狱管理局系统工会	2015 年
武陵监狱	“三共”活动先进单位	湖南省司法厅、武警湖南省总队	2015 年

四、德山监狱

表 7-4

受奖单位	荣誉称号	颁奖机关	表彰时间
湖南柴油机厂	管教生产双优单位	湖南省劳改工作管理局	1988 年
湖南柴油机厂	专门人才现状调查与预测工作先进单位	湖南省司法厅	1988 年
省第四劳改支队(湖南柴油机厂)	荣立集体二等功	湖南省劳改工作管理局	1989 年
湖南柴油机厂	双文明先进单位	湖南省劳改工作管理局	1989 年
湖南省德山监狱	管教工作先进单位	湖南省劳改工作管理局	1992 年
湖南省德山监狱	“管教、生产双优单位”并记集体三等功	湖南省劳改工作管理局	1993 年
德山监狱狱政二科	破获反革命集团案记集体二等功	湖南省劳改工作管理局	1993 年

续表 7—4

受奖单位	荣誉称号	颁奖机关	表彰时间
湖南柴油机厂钎头分厂钻铰组	全国劳改系统先进工人班组	湖南省劳改工作管理局	1993 年
湖南省德山监狱	湖南省监狱系统办特殊学校优胜单位	湖南省监狱管理局	1994 年
湖南省德山监狱	监管安全优胜单位	湖南省监狱管理局	1995 年
湖南省德山监狱	干部“个别教育”达标单位	湖南省监狱管理局	1995 年
湖南省德山监狱	干部“个别教育”工作先进单位	湖南省监狱管理局	1996 年
湖南省德山监狱	全省司法行政系统第三次工业普查先进单位	湖南省司法厅	1996 年
湖南省德山监狱	廉政建设先进集体	湖南省司法厅	1996 年
湖南省德山监狱	干部“个别教育”工作先进单位	湖南省监狱管理局	1997 年
湖南省德山监狱	侦破预谋案件奖	湖南省监狱管理局	1997 年
德山监狱教育科	省直监狱系统先进科(股)室	湖南省监狱管理局	1998 年
德山监狱一监区	省直监狱系统“六好监区”并记集体三等功	湖南省监狱管理局	1998 年
德山监狱狱政科	全省先进狱政科	湖南省监狱管理局	1998 年
德山监狱纪委、监察室	省直监狱系统效能监察工作优胜单位	湖南省监狱管理局委员会	1998 年
湖南省德山监狱	监管安全优胜单位	湖南省监狱管理局	1998 年
湖南省德山监狱	“扭亏增盈增收节支”优胜单位	湖南省监狱管理局	1998 年
湖南省德山监狱	侦破重特大案件奖	湖南省监狱管理局	1998 年
湖南省德山监狱	“育新杯”知识竞赛第二名	湖南省监狱管理局	1998 年
德山监狱政治处	全省司法行政系统“政治工作先进集体”	湖南省司法厅	1999 年
湖南省德山监狱	全省司法行政系统警务管理工作先进集体	湖南省司法厅	1999 年
湖南省德山监狱	管教工作先进单位	湖南省监狱管理局	1999 年
湖南省德山监狱	“扭亏增盈、增收节支”优胜单位	湖南省监狱管理局	1999 年
湖南省德山监狱	办特殊学校工作优胜单位	湖南省监狱管理局	1999 年
德山监狱侦查科	先进侦查科	湖南省监狱管理局	1999 年

续表 7—4

受奖单位	荣誉称号	颁奖机关	表彰时间
湖南省德山监狱	“百日安全无事故”竞赛活动优胜单位	湖南省监狱管理局	1999 年
湖南省德山监狱	上半年监管工作优胜单位(二等奖)	湖南省监狱管理局	1999 年
湖南省德山监狱	下半年监管工作优胜单位(一等奖)	湖南省监狱管理局	1999 年
德山监狱教育改造科	管教工作先进集体——先进教育改造科	湖南省监狱管理局	1999 年
德山监狱医院	管教工作先进集体——医疗工作先进集体	湖南省监狱管理局	1999 年
湖南省德山监狱	管教工作先进单位	湖南省监狱管理局	2000 年
湖南省德山监狱	教育改造工作先进单位	湖南省监狱管理局	2000 年
湖南省德山监狱	集体三等功	湖南省司法厅	2000 年
湖南省德山监狱	上半年监管工作优胜单位(二等奖)	湖南省监狱管理局	2000 年
湖南省德山监狱	全省“三课”教育教学比武组织奖	湖南省监狱管理局	2000 年
德山监狱政治处	省直监狱系统政治工作先进集体	湖南省监狱管理局	2000 年
湖南省德山监狱	省直监狱系统信息工作先进单位	湖南省监狱管理局	2000 年
德山监狱政治处	省直监狱系统政治工作先进集体	湖南省监狱管理局	2001 年
湖南省德山监狱	全省监狱系统信息工作先进单位	湖南省监狱管理局	2001 年
湖南省德山监狱	监狱工作优胜单位	湖南省监狱管理局	2001 年
湖南省德山监狱	省直监狱系统安全生产先进单位	湖南省监狱管理局	2001 年
德山监狱教育科	省直监狱系统先进教育改造科	湖南省监狱管理局	2001 年
德山监狱政治处	司法行政系统思想政治工作先进单位	湖南省司法厅	2001 年
湖南省德山监狱	上半年监管工作优胜单位一等奖	湖南省监狱管理局	2002 年
湖南省德山监狱	“大战二季度、实现双过半”劳动竞赛活动受表彰单位	湖南省监狱管理局	2002 年
德山监狱政治处	全省司法行政系统公务员基本素质教育考试考核组织工作先进集体	湖南省司法厅	2002 年
德山监狱装配分厂	第四届全省司法行政系统先进集体	湖南省人事厅 湖南省司法厅	2002 年
湖南省德山监狱	干警基本素质教育先进集体	湖南省监狱管理局	2002 年

续表 7—4

受奖单位	荣誉称号	颁奖机关	表彰时间
湖南省德山监狱	监狱工作优胜单位	湖南省监狱管理局	2002 年
湖南省德山监狱	下半年监管工作优胜单位(二等奖)	湖南省监狱管理局	2002 年
德山监狱办公室	全省司法行政系统信息工作先进单位	湖南省司法厅	2002 年
德山监狱狱政科	先进狱政管理科	湖南省监狱管理局	2002 年
湖南省德山监狱	记集体二等功	湖南省司法厅 湖南省监狱管理局	2002 年
德山监狱政治处	省直监狱系统政治工作先进集体	湖南省监狱管理局	2002 年
湖南省德山监狱	财务工作会计基础工作规范化达标单位	湖南省监狱管理局	2002 年
德山监狱纪委监察室	执法执纪监察先进集体	中共湖南省监狱管理局委员会	2002 年
湖南省德山监狱	省直监狱系统法制工作先进单位	湖南省监狱管理局	2002 年
德山监狱办公室	全省司法行政系统信息工作先进单位	湖南省司法厅	2003 年
湖南省德山监狱	上半年监管工作检查评比二等奖	湖南省监狱管理局	2003 年
湖南省德山监狱	年度安全生产先进单位	湖南省监狱管理局	2003 年
湖南省德山监狱	经济工作优胜单位	湖南省监狱管理局	2003 年
德山监狱工会	省直监狱系统民主管理先进集体	湖南省监狱管理局	2003 年
德山监狱政治处	教育培训工作先进单位	湖南省监狱管理局	2003 年
湖南省德山监狱	通过 ISO 9000 认证	湖南省监狱管理局	2003 年
德山监狱保卫科女子值勤中队	省直监狱系统芙蓉标兵岗	湖南省监狱管理局	2004 年
湖南省德山监狱	湖南省第三届服刑人员“奔新杯”劳务加工技术比武组织奖	湖南省监狱管理局	2004 年
湖南省德山监狱	上半年管教工作检查评比二等奖	湖南省监狱管理局	2004 年
湖南省德山监狱	下半年监管工作优胜单位(二等奖)	湖南省监狱管理局	2004 年
湖南省德山监狱	生产经营管理标兵单位	湖南省监狱管理局	2004 年
德山监狱办公室	全省司法行政系统信息工作先进单位	湖南省司法厅	2004 年
湖南省德山监狱	监狱工作优胜单位	湖南省监狱管理局	2004 年

续表 7—4

受奖单位	荣誉称号	颁奖机关	表彰时间
湖南省德山监狱	省直监狱离退休工作先进单位	湖南省监狱管理局	2004 年
德山监狱政治处	政治工作先进集体	湖南省监狱管理局	2004 年
湖南省德山监狱	财务工作会计电算化先进单位	湖南省监狱管理局	2004 年
德山监狱芙蓉公司财务部	第四轮“芙蓉杯”局系统芙蓉标兵岗	湖南省监狱管理局工会委员会	2004 年
湖南省德山监狱	综合考核工作先进单位	湖南省监狱管理局	2005 年
德山监狱政治处	全省司法行政系统政治工作先进集体	湖南省司法厅	2005 年
芙蓉机械有限责任公司	“十五”期间全省设备管理优秀单位	湖南省设备管理协会	2005 年
芙蓉公司财务部	全省监狱系统芙蓉标兵岗	湖南省监狱管理局工会	2005 年
湖南省德山监狱	全省司法行政系统执法质量考核评议优秀单位	湖南省司法厅	2006 年
湖南省德山监狱	省直监狱系统劳动改造工作先进集体	湖南省监狱管理局	2006 年
湖南省德山监狱	监狱工作优胜单位	湖南省监狱管理局	2006 年
湖南省德山监狱	政治工作先进集体	湖南省监狱管理局	2006 年
湖南省德山监狱	“零违纪”单位	中共湖南省监狱管理局委员会	2006 年
湖南省德山监狱	全省监狱系统狱内侦查工作先进单位	湖南省监狱管理局	2007 年
湖南省德山监狱	上半年全省监管工作优胜单位二等奖	湖南省监狱管理局	2007 年
湖南省德山监狱	下半年监管安全工作优胜单位一等奖	湖南省监狱管理局	2007 年
德山监狱纪检监察室	全省司法行政系统纪检监察工作先进集体	湖南省司法厅	2007 年
湖南省德山监狱	监狱工作优胜单位	湖南省监狱管理局	2007 年
湖南省德山监狱	执法质量考评优胜单位	湖南省监狱管理局	2007 年
湖南省德山监狱	省直监狱系统女职工工作先进单位	湖南省监狱管理局	2007 年
湖南省德山监狱	下半年全省监管安全工作一等奖	湖南省监狱管理局	2008 年
湖南省德山监狱	监管安全督查工作先进单位	湖南省监狱管理局	2008 年
湖南省德山监狱	全省“司法行政大动员，化解矛盾促和谐”专项维稳活动先进集体	湖南省司法厅	2008 年

续表 7—4

受奖单位	荣誉称号	颁奖机关	表彰时间
湖南省德山监狱	监狱政治工作优胜单位	湖南省监狱管理局	2008 年
德山监狱政治处	第五届湖南省司法行政系统先进集体	湖南省人事厅 湖南省司法厅	2008 年
湖南省德山监狱	全省监狱系统全面推进 6S 管理阶段性验收达标优秀单位	湖南省监狱管理局	2009 年
湖南省德山监狱	监狱执法公开工作先进集体	湖南省监狱管理局	2009 年
湖南省德山监狱	监狱执法公开工作先进集体	湖南省监狱管理局	2009 年
湖南省德山监狱	劳动改造业务建设先进单位	湖南省监狱管理局	2009 年
湖南省德山监狱	司法部报表竞赛二等奖	湖南省司法厅	2010 年
湖南省德山监狱	全省司法行政系统反腐倡廉建设先进单位	湖南省司法厅	2010 年
湖南省德山监狱	全省监狱工作实现“七个不发生”目标单位	湖南省监狱管理局	2010 年
湖南省德山监狱	监狱改造工作“6S”管理先进单位	湖南省监狱管理局	2010 年
湖南省德山监狱	监狱工作实现“七个不发生”目标单位	湖南省监狱管理局	2010 年
湖南省德山监狱	上半年全省监狱三级监管安全等级单位	湖南省监狱管理局	2010 年
湖南省德山监狱	上半年全省监管安全优胜单位三等奖	湖南省监狱管理局	2010 年
湖南省德山监狱	下半年全省监管安全优胜单位二等奖	湖南省监狱管理局	2010 年
德山监狱物资供应站	监狱改造工作先进物资供应站	湖南省监狱管理局	2010 年
湖南省德山监狱	下半年全省监管安全优胜单位	湖南省监狱管理局	2010 年
湖南省德山监狱	“6S”管理先进单位	湖南省监狱管理局	2010 年
湖南省德山监狱	维稳工作先进单位	湖南省监狱管理局	2010 年
德山监狱工会	省直“模范职工之家”单位	湖南省监狱管理局工会委员会	2010 年
湖南省德山监狱	全省监狱系统“执法大培训 岗位大练兵 技能大比武”活动先进集体	湖南省监狱管理局	2011 年
湖南省德山监狱政治处	省直监狱系统政治工作先进单位	湖南省监狱管理局	2011 年
湖南省德山监狱教育改造科	2010 年度先进教育改造科	湖南省监狱管理局	2011 年
湖南省德山监狱	全省监狱信息调研工作先进单位	湖南省监狱管理局	2011 年

续表 7—4

受奖单位	荣誉称号	颁奖机关	表彰时间
湖南省德山监狱	2010 年政治工作、执法状况、“迎亚运、保安全”80 天安全竞赛、出监教育与职业技术培训工作、“6S”管理先进单位	湖南省监狱管理局	2011 年
湖南省德山监狱物资供应站	2010 年度先进物资供应站	湖南省监狱管理局	2011 年
湖南省芙蓉机械有限责任公司	2010 年度经济效益优胜单位	湖南省监狱管理局	2011 年
湖南省德山监狱工会委员会	建家工作先进单位、省直“模范职工之家”	湖南省监狱管理局	2011 年
湖南省德山监狱物资供应站职工食堂班组	2010 年度全省监狱系统“芙蓉标兵岗”	湖南省监狱管理局	2011 年
湖南省德山监狱	2010 年度维稳工作先进单位	湖南省监狱管理局	2011 年
湖南省德山监狱	司法部 2010 年报表竞赛二等奖、监狱行政报表竞赛二等奖	湖南省监狱管理局	2011 年
湖南省德山监狱	2011 年度教育改造工作考评优秀单位	湖南省监狱管理局	2011 年
湖南省德山监狱	2011 年度狱内侦查工作先进单位、刑罚执行工作先进单位	湖南省监狱管理局	2011 年
湖南省德山监狱	2010 年度全省司法行政系统反腐倡廉建设先进单位	湖南省司法厅	2011 年
湖南省德山监狱五监区党支部	全省司法行政系统先进基层党组织	湖南省司法厅	2011 年
湖南省德山监狱	2011 年监狱工作优胜单位	湖南省监狱管理局	2012 年
湖南省德山监狱政治处	全省监狱系统政治工作先进单位	湖南省监狱管理局	2012 年
湖南省德山监狱教培科	全省监狱系统教培工作先进科室	湖南省监狱管理局	2012 年
湖南省德山监狱	2011 年度全省监狱监区文化建设工作先进单位、罪犯改造质量评估工作先进单位	湖南省监狱管理局	2012 年
湖南省德山监狱	2011 年度监狱社会治安综合治理工作先进单位	湖南省监狱管理局	2012 年
湖南省德山监狱	2011 年度监狱劳动管理先进单位、安全生产隐患排查治理先进单位	湖南省监狱管理局	2012 年
湖南省德山监狱	2011 年度司法部报表竞赛一等奖、监狱行政报表竞赛一等奖	湖南省监狱管理局	2012 年
湖南省德山监狱财务科	2011 年度财务工作先进单位	湖南省监狱管理局	2012 年
湖南省德山监狱	全省司法行政系统执法工作先进单位	湖南省司法厅	2012 年
湖南省德山监狱	2011 年度全省监狱协会工作先进单位	湖南省监狱管理局	2012 年

续表 7—4

受奖单位	荣誉称号	颁奖机关	表彰时间
湖南省德山监狱	2011 年度全省监狱调研工作先进单位	湖南省监狱管理局	2012 年
德山监狱联合三支部	2011 年度湖南省五四红旗团总支	湖南团省委	2012 年
湖南省德山监狱	2011 年度狱内侦查工作先进单位、刑罚执行工作先进单位	湖南省监狱管理局	2012 年
湖南省德山监狱	2012 年度工会工作先进单位	湖南省监狱管理局	2012 年
湖南省德山监狱	全省监狱系统先进集体	湖南省监狱管理局	2012 年
湖南省德山监狱	省直监狱系统第四届会计(审计)知识竞赛团体赛二等奖	湖南省监狱管理局	2012 年
湖南省德山监狱	全省司法行政系统监狱劳教(戒毒)人民警察警用手枪射击比赛团体二等奖	湖南省司法厅	2012 年
湖南省德山监狱	2012 年度开展老干部活动先进单位	湖南省监狱管理局	2013 年
湖南省德山监狱工会	2012 年度全省监狱系统维权工作先进单位	湖南省监狱管理局	2013 年
湖南省德山监狱工会	省直单位工会工作先进单位	湖南省监狱管理局	2013 年
湖南省德山监狱	2012 年度纪检监察工作先进单位	湖南省监狱管理局	2013 年
湖南省德山监狱人事警务科	人事警务工作先进科室	湖南省监狱管理局	2013 年
湖南省德山监狱	2012 年度司法部报表竞赛二等奖、监狱行政报表竞赛二等奖、部门预算优胜单位	湖南省监狱管理局	2013 年
湖南省德山监狱	2012 年度全省教育改造工作先进集体	湖南省监狱管理局	2013 年
湖南省德山监狱工会	2012 年省直单位工会财务检查评比考核先进单位	湖南省直机关工会	2013 年
湖南省德山监狱	2012 年度监狱工作协会先进分会	湖南省监狱管理局	2013 年
湖南省德山监狱党委	先进基层党组织	湖南省司法厅	2013 年
湖南省德山监狱女子执勤中队	2012 年度省直监狱系统芙蓉标兵岗	湖南省监狱管理局	2013 年
湖南省德山监狱物资供应站	先进物资供应站	湖南省监狱管理局	2013 年
湖南省德山监狱	春季“爱卫”活动三等奖、夏季“三防”二等奖	湖南省监狱管理局	2013 年
湖南省德山监狱	2012 年度行政工作先进单位	湖南省监狱管理局	2013 年
湖南省德山监狱	2012 年度教育改造工作先进单位、侦破狱内重特大案件奖	湖南省监狱管理局	2013 年
湖南省德山监狱审计科	2012 年度审计工作先进集体	湖南省监狱管理局	2013 年

续表 7—4

受奖单位	荣誉称号	颁奖机关	表彰时间
湖南省德山监狱财务科	2012 年度省直监狱系统财务工作先进单位	湖南省监狱管理局	2013 年
湖南省德山监狱工会委员会	湖南省模范职工之家	湖南省总工会	2013 年
湖南省德山监狱	2013 年度罪犯心理矫治工作先进单位、刑罚执行工作先进单位	湖南省监狱管理局	2014 年
湖南省德山监狱	2013 年度综合先进单位、“七个不发生”目标责任奖	湖南省监狱管理局	2014 年
湖南省芙蓉机械有限责任公司	2013 年度公司工作先进单位	湖南省监狱管理局	2014 年
湖南省德山监狱	连续 3—5 年实现“四无”目标单位	湖南省监狱管理局	2014 年
湖南省德山监狱	湖南省司法厅文明单位	湖南省司法厅	2014 年
湖南省德山监狱	2013 年度资产管理先进单位	湖南省监狱管理局	2014 年
湖南省德山监狱	司法部行业报表优胜奖、监狱行政报表二等奖	湖南省监狱管理局	2014 年
湖南省德山监狱政治处	政治工作先进集体	湖南省监狱管理局	2014 年
湖南省德山监狱五监区	全省教育质量活动年突出单位	湖南省监狱管理局	2014 年
湖南省德山监狱	全省“安全生产月”活动优秀组织奖	湖南省安全生产委员会办公室	2014 年
湖南省德山监狱工会委员会	全国模范职工之家	全国总工会	2015 年
湖南省德山监狱	2014 年心理健康指导工作先进单位、刑罚执行工作先进单位	湖南省监狱管理局	2015 年
湖南省德山监狱财务科	2014 年度财务工作先进单位	湖南省监狱管理局	2015 年
湖南省德山监狱	2014 年度司法部行业报表竞赛二等奖、决算报表竞赛一等奖、部门预算报表竞赛二等奖	湖南省监狱管理局	2015 年
湖南省德山监狱《育德报》	监狱改造报综合类三等奖	湖南省监狱管理局	2015 年

五、津市监狱

表 7-5

受奖单位	荣誉称号	颁奖机关	表彰时间
涔澹农场	劳改系统农业高产单位	司法部	1990 年
涔澹农场	抗洪救灾集体一等功	司法部	1991 年
涔澹农场	劳改系统油料高产先进单位	司法部	1992 年
津市监狱	全国监狱系统农技信息先进集体	司法部	1996 年
津市监狱	抗洪抢险先进单位	湖南省司法厅	1998 年
津市监狱	优质杂交棉工程奖	湖南省农业厅	1999 年
津市监狱	农业综合开发项目三等奖	湖南省财政厅	2000 年
津市监狱	警务管理工作先进集体	湖南省司法厅	2000 年
津市监狱	湖南省第五次人口普查先进单位	湖南省人事厅	2001 年
津市监狱	公务员基本素质考试考核工作先进集体	湖南省司法厅	2002 年
津市监狱	基本素质教育工作先进集体	湖南省司法厅	2002 年
津市监狱	安全生产先进单位	湖南省司法部	2003 年
津市监狱	抗洪抢险集体三等功	湖南省司法厅	2004 年
津市监狱	全国监狱系统文明执法先进单位	司法部	2005 年
津市监狱	全省监狱警察岗位练兵先进集体	湖南省司法厅	2007 年
津市监狱	集体三等功	湖南省司法厅	2007 年
津市监狱	抗洪抢险先进集体	湖南省司法厅	2008 年
津市监狱	全省监狱系统“四无”先进单位	湖南省司法厅	2011 年
津市监狱	全省司法行政系统执法工作先进单位	湖南省司法厅	2012 年
津市监狱	全省司法行政系统反腐倡廉建设先进单位	湖南省司法厅	2012 年

六、武陵区司法局

7-6

受奖单位	荣誉称号	颁奖机关	表彰时间
武陵区公证处	89年度全省公证工作先进单位	湖南省司法厅	1989年
武陵区司法局	“三湘普法杯”法律知识竞赛组织一等奖	湖南省普法办、省司法厅法制报刊社	1990年
武陵区依法治区领导小组	1996—2000年省普法依法治理先进单位	湖南省委、省政府办公厅	2000年
武陵区司法局	全省人民调解工作指导管理先进单位	湖南省司法厅	2001年
武陵区司法局	省青少年法治宣传教育工作先进单位	湖南省依法治省领导小组	2002年
武陵区司法局	全国人民调解宣传工作先进单位	司法部	2005年
南坪岗司法所	全省人民调解先进单位	湖南省高院、省司法厅	2005年
武陵区	2001—2005年全国法制宣传教育先进区(县)	宣传部、司法部	2006年
南坪司法所	湖南省规范化司法所	湖南省司法厅	2009年
城北司法所	湖南省规范化司法所	湖南省司法厅	2009年
河洑司法所	湖南省规范化司法所	湖南省司法厅	2009年
武陵区法律援助中心	2007至2009年湖南省法律援助工作先进集体	湖南省司法厅	2009年
武陵区司法局	“应对金融风险,促进富民强省”专项法律服务活动先进集体	湖南省司法厅	2010年
城东司法所	湖南省规范化司法所	湖南省司法厅	2011年
城西司法所	湖南省规范化司法所	湖南省司法厅	2011年
武陵区司法局	全省先进基层党组织	湖南省司法厅党组	2011年
城西司法所	2011—2012年全省依法办事示范窗口单位	湖南省依法治省领导小组	2011年
武陵区	全省“五五”普法依法治理先进区(县)	湖南省依法治省领导小组	2011年
武陵区司法局	全国人民调解宣传工作先进单位	中华全国人民调解员协会	2012年
城西司法所	湖南省社区矫正工作先进集体	湖南省社区矫正工作领导小组	2012年
武陵区	“全国法治区县创建”先进单位	全国普及法律常识办公室	2013年

续表 7—6

受奖单位	荣誉称号	颁奖机关	表彰时间
城西司法所	2013—2015 年全省依法办事示范窗口单位	湖南省委法治湖南建设领导小组	2013 年
武陵区司法局	全国人民调解宣传工作先进单位	中华全国人民调解员协会	2014 年
武陵区司法局	《调解一波三折，治标更需治本》获全省十佳人民调解精品案例	湖南省司法厅	2014 年
武陵区司法局	全国人民调解宣传工作先进单位	中华全国人民调解员协会	2015 年
东江司法所	第五批湖南省规范化司法所	湖南省司法厅	2015 年
丹州司法所	第五批湖南省规范化司法所	湖南省司法厅	2015 年

七、鼎城区司法局

表 7-7

受奖单位	荣誉称号	颁奖机关	表彰时间
灌溪镇	全省“二五”普法和依法治理先进单位	湖南省政府	1996 年
武陵司法所	全国先进司法所	司法部	2005 年
区法援中心	湖南省法律援助工作先进集体	湖南省司法厅	2006 年
区矛盾纠纷调处指挥中心	全省专项法律服务活动先进集体	湖南省司法厅	2009 年
区法制文艺节目《准女婿办案》	全省“五五”普法优秀法制文艺节目会演二等奖	湖南省宣传部、依法治省领导小组办公室	2009 年
鼎城区司法局	湖南省“五五”普法依法治理先进单位	湖南省依法治省领导小组	2010 年
鼎城区司法局	全省“应对金融风险，促进富民强省”专项法律服务活动先进集体	湖南省司法厅	2010 年
鼎城区司法局	在 2010 年度人民调解宣传工作中被评为先进单位	司法部基层工作指导司	2010 年
鼎城区司法局	在 2011 年度人民调解宣传工作中被评为先进单位	中华全国人民调解员协会	2011 年
鼎城区司法局	全省公证质量建设年活动先进单位	湖南省司法厅	2011 年
鼎城区中河口司法所	湖南省模范司法所	湖南省司法厅	2011 年
鼎城区司法局法律援助中心	《涉农政策知识宣传册》荣获 2011—2012 年度湖南法律援助优秀作品	湖南省法律援助中心	2012 年

续表 7—7

受奖单位	荣誉称号	颁奖机关	表彰时间
鼎城区司法局	湖南省社区矫正工作先进集体	湖南省社区矫正工作领导小组	2012 年
鼎城区司法局	在 2012 年度人民调解宣传工作中被评为先进单位	中华全国人民调解员协会	2012 年
鼎城公证处	湖南省司法行政系统先进集体	湖南省司法厅	2012 年
鼎城区司法局	全省公证质量先进单位	湖南省司法厅	2013 年
鼎城区司法局	在 2013 年度人民调解宣传工作中被评为先进单位	中华全国人民调解员协会	2013 年
鼎城区司法局	在 2014 年度人民调解宣传工作中被评为先进单位	中华全国人民调解员协会	2014 年
鼎城区司法局	在 2015 年度人民调解宣传工作中被评为先进集体	中华全国人民调解员协会	2015 年
鼎城区依法治区办	全国法治县(市、区)创建活动先进单位	全国普及法律常识办公室	2015 年
鼎城区公德法律服务所	全省基层法律服务优秀法律服务所	湖南省基层法律服务工作者协会	2015 年
鼎城区牛鼻滩司法所	全国模范司法所	司法部	2015 年
鼎城区司法局	2015 年度全省司法鉴定机构考评优秀单位	湖南省司法厅	2016 年

八、汉寿县司法局

表 7-8

受奖单位	荣誉称号	颁奖机关	表彰时间
汉寿县崔家桥司法所	全国先进司法所	司法部	2005 年
汉寿县罐头嘴镇张家汊村	全省民主法治示范村	湖南省司法厅 湖南省民政厅	2006 年
汉寿县罐头嘴镇司法所	湖南省模范司法所	湖南省司法厅	2008 年
汉寿县龙阳司法所	全省"司法行政大动员化解矛盾促和谐专项维稳先进单位	湖南省司法厅	2009 年
汉寿县依法治县领导小组办公室	"五五"普法依法治理先进办公室	湖南省依法治省领导小组办公室	2011 年
汉寿县蒋家嘴镇司法所	湖南省规范化司法所	湖南省司法厅	2011 年
汉寿县蒋家嘴镇司法所	湖南省模范司法所	湖南省司法厅	2012 年
汉寿县太子庙镇司法所	湖南省规范化司法所	湖南省司法厅	2012 年
汉寿县龙阳司法所	湖南省规范化司法所	湖南省司法厅	2012 年
汉寿县司法局	人民调解宣传工作先进集体	中华全国人民调解员协会	2015 年

九、桃源县司法局

表 7-9

受奖单位	荣誉称号	颁奖机关	表彰时间
县公证处	先进集体	湖南省司法厅	1988 年
县法律顾问处	先进集体	湖南省司法厅	1988 年
县司法局	1990 年度《法制月刊》发行先进单位	湖南法制报刊社	1990 年
县司法局	创“四无”乡镇“安宁杯”活动组织工作先进县市区司法局	湖南省司法厅	1994 年
县司法局办公室	1994 年度先进办公室	湖南省司法厅	1994 年
县司法局基层司法股	《人民调解》期刊发行工作先进单位	司法部	1998 年
县司法局基层司法股	《人民调解》期刊发行工作先进单位	湖南省司法厅	1998 年
县司法局	《法制月刊》发行工作先进单位	湖南省司法厅	1998 年
桃源县陬市镇司法所	部级文明法律服务所	司法部	1999 年
桃源县司法局基层司法工作股	基层司法行政工作指导管理先进集体	湖南省司法厅	1999 年
桃源县公证处、桃源县陬市镇法律服务所	全省防范化解金融风险先进集体	湖南省司法厅	1999 年
县宏远法律服务所	“十佳”法律服务所	湖南省司法厅	2003 年
县公证处[2004]桃证民字第 158 号公证书	优秀要素式公证书	湖南省司法厅	2004 年
县法援中心	2009 年度全省法律援助工作先进单位	湖南省司法厅	2009 年
县公证处	2009 年度全省公证质量先进单位	湖南省司法厅	2009 年
观音寺司法所、枫树司法所、桃花源司法所	湖南省规范化司法所	湖南省司法厅	2009 年
漆河司法所	全省‘司法行政大动员，化解矛盾促和谐’专项维稳活动先进集体	湖南省司法厅	2009 年
县司法局	先进单位	中华全国人民调解员协会	2011 年
桃源县依法治县领导小组办公室	全省“五五”普法依法治理先进办公室	湖南省司法厅	2011 年

续表 7—9

受奖单位	荣誉称号	颁奖机关	表彰时间
县司法局	先进单位	中华全国人民调解员协会	2012 年
县司法局	全国人民调解宣传工作先进单位	司法部	2012 年
漳江司法所	湖南省规范化司法所	湖南省司法厅	2012 年
漳江镇人民调解委员会	全国模范人民调解委员会	司法部	2013 年
县司法局	全国人民调解宣传工作先进单位	司法部	2014 年
县司法局	先进单位	中华全国人民调解员协会	2014 年
县依法治县领导小组办公室	全省依法办事示范窗口单位创建活动组织工作先进单位	湖南省司法厅	2014 年
漳江司法所	湖南省模范司法所	湖南省司法厅	2014 年
信源司法鉴定所	全省优秀司法鉴定所	湖南省司法厅	2014 年
县司法局	全国人民调解宣传工作先进单位	司法部	2015 年
县司法局	先进单位	中华全国人民调解员协会	2015 年
青林回维乡督粮冲村	全国民主法治示范村	司法部	2015 年
原凌津滩司法所	湖南省规范化司法所	湖南省司法厅	2015 年
桃源县宏远法律服务所	全省优秀法律服务所	湖南省司法厅	2015 年
信源司法鉴定所	全省司法鉴定机构考评优秀单位	湖南省司法厅	2015 年

十、临澧县司法局

表 7-10

受奖单位	荣誉称号	颁奖机关	表彰时间
临澧县司法局	集体二等功	司法部	1994 年
临澧县司法局	集体一等功	司法部	1996 年
新安法律服务所	全国法律服务行业文明服务窗口	司法部	1996 年
新安法律服务所	文明法律服务所	司法部	1999 年
新安法律服务所	全国创建文明行业工作先进单位	中央精神文明建设指导委员会	1999 年
新安法律服务所	集体一等功	司法部	2000 年
县法律援助中心	全省法律援助工作先进单位	湖南省司法厅	2001 年
县司法局办公室	全省司法行政系统信息工作先进单位	湖南省司法厅	2002 年
临澧县司法局	全国农村基层民主法制建设先进单位	司法部、民政部	2003 年
临澧县司法局	全国司法行政系统先进县司法局	司法部	2003 年
临澧县司法局	集体二等功	湖南省司法厅	2003 年
县司法局办公室	全省司法行政办公系统先进集体	湖南省司法厅	2003 年
县公证处	全省公证质量先进单位	湖南省司法厅	2006 年
县法律援助中心	全省法律援助工作先进集体	湖南省司法厅	2006 年
新安司法所	全省“应对金融风险，促进富民强县”专项法律服务活动先进集体	湖南省司法厅	2006 年
停弦渡司法所	全省司法行政系统专项维稳活动先进集体	湖南省司法厅	2007 年
县司法局	全省法律援助为民办实事工作先进单位	湖南省司法厅	2010 年
临澧县司法局机关党支部	全省司法行政系统先进基层党组织	湖南省司法厅	2011 年
常德杏德司法鉴定所	全省司法鉴定先进集体	湖南省司法厅	2011 年
人民调解宣传工作	全国先进	司法部	2013 年
人民调解宣传工作	全国先进	司法部	2014 年
人民调解宣传工作	全国先进	司法部	2015 年
安福镇朝阳街社区	全国民主法治示范村（社区）	司法部	2015 年

十一、石门县司法局

表 7-11

受奖单位	荣誉称号	颁奖机关	表彰时间
楚江律师事务所	全省司法工作先进单位，荣立集体三等功	湖南省司法厅	1992 年
城关镇司法所	全省司行政系统先进集体	湖南省司法厅	1992 年
石门律师事务所	全省律师工作先进单位	湖南省司法厅	1995 年
楚江司法所	红旗单位	湖南省司法厅	1999 年
楚江司法所	全国刑释解教人员安置帮教工作先进单位	司法部	1999 年
石门县公证处	全省公证教育规范树形象活动先进单位	湖南省司法厅	2005 年
楚江镇澋阳社区人民调解委员	全国人民调解标兵单位	司法部	2005 年
二都乡南台村	全国民主法治示范村	司法部	2005 年
楚江律师事务所	全省律师事务所为国企服务先进单位	湖南省司法厅	2006 年
楚江司法所	全省专项维稳先进集体	湖南省司法厅	2008 年
石门县司法局	“司法行政大动员，化解矛盾促和谐”专项活动先进单位	湖南省司法厅	2009 年
石门县司法局	全国人民调解宣传工作先进单位	中华全国人民调解员协会	2010 年
蒙泉司法所	全省模范司法所	湖南省司法厅	2010 年
新铺司法所	全省规范化司法所	湖南省司法厅	2010 年
新关司法所	全省规范化司法所	湖南省司法厅	2010 年
石门县司法局	全国人民调解宣传工作先进单位	中华全国人民调解员协会	2011 年
石门县司法局	基层司法所规范化建设先进集体	湖南省司法厅	2011 年
楚江司法所	全国先进司法所	司法部	2011 年
石门县司法局	全国人民调解宣传工作先进单位	司法部	2012 年
石门县司法局	全国人民调解宣传工作先进单位	中华全国人民调解员协会	2013 年
石门县司法局	全国人民调解宣传工作先进单位	中华全国人民调解员协会	2014 年
磨市司法所	全省规范化司法所	湖南省司法厅	2014 年
先河法律服务所	全省先进法律服务所	湖南省司法厅	2014 年
石门县司法局	全国人民调解宣传工作先进单位	中华全国人民调解员协会	2015 年
维新司法所	全省规范化司法所	湖南省司法厅	2015 年

十二、澧县司法局

表 7-12

受奖单位	荣誉称号	颁奖机关	表彰时间
澧县	全国“二五”普法先进县	司法部	1995 年
澧县	全国普法先进县	中宣部、司法部	1996 年
澧县司法局	五好司法局	湖南省司法厅	1996—1998 年
澧县	全省司法行政系统行财装备先进单位	湖南省司法厅	1997 年
澧县司法局办公室	全省司法行政办公室系统先进单位	湖南省司法厅	1997 年
县公证处	全省公证质量先进单位	湖南省司法厅	2008 年
澧阳司法所	全省规范化司法所	湖南省司法厅	2008 年
车溪司法所	全省老年维权示范岗	湖南省老龄委、公安厅、司法厅	2008 年
澧阳司法所	全省“依法办事示范窗口”先进单位	湖南省依法治省办	2008 年
澧阳镇人民调解委员会	全国模范人民调解委员会	司法部	2010 年
澧县公证处	全省公证质量先进单位	湖南省司法厅	2010 年
澧阳法律服务所	省优秀基层法律服务所	湖南省司法厅	2010 年
澧县司法局	全国人民调解工作宣传先进单位	中华全国人民调解员协会	2011 年
澧县公证处	全省公证质量建设年活动先进单位	湖南省司法厅	2011 年
澧县普法办	省“五五”普法依法治理先进办公室	湖南省司法厅	2011 年
澧县司法局	省法治县(市、区)创建活动先进单位	湖南省司法厅	2011 年
澧县司法局	人民调解宣传工作先进集体	中华全国人民调解员协会	2012 年
澧县公证处	湖南省公证质量建设先进单位	湖南省司法厅	2012 年
澧县司法局	全国法治县创建活动先进单位	全国普及法律常识办公室	2013 年
澧县司法局	人民调解宣传工作先进集体	中华全国人民调解员协会	2013 年
澧县公证处	湖南省公证质量建设先进单位	湖南省司法厅	2013 年
澧县司法局	人民调解宣传工作先进集体	中华全国人民调解员协会	2014 年
小渡口司法所	湖南省规范化司法所	湖南省司法厅	2014 年
大堰垱司法所	湖南省规范化司法所	湖南省司法厅	2014 年
码头铺司法所	湖南省模范司法所	湖南省司法厅	2015 年

十三、津市市司法局

表 7-13

受奖单位	荣誉称号	颁奖机关	表彰时间
津市市法律顾问处	先进集体	湖南省司法厅	1988 年
津市市第一律师事务所	先进集体	湖南省司法厅	1990 年
津市市第一律师事务所	先进集体	湖南省司法厅	1991 年
津市市第一律师事务所	业务质量先进单位	湖南省司法厅	1992 年
司法局办公室	先进单位	湖南省司法厅	2001 年
津市市	1996—2000 年普法依法治理先进县市区	湖南省委办公厅、湖南省政府办公厅	2001 年
津市市司法局	第四届全省司法行政系统先进集体	湖南省人事厅、湖南省司法厅	2002 年
津市市公证处	公证质量先进单位	湖南省司法厅	2003 年
津市市司法局办公室	先进单位	湖南省司法厅	2004 年
津市市司法局灵泉司法所	专项维稳活动先进单位	湖南省司法厅	2009 年
津市市司法局襄阳街司法所	专项维稳活动先进单位	湖南省司法厅	2009 年
津市市司法局	第五届全省司法行政系统先进集体	湖南省人社厅、湖南省司法厅	2009 年
津市市司法局	专项法律服务活动先进单位	湖南省司法厅	2010 年
津市市	2006—2010 年全国法制宣传教育先进县(市区)	中宣部、司法部、全国普法办	2011 年
津市市司法局	全省司法所建设先进单位	湖南省司法厅	2012 年
津市市司法局	第六届全省司法行政系统先进单位	湖南省人社厅、湖南省司法厅	2012 年
津市市司法局	社区矫正工作先进单位	湖南省社区矫正工作领导小组	2012 年
津市市	全国“六五”普法中期先进县(市区)	全国普法办	2013 年
津市司法局	人民调解工作宣传先进单位	中华全国人民调解员协会	2014 年
津市市司法局保河堤司法所	全国先进司法所	司法部	2015 年
津市市	2011—2015 年全国法制宣传教育先进县(市区)	中宣部、司法部、全国普法办	2015 年
津市市司法局	信息化基础工程建设先进集体	湖南省司法厅	2015 年
津市市司法局	公共法律服务中心建设先进集体	湖南省司法厅	2015 年

十四、安乡县司法局

表 7-14

受奖单位	荣誉称号	颁奖机关	表彰时间
黄山头人民调解委员会	全省“十佳人民调解委员会”	湖南省人力资源和社会保障厅、湖南省司法厅	2011 年
安乡县司法局党组	“湖南省司法行政系统先进基层党组织”荣誉称号	湖南省司法厅	2012 年
安乡县司法局	“湖南省司法行政系统先进集体”荣誉称号	湖南省人力资源和社会保障厅、湖南省司法厅	2012 年
安乡县司法局	人民调解宣传工作先进集体	中华全国人民调解员协会	2012 年
安乡县司法局	人民调解宣传工作先进集体	中华全国人民调解员协会	2013 年
安乡县司法局	全省法律援助基础建设年活动先进集体	湖南省司法厅	2013 年
安乡县	“六五”普法中期验收全国先进县	全国普法办	2014 年
安乡县司法局	人民调解宣传工作先进集体	中华全国人民调解员协会	2014 年
唐家铺司法所	被评为“省模范司法所”	湖南省司法厅	2015 年
安乡县司法局	在“六六四四”专项活动中记集体二等功	湖南省司法厅	2015 年
安乡县	全国法治创建先进县	全国普法办	2015 年

第二章　先进个人

1988—2015 年，全市司法行政系统被评为省、部级以上先进个人共 652 人。

一、市司法局

表 7-15

受奖姓名	荣誉称号	颁奖机关	表彰时间
邓应典	全省普法先进工作者	湖南省委、省政府	1989 年
李森树	移民返乡先进个人	湖南省委、省政府	1989 年
邓应典	全国普法先进个人	中宣部、司法部	1990 年
朱文君	全国公证质量先进个人	司法部	1993 年
龚林科	思想政治工作先进个人	司法部	1993 年
朱文君	全国“十佳”公证员	司法部	1995 年
朱文君	全国司法行政系统英雄模范	司法部	1996 年
朱文君	全省芙蓉后杯“千岗十杰”女性	湖南省妇联	1997 年
向　勇	湖南省抗洪抢险先进个人，记一等功	湖南省委、省政府	1998 年
梁开国	中华全国律师函授中心第二届育才奖	司法部	1999 年
刘兴隆	综治工作先进个人	湖南省依法治省办	2000 年
聂其龙	综治工作先进个人	湖南省依法治省办	2000 年
谢国庆	政治工作先进个人	湖南省司法厅	2000 年
马飒英	全省司法行政办公室先进个人	湖南省司法厅	2000 年
黑启安	全省刑释解教人员安置帮教工作先进个人	湖南省司法厅	2000 年
马飒英	全省司法行政办公室工作先进个人	湖南省司法厅	2001 年
高业庆	湖南省优秀公证员	湖南省司法厅	2001 年
傅绍平	全省司法系统公务员基本素质教育培训考试考核优秀个人	湖南省司法厅	2002 年

续表 7—15

受奖姓名	荣誉称号	颁奖机关	表彰时间
王忠华	全省司法系统公务员基本素质考试考核优秀个人	湖南省司法厅	2002 年
曹琮玮	全国司法行政系统公务员基本素质考试考核组织工作先进个人	司法部	2002 年
余小萍	2001—2005 年全国司法行政系统干部教育培训工作先进个人	司法部	2006 年
高业庆	湖南省“优秀公证处主任”	湖南省司法厅	2006 年
祁　政	全省“专项维稳活动”组织工作先进个人	湖南省司法厅	2008 年
曾凡华	2004—2008 年全省司法行政系统国家司法考试工作先进个人	湖南省司法厅	2008 年
祁　政	湖南省司法行政系统“专项维稳活动”先进个人	湖南省司法厅	2008 年
胡　敏	湖南省司法行政系统“专项维稳活动”先进个人	湖南省司法厅	2008 年
李　莉	法律援助先进个人	湖南省司法厅	2008 年
郑捷文	法律援助先进个人	湖南省司法厅	2008 年
徐　智	全省人民调解化解矛盾纠纷专项攻坚活动先进个 人	司法部基层司	2011 年
黑启安	全省司法鉴定优秀管理干部	湖南省司法厅	2011 年
姚善平	全省公证质量建设年活动管理先进个人	湖南省司法厅	2011 年
胡云武	一等功	湖南省人事厅等	2011 年
黑启安	全省司法鉴定优秀管理干部省司法厅、省司法鉴定协会	湖南省司法厅	2012 年
祁　政	全省“调解化积案、息访保平安”人民调解专项活动先进个人	湖南省司法厅	2012 年
毛泉清	全省社区矫正工作先进个人	省社区矫正工作领导小组	2012 年
向　勇	省司法行政系统组织工作先进个人	湖南省司法厅	2012 年
马飒英	省司法行政系统优秀政工干部	湖南省司法厅	2012 年
余　颖	省司法行政系统组织工作先进个人	湖南省司法厅	2012 年
李　莉	全国法律援助“优秀服务标兵”	司法部	2013 年
马飒英	全省司法行政系统先进政工干部、年度考核三等功	湖南省司法厅办公室	2013 年
祁　政	全省“调解化积案、息访保平安”人民调解专项活动先进个人	湖南省司法厅	2013 年
张丕仪	2013 年全省律师行业优秀党务工作者	湖南省律协党委	2013 年
陈爱华	2013 年全省“依法办事示范窗口单位”创建活动组织工作先进个人	湖南省委法治办	2013 年

二、市强制隔离戒毒所

表 7-16

受奖姓名	荣誉称号	颁奖机关	表彰时间
谌顺清	二等功	湖南省司法厅	1991 年
谌顺清	先进工作者,二等功	湖南省劳教局	1991 年
易泽龙	全省劳教系统首届个别谈话教育能手	湖南省劳教局	1993 年
李建国	先进个人种植能手	湖南省劳教局	1997 年
杨尚荣	优秀教师	司法部	1997 年
贾　伟	警戒护卫工作能手	湖南省司法厅	1998 年
丁忠庭	三等功	湖南省司法厅	1999 年
姚　勇	三等功	湖南省司法厅	1999 年
姚　勇	三等功	湖南省劳教局	2001 年
熊丹清	三等功	湖南省劳教局	2001 年
李明祥	个别谈话教育能手	湖南省司法厅	2000 年
罗先智	三等功	湖南省劳教局	2001 年
管治云	全省劳教系统干警技能培训先进个人	湖南省劳教局	2002 年
潘国平	干警素质教育组织工作先进个人	湖南省劳教局	2002 年
邵建林	全省专项维稳活动矛盾纠纷排查能手	湖南省劳教局	2007 年
曾　俊	全省劳教系统“十佳”教育能手	湖南省劳教局	2007 年
卫　斌	全省劳教系统岗位练兵标兵	湖南省劳教局	2007 年
聂祝春	全省劳教系统政治工作先进个人	湖南省劳教局	2008 年
邓德福	全省劳教系统纪检监察审计工作先进个人	湖南省劳教局	2008 年
刘国高	全省劳教系统优秀领导干部	湖南省劳教局	2009 年
曾宪政	全省司法行政专项维稳先进个人	湖南省劳教局	2009 年
熊　刚	全省司法行政专项维稳先进个人	湖南省劳教局	2009 年
皮明文	全省劳教系统维护安全稳定工作先进个人	湖南省劳教局	2009 年

续表 7—16

受奖姓名	荣誉称号	颁奖机关	表彰时间
易泽龙	全省劳教(戒毒)系统信息调研优秀通讯员	湖南省劳教(戒毒)局	2010 年
刘国高	全省劳教(戒毒)系统社会科学优秀成果奖	湖南省劳教(戒毒)局	2010 年
皮明文	全省劳教系统“三大活动”先进个人	湖南省劳教(戒毒)局	2010 年
皮明文	全省劳教系统维护稳定工作先进个人	湖南省劳教局	2010 年
夏立华	全省劳教系统讲评教育竞赛三等奖	湖南省劳教局	2010 年
皮明文	全省劳教系统“三大活动”先进个人	湖南省劳教局	2010 年
易泽龙	全省劳教系统信息调研优秀通讯员	湖南省劳教局	2010 年
刘国高	全省劳教系统社会科学优秀成果奖	湖南省劳教局	2010 年
皮明文	全省劳教系统“执法大培训、岗位大练兵”活动先进个人	湖南省劳教局	2011 年
易泽龙	全省“五五”普法依法治理先进个人，荣记三等功	湖南省委、省政府	2011 年
易泽龙	全省劳教(戒毒)系统信息宣传理论调研工作先进个人	湖南省劳教(戒毒)局	2012 年
皮明文	全省劳教系统“作风建设年”活动先进个人	湖南省劳教局	2012 年
易泽龙	全省劳教系统“三项创新”工作先进个人	湖南省劳教局	2012 年
刘国高	全省司法行政系统执法工作先进个人(三等功)	湖南省司法厅	2012 年
聂祝春	全全省政法干警核心价值观教育实践活动先进个人	湖南省劳教(戒毒)局	2013 年
易泽龙	全省关心下一代工作先进个人	湖南省委、省政府	2013 年
易泽龙	《湖南矫治》优秀通讯员	湖南省劳教局	2013 年
熊　刚	二等功，湖南省十佳监狱劳教(戒毒)人民警察	湖南省司法厅	2013 年
熊　刚	全省监所信息宣传工作先进个人	湖南省司法厅	2013 年
熊　刚	《湖南矫治》优秀通讯员	湖南省劳教局	2013 年
易泽龙	全国监狱戒毒系统教育质量年活动先进个人	司法部	2014 年

三、湖南省武陵监狱

表 7-17

受奖姓名	荣誉称号	颁奖机关	表彰时间
卞兆舫	优秀厂长	湖南省机械工业厅	1992 年
钱官自	优秀信息员	湖南省劳改工作管理局办公室	1992 年
梅德华	记二等功	湖南省司法厅	1992 年
梅德华	全国监狱系统“个别教育能手”	司法部	1992 年
高绪元	先进工作者	湖南省劳改工作管理局	1994 年
张明祥	先进工作者	湖南省劳改工作管理局	1994 年
皮明文	全省司法行政系统优秀政治工作者	湖南省监狱管理局	1994 年
包世华	全省监狱系统优秀会计	湖南省监狱管理局	1995 年
蒯小玲	全省监狱系统优秀会计	湖南省监狱管理局	1995 年
周日华	全省司法行政系统第三届“双先会”记一等功	湖南省司法厅	1996 年
鲁清阶	全国司法行政系统优秀监狱长	司法部	1997 年
陈宏斌	科学技术进步奖三等奖	湖南省监狱管理局科学技术进步奖评审委员会	1998 年
张克武	科学技术进步奖三等奖	湖南省监狱管理局科学技术进步奖评审委员会	1998 年
刘胜明	科学技术进步奖三等奖	湖南省监狱管理局科学技术进步奖评审委员会	1998 年
丁仁育	科学技术进步奖三等奖	湖南省监狱管理局科学技术进步奖评审委员会	1998 年
符启贤	科学技术进步奖三等奖	湖南省监狱管理局科学技术进步奖评审委员会	1998 年
石道进	优秀侦查员	湖南省监狱管理局	1998 年
蔡文彪	优秀狱政科科长	湖南省监狱管理局	1999 年
朱梅初	优秀教育科科长	湖南省监狱管理局	1999 年
石道进	优秀侦查科科长	湖南省监狱管理局	1999 年
资　岩	全省个别教育能手	湖南省监狱管理局	2000 年

续表 7—17

受奖姓名	荣誉称号	颁奖机关	表彰时间
张　辉	全省个别教育能手	湖南省监狱管理局	2000 年
蒋海波	全省个别教育能手	湖南省监狱管理局	2000 年
蒋海波	追捕能手	湖南省监狱管理局	2000 年
张先国	追捕能手	湖南省监狱管理局	2000 年
张运喜	全省优秀教育工作者	湖南省监狱管理局	2000 年
唐纯杰	全省优秀教育工作者	湖南省监狱管理局	2000 年
莫秀忠	全省优秀教育工作者	湖南省监狱管理局	2000 年
潘　莉	全省优秀教育工作者	湖南省监狱管理局	2000 年
郑治贤	全省优秀教育工作者	湖南省监狱管理局	2000 年
莫秀忠	全省“三课”教育教学比武二等奖	湖南省监狱管理局	2000 年
王　济	全省“三课”教育教学比武三等奖	湖南省监狱管理局	2000 年
何党英	汽车工业统计工作先进工作者	湖南省机械行业管理办	2000 年
陈新江	优秀狱政科科长	湖南省监狱管理局	2001 年
张先国	优秀狱侦科科长	湖南省监狱管理局	2001 年
饶景岳	全省监狱系统执法执纪专项教育整顿先进个人	湖南省监狱管理局	2001 年
吴　军	优秀侦查员	湖南省监狱管理局	2001 年
王　济	全省监狱系统干警基本素质教育先进工作者	湖南省监狱管理局	2002 年
罗志荣	全省监狱系统干警基本素质教育先进工作者	湖南省监狱管理局	2002 年
万美杰	全省监狱系统干警基本素质教育优秀学员	湖南省监狱管理局	2002 年
毛福军	全省监狱系统干警基本素质教育优秀学员	湖南省监狱管理局	2002 年
吴　军	全省监狱系统干警基本素质教育优秀学员	湖南省监狱管理局	2002 年
李　卫	全省监狱系统干警基本素质教育优秀学员	湖南省监狱管理局	2002 年
鲁春节	全省监狱系统干警基本素质教育优秀学员	湖南省监狱管理局	2002 年
刘俊汝	全省监狱系统干警基本素质教育优秀学员	湖南省监狱管理局	2002 年
胡建玲	全省监狱系统干警基本素质教育优秀学员	湖南省监狱管理局	2002 年

续表 7—17

受奖姓名	荣誉称号	颁奖机关	表彰时间
王　济	基本素质教育记三等功	湖南省监狱管理局	2002 年
万美杰	基本素质教育记三等功	湖南省监狱管理局	2002 年
郑治贤	《湖南育新报》2001 年度优秀通讯员	湖南省监狱管理局	2002 年
戴名贵	特殊学校优秀教育工作者	湖南省监狱管理局	2002 年
李岱红	特殊学校优秀教育工作者	湖南省监狱管理局	2002 年
莫秀忠	特殊学校优秀教育工作者	湖南省监狱管理局	2002 年
张先国	征文优秀奖	司法部监狱管理局	2003 年
黄　锐	征文优秀奖	司法部监狱管理局	2003 年
梁冬平	征文鼓励奖	司法部监狱管理局	2003 年
吴　军	征文鼓励奖	司法部监狱管理局	2003 年
朱梅初	优秀狱侦科长	湖南省监狱管理局	2003 年
吴　刚	优秀侦察员	湖南省监狱管理局	2003 年
吴　刚	优秀侦察员	湖南省监狱管理局	2003 年
陈新江	记二等功	湖南省监狱管理局	2003 年
高乐毅	记三等功	湖南省监狱管理局	2003 年
张克武	记三等功	湖南省监狱管理局	2003 年
姚敦进	记三等功	湖南省监狱管理局	2003 年
丁德权	记三等功	湖南省监狱管理局	2003 年
石道进	记三等功	湖南省监狱管理局	2003 年
李春华	全省个别教育能手	湖南省监狱管理局	2003 年
郭金波	全省个别教育能手	湖南省监狱管理局	2003 年
唐纯杰	全省个别教育能手	湖南省监狱管理局	2003 年
张　之	全省个别教育能手	湖南省监狱管理局	2003 年
廖新民	全省个别教育能手	湖南省监狱管理局	2003 年
钟广斌	全省个别教育能手	湖南省监狱管理局	2003 年

续表 7—17

受奖姓名	荣誉称号	颁奖机关	表彰时间
莫秀忠	优秀教师	湖南省监狱管理局	2003 年
郑治贤	优秀教师	湖南省监狱管理局	2003 年
罗志荣	湖南省监狱系统抗非典保稳定记三等功	湖南省监狱管理局	2003 年
孙海平	湖南省监狱系统抗非典保稳定记三等功	湖南省监狱管理局	2003 年
黎红群	优秀警察教师	湖南省监狱管理局	2004 年
李洪洲	优秀警察教师	湖南省监狱管理局	2004 年
徐礼忠	优秀警察教师	湖南省监狱管理局	2004 年
郭金波	先进侦查员	湖南省监狱管理局	2004 年
张弼华	文明执法先进个人	湖南省监狱管理局	2004 年
曾日凡	文明执法先进个人	湖南省监狱管理局	2004 年
李宽伟	省监狱系统我为“十一五”规划献一计获奖文章《我省监狱系统人才紧缺问题的战略思考》	湖南省监狱管理局	2005 年
刘润来	省监狱系统我为“十一五”规划献一计获奖文章《我省监狱系统人才紧缺问题的战略思考》	湖南省监狱管理局	2005 年
资　岩	优秀侦察员	湖南省监狱管理局	2005 年
陈建利	“四五”普法法律知识竞赛湖南赛区个人三等奖	湖南省司法厅	2005 年
朱一梅	减刑、假释、保外就医专项检查活动先进个人	湖南省监狱管理局	2005 年
赵新民	湖南省第一次经济普查先进个人	湖南省人民政府第一次全省经济普查领导小组	2006 年
张克武	湖南省优秀监狱长	湖南省司法厅	2006 年
何党英	全省经济普查工作先进个人	湖南省监狱管理局	2006 年
刘润来	行刑科研优秀奖	湖南省监狱学会	2006 年
梅　勤	全省监狱劳教人民警察岗位练兵活动汇报表演记三等功	湖南省监狱管理局	2007 年
谌志雄	全省监狱劳教人民警察岗位练兵活动汇报表演嘉奖	湖南省监狱管理局	2007 年
刘青松	全省监狱劳教人民警察岗位练兵活动汇报表演嘉奖	湖南省监狱管理局	2007 年
刘崇树	全省监狱劳教人民警察岗位练兵活动汇报表演嘉奖	湖南省监狱管理局	2007 年
胡　鹏	全省监狱劳教人民警察岗位练兵活动汇报表演嘉奖	湖南省监狱管理局	2007 年

续表 7—17

受奖姓名	荣誉称号	颁奖机关	表彰时间
张学标	全省监狱劳教人民警察岗位练兵活动汇报表演嘉奖	湖南省监狱管理局	2007 年
刘经武	全省监狱劳教人民警察岗位练兵活动汇报表演嘉奖	湖南省监狱管理局	2007 年
陈友明	全省监狱劳教人民警察岗位练兵活动汇报表演嘉奖	湖南省监狱管理局	2007 年
胡　丹	全省监狱劳教人民警察岗位练兵活动汇报表演嘉奖	湖南省监狱管理局	2007 年
刘先强	全省监狱劳教人民警察岗位练兵活动汇报表演嘉奖	湖南省监狱管理局	2007 年
徐礼忠	全省监狱劳教人民警察岗位练兵活动汇报表演嘉奖	湖南省监狱管理局	2007 年
张　辉	全省监狱劳教人民警察岗位练兵活动汇报表演嘉奖	湖南省监狱管理局	2007 年
刘　兵	全省监狱劳教人民警察岗位练兵活动汇报表演嘉奖	湖南省监狱管理局	2007 年
钟　斌	全省监狱劳教人民警察岗位练兵活动汇报表演嘉奖	湖南省监狱管理局	2007 年
李洪洲	全省监狱劳教人民警察岗位练兵活动汇报表演嘉奖	湖南省监狱管理局	2007 年
易　球	全省监狱劳教人民警察岗位练兵活动汇报表演嘉奖	湖南省监狱管理局	2007 年
王　平	全省监狱劳教人民警察岗位练兵活动汇报表演嘉奖	湖南省监狱管理局	2007 年
熊朝辉	全省监狱劳教人民警察岗位练兵活动汇报表演嘉奖	湖南省监狱管理局	2007 年
杨年胜	全省监狱劳教人民警察岗位练兵活动汇报表演嘉奖	湖南省监狱管理局	2007 年
唐纯辉	全省监狱劳教人民警察岗位练兵活动汇报表演嘉奖	湖南省监狱管理局	2007 年
曾日凡	湖南省监狱系统第二届“十佳警官”	湖南省监狱管理局	2007 年
唐纯杰	安全生产先进个人	湖南省监狱管理局	2007 年
梅　勤	全省司法监狱劳教人民警察岗位练兵活动先进个人记三等功	湖南省司法厅	2007 年
陈建利	全省司法监狱劳教人民警察岗位练兵活动先进个人记三等功	湖南省司法厅	2007 年
杨雪梅	全省司法监狱劳教人民警察岗位练兵活动先进个人记三等功	湖南省司法厅	2007 年
张　刚	全省司法行政系统“法轮功”教育转化工作记二等功	湖南省司法厅	2007 年
廖新民	优秀侦查员	湖南省监狱管理局	2007 年
石道进	全省司法行政系统抗冰救灾先进个人记三等功	湖南省司法厅	2008 年
资　岩	2006—2007 年度全省教育转化工作先进个人	湖南省 610 办	2008 年
唐纯杰	2007 年度全省安全生产工作嘉奖人员	湖南省监狱管理局	2008 年

续表 7—17

受奖姓名	荣誉称号	颁奖机关	表彰时间
朱一梅	核查纠正监外执行罪犯脱管漏管专项行动工作先进个人	湖南省监狱管理局	2008 年
刘胜明	核查纠正监外执行罪犯脱管漏管专项行动工作先进个人	湖南省监狱管理局	2008 年
陈云华	全省天网行动记个人三等功	湖南省监狱管理局	2008 年
吕华勇	全省天网行动追捕能手	湖南省监狱管理局	2008 年
李四新	全省天网行动追捕能手	湖南省监狱管理局	2008 年
何党英	第二次农业普查工作先进个人	湖南省监狱管理局	2008 年
刘润来	优秀秘书长	湖南省监狱学会	2008 年
陈　健	全省个别教育标兵	湖南省监狱管理局	2009 年
高试彪	全省个别教育标兵	湖南省监狱管理局	2009 年
刘青松	全省个别教育标兵	湖南省监狱管理局	2009 年
姚敦进	2008 年教育改造调研工作三等奖	湖南省监狱管理局	2009 年
唐纯辉	湖南省监狱系统国庆六十周年书画比赛优秀作品三等奖(《为人民服务》)	湖南省监狱管理局、湖南省监狱学会	2009 年
杨慧玲	全省监狱系统“红色经典百歌”歌咏决赛三等奖	湖南省监狱管理局	2009 年
吴　刚	湖南省监狱系统 2009 年度优秀教师	湖南省监狱管理局	2009 年
莫秀忠	湖南省监狱系统 2009 年度优秀教师	湖南省监狱管理局	2009 年
陈友明	优秀侦查员	湖南省监狱管理局	2009 年
张　毅	“规范执法行为，确保监管安全”专项整治活动先进个人	湖南省监狱管理局	2009 年
姜爱平	2009 年省局系统工会“芙蓉百岗明星”	湖南省监狱管理局系统工会	2010 年
唐纯杰	2009 年安全生产先进个人	湖南省监狱管理局	2010 年
张程发	工会工作最佳支持者	湖南省监狱管理局	2010 年
龚利华	优秀工会工作者	湖南省监狱管理局	2010 年
谭　洪	全省监狱系统警察职工乒乓球比赛怀化赛区男子单打第一名	湖南省监狱管理局系统工会	2010 年
冯立芬 刘俊汝	全省监狱系统警察职工乒乓球比赛怀化赛区女子双打第三名	湖南省监狱管理局系统工会	2010 年
郭爱民 刘俊汝	全省监狱系统警察职工乒乓球比赛怀化赛区混合双打第三名	湖南省监狱管理局系统工会	2010 年
周　炎	全省监狱系统抗击甲流工作三等功	湖南省监狱管理局	2010 年

续表 7—17

受奖姓名	荣誉称号	颁奖机关	表彰时间
钟广斌	全省监狱系统抗击甲流工作嘉奖	湖南省监狱管理局	2010 年
张　毅	“规范执法行为、确保监管安全”专项整治活动嘉奖	湖南省监狱管理局	2010 年
张程发	罪犯教育转化工作先进个人	湖南省监狱管理局	2010 年
聂松林	罪犯教育转化工作先进个人	湖南省监狱管理局	2010 年
王　平	罪犯教育转化工作先进个人	湖南省监狱管理局	2010 年
董　慧	湖南省监狱人民警察第六期心理咨询师培训班优秀班干部	湖南省监狱管理局	2010 年
李四新	湖南省监狱人民警察第六期心理咨询师培训班优秀学员	湖南省监狱管理局	2010 年
吴春燕	湖南省监狱人民警察第六期心理咨询师培训班优秀学员	湖南省监狱管理局	2010 年
易先建	优秀刑罚执行科长	湖南省监狱管理局	2010 年
何党英	湖南省监狱系统第二次经济普查工作先进个人	湖南省监狱管理局	2010 年
吕华勇	优秀侦查员	湖南省监狱管理局	2010 年
吴　军	全省监狱系统“三大”活动先进个人	湖南省监狱管理局	2011 年
蒋晓杰	全省监狱系统“三大”活动先进个人	湖南省监狱管理局	2011 年
张立军	优秀工会主席	湖南省监狱管理局	2011 年
张程发	工会工作最佳支持者	湖南省监狱管理局	2011 年
张士勇	优秀教育改造科科长	湖南省监狱管理局	2011 年
杨慧玲	获狱政统计工作二等奖	湖南省监狱管理局狱政管理处	2011 年
刘经武	湖南省监狱人民警察第七期心理咨询师培训班优秀学员	湖南省监狱管理局	2011 年
龚立华	全省监狱系统“庆祝建党九十周年”书法优秀奖	湖南省监狱管理局系统工会	2011 年
聂松林	全省监狱系统“庆祝建党九十周年”书法优秀奖	湖南省监狱管理局系统工会	2011 年
莫秀忠	全省监狱系统“庆祝建党九十周年”摄影一等奖	湖南省监狱管理局系统工会	2011 年
唐纯杰	全省监狱安全生产先进个人	湖南省监狱管理局	2011 年
熊逸夔	全省优秀教师	湖南省监狱管理局	2011 年
刘应中	全省优秀教师	湖南省监狱管理局	2011 年
莫秀忠	全省优秀教师	湖南省监狱管理局	2011 年

续表 7—17

受奖姓名	荣誉称号	颁奖机关	表彰时间
张运喜	全省优秀教师	湖南省监狱管理局	2011 年
伍国纲	2011 年度全省监狱刑罚执行理论研讨优秀论文三等奖(《浅谈宽严相济刑事政策在刑罚执行工作中的运用》)	湖南省监狱管理局	2011 年
易先建	2011 年度全省监狱刑罚执行理论研讨优秀论文三等奖(《浅谈宽严相济刑事政策在刑罚执行工作中的运用》)	湖南省监狱管理局	2011 年
吴　军	2011 年度全省监狱刑罚执行理论研讨优秀论文三等奖(《浅谈宽严相济刑事政策在刑罚执行工作中的运用》)	湖南省监狱管理局	2011 年
刘润来	2011 年度罪犯教育转化攻坚工作先进个人	湖南省监狱管理局	2012 年
杨天祥	2011 年度罪犯教育转化攻坚工作先进个人	湖南省监狱管理局	2012 年
蒋晓杰	2011 年度罪犯教育转化攻坚工作先进个人	湖南省监狱管理局	2012 年
喻向平	2011 年度罪犯教育转化攻坚工作先进个人	湖南省监狱管理局	2012 年
廖新民	2011 年度狱侦工作优秀侦查员	湖南省监狱管理局	2012 年
龚利华	2011 年度优秀工会办主任	湖南省监狱管理局	2012 年
胡建玲	2011 年度纪检监察工作先进个人	湖南省监狱管理局	2012 年
吴春燕	全省监狱系统政治工作先进个人	湖南省监狱管理局	2012 年
唐纯杰	2011 年度监狱安全生产工作先进个人	湖南省监狱管理局	2012 年
李春华	全国监狱劳教(戒毒)场所规范化管理年活动先进个人	司法部	2012 年
刘崇树	2011 年度全省监狱办公室工作优秀信息员	湖南省监狱管理局	2012 年
蒋海波	全省监狱系统先进个人	湖南省监狱管理局	2012 年
朱一梅	全省监狱系统先进个人	湖南省监狱管理局	2012 年
李春华	监狱内务规范化管理活动记三等功	湖南省监狱管理局	2013 年
胡建军	全国监狱劳教(戒毒)场所基层基础建设年活动通报表扬个人	湖南省监狱管理局	2013 年
张程发	2012 年度全省监狱重点课题调研论文三等奖(《践行核心价值观与助力法治常德建设》)	湖南省监狱管理局	2013 年
刘崇树	2012 年度全省监狱重点课题调研论文三等奖(《践行核心价值观与助力法治常德建设》)	湖南省监狱管理局	2013 年
刘锦秀	2012 年度全省监狱重点课题调研论文纪念奖(《浅议公招年轻警察的管理教育》)	湖南省监狱管理局	2013 年
梁冬平	2012 年度全省监狱重点课题调研论文纪念奖(《浅议公招年轻警察的管理教育》)	湖南省监狱管理局	2013 年
毛志华	湖南省第四届优秀监狱人民警察	湖南省监狱管理局	2014 年
符政荣	全省监狱教育质量年活动突出个人	湖南省监狱管理局	2014 年

续表 7—17

受奖姓名	荣誉称号	颁奖机关	表彰时间
吕华勇	全省监狱教育质量年活动突出个人	湖南省监狱管理局	2014 年
聂松林	全省监狱教育质量年活动突出个人	湖南省监狱管理局	2014 年
牛　文	全省监狱教育质量年活动突出个人	湖南省监狱管理局	2014 年
向炜伟	全省监狱个别教育能手	湖南省监狱管理局	2014 年
符政荣	湖南监狱系统受司法部表扬个人	湖南省监狱管理局	2014 年
姚敦进	监所“禁违拒腐、严管队伍”正风肃纪专项活动表现突出个人	湖南省司法厅	2015 年
莫秀忠	全省监狱通讯报道工作优秀通讯员	湖南省监狱管理局办公室	2015 年
庹力仁	全省监狱通讯报道工作优秀通讯员	湖南省监狱管理局办公室	2015 年
张程发	2014 年度全省监狱重点课题调研论文三等奖(《接纳与融入,监狱服刑人员医疗保障之社会化》)	湖南省监狱管理局办公室	2015 年
朱武兵	2014 年度全省监狱重点课题调研论文三等奖(《接纳与融入,监狱服刑人员医疗保障之社会化》)	湖南省监狱管理局办公室	2015 年
赵　凯	第三届全省监狱警察教师教学比武三等奖（课题:《勇与畏》)	湖南省监狱管理局办公室	2015 年

四、德山监狱

7-18

受奖姓名	荣誉称号	颁奖机关	表彰时间
高保清	专门人才现状调查与预测工作先进个人	湖南省劳改局	1988 年
陈雪冬 贺长生 卜浩波 谭德智	“侦破能手”	湖南省劳改局	1989 年
肖陆平 谭德智	个人三等功	湖南省劳改局	1989 年
王长春	全省劳改单位个别教育能手	湖南省劳改局	1990 年
李守进	全省司法行政系统个人三等功	湖南省司法厅	1991 年
邓大伟 夏兴无	全省司法行政系统先进工作者	湖南省司法厅	1991 年
王长春	全国优秀“个别教育能手”	司法部	1992 年
王长春	司法厅二等功	湖南省司法厅	1992 年

续表 7—18

受奖姓名	荣誉称号	颁奖机关	表彰时间
何其培	破获反革命集团案记个人二等功	湖南省劳改局	1993 年
高丕才 吴哲跃 高业双 李　柯	破获反革命集团案记个人三等功	湖南省劳改局	1993 年
何赛君	全国劳改系统优秀工人	湖南省劳改局	1993 年
陶君山	“最佳特殊园丁”	湖南省劳改局	1993 年
聂景福 彭四清	最佳特殊企业经营管理者	湖南省劳改局	1993 年
杨国荣 郭计成 朱凤池	司法行政一级金星荣誉章	湖南省司法厅	1993 年
胡圣世	全省司法行政系统第三次工业普查先进个人	湖南省司法厅	1996 年
赵星云	省直监狱系统“优秀公仆”	湖南省监狱管理局	1998 年
陶君山	省直监狱系统“优秀警官” 并记三等功	湖南省监狱管理局	1998 年
葛益涔 李守进	省直监狱系统优秀警官	湖南省监狱管理局	1998 年
曾洪斌	省直监狱系统“优秀职工” 并记三等功	湖南省监狱管理局	1998 年
葛益涔	全国优秀“个别教育能手”	司法部	1998 年
葛益涔	司法厅二等功	湖南省司法厅	1998 年
周　勇	全省司法行政系统政治工作先进个人	湖南省司法厅	1999 年
李守进	十佳科技工作者	湖南省司法厅	1999 年
刘胜初	十佳工人	湖南省司法厅	1999 年
赵星云	全国司法行政系统政治工作先进个人	司法部	1999 年
简天元	管教工作先进个人——优秀教育改造科长	湖南省监狱管理局	1999 年
彭四清	省直监狱系统领导干部“五好文明家庭”	湖南省监狱管理局	2000 年
周泽龙	全省省直监狱劳教系统廉政建设先进个人	湖南省司法厅	2001 年
董学国	全省司法行政系统信息工作先进个人	湖南省司法厅	2001 年

续表 7—18

受奖姓名	荣誉称号	颁奖机关	表彰时间
李守进	技术创新工作先进个人	湖南省监狱管理局	2001
徐建军 朱远章 燕良红	在企业改制工作中做出贡献先进个人(记三等功)	湖南省监狱管理局	2002 年
彭四清	第四届全省司法行政系统先进个人记二等功	湖南省人事厅 湖南省司法厅	2002 年
彭立春 李维佳	第四届全省司法行政系统先进个人记三等功	湖南省人事厅 湖南省司法厅	2002 年
罗先明 葛益涔	记个人二等功	湖南省司法厅 湖南省监狱管理局	2002 年
周泽龙	记个人三等功	湖南省司法厅	2002 年
王　丽	全省司法行政系统信息工作先进个人	湖南省司法厅	2003 年
彭立春	湖南省监狱系统“十佳警官”	湖南省监狱管理局	2003 年
王　丽	全省司法行政系统信息工作先进个人	湖南省司法厅	2004 年
向建春 王　丽	全省司法行政系统论文一等奖	湖南省司法厅	2006 年
任泽民	十佳科技人员	湖南省监狱管理局	2006 年
付　敏 汪长明 郭　芳 汪　波 谢华章	全省司法监狱劳教人民警察岗位练兵先进个人并记三等功	湖南省司法厅	2007 年
王　丽	全省监狱学会分会优秀秘书长	湖南省监狱管理局	20007—2008 年
付志坚	全国司法行政系统抗击低温雨雪冰冻灾害先进个人	湖南省司法厅	2008 年
陈　然	第五届湖南省司法行政系统先进个人记三等功	湖南省司法厅	2008 年
李守进	全省司法行政系统“大学习,大讨论”主题征文一等奖	湖南省司法厅	2008 年
谢华章	全省司法行政系统“大学习,大讨论”主题征文二等奖	湖南省司法厅	2008 年
李　红	财务工作先进个人	湖南省监狱管理局	2008 年
陶　敏	全省司法行政系统纪检监察工作先进个人	湖南省司法厅	2010 年
万　进	全省司法行政系统优秀党务工作者	湖南省司法厅	2010 年

续表 7—18

受奖姓名	荣誉称号	颁奖机关	表彰时间
胡登福 何　毅	全省司法行政系统优秀党员	湖南省司法厅	2010 年
李红专	第三届湖南省十佳(优秀)监狱人民警察并记个人三等功	湖南省监狱管理局	2010 年
彭文贵 郭　芳 汪　波 龚龙彪	全省监狱系统“执法大培训 岗位大练兵 技能大比武”活动先进个人	湖南省监狱管理局	2011 年
杨　骁	优秀侦查员记个人三等功	湖南省监狱管理局	2011 年
彭朝晖 杨越专	全省监狱信息调研工作优秀个人	湖南省监狱管理局	2011 年
董学国	2009 年优秀调研论文二等奖	湖南省监狱管理局	2011 年
罗先明 彭朝晖	2009 年优秀调研论文三等奖	湖南省监狱管理局	2011 年
彭朝晖	2010 年优秀调研论文三等奖	湖南省监狱管理局	2011 年
刘　洋 姚　望 赵德文 彭文贵	全省优秀教师	湖南省监狱管理局	2011 年
郭亚琴	湖南省司法行政系统“我身边的优秀共产党员”集中宣讲活动二等奖	湖南省司法厅	2011 年
胡泽农	2010 年度优秀经理人	湖南省监狱管理局	2011 年
曾立春	2010 年度全省监狱系统优秀女工主任	湖南省监狱管理局	2011 年
李守进	2010 年度全省监狱系统工会工作最佳支持者	湖南省监狱管理局	2011 年
兰　芳	2010 年度全省监狱系统“芙蓉百岗明星”	湖南省监狱管理局	2011 年
关美琴 刘必荣	省直监狱系统“五好老干部”	湖南省监狱管理局	2011 年
伍龙飞	2010 年度全省监狱优秀法制科长	湖南省监狱管理局	2011 年
张卫军	2010 年度财务工作先进个人	湖南省监狱管理局	2011 年
陶　敏	全省司法行政系统纪检监察工作先进个人	湖南省司法厅	2011 年
朱昌利 郭亚琴	吴战保先进事迹宣传工作嘉奖	湖南省司法厅	2011 年
万　进	全省司法行政系统优秀党务工作者	湖南省司法厅	2011 年
胡登福 何　毅	全省司法行政系统优秀党员	湖南省司法厅	2011 年
何　技	全省直监狱系统青年岗位能手	湖南省监狱管理局	2011 年

续表 7—18

受奖姓名	荣誉称号	颁奖机关	表彰时间
李振湘	全省监狱系统政治工作先进个人	湖南省监狱管理局	2012 年
董学国	2011 年度全省监狱优秀教育科长	湖南省监狱管理局	2012 年
唐　婷	2011 年度审计工作先进个人	湖南省监狱管理局	2012 年
陶　敏	2011 年度纪检监察工作先进个人	湖南省监狱管理局	2012 年
陈　然	全省司法行政系统优秀政工干部	湖南省司法厅	2012 年
杨建军	2011 年度监狱刑罚执行工作优秀科长	湖南省监狱管理局	2012 年
范远来	2011 年度监狱安全生产工作先进个人	湖南省监狱管理局	2012 年
杨　君	2011 年度财务工作先进个人	湖南省监狱管理局	2012 年
王　丽	2011 年度全省监狱优秀信息员	湖南省监狱管理局	2012 年
李守进 王　丽	2011 年度全省监狱调研论文二等奖	湖南省监狱管理局	2012 年
何　技	全省司法行政系统青年岗位能手	湖南省司法厅	2012 年
李振湘	政治工作个人三等功	湖南省监狱管理局	2012 年
周　敏	2011 年度湖南省优秀共青团员	湖南团省委	2012 年
葛益涔	2012 年度优秀工会主任	湖南省监狱管理局	2012 年
宋长林	2012 年度省直监狱系统"芙蓉百岗明星"	湖南省监狱管理局	2012 年
刘　细	2011 年度优秀侦查员	湖南省监狱管理局	2012 年
赵　军	湖南省司法行政系统先进个人并记二等功	湖南省人力资源和社会保障厅	2012 年
彭进壮	湖南省司法行政系统先进个人并记三等功	湖南省人力资源和社会保障厅	2012 年
李成虎	第七届湖南省优秀青年卫士	湖南团省委	2012 年
刘　磊	全国监狱劳教(戒毒)场所规范化管理年活动先进个人	司法部	2012 年
秦再华 赵　军 吴士伟 郭　灿	连续三年考核优秀记三等功	湖南省监狱管理局	2012 年
李建国 彭进壮 吴士伟 刘希文	全省监狱系统先进个人	湖南省监狱管理局	2012 年
许文明	全省监狱系统优秀工人	湖南省监狱管理局	2012 年

续表 7—18

受奖姓名	荣誉称号	颁奖机关	表彰时间
丁继军	全省司法行政系统监狱劳教(戒毒)人民警察警用手枪射击比赛射击标兵	湖南省司法厅	2012 年
龚龙彪	全省司法行政系统监狱劳教(戒毒)人民警察警用手枪射击比赛射击能手	湖南省司法厅	2012 年
郭　芳	湖南省社区矫正工作先进个人	湖南省社区矫正工作领导小组	2012 年
万　进 刘　洵 张建闽 付　敏 贺晓波 张学和 杨建军	连续多年实现“四无”目标单位记三等功	湖南省监狱管理局	2013 年
李永华	财务预算编制工作记三等功	湖南省监狱管理局	2013 年
刘　细	破获狱内重特大案件记三等功	湖南省监狱管理局	2013 年
谢爱萍	政治工作先进个人	湖南省监狱管理局	2013 年
董学国	全省教育改造工作优秀教育科长	湖南省监狱管理局	2013 年
袁万能	省直监狱系统第四届“十佳科技人员”	湖南省监狱管理局	2013 年
张　霞	保障性住房建设工作先进个人	湖南省监狱管理局	2013 年
陈艳平	机要工作先进个人	湖南省监狱管理局	2013 年
何龙杰	应急管理工作先进个人	湖南省监狱管理局	2013 年
王　丽	监狱工作协会先进个人	湖南省监狱管理局	2013 年
李守进 王　丽	2012 年度全省监狱重点课题调研论文二等奖	湖南省监狱管理局	2013 年
伍龙飞 胡卫华 陈建新 王　丽	连续三年考核优秀记三等功	湖南省监狱管理局	2013 年
戴志勇	优秀党员	湖南省司法厅	2013 年
李守进	优秀党务工作者	湖南省司法厅	2013 年
张艳红	2012 年度省直监狱系统芙蓉百岗明星	湖南省监狱管理局	2013 年
孙宗怀	2012 年度生活卫生工作先进个人	湖南省监狱管理局	2013 年
刘　磊	全国监狱劳教(戒毒)场所基层基础建设年活动优秀考核办主任	司法部	2013 年

续表 7—18

受奖姓名	荣誉称号	颁奖机关	表彰时间
陶 敏	2012 年度纪检监察工作先进个人	湖南省司法厅	2013 年
刘国清	2012 年度审计工作先进个人	湖南省监狱管理局	2013 年
白芯杭	2012 年度财务工作先进个人	湖南省监狱管理局	2013 年
陈 红	教育改造理论研讨论文一等奖	湖南省监狱管理局	2013 年
赵 军	湖南省第四届优秀人民警察	湖南省监狱管理局	2014 年
曹一芝	湖南省监狱系统审计工作先进个人	湖南省监狱管理局	2014 年
杨 君	监狱系统财务工作先进个人	湖南省监狱管理局	2014 年
秦再华 付 敏	全国监狱劳教(戒毒)工作先进个人	司法部	2014 年
李先平 万 进	全省监狱教育质量年先进个人	湖南省监狱管理局	2014 年
陈 红	全国监狱系统心理矫治工作能手	司法部	2014 年
刘 洋 曹 捷	个别教育能手	湖南省监狱管理局	2014 年
李先平	湖南监狱系统受司法部表扬个人	司法部	2014 年
万 进	“情暖高墙 关爱孩子”联合帮扶专项活动表现突出个人	湖南省司法厅	2015 年
张建闽	监所“禁违拒腐、严管队伍”正风肃纪专项活动表现突出个人	湖南省司法厅	2015 年
万 进	2015 年全省监狱系统先进工作者	湖南省监狱管理局	2015 年
李先平 彭文贵	2014 年度全省监狱改造报和通讯报道工作优秀通讯员	湖南省监狱管理局	2015 年
王 丽	2014 年度全省监狱重点课题调研论文二等奖	2014 年度全省监狱重点课题调研论文	2015 年
王 丽	2015 年度全省监狱重点课题调研论文一等奖	2015 年度全省监狱重点课题调研论文	2015 年
郭黛辉	2014 年度全省监狱重点课题调研论文纪念奖	2014 年度全省监狱重点课题调研论文	2015 年
孟德智 莫亦炯 鄢建桢 余长发 张 芹	三等功	湖南省监狱管理局	2015 年

五、津市监狱

表 7-19

受奖姓名	荣誉称号	颁奖机关	表彰时间
彭镇东	全国司法行政系统廉政建设先进个人	司法部	1991 年
周前生	全国司法行政系统优秀政治工作者	司法部	1994 年
黄玉堂	全国优秀监狱长，并被授予二等功	司法部	1995 年
谢达仁	全国司法行政系统英雄模范	司法部、人事部	1996 年
黄玉堂	记一等功	湖南省政府、人事厅	1996 年
黄玉堂	全国司法行政系统优秀监狱长	司法部	1997 年
李传华	全国司法行政系统优秀管教员	司法部	1997 年
王伟豪	1998 年抗洪抢险先进个人	司法部	1999 年
李峥嵘	全国血吸虫防治先进个人	卫生部、农业部、水利部	2009 年
薛　飞	全国监狱劳教系统工作先进个人	司法部	2010 年
王　君	全国监狱劳教系统工作先进个人	司法部	2010 年
谢献忠	全国监狱劳教系统工作模范个人	司法部	2010 年
张志萍	省直单位十大“模范标兵”，记一等功	湖南省人力资源和社会保障厅、省直机关工委	2010 年
杨承胜	全国司法行政系统劳动模范	司法部、人力资源和社会保障部	2011 年
谢景平	全国监狱警察“执法大培训、岗位大练兵”活动先进个人	司法部	2011 年
高加英	全国监狱警察“执法大培训、岗位大练兵”活动先进个人	司法部	2011 年
周代永	全国监狱系统规范化管理年活动先进个人	司法部	2012 年
彭寿强	2011—2013 年全国监狱劳教工作先进个人	司法部	2014 年
张祖祥	2011—2013 年全国监狱劳教工作先进个人	司法部	2014 年
周正文	2011—2013 年全国监狱劳教工作先进个人	司法部	2014 年

六、武陵区司法局

表 7-20

受奖姓名	荣誉称号	颁奖机关	表彰时间
朱文君	全省公证工作先进个人	湖南省司法厅	1989 年
揭书楹	全省律师先进个人	湖南省司法厅	1991 年
龚利华	全省优秀律师	湖南省司法厅	1995 年
郭宏明	1996—2000 年(“三五”)法制宣传教育先进个人	湖南省委、省政府办公厅	2001 年
贾万全	1996—2000 年(“三五”)普法依法治理先进个人	湖南省委、省政府办公厅	2001 年
王兆全	全国模范人民调解员	司法部	2005 年
宋卫华	省法律援助工作先进个人	湖南省司法厅	2006 年
苏丽雯	全国百名模范人民调解员	司法部	2007 年
方忠伏	全省专项维稳优秀司法所长	湖南省司法厅	2007 年
彭香玲	全省专项维稳活动先进个人	湖南省司法厅	2008 年
肖正亚	全省专项维稳活动先进个人	湖南省司法厅	2008 年
苏丽雯	省司法系统记二等功	湖南省司法厅	2009 年
宋卫华	省法律援助工作先进个人	湖南省司法厅	2009 年
肖州平	全省“应对金融风险，促进富民强省”专项法律服务活动先进个人	湖南省司法厅	2010 年
粟艳芳	省司法行政系统青年岗位能手	湖南省司法厅	2011 年
张钊伟	全省十佳人民调解员(记一等功一次)	湖南省司法厅	2011 年
肖州平	全省司法所建设工作先进个人(记三等功一次)	湖南省司法厅	2012 年
张钊伟	全国人民调解能手	司法部	2012 年
彭　飞	公共法律服务中心建设工作被通报表扬	湖南省司法厅	2015 年
欧　波	全省基层法律服务行业管理先进个人	湖南省基层法律服务工作者协会	2015 年

七、鼎城区司法局

表 7-21

受奖姓名	荣誉称号	颁奖机关	表彰时间
汤建新	全省综治工作先进个人	湖南省政府	2005 年
王敏芳	专项维稳活动优秀司法所长	湖南省司法厅	2007 年
郑胜华	全省调解能手	湖南省司法厅	2007 年
向克雄	全省调解能手	湖南省司法厅	2007 年
周　勇	专项维稳活动先进个人	湖南省司法厅	2008 年
张　章	湖南省“五五”普法依法治理先进个人	湖南省依法治省领导小组	2010 年
丁为香	全国模范司法所长	司法部	2011 年
陈晓清	全省法律援助为民办实事工作先进个人	湖南省司法厅	2011 年
陈晓清	第四届全国法律援助工作先进个人	司法部	2012 年
胡中福	全国人民调解能手	司法部	2012 年
刘　荣	全省法律援助基础建设年活动先进个人	湖南省司法厅	2013 年
伍敦银	全省优秀法律服务工作者	湖南省基层法律服务工作者协会	2015 年

八、汉寿县司法局

表 7-22

受奖姓名	荣誉称号	颁奖机关	表彰时间
陈晓英	全国模范人民调解员	司法部	2004 年
王先云	“四五”普法依法治理工作先进个人	湖南省委办公厅、湖南省人民政府	2006 年
刘德安	“五五”普法中期先进个人	司法部 中宣部	2009 年
张先国	全国模范人民调解员	司法部	2011 年
谈先国	湖南省“五五”普法先进个人	湖南省人力资源与社会保障厅湖南省司法厅	2011 年
熊　毅	全国人民调解能手	司法部	2012 年
熊友权	全省十佳司法所长	湖南省司法厅	2013 年
曾雪飞	全省“三调联动”先进个人	湖南省司法厅	2015 年
熊友权	全国模范司法所长	司法部	2015 年

九、桃源县司法局

表 7-23

受奖姓名	荣誉称号	颁奖机关	表彰时间
徐珍伯	先进工作者	湖南省司法厅	1988 年
罗林阶	全国司法行政系统先进工作者	司法部	1990 年
刘伯军	优秀司法局长	湖南省司法厅	1993 年
李兴初	优秀律师	湖南省司法厅	1994 年
罗林阶	优秀司法所长	司法部	1997 年
罗林阶	“十佳”基层法律工作者	湖南省司法厅	1997 年
徐珍伯	“十佳”公证员	湖南省司法厅	1997 年
罗林阶	全国刑释解教人员安置帮教工作先进个人	司法部	1998 年
徐生斌	办公室系统先进个人	湖南省司法厅	1998 年
罗林阶	全国刑释解教人员安置帮教工作先进个人	中央社会治安综合治理委员会	1999 年
童克明 钱志文	防范化解金融风险法律服务活动先进个人	湖南省司法厅	1999 年
徐生斌	全省司法行政系统新闻宣传报道工作先进个人、1999 年度全省司法行政办公室系统先进个人	湖南省司法厅	1999 年
宋道谦	“三五”普法依法治理工作先进个人	湖南省委、省政府	2000 年
龚辉章	第四届全省司法行政系统“双先”会先进个人并荣记二等功	湖南省人事厅、省司法厅	2001 年
陈子昂	全省司法行政系统政治工作先进个人	湖南省司法厅	2007 年
张自负	全省司法行政系统专项维稳活动组织工作先进个人	湖南省司法厅	2007 年
刘志刚	全省司法行政系统专项维稳活动优秀司法所长	湖南省司法厅	2007 年
谢今山	全省司法行政系统专项维稳活动调解能手	湖南省司法厅	2007
张自负 刘　龙	全省‘应对金融风险，促进富民强省’专项法律服务活动先进个人	湖南省司法厅	2009 年
张自负 谢今山	全省‘司法行政大动员，化解矛盾促和谐’专项维稳活动先进个人	湖南省司法厅	2009 年
赵家发	全省“五五”普法依法治理工作三等功和省优秀共产党员	湖南省司法厅	2011 年
罗冬平	全省公证质量建设年活动先进个人	湖南省司法厅	2011 年
童克明	全国人民调解能手	司法部	2012 年
赵家发	湖南省司法行政系统三等功	湖南省司法厅	2012 年
谢今山	“调解化积案、息访保平安”人民调解专项活动先进个人、全省社区矫正工作先进个人	湖南省司法厅	2012 年
陈振兴	全省优秀法律服务工作者	湖南省司法厅	2015 年

十、临澧县司法局

表 7-24

受奖姓名	荣誉称号	颁奖机关	表彰时间
鲁秉锐	全省十佳基层法律工作者	湖南省司法厅	1996 年
赵　君	全省依法办事示范窗口单位创建活动组织工作先进个人	湖南省司法厅	2006 年
朱传辉	全省“应对金融风险，促进富民强县”专项法律服务活动先进个人	湖南省司法厅	2006 年
胡久平	全省司法行政系统专项维稳活动先进个人	湖南省司法厅	2007 年
李德贵	司法行政大动员，化解矛盾促和谐	湖南省司法厅	2007 年
刘新国	“司法行政大动员，化解矛盾促和谐”专项维稳活动优秀司法所长	湖南省司法厅	2007 年
杨成华	全国模范人民调解员	湖南省司法厅	2010 年
赵　君	见义勇为模范	湖南省司法厅	2015 年

十一、石门县司法局

表 7-25

受奖姓名	荣誉称号	颁奖机关	表彰时间
闫先华	湖南省“二五”普法先进个人	湖南省普法领导小组	1993 年
郑敦红	湖南省“二五”普法先进个人	湖南省普法领导小组	1993 年
覃事喜	全省律师工作先进个人	湖南省司法厅	1995 年
蔡春仙	省“三八”红旗手	湖南省妇联	1995 年
覃事喜	计财工作先进个人	湖南省司法厅	1998 年
龙官清	全省司法行政系统政治工作先进个人	湖南省司法厅	2005 年
唐植建	省法律援助工作先进个人	湖南省司法厅	2006 年
向左武	优秀司法所长	湖南省司法厅	2006 年
唐汇军	专项维稳工作先进个人	湖南省司法厅	2008 年

续表 7—25

受奖姓名	荣誉称号	颁奖机关	表彰时间
江正祥	优秀人民调解员	湖南省司法厅	2008 年
刘宇庆	省优秀人民调解员(记三等功)	湖南省司法厅	2009 年
姚金山	优秀司法所长	湖南省司法厅	2009 年
唐　兵	专项维稳先进个人	湖南省司法厅	2009 年
刘宇庆	“全国模范人民调解员 ”	司法部、人社部	2010 年
刘宇庆	第六届“湖南省杰出青年卫士”	湖南团省委、省司法厅	2010 年
向左武	“全国司法行政工作先进个人”(省部级劳动模范)	司法部、人力资源和社会保障部	2011 年
刘　辉	全省“五五”普法工作先进个人	湖南依法治省领导小组办公室	2011 年
周金文	“全国人民调解能手”	司法部	2012 年
陈生辉	“湖南省调解化积案息访保平安先进个人”	湖南省司法厅	2012 年
熊湘萍	“全国模范人民调解员”	司法部	2013 年
王爱萍	湖南省十佳司法所长	湖南省司法厅、省人社厅	2013 年
朱　涛	全省司法行政系统“学习十八大,党在我心中”知识竞赛二等奖	湖南省司法厅	2013 年
王爱萍	十佳司法所长	湖南省司法厅	2014 年
江正祥	最美人民调解员	湖南省司法厅	2015 年

十二、澧县司法局

表 7-26

受奖姓名	荣誉称号	颁奖机关	表彰时间
谭大武	创三好先进个人	湖南省委组织部、省委政法委	1996 年
谭大武	三等功	湖南省司法厅、人事厅	1996 年
胡章元	全省司法行政办公室工作先进个人	湖南省司法厅	1996 年
汤长惠	全省行财装备工作先进个人	湖南省司法厅	1997 年

续表 7—26

受奖姓名	荣誉称号	颁奖机关	表彰时间
谭大武	全省执法系统"创三好"活动先进个人	湖南省委政法委、省组织部	1998 年
谭大武	抗洪抢险三等功	湖南省司法厅	1998 年
郭方荣	二等功	湖南省司法厅	1998 年
谭大武	全省"十佳"司法局长称号	湖南省司法厅	1999 年
喻勋富	全国人民满意司法助理员	司法部	2001 年
胡代荣	全省"依法办事示范窗口单位"创建活动组织工作先进个人	湖南依法治省办	2009 年
杨　波	全省"专项法律服务活动"先进个人	湖南省司法厅	2009 年
肖大喜	全省"专项法律服务活动"先进个人	湖南省司法厅	2009 年
江学明	全省律师行业学习实践活动先进个人	湖南省司法厅	2009 年
彭俊友	全国公务员学法用法征文三等奖	全国普法办	2010 年
刘延岸	省公证工作理论研讨活动中荣获优胜奖	湖南省司法厅	2010 年
任永清	全省人民调解化解社会矛盾纠纷专项攻坚活动先进个人	湖南省司法厅	2010 年
刘承建	湖南省普法先进个人，记二等功	湖南省普法依法治理领导小组	2011 年
赵　里	全国人民调解能手	司法部	2012 年
熊守岩	全省第六届双先表彰先进个人，记二等功	湖南省司法厅	2012 年
黄　明	全省司法所建设先进个人	湖南省司法厅	2012 年
彭元国	全省"调解化积案值、息访保平安"人民调解专项活动先进个人	湖南省司法厅	2012 年
赵大华	全省社区矫正工作先进个人	湖南省社区矫正工作领导小组	2012 年
刘承建	全省法律援助基础建设年活动先进个人	湖南省司法厅	2013 年
卓雅丽	全省司法行政系统培训精品课三等奖	湖南省司法厅	2013 年
熊守岩	"三调联动化矛盾、息诉息访促平安"专项调解活动表现突出个人	湖南省司法厅	2014 年
汪志华	全省法律服务工作先进个人	湖南省法律服务工作者协会	2014 年
熊守岩	全国模范司法所长	司法部	2015 年

十三、津市市司法局

表 7-27

受奖姓名	荣誉称号	颁奖机关	表彰时间
羿保刚	先进律师工作者	湖南省司法厅	1990 年
羿保刚	先进律师工作者	湖南省司法厅	1991 年
万德珍	优秀人民调解员	司法部	1997 年
杨丙武	优秀法制副校长	湖南省未成年保护委员会	2004 年
卢祖华	信息调研先进个人	湖南省司法厅	2005 年
卜茂贵	优秀司法局长	湖南省司法厅	2008 年
雷立明	优秀司法所长	湖南省司法厅	2008 年
郭志强	优秀司法助理员	湖南省司法厅	2008 年
车四友	“五五”普法中期先进工作者	中宣部、司法部、全国普法办	2009 年
唐光华	专项维稳活动先进个人	湖南省司法厅	2009 年
谢圣国	专项法律服务先进个人	湖南省司法厅	2010 年
车四友	信息调研先进个人	湖南省委法治办	2014 年

十四、安乡县司法局

表 7-28

受奖姓名	荣誉称号	颁奖机关	表彰时间
杨　钦	全国“五五”普法工作先进个人	司法部	2011 年
李孟军	全国法律援助先进个人	司法部	2012 年
陈光国	全国模范人民调解员	司法部	2013 年
李孟军	全省“调解化积案，息访保平安”先进个人	湖南省司法厅	2013 年

第三章　司法行政功臣

李　莉

李　莉　女，汉族，中共党员，大学学历，1971 年 12 月出生，高级律师，国家二级心理咨询师。现任常德市法律援助中心主任。2013 年获得司法部授予的法律援助“优秀服务标兵”，2015 年获得司法部“第五届全国法律援助工作先进个人”。

1992 年通过全国律师资格考试，随即从事专职律师工作，2003 年 6 月调入常德市法律援助中心从事法律援助执业律师以来，作为一名女性，她始终把维护妇女、儿童等弱势群体的维权工作作为自己法律援助工作的一个重要突破口，把妇女、儿童维权涉诉案件的法律援助作为一项义不容辞的责任。在长期与妇女儿童等弱势群体接触中，因弱势群体自身力量不足，迫切需要社会的关心帮助，越发渴望自身的权益得到应有的保护。2015 年 3 月，年过六旬的王奶奶和爱人在餐馆用餐时，因餐馆地面湿滑不慎摔倒，导致七级伤残，花费巨额的医药费，家人去向餐馆交涉时，餐馆仅支付 500 元就再也置之不理，王奶奶家极其困难，治病的费用都是全家举债而来。万般无奈之下，只得向市法援中心提出申请，希望通过诉讼的方式来获得赔偿，维护自己的合法权益，李莉受理申请后，亲自办理该案，通过向市消费者协会调查解，到市工商局查询餐馆经营者的身份信息及经营状况等，以公共场所管理人责任纠纷案诉讼至一审法院，法院裁决要求赔偿王奶奶 20 多万元，判决后，餐馆经营者不服，提出上诉。二审法院经过开庭审理，依法维持原判。像这样困难，阻力重重的案件都能胜诉的还有很多。随着法律援助工作的深入开展，对于特殊人群，即残疾人、未成年人、老年人、妇女这四类中特殊对象，重点实施“应援尽援”，实行个性化的法律援助服务。为他们提供方便，及时快捷的服务，解决其急迫需求。

李莉充分认识加强学习作为提高自身素质的关键措施，能将书本知识与司法实践相结合，对各类案件的办理都能得心应手。在办理法援案件中，不仅仅为受援人维权，还向他们通俗易懂地传授法律知识，教会他们人生哲理，涉及未成年人犯罪的案件每年都有三十多起，着重在办理该类案件时，不但用法律来教育未成年人，还注意和未成年人的父母成为朋友和他们一起分析家庭教育的问题，为搞好法律援助工作，她还刻苦学习心理咨询的相关知识，取得国家二级心理咨询师的执业资格，并担任常德市心理咨询师协会政法分会副会长。

李莉还多次积极协助市人民政府做好拆迁改造商户的法律解释疏导工作，多次参与常德电视台“行风热线”“市长热线”“嘉宾访谈”等节目，宣传法律援助并现场解答听众的法律咨询，担任常德市未成年人保护委员会“12355”青少年服务专家顾问。2009 年被省司法厅评为“法律援助先进个人”，2015 年司法局评为“最美司法人”

一分耕耘，一分收获，不懈的努力，出色的工作，赢得领导的肯定和老百姓的赞扬，把政府的关爱通过法律援助方式传达给老百姓，让贫弱者感受和煦的阳光，维护社会的公平正义，促进社会的和谐稳定，践行一位援助律师的光荣使命。

易泽龙

易泽龙 男，汉族，中共党员，大学学历，1963 年 1 月出生，国家二级心理咨询师，现任常德市强制隔离戒毒所教育科科长。2014 年被司法部评为“全国监狱戒毒系统教育质量年活动先进个人”。

热心致力于青少年学生的普法宣传工作，先后受聘担任市七中、市中山外语学院等十余所大、中院校的法制辅导员和法制副校长。他积极配合市关工委、市司法局、市教育局组建具有常德特色的“法制警示教育宣讲团”，常年为在校学生开展法制教育。仅 2009 年以来，先后到桃源师范、中山外语学院、市一中、澧县城关中学等 60 余所院校为 20 余万名青少年学生举办禁毒专题法制报告和现身说法警示教育报告会 100 余场次，多次受到国家、省、市关工委及有关部门的肯定，并在全省推介。

易泽龙以“延伸矫治手臂千户行”为载体，探索建立的“劳教（戒毒）所—政府、社会组织—在教、在戒人员家庭”三位一体的延伸矫治帮教工作机制被省劳教（戒毒）局列入 2012 年至 2013 年重大理论研究课题，获得专项经费资助。2012 年率先在全国建立首个社区延伸矫治工作站和全国首个监管场所反邪教育协会组织，将普法教育、法律援助、心理援助延伸到全所五个大队，形成“三站五点”式的工作模式，累计为矫治对象提供法律援助 40 余人次，开展法律咨询 600 余人次，开展心理咨询和心理援助 200 余人次，推荐回归人员过渡性安置就业 150 余人次。得到中央社会管理综合治理委员会副秘书长、司法部原常务副部长陈训秋和省司法厅、省劳教(戒毒)局的充分肯定,《法制日报》、法制网、《湖南日报》、湖南电视台、《常德日报》、常德电视台、常德新闻网等中央、省、市主流媒体对此多次进行专题报道。

广泛引入社会教育资源入场所,先后与常德市图书馆、常德市司法局、常德市“12355”心理咨询师职业培训学校和二个爱心企业在所内建立图书分馆、法律宣传站、法律援助站、心理咨询实践基地和过渡性回归就业基地,将普法教育、法律援助、心理援助等社会帮教工作延伸到全所五个大队,形成“二站五点”式的工作模式,激发矫治对象重塑自我的内驱力,实现所内矫治、社会帮教解教、回归安置的无缝对接。

鲁清阶

鲁清阶 男,1950年5月出生,汉族,大专文化,1969年1月参加工作,中共党员,1995年9月任湖南省武陵监狱党委书记、政委,1997年被评为全国优秀监狱长(政委)。

到武陵监狱任职以来,大胆探索新形势下依法治监、从严治警新途径,进行大量艰苦细致和卓有成效的工作,使武陵监狱队伍建设、监狱改造、生产经营各项工作步入全省监狱先进行列。其主要事迹如下:

严格队伍管理,实现监管改造秩序持续稳定。鲁清阶上任伊始,代表新的党委在全狱干部大会上,认真分析当前的狱情,面向全体干警郑重提出管教工作十项对策,并强调重点从干警队伍建设上抓好“四个环节”(严格管理、严格教育、严格训练、严格执法),精神面貌焕然一新。尤其是在干警考核方面做大量卓有成效的工作。1995年12月,在全省监狱系统首推《监管改造工作考核细则》(84条),《细则》涉及干警执法、狱政、狱侦、教育、生卫工作等方面;1996年年初,对全狱的监管改造、生产经营、思想政治工作及机关后勤保障等全面实行量化管理。严格按照各项量化指标,奖优罚劣,将考核与奖罚合理挂钩。监狱在工作经费紧张的情况下,确保改造奖罚基金到位。由于监管改造工作考核得力,几年中不但实现无罪犯脱逃,而且将1980年以来脱逃的23名罪犯全部捕回。从1996年起,监管改造工作考核经验在全省监狱系统推广。

严格依法治监,取得规范化管理达标好成绩。1996年,武陵监狱党委将规范化管理达标作为监狱工作的重点。鲁清阶带领班子成员狠抓罪犯改造行为规范化、基层基础业务规范化、监舍内务和环境规范化、劳动现场规范化、干警执法规范化，并将干警考核、罪犯考核与规范化管理相结合，高效地促进工作的开展，形成上下一心，齐抓共管的良好局面。通过大量艰苦细致的工作，杜绝狱内重大恶性事故、非正常死亡和成批流行性疾病的发生，刹住个别干警不依法管理、不文明管理、不直接管理的歪风，各项指标达到司法部规定的标准。1996 年 8 月，在全省监狱系统达标验收检查中，以 93.3 分名列 17 个达标单位之首。全省监狱系统在武陵监狱召开现场会，总结、推广规范化管理经验。此外，罪犯生活卫生在全省监狱评比中名列第一，生产经营于 1996 年可创利税 250 万元。

不但在工作中锐意进取，而且还能勇于坚持原则，带头抵制各种不正之风；以身作则，弘扬艰苦奋斗的作风，受到干警的普遍赞誉。1996 年 7 月，常德遭受百年不遇的特大洪水袭击，他带病在抗洪一线坚持 17 个昼夜，使监所安全万无一失。在他的带领下，武陵监狱各项工作取得优异的成绩，1997 年，被评为全省司法行政系统“红旗领导班子”，全省监狱系统“十佳单位”。

张志萍

张志萍　女，1967 年 2 月出生，中共党员，本科学历，副主任医师。1990 年参加工作。现任津市监狱罪犯总医院副院长，先后被评为第三届全省“十佳监狱人民警察”并记二等功，省直单位十大“模范标兵”并记一等功，获得省直单位五一劳动奖章，被监狱评选为“最美涔澹人”。

1990 年 6 月，从衡阳医学院毕业的张志萍被确定为留校任教对象。然而她毅然选择到涔澹农场为罪犯医疗，当一名特殊的医者。

当时，涔澹农场（现津市监狱）条件艰苦，出血热、结核病等各种疾病暴发，居住条件差，两人合住一间不到 10 平方米的宿舍，如此简陋恶劣的工作环境，生性好强的她，一干就是 30 多年。

近十年来，据不完全统计，她救治的病犯不计其数，其中抢救和基本治愈危重及传染病犯 6000 余人次；参与病犯保外就医执法鉴定及病残犯鉴定 1000 余人次，无一差错；抢救和治疗其他患者 10000 余人次。

张志萍所工作的津市监狱罪犯总医院不但承担着监狱 5000 多名罪犯医疗服务的任务，同时肩负着第二收押中心每年近 3000 人的罪犯入监体检，平均每年集中收治 300 多名全省结核病犯、150 多名艾滋病犯等医疗任务。艾滋病、结核病这些被称之为“特殊病”的患者别人都不敢接触，可她却天天一双手套、一副口罩，穿梭于其中。

经过多年的努力，监狱罪犯医疗水平虽然有很大的进步，但与社会同级医院相比，无论是在专业技术人员，还是医疗设备配备等方面都还有很大的差距。空气过滤消毒、痰培养+药敏检测设备等消毒防护和检查治疗设备空缺；艾滋病治疗措施等跟进探索等尚处在尝试阶段。加上肺结核、艾滋病罪犯大多伴有严重的心理疾病，普遍存在不配合甚至抵制治疗的现象，医疗工作开展难度大。同时医护人员在对结核病、艾滋病这两类传染病进行治疗时存在心理芥蒂。为破除这种被动的局面，她率先垂范，带领医护人员深入治疗现场，认真宣讲传染病防治知识，很快消除医护人员的心理疑虑。

2014年4月的一天中午，她因眩晕在办公室休息，突然接到艾滋病监区的紧急电话，她强撑着身体快速赶到现场。艾滋病犯刘某床上、身上全是血，心跳已停，血压为零，已处于休克状态，生命危在旦夕，当时值班的医务人员都被吓蒙了。她没有半点犹豫，戴上手套就上前组织抢救，强心、扩容、输血、缝合……硬是将濒临于死亡线上的罪犯刘某抢救过来。

因医疗任务重，张志萍加班加点、随叫随到。尽管忙，张志萍却从未放弃学习，一次性通过高级技术职称的全部考试，并获得副主任医师任职资格。她先后撰写《他巴唑致甲状腺功能减退1例》《肝硬化肝功能损害与门脉高压性胃病》等多篇论文，并在国家和省级专业刊物发表，多次参加全国、全省学术交流会。

张志萍既是好医生又是热心人。一天，正在组织体检的张志萍接到电话一名警察倒在家中不省人事。她立即赶到，给病人进行胸外人工按压，同时采取输氧、强心、升压、护心等抢救措施。时间一分一秒地过去，10多分钟病人仍然没有心跳，按照惯例医生可向病人家属宣布死亡，但她没有放弃，而是继续抢救，硬是凭着坚定的信心和过硬的技术，经过近30分钟的抢救，从死神手中将他夺回来。

作为一个女人，她很难像别人的女儿、妻子、母亲那样陪伴在家人左右。她的爱人也是监狱一线带班警察，两人都是早出晚归，在父亲突发脑梗死瘫痪在床的半年多里，她也很少有时间服侍，就连父亲临终也未能见上最后一面。

近年来，津市监狱罪犯总医院先后收治结核病犯7300余人次，在她的带领下严格按照国家DOTS方案，积极抢救危重病犯，病犯平均治愈率达98%，超过国家85%的治愈标准，得到国际红十字会结核病防治工作专家组的充分肯定。

苏丽雯

苏丽雯　女，1966年5月出生，中共党员，大学文化，现任常德市武陵区司法局党组成员、纪检组组长。2007年被司法部评为全国百名模范人民调解员；2009年4月被省司法厅记二等功。

1984年参加工作，1992年下到基层司法所，先后在城西、城北司法所工作20年，共调处各类民事纠纷600余起，预防非正常死亡43起，防止群体性事件26起，防止因纠纷调处不当引起的群体性上访闹事事件53起，为当事人挽回经济损失200多万元，为社区的平安和稳定做出了贡献。由于工作成绩突出，苏丽雯先后受到各种奖励和表彰，2001年被省司法厅评为“两释人员安置帮教工作先进个人”，2006年被市委政法委评为“人民满意政法干警”，2007年被市委政法委评为“十大杰出司法警察”，同年7月获“全国百名模范人民调解员”称号，2008年被省司法厅、人事厅记二等功，2010年被授予常德市“人民满意司法行政工作者”和常德市首届“十佳人民满意司法行政干警”称号，社区居民亲切地称她为“和谐天使”。

在工作中，苏丽雯以事实为根据，以法律为准绳，平息一起起不利于稳定的民事经济纠纷。2003年5月，辖区内居民蔡某因家庭纠纷而扬言要自杀。接到此案时，苏丽雯的肾病尿毒症病情很不稳定，医生说她必须卧床休息，但她怎么也无法安心躺下。接连几天，她马不停蹄地走访蔡某夫妇的几个亲朋好友，并对夫妇俩做大量细致的调解工作，蔡某终与丈夫携手而归。当晚，她却因为长时间坐在椅子上而导致双腿浮肿无法抬脚。2008年小年夜那天，家家户户正置办年货，辖区内替人开车的付某在回家途中不慎撞伤邻居家6岁孩童，孩子家长欲勒索重金赔偿，否则扬言将邀亲友血洗付家，付某只得向司法所求助。为预防这起即将激化的纠纷，确保春节期间的社会稳定，苏丽雯放弃与家人的团聚，三番五次找到受害儿童的家长，向他们宣传有关法律法规和社会公德，苦口婆心地劝说，经过6天反复的协商调解，双方终于达成赔偿协议，协议履行的那天，已是大年三十。

她明白，称职的人民调解员光有一腔热情还不够，必须练就一身过硬的专业本领。她始终坚持边工作边学习专业知识，将所学知识学以致用，及时在工作中总结经验，撰写出一些优秀学术论文、调研报告，所撰写的《民调工作在重点工程中的作用》《婚姻纠纷探源》《青少年违法犯罪探源》《构筑社区普法新平台、营造依法治理新理念》等先后被省司法厅

《湖南司法简报》、司法部《人民调解》等期刊登载。

多年来，苏丽雯凭着忠心、安心、诚心、信心、热心“五心”精神，奋斗在人民调解工作的第一线，用她的青春、汗水、智慧谱写一曲曲和谐的篇章。

胡中福

胡中福 男，1964年7月出生，中共党员，大学文化，1981年8月参加工作，2006年2月开始从事司法行政工作，任鼎城区斗姆湖镇司法所所长，2012年荣获“全国人民调解能手”的荣誉称号。

2010年4月因调处矛盾纠纷能力突出，调入区矛盾纠纷调处指挥中心工作，任矛调中心主任，担负全区重大矛盾纠纷及突发性事件的调处重任。11年来，他共接待来信来访2268件，解答法律咨询8623人(次)，上法制课29场(次)，化解“医闹”37起，化解群体性械斗74起，防止群体性上访262起，成功调处和化解1080余起重大矛盾纠纷和群体性纠纷，调处成功率达100%。正是因为一直站在矛盾调处的风口浪尖，他越来越感受到：这份用真诚消除冷漠、用真情化解矛盾的工作，是和谐社会不可或缺的润滑油！展示调解风采，献身司法行政。

“调解矛盾就像消防员灭火一样，矛盾如不及时调处，说不定就会蔓延开。”他曾这样形容自己的工作，无论什么时候，哪怕是在吃饭的时候，也要放下碗筷。哪怕是在寒冬的深更半夜，也要从热乎乎的被窝里爬起来。

2012年1月19日，是农历腊月二十六，离春节只有3天时间。嘉美江南大院的建筑工人蒋某、李某等100多人，卷着铺盖行礼到鼎城区政府上访，反映陈某、徐某、刘某等3个建筑包头拖欠其工资的问题。眼看春节一天天临近，工资不能兑现，上访的农民工情绪非常激动。

接到任务后，他立即带领工作人员与区信访局、区劳动局、区住建局的负责人联系组成调解小组。在限期筹款的3天时间里，他与农民兄弟朝夕相处，白天，在工地上吹着寒冷的北风，吃着5元钱一份的盒饭；晚上，就和他们在四处透风的工棚里和衣而睡。农民工激烈的情绪终于得到控制。

经过日夜连台的调解，3位建筑包头最终被法律震慑，也被胡中福的调解精神所感动，筹齐58余万元工资款。100多名农民工终于在春节的前一天领到劳动报酬。

调处矛盾纠纷，经常会遇到当事人冷眼相对，恶语相讥甚至指着鼻尖威胁等。但他始终坚信，只要坚持依法依理，秉公调解，终究会得到当事人的理解和认同。

家住鼎城区玉霞街道办的居民胡某，生前系某单位的保安。2014年1月1日凌晨1时左右，因饮酒过量，入住市六医院，诊断为“酒精中毒”，医院给予综合治疗后仍出现病危，经抢救无效，于当日早晨7时死亡。

当天上午，死者家属亲友100多人来到医院讨要说法。院方认为，自身医疗救治并无过失，且家属方将死者尸体停放在门诊大厅严重影响医院的正常工作和秩序。院方在劝说无果的情况下，欲强行移走尸体，双方发生冲突。在冲突过程中双方均有人受伤。矛盾进一步升级恶化。

在调解过程中，死者家属一开始并不理解他，认为他偏袒医院。甚至有人恶语相加，几乎动手。但他不仅自己始终保持理智的头脑，同时还不断提醒其他调解工作人员，一定要冷静，一定要以理服人。

经过两天两夜的不懈努力，1月3日凌晨5时调解成功。由六医院一次性人道主义补偿死者家属3万元，相关部门给予家属解困资金2万元。当协议达成后，当死者家属当面向他道歉的那一刻，他顿时觉得受的一切委屈都是值得的。

在调解工作中，他特别注重维护社会弱势群体的正当权益，全心全意做他们的贴心人。鼎城区尧天坪镇中太桥村一组村民彭某，2005年因抢劫被判刑12年，至今还在津市监狱服刑，其妻子在他们儿子一岁时就已离家出走，至今杳无音信。

11年扎根基层“矛盾”调解工作，他也获得诸多荣誉。2011年被评为“鼎城区首届十佳人民调解员”和“常德市十佳人民调解能手”、记三等功一次；2012年荣获“全国人民调解能手”的荣誉称号；2013年被评为“常德市创先争优、执法为民”的先进个人；2014年被评为“常德市最美司法人”，其调解优秀事迹《常德日报》2014年10月17日给予报道；2015年被常德市委宣传部推选参加“常德故事百姓讲，最美常德人”宣讲报告会，参加市、区的巡回演讲，受到省、市、区有关领导的肯定和广大干群的点赞。6月，作为全区政法战线的唯一代表被市委组织部评授为“全市优秀共产党员”。

熊友权

熊友权　男，1973年11月出生，常德市汉寿县人，中共党员，大学文化，现任汉寿县司法局龙阳司法所长，2013年度“湖南省十佳司法所长”和2015年度“全国模范司法所长”获得者。

1996年，他从部队退伍后开始从事司法行政工作，扎根基层20年。这些年来，他一直在平凡的岗位上做出不平凡的工作成绩，连续13年被评为全市全县社会治安综合治理先进个人，先后9次被县委县政府分别记三等功、嘉奖；2011年被市政法委授予常德“模范司法行政工作者”的称号；2012年被市司法局授予“常德市司法行政系统创先争优活动先进个人”称号；2012年被省社区矫正工作领导小组授予“湖南省社区矫正工作先进个人”的荣誉称号；2013年被评为“湖南省十佳司法所长”并记二等功一次；2014年被评为“常德市最美司法人”；他所带领的龙阳司法所年年被县司法局和龙阳镇评为目标管理红旗单位，2009年被湖南省司法厅评为“司法行动大动员，化解矛盾促和谐”专项活动先进集体，2013年被省司法厅授予“湖南省模范司法所”称号。

20年来，他在基层司法岗位上，为维护辖区社会和谐稳定默默奉献。人民调解工作方面：共调解各类民间纠纷2300余件，成功率达98%，其中化解群体性上访隐患241件，避免群众械斗70余起，挽回经济损失7000余万元；普法宣教工作方面：组织举办各类普法学习班、宣传活动110余场，受教育人数近100万人次；社区矫正与安置帮教工作方面：共接收社区矫正服刑人员293人，安置帮教刑释人员260余人，无一人脱管漏管，无一人重新违法犯罪。

在工作中，熊友权始终坚持“以事实为依据，以法律为准绳”的原则，平息一起起不利于稳定的民事纠纷。2015年7月21日，城北社区居民陈某之妻（58岁）在窗台搞卫生时，因身体接触刚使用不到一个月的空调外机遭电击身亡，不幸发生后，死者家属悲痛欲绝，立马找到空调销售商要求赔偿。空调销售商却认为自己没有责任不愿赔偿，死者家属情绪非常激动，意欲抬尸闹事，事态万分紧急，熊友权不顾自己胃病发作，疼痛难忍的身体，立刻赶赴现场，稳控事态，面对空调销售商的态度、死者家属的情绪，熊友权对死者家属表达同情，并善意地批评他们意欲抬尸闹事的想法，通过耐心细致的思想工作，经过一天一夜的调解，空调销售商同意出于人道给予安葬费6万元，再通过对事故原因进行鉴定，引导双方走司法程序解决，得到双方当事人的同意。2015年11月5日，陈某向汉寿县人民法院提起诉讼，熊友权对其提供法律援助，汉寿县人民法院依法做出空调销售商赔偿的判决。2016年2月25日，空调商不服一审判决提起上诉，熊友权再次对陈某提供法律援助，代理陈某参与诉讼，2016年3月14日，常德市中级人民法院对本案做出终审判决，由空调销售商赔偿陈某各项费用301673.25元。

对于群众和工作对象来说，熊友权不是亲人胜似亲人。社区矫正对象和刑释解教人员作为特殊管控对象，是违法犯罪的高危人群，但他依然怀着一颗真诚之心，坚持“三有、四落实、五结合”的工作机制，以情感之，以理服之，以法劝之。在传统节日期间，还经常组织开展“社会适应性帮扶活动”，及时解困难矫正对象的生活和思想状况，给他们送去慰问金及慰问品，让他们深切感受到政府的关怀，使他们安心接受矫正，尽快回归社会。

二十年来，他把自己的时间和精力几乎都放在他热爱的司法行政工作上。他是领导眼中的好干警、同事眼中的好学长、群众眼中的好所长，而对于家庭，他没能当好一个好儿子、好丈夫、好父亲：儿子生病住院时，他在调处有可能发生械斗的重大纠纷；妻子过生日时，他在陪同市县领导检查综治维稳工作；过年过节，共享天伦之乐时，他正带着同事走访慰问辖区内的特困工作对象……长期以来，熊友权怀着对党忠诚，对人民群众热心，对工作敬业的情怀，扎根基层，情系司法，他用青春和智慧铸就“最美司法人”的形象。

罗林阶

罗林阶　男，1941年10月出生，中共党员，汉族，中专文化，桃源县陬市司法所所长。1997年被评为全国优秀司法所长；1989年被评为全国司法行政先进工作者；1999年被评为全国刑释解教人员安置帮教工作先进个人

1984年5月从粮食部门调出担任司法助理员，任职以来，奋力耕耘，默默奉献，一心扑在基层司法工作上，曾被省司法厅记二等功1次、三等功1次；被常德市司法局记三等功1次；被桃源县政府记功5次；6次获市、县优秀共产党员称号；他所领导的陬市司法所多次被省、市、县评为司法行政系统先进单位。中央人民广播电视台、《法制月刊》等10多家新闻媒体单位报道和推介过罗林阶及他所领导的司法所的事迹。2001年1月，罗林阶退休。

1984年从粮食部门调出担任司法助理员，这并没有得到亲戚朋友的支持。他们认为司法助理员整天和扯皮打架的人打交道，没听好言，没看好脸，费力不讨好。然而罗林阶态度坚决，立志司法，服从组织安排。1985年5月，镇领导有意让他从事人大工作，他也坚持做基层司法。1987即便被人指控有经济问题，接受审查120天，问题弄清之后，他不颓废，不气馁，更加热爱基层司法工作。

他开展工作的一个突出特点，就是不走老路子，不守旧摊子，一股劲的往前闯。为有效预防纠纷激化，他深入调查纠纷激化规律，寻求防激化方法。他，第一个在全县健全纠纷信息网络，全镇1200多名纠纷信息员察“险情”，找“纷源”，排“难点”，出现群防群调的生动局面；他率先设立预防纠纷激化奖励基金，奖励那些防止因纠纷可能引起凶案、自杀、群众性械斗的有功人员；他首先提议为村调解主任购买人身保险，解除他们的部分后顾之忧。

他辛勤耕耘胜过“黄牛”，到 1996 年，12 年从没有一个星期天，12 年共调处民间纠纷 483 间，预防民间纠纷激化 93 起，法制宣讲课 138 堂，给违法青少年送法上门 286 次。在法律服务中，他身先士卒，担任法律顾问 72 家次，“两个代理”384 件，挽回损失 528 万元。他以高度的责任感，协助政府做好 264 名刑释解教人员的安置帮教工作，使 237 名改邪归正。

“有钱能使鬼推磨”，他全然不信，在钱与法的天平上，他把法的砝码重重加在一端，共拒礼 187 次，现金和物品折款 2.1 万元。为防止家属收受当事人礼物，罗林阶立下家规：送礼不要，请客不到。人们说：“罗林阶对待群众的疾苦，就像对待自己的亲人一样真诚的关怀，贴心贴背地帮助”。他助人为乐，先后为 7 个特困户资助 3200 元；24 年如一日帮助上街居委会一个五保老人。

长期以来，他始终坚守在基层司法工作的前沿阵地，哪里有纠纷就出现在哪里，用自己的心血和汗水换来千千万万群众的幸福和安宁。

向左武

向左武 男，汉族，1962 年 4 月出生，常德市石门县维新镇人，大专文化，现任湖南省石门县壶瓶山司法所所长。2011 年被司法部、人力资源和社会保障部授予“全国司法行政系统先进工作者”荣誉称号（享受省部级劳动模范待遇）。

1980 年 10 月入伍到广西 54270 部队服役，参加过对越自卫反击战；1985 年 12 月退伍后安置到石门县维新镇政府工作，任计生专干；1996 年 6 月调入石门县司法局工作。他从事司法行政工作 16 年，一直奔走在三圣、太平和壶瓶山等石门的西北山区，在自己的岗位上，用一名基层政法干警的赤诚坚定地捍卫着共和国法律的尊严，每年近 200 天奔忙在外为外出务工的农民工维权，把自己火热的心无私的奉献给土家山寨与乡亲。在维权过程中，他不为重金所利诱，不为威胁而退缩，一身正气，刚直不阿，先后为外出农民工讨回各类工伤死亡赔偿金上千万元，仅替死者家属亲手捧回骨灰盒就达 65 个。因工作成绩突出，他先后 10 多次受到县政府嘉奖，1 次荣立个人三等功，2002 年被常德市委政法委授予“全市人民满意政法干警”荣誉称号，2004 年，他的优秀事迹被常德市委政法委搬上《政法颂歌》大型文艺晚会舞台，在全市巡回演出，2006 年被湖南省司法厅评为全省优秀司法所长，《常德日报》头版以《带着魂灵上路——向佐武与 65 个骨灰盒的故事》对他的事迹进行专题报道。

由于山区经济落后，乡亲们纷纷外出打工，安全常常得不到保障，事故时有发生，企业老板们总是用一种不负责任的处理方式敷衍事。打工的乡亲找到向所长，请求帮助讨还公道。他潜心钻研《劳动法》《工伤保险条例》等。几年时间下来，就靠自己不懈的努力熟练掌握劳动争议、工伤索赔等案件的办案要领，并成功的办理多起复杂案件。农民工周某武在郴州市临武县一铅锌矿打工时，被矿车撞伤，一条腿被锯，成为五级重残。周某武是个老实巴交的农民，在当地派出所管矿干警出面调解的事故处理协议书上，他居然认可对方赔偿 1.3 万元的协议。向左武得知此事后，发现赔偿协议存在严重的不公平，他来到郴州临武县，向当地劳动仲裁部门提出仲裁申请，而仲裁部门却以双方已达成协议为由不予受理。他于是向临武县法院提起诉讼却被判败诉。再次向郴州市中级人民法院提出上诉，不料二审仍判周败诉。他毫不气馁，三上法庭，提起申诉，再审开庭后，他条分缕析，陈述伤者与矿方的法律关系和法律后果。在他的不懈力争下，再审法官采纳向所长的意见，判决矿方支付给周谋武 72800 元的工伤赔偿款，终于讨回一个公道。

在调入司法行政系统的 16 年间，向佐武累计调解各类纠纷 800 余件，为外出务工人员办理维权案件百余起。

杨成华

杨成华　男，现年 43 岁，中共党员，本科学历，现任临澧县司法局基层司法指导管理股股长，2010 年 5 月被司法部评为全国模范人民调解员。

自 1994 年 8 月从事基层司法调解工作以来，始终坚持情系调解，兢兢业业，忘我工作，时刻把群众的利益放在第一位，把维护一方稳定为己任，创造性地运用“三四三”工作法，有效地参与调处化解重大疑难纠纷，有力地维护全县社会大局的稳定。17 年来，先后指导调解处理各种矛盾纠纷 486 起，其中疑难纠纷 71 起，防止“民转刑”案件 16 起，群体性事件 23 起，调解成功率达到 99%，较好地履行一个基层司法助理员和人民调解员的工作职责。多次受到市县政府及上级部门的奖励。

为适应工作的需要，他建立健全全县基层司法行政工作学习制度、工作制度和廉洁制度；及时修订完善《人民调解员守则》《人民调解工作制度》《矛盾纠纷排查制度》等 20 多项人民调解工作制度；在抓好制度建设的前提下，按照“五五”普法宣传教育要求，结合具体案例，编印通俗易懂的普法宣传讲资料 20 余份，采取以会代训方式，工作以来共召开群众会近百场次，有近万人受到面对面的普法教育。

按照上级和局党组的要求，他狠抓人民调解委员会的规范化建设。重点从队伍、硬件设施、制度建设、业务建设等方面入手，围绕“三个环节”（强化指导、督促检查、表彰评比）、“五个规范”（组织、队伍、设施、制度、业务）和“十项制度”的工作要求抓好督促落实，实现人民调解工作“六统一”（统一标牌、印章、标识、程序、制度、文书）、“六落实”（落实组织、制度、工作、场所、经费、报酬），有力地提升全县人民调解工作的地位和工作水平。规范化建设带动业务工作的开展，各级人民调解组织定期不定期地开展排查矛盾纠纷的活动，努力地把各类民间纠纷化解在萌芽状态，从源头上预防化解矛盾纠纷。

他针对重大、疑难医患纠纷逐年增多，调处难度逐年增大的情况，充分发挥“三调联动”机制的作用，坚持“关口前移、预防为主、严密防范”，创造性地运用“三四三”工作法，积极开展医患纠纷集中治理专项活动，有效预防、化解医患纠纷，取得明显成效。一是健全三项机制，努力构建工作保障体系，即健全医患纠纷的组织领导及经费保障机制；健全医患纠纷责任联动机制；完善医患纠纷防调的工作运行机制。二是强化四项举措，竭力预防化解医患纠纷，即注重超前预防；注重排查疏导；三是注重联动化解；注重打击整治。三是推行三进活动，大力营造浓厚法治氛围，即调解人员进医院；群防群治进医院；法律服务进医院。

熊守岩

熊守岩 男，1963 年 5 月出生，高中文化，中共党员，澧县码头铺司法所所长。2015 年被评为全国模范司法所长。

2003 年开始从事司法行政工作，挤时间通读 200 余部法律法规。近年来，共接待群众的法律咨询 1500 余人次，调处农村各类矛盾纠纷 400 余件，起草、审查、见证各类合同 200 余份，帮扶弱势群体，实行法律援助 110 起。成功处理跨国纠纷 1 起，涉及少数民族纠纷 1 起。为群众依法维权及挽回经济损失涉及金额 700 余万元。

他所工作的司法所被评为全省规范化司法所；2015 年被评为全国模范司法所长，司法所被评为全省第五批模范司法所；司法行政工作年年排名全县第一。

码头铺镇地处澧县西北山区，与临澧、石门接壤，具有矿产资源丰富、外地人口较多等特点。同时也带来极具地域特设的矛盾纠纷隐患。在每年的矛盾纠纷案件中，与厂矿企业有关的约占32%，与外来人口有关的约占28%。这些矛盾纠纷化解难度大，敏感问题多。他采取上门处理、现场化解的方式进行，在公平公正公开的前提下，达到矛盾纠纷双方及“观察员”三方满意。成功处理煤炭湾石灰矿彭某与矿老板的工程承包纠纷，银风水泥有限公司与肖某的工伤赔偿纠纷，成功平息石门县新浦乡新堰村与码头铺镇杉木村因环境污染可能引发的群体性事件，三观寺村移民文某与本村老居民陈某之间的土地权属纠纷等重大疑难纠纷13起，为老百姓争取396.2万赔偿金，有力地促进码头铺镇的平安建设。

全镇6个村1个居委会，他平均一个月每个村(居)至少跑3次。走访农户达200余户。共组织排查出矛盾纠纷69件，其中疑难纠纷(包括陈年积案)22件。他运用“3+X”代表评议化解模式，实行“一案一交办、一案一台账、一周一通报”，成功化解多年积案。成功化解居委会2组老上访户李某与本组的李某某之间长达8年土地纠纷，观斗村陈某与村里长达13的劳务纠纷，莲花村徐某与彭某之间长达11年宅基地纠纷等多起疑难积案纠纷。消除多年的怨气，促进邻里的和睦。

全家三口，只有他一人挣钱养家糊口，2005年熊守岩的妻子被医院诊断为宫颈癌、糖尿病至今，高额的债务和残酷的现实没有压垮他。妻子在长沙医院住院治疗，他却在田间地头化解矛盾；妻子不明原因大出血进医院，他却在千里以外处理跨国纠纷，为农民工维权。

车四友

车四友　男，1965年出生，中共党员，大专文化，现任津市市司法局办公室主任。2009年被中宣部、司法部、全国普法办评为“五五”普法中期先进工作者。

他1983年参军，2000年转业到津市市司法局工作，先后任司法局基层股长、法宣股长。10多年来，他爱岗敬业、乐于奉献，为津市市社会稳定和普法依法治理工作做出了贡献。特别是2005年他担任法宣股长以来，津市市普法依法治理工作在常德市一直处于领先地位，2011年5月，津市市夺得全国“五五”普法先进县(市、区)的桂冠，2014年又捧回全国“六五”普法中期先进县(市、区)的奖牌，2016年5月被中宣部、司法部、全国普法办评为全国“六五”普法先进县(市区)。

几年时间，他硬是凭着刻苦的精神和非凡的毅力，学完法律专业的十几门课程，拿到自学考试法律专业的大专文凭。2011 年，他花费大量的精力，从民主法制出版社发行的普法电子读物中通过选编、剪辑制作 30 套《青少年普法动漫》DVD 光碟，免费发放到全市中小学校，供学校在青少年学生中开展法制教育。为提高普法工作的实效性，他通过选编、剪辑制作 100 套《农村普法》DVD 光碟，免费发放到各村委会，并督促各村委会利用“法制夜校”“远程教育”以及“电影下乡”等载体组织群众观看。同时，组织专门力量集体创作、整理出《法治新农家》《公民学法》等一批法制宣传文化作品，通过与专业文艺团体合作，以快板书、三句半等具有地方特色的文艺形式表现出来，并制作成音频光盘，免费发放到各乡镇，在农村广播中开展经常性的法制宣传。2014 年，为促进津市的民调工作，他不辞辛劳，加班加点，短时间就编写出《平安津市、法治津市建设便民手册》，受到各级领导的好评。

近几年来，津市的普法依法治理工作一年一个新思路，一年一个新做法，一年一个新特色，开展“法律服务万里行”、“法律知识进农村”“依法办事促和谐”“千名干部大走访”“排忧解难促发展”等主题活动，并创造性地开展“我和家长学法律”“全民网上税法知识竞赛”“乡村(社区)法治夜话”等一系列大型法制宣传活动。依法治市办负责协调指导全市的普法依法治理工作，人手少，任务重，为使各项工作都能有序开展，他经常早上七点钟就来到办公室，谋划全天的工作，晚上还要把资料带回家，写小结、汇报材料，一忙就到深夜。为完成普法任务，他不顾寒暑经常奔走于各单位之间，跑断腿杆子，磨破嘴皮子，累坏身板子，由于长期超负荷工作，使他的身体每况愈下，但他依然乐此不疲。

陈光国

陈光国　男，汉族，1963 年 12 月出生，大专文化，中共党员，现任安乡县深柳镇司法所所长，2013 年被司法部评为“全国模范人民调解员”。基层法律服务工作者。

他热爱法律援助事业，进取心强，工作踏实勤恳，埋头苦干，为司法行政事业的发展做出突出的成绩。

深柳镇有 12 个村，9 个居委会，总人口 13 万人，是全县政治文化的中心，社情复杂，矛盾纠纷呈现多样性，突发性等特点，尤其是随着经济的法治，社会的转型及安乡大道、常岳高速公路的兴起，纠纷增多，调处难度大。因此，陈光国在调解每一起纠纷时，都坚持以法育人、以理服人、以情动人，结合架桥梁、搬梯子、泼冷水、解疙瘩的工作方法，调解千家事，温暖万人心，让双方当事人横眉怒目来，携手并肩去，达到化干戈为玉帛的效果，让纠纷当事人都心悦诚服。仅 2015 年，他成功调处各类纠纷矛盾 93 起，其中化解群体性事件

12起。

多年的基层司法行政工作实践中他深深地体会到：引起民间矛盾纠纷的根源是一些群众不学法，不懂法，法律知识薄弱，法律观念淡薄。因此，深入持久地开展法律宣传，多渠道普及法律知识，让广大群众知法、守法，自觉通过法律途径维护自身的合法权益。为达到这一效果，他大胆创新，在全镇范围内开展形式多样化的法制宣传教育活动，并且通过公开调处民间纠纷，召集群众现场说法，达到调解一案，教育一片的良好效果，在镇党委的大力支持下，定期下村、社区集中辅导，努力提高基层组织干部队伍的法律意识、法制观念及依法办事的能力和水平，定期到镇内的各中、小学上课，向学生们传授法律知识，深受师生们欢迎。

他针对镇内企业多这一特点，组建以司法所为主体的优化经济发展环境法律服务中心，精心挑选3家较大的企业实行结对帮扶，一方面积极介入企业的债权、债务、合同及转产改制等纠纷的处理，另一方面积极政治企业周边环境，及时调解各类企农、劳资、损赔、工伤赔偿等纠纷，妥善处理阻工、怠工等群体性事件，优化企业发展环境，减少影响企业发展的制约因素。

陈光国深知，关心引导好每个社区矫正和刑解人员，等同于为社会消除稳定隐患做服务。因此，他经常性地开展走访谈心活动，2015年在司法局成立社区矫正及刑解人员的阳光基地，邀请社会威望高，经验丰富的老工作人员和其他单位一起组成阳光基地，发现情绪不大稳定的矫正人员和刑解人员，及时开展心理疏导，打消他们对社会的敌视和仇视心理，鼓励他们积极融入社会，此举有效降低矫正及刑解人员的重新犯罪率，促进社会和谐，推动矫正、安置工作上新台阶。

陈光国扎实工作，贡献突出，赢得各级的肯定，群众的好评，他个人连续5年来被安乡县政法委评为“五星级政法干警”，多次评为省、市的先进个人，并且在2012年被安乡县人民政府、县委、县武装部评为“优秀退伍军人”、连续5年被县局评为“目标管理先进单位”，作为一名普通基层司法所长，他没有手执斩断罪恶之利剑，也没有消灭犯罪的飒爽英姿，但是，就是这样一位普通的司法所长，在创先争优的大潮中，用人民调解、法制宣传、法律服务、社区矫正、安置帮教筑起一道和谐平安的防线，以坚强、务实的姿态践行者作为一名共产党员、基层司法行政人员的责任，在平凡的岗位上做一颗坚韧不拔的螺丝钉。

一、上级领导及市司法局主要负责人的讲话

依法治市是人民政府的一项根本性任务

常德市副市长陈德铨在全市普法工作会议上的讲话

(1988 年 12 月 3 日)

这次全市普法工作会议,是常德市第一次人数众多、规格较高的专门研究法制教育的重要会议。会上,寅阶同志传达全国农村普法工作会议和依法治市工作会议精神,玉昆同志传达全省农村普法工作会议和依法治市会议精神,并代表市普法领导小组作工作报告,刚才省司法厅吴厅长作重要讲话,他们的报告、讲话,讲得很全面、很深刻,我完全赞同。我讲之后,林安同志还要讲,道沐同志给会议作总结。

市委为贯彻党的十三大关于加强法制建设的精神,确定从今年起,在全市全民普及"十.法一条例"基本法律常识结束后,在实行依法治市试点的基础上,把依法治市作为一项基本决策,作出《全面推进依法

治市的决定》，市人大也将作出依法治市决议，市人民政府根据市委决定的精神，制定依法治市的实施方案（草案），大家在会上就如何贯彻落实市委决定、市人民政府方案进行认真讨论会后通过对市委决定、市人大决议，市人民政府方案的贯彻实施。常德市依法治市的工作将大大迈进一步，全市的经济、行政以及社会生活诸方面，都将逐步纳入法制的轨道。

依法治市是依照法律管理城市，调节经济和社会各方面关系的一项系统工程。是城市经济体制改革、政治体制改革和各项建设中的一项带根本性的建设，人民政府是依法治市的关键主体，我们市人民政府如何实施依法治市，已在实施文娱 作比较明确的表达，全市各级人民政府必须坚决照此办理。认真落实。为落实这个方案，在这里我着重问政府系统的同志强调几个问题：

一、深刻认识依法治市的必要性

依法治市是有计划商品经济发展的必需。在社会主义初级阶段发展商品经济，是社会生产力发展的必然要求。随着商品经济的发展，法律实现国家的组织经济的职能作用将愈益突出。一方面，法律保护人民民主权力，对敌专政，惩治犯罪，稳定社会秩序，调动群众的生产积极性；另一方面，由于生产力的发展，会产生许多新的不平衡，这些新的不平衡带来的不同利益阶层和经济组织形态，及其在商品经济发展中的地位和权利义务，需要依靠体现社会主义商品经济规律的各种经济法律、法规、规章。通过明确经济责任和法律责任来调整。从而保护其合法权益，加强引导、监督。同时，许多行之有效的管理经济的经验，手段需要用法律开展予以肯定、固定，许多新的问题和矛盾需要用法律来解决。法律手段必将成为促进有计划商品经济发展的重要手段。依法办事也将是对经济工作的一项基本要求。依法治市，也是深化城市改革的必需。改革越深入，对整个社会活动的触动就越深刻，对各方面的调整也就越深刻。不少调整需要用法律手段才能完成，从城市经济体制改革来看，所有制结构的变化，所有权与经营权的分离，横向经济联合的加强，市场体系的建立、培养、多种分配形式的生产等等，都必须借助于法制这一强大武器才能实现。

依法治市还是改变城市法制建设现状的必需。目前，常德市法制建设的现状是：一方面，经济、行政方面的法规、规章尚不完备、一些重要的，急需的规章还没有制定出来，现有的规章有些规定不全，有些条款过时，有的甚至与法律、法规相抵触；另一方面，法律、法规、规章没有得到普遍充分地遵守，有法不依，执法不严，以权代法，以言代法的问题比较突出，社会治安问题不少，影响城市改革、建设的顺利进行。要改变城市法制建设的现状，实行依法治市，是一个有效途径。

二、扎扎实实搞好法律、法规的学习

普及法律常识，增强公民法律意识，是依法治市的基础，普法工作搞不好，依法治市就上不去。必须把普法教育工作扎扎实实地进行下去。全市普法对象，都要学完“十法一例”各级政府,各部门、各单位要认真组织“三查两补”,即查漏学单位,查漏学人员,查漏学,补学补考。在此基础上,要组织考核验收。通过验收。巩固普法成果,“十法一例”常识普及结束后,要转入《法学基础理论》和同本职工作有直接关系的法律、法规、规章学习。行政十法以学习《行政法概论》为主。企事业单位领导干部以学习《经济法概论》为主。企业干部、职工以学习企业法为核心的十法六例为主。城乡村(居)民要认真学习《土地管理法》和《村民委员会组织法》。今后,不懂与本职工作有关的法律、法规,不能依法履行职责的干部,不能进入领导班子。

在学习专业法律、法规、规章的同时,要对照法律、法规,对照党的政策,检查政府机关及其工作人员是否有以权代法、以言代法、以情代法的问题,检查近两年政府下发的文件、规定、告示以及群众公约有没有违法的地方,检查用法执法情况。对照检查的重点是各级政府的领导干部、执法单位及其人员。只有这样联系实际学法、边学、边用、边查、边改,才能把学法引向深入,学出成效。

三、切实转变政府管理城市的职能

长期以来,政府系统的人员,习惯于用行政的办法管理经济和社会生活,以致造成机构重叠、工作效率不高、权力过于集中、民主缺乏保障等弊端。城市的发展,迫切要求城市人民政府增强宏观控制能力,从直接受理转向间接受理。这样的转变,要求管理手段与之相适应,变过去主要依靠行政手段为主要依靠经济手段和法律手段,而经济手段、行政手段只有用法的为表现才更具效力。因此,全市各级政府一定要转变管理城市的职能,坚持运用法律手段管理城市,以治理城市管理中违章建筑、乱占土地、违法经营、乱涨物价种种痼疾,把治理城市的各项工作,都纳入法制轨道。

四、必须接受全面的法律监督

依法办事是依法治市的核心。全市各级政府及其工作人员。要自觉坚持依法办事。同时也要虚心诚意地接受法律监督体系的监督。全市各级人民代表大会及其常委会,是保证国家法律、法规和规章贯彻执行的权力机关。我们要在权力机关的监督下,依照国家的宪法、法律和法规,加强政府法制工作、自觉地在宪光、法律和法规规定的范围内行使职权,切不可逾越宪法、法律、法规自行其是。在接受权力机关监督的同时,要接受社会、公民的监督。政府工作人员是社会的公仆,人民的公仆,应勤勤恳恳为社会服务,为人民服务。要做到这一点,必须在人民群众的监督下,充分履行政府职能。严格依法办事,坚决做到有法必依,执法必严,违法必究。

五、切实加强对依法治市的组织领导

搞好依法治市的关键在于加强领导。依法治市是全面性的工作,涉及社会的各个方面涉及党委、人大、政府和司法机关。必须在党委统一领导下,由人大、政府齐抓共管,通

力合作，各司其职。各尽其责。政府作为行政机关，在依法治市中担负着实体工作，必须加强领导。我们要在市委、市人大、市依法治市领导小组统一领导和部署下，充分发挥政府在依法治市中的职能作用。有计划、有步骤地组织落实依法治市实施方案，加强检查督促；认真开展治理工作，力争每年依法解决几个突出问题；深入调查研究，掌握典型。推广经验，切实解决治理中的实际问题。今年全市遭受特大自然灾害。当前全市财政经费紧张，明年将进一步紧缩行政经费开支。但是，不论财政情况如何，依法治市的必要经费是要保证的。各级政府从明年起，都要把依法治市经费纳入财政预算，实行单列。这是一项根本性建设投资，是值得的。法制建设的成果必将转化为强大的生产力。

在全市普法工作会议上的讲话

中共常德市委常委、政法委书记　韩林安

（1988 年 12 月 3 日）

我们这次普法工作会开得很好，人大罗主任为会议作很好的传达报告，使我们队全国普法工作和依法治市会议的精神有宏观的解和本质的认识，并受到一次深刻的法制教育；普法工作搞得好的先进单位为会议介绍很实在的经验，使我们深受启示：今后的普法工作和依法治市的要求龚玉昆同志代表普法领导小组作全面的部署和安排，刚才省司法厅吴厅长为我们这个会作指示，陈市长讲很好的认识和意见，我表示完全赞同。我们这个会时间虽短，我认为收效还是很大的，可以说：对法制建设的认识更加提高。抓依法治市的方向更加坚定明确；完成普法任务的信心劲头更足，可以预料我们这个会，今后一定会产生良好的社会效果会上庞书记还要作会议总结讲话；我想就依法治市的问题，还讲点认识和意见。

一、依法治市的意义重大。条件基本成熟。依法治市的意义可以从三个方面来看。首先，依法治市是党中央“依法治国”战略方针的具体实施，是具有战略意义的大事，是符合国策的，是有法律依据的，党的十三大报告汇中明确提出：必须一手抓建设和改革，一手抓法制，强调法制建设必须贯串于改革的全过程。其次依法治市是治理经济环境，整顿经济秩序，深化改革的迫切需要。当前抓依法治市与贯彻十三届三中全会的精神是一致的。是合拍的。因为，经济环境的政治也必须靠“法制”才能见效。比如对经济领域里的违法犯罪和“官倒”“私倒”等以及严重的贪污、行贿、诈骗都必须加强法治才能彻底解决问题。只有依法制裁经济违法犯罪活动，依法维护国家、集体和公民个人的合法权益，新的经济秩序才能建立起来；第三，依法治市市普法工作深入发展的必然趋势，是符合普法工作发

展规律的。普法工作的基本要求是由易到难，由低级到高级，在普及的基础上提高，以提高来促进普及。整个普法工作首先是从城市开始的，经过几年的努力，已经取得显著的成绩，打下好的基础。城市居民一般60至70%都学完“十法一条例”。在这种情况下，如何把普法工作引向深入？实践证明依法治市市一条好的路子。正如司法部蔡诚部长所讲的“普法教育为依法治市创造必要的条件，依法治市为普法教育开辟广阔的前景”。所以说依法治市的意义是非常重大的。

我们常德市依法治市的条件基本具备，我认为有以下六条：

1.党的十三大已经确定“一手抓建设和改革，一手抓法制”的战略思想，这为我们实行依法治市指明方向。

2.国家的法律体系已基本形成，在很多方面已基本做到有法可依，近几年来全国已制定70多件法律，900多件行政法规，1000多件地方性法规。

3.市委、人大、政府高度重视普法工作和法制建设，切实加强领导，带头学法、用法。

4.全市人民对依法治市有迫切的愿望和要求，希望社会的各个方面都能严格依法办事，使社会风气和社会治安得到进一步好转。

5.经过几年的普法工作，人们的法律意识不断增强，很多单位积累不少的学法、用法的好经验。为依法治市奠定良好的基础。

6.省内省外有一批依法治市的好典型，为我们提供可以借鉴的宝贵经验。同时我们常德市本身已被列为全国和全省的典型，上级很重视我们。所以这一系列的有利条件充分说明依法治市不仅必要的，而且是完全可能的。

二、依法治市必须扫除思想障碍转变观念。“依法治市”要达到的基本目标就是要把城市的各项工作都纳入法制的轨道，对各项事业实行依法治理，做到有法可依，有法必依，执法必严，违法必究。使整个城市建立起一个良好的生产秩序、生活秩序和社会秩序。我们抓依法治市，必须组织干部学习法律，自觉地转变四种观念，为依法治市扫除思想障碍。

第一，克服“人治”观念，树立法制观念，正确处理与权的关系。是权大还是法大。应该是权源于法，法大于权。

第二，克服只强调按政策办事的观念，树立既按政策办事，更要按法律办事的观念。

第三，克服只注重视刑法的观念，树立既重视刑法，也重视民法、经济法、行政法的观念。

第四，克服片面认为只有政法机关才是执法部门的观念，树立行政管理部门同样是行政法规和经济法规的执法机关的观念。只有消除这些片面观念。才能为依法治市扫除思想障碍。

三、依法治市必须抓好管理工作这个基础。普法是依法治市的基础工作，要坚定不移地完成全面普法任务，广泛深入地进行普法教育，增强公民的法律意识，没有全民普法，便没有依法治市，法制教育这个基础不牢，依法治市就成为空中楼阁。因此，我们必须脚踏实地地把普法工作深入抓下去，善始善终地把各行各业普法工作做好。已经学完“十法一条例”的单位要抓紧差漏补税课和考核验收。明年要在基本完成农村村民普法的基础上外，党政机关干部学完年度计划规定的法律，并把学法引向经常化，制度化；厂矿企业干部职工要转向学习经济方面的法律，法规。即“十法六条例”开焊依法治厂、依法管理企业；财贸战线要开展依法治店、依法经营活动，为整治经济秩序服务；农村要在今冬明春采取“三集中”的措施，深入普法，力争取得决定性的进展。总之依法治市必须把普法这个基础打牢。

四、依法治市必须坚持做到领导带头。各级领导是依法治市的组织者，领导者和实施者，不仅要加强领导，而且要身体力行，自觉遵纪守法，严格依法办事，这是依法治市的关键，决不能以言代法，以权代法，以情代法，以金钱代法，更不能徇私枉法。

各级领导要根据依法治市的规划，认真制定本单位、本部门依法治市的实施方案，把依法治市列入目标管理，纳入双文明建设评比范围，坚持做到依法决策，依法处理问题，指导问题。指导工作。总之领导要做依法治市的带头人。政法部门要坚持从严治管，廉政清洁，切实做到有法必依，执法必严，违法必究。公、检、法、司机关，要依法行政侦察、检查、审判和执行刑罚等职权，并做好法制宣传，公证、律师和人民调解等要积极开展工作，提供法律服务，全国维护国家法律的正确实施，力争成为依法治市的模范。

在全市普法、依法治理工作会议上的讲话

中共常德市委副书记　周阳生

（1993 年 9 月 18 日）

这次全市普法、依法治理工作会议开得很好。会议传达全国两个会议精神和全省普法、依法治理暨“双先”表彰会精神，交流经验。玉昆同志就贯彻全国、全省会议精神作工作报告，讲很好的意见。请同志们回去后认真传达贯彻，狠抓落实。

总的来看，近几年来，常德市普法、依法治理工作，取得很大成绩。各级部门都很重视，从上到下都制定规划，建立工作机构，抓试点。培训骨干，突出以宪法为核心。以普及专业法为重点的法制宣传教育和依法办事。年年都较好地完成市委、市人民政府下达的工作任务。市委、市人民政府是很满意的，希望同志们再接再厉，继续团结奋进，把今后的工作做得更好，下面，我再强调几个问题：

一、要进一步提高对普法和依法治理工作的思想认识，增强全民特别是各级领导干部的法律意识。纵观世界上一些发达国家，他们的政府改组，领导人更换尽管频繁，但社会和经济秩序能够相对稳定，没有大的波动，原因何在？我认为，一是他们搞的是私营经济，政企分离，老板和工人关心更多的是企业的兴衰，不管政府怎么改，领导人怎么换，企业照样运转不受影响；二是有健全的法制作保障；三是执法严明，一以贯之，借鉴发达国家管理的先进经验，结合全国、常德市的实际，我认为有必要把提高人民对普法和依法治理工作的思想认识，增强法制观念作为一件大事来抓，要使全市人民特别是各级领导干部真正懂得：第一，普法是建立社会主义民主政治的需要。建立社会主义的民主政治，是政治体制改革的核心，而普法又是建立社会主义民主政治的重要手段，不在全民中进行普法教育，要建立社会主义民主政治十分困难。第二，普法是建立社会主义市场经济的需要，市场经

济从一定意义上说是法制经济，而法制经济又是市场经济的客观要求。市场经济要搞活，要开放，要赚钱，要公平竞争，如果没有法制作保障，一切社会的政治、经济活动不可能有序地进行。肯定会搞乱，后果不堪设想。第三，普法是实现社会长治久安的需要。目前，人们议论较多的是社会治安状态不好。为什么不好，原因是复杂的，需要下大力气进行综合治理。我认为，要想实现社会的长治久安，打击固然十分重要，但治本之策还是经常不断地对人们进行法制教育，增强法制观念。提高道德水平，提高综合素质。第四，普法是坚持两个文明一起抓的需要。“两手抓、两手硬”是党中央建设有中国特色社会主义的基本方针。邓小平、江泽民、李鹏和中央其他领导同志，一再强调抓法制教育，要坚持“两手抓、两手硬”。还明确指出，普法不只搞“二五”，还要搞“三五”、“四五”、“五五”，甚至要搞“六五”，这些充分说明，普法教育是一项长期的任务，我们要把它作为两个文明建设的重要内容，常抓不懈，持之以恒。

二、加大工作力度，促进常德市普法工作再上新台阶。常德市的普法工作在全省有一定位子，要保持并发扬已有的成绩，不能一般号召，要加大工作力度，今年下半年乃至今后的工作应该怎么搞，在哪些方面下劲，我想必须坚持以下六抓：

1.抓舆论宣传。造成全民普法的氛围。过去有一段时间，常德市的普法气氛很浓，这些年有些淡薄。看来，要恢复气氛还是要靠宣传、靠发动。宣传发动无非是领导机关发号召，有关部门搞活动，新闻部门造舆论，其中舆论导向特别重要，这就给各级部门宣传新闻部门提出一个任务，宣传新闻部门应该把普法宣传作为自己本职工作的一个重要内容，长期抓下去，我觉得当前，普法升温首先要在宣传上升温，各种会议上要强调，现代宣传工具要充分利用，电影、电视、录像今后要少搞些打打杀杀、拥拥抱抱之类的东西，要多为普法唱点“正气歌”，还有其他宣传手段也要充分利用，不能指责为形式主义。总之，各方面、各单位要加强这方面的工作力度。

2.抓领导带头。俗话说，村看村、户看户、群众看干部，干部看领导。领导的效率作用十分重要。各级领导干部如果都能带头学法、带头用法、带头依法办事，带头做普法工作，普法工作不可能搞不起来。我这样提出问题是对领导干部最基本的要求。此外，领导干部还要善于运用法律手段推行各项工作。改用职权管人为用法律、用规章制度管人。并为下级做出样子。这是对领导干部的更高要求。再次，各级党委、政府要把普法工作列入自己工作的重要议事日程，经常研究部署普法工作，并为普法解决实际问题。

3.抓措施到位。有相当一部分单位，普法自觉性不高，对这些单位的领导和普法对象。没有硬性措施不行，我看至少要做到以下几点：一是目标管理。要把普法列入目标责任制和社会治安综合治理责任制。按年初规定，对不合格的单位实行“一票否决”。二是抓活动。要通过抓普法活动掀起普法气氛。因为有活动，才有比较，才能分出好坏。市普法办要拟订活动方案。当然活动不一定太多。但要有实效。一年搞几次。新办法没有用老办法。没有活动,势必淡忘。三是抓考评。看来必要的少量的有针对性的普法考试考评要搞。当然不能太多、太滥。重点在领导干部执法人员和一些专业工作人员。人人过考不搞。四是抓检查评比。一项工作总有一些单位搞得好的。要总结经验,表彰先进,批评后进,促进平衡发展。

4.抓突出重点。重点就是难点和热点。重点是什么?从对象讲,重点就是各级领导干部、执法人员、企业管理人员和“两青”、“四员”。从内容讲,重点一是市场经济法规的学习与普及。二是专业法规的运用与实施。三是依法治理经验的推介。如依法治村、治乡、治校、治厂等。目前,各级党政领导要把市场经济法律法规的学习与运用,作为工作的重中之重。

5.抓严格执法。能否严格执法,从一定意义上说,是能否搞好普法和依法治理的关键。因为执法不严,就是法律法规失去实际意义;执法不严,依法治理就不到实处,收不到成效;执法不严,就等于普不普法一回事。使人们失去信心;执法不严,党和政府的威信就会丧失。因此,各级党和政府,要把严格执法作为一件大事认真对待。现在颁布的法律法规不少,主要是执法不严,各级普法办要协同有关部门督促,检查各执法部门严格执法。

6.抓部门协调配合。一是部门之间要密切配合,做好普法工作;二是各部门与普法办的协调作用。要求各级普法办要实行宏观管理,督促、监督部门完成普法。监督和批评部门执法违法问题。各专业法执法部门要主动与普法办商量工作。向普法办汇报普法和依法治理情况等。今后,按全国普法办的规定,凡专业法普及,首先由专业法主管部门组织本部门、本系统的干部职工学习,其次再向社会宣传。向社会宣传须报市、县普法办同意。以便全市有组织、有计划地普及法律,避免造成各搞一套,什么法都一窝蜂地普及,一年普及的法太多,下面压力大,效果也适得其反。

三、切实加强领导。把常德市普法和依法治理工作提高到一个新的水平。普法和依法治理工作能否深入,关键在于领导。首先,领导机构不健全的,要尽快健全。普法办力量太少太弱的,要增加精干的人员。普法机构的办公条件要尽可能逐年予以改善。特别是必要的普法、依法治理活动经费。就是财力再困难,也要予以保证。其次,要切实建立起以各级各单位党政领导对本级本单位普法、依法治理工作负总责的普法工作责任制。今后,哪里普法、依法治理搞得不好。严重影响政治安定和社会稳定的,要追究那里主要领导人的责任。第三,要关心普法队伍的自身建设,加强普法骨干队伍的思想政治工作,对普法骨干进行模范学法、守法的教育,进行勤政爱民的教育。及时清除违法、违纪和腐败分子。坚决克服人浮于事的现象。建立一支精干的、强有力的、高效率的忠于党、忠于人民、忠于法律、忠于社会主义事业的普法骨干队伍。会议结束后,各区县(市)包括德山开发区要迅速贯彻。不论有多少困难，都不能把这几个会议精神的贯彻问题搁在一边。我们要求，通过贯彻会议精神，抓紧今年第四季度的宝贵时间，全面完成今年市委、市人民政府(93)11号文件下达的工作任务。会议贯彻情况和下步工作措施，请各区县(市)在月底向市普法办书面汇报。

继续抓认识　着力抓重点

——中共常德市委常委、政法委书记龚玉昆在全市普法、依法治理工作会议上讲话

（1993 年 9 月 18 日）

这次全市普法，依法治理工作会议，是经市普法领导小组和市长办公会议研究决定的。会议的宗旨，是传达两个全国会议（章丘会议和襄樊会议）和前不久召开的全省“二五”普法。依法治理暨“双先”表彰会主要精神，回顾检查前端常德市“二五”普法。依法治理工作情况，并对下阶段的工作进行部署和动员。

普法和依法治理工作，是全国亿万人民在建设有中国特色的社会主义实践中的伟大创举，是我们党和国家一项长远的重要的基础建设。当前，社会主义市场经济体制的建立和发展。又给普法、依法治理工作提出新的课题和要求。我们常德市作为全国、全省普法、依法治理工作搞得比较好的一个单位，必须认清形势，继续抓认识，着力抓重点，争创新成绩，再上新水平。

下面，我代表常德市普法领导小组，讲两个问题：

一、肯定成绩，总结经验，进一步增强做好普法、依法治理工作的决心

1991 年以来，常德市按照中共中央，国务院（1990）20 号文件和省委、省政府（1991）3 号文件精神，认真开展“二五”普法教育。回顾近三年普法工作的历程，常德市大致抓三大项工作，掀起三个热潮：1991 年上半年，全市上下狠抓“二五”普法启动工作，下半年随即掀起以宪法为核心的基本法律法规的学习热潮；1992 年起，狠抓普法教育的深化工作，掀起学习专业法的热潮；同时，与抓“二五”普法启动和深化工作同步，常德市按照市人民政府（1989）7 号文件关于《常德市依法治市实施方案》，狠抓普法教育的落实工作，掀起以解决“热点”、“难点”问题为突破口的依法治理热潮。总的来看，常德市“二五”普法进展顺

利，专业普法及形势看好，依法治理不断拓展，这主要表现在：(1)在普法教育方面，全市有60%以上的普法对象学习宪法、刑法、民法、行政诉讼法、治安管理处罚条例、湖南省计划生育条例等基本法律法规。有8万多名干部职工学中央规定学习的"两本书"；全市各专业法部门，根据"干什么、学什么"的原则，组织本部门干部学"当家法"；各专业法部门还与各级普法机构配合，向市民大力宣传企业法、企业转换经营机制条例、土地法、森林法、环保法、水法、义务教育以及税收、工商、交通等法律法规基本知识。此外，1992年以来，全市各级普法机构与有关部门配合，对科以上领导干部、劳务人员、城镇待业人员、暂住人员、特种行业人员、机动车驾驶人员以及农村青少年等重点普法对象，分层次进行法制教育或培训，有效地提高他们的法制观念。(2)在依法治理方面。1991年以后，全市开展专项治理活动。有569个单位开展依法治厂，治乡、治店、治校，其他单位也联系实际开展诸如依法治乱、治水、治路、治林、治生等工作。尤其是1992年开始试点的依法治村工作，目前，已由在9个区县(市)的1～2个村办小试点，拓展到在临澧县340个村办大试点，并取得显著成效。今年5月中旬，常德市市长吴定宪同志应邀出席第三次全国部分城市学法用法依法治市工作会议，在会上介绍依法治理的经验。今年8月上旬，常德市17个单位和19名个人被评为全省"二五"普法先进集体和先进个人。市普法领导小组、津市市委市人民政府、临澧县委、政府、在全省"二五"普法、依法治理会上也介绍经验，其中市普法领导小组和津市市委市人民政府的经验，已被全国普法办采用。

回顾总结常德市多年来的普法，依法治理工作，我们认为主要有以下四个特点：

第一，各级党政领导高度重视。全市各级党委、人大、政府、政协以及军分区、人武部等及大家的领导，都十分重视普法、依法治理工作，摆上与经济工作同等重要的位置。市委、市人民政府每年都为全市普法、依法治理工作专门发1个文件；市委常委会、市长办公会每年都要研究讨论一至两次普法、依法治理工作，市委书记庞道沐、市长吴定宪等同志，经常主动过问普法、依法治理及时部署工作，解决实际问题，常德军分区和各区县(市)人武部的领导，自觉把普法列入工作日程，配合各级普法部门开展国防教育和法制培训。津市市委、市人民政府高度重视支持"二五"普法，党政领导真抓实干，工作中率先垂范，带头学法、带头讲课、带头办点、带头用法。领导成员轮流到普法办值班视事，全市普法工作开展得有声有色，武陵区委、区政府对贯彻上级有关普法、依法治理的文件精神最认真，工作最扎实。近三年来，无论是干部学"两本书"、学经济法规，还是开展依法治理，几届党政领导都亲自参与，身体力行，而且对每项具体工作严要求、争先进。临澧、澧县、桃源、鼎城的党政主要领导，近几年来一直追着主管部门抓工作，做到大盘子领导主持定，大活动领导参与干，大举措领导支持办，大难题领导出面解，近三年来的大量事实说明，常德市各级党政领导对普法、依法治理工作的重视和支持，是实实在在的、强而有力的，这是常德市普法、依法治理工作在全国，全省占有效高地位的重要经验。

第二，结合中心工作扎实开展活动。近三年来，常德市各级普法机构，紧密结合党和国家的中心工作，突出普法、依法治理重点，先后开展八项大活动，走出一条新的工作路子。一是围绕发展高效农业，结合农村社教开展普法和依法治理活动。市、县两级普法办培训社教普法骨干5800多名，还为各社教点上提供近10万份普法资料。二是以全党学习江泽民在建党七十周年纪念会上的讲话为契机。组织全市干部群众学习“两本书”，增强宪法观念和民主与法制观念，鼎城区委书记胡前松和武陵区委还在全省介绍学“两本书”的体会。安乡县分期分批对科乡级以上干部集中办班学习“两本书”。增强宪法观念和民主法制观念，在全市是搞得最早、最扎实的单位之一。三是围绕搞活大中型企业，认真进行《企业法》和《全民所有制工业企业转换经营机制条件》宣传教育活动。据不完全统计，全市共举办企业法和《条例》普及宣传讲座210多期，办厂长经理培训班83期，印发宣传资料2万多份。四是结合现行宪法颁布十周年。在全市干部群众中掀起宪法再教育的热潮。五是结合贯彻中央“两办”通知精神，大张旗鼓地开展《农民承担费用和劳务管理条例》宣传活动，桃源、鼎城、安乡、石门、汉寿等县区普法机构，运用各种形式进行宣传，达到前所未有的宣传广度和深度，受到省、市有关部门的好评。六是针对青少年犯罪现象突出的问题，在鼎城区办试点，然后在其他区县(市)推广，卓有成效地开展中小学校法制教育，并在全省中小学法制教育经验交流会上介绍经验。同时，还学习邵阳市的经验，对6万多名城乡待业青年、初高职中毕业青年、劳务人员、机动车驾驶人员、暂住人员和待业人员等进行法制培训。七是结合“三二一”统一行动。开展社会治安综合治理的法制宣传活动。全市共编印发放宣传提纲10万多份，张贴宣传布告5万多份。还通过电视、广播、法律咨询等。宣传党的政策，国家的法律和本地的典型案例。形成强大舆论攻势。震慑犯罪分子。八是结合学习十四大文件。开展社会主义市场经济法律法规普及教育。至今年8月底，9个区县(市)党委中心组成员均集中学习一至两次；全市有11000名干部通过各级党校、干校，各类培训班学经济法律法规。目前，这项工作正在全市范围内分层次地展开。

第三，以块为主充分发挥两个积极性。常德市各级普法机构按照全国“二五”普法规划的要求，在转入专业法普及后，坚持条块结合，以块为主。分类指导的方针。充分发挥普法主管机关和各专业法主管部门两个积极性，形成普法机构牵头，部门配合。同唱一台普法戏的可喜局面。1991年，由普法办和税务部门组织的税法普及宣传活动。声势大，影响大，效果好，在全省获得优秀组织奖，由普法办和环保部门、文化部门、水政部门等开展的环保法规宣传、扫黄打黄宣传、文物保护宣传及《水法》宣传等项活动。也在全市市民心中留下深刻印象。在全省列为先进。1992年，武陵、澧县、鼎城、桃源、汉寿、津市市的人事、劳动、公安、工商、税务、司法、征兵办、普法办、综治办等11家单位紧密配合，对“两青”、“四员”进行法制培训，有效地提高重点普法对象的法纪观念，减少违法犯罪，安乡县在专业法普及中，坚持普法主管部门与有关部门连手抓，同时注意发挥专业主管部门的作用，近两年中先后在近20万干部群众中普及13个法律法规。常德电视台、常德有线电视台、常德市广播电台。《常德日报》以及各区县(市)电视差转台和广播电台等新闻单位，积极宣传普法，依法治理工作，也做出很大贡献。

第四，认真办点带出一批新经验。1991年以来，常德市市、县两级普法领导小组共办各类普法、依法治理的试点单位19个。其中中小学法制教育试点2个，依法治理执法机关的试点1个，依法治理集贸市场试点1个，依法治乱试点2个，依法治村试点13个。武陵区普法领导小组在城西办事处办依法治乱的试点。通过对辖区内300多个大小单位制定治安防范责任制，加强对流动人口、暂住人口和青少年的法制教育等工资，由乱到治。社会秩序和治安状况显著好转。他们的经验被省委政法委员会认可并在刊物上采用。鼎城区普法领导小组组长罗宏全同志在桥南大市场办点。经过两年的艰苦努力，把大市场治理得秩序井然，生意兴旺，荣获全国，全省文明市场称号。临澧县委、县政府1992年初在新安镇龙凤、华档、樟木三个村办依法治村的试点，取得经验后又在新安镇其他12个村扩大试点，然后进一步总结经验。以县委、县人民政府文件转发向全县319个村普遍推广。临澧县的这一做法为常德市开展依法治村起示范作用。有力地推进全市依法治理工作的深入发展。汉寿县党政领导带队在围堤湖乡双板桥发动群众几上几下制定自治章程，把制定章程的过程变成引导群众学法、守法和自我管理、自我教育、自我服务的过程，激发村民建章立制，以制治村的积极性，为后几个月推行依法治村工作准备经验。

由于全市各级党政领导，广大干部群众和广大普法骨干的共同努力，两年多的普法和依法治理工作收到明显成效。一是广大公民的法制观念明显增强。特别在社会主义市场经济体制建立和发展过程中。一大部分干部群众逐步树立市场经济就是法制经济的观念；市场经济主体高度自主的观念；市场经济活动的契约观念，诚实信用观念；市场竞争手段公平正当的观念。以及遇事寻求法制途径、解决纠纷要服从司法或仲裁的观念等。二是执法水平进一步提高。通过行政诉讼法和各种专业法的普及教育，执法机关，执法人员较快改变“不知道自己执的什么法”的状况。较好地做到依法办事。三是促进两个文明建设。这几年中，市里围绕“兴工、强农、富市”的目标开展依法治市，使影响经济建设和精神文明建设发展的社会治安秩序在一定程度有所好转。其他障碍腾飞的难题也基本排除。尤其可喜的是，常德市农村凡是实行依法治村的地方，那里人的法律意识很强，民主政治建设气氛很浓，社会事务管理得心应手，村办企业和农业生产迅速发展。

总之，常德市“二五”普法头三年的普法、依法治理工作，形势是好的，发展是健康的，成效是明显的。但也存在一些问题和不足：一是少数地方和单位的领导对普法、依法治理工作的认识问题尚未完全解决。特别是今年以来，不少地方和单位领导认识出现低谷，工作显得冷落。有的单位普法根本排不上号，个别单位普法工作处于瘫痪状态。二是整个，面上工作发展很不平衡。有的县市或者不抓工作，或者抓单一工作。从 1 月至八月考评情况看，9 个区县（市）只有 3 个区县（市）基本完成工作任务。三是普法机构力量不强。人员思维方式、工作方式均有待改革和改进。尤其对如何适应市场经济开展工作，思想没有底。四是普法经费普遍不足。开展普法活动困难重重。这些问题有待今后逐步解决。

二、狠抓认识，狠抓重点，把常德市普法、依法治理工作提高到一个新水平

根据两个全国会议精神和全省普法、依法治理工作会议精神，常德市下阶段普法和依法治理总的思路是：以党的十四大精神为指针，紧紧围绕建立社会主义市场经济体制这个最大的中心，突出抓好有关市场经济法律法规的宣传教育，全面推进依法治村工作，为实现常德市“兴工、强农、富市”的目标创造良好的法制环境。具体而言，要认真做好以下工作：

（一）继续抓认识。要让干部群众深刻认识到：建立社会主义市场经济。坚持改革开放，必须开展普法和依法治理。

应该肯定“二五”普法的头两年，常德市各级领导和广大干部群众对普法、依法治理的认识还是较高的。但是，在建立和发展社会主义市场经济体制的新形势下，人们面对新的情况，认识出现明显的差异。比如，有的地方把学法用法，依法办事同改革开放对立起来，不仅不抓法制教育，还提出要冲破“法律禁区”；有的地方的领导，片面强调经济效益，不搞两手硬，把法制宣传教育当作软任务；有部分干部群众看到有的领导干部、有的执法机关、执法人员在执法中出现的这样那样问题，就对法制建设失去信心，认为学法无用，普法解决不问题；有的地方或单位普法工作被动，落后等。面对这些认识上的差异，全国两会和全省普法、依法治理工作会议明确指出：我们要继续抓统一思想，提高认识的工作，把思想认识统一到党的十四大文件上来，我认为，当前抓统一思想、提高认识，归根到底要教育干部群众树立两个观念：

第一，树立市场经济就是法制经济。建立和发展市场经济，必须大力开展普法。依法治理的观念。要树立这个观念，一是要让干部特别是各级领导干部明白，市场经济的基本特征是市场对资源的配置起基础性作用；而且，这种作用是在社会主义国家宏观调控下起作用。此外，市场经济运行主体的自主性。市场经济活动的契约性、市场经济往来的信用性、市场经济的竞争性、市场经济的统一性、市场经济的国际性以及对市场经济宏观调控的必要性、市场经济裁判和仲裁活动的必要性等特征。都与法制紧密相连，没有法制。上述这些特征就不能实现，市场经济也就不成其为市场经济。换句话说，有法制，不大力普法，人们不晓得有法，用法和依法办事，上述市场经济的这些特征同样不能实现，市场经济也就不成其为市场经济。同理，没有健全的法制，没有大力的法制宣传教育。也就没有完善的、成功的市场经济。二是要让干部特别是各级领导干部明白，社会主义市场经济不是一般地要求有法可依。而是严格地要求依法运用，即必须实现法制的现代化，这是因为，市场经济运行的过程，都要在诸如资源法、投资法、企业法、贸易法、金融法、劳动法、税法等等法律规范下，进行资源配置、产品生产、市场交换、劳动分配、商品消费等。大家知道，有市场就有竞争，有竞争就需要秩序，秩序需要法制。如果没有市场经济法制化，市场经济运行就会相互碰撞，寸步难行。同行，即使市场经济法制化，如果没有大力普及和宣传，人们不知道遵循法制，市场经济的运行也会互相碰撞，寸步难行。三是要让干部特别是各级领导干部明白，只要我们继续坚持改革开放，国内市场经济就必然要与国际市场发生联系，就必须考虑全国法律与国外有关国家和地区的法律接轨的问题。因此，从长计议，既要抓立法，也要抓普法，否则坚持改革开放也是会受到一定影响的。

第二，树立不做好普法、依法治理工作就是失职，就是违法的观念。大家知道，对公民进行法制宣传教育。党中央、国务院有文件、有规划。《宪法》第二十四条有规定。全国人大常委会有决议，邓小平、江泽民等领导同志也有明确的指示。湖南省委、省人大常委、省人民政府、我们常德市委、人大、政府也有决议决定和文件，由上可见，常德市各级党政机关、党政领导和广大干部群众没有任何理由不重视、支持普法和依法治理工作，没有任何理由不做好普法、依法治理工作。否则，就是失职，就是违法。作为干部特别是领导干部。肩负社会主义物质文明和精神文明建设两副重担。法制建设是精神文明建设的重要内容。普法、依法治理工作是法制建设的重大措施，也是党中央、《宪法》赋予的重要职责。所以，不好普法、依法治理工作，是无法对党和人民交代的。

总之，普法和依法治理工作，事关社会主义现代化全局，事关社会主义市场经济体制成败，今后，我们要把干部特别是各级领导干部，是否重视、支持、参与与普法、依法治理工作，当作是真搞社会主义市场经济，还是假搞或者不搞市场经济的检验标准之一；当作是真紧跟中央还是口头派的检验标准之一。

（二）着力抓重点，努力实现普法和依法治理工作的新突破

今年后几个月以至在今后的一段时间里，常德市各级普法主管部门和普法机构。要在各级党政的统一领导下，集中力量，联系实际，突出抓好四个重点：

一是要把组织干部学习有关市场经济的基本法律知识，作为专业普法及工作的重中之重。这次会议之后，各区县（市）、包括德山开发区，要迅速掀起学习市场经济基本法律知识的高潮。特别是乡镇以上各级领导干部，不管经济工作多忙，要以“磨刀不误砍柴工”的决心，年底前一定要学完省普法领导小组规定要学的九个法律法规。有条件的地方，也要向一般干部和群众进行宣传教育，为明年的大普及做好准备，通过市场经济法律知识学

习，要使干部树立八方面的观念：(1)市场经济就是法制经济的观念；(2)市场经济主体高度自主的观念；(3)市场经济活动主要通过合同方式进行，合同具有法律约束力的观念；(4)市场经济活动中的诚实信用观念；(5)市场经济中竞争主体地位平等、竞争手段公平正当的观念；(6)市场经济中大市场、统一市场观念；(7)在对外经贸活动中要信守国际条约、尊重国际惯例的观念；(8)遇事寻求法制途径，解决纠纷服从司法或仲裁的观念。

二是要把影响和制约本地稳定和发展的问题作为普法和依法治理的重点。就常德市情况而言，首先，要抓好哪些生产不景气、职工无班可上。或者职工有班可上无钱可发的那些企业的法制宣传和依法治理工作。要通过法制教育和治理。稳定职工情绪，杜绝遇事围攻政府、上街示威等违法事件的发生。最近，市区连续发生几起围攻政府、向政府示威的事件，这是违反法律的行为。要通过法制教育和采取相应的措施。坚决把这股歪风刹下去。其次，要遏制青少年、无业流动人员等特定对象的违法犯罪势头。对他们加大普法教育和依法治理的力度。1992 年以来，常德市正在进行的“两青”、“四员”法制培训工作。要在讲求实效的基础上，坚决落实，认真抓好，特别是那些“两青”、“四员”相对集中、情况复杂，问题较多的城镇和企业单位，一定要作为大事来抓。再次，要配合“三二一”行动。对违法犯罪人员，对重点地方、重点单位，进行重点治理。各级普法机构要与有关部门密切协作，把这项工作作为发挥普法教育威力的突破口，切实抓出成效，直到抓好为止。

三是要把推行依法治村，实行村民自治、民主管理，作为常德市今后一个较长时期内深化依法治市工作的重点。常德市是一个农业大市，加强农业和农村工作、发展乡镇企业，是使常德市经济腾飞的重头戏，也是市委、市人民政府多年的工作重心。所以，做普法、依法治理工作，要紧紧围绕这个重心开展工作。1992 年，我们和临澧县委、政府总结新安镇依法治村的经验。今年又在临澧县所有的村推行依法治村。其他各区县(市)也办 1～2 个试点。并且取得成效。对于这个问题，市委常委于 9 月 14 日专题进行研究，初步决定搞个三年计划，市委常委要求排除万难，一定要搞好。根据市委常委会的意见。我们要求，今年第四季度，除临澧县以外的 8 个区县(市)和德山开发区，要在占本区县(市)总村数的 40%左右的村开展依法治村。明年一年，再增加个 40%幅度，后年即 1995 年全市所有的村全部实行依法治村。

四是把突破普法、依法治理工作的“死角死面”作为重点，从今年前 8 个月的情况看，死角死面各区县都有，市直单位也不少。这个会议之后，市和各区县(市)普法领导小组，都要按照年初订的责任制，认真检查清理一次。对与死角死面。先从督促开始，上门做工作。实在促不动的，执行责任制。反正，1993 年年初，市委发文已把普法和依法治理列为综合治理考评的内容，并且明确定五分底分，由市普法办具体考评实施，各区县(市)还签责任状，各区县(市)对乡镇，乡镇对村组也实行相应的责任办法，年底一定兑现责任制，兑现"一票否决"权。

(三)加大工作力度,千方百计完成今年的普法、依法治理工作目标

今年常德市普法、依法治理工作。无论同自己比还是同兄弟地市比,整个面上气氛不浓,工作有所下降,不如本市前几年,也不如兄弟地市。当然,这既有大环境的因素,有认识的因素,也有工作的力度问题。常德市是全国、全省多年来的普法、依法治理先进单位。我们目前正面临着继续争取先进的挑战。我想,我们常德的同志要有先进再先进的决心和勇气,我们要继续狠抓认识,创造良好氛围的同时,努力加大工作力度,具体而言,一是要加大宣传力度,要像抓"二五"普法启动工作那样,运用各种形式宣传普法、依法治理的重大意义。在舆论上为普法、依法治理工作升温。二是要加大活动力度。现在有一种糊涂的认识,认为国家抓减轻负担问题,普法活动不能搞。市委、市人民政府领导认为,中央对普法、依法治理工作抓得很紧很紧,普法和依法治理必要的活动还是要搞,普法和依法治理工作是一项宏大的社会系统工程,涉及亿万家、亿万群众,没有一些活动无法达到目标,因此,大家要统一认识,要适时组织一些有影响、有实效的活动。今年第四季度,市普法领导小组拟开展三项全市性活动。其一是以考促学活动,参考对象是乡(镇)党政正、副职领导干部,独立的科技以上单位的党政正、副职领导干部,市和各区县(市)中心组全体成员,考学内容为 9 个市场经济法律法规基本知识。其二是专业法汇报活动。即对部分专业法主管部门学习、宣传专业法的情况进行汇报考察,在搞得好的部门开小型现场会。其三是兑现责任制活动。即按照常德市普法领导小组(1993)2 号文件。对各区县(市)今年的普法,依法治理工作进行全面考评,为年终全市综合治理考核提供依据。三是要加大配合中心工作力度。今后,凡是党和国家的中心工作。市里县里的中心工作,各级普法机构都要主动参与。全力配合,要克服挂名不出力的不负责任的状况。年底,要把这方面的工作成绩作为考评的内容之一。四是要加大抓好典型的力度。过来,在这个方面各区县(市)做大量工作。用一定的力度,现在形势发展,再用一般的力度抓典型跟不上发展的形势。我们的力度要求是:选准典型,派人蹲在点上办,由办点人员亲自办,克服遥控指挥,作花花文章的办点恶习。年初,市普法领导小组要求各区县(市)党政主要领导办一个依法治村的试点,年底考评时,按上述要求作为重点考核对象,这次全省普法、依法治理工作会议提出,省里要在全省"五个一"的典型,省里确定,要在常德市鼎城区桥南市场办依法治理市场的联系点。在临澧县办依法治村的联系点。市和有关区、县一定要认真把这件事办好。

(四)切实加强领导,保证普法、依法治理工作健康发展

常德市的"二五"普法任务还十分繁重。依法治理工作更是方兴未艾。各级党政领导和普法主管机关,要满腔热忱地抓,卓有成效地管,切实加强和改善对普法、依法治理工作

的领导。在领导体制上，要确定这样一个基本框架，即党委对普法、依法治理工作的重大问题进行决策，每年的普法、依法治理工作都由党委集体研究。以党委、政府的文件下发执行。成立以党委、人大或政府主要领导人为组长的普法领导小组。日常工作由常设的普法办公司负责；人大通过监督、考察、现场指导。召开人大代表座谈会、听取和审议普法、依法治理工作报告等形式实施监督；普法、依法治理规划由政府组织实施。目前，关于普法机构名称问题，各地不一，根据省普法领导小组的意见，凡是设普法领导小组，依法治市（县）领导小组及办公室的，统一保留“普法；领导小组”及普法办公室，把依法治理领导小组及其办公室的牌子去掉，工作合在普法领导小组名下统管。

在管理机制上，要实行条块结合、部门配合、形成合力，齐抓共管。普法主管部门负责抓好普法工作的宏观管理，督促检查各业务部门开展专业学法、普及工作。掌握进度，解情况，总结推广经验，可以而且应该对那些抓得不力或执法违法的单位提出批评。各行业各部门要及时主动地同普法主管部门取得联系。有责任汇报工作。反映情况，服从总体安排。每一个专业法都应当首先在本部门行业学习好、宣传好。然后，在征得同级普法主管部门同意的前提下，向社会推广、宣传。省人大在拟明年制定普法、依法治理工作条例，使普法、依法治理工作本身有法可依。

今年，常德市各级普法机构的普法经费都很困难，不少区县（市）至今尚未到位，请各级党政领导关心，支持普法机构自身建设，帮助解决人、财、物等方面的实际问题。

同志们！普法、依法治理工作，任重道远，让我们在党的十四大精神指引下，发扬成绩，克服不足，继续抓认识，着力抓重点，把常德市普法、依法治理工作提高到一个新水平！

在全市普法、依法治理工作会议上的讲话

常德市副市长 钦时中

（1993 年 9 月 18 日）

上午，玉昆结合常德市实际，就贯彻全国“两会”和全省普法、依法治理工作会议精神，讲很全面的意见。我完全同意、津市、临澧、市交警支队领导同志的经验介绍。给我们很大的启示，可以说，这次全市普法、依法治理工作会议，是个动员会、鼓劲会，对常德市今后的普法、依法治理工作将起着很大的推动作用。

“二五”普法开展以来，由于各级党政领导的高度重视和各部门、各级普法机构的共同努力，常德市普法、依法治理工作，在全省以至在全国都用较高的位置，获得过很多荣誉。正因为如此，我认为，摆在我们面前的一个重要任务，不是如何保住荣誉的问题，而是要继续做开拓性工作，要为全省、全国做超前的工作。常德市干部群众要有这个紧迫感，究竟怎么做开拓性，超前的工作，我讲几点不成熟的意见：

第一，要领导抓、抓领导。表面看，这是一个老观点，实际上，这正是常德市普法、依法治理工作的主要经验。“二五”普法、依法治理的实践证明：能不能坚持两手抓，关键在领导。试想：一个单位的普法、依法治理工作，在党、政主要领导的工作议程中有位置，而且亲抓实干，进行指挥和指导，这个单位的普法、依法治理工作没有搞不好的。武陵区在这个方面为我们做出样子。前不久，区委、人大、政府的领导同志带头在武装部集中学三天市场经济法律法规。看外国一些搞市场经济的资料片，联系实际进行市场经济就是法制经济的讨论。区委、人大、政府、政协的主要领导同志，自始至终参加学习、讨论，还请市普法办的同志拟题，每人写一篇论文开展比赛，我认为武陵区的这一做法是很好的，既体现领导带头，也是一次实际发动。事实也是如此，在领导的带动下，武陵区各办事处最近都

在举办市场经济法律法规学习班，我举这个例子说明，现在搞普法、依法治理工作，仅仅是领导干部，领导机关发发号召是不够的，要抓领导、领导抓。只有这样，领导才有影响力和推动力。我衷心地希望，这次会议以后，全市出现一个抓领导、领导抓的崭新局面。结合当前常德市的一些重大法律问题。结合市场经济运行中的法律问题，掀起学法、用法、依法治理的新高潮。

第二，要突出重点对象。强调学用结合原则，注意效果，玉昆同志在报告中明确指出，普法的重点对象是干部特别是各级领导干部、执法人员和城乡广大青少年。最近几年，各单位在这些人员身上做大量工作，收到一些效果，随着社会主义市场经济体制的建立和发展。从这些重点对象身上表现出来的有法不依、执法不严、违法不究以及无法无天，违法犯罪问题。越来越严重。因此，对重点普法对象的普法和依法疏导、治理工作，不但一刻不能放松，而且要越加抓紧。我认为一方面要狠抓法律规范的灌输工作。促使这些重点对象学一点；另一方面要狠抓学法用法，学用结合。学不用等于不学。当前，常德市面临着很多热点问题。比如最近一段时间，先后发生汽运公司机动车慢慢游车主，个体中巴车等部分人员。不服管理，聚众闹事。影响政府正常工作秩序的事件，这些闹事的群众并不是不晓得这是法律所禁止的行为，然而公然敢冲破法律禁区，为所欲为。尤其是这些单位的负责人，非但不用法律教育群众，反而带头起哄，说明这些领导没有法律头脑，把学的法抛到脑后去。由此也告诉我们，今后的普法、依法治理工作，要学用兼抓，尤其要突出用法，只有这样，一些社会和法律问题才能解决，社会主义市场经济才能有序地发展。我希望，这次会议以后，大家围绕学法、学用结合这个课题，动脑筋做点文章，在全市各级单位来一个学法用法，学用结合的大竞赛。

第三，要力戒形式主义。在务实上下气力，扎扎实实推进普法和依法治理。当前，全党上下都在贯彻落实十四大精神，真抓实干。普法、依法治理工作也必须发扬踏实务实的作风。力戒形式主义和做表面文章。为此，我认为各级各单位和各级普法机构，要注意和解决以下几个问题：

一是处理好抓典型与带动面上工作的关系，注意抓好后进地区的普法、依法治理工作。先进典型是一面旗帜、镜子，什么时候都要抓好，但是，城乡总是存在后进层，我们不能主抓先进典型，差的放手不管。今年还有几个月，各区县（市）要狠抓以下后进层，做到哪里差抓哪里。什么问题突出就治什么，使普法和依法治理更加深入地开展下去。

二是处理好普法教育中数量和质量的关系。在提高质量，上档次上下气力。我认为，普法教育现在不能以讲课次数的多少，培训人数多少、贴标语的多少来衡量工作的好与差。就上法制课而言。据我解，人们不是不爱听法制课，而是需要高层次、高质量的法制教育。这也和商品市场一样，劣质的法制教育不但不会赢得听众，反而会影响普法的信誉。因此，要加强骨干培训，认真学习钻研，提高授课水平，做到没有准备好的课不上、班不办，本单位讲课确无人胜任。宁肯不惜花钱费事去请讲得好的人授课，市普法办公室也组织一批普法教育录像带，各部门各单位可以租放，这样才能加大普法的力度和深度。

三是注意划清普法教育中哪些该办和不该办的界限，避免给基层增加负担。党的十四大以来，全国上下减轻负担的工作抓得越来越紧。湖南省电视台每天的九点半钟，有这么一个热点问题专题节目，几乎天天都有在减轻负担方面存在的一些突出问题的报道，我们要看清这个形势，并在开展普法、依法治理工作中认真执行中央和省、市出台的一些规定，做到中央、省、市明令禁止不该办的坚决不办。如对企业进行检查、评优、达标考试考核。对农村的各种达标竞赛活动等；普法、依法治理中该开展的必要的活动。还是要恰当地开展。据反映，少数区县和单位，采取停止各种普法活动、收回或砍掉普法、依法治理经费。撤销机构抽走人员等做法。是错误的，应迅速纠正。

第四，要调动各部门的优势，齐抓共管。普法和依法治理工作。是一项宏大的社会工程。需要各方面的协力和配合。特别是在市场经济条件下。市场主体的高度自主性决定各级普法主管部门，更加需要调动各个部门的优势，齐抓共管。各有关部门特别是专业法主管部门，也要从建立和完善社会主义市场经济的全局出发。自觉地、主动地与各级普法主管部门密切配合，尽可能地发挥本部门的优势。加强普法、依法治理的效果。过来的“一五”普法和“二五”普法工作中。常德市各部门是配合得很有成效的，曾在全国和全省介绍过经验，我希望在今后的工作中，各级普法主管部门要切实做好宏观管理、指导和协调工作；各有关部门要按普法主管部门的要求，制定和落实本部门普法和依法治理工作规划，经常与普法主管部门取得联系，主动通报情况，接受普法主管部门检查，各部门之间不要计较职权大小，地位高低。齐心协力为全国法制建设出力，我想，尽管常德市普法、依法治理工作当前还存在很多问题和困难，只要各部门团结合作，齐抓共管，一定能迈上新台阶，达到新水平。

在工作暨“一校两站”经验交流会上的讲话

中共常德市委常委、政法委书记　戴军勇

（1997年10月21日）

我们这次会议已经开两天，明天上午还要参观。前面，大家听取 全省“邵阳会议”精神的传达和大会经验介绍，参观现场。万柱同志作一个很好很全面的报告。少甫同志和省司法厅领导还将作重要讲话。下面，我讲几点意见。

一、统一思想，加强领导。 加强刑释解教人员安置帮教工作和“一校”（法制学校）“两站”（暂住人口管理站、刑释解教人员安置帮教站）建设是社会治安综合治理的一项基础性工作和治本的措施。当前刑释解教人员重新犯罪的问题相当严重，这些人员重新犯罪往往心狠手毒，不计后果，给社会造成严重的危害。从目前常德市的情况来看，这部分人重新犯罪的比例呈上升趋势，他们中有“二进宫”“三进宫”的，最高的达到“五进宫”。流动人口、暂停人口违法犯罪也是一个十分突出的问题。现在发生的很大一部分案件都是暂停人口所为。常德市大约占70%左右。此外，部分群众法制观念淡薄也诱发一些案件。要想维护好社会稳定，就必须就暂停人口和刑释解教人员管理好、安置好，增强人民群众法制观念。把这些工作做好，就等于消除最重要的社会乱源，堵塞工作中的最大漏洞，就可以大大地减少违法犯罪，促进社会稳定。从这个意义上来讲，抓刑释解教人员安置帮教工作和“一校两站”建设是把社会治安综合治理措施落实到基层的有效措施。第二，抓好刑释解教人员安置帮教工作和“一校两站”建设，既减少违法犯罪，又可以使干警更多地接触群众，解群众，为群众办实事。有利于密切党群关系、警民关系，树立党委、政府和政法干警的良好形象。第三，抓好刑释解教人员安置帮教工作和“一校两站”建设是促进两个文明建设的有效途径。既有利于精神文明建

设，也有利于经济建设。这些工作搞好，少一个案子，就少一分损失，多一分安全感，多一个“财源”。因此，我们各级党委、政府和社会各部门要从保持稳定、促进发展、改善党群、警民关系的高度来认识到这项工作的重要性，对这项工作引起高度重视，将其纳入重要议事日程，列入当地社会发展的总体规划，列入社会治安综合治理的工作目标，作为落实社会治安综合治理领导责任制的一项重要内容，作为各级党政领导士部抓社会治安综合治理工作能力和实绩的一个重要指标。各级党委、政府要组织动员社会各方面整体联动，齐抓共管，形成各级领导负责抓，相关部门带头抓，各个部门配合抓的工作局面。

二、健全组织，完善体系。刑释解教人员安置帮教工作和“一校两站”建设能不能顺利开展，并取得实际效果，很重要的一条，就是看有没有坚强的组织依托，尤其是到基层，乡镇和村、居委会这一级，能不能做到有人抓、有人管。近年来，常德市部分地区已经建立安置帮教工作机构和暂口管理体系及法制教育队伍，采取一些措施加强网络建设，取得可喜成效。但是覆盖全市的工作网络体系还没有真正建立起来，一些地方工作无人抓，情况不明，极个别地方甚至处于失控状态。尤其是按照党的十五大精神，全国全面建立社会主义市场经济体系，将会出现更多的新情况，对我们的工作带来新的课题。这次会议以后，各地必须按照省、市的部署和要求，结合各地的实际，认真调查研究。迅速健全组织，完善工作网络。一方面，要加强刑释解教安置帮教的机构和队伍建设。着重抓好安置帮教工作领导小组，具体指导管理机构和群众性帮教组织三个层次的机构和队伍建设。关于这一点，万柱同志在报告中已经讲得很清楚。我强调几条：第一，机构要落实。各地要迅速增设或明确抓刑释解教人员安置帮教工作的机构，逐步拨给编制，并创造条件，给予一定的启动经费。第二，人员要到位。领导小组的成员一经确定，在一定时间内要保持相对稳定，成员单位除明确一名领导外，还要配备一名专干，以便保持工作联系。安置帮教领导小组办公室要有 2 名以上专干抓这项工作。每个刑释解教人员必须由一名家属、亲友和基层干部组成帮教组进行帮教。三是职责要明确。领导小组要切实担负起本地区刑释解教人员安置帮教工作的领导、协调、实施与监督职责。指导管理机构在领导小组的领导下，具体负责起组织实施本地区的安置帮教管理工作，并加强协调、配合、加强调查研究，当好领导小组的参谋和助手。群众性帮教组织负责帮教一个具体的刑释解教人员，包教育，包管理，包转化，做到哪里有刑释解教人员，哪里就有帮教组织和帮教人员。另一方面，要加强“一校两站”的机构和队伍建设。县、乡、村法制学校都要聘用一定数量的法制教师。教师可以是专任的，也可以兼任。人选可以从教师、党员、干部和法律工作者中聘用。暂住人口管理站和刑释解教人员安置帮教管理产睥站长可以分别由派出所所长和司法所所长兼任，但要配备 1 名专职副站长和 2 名以上专门工作人员。村(居)暂口管理和刑释解教人员安置帮教管理分站可明确 1 名分站长和 1 名工作人员；城区暂口管理分站可推广武陵区的经验，由责任区民警担任分站站长，聘请2名协管员，工资从暂口费返回中列支。

三、突出重点，狠抓落实。在刑释解教人员安置帮教工作中要抓住以下三个重点：一是抓好监所内外的联合帮教。监狱、劳教所每年初要以书面形式将工作计划通报给在押在教人员原在地或单位，并及时沟通情况，统一安排监所内实行帮教的对象，有计划、有重点、有针对性地进行帮教。更为重要的是狱、所要负责把即将刑释解教人员的情况向地方乡镇以上主管部门通报，地方主管部门对刑释解教人员的情况做到底子清，情况明，有针对性地采取措施，使狱(所)内改造与社会帮教紧密衔接，形成一个有机整体。二是要抓好安置工人，拓宽就业门路。刑释解教人员从监狱、劳教场所出来，又处于人生的一个新的十字路口，要吃饭，要住房，要穿衣，要生活，要工作，如果社会对他们不闻不问，甚至抱着歧视的态度，那么他们中的一部分人就会因为走投无路而铤而走险，重新违法犯罪，危害社会。因此，抓好对这一特殊的社会群体的安置是非常重要的一环。在当前，常德市一些企业、厂家不景气、效益低，行政性安置难以得到有效落实。我们必须适应形势，树立新的就业观，拓宽就业门路，把安置渠道向创办安置基地和安置点发展。安置基地与安置点可以是由热心治安的积极分子为安置刑释解教人员创办的经济实体；也可以是有一定生产经营规模，经济效益好，党团组织健全，帮教力量强的企业；还可以利用集贸市场进行安置。总之，要尽可能对那些无家可归，无亲可投，无业可就的回归人员进行过渡性安置，为他们重新做人创造条件。三是要依拿基层开展帮教。刑释解教人员大多数生活在基层干部群众周围，基层干部和群众对他们接触、解多，他们的所作所为难以避开基层干部群众的视线，基层干部群众对他们容易开展有针对性、见实效的帮教。与其他组织比较，具有不可替代的优势。因此，只要把基层的积极性调动起来，就可以把安置帮教工作落到实处。各地要把工作重点放在基层，狠抓各项安置帮教措施在基层的落实，刑释解教人员回归社会后，要由基层组成“三帮一”的帮教小组进行帮教，特别是刑释解教三年之内没有生活出路和有重新犯罪倾向的人员应列为安置帮教工作的重点对象，明确乡、村主要负责人牵头组织跟踪帮教，防止他们重新违法犯罪。“一校两站”建设首先要树立基层校、站的权威，使其责任与权利相统一，要赋予“一校两站”机构一定的权利。刑释解教人员不到安置帮教管理站报到，就不能上户口；暂停人口不到管理站登记办证，就要给予处罚；法制学校受培训对象未得到结业证，也要受到影响，如果是户主的，该家庭不能评为安全文明家庭。其次要建立健全“一校两站”的工作目标、职责、规范和运行机制，以充分发挥“一校两站”的作用。再次要依托“一校两站”经常开展活动，加强经常性的法制教育、暂口管理和刑释解教人员安置帮教工作，落实社会治安综合治理的措施。

四、加强配合，齐抓共管。抓刑释解教人员安置帮教工作和“一校两站”建设是一项复杂的系统工程，涉及社会的方方面面，非常重要且难度很大，仅靠一个或几个部门抓是绝对不能解决问题的，必须在各级党委、政府的统一领导之下，切实贯彻“谁主管、谁负责”的原则，条块之间、上下之间、职能部门之间分工负责，紧密配合。我们各级党委、政府要加强组织领导，政法委、综治委要切实负责，这两项工作的日常工作分别由司法局和公安局负责抓；劳动部门要协助街道、乡镇党政基层组织，对尚未就业刑释解教人员和暂住人口开展就业指导和技能培训，做好就业服务工作；工商行政部门对刑释解教人员和暂住人口依法申请从事个体工商业和开办其他经济实体的，要一视同仁，积极支持，保证其合法权益；计委、经委、财委、金融部门要为安置刑释解教人员积极创造条件；工会、共青团、妇联也要共同关心支持、参与这两项工作；新闻宣传部门要大张旗鼓地宣传在安置帮教和“一校两站”方面做出突出贡献的优秀典型，努力倡导“为国分忧，为民解释”和“维护治安人人有责”的社会风尚。总之，各部门要充分履行职责，发挥职能作用，共同抓好刑释解教人员安置帮教工作和“一校两站”建设。

五、加强督查，兑现奖惩。要把抓好刑释解教人员安置帮教工作和“一校两站”建设纳入社会治安综合治理目标管理的一个重要内容，建立检查、考核和奖惩制度。做到年初定目标，年中抓督查，年底抓兑现。对这两项工作的开展情况，每年都将进行检查。对涌现出来的先进典型，及时表彰，先进经验及时推广；对问题多的地方，要通报批评，限期整改，直至影响综治工作评先。各地也要因地制宜，加强对这两项工作的检查、督促，定期分析情况，研究措施，发现问题，及时整改，确保工作顺利进行。

同志们，常德市刑释解教人员安置帮教工作和“一校两站”建设的任务还十分艰巨，面临的困难和问题还很多，希望大家坚定信心，鼓足干劲，齐心协力，开拓进取，通过扎扎实实、卓有成效的工作，把常德市的刑释解教人员安置帮教工作和“一校两站”建设不断引向深入，为确保全市社会稳定，经济发展做出更大的贡献！

高举旗帜　实施依法治国方略

——中共常德市委副书记李少甫在全市依法治市理论研讨暨工作会议上的讲话

（1999年3月19日）

正当全市上下认真贯彻党的十五大和九届全国人大二次会议精神，迎接建国五十周年和澳门回归祖国的时候，全市依法治市理论研讨暨工作会议隆重召开，这是常德市民主法制建设的一件大事。市委、市人民政府决定召开这次会议，主要是总结依法治市经验，探讨依法治市理论，进一步明确依法治市工作任务。这对常德市今后的依法治市工作，将会起到重要的作用。

已经过去的1998年，常德市普法依法治理工作在各级党委、政府的正确领导下，在社会各界的关心支持下，尤其是在座的同志们的辛勤努力下，全市干部学法用法日趋制度化、规范化、基层依法治理工作稳步推进，尤其是依法治市力度加大，全面展开，开始出成果出经验。在上一年的工作中涌现出一大批先进单位和个人，刚才表彰的8个先进集体就是其中的突出代表。借此机会，我代表市委、市人民政府向受表彰的先进单位表示热烈的祝贺！向一年来在基层辛勤工作的广大普法依法治理工作着、向关心支持普法依法治理工作的各级领导表示衷心的感谢！

这次会议宣读的论文，从理论上总结常德市开展依法治市十多年来所取得的成绩和存在的问题，内容丰富，内涵深刻，有较强的针对可操作性，特别是万柱同志的重要讲话，从理论到实践深刻地阐述依法行政在民主与法制建设中的重大意义，具有很强的指导作用，希望同志们在今年的法治实践中，认真贯彻落实。关于依法治市的工作和任务，我和本之同志已在去年4月8日的依法治市动员会上作布置，一九九九年的工作和任务，利党同志已经做部署，这里不再重复。下面，我就依法治市工作谈几点看法。

一、深化认识，增强依法治市的使命感和责任感

江泽民总书记在党的十五大报告中从建设有中国特色民主政治的高度，把“依法治国，建设社会主义法治国家”确定为“党领导人民治理国家的基本方略”，刚刚结束的九届人大二次会议，把依法治国方略写进《宪法》，这是新时期党的执政方式和国家管理方式的重大变革，是我们党全面实践和成功运用邓小平理论的伟大成果，这标志着全国社会主义民主法制建设进入一个崭新的发展阶段。高举邓小平理论伟大旗帜，很重要的一条就是积极实践依法治国方略，不断推进社会主义民主建设的进程，把全国建设成为有中国特色的社会主义国家。这无疑从根本上决定作为民主法制建设先导性工作和依法治国的基础性工程的普法依法治理工作将随着依法治国方略的广泛实践而继续深入地开展下去。

依法治市是依法治国的重要组成部分在，把区域性的依法治理工作搞好，才能推进依法治国、建设社会主义法治国家的进程。依法治市暨是常德市社会经济发展的必然要求和迫切需要，同时又是我们用邓小平理论武装思想、转变观念、不断推进依法治国的实践过程。当前尤其是抓紧邓小平民主法制理论的学习，真正高举邓小平理论伟大旗帜，从理论和实践的结合上努力探索依法治国、建设社会主义法治国家基本方略的深刻含义中实现途径，掌握精神实质，充分认识实施依法治国方略和加速依法治市之间的密切关系重要意义，进一步转变思观念，从更高的境界、全新的视角不断增强使命感、责任感和自觉性，举全市之力，不断加大依法治市和实施“三大”依法治理工程的力度、广度和深度。

二、突出重点，整体推进依法治市

我们抓工作要有过硬的措施，要勤于思考，讲究方法，突出重点，抓住主要环节，做好分类指导，发动各个部门齐抓共管，整体推进普法依法治理工作。我认为：当前要抓住以下几个主要环节做好工作。

第一，牢牢掌握普法依法治理工作的主动权。各级各部门都要从依法治国的高度出发，根据党的十五大、九届全国人大二次会议，市委经济工作会议的精神，紧密结合自己的实际情况，在认真总结经验教训的基础上，抓紧制订 1999 年工作计划，全面部署依法治市、县、乡和基层、行业依法治理任务，早规划、早发动、早动手，取得主动权，使普法依法治理紧跟党的经济建设中心，服务全市工作大局，卓有成效的深入开展。

第二，抓紧抓好领导干部带头学法用法。江泽民总书记等中央领导同志先后八次听法制课，最近又举办《社会保障法制建设》讲座，为全党全国带好头，社会影响很大。我们一定要向中央领导同志学习，认真组织好各级中心学习组的法制讲座，每年至少举办 2 次法制讲座，通过领导干部的模范带头作用推动全民学法用法活动的不断深入开展。要根据学中央、全国人大常委会关于各级干部都要带头学法用法，“把是否具备必要的法律知识和能否严格依法办事作为考核和任用领导干部的一项重要内容”的总要求，各级组织人事部门要认真落实省委组织部、省人事厅、省普法办关于统一施行干部《普法合格证》有关问题的通知，健全和完善干部学法用法考试考核制度，真正使干部学法用法成为自觉行动，进一步提高各级干部特别是各级领导干部依法办事的能力和水平，这是搞好依法治市的基础性工作，一定要抓紧抓好。这里，我还要特别强调一点的是，在农村开展法制宣传教育时，一定要原原本本地讲清法律规定赋予公民的权利、应该承担的义务、违反法律应负的责任和怎样运用法律手段解决各种纠纷，帮助广大农民运用法律武器维护自己和他人的合法权利，从而维护这膛村社会政治稳定，齐心协力发展农业生产。

第三，加强法治舆论宣传，引导广大群众和社会各界积极投入依法治市。依法治国方略的内涵，决定人民群众始终是依法治市的主体。因此，要广辟法治舆论宣传渠道，采取多种形式动员从民群众参与依法治市工作。宣传、新闻、文化部门要把宣传依法治市摆上重要位置，充分运用广播、电视、报刊、出版等新闻媒体和群众喜闻乐见的形式，大张旗鼓地宣传依法治市的重大意义，目标任务、方法和显著成效，赢降临人民群众的支持、拥护和参与。

第四，大力推行部门执法责任制、评议考核制和错案责任追究制，坚持依法行政、公正司法。依法治市的关键是执行，难点和重点也是执法。推行部门执法责任制、评议考核制和错案责任追究制，从制度上有效地防止滥用职权、有法不依、执法不严、违法不究、执法犯法、徇私枉法等问题的发生。各单位都要在党委和政府的领导下，扎实有效地推行上述三项制度。在推行部门执法责任制和评议考核制方面，一要明确行政执法部门执法依据和法定职责，落实执法责任，填补执法空白，清除多头、重复、交叉执法问题；二要公开执法程序，规范执法行为，切实使政府的一切行政行为在法定范围内按法定程序进行；三是坚持和完善行政执法人员持证上岗制度，探索建立行政执法岗位责任制和行政执法过错责任追究制度，做到依法定责、依责定岗、依岗定标、按标考核；四要建立行政执法监督制约机制，严明执法纪律，强化执法检查，加大行政执法监督力度。在推行错案责任追究制度方面，各级政府部门要在原有错神机妙算责任追究制度的基础上进行补充完善、并使之落到实处，从而提高办案质量和执法水平，真正做到依法行政、公正司法，维护社会主义法制的统一和权威，维护社会政治稳定，确保全市经济持续快速健康发展。

第五，加大工作力度，切实抓好三大依法治理工程。

一是抓好以依法治县为重点的区域依法治理工作。按照省里的要求，市里重点抓好6个示范点，同时配合省里抓好临澧、鼎城二个依法治县的示范点。各区、县(市)也要建立示范点制度，抓好一至两个乡(镇)的依法治理工作。市里抓的点，要求年内出齐规范性文件，措施要硬，工作力度要大，成效要明显。各区、县(市)确定的点都要向市里呈报，以便加强督促检查。

二、是抓好行业的依法治理。重点解决有法不依、执法不严、违法不究、执法犯法、徇私枉法的问题。各个行业都要按照依法治市的要求，制定行业依法治理章程，严格依法按章办事，阶段必成效。为推动行业的依法治理，市里拟定 5 月份在省学校召开现场经验交流会，届时，各行业都要有经验介绍。

三是抓好依法治村、依法治理企业为重点的基础依法治理。依法治村要按照修订的《村民委员会组织法》和《中共中央关于农业和农村工作若干重大问题的决定》的规定和要求，抓紧修改完善《依法治村、民主管理章程》重点抓好民主选举、民主决策、民主管理、民主监督和实行村务公开，尤其是财务公开为主要内容的依法治理活动。企业依法治理工作要按照省委、省政府关于在国有企业完成“厂务公开、民主监督”制度的要求制定《依法治厂、科学管理章程》，抓好以“厂务公开民主监督”为主要内容的企业依法治理活动，确保企业职工的评价翁地位，强化企业内部制约机制，解决企业的难点、热点问题，搞活经济。

四是要以群众普遍关心的社会热点问题为突破口，加强专项依法治理。要对人民群众反应最烈、呼声最高、影响最深的社会热点、难点问题实施专项治理，切实达到“人民满意”。市委、市人民政府拟出台“关于进一步治理经济发展环境的决定”，将严禁“三乱”、打击“假冒伪劣”、整顿经营秩序、严惩地痞地霸列为整治重点。各地各单位要在各级党委的统一领导下，依靠各有关部门，精心组织，明确责任，落实任务，取得实效。

三、加强领导，狠抓落实，全面完成一九九九年依法治市工作任务

关于领导的工作，市里已作部署安排，各区、县(市)要根据市里安排的意见，结合当地的实际情况作好传达贯彻。1999 年是关键的一年，工作任务能否落实，关键在于加强组织领导和科学安排。因此，这次会议以后，各单位一定要抓紧请示汇报，传达贯彻，真正把普法依法治理工作摆上重要的议事日程。这项工作不仅仅是业务部门的工作，也不仅仅是分管领导的事情，而是关系全局的大事，必须引起各级党务和领导足够的重视，尤其是一把手要亲自抓，负总责。要进一步健全各级依法治理领导小组，省里已经成立以杨正午同志为组长的依法治省小组。市里也将提高规格，作出调整。各区、县(市)都要依照省里的做法，抓紧建立由党政一把手任正、副组长的依法治县(市、区)领导小组，进一步充实办公室的力量，切实加强组织领导，各级解决足够的经费，保证 1999 年依法治市工作任务的全面落实到位。

同志们，辉煌的 1998 年已经过去，充满希望的 1999 年已经来临，让我们紧密地团结在以江泽民同志为核心的党中央周围，高举邓小平理论伟大旗帜，抓住机遇，顽强拼搏，用全市人民的聪明智慧，谱写依法治市的新篇章！

充分发挥职能作用
扎扎实实推进全市司法行政工作全面发展

——市司法局党组书记、局长杜振汉在全市司法局长会议上的讲话

（1997 年 3 月 2 日）

我们这次与全市政法工作同步召开的全市司法局长会议，主要任务是传达贯彻全国、全省地州市司法厅（局）长会议精神，回顾总结 1996 年全市司法行政工作的情况表彰先进，安排部署 1997 年的工作任务。全省地州市司法局局长会后，我们将会议的主要精神向市委、市人民政府、市人大、市政协的有关领导作书面汇报，向市局党委组作传达，下面我根据省厅会议精神，市领导的指示和局党组研究的意见，讲两个方面的问题，请同志们讨论。

一、1996 年全市司法行政工作取得明显成绩

1996 年，全市司法行政工作，在市委、市人民政府领导下。在上级主管部门指导下，按照省厅的总体工作部署，围绕一个中心，加强“四项工程”建设，各项工作都取得新的进展：

律师工作，全市 26 个律师事务所律师 264 人，担任常年法律顾问 893 家，刑事辩护案件 713 件，比上年增长 17%，民事、经济、行政诉讼代理 1267 件、1472 件、191 件，分别比上年增长 22.4%、15%、2.7%，担任非诉讼代理 2533 件，为企业和当事人挽回损失 2100 多万元。170 名专职律师办理法律援助案件 169 件。

公证工作，服务领域继续拓宽，担任常年公证 110 家，办结各类公证事项 30619 件，其中经济合同公证 27879 件，民事权益公证 1949 件，涉外公证 791 件，都比上年有所增长；

同时，拒办不真实、不合法公证 278 件，涉及标的 2451 万元。公证质量和案卷质量合格率分别达到 100%和 95.1%。

基层司法工作，人民调解坚持以预防纠纷激化为重点，深入开展“万百联促”活动，调处各类民间纠纷 37672 起，成功率 98.4%，防止民转刑 579 起，自杀 444 起 769 人，制止群众性械斗 124 起，抑制集体访闹事 667 去。全市 213 个法律服务所担任常年法律顾问 4391 家，办理“两个代理”9854 件，协办公证 9266 件，为当事人挽回和避免损失 7044.61 万元。

监狱劳教工作，实现规范管理，武陵监狱现有押犯 1441 人，其中前年收押 356 人，监管改造质量明显提高，历年逃脱的 12 名罪犯已抓回 11 人，全年杜绝“三防”事故。监狱生产形势较好，引进和发展 5 个新的生产项目，扭转生产经营滑坡的局面。市劳教所在教人员 1565 人，去年新收 1244 人，所内秩序一般稳定，生产形势喜人，创产值 1200 多万元，实现利润 125 万元。

法制宣传教育，配合“严打”举办违法人员学习班 75 期，1450 名有问题的人交代各种违法犯罪问题 1194 条，出动宣传车 2800 台次，印发宣传提纲 2 万余份、“四家”通告 10 万份，继续开展依法治村，治理成效日益显著；完成“二五”普法检查验收，总结表彰，75 个单位和 131 名个人获奖，“三五”普法启动有力、市委批转“三五”偶发规划，市人大会议通过决议。

法学教育，在生源不足的情况下多方发动，有 187 人报考法律大专，37 人报考本科，经法班招生多方努力招收 1107 名，完成上级核定任务的 119%，受到省厅表彰。9 个学历教学班的 458 名学生，有 5 个班 240 名毕业。

办公室工作，全市司法行政系统在中央级报刊发表稿件 56 篇，省级 331 篇，市级 318 篇。其发稿率全省领先，法制月刊、法制周刊发行均为全省第一。七月初，省厅在石门、鼎城召开“一刊一报”发行现场经验交流会。市局办公室、汉寿县局办公室被评为全省司法行政系统先进集体。

律协工作，去年 8 月份成立后，建立健全“三部一室”内设机构，制定议事、学习、财务和卫生管理制度。开展对个人和团体会员的调查，作出律师培训规划。

在完成上述工作中，县级局以澧县、临澧、石门、鼎城局处级最突出。

回顾 1996 年，我认为具体突出抓以下五个方面的工作：

(一)围绕“严打”斗争，积极参与城乡社会治安综合治理

为配合“严打”，市局发认真做好“严打”法制宣传教育的紧急通知，并采取督促办法狠抓落实。全市司法行政系统根据市局的部署，组织 700 多名司法行政干警直接参加“严打”斗争与搜捕、追逃等行动；同时充分运用法制宣传教育手段，在三级法制教育学校分期

分批举办违法人员训诫学习班，组织违法人员学习法律，对照检查，具结悔过，落实“联保”，取得明显效果。桃源县局为配合“严打”，组织法制文艺轻骑队进行“十对百日千村行”活动。他们自编自演群众喜闻乐见的法律文艺节目，走到哪里宣传到哪里，深受群众欢迎，同时深入开展纠纷排查治理活动。全市组织10万调解大军参加纠纷排治会议。4至6月，共排治纠纷激化隐患2394件。排治中，津市局做到现行纠纷及时排治，积压纠纷主动排治，疑难纠纷联合排治。汉寿县局在排治中定敏感地、查敏感事，访敏感人，效果很好。桃源、安乡县局针对农业土地微调引发的矛盾，组织集中专项排治，解决大量纠纷。武陵区局、德山司法办针对辖区内特困区企业多，职工生活困难，情绪不稳地，主动到企业解情况，及时给党委、政府当参谋，解决不少矛盾，受到各级领导好评。在整治城乡社会治安中，监所认真开展创建现代文明活动。武陵监狱、市劳教所，认真组织干警和在押、在教人员学习《监狱法》，监所出现学法律、促改造、奔新生的热潮。为全面推行规范化管理，对干警执法，罪犯和学院改造、监舍内务环境，基础业务、劳动现场管理等方面，制定便于操作的管理办法。通过一年努力，武陵监狱实现规范化管理，监管秩序明显改变。武陵监狱筹措50万元整修监房，使全监达到规范化管理标准，省局召开现场会推广他们的经验，为贯彻落实四家通告精神，监所在罪犯和劳教人员中深入开展交余罪，挖暗藏的活动，教育督促劳改、劳教人员交代余罪151条，检举揭发犯罪线索438条，其中有价值的线索234条。为使监狱劳教工作得到领导大力支持，一年来，先后请市委、市人大、市人民政府、市政协的领导分别考察监狱和劳教所，现场办公解决问题。与此同时，狠抓刑释解教回归人员的安置帮教，全市212个乡镇建立安置站，一些区县(市)局办过渡性安置实体，帮教安置890名回归人员，使其安居乐业。8月份，市综治委牵头召开安置帮教管理流动现场会，总结推广石门楚江镇司法所、桃源陬市镇司法所的经验，为维护社会稳定，大力推进依法治理，全力启动“三五”普法，具体做四件事：一是调整领导力量。在“二五”普法的基础上，全市各级普法依法治理领导小组作调整，各领导小组由当地主要领导任组长，充实领导成员，加强力量。市、县两级党委学习中心组共举办法制讲座23次，学习《国家赔偿法》、《行政处罚法》和新的《刑诉法》。二是全面部署。软件先行。全市县以上机关，单位都做“三五”普法规划、决议。为做好“三五”普法的准备，全市组建10个讲师团，有成员81人，发行普法书籍6万多册，培训骨干46期，落实普法、依法治理联系点11个。三是完善网络，加强硬件和规范化建设。县、乡、村三级法制教育学校正在建立、完善。9个区县(市)局的总校确定教学人员，添置教学设施；在各级财政普遍困难的情况下，市、县普法经费落实到实处，其中津市、鼎城、临澧、石门每年均0.3元，乡镇人均0.5元由财政拨付。四是上下联动，普法活动声势大。全市运用法制宣传月活动、参与全省百万公民法律知识大赛等手段，开展“三五”普法的学习和宣传。继续深入地开展依法治村民主管理的工作，取得有目共睹的效果。在依法治村的基础上，临澧县实施依法治乡、治县战略，其做法得到司法部领导的肯定。1996 年 5 月初，司法部常务副部长张福森听临澧县通过依法治县，促进全县社会稳定和经济发展的情况汇报后，给予很高评价。

（二）积极实施“护航、维权”工程，为发展全市经济提供法律服务和法律保障

根据省厅部署，去年我们以强化服务职能为目标，认真实施为国有企业发展保驾护航的“护航工程”和为维护农民合法权益为主要内容的“维权工程”。一年来，全市组织 9 个 106 人组成的法律服务宣讲团，由区县（市）局领导参与，深入到 53 个企业（其中特困企业 27 个）宣讲有关法律法规，调查解企业生产、经营管理和治安状况，帮助审查修改合同，整章建制，实行综合治理，收到很好的社会效益，据统计，各宣讲团因为企业审查修改各类经济合同 983 份，办经济合同公证 1293 份，通过代理诉讼和非诉讼，解决 240 多起经济纠纷案件，为企业避免和挽回损失 2540 万元。澧县洞庭砂布厂原是县里的骨干企业，曾有创年税收 400 万元的历史，近几年，由于领导法制观念淡薄，经营管理不善，导致人心涣散，铲平质量下降。宣讲团由县委副书记燕中炎带队，通过宣讲企业法，帮助工人提高市场竞争意识；讲经济合同法，帮助行管销售人员提高防欺诈意识，同时组织公证人员对未履行完毕的合同逐一审查，对新合同实行公证，又指派律师追回欠款 230 万元，宣讲团进厂不到一个月，厂里就恢复生产。桃源县宣讲团在为亏损企业开展“四清四帮”中，用诉讼方式帮助西溪水库、桃源供水公司收回水、电欠款 41.3 万元。为保护农民的合法权益，去年，主要做三件事：一是延伸法律服务网络。组织基层法律服务所为 1890 个村担任常年法律顾问。在其中 1010 个村设立法律服务顾问，由于法律服务网络密集化，有效地防止“三假”坑农事件的发生。二是参与打假行动。协助有关单位查处制止贩卖“三假”窝点 70 多处，其中挖掉销售假农药、化肥窝点 21 个。三是深入农村，为农民办理各类公证。去年二月，石门县政府举办土地使用权拍卖会，县公证处排专员到现场监督，出示公证，维护买方和当地农民的合法权益。澧县局对涉及农民负担的各类合同，要求一年以上合同办公证，一年以内的合同办见证，社会反响很好。

（三）加强教育整顿，狠抓县级局班子、队伍建设

一年来，我们针对区县（市）班子不稳、队伍难带的问题，提出“爱我司法、兴我司法、树立司法行政良好形象”的口号。市局研究制动“形象工程”方案，出台干警形象的八条标准，做四件事：

一是稳定班子。1995 年，多数县级局班子调整后，班子成员勤政廉洁，开拓进取，务实创新，有效地推动司法行政工作的发展。临澧县局班子上任后，做基层文章，下管理功夫，不断完善各项改革配套措施，使全县司法行政工作，取得新进步，今年 1 月被司法部荣记集体一等功。澧县局“一班子”精诚团结，勤政务实，各项工作都取得突出成绩，成去年

全市司法行政工作的一面旗帜。武陵监狱 1995 年 9 月班子调整后，全面推行规范化管理、改造、生产发生很大变化，创造十八个月无罪犯脱管逃逸、无重大恶性事故、无流行性疾病发生的历史最长纪录。

二是“四权”上收。“四权”上收是去年我们在队伍建设上做的一件富有成效的大事，结束基层司法行政机构“风雨飘摇”的历史。去年，我们认真落实省委办(95)26、29 号文件和市委办(95)61 号、市人民政府办(95)42 号文件，通过各种复杂细致的工作，把全市除安乡县以外的绝大多数司法所的人、财、物、事。收归县级局直接管理，同时使大多数乡镇对司法员的奖金、福利、补贴与乡镇干部一样落到实处；家属子女“农转非”、子女升学就业等实际问题，也视同乡乡镇干部一样对待，司法所原有房屋、交通、通信设备得到留用，并且“两房”建设纳入乡镇建设总体规划。我们的做法也得到司法部、厅领导的充分肯定。

三是规范机构，清调不合格人员。在加强队伍建设中，区县(市)局依照市委的要求，在征得当地编委同意后，确定股室设置数。机构增加后，区县(市)局依照公务员条件，充实股室人员。同时，清理调整基层司法员队伍，共调整清理出队 61 人，调整异动面达 34.5%。为使队伍适应工作需求，石门、桃源等县局，在征求的当地组织人事部门同意后，公开择优吸收一批法律专业的大中专毕业生到基层工作，使队伍更加年轻化。专业化，其思想素质更高。

四是围绕“三讲”运作，振奋干警精神.“三讲”就是讲学习、讲政治、讲正气、市局机关和区县(市)局中心组，坚持定期学习制度，并组织干警学习建设有中国特色的社会主义理论，学习江总书记有关加强党的建设的指示，学习党的十四届六中全会关于加强精神文明建设的决议。在加强学习的同时，组织集中教育整顿。引导干警学习党纪党规，教育干警清正廉洁，文明执法，市局对市直属单位 9 名违纪干警作出严肃处理。澧县局的整顿很有特色，敢动真格，对 4 名有问题的干警作出免职、辞退等处理；桃源、石门、汉寿、武陵区局的整顿也有成效。在抓好教育整顿的同时，我们狠抓典型，调动干警争先创优的积极性，涌现全国司法行政系统英雄模范朱文君，全省“三个十佳”羿保刚、徐珍伯、罗林阶，以及周日华、谭大武、张明祥等一批受到省以上表彰的先进典型。同时，市局拟定“五好”县级局的考核评比办法，经考核评比，澧县、临澧、石门、鼎城跨入全市司法行政县级局的先进行列。各区县(市)局进一步完善目标管理责任制和各种规章制度。临澧县局在制度建设上，从队伍管理、业务建设、机关保障等方面修订完善 20 多种规章制度，装订成册，受到省厅推介。

(四)狠抓县级局、司法所的基础设施建设，改变基层物质形象

1996 年，我们自觉加压力，负重求发展，继续狠抓县级局“十个一”工程的配套完善和司法所的“六有”建设的起步，使澧县、临澧、津市、石门、鼎城、武陵、桃源等 7 个县级局机

关达到或基本达到市局提出的标准。212个司法所中有57个所达到“六有”标准，占总数的30.3%。使机关和基层工作人员办公、生活、交通、通信条件有很大改观，得到省司法厅、司法部的充分肯定。司法部副部长肖建章、常务副部长张福森先后率员专程到常德考察，都给予很高评价。武陵区局前年底“十个一”建设的缺口还很大。去年初，分管政法的区委副书记、管财的副局长到区局现场办公，拍硬板，并将其作为司法局全年政绩考核的一项硬指标，结果7月完成办公楼装修、法制教育总校设施配套，接着又买回桑塔纳轿车。8月院落美化一新。澧县局为改变乡镇所的面貌，县委、县镇府分管领导都到乡镇拍板，采取“县财政补贴一点、司法局倾斜一点、乡财政解决一点、乡镇所自筹一点”的办法，使32个所的16个所基本达到“六有”标准，占总数50%。临澧县新安镇通过县局领导给镇党委、政府做工作，该镇投入150万元，征地5.8亩，1188平方米办公楼的修建今年即将竣工，届时将成为全省第一栋高标准司法楼。

（五）抢险救灾，积极组织干警向灾民献爱心

1996年7月，常德市遭受特大水灾，损失惨重。全市司法行政干警，积极响应市委“抗洪救灾压倒一切”的号召，战斗在抗洪救灾第一线。市局除担负武陵监狱、市劳教所的防汛抢险外，还负责澧县梦溪镇的防汛督促。为此，市局机关组织抢险应急队，深入抗洪第一线，帮助疏散、转移灾民，维护治安秩序，帮助调处纠纷20多起。桃源、汉寿、鼎城、武陵、安乡区县局的干警，在抗洪抢险中，不畏艰险，舍己救人，临澧、澧县、石门县局的同志们也伸出无私援助之手，涌现出许多动人事迹，为调处灾后纠纷，维护社会稳定，市局发出紧急通知，要求大力宣传法制，预防灾后纠纷激化，使各灾区没有发生因调处不当、不及时引发的民转刑案件。为支灾赈灾，全市司法行政干警，积极捐款捐物，仅市局及局直属单位，共捐款87050元，超过市委下达的（除交警外）所有市直属政法机关捐款7万元的总和，其中局机关捐款12850元，武陵监狱52500元，市劳教所18900元；另捐棉被189套，衣服2480多件。

一年来，我们的工作尽管取得一定成绩，但也存在一些问题。主要表现在：“四项工程”实施有些单位一般化，特别是基础设施建设工程，有的单位措施不力，缺乏负重进取精神；监狱经济工作面临的困难不少；劳教所逃跑事故突出，干警队伍素质有待进一步提高。县级局与乡镇的关系一些地方没有完全理顺；合理有效的管理机制有待进一步完善 。这些都有待于在1997年的工作中加以解决。

二、开拓前进，扎扎实实地做好1997年全市司法行政工作

1997年是全国历史发展上的重要一年，将召开党的十五大，恢复对香港行使主权，这是举世瞩目的两件大事。积极主动做好今年的司法行政工作，具有十分重要的意义。1977年全市司法行证工作总的指导思想是：以党的十四届五中、六中全会精神为指针，认

真贯彻全国、全省政法工作和司法行证工作会议精神，围绕“维护社会稳定、促进经济发展、加强精神文明建设”这个主旋律，突出法制宣传、法律保障法律服务三个重点，深化改革，扎实工作，进一步加大“四项工程”的实施力度，推进全市司法行政全面发展，为全市社会政治稳定和市场经济发展作出新贡献，以新的业绩迎接党的十五大的胜利召开。在全面贯彻“工作要点”的同时，突出抓好以下六个方面的工作：

(一)突出预防纠纷激化这个重点，全面做好基础司法工作

人民调解工作，是维护社会政治稳定的一件非常重要的工作，全市各级司法行政部门一定要把它抓紧抓好，抓出成效。要下力探索新形势下民调纠纷的特点和规律，采取一切可行的方式，化解人民内部矛盾，维护社会安宁。当前，影响社会稳定的因素很多，而大多数又来自人民内部，集体上访、请愿事件日益增多，一些农村由“三乱”引发的干群矛盾相当突出，一些特困企业的工人因生活没有保障情绪极不稳定，待业、待岗人员中的不稳地因素大量增加。正确处理这些矛盾，是司法行政部门首当其冲、义不容辞的责任任务。因此，要进一步健全全调解组织，密集调解网络，3月份各区县(市)局对所属基层调解组织进行一次认真地摸底排队，在此基础上，对三类调委会、失控村调委会要重点整顿，今年对企事业单位民调组织要进行一次清理整顿，重新恢复建制，配齐配强调节力量，然后分期分批，组织全员培训，教育调节人员树立“三公”精神，做到解决疑难纠纷像“愚公”，调处纠纷像“济公”，准确断案像“包公”，不断增强责任心和使命感；以娴熟的法律知识和较高的技巧化解人民内部矛盾，使纠纷调处率和调解成功率，在去年的基础上增加一个百分点，并把“民转刑”案件和因调处不当或不及时而引发自杀事件的发生数控制在万分之零点四以内，确保不出现群体械斗和上访闹事事件，要按照常综合办(97)2号文件精神，4月至5月，全市要认真组织开展“百乡千村创四无、十万大军抓排治”的专项活动；在香港回归祖国期间，要开展一次影响社会稳定的大规模调查，挖掘各种有碍稳定的隐患，做好防范工作。要巩固和发展区域、边界、行业联调组织以形成主体联防网络，要进一步加大联防联调工作力度，确保本地、边邻地区的社会稳定。

基层法律服务工作，要以维护农民合法权益为重点，3－5月，各区县(市)局要开展“送法律下乡”活动，组织人员深入乡村，宣讲宪法、民法、农业法和国务院“减负”条例，以及省、市委、人大、政府的有关规定，在治“三乱”、打“三级”、化矛盾、解纠纷等方面多出新招，力创实绩。要认真做好日常法律服务工作，办理法律事务的总数要比去年大有增加，质量明显提高，经济效益按比例增长。为此，要层层落实责任制，签订责任状，严格奖优罚劣，确保法律服务各项指标完成。

要把刑释解救回归人员的安置帮教，作为基础司法工作的一件大事来抓。市局和区县(市)局的基层科股，要分工专人指导管理这项工作，确保乡乡建立“两劳回归人员安置

帮教管理站”，各站有人兼管，帮教制度齐全，管理工作落实，提高帮教安置率，降低重新犯罪率。同时，各区县(市)局上半年都要在城镇办1～2个过渡性安置实体试点，并以此为基础，将其于生活中有困难的两释人员通过其他途径安排就业，使他们生活有着，自食其力。为做好这项工作，全市司法行政系统要端正思想，提高认识，站在维护社会稳定的高度，克服困难，想方设法，扎扎实实地把这件事情办好。要求年内办各中安置实体达乡镇建制度数的30%以上。

(二)在建立刚性机制上下功夫，全面开展“三五”普法和依法治理

省厅提出，1997年要成为全省大学大用法年。要始终抓住领导干部带头学法用法这个龙头，掀起大规模的群众性学法新热潮，要大力推广临澧县依法治县的做法，加大依法治理各项事业的力度、广度和深度。今年争取所有区县(市)、60%的乡镇制定依法治理5年规划，并由党委作出决议，人大作出决议、政府和法院、检察院制定实施方案，扎扎实实地把依法治市、治县、治乡工作开展起来。偶发和依法治理工作要在建立健全刚性机制上下功夫，真正做到由虚变实、由软变硬、由弱变强。要努力争取党委、政府支持，争取普法常设机构、编制、人员、经费尽快落实到位。要认真贯彻省委组织部、省人事厅、省普法和依法治理领导小组办公室联合下发的有关统一实行干部《普法合格证》的通知要求，将学法用法情况作为考核、提拔、使用干部的重要依据，切实树立司法行政的权威；同时，充分发挥三级法制教育学校、特别是总校的作用，切实搞好各种对象的法律知识培训，保证常年培训不断线。要认真推广桃源经验，全市要组织各种形式的文艺宣传活动，要求各区县(市)局都要组织小型普法宣传队，用百天时间到千个以上村宣传法律法规知识。7月底活动完毕后，市普法办将召开专题会议进行总结表彰。

为深化批发和依法治理培养法律人才，是全市各级司法行政部门的一项重要任务。因此，1997年市局和区县(市)局都要大办法学教育，充分利用“总校”这块教育基地，在现有班次的基础上，抓好成人中专、大学学历教育班的招生工作，完成省厅分配的招收450名经法班学院任务；同时，要强化对系统在岗人员的业务培训，不断提高队伍的整体素质。

(三)加快现代化文明监所创建步伐，下力搞活监所经济

在创现代化文明监所中，当前武陵监狱和市劳教所存在的一个共同突出问题是少数人干警思想政治素质不适应创建工作的需求，文明执法，甚至违反纪律，常有发生，这方面市劳教所尤为突出。所以，提高干警素质，是争创文明监所的当务之急。监所，特别是劳教所一定要在这方面多下功夫。要像武陵监狱那样，严格执行《监狱法》，认真落实严格、依法、科学、文明管理，坚决杜绝“三防”事故。在提高干警素质，搞好软件建设的同时，要下大力改善监所设施，真正做到：关得下、教育好、跑不的要求。武陵监狱在进一步加强干警队伍建设，完善规范化管理，改善狱政设施的前提下，今年力争2个大队达到省级文明监区标准；市劳

教所也要争取1～2个大队达省级现代化文明所区。搞好监所生产，是加快创建文明监所的重要环节和必由之路。武陵监狱要不断引进、开发新产品，搞活销路，增加效益，争取甩掉历史包袱，扭亏为盈；市劳教所的生产形势较好，今年要更上一层楼。

监狱、劳教所要认真落实1994年国务院办公会议纪要和1995年国务院4号文件精神，进一步争取市党政府领导的重视和有关部门的支持，按照《监狱法》的规定，争取财政拨款经费按标准尽快全额到位。

（四）继续学习贯彻新《刑诉法》和《律师法》，全面加强律师队伍管理

今年定为律师管理年，要以巩固、发展壮大国资、合作、合伙多种体制并存的律师机构为目标，按照《律师法》的规定，切实加强律师的管理力度。市局以常司发（97）12号文件作出“关于律师管理工作的规定”。主要内容是：废除收费上交承包制，坚决统一收案收费。律师收案首先等级，向本市交清服务费后，凭收费单据填写案件批办单，经所领导签字同意后，再凭单与委托人办理代理手续。要合理解决律师利益分配问题，实行定基数，按比例提成的分配制度；对连续两年完不成任务基数的予以解聘，三年完不成的不准注册或按程序取消律师资格。坚决反对不正当竞争。律师移动必须按程序办理；律师办案不准以降低收费标准为诱饵，争抢市场，抢案源；不准以低于原顾问律师的收费标准争抢顾问单位。同时，区县（市）局要实行分管领导责任制，与所属律师所签订责任制，明确律师事务所的权利和义务，确保律师所的思想政治工作、业务工作、收费任务落到实处，市局拟出台律师管理方面的六条保障措施，即建立律师办案申报制度；聘请律师督查员由县级局公律股选派一名同志参加建立行政执法队伍；定期审计律师所的财务；实行听证会制度；公布投诉电话，自觉接受社会各界的监督，要按照司法部的有关决议，加强惩戒制，在查清问题的基础上，坚决把那些徇私枉法、贪污受贿、道德败坏以及乱收费、侵占公款、私分或变相私分等违法违纪律师清除出去，不断纯洁律师队伍，切切实实把律师的行为统一到法律和制度允许的轨道上来，以推进律师工作的健康发展。要加强律师业务培训，不断提高律师辩护技能，以适应新的《刑诉法》对律师工作的需要。

要大力拓展律师业务，今年律师工作的重点是为国有中小型困难企业与国有商业企业服务，运用法律手段帮其走出困境，保驾护航；同时，要积极将法律服务触角伸向民营企业，帮助个体经营户增强法律意识，守法经营，合法经营，推进民营企业健康发展。要落实法律援助规划，尽快把市法律援助中心建立起来。

公证工作要在加强内部管理体制改革，借鉴律师工作管理办法，增强内部活力的基础上，大力拓宽公证领域，今年各项可比性指标都要比去年增长10%；以上维护公民合法权益，为工商、民营企业保驾护航，是公证工作义不容辞的职责，各公证处要全力抓住这两个重点，大力拓展各项公证业务。

（五）继续贯彻落实省委、省政府办公厅(95)26、29号和市委、市人民政府两个相关文件，进一步规范基层基础建设

要进一步强化县级局的法律保障、法律服务、法律宣传教育三大职能和十一项任务，紧紧围绕党的中心，创造性地开展工作。要继续完成乡镇“两所”的“四权”上收，要求100%的“两所”收归县级局统一管理。要加大理顺与乡镇关系的力度，切实解决好乡镇司法员与乡镇干部享受同等福利待遇等问题。要按照上级规定的程序和办法解决招聘司法员录用为国家公务员的工作。

同时，要继续加强基础设施建设。已经完成“十个一”建设目标的七个县级局，今年应继续增加投入，完善配套设施建设，进一步改善办公、生活条件；尚未实现目标的汉寿、安乡县局，今年要力争实现。乡镇“两所”的“六有”要增加到80%。根据全市经济状况，按三种不同类型的建设标准分类实施：一是较富裕地区，以临澧县新安镇所为标准；二是平湖区，以桃源陬市镇、鼎城镇德桥所为标准；三是山丘区，以石门楚江镇、澧县宜万乡所为标准。各区县(市)局要像桃源、鼎城局那样。把法医鉴定室搞起来，这要作为基础设施建设的一项内容抓好落实。

（六）切实加强精神文明，努力培养一支高素质的队伍

江泽民总书记在全国政法工作会议上指出，“要大力加强政法队伍的职业道德建设，增强职业道德观念，提高执法水平，为人民严格执法，热情服务”。这是以江泽民为核心的党中央在把社会主义精神文明建设提到更加突出地位的新形势下针对政法队伍建设的实际作出的重要部署，作为我们司法行政的职业道德建设要以“严格执法，热情服务”为主要内容，大力开展为人民服务的宗旨教育，增强公仆意识，提倡奉献精神，克服特权思想，在广大干部职工心中筑起一道坚不可摧的道德长城。特别是我们司法行政工作在社会分工中担当的是社会正义的捍卫者与利益冲突的仲裁者，公正执法是其职业道德的根本所在，如果执法而不公正，就会丧失这一特定角色存在的价值。这也就体现我们在保持社会稳定、推动社会进步、促进社会公正、安全、文明、健康发展的伟大事业中负有特殊的历史使命。

省厅发《加强全省司法行政系统精神文明建设的意见》，年内省人大将出台《湖南省普法和依法治理工作条例》，以推动精神文明建设。我们要结合本地实际，制定出具体的规划与措施，使精神文明建设在全市司法行政系统扎扎实实地开展起来。要按照省政法委的部署抓好队伍整顿，在三月底前把律师队伍、基层法律服务队伍和监所干警队伍整顿好。要在系统内部大力开展创建文明单位、岗位和家庭的活动，抓好典型，用榜样的力量激励本系统人员奋发向上。市局要推出一批文明服务“示范窗口”单位。在单位推荐、群众评议的基础上，确定县级局领导、律师、公证、基层工作、机关科股室“示范窗口”。要继

续开展反腐败斗争。开展以落实各项制度为中心的“阳光行动”。为此要坚持办事公开、内部权力分解、岗位轮换、离任审计、监督评审等制度，在落实制度中，纪检、监督部门要切实负起责任来。要特别加强对财务的管理，在充分调动机关人员创收积极性的同时，要严格禁止科股室设立“小钱柜”，不允许资金在没有财务管理监督的情况下搞“体外循环”。为此，机关在严格审计、科学预算的基础上实行创收统收、支出包干、节余有奖的经费管理体制，坚决纠正机关财务管理混乱的不正常状况。

为加强精神文明建设，全市司法行政系统的各级领导要勤政务实，切实转变作风，深入调查研究，年内要对维护社会秩序稳定的情况，为商业和民营企业服务的情况，以及监狱经济发展等情况进行深入的调查研究，以便采取措施，把这些方面的工作促上去。要加强行政执法监督和行政执法监督检查工作，抓好行政执法人员培训，确保司法行政工作健康有序地发展。要把《法制周报》、《法制月刊》的发行，作为全社会精神文明建设的一件硬事来抓，克服困难，以深入扎实的工作作风，以县级局主要领导的号召力和影响力，坚决完成省厅下达的任务，并确保及时全额上交证定款。同时，不打折扣地完成《当代司法》、《人民调解》、《湖南司法行政志》、《常德地方志.司法志》等的发行任务。要切实做好信息和通讯报道工作，增强司法行证工作的社会知名度。

同志们，我们这次会议精神非常重要，希望大家回去以后，根据全市政法工作会议精神和市局确定的全市司法行证工作要点，结合本地实际迅速研究贯彻意见，并向当地党委、政府汇报。为全方位推进司法行政工作，尽全力维护社会政治稳定，促进市场经济发展，加强精神文明建设做出更大的贡献，以优异成绩迎接香港回归和党的十五大胜利召开！

在庆祝全市司法行政机关恢复重建20周年大会上的讲话

市司法局党组书记、局长 周利党

（2000年11月10日）

常德市司法行政恢复重建已经20年，20年来，常德市司法行政工作在党的方针政策指引下，在市级几大家领导的亲切关怀和上级主管部门的重视支持下，乘着党的十一届三中全会的春风，伴随着人民共和国前进的步伐，以改革求发展，以作为求地位，艰苦创业，开拓进取，取得令人瞩目的成绩。我们召开今天的庆祝大会，就是通过总结过去，展望未来，进一步明确今后一个时期全市司法行政工作任务，激励全市司法行政干警为继续推进依法治市进程，加速常德市民主与法制建设而努力奋斗。

一、稳定发挥重要的法律保障作用

稳定是发展和改革的前提，发展和改革必须要有稳定的政治和社会环境，为此，我们坚持以维护社会稳定为首要任务，充分发挥司法行政机关在维护社会稳定中不可替代的作用。

（一）认真执行刑罚和劳动教养的工作职能，依法治监治所，监狱劳教工作稳步前进。监狱、劳教所作为司法行政机关的重要组成部分，在维护稳定方面具有十分重要的作用，因此，我们 始终把监狱、劳教工作放在一切工作的首位，确保监所安全稳定，努力维护一方平安，自83年以来的历次“严打”统一行动中，监所部门努力克服监（所）人舍爆满、经费紧缺等重重困难，努力挖掘自身潜力，按要求圆满完成收押，收容任务。同时，还配合“严打”斗争，在狱所内普遍开展坦白检举，深挖余罪、追捕逃犯以及大规模的狱（所）内专项治理活动，保持“严打”声威，打击反改造分子的嚣张气焰。20年来，全市监狱劳教部门共收押罪犯7100人，收容劳教人员13409人，基本上做到“公安机关送多少，监狱劳教场所收多少”，另外，在监狱工作上，始终强化监管改造工作，保持监所内部的安全和稳定。首先，整章建制，完善管理。市司法局先后下发《关于加强监狱管理工作若干问题的规定》和《关于加强劳教管理工作的几点意见》，不断建立健全各项安全管理制度，努力增强狱所领导和广大干警的专项意识和工作责任感，其次，切实加大检查考核力度，狠抓各项管理制度和防范措施的落实。在此基础上，大力开展规范化达标活动，全面推行分类分级管理，有效维护场所安全稳定，确保罪犯和劳教人员改造质量。据统计，1999 年与 1983 年相比，狱（所）内发案率从 4.5‰下降到 1‰，脱逃率从 4‰下降到 1‰。罪犯和劳教人改好率一直保持在 90%以上，大多数开释解教人员回归社会后成为自食其力的守法公民。三是积极探索新形势下教育改造工作的新路子，保持教育改造质量的稳步提高。监狱、劳教部门还本着教育培训与生产实际和刑（教）满就业相结合的原则，实行狱所内教育与社会教育逐步接轨，组织罪犯和劳教人员开展职业技术培训，岗位技能培训和文化知识学习，截至目前止，已有 2134 人获得毕业，结业和技术等级证书，为走向新生奠定坚实基础。四是软、硬件建设逐步加强，创建现代化文明监所工作深入发展。一方面：监狱、劳教工作财政保障体制进一步落实，狱所基础设施进一步加强，据统计，狱所干警人头经费分别由恢复重建时的 1500 元上涨到 10000 元，基础设施投资达 6300 万元以上。另一方面，为适应社会主义市场经济发展，监狱、劳教工作本着有利于罪犯和劳教人员改造的原则，不断完善劳动改造手段、努力发展监所经济。目前，监所生产已涉及 10 多个行业，拥有 30 多个产品，基本上满足对罪犯和劳教人员进行劳动发行的工作需要，并在一定程度上弥补监所经费的不足。特别是 1996 年以来，监狱、劳教部门按照司法部的统一部署，总体规划，统筹安排，强化措施，全面推进，加大创建现代化文明监所力度。经过几年的努力，市劳教所和武陵监狱一监区率先进入省级现代化文明监所（区）的行列，使我监狱劳教工作的整体水平迈上一个新台阶。

（二）不断构建基层法制建设体系，全面参与社会治安综合治理，社会稳定的第一道防线作用更加坚固。随着改革开放的不断深入和社会主义市场经济体制的建立和发展，人民内部矛盾呈现出多样性和复杂化的特点，为适应形势发展的需要，我们坚持走改革之路，走发展之路，不断建立健全基层法制建设体系，筑牢维护社会稳定的第一道防线。一是健全以司法所为依托的基层司法行政网络，夯实预防和化解社会矛盾的组织基础。首先，大力加强基层司法所建设，恢复重建之时，全市虽然做到在每个乡镇建立司法所，但在相当长一段时间内，基层司法行政组织体系并不完善。为切实理顺关系，市委、市人民政府曾先后下发《关于进一步加强司法所和司法助理员队伍建设的通知》《关于加强基层司法行政工作的通知》等文件，实行司法所的人、财、物、事以县级司法局为主，乡镇参与工作指挥和干部管理的新体制。同时，逐步健全完善以基层法治宣传网络、人民调解网络、法律服务网络、刑释解教人员安置帮教网络为主干的基层法制建设体系。今年以来，为增强信息反馈和快速反应以能力，全市又普遍建立由县、乡、党政主要领导挂帅，司法行政部门牵头，相关部门共同参与的调解中心，在此基础上，进一步完善县、乡、村、组、户五级调解网络，从而为维护基层稳定提供可靠的组织保障。二是坚持“调防结合，以防为主”的方针，努力维护基层社会稳定，预防和化解社会矛盾，基层司法行政机关比其这任何部门都更具有职能优势。20年来，全市司法行政部门根据新时期人民调解工作的不同特色，不断改进工作措施，努力强化职能手段，切实做到“案不过旬、调不推庭、闹不扰政、民不转刑”，同时，针对不同时期的不同特点，因地因时地开展民间纠纷大排查行动。近三年来，全市持续开展“百乡乡千村创‘四无’，十万大军抓排治”活动，每年排治纠纷就有3万多件，调解成功率达96%以上，并成功防止民间纠纷激化4100多起。此外，全市司法行政部门还积极探索人民调解工作新途径。常德市创造的“十户联防责任制”、“和风行动”、“湘鄂边界联调”等成功模式，早已享誉全国。三是积极参与刑释解教人员的安置、帮教工作、努力预防和减少重新犯罪。全市司法行政部门把帮助、教育、感化刑释解教人员当作自己义不容辞的责任，以高度的责任心和使命感，全力以赴地投入到这项工作中去，市、县、乡三级普遍建立以党政领导挂帅的安帮领导小组，并以村级为单位建立刑事解教安置帮教站，形成安置帮教网络和司法行政。公安、工商等部门齐抓共管的格局。同时，逐人建立工作台账，落实由基层干部，治安积极分子，家属亲友为主体的“三帮一”帮教小组和包安置、包教育、包转化的“三包”帮教责任制，有组织，有计划地对刑释解教人员进行安置帮教。据统计，全市刑释解教人咒回归后的帮教率达100%，安置率达85%以上，重新犯罪率控制在5%以下，有效地减少社会乱源，维护社会稳定。

（三）认真履行刑事辩护和民事代理职责。积极参与严打斗争，有效维护法律正确实施。律师工作在维护国家法律正确实施和社会稳定，促进法制建设发展方面起着重要作用，全市律师以维护社会稳定为己任，坚持以事实为根据，以法律为准绳，注意在案件事实认定，法律适用，量刑尺度等方面提出法律意见，帮助审判机关准确适用法律，有效维护法律的正确实施。20年来，全市律师共承办刑事辩护12281件，民事代理15367件，基本上做到程序规范，公正合法。在刑事辩护和民事代理过程中，律师还协助有关部门耐心做受害群众的法律事务得到妥善解决，由于全市律师卓有成效的工作，受到社会的广泛关注和好评。今年来《常德日报》开辟专栏，对常德市律师工作进行系列报道，进一步扩大律师工作的社会影响。

二、始终坚持法制宣传与法律实践相结合，普法依法治理工作取得显著成效

普法依法治理是全国社会主义民主和法制建设的重要基础性工作，也是司法行政机关的一项重要职能工作。从1986年实施第一个“五年普法规划”以来，全市司法行政机关

高举依法治国的伟大旗帜，卓有成效地开展普法和依法治市工作。特别是党的十五大将“依法治国，建设社会主义法治国家”作为治国的基本方略，我们紧紧抓住这一双刃剑得的历史机遇，举旗抓纲。乘胜前进，确保普法依法治市工作健康有序地开展。

（一）抓住着重点，全面开展群众性普法教育。从1986年开始，我们已经圆满完成三个五年普法规划。在三个五年普法期间，全市司法行政部门紧紧抓住群众性普法这个重点，采取多种形式，全方位地开展以提高人民群众法律素质为目标的法制宣传教育。首先，我们针对农村普法难的问题，每年年初由市县普治办牵头，司法局及公、检、法和卫生、税务、国土、林业、水利等部门紧密配合。十五年如一日地实施以“六个一”为标准的“送法进农家”活动，即每年为农户送一份法制资料；为乡镇送一台法制文艺节目；在山区乡镇开展一次义务法制咨询；在人口稠密的集镇办一块法制不宣传墙报，对轻微违法人员办一次法制培训班；在重点乡镇办一个依法治村的点。同时，我们还采取寓教于乐的方法，将民间艺人组织起来，组成普法文艺轻骑队，利用群众喜闻乐见的旗鼓，顺口溜，快板，丝弦、表演唱等演出形式，以戏传法，深入田边地头开展法制教育。10多年来，全市共组建法制文艺轻骑队157个，走村串户演出3万多场，观众达180多万人次，深受人民喜爱。这种由常德市首创的普法形式经《人民日报》和中央电视台等10多家新闻单位报道后，很快风靡全国，我们还狠抓普法宣传阵地建设，全市以县设立法制教育总校，在乡镇设置法制教育分校，在所有村（居）委会设立法制夜校，在村（居）民小组设立法制学习室、乡、村组三级法制教育组织与县总校一起构成四级普法教育网络，通过每月举办两次法制讲座，运用广大人民群众身边发生的案例以案释法，形象地传授法律知识，为营造普法教育的良好氛围。全市各地还大力开辟法制宣传园地，在街道和人口聚集地设置固定法制宣传园地，在街道和人口聚集地设置固定法制宣传橱窗9780多个，将常用的法律法规编成警言，警句或摘录有关法律条款，向群众进行宣传。市、县两级还分别在报纸，电视和电台上开辟普法宣传专题栏目、定时，定期地向人民群众进行法制宣传教育。此外，各地还针对群众运用和理解法律条文困难的情况，组织部分律师和法律工作者编写20多万字的《常德法律法规知识手册》。由于《手册》深入浅出，通俗易懂，受到人民群众普遍欢迎，为将《手册》送到群众手中，我们采取普法部门牵头，机关单位“三包”（包经费、包发放、包宣传）的办法，先后义务发放100余万册，使《手册》进入全市90%以上的家庭，去年10月，澧县甘溪村三名外出务工的农民。凭着随身携带的一本《手册》，在东莞市的一起工伤索赔案中一举胜诉，消息传出后，广东省普法部门专门致函向常德市过取《手册》样本。

（二）抓住着眼点。全面提高法制化管理水平。随着依法治国的不断推进，法制在改革、发展、稳定中的重要作用越来越明显。为此，我们着眼于各项管理工作法规化、规范化，突出抓如下三个环节，一是领导学法用法。1994年以来，中共中央举办10次法制讲座，江总书记每次都亲自主持并发表重要讲话，我们借着这股强劲东风，切实把学法用法摆上各级领导干部的日常工作议程，目前，各级领导班子中心学习小组一月一次学习法律知识已成制度。同时，我们还大力引进刚性机制，与组织，人事等部门联合发文，明确规定凡未取得《普法合格证》的干部一律不得任用提拔，在此基础上，我们还积极推进政府法律顾问制度，全市乡镇以上各级政府都聘请法律顾问，促进领导干部运用法律手段处理政务，依法决策、依法管理的自觉性不断加强。二是依法行政和公正司法、全国80%以上的法律法规由行政部门执行，行政执法关系着公正司示的实现。为此，我们采取专门办班和上门辅导等方式，积极组织和指导行政执法部门认真学习专业法规，不断提高行业管理能力，仅今年，我们就与市委组织部、人事局、综治办等单位一道。共同举办三期行政执法人员培训班，来自全市行政执法部门的89名处级以上领导和305名行政执法人员通过学习培训，法律素质和执法水平得到显著提高。三是培训法律专业人才，为最大限度地缓解社会对法律人才的需求矛盾，市、县两级司法行政部门充分发挥法学教育的优势，不断完善结构，提高办学质量，基本形成全日制教学、函授教、辅导教学、脱产学习相结合，学历教育、成人教育和岗位培训并存在法学教育体系、共培养出本科生268名、专科生3200名、中专生895名、市场经济法规证书班学员4930名，使常德市法律人才严参与的法律实践活动，是普法不断深化的产物，全市司法行政部门因势利导，顺势而上，积极组织开展蓬蓬勃勃的依法治市活动。为保障依法治市活动的开展，全市各级相应调整充实以党政一把手为正副组长的依法治市领导小组，配齐配强由市、县司法局长任主任的依法治市专门机构。同时，各级还成立由德高望重的老领导组成的依法治市督查团。在上基础上，我们始终把依法治市工作定位在高起点上，不断改进工作方法，加大工作力度，把依法治市的工作全面落实到基层，迄今为止，全市依法治村、治厂、治企、治店、治校已达100%，1200多个行政机关开展依法行政、依法管理、依法监察，深入全面开展依法治市的局面已经形成，并逐渐走上经常化、正规化、制度化的轨道，在依法治市工作中，我们还积极探索、总结、推介不少成功地经验和模式，如在依法治村这个环节上，我们通过实施以争创“六星级”农户活动和评选“法制家长”为主要内容的“细胞工程”，用家庭小气候改善社会大环境，使依法治村工作落实到社会的最基本单元，在1999年全国依法治理经验交流会上，常德市依法治村的典型经验受到与社会代表的高度评价。此外，常德市依法治理水患和依法治理工程腐败等经验、也都受到社会的广泛好评，《人民日报》等新闻媒体都曾作过重点报道。

三、始终坚持社会效益第一，围绕“主战场”，实施“大服务”，法律服务领域不断拓展

在建设社会主义市场经济体制的过程中，司法行政如何进步强化自身职能，更好地为经济建设保驾护航，这是司法行政机关恢复重建之际就面临着的一个新的课题。20年来，我们审时度势，锐意改革，紧紧围绕经济建设的重点，热点和难点。认真履行法律服务

职能，努力拓宽服务领域，有力地促进全市的经济发展。

（一）以“大服务”的思想为指导，确保法律服务事业的发展方向。实践使我们认识到：经济工作是党和政府的中心工作，运用法律武器为经济建设保驾护航是司法行政机关的神圣职责。为此，我们提出在服务空间上“无处不在”，在服务时间上“无时不有”，在服务内容上“无事不用”，在服务对象上“无所不容”的法律服务工作思路，市县两级司法局成立由一把手挂帅的直接为经济建设服务领导小组，制定《常德市司法局直接为经济建设服务的方案及考评细则》，把服务经济建设纳入单位和个人的重要评先内容，同时，加大指导督查力度，确保法律服务各项措施落到实处。

（二）勇于开拓，大胆创新，法律服务的重要作用日益显现。我们根据司法行政工作的职能和要求，主动出击，全面介入，自觉主动地寻求法律服务和法律保障。全市司法行政机关特别重视发挥律师、公证、基层法律服务机构在调整市场主体关系方面的中介组织作用，不断增强法律服务的针对性和有效性。近年来，全市持续开展以维护农村经济为主要内容的“维权工作”，以促进国有企业发展为主要内容的“护航工程”，以为下岗职工提供法律救助的“双千双万”工程，同时，常德市法律服务的方式实现“三个转变”，即：变单纯咨询性服务为“渗透性”服务，变事后性服务为事前性服务，变坐等上门的被动性服务为“主动介入”的积极服务，我们还特别注重发挥法律服务的特殊功能，积极为领导经济决策当“参谋”，为经济发展当“向导”，为厂矿企业当“顾问”，为招商引资当“红娘”为下岗职工当“济公”，从而为经济建设提供更有力度、深度和广度的法律服务。据统计，20 年来，全市共承担法律服问 6000 余家（次），办理经济类诉讼 4 万多件，办理各类经济类公证 80 余万件，公证种类达 100 多种，拒绝和制止不法经济活动 1700 多件，过回赔欠款 5 亿多元，避免可能造成的经济损失 10 多亿元。此外，我们还注意运用法律手段超前化解各种经济矛盾。如去年，我们围绕建立一套科学有效的金融管理体系，充分发挥法律参谋作用，帮助金融机构实现法制化管理，使整个金融经营体系实现良性循环发展。常德市防范金融风险的工作受到上级的高度评价，司法部和省司法厅及时予以推介和表彰。

（三）法律服务网络渐成规模，队伍逐步壮大，人员素质明显提高，为法律服务事业的发展提供可靠保障。全市法律服务工作抓住市场经济快速发展的机遇，积极推进法律服务机构的体制改革和内部管理机制改革，大力组建各种法律服务组织，布建起纵横交错的法律服务网络。一是以律师事务所、公证处、基层法律服务所为主体的法律服务网络；二是以法律援助中心为主体的法律援助网络；三是以“148”为主体的社会服务网络，到目前为止，全市律师事务所、公证处和法律服务所分别达到 28 个、10 个和 72 个，律师事务所和法律服务所分别是恢复重建时的 3.1 倍和 3 倍，与此同时，我们还大力加强法律服务队伍建设，采取集中培训和个别自学相结合，考试与考核相结合等方法，使法律服务队伍的整体素质有显著提高。目前，全市律师、公证人员和乡镇法律工作者分别达到 240 人，37 人和 294 人，分别是 1980 年的 18 倍，3 倍和 4 倍，法律服务机构的建立健全和人员队伍的不断壮大，为法律服务工作的顺利开展奠定良好的基础。同时，我们还以开通“148”法律服务热线和组建法律援助中心为突破口，全面启动司法行政机关社会服务功能。一年多来，全市全面开通“148”专线，有 5 个区县建立法律援助中心，共接答法律咨询电话 21000 多个，接待上门咨询人员 2400 多人(次)。为 747 名提出法律事务请求的群众提供上门法律服务，直接调解纠纷 620 多起，向政府转达群众意见 91 条，为 690 多名社会贫、弱、残、困者提供法律援助，有效地为党和政府与人民群众之间铺就一条绿色通道。常德市“148”工作由于起点较高，运作规范，不仅在全省作典型发言，副省长唐之享还亲笔批示：“推广常德经验”，今年无月；市法律援助中心还被司法部指定为全国唯一市级示范单位。

四、始终坚持队伍建设，从严治警，从优待警，努力树立司法行政队伍的良好形象

为努力建设一支高素质的司法行政干警队伍，我们始终坚持从严治警，依法管警，精心育警，从优待警，有力地推动全系统精神文明建设的不断发展。

(一)坚持以人为本，强化队伍思想政治建设。全市司法行政系统坚持抓思想政治教育，用邓小平建设有中国特色社会主义理论武装干警头脑，突出讲政治，使干警坚定正确的政治方向。同时，采取多种形式，在干警中开展社会主义市场经济理论教育、爱国主义教育、法制教育、廉政廉洁教育为人民服务宗旨教育和职为道德教育，使干警树立正确的世界观，人生观、价值观，我们还将经常性的政治思想教育与阶段性的集中教育整顿相结合，查处违法违纪案件与整章建制相结合，文化知识学习与业务技能培训相结合，使干警的知识结构、业务素质和执法水平不断提高，凝聚力，战斗力进一步增强，经受住国内国际各种政治风波的严峻考验。特别是 1999 年以来，我们认真贯彻中央 6 号文件和 17 号文件精神，加大队伍建设和思想政治工作的力度，陆续开展以“讲学习、讲政治、讲正气”为主要内容“三讲”教育活动，把队伍建设尤其是领导班子建设推向一个新阶段。在此基础上，进一步加强党风廉政建设，深入开展反腐败斗争，认真坚持领导干部廉洁自律，纠正部门和行业不正之风，查处大案要案，严惩少数腐败分子，使司法行政干警队伍进一步适应新形势发展。

(二)坚持从优待警，强化队伍保障服务体系。司法行政机关恢复晚、底子薄、困难大，为此，我们坚持为司法行政业务服务、为基层服务、为干警服务的指导思想，加强综合服务保障工作，形成完整的综合保障服务体系，保障能力不断提高，第一，通过上争下保，走自我积累，自我发展的道呼，努力拓宽资金渠道，业务经费有较大比例的增长，较好地保证各项业务工作的需要。第二，大力加强物资装备建设，特别是通过实施“十个一”和“六有”工程，使区县局和乡镇“两所”的基础设施建设有突破性进展。目前，区县局已全部实现“十个一”目标，60%以上乡镇“两所”达到“六有”标准。与此同时，市局机关也将机关建设作为“形象工程”的重要内容，仅近三年来，就自筹资金200余万元，新修一栋综合大楼和一栋干警宿舍楼，办公楼也修葺一新，还筹集资金改造输电线路和送水管道。此外，成功地组织实施机关“亮化工程”和“绿化工程”，前不久，由局机关被市委、市人民政府授予常德市“园林式先进单位”。第三，千方百计落实“从优待警”措施。我们把“从优待警”作为政治工作的重要组织部分，把思想教育与理解干警、关心干警、爱护干警紧密结合起来，不遗余力地解决干警的福利、住房、职级以及子女入学、就业等问题，大家最为关心的警衔津贴已于今年1月在全省率先得到解决，着装问题也即将落实，从而使干警更加热爱司法行政工作，更加安全司法行政工作。

（三）坚持典型引路，强化激励机制。我们十分注重先进典型的感召作用、示范作用和引导作用，先后卓有成效地组织实施“争先创优”、创建“四、五、六好”、评选“十佳”、实施“精品战略”和开展“创人民满意单位”等一系列的活动，通过发培植、总结和推介，全市司法行政系统的先进典型灿若群星，先后有5单位被司法部荣记一等功，有4个单位被授予国家级荣誉称号，涌现出12个(次)全国先进单位，38个省级先进单位。同时，先进个人也层出不穷，先后有5人被评为全国英模，有26人被评为全国先进，有72人被评为全省先进，有36人被授予部、省级荣誉称号。我们还十分注意发挥先进模范人物的骨干、桥梁和纽带作用，在全系统营造出一个学习先进、奋发向上，积极进取，争创一流的良好氛围。

总之，司法行政恢复重建的20年，是常德市广大司法行政干警艰苦创业，开拓创新的20年；是深化改革，充满生机活动的20年；也是司法行政工作不断走向成熟、取得辉煌成果的20年。回顾20年走过的历程，我们所取得的成绩和创造的经验，都离不开各级党委、人大、政府、政协和省司法厅的正确领导和关心，离不开政法系统以及各兄弟单位和社会各界的大力支持，离不开各届领导班子和全体同志长期不懈的努力。在此，我代表市局党组向一切关心，支持司法行政工作的领导和单位以及社会各界的朋友表示衷心的感谢。

领导、同志们，站在世纪之交，千年更替的新的起跑线上，回顾过去20年，我们艰苦创业，硕果满枝，展望未来，我们任重道远，让我们高举邓小平理论伟大旗帜，紧密团结在以江泽民同志为核心的党中央周围，在市委、市人民政府的领导下，认清形势，明胡任务，抓住机遇，开拓进取，为维护常德市社会政治稳定，保障改革和发展，推进依法治市做出新的更大的贡献。

务实奋进助推改革　凝心聚力再创佳绩

——市司法局党组书记、局长胡云武在全市司法行政工作会议上的讲话

（2014 年 2 月 28 日）

今天，我们在此隆重集会，召开一年一度的全市司法行政工作会议。胡市长和市委政法委、市第五纪工委第五监察分局的领导莅临大会，现场指导，充分显示对我们司法行政工作的高度重视、直接关注和有力支持，让我们以热烈的掌声向出席会议的各位领导致以衷心的感谢！本次会议的主要内容是：传达贯彻习总书记重要讲话精神，落实上级有关会议精神，总结表彰 2013 年度工作，部署安排 2014 年度工作。这次会议市委、市人民政府很重视，列入全市主要工作重要活动安排。会上，胡市长还将做重要讲话，希望大家认真领会，深入贯彻，全面落实。

下面，我讲两个方面的意见：

一、二〇一三年度工作简要回顾

2013 年，在市委、市人民政府和省司法厅的坚强领导和大力支持下，全市司法行政系统以党的十八大为指针，紧紧围绕“新常德新创业”和“促进经济社会发展、维护社会和谐稳定”的工作大局，勇于担当，积极作为，不断创新，扎实工作，充分发挥职能作用，促进司法行政各项工作的长足进步，佳绩不断，捷报频传。2013 年，全市司法行政系统先后获得县以上表彰的先进单位奖项 85 个、先进个人 95 人次。其中：司法部表彰奖励的先进单位 13 个、先进个人 5 人次；省司法厅表彰奖励的先进单位 23 个，先进个人 21 人次；市级表彰奖励的先进单位 34 个，先进个人 23 人次；县级表彰奖励的先进单位 15 个，先进个人 46 人次。从表彰奖励的项目来看，人民调解、法制宣传、监狱、戒毒、司法考试、社区矫正等工作进入或保持全国、全省领先水平，人民调解、法制宣传等工作受到司法部表彰，司法考试、社区矫正、执法状况等工作受到省司法厅表彰，另外还有“边界联防联调”、“延伸帮教

矫治手臂活动”等工作经验获得全国、全省推介。2013 年，常德市先后获得法治城市创建、人民调解宣传、“六五”普法中期验收等 3 项全国先进；综治考评位居全省第三、执法状况考核排名全省第三、民调测评排名全省第四，社区矫正、司法考试、公证律师、监狱、戒毒、法律援助等 11 项工作连续保持全省优秀位次；全市绩效考核连续 3 年荣获优秀（红旗）单位，综治、信访、法治、610、宣传思想、优化经济发展环境、作风效能建设、双联、老干等 15 项工作荣获先进。

回顾过去一年的工作，主要在以下 5 个方面取得长足进展与创新突破：

（一）维护大局稳定工作取得新成效。着力加强监狱、戒毒、社区矫正、安置帮教、人民调解工作，监管场所未发生安全稳定事故，三类监管对象（在押服刑罪犯、强制戒毒人员、社区矫正对象）基本实现“管得住、教得好、改得”的预期目标，各类矛盾纠纷得到及时有效化解，在维护大局稳定、促进社会和谐、保障人民群众安居乐业方面发挥主力军作用。监所单位切实加强监管安全责任事故源头防范，从严规范执法管理活动，不断创新教育矫治方式方法，成效明显，省“两局”多次在常德召开现场交流会，推介常德市监所管理工作经验。市劳教（戒毒）所积极稳妥地停止劳动教养工作，完成强制隔离戒毒场所标准化建设，并严格规范管理，坚持定位安检、门卫安检、日常安检，常态开展应急演练，确保“七个不发生”。武陵监狱深入开展“查狱情、治隐患、保安全”竞赛活动，坚持每月召开狱情分析会，定期开展安全隐患排查，连续 3 年实现“四无”目标。特别是通过开展为期 2 年多的延伸帮教矫治手臂活动，实现监所与区县（市）司法行政部门的对接互动，促进监所教育矫治质量的大提升。社区矫正工作进一步加强，工作机构覆盖全市所有乡镇（街道），工作制度和业务流程不断规范，大多数区县（市）推广使用 GPS 定位监控系统。澧县等地推行集中训诫、每月通报、实地点验等制度，监管措施更加到位，实现零脱管、零投诉。津市组织社区矫正对象到津市监狱开展警示教育。人民调解工作发挥作用日益明显，市、县两级深入开展“调解化积案、维稳促和谐”活动，不断完善基层调解组织和专业调解组织建设，推动“三调联动”工作有序进行，按照“抓早、抓小、抓实”的要求，调解各类矛盾纠纷 19926 件，化解率达 98.4%。源于安乡的“边界联防联调”工作模式逐步在武陵、鼎城、汉寿、桃源、石门、澧县等地推广，有效预防、成功化解一批跨界矛盾纠纷，促进边界稳定和繁荣。

（二）服务经济社会发展迈上新台阶。市、县两级在开展法律咨询、诉讼代理、法律援助、司法鉴定、公证等法律服务业务的同时，不断整合优化各类法律服务资源，积极拓展法律服务领域。先后推荐 37 名优秀律师加入党政法律顾问团和担任政府法律顾问，组织 188 名律师为 1107 家企事业单位担任法律顾问，为各级党委、政府及企事业单位围绕重大决策、规范性文件制定、招商引资谈判、重要合同和重大项目文书审查等工作提供法律咨询与服务。组织律师轮流坐班参与信访接待，为上访群众提供法律咨询，引导依法维权，促进信访秩序的进一步好转。组织律师围绕工程建设、征地拆迁等工作提供优质高效的法律服务，探索开展工程招投标公证业务，进一步理顺重点项目依法有序推进的法治环境。组织法律服务工作者开展企业结对，为企业经营决策提供法律服务，帮助企业合理规避法律风险，促进企业健康发展。开展"法律援助为民服务争先创优年"活动，市法援中心在市直五区和总工会、共青团、妇联、军分区等市直群团组织、相关单位设立法律援助工作站，各区县(市)也普遍加大法援站点建设力度，全市基本建成"一小时法援服务圈"。在市纪委第五纪工委、第五监察分局的大力支持下，加强司法鉴定市场的规范和整顿。开展司法鉴定机构诚信创建活动，司法鉴定公信力得到进一步提高。通过拓展法律服务市场和规范从业人员管理，带来业务数量的增长和服务质量的提升。去年，全市律师代理案件6837件，办理法律援助案件1935件、公证事项7111件、司法鉴定事项9778件，为维护正常的社会经济秩序、实现社会公平正义、改善民生做出积极贡献。此外，市局还积极投身"新常德新创业"的开篇之作，全程参与"1115"工程和"三改四化"工作。在"1115"工程中，市里选派余小萍同志为政府特派员，进驻创元铝业，帮助化解矛盾，解决法律纠纷，协调有关单位落实企业办实事项目，为企业发展创造好的环境。在"三改四化"中，市局负责联系鼎城渡口和武陵新村两个社区的"三改四化"工作，由胡小青同志负责，多次深入施工现场进行宣传、协调、调度，并帮助联系点建立人民调解和法制宣传阵地，优化施工的法治环境，保证任务顺利完成。

(三)普法依法治理工作实现新突破。全市上下深入开展普法宣传，全面启动法治创建，扎实推进依法治理，加快推进法治常德建设进程。常德市于2011年被全国普法办确定为全国普法试点市，近年来在全面深化"法律六进"和分步推进依法治理的基础上，工作又有新突破。突出普法精品的培育，鼎城的"每周法律讲堂"、澧县的"黄明说法"、安乡的"百法讲坛"、津市的"周浩佬说法"和"法治夜话"等普法活动，在传承中不断创新，办成精品，深受群众喜爱。突出普法宣传活动的规模化，武陵、鼎城、汉寿、安乡等地开展多个主题、多个场次、多部门参与、声势浩大的法制宣传活动，影响深远。突出领导干部和执法司法人员法治培训常态化，市局、县局每年参与举办领导干部法治培训，并力促学法纳入干部教育体系、中心组学法和会前学法、任前考法、执法资格认证等制度的落实。突出无纸化普法学习和考试系统的宣传推广应用，全市有条件的地方和单位均较好地开展这一工作。突出新媒体在普法宣传工作中的应用，各地普遍采取手机短信、广播电视报刊专栏专时段、传媒广告等多种渠道和形式进行普法宣传，影响更广，效果更佳。突出群众的互动参与。武陵、汉寿、桃源、津市等地紧扣重要法律法规的颁布实施、重大法律事件、热门法治话题，探索举办灵活多样的法治论坛、法制夜话等活动，组织群众参与讨论，普法宣传的针对性更强。突出开展法治创建，各地全面启动"法治家庭"、"民主法治示范村(社区)"、

“法治乡镇(街道)”、“法治单位”、“法治区县(市)”创建活动,培植一批创建典型,收到以点带面的效果。监狱、市戒毒所也积极发挥干部警示教育基地和青少年警示教育基地的作用,加强对全市干部和青少年的警示教育。特别是这两年借助市委创建“法治常德”的强力推动,全市普法依法治理工作水平得到很大的提升。

(四)基层基础工作得到新进展。为贯彻落实省政府《关于全省司法行政基层基础建设有关问题的会议纪要》和“全省人民调解工作暨‘三调联动化矛盾、息访息诉促平安’专项活动动员会”精神,市局积极向市委、市政府汇报,市人民政府常务会议进行研究并发纪要,市委办、市人民政府办的相关文件也正在会签。区县(市)局也迅速行动,分别在第一时间向市县各级党委政府进行汇报,积极争取政策落地配套,并同有关部门反复衔接,协调急需解决的人员、资金、场地等相关事宜,常德市司法行政保障水平和基层基础状况将逐步得到改善。市朱湖戒毒所攻坚克难、勇挑重担,完成特殊群体涉毒人员收治中心建设,并在春节前开始收治,为市民过上一个幸福安宁的春节做出贡献。武陵监狱服从市里城市发展和柳叶湖开发的大局,组建强有力的班子,积极进行整体搬迁。目前,新监区、生活基地和应急、后勤保障、老干活动三中心拆迁腾地工作逐步完成。市工读学校筹建工作也正在抓紧进行。武陵区加强司法所基础建设,协调解决社区矫正机构用房和法援中心人手不够等问题。鼎城区大胆实行司法所派驻制改革,稳妥推进国资律师事务所改制,进一步理顺管理关系。汉寿县全面完成 29 个司法所办公用房建设,各所全部装备现代办公设备。澧县统一招录一批司法助理员充实基层,彻底结束长期存在的“无人所”现象。安乡县筹建 20 个矛盾调处中心,协调解决 2 个“无房所”的办公用房建设和 4 个“无人所”的人员配备,全县 19 个所分别达到 2～3 人。各区县(市)积极筹措资金,全部或分步实施法律服务窗口单位规范化建设和人民调解室规范化建设,法律援助办案补贴和人民调解员待遇得到进一步提高。临澧、津市率先完成司法业务用房建设。

(五)班子队伍建设管理展示新形象。全系统普遍加强领导班子建设,从严教育管理干警队伍和法律服务从业人员,解决一些问题,进一步提升司法行政队伍整体形象。市、县两级深入开展政法干警核心价值观教育和“领导包案、单位联点、干警联户”活动。市局大力压减局机关开支,为十多个基层司法所和社区(乡村)送去急需的电脑、打印机和办公桌椅,并对基层干部进行培训,积极探索把矛盾化解在基层、解决在萌芽状态的办法,增强群众感情,密切干群关系,赢得群众满意。去年全省民调测评排位情况较好,在全省 14 个市州中市局排名第 4;在全省 128 个区县(市)中安乡排名第 13,临澧排名第 22,武陵排名第 34,石门排名第 39,津市排名第 42,澧县排名第 48,鼎城排名第 49。全省前 50 名中常德市有 7 个区县(市)。市劳教(戒毒)所和武陵监狱的群众满意度也处于先进位置。市局机关着力加强制度建设,出台包括工作规则、议事规则、纪律管理、警务管理、财务管理、后勤管理、绩效管理等在内的制度汇编。强力推行制度化管人、管钱、管权、管事，积极探索管、用、监督相分离的机制，成立财务、人事、执法和法律服务3个监督小组，加强监督和公开。2013年，市局在机关开展学习提质工程，组织机关工作人员进行政治业务学习和考试，提高工作人员工作能力水平及机关效能。同时还通过笔试、演讲、测评开展竞争上岗，对中层骨干进行全面交流调整，实现人员优化组合，中层骨干任职前向党组递交勤政廉政尽职履责承诺书，进一步增强干部履责意识，提高机关运转效率。市局还狠抓基层党建工作，党组在市委全会上述职得分93分。市局和临澧分别出台措施，鼓励干警参加司法考试，市局每年还设立司考奖励基金1万元，用于奖励全市通过司考的干警。桃源注重机关办事公开，方便群众办事；注重典型推介，宣传一批感人事迹；注重法律服务从业人员整治，对10名不合规范的人员分别作出不予注册、调整岗位和立案调查的处理。石门、澧县扎实开展机关作风整顿活动。安乡开展“五个一”活动（上一堂法制课、办一件法援案、调一起矛盾纠纷、写一篇新闻稿、培养一名调解能手）和“百案评选”活动，提升机关工作效能和案件办理质量。

二、二〇一四年度工作部署安排

今年是全面深化改革的开局之年，是完成“十二五”规划的关键之年，是新常德新创业的攻坚之年，各级各单位要紧扣中心开展工作。全市司法行政工作的总体要求是：深入贯彻党的十八大和十八届三中全会精神、习近平总书记系列重要讲话精神、中央和省委政法工作会议精神，全面落实省司法厅和市委政法委各项工作部署，积极投身“民生升温、园区攻坚、城市提质”三大战役，按照“1239”工作思路开展工作。即：着力加强一个建设（班子队伍建设），探索推进两项措施（专项督察、综合考评），全面履行三大职能（法制宣传、法律服务、法律保障），突出抓好9项重点工作，为新常德新创业贡献力量。

（一）要突出监所安全稳定。安全稳定是监所工作的重中之重，要牢固树立监管安全首位责任意识，作为“一把手”工程抓落实，层层明确责任，确保实现监狱“四无”、戒毒所“七个不发生”的工作目标。主要负责人要高度重视，定期调查研究，定期召开狱情、所情分析会，通报安全稳定形势，及时研究解决一切影响安全稳定的问题。要完善制度，并要确保制度得到普遍遵守和有效执行。要定期开展安全排查和专项治理，排查和治理情况要登记备案。要切实增强工作责任，确保及时发现和有效排除各类安全隐患。要实行安全稳定责任倒查制，出现重大安全隐患或发生安全稳定责任事故，层层倒查责任，严格问责追责。

（二）要突出特殊人群转化。要分类做好监狱服刑罪犯、戒毒所强制隔离戒毒人员、涉毒特殊人群、社区矫正对象、安置帮教人员、问题青少年等特殊人群的教育矫治转化工作。加强重新违法犯罪信息统计分析，完善教育转化质量评价考核体系，以教育转化成效倒逼教育转化工作做实创新。加强个别教育和心理矫治工作，经常开展业务培训、比武、攻坚等活动，提高干警教育转化特殊人员的能力和水平，增强教育转化实效。继续开展“延伸帮教矫治手臂”活动，由区县（市）司法局牵头，广泛动员社会各界力量参与，促进监所与社会、家庭互动，形成工作合力，共同做好特殊人群教育转化工作。加强刑满释放和解除强制隔离戒毒人员的安置帮教工作，以津市、鼎城安置帮教基地为榜样，加快过渡性安置基地建设，确保安置对象安心适应社会，防止反弹，巩固教育转化成果，为建设平安常德做出贡献。

（三）要突出普法依法治理。市委参照省里做法，已将市委法治办与依法治市办合署办公，工作已于年前移交到市局。关于普法依法治理工作的重点是：围绕贯彻落实党的十八届三中全会和中央、省委和市委政法工作会议精神，着力宣传法治中国、法治湖南和法治常德建设；夯实重点对象学法用法工作，突出抓好领导干部学法用法、青少年法制宣传教育、群众性法制宣传教育，精心打造普法工作“十百千万”工程；继续深入推进五类法治创建、基层依法治理和行业依法治理，促进各领域工作法治化。法治常德建设工作的重点是：要抓公开促公正，进一步完善公开平台，把握公开的重点环节，构建权力监督制约体系；要抓治理促发展，进一步推进依法决策、依法办事进程，依法解决民生问题，确保执法司法活动公正公信。要抓创建突特色，进一步打造法治品牌。

（四）要突出矛盾纠纷化解。今年，全市要大力开展人民调解、三调联动工作，积极开展省里组织的“三调联动化矛盾、息访息诉促平安”专项调解活动。近期，市委办、市人民政府办将出台《关于进一步加强人民调解工作的意见》，切实加大人民调解工作保障力度。按照“小事不出村（社区）、大事不出乡镇（街道）、矛盾不上交”的基本原则，借鉴“枫桥经验”，大力加强人民调解组织体系建设，构建全方位、立体型、全覆盖的大调解工作格局。加强矛盾纠纷调处中心建设，完善县、乡、村三级人民调解委员会及工作机制建设，扩大专业性、行业性调解委员会设立面。推广湘鄂边界联防联调模式，全市凡涉及有边界接壤的地方，都要协调成立联防联调组织，并扎实开展工作，打造平安边界。条件具备的地方，要探索实行人民调解员职业资格等级制度，加快发展医疗、征地拆迁等专业化人民调解员队伍。加强人民调解工作室在党政机关和司法部门的扩面工作，加强“三调联动”，加强同信访部门的衔接，形成合力，确保“联得动、调得好、化得”，为建设“美丽乡村”、“完美社区”做出积极贡献。

（五）要突出各类法律服务。要全面提升律师、公证、司法鉴定、基层法律服务、法律援助等法律服务机构服务经济社会发展、维护社会公平正义、服务民生的能力和水平。要按市委王书记的要求，组建强大的法律顾问团，为各级党委、政府和行政机关依法执政、依法行政当好参谋和助手。要积极稳妥推进行政体制公证机构改事业体制工作进程，摸清底子，分步实施，改革后实行事业单位法人治理结构，确保自主开展业务，独立承担责任，按照市场规律和自律机制运行。整合法律服务资源，整顿法律服务市场，取缔非法执业活动，净化法律服务环境，确保正常的法律服务秩序。严格落实省厅《关于规范法律服务执业行为的意见》，不断规范法律服务机构和从业人员管理，切实加强法律服务工作者教育管理、职业道德建设、诚信建设，健全投诉查处和违规执业惩戒机制，提高失信成本，确保执业公信。开展司法鉴定行风建设和从业人员业务能力建设，强化资质把关，提高鉴定质量，减少投诉举报。把握事业单位改革契机，推动法援机构、人员转换为行管机构、公务员编制序列。建立市、县法援专项资金和办案经费最低保障制度，推动法援纳入政府购买服务项目，出台法援案件补贴办法，坚持按办案数量及时给予经费保障。按照“落地办公”和“一站式”服务要求，加强法援服务窗口建设，按照司法部《办理法律援助程序规定》的要求，规范业务流程，落实援务公开，方便群众办事，提升窗口形象。大力规范和整顿法律服务市场，积极组建常德市法律服务市场稽查支队。

（六）要突出基层基础工作。积极争取党委、政府及相关部门支持，继续推动落实省政府《关于全省司法行政基层基础建设有关问题的会议纪要》和省财政厅关于社区矫正经费、强制隔离戒毒支出、提高在押犯生活保障、警察服装费、监狱戒毒公用经费等 5 项标准执行到位。全面完成司法所收编直管，按照省厅“八个一点子”举措，解决缺编少人的问题，人财物向司法所倾斜，为司法所履职创造条件，确保全面发挥指导人民调解、日常监管社区服刑人员、开展法制宣传等职能作用。抓住市委、市人民政府建设“完美社区”和“美丽乡村”的机遇，积极探索司法行政工作及其网络向村（居）、社区延伸的模式。加强监所一线基础设施建设，保障必要的执勤装备和基本生活条件。提高监所一线人员待遇，探索实行优秀一线单位主要负责人高配，把一线任职经历作为提拔使用的必要条件，增强一线岗位吸引力。

（七）要突出中心任务落实。今年开始，省厅将对市州工作考核进行改革，拟实行一年一考核一通报、五年一表彰奖励，自然生成得分和名次。具体的考评办法还没有出台，但基本构想与主要框架已经形成，准备把考核项目整合为综合与业务两大类，省厅各部门不再进行单项年度检查，其计分方式：在省综治考评基础上，对市州进行加权制计分，省综治考评占 60%，年度业务工作完成情况占 40%，并综合考虑民调得分等情况，同时还设置奖、扣分条款。市局拟参照省厅做法，对区县（市）局和市局机关各科室进行考评，凡部署的重要工作或安排的其他中心任务没有按要求落实完成的，要按规定严格扣分；造成重大失误或产生严重后果的，要实行“一票否决”。同时，市局还将围绕重要工作部署、重大中心任务（特别是市局机关各科室对市本级安排部署的工作），开展专项督查，督查情况纳入考评，及时通报。要树立全面争先意识，对于上级或有关职能部门部署的各项工作、临时交办的其他任务，要高度重视，认真对待，主动排除各种困难和阻力，严格按质按量、不折不扣地完成。要按照中央全面深化改革的要求，积极探索建立干部进退、奖惩制度和办法。加强责任追究，对工作失职失责行为要大胆问责。对积极进取、出色完成工作任务的单位和个人要大力表彰奖励和提拔重用。

（八）要突出负面舆情应对。古语云：好事不出门，坏事传千里。现代社会，信息网络高度发达，人人可当摄影师，人人可以成记者，稍有不慎，工作或者生活中的一个失误，甚至一句不负责任的谈话，被人抓住把柄，几经炒作，就会弄得满城风雨，无法收场。目前司法行政的知晓率、知名度还不高，还有因冠名"司法"而背"黑锅"的现象发生，监所的"抹黑"误会在社会上还很普遍，加强宣传的任务还十分繁重。科学应对、妥善处置负面舆情显得尤为重要。要大力宣传司法行政基本职能、主要工作部署情况、重要活动开展、重大专题推进及干警、律师、公证员、司法鉴定人、基层法律服务工作者、人民调解员、法援工作者等各方面的先进典型，让公众对司法行政机关及其工作、对司法行政干警和法律服务工作者的忠诚、勤勉、公正、坚守、奉献、清廉、担当、作为有一个正面的接触、全面解和认识。要向戒毒所等地方和单位学习，采取多种形式，适时推出一批重大专题宣传报道，传播好司法行政"正能量"，提高整个司法行政系统的知名度、美誉度，争创人民满意单位、人民满意干警、人民满意法律服务工作者。要学会并掌握网络、微博、微信等新媒体的运用。对可能引发炒作的负面舆情要提前介入，主动防范，同步开展网下实体处置与网上舆论引导。对于因自身原因引发舆论关注的，要以诚恳的态度、知错就改的实际行动，赢得理解支持，有针对性地消除误判误读，抑制杂音，把握舆论主动权。对于可能出现或已经出现的比较严重的负面舆情，要采取积极措施及时妥善处置，防止形成新的"新闻事件"。

（九）要突出班子队伍建设。按照"五个过硬"和"四个真正成为"的要求，建设信仰坚定、执法为民、敢于担当、清正廉洁的班子队伍。按照"有理想、有原则、有担当、有作为"的要求，加强理想信念教育、职业道德教育、反腐倡廉教育，引导树立正气。这里强调一点，按上级要求，凡对队伍失察失管的一律调整领导班子，凡发生严重违法违纪的一律追究领导责任，因此，各级领导干部，尤其是"一把手"要切实担负起"一岗双责"责任，从严加强干部队伍教育管理，确保不出问题。今年班子队伍建设工作的重头戏是开展党的群众路线教育实践活动，市委已进行动员部署，下一步将在各地各单位紧锣密鼓地展开。希望全市各级司法行政单位以及全体党员提高认识，端正态度，积极投入，把自己摆进去，把问题找出来，认认真真地解决"四风"方面存在的突出问题，以扎扎实实的整改成效回应社会的关切。

同志们：往夕不可追，今岁犹可为。今年是马年，马年到来，人们寄予深切企盼与美好愿景。在此，我也是感慨万千，既有对过往工作的不舍眷念和回忆，更有对当前工作的无限期许和展望。

回首过去一年的工作，成绩是主要的，各项荣誉的取得来之不易，凝聚全系统广大干警和广大法律服务工作者的辛勤汗水和智慧心血，希望大家倍加珍惜，戒骄戒躁，发扬成绩，再接再厉，再创佳绩。

面对新岁马年的工作，愿景是美好的，各项任务和措施已经明确，寄予市委、市人民政府和省厅、市局以及人民群众的殷切厚望，希望各位用心用智用情去实践、去落实。

展望今年，任务艰巨，意义重大。各级各单位、广大司法行政干警要深入学习贯彻该次会议精神，进一步认清形势、把握机遇、领会任务、明确责任，进一步解放思想、求真务实、开拓创新、锐意进取，进一步凝心聚力、团结拼搏、尽职履责、大胆作为，积极投身"新常德新创业"宏伟工程，为常德市全面深化改革，加快全面建成小康社会做出新贡献，为全市司法行政事业再创新佳绩！

最后，祝愿各位身体健康、家庭幸福、工作顺利、万事如意！

抢抓机遇谋发展　乘势而上开新篇
努力推动全市司法行政工作再上新台阶

——市司法局党组书记、局长曾勇在全市司法行政工作会议上的讲话

（2015年12月31日）

这次会议的主要任务是，认真贯彻中央、省委政法工作会议、全国司法厅（局）长会议、全省司法行政工作会议和市委经济工作会议、全市政法工作会议精神，总结2015年司法行政工作，部署今年的工作任务。市人大常委会副主任谭弘发、市人民政府副市长胡丘陵、市政协副主席陈位明以及市人民政府副秘书长吴新涛、市委政法委副书记彭智明、市依法治市领导小组30家成员单位的分管负责人、区县（市）的领导同志，应邀出席会议，这充分体现市级领导、区县（市）及各职能单位对司法行政工作的高度重视和大力支持。这里我代表全市司法行政系统各单位，对各位领导的莅临指导表示热烈的欢迎和衷心的感谢！丘陵市长将作重要讲话，大家务必认真聆听，深刻领会，抓好落实。

下面，我先讲三个方面的问题。

一、2015年的工作回顾

2015年，全市司法行政系统始终紧扣市委、市人民政府、省司法厅的工作部署，在市委政法委的正确领导下，在市人大、市政协的依法监督指导下，围绕年初确定的“5443”工作思路，以“强素质、精业务、惠民生、树形象”为工作着力点，全力打造过硬队伍，扎实开展业务工作，密切联系服务群众，全面助推社会发展，各项工作有力有序推进，整体呈现人心向上、基础向实、工作向优的良好态势。

过去的一年，我们以“五项改革”为动力，转思路，促发展，体制转型逐渐推开

市局先后与湖南健力教育服务有限公司和湖南南天门律师事务所签约，启动市本级社区矫正、法律援助政府购买服务工作试点。依托市、县法援中心和乡镇（街道）司法所、村（社区）委员会建立的法律援助工作站点，全市初步形成“法律援助一小时服务圈”。完善全市律师工作联席会议制度，协调市中级人民法院、市检察院设立律师办案专门通道和阅卷室，保障律师执业权利。依托湖南合策律师事务所，成立市中小企业法律服务中心，为全市小微企业成长提供法治保障。顺利完成市律师协会换届工作，选举专职律师担任协会会长，首次实现司法行政主管部门与行业协会的分离。全市还明确司法鉴定人出庭作证的四点规范性要求，从制度层面保证司法鉴定人出庭作证。

过去的一年，我们以“四大工程”为己任，抓主业，惠民生，工作绩效初步显现

着力推进法治建设。首次将领导干部述法纳入年度述职内容，在全省率先实施农村“法律明白人”培育工程，涌现津市“法治夜话”、安乡“百法讲坛”，武陵“法治小品进乡村”等群众性普法品牌。鼎城、安乡荣获第三批全国法治县（市）区创建先进单位，武陵区东江街道新安社区、鼎城区许家桥回维乡中堰村、桃源县青林回维乡督粮冲村荣获全国“民主法制示范村（社区）”称号。《湖南日报》专版报道常德市法治建设工作，市委常委、市委政法委书记何英平在全省法治文化建设现场推进会上作典型发言。着力推进平安建设。坚持源头治理，狠抓监管安全，武陵监狱、市强戒所实现持续安全稳定。市特殊人群收治中心全面启动“三中心两分院”建设，收治范围和规模进一步扩大。全市普遍推行社区服刑人员指纹打卡、手机定位等管控手段，全方位落实安置帮教措施，全市在矫社区服刑人员教育改造秩序良好。着力推进公平建设。全市律师代理诉讼案件 7029 件，公证机构办证 12046 件，司法鉴定机构办理业务 11904 件，法律援助机构办案 2161 件，帮助弱势群体挽回经济损失或取得利益 5300 多万元，有效服务全市经济社会发展和民生改善。去年 12 月，市局召开新闻发布会通报全市法律服务工作情况，省市各大媒体广泛报道，取得很好的社会反响。着力推进和谐建设。全市持续推进环常“6＋1”平安边界建设，全面建立医疗纠纷、婚姻家庭、林业纠纷、土地纠纷等多个类别的专业人民调解委员会，调处各类矛盾纠纷 18666 件。边界联防联调工作机制、民族乡矛盾纠纷调解经验在全国推介。

过去的一年，我们以“四项建设”为抓手，强基层，补短板，工作基础不断夯实

全市基层司法所已全面实现收编直管，乡镇合并改革后，全市基层司法所由原来的 230 个缩减到 169 个，现已全部消灭“无人所”，“一人所”减少到 30 个，基层工作力量得到有效增强。全市大力推进司法所规范化建设，不断提升基层司法行政业务工作水平，鼎城区牛鼻滩司法所、津市保河堤司法所被评为“全国模范司法所”；全市首批建立 3 个县级社区矫正中心和 5 个县级公共法律服务中心，澧县、安乡顺利完成司法业务用房建设，市本级公共法律服务中心建设也顺利启动，今年“五一”之前就可建成并投入使用。全市全面完成信息化二期工程建设，市局视频会议系统完成改造升级，9 个区县（市）及西湖、西洞

庭司法局同步安装视频会议系统，现已实现省、市、县三级连通。桃源、澧县、汉寿司法局还积极对接手机移动互联网，开通微信公众号向群众广泛宣传司法行政工作，扩大宣传和服务覆盖面。

过去的一年，我们以“三个过硬”为标准，带队伍，创满意，整体形象全面提升

全系统围绕“思想过硬、队伍过硬、形象过硬”的队伍建设目标，深入开展“三严三实”专题教育和“一进二访”活动，全面整改“不严不实”问题，深入联系服务群众，干部作风进一步转变，队伍形象有效提升。市局党组先后出台《局机关月工作调度三项制度》和《加强机关干部队伍建设的十项措施》，全面强化局机关事务的规范化管理，不断提升干部队伍建设水平，有效激发机关干部活力。全系统还大力育推先进典型，弘扬司法行政正能量，全系统 90 多人次获国家和省、市表彰奖励，桃源县漳江司法所所长谢今山、汉寿县龙阳司法所所长熊友权、澧县码头铺司法所所长熊守岩等 3 人被评为“全国模范司法所长”；临澧县司法局原副局长赵君因见义勇为牺牲被省司法厅追记二等功；鼎城区矛盾纠纷调处中心主任胡中福获评“最美常德人”。

应该说 2015 年，是全市司法行政系统砥砺奋进、迎难而上的一年，由于班子调整、项目建设、体制改革等原因，我们所面临的问题、困难和压力比以往任何时候都要多，都要大。在这样的情况下，我们的工作能够实现平稳发展，取得这样优异的成绩，实属不易，值得我们欣慰和自豪。这既是各级党委、政府高度重视、关心呵护的结果，也是各职能部门大力支持、倾力帮助的结果，更是全系统凝心聚力、履职尽责、开拓进取、攻坚克难的结果。在此，我代表市司法局，向各位领导、各职能部门，向全市司法行政工作者和法律服务从业者，致以衷心感谢和崇高敬意！

厚积累实，蓄势成局。我们深刻体会到，保持司法行政事业发展的良好势头，必须坚持服务大局、服务群众，以扎实有效的作为赢得党委政府的信任和人民群众的支持；必须坚持解放思想、改革创新，整合内外资源，加强上下协同，最大限度形成工作合力；必须坚持问题导向，以钉钉子精神推动解决各种难题，不断增强事业发展后劲；必须坚持建强班子、带好队伍，强化责任担当，为事业长远发展提供坚强组织保障。

同时，我们也要清醒地看到当前制约常德市司法行政事业长远发展的一些风险性、短板性、瓶颈性问题。第一是两种风险。一是监所安全风险。武陵监狱、市强戒所当前分别面临监所搬迁和“三中心两分院”建设任务，工作精力有所分散，安全隐患有所增加。市特殊人群收治中心随着收治规模和范围的进一步扩大，将面临更大的管控风险。二是社区服刑人员管控风险。近年来，全市社区服刑人员呈逐年增加的态势，但全市基层矫正工作力量没有得到实质性的增强，矫正工作面临人少、事多的现实问题，管控风险越来越大。第二是两处短板。一是基础建设的短板。“十二五”司法行政业务用房建设的政策机遇已经错过，导致目前市、县两级司法行政业务用房建设严重滞后，难以满足实际需求。全市

县级社区矫正中心和公共法律服务中心建设还没有全部推开，基层司法行政业务工作缺乏规范的场所和阵地。二是基层队伍的短板。全市 169 个司法所实有政法专项编制工作人员 272 名，每所平均只有 1.6 名，距离省厅提出的一所三员，另外配备两名公益岗位的专职人员的要求仍有较大差距。第三是两个瓶颈。一是体制改革的瓶颈。由于社区矫正机构在主体资格上“有职无权”，导致社区矫正对象“收监执行难”问题日益突出，社区矫正机构执法改革难以推动。公证机构改革涉及相关人员的身份编制、待遇保障等敏感问题，多年来没有实质性进展。二是发展保障的瓶颈。司法行政工作经费长期作为政法二类单位进行核算，人民调解“以奖代补”没有纳入地方财政预算，法律援助和法制宣传工作经费没有建立动态调整机制，按照现有社会经济的发展水平，其经费保障明显不足。

二、2016 年的主要目标和任务

2016 年，是“十三五”的开局之年，随着党的十八届四中全会全面推进依法治国重大决策的深入实施和司法行政体制改革不断推进，司法行政工作职能进一步强化，常德市司法行政工作迎来事业发展的机遇期，我们工作的位置将更重，展示的舞台将更广，发展的空间将更大。因此，我们必须顺势而为、乘势而上。全市司法行政工作要深入贯彻党的十八大和十八届三中、四中、五中全会精神，全面落实市委、市人民政府和省司法厅的工作部署，秉承“坚持新理念，注重补短板，突出防风险”的指导思想，以“打造常德品牌，争创全省先进”为工作目标，围绕“服务一个主题、严管两支队伍、确保三个安全、打造四项品牌、深化五项改革”的年度工作思路，不断提升工作绩效，全面激发改革活力，持续增强发展后劲，为全面实现市委提出的“一个中心、三个迈进、五个常德”战略目标提供有力的法治保障，努力实现“十三五”工作的良好开局。

（一）服务一个主题

就是要紧扣“一个中心、三个迈进、五个常德”的总体战略，积极投身“三大战役”，服务好“新常德新创业”。要突出司法行政的职能职责，结合市委的中心大局，全力发挥司法行政工作在服务平安稳定、服务社会民生、服务经济发展等方面的重要作用，助推全市经济社会的持续发展。

1.突出安全维稳职能，为顺利实施“一个中心、三个迈进、五个常德”的战略部署营造和谐稳定的社会环境。要充分发挥监狱管理、强制隔离戒毒、特殊人群收治、社区服刑人员管控等职能，全力做好各类危险人群的稳控工作，确保全市社会大局的平安稳定。要积极发挥社会矛盾纠纷调解职能，完善重大矛盾纠纷排查预警机制，建强基层矛盾纠纷联防联调体系，鼓励和规范律师参与重大复杂矛盾化解处置，代理涉法涉诉信访案件，充分发挥律师在维护社会大局稳定，引导信访群众依法维权等方面的作用，促进社会和谐。

2.突出法律服务职能，为圆满完成“三大战役”目标任务提供有力的法律支撑。全面推进市、县、乡（街道）党政法律顾问团制度，聘请专业律师担任法律顾问，为地方政府在推进城市改造中，面临的征地拆迁、项目评估、商业谈判、合同审查等各类法律问题，提供全程精准法律服务，助力“城市提质”取得实效。推行园区律师服务联点制度，跟踪服务项目立项、招投标等法律事务，促进法律服务机构与园区企业、项目深度对接，全面提升“园区攻坚”工作成效。进一步降低法律援助门槛，有效扩大法律援助业务覆盖面，将司法鉴定、公证等法律服务统一纳入法律援助范围，重点做好农民工、下岗失业人员、残疾人、未成年人等群体的法律援助工作，使“民生升温”落到实处。

3.突出法治建设职能，为全面推进“完美社区”、“美丽乡村”建设注入强大的法治力量。有效对接“完美社区”、“美丽乡村”建设，强化村（社区）级法治宣传阵地建设，创新形式和载体，积极开展群众喜闻乐见、广泛参与的法治文化活动，全面推进“民主法制示范村（社区）”创建活动，不断提升基层群众法治意识，有效提高基层组织依法治理水平，营造全社会崇法、尊法、学法、用法、守法的良好氛围。

（二）严管两支队伍

队伍是我们事业发展的根基，基础不牢，地动山摇。我们要抓住队伍建设这个关键，全面提升队伍的综合素质和执业能力，确保全市司法行政事业的长远发展。

1.严管司法行政干警队伍。结合市、县两级班子换届和机构改革的人事调整，进一步强化全市司法行政系统领导班子建设，完善党组（党委）统一领导，全面落实党建工作主体责任。全面贯彻执行民主集中制，严格班子内部政治生活，科学落实分工要求，切实优化班子内部生态。按照中央的统一部署，着力开展党员干部“两学一做”专题教育活动，切实提高党员干部队伍政治素质和理论素养，充分发挥先锋模范作用。严格落实政治轮训制度，开展积极健康的思想批评和思想互动，实施谈心谈话、困难帮扶制度，继续落实“惠警十条”，做实做牢全市司法行政干警的政治思想工作。持续推进“学习提质”工程，以市县司法局、武陵监狱、市强戒所领导班子成员、新任职司法所长及新招录干警为重点，分类分级开展任职培训、专门业务培训和初任培训，全面提升队伍综合素质。坚持用制度管人管事，全面落实《干部队伍建设十项措施》，健全和完善绩效考核、业务考核、内部考核三大考核体系，按照一月一公示、一季一讲评、一年一考核的模式建立局机关干部队伍考评机制，并同步出台科室负责人履职问效机制，促进能者上、庸者下、劣者汰，全面激发干部队伍活力。要统筹使用乡镇合并改革后的司法所人员编制，整合工作力量，积极争取地方政府在人员编制、经费保障等方面的支持，加大政府购买服务，设置公益岗位，不断充实司法所力量，打造一批国家、省级模范司法所。突出司法行政精神宣讲，加强内外宣传，创新活动载体，挖掘、选树一批系统先进典型，大力弘扬队伍正能量，有效提振队伍的精气神。深入落实党风廉政建设主体责任和监督责任，完善追责机制，健全廉政风险防控体系。集中开展“纠‘四风’、治陋习”专项整治，坚持在重要节点和时段开展明察暗访和“点穴”式专项检查，重点整治公款吃喝、收送礼金、违规发放津补贴和涉赌涉毒等问题。

2.严管法律服务工作者队伍。切实履行监管职责，把好法律服务机构设立关、从业人员资格审查关，确保不带“病”入行。突出抓好对法律服务从业人员的教育管理，分类组织专题教育。进一步加强执业制度建设，筑牢织密监督、约束的笼子，促进法律从业人员依法诚信公正执业，防止违法违规执业引发社会问题。要积极发挥指导职能，指导各行业协会分类建立法律服务标准化体系，培育规范化、标准化服务典型，带动全市法律服务工作水准全面提高。畅通群众投诉举报渠道，有效强化对全市法律服务市场的监管，依照《关于进一步规范全市法律服务管理优化法律服务市场的意见》，落实党委政法委和法院、检察、公安、司法行政及工商、民政等部门的监管职责，形成工作合力。积极开展法律市场清理整顿专项活动，有效净化全市法律服务市场，全面规范法律服务机构管理和法律服务工作者执业行为，逐步健全法律服务市场常态化监管机制。认真对接省厅关于深化人民监督员制度改革的精神，加强与检察机关的协调配合，按要求做好人民监督员的选任和管理工作，并积极争取支持，一揽子解决机构、编制、经费保障等问题，切实发挥人民监督员作用。做好司法考试调整为国家统一法律职业资格考试制度的各项准备工作，建设考试安全体系，提高年度司法考试组织实施水平。加大司法考试和律师工作宣传力度，吸引更多人才投身律师队伍，使常德市万人律师拥有量尽快达到小康指标要求。

（三）确保三个安全

社会大局的平安稳定是经济持续发展、群众安居乐业的首要前提。全市司法行政系统必须忠实履责，严格落实监管安全制度，有效管控社会乱源，确保全市社会大局的持续稳定。

1.全力确保监所安全。健全监管安全制度，开展监管安全专项治理，狠抓管理、执法、生产等安全隐患排查、整治，强化安全应急演练，健全应急处置机制。坚守监狱工作“四无”和强戒工作“六无”底线，确保监所单位实现持续安全稳定。全面落实监狱服刑人员教育改造任务，统筹“三大改造手段”，全方位评估罪犯改造质量，突出分类管理和个别教育，加大心理矫治力度，全面落实职业技能培训。以教育戒治为中心任务，探索“分级别管理、渐进式处置、差别化激励”分级管理模式，运用医疗戒治、心理戒毒、康复训练等手段，帮助戒毒人员驱除毒瘾，全面提升戒毒工作水平。充分利用社会力量参与服刑、戒毒人员矫治，推进“情暖高墙、关爱孩子”联合帮扶工作常态化和长效化。依托鼎城区灌溪镇、武陵区穿紫河街道康桥社区 2 个社区戒毒（康复）工作指导站，深入开展戒毒人员康复回归适应训练，社会戒毒（康复）后续照管等工作，探索戒毒场所、社区和行政基层单位三位一体的帮教联动机制。

2.全力确保特殊人群收治安全。继续加大投入，切实提高市特殊人员收治中心硬件条件和医疗水平，提高收治重症病犯、重症强戒人员的能力，减少社会公共安全风险，确保特殊人群收治安全。全面完成市特殊人员收治中心改扩建（“三中心两分院”）项目建设

（三中心：市特殊人员收治中心、市看守所特殊人员收治中心、肇事肇祸精神病人收治中心及市五医院分院、市康复医院分院），收治规模由现有※人扩容至※人，收治范围扩大到非涉毒患艾滋病、尿毒症、癌症等特殊人群犯罪嫌疑人和看守所因身体其他原因而拒收的犯罪嫌疑人、被告人及罪犯，肇事肇祸精神病人及女性涉毒、非涉毒违法犯罪人员，力争全市特殊危险人群应收尽收。

3.全力确保社区服刑人员管控安全。严格落实社区矫正工作制度，丰富教育矫治内容，全面推行信息化、智能化管控手段，落实时间、内容和考核等硬性要求，防止社区服刑人员脱管、漏管。强化心理矫正、行为矫正等社会适应性帮扶措施，不断提升教育矫正质量，有效防止社区服刑人员重新犯罪。对经评估具有社会危险性的刑释人员，实行重点对象必接必送，严格管控，严防其再次危害社会。严格落实帮教职责，深入开展"三帮一促"活动，全面落实对刑满释放人员的救助管理和促进就业等政策措施，市本级今年要建成1个刑满释放人员过渡安置基地。

（四）打造四项品牌

品牌就是我们工作名片。常德的司法行政工作要想在全省争位置、夺名次，实现弯道超越，必须要全力打造有特色、有深度、有影响的工作品牌。

1.打造法治文化品牌。今年是"七五"普法开局之年，全市要尽早完成"六五"普法总结表彰和"七五"普法启动工作。做好"七五"普法开局工作，要重点突出法治文化建设，全力打造法治文化品牌。对接"美丽乡村"、"完美社区"建设，融入法治文化元素，着力推动群众性法治文化阵地建设，年内基本实现全市法治文化阵地市、县、乡（街道）、村（社区）全覆盖。积极创新活动载体和宣传形式，广泛开展社会性、群众性的法治文化活动，积极发掘地方特色，打造区域性法治文化品牌，培育法治文化精品项目。依托武陵区司法局与《微型小说月刊》联合承办首届"潇湘法治微小说征文活动"，并择优拍摄法治微电影。继续推进农村"法律明白人"培训工程，切实推行一村（社区）一法律顾问制度，不断提高基层治理法治水平。广泛建立"市民法制学校"，推动全市大、中、小学校设立法制副校长，推进"法治教育纳入国民教育体系"进程，常态开展系统性法治宣传教育。继续完善法治城市、法治区县（市）创建考核验收标准，深入推动多层次多领域法治创建。严格落实国家机关"谁执法谁普法"责任制，形成"分众普法、分别负责"的法治宣传责任模式。全面推行领导干部学法、用法、述法考核制度，力争法治建设各项刚性机制纳入年度绩效考核。

2.打造公共法律服务品牌。完成市本级公共法律服务中心建设任务，确保"五一"之前挂牌运行。全面启动汉寿、桃源、石门、临澧4个县级公共法律服务中心建设项目，逐步推进5小区公共法律服务中心建设，大力完善乡镇（街道）、村（社区）的公共法律服务站点建设，上半年，已建成实体平台的区县（市）要分别培育一个具有示范意义的乡镇（街道）、村（社区）公共法律服务站点，下半年要全面推开，力争年底之前基本建成覆盖城乡的公共法律服务体系，形成全市公共法律服务“一小时服务圈”。注重探索○2○平台运行机制，市法援中心要积极对接省厅“如法网”，完善公共法律服务网上平台建设，大力推进“如法网”律师、公证、司法鉴定、法律援助电子机构建设，强化法律服务○2○模式运用。3月份要完成“如法网”前台及律师、法援、法宣管理工作人员角色确认与权限分配，确保有人在线接受咨询和提供服务；4月份开始，律师、法律援助管理须上网运行；年底，○2○模式办案率要占全年法律服务办案总量的30%以上。

3.打造人民调解工作品牌。深入开展“人民调解化纠纷、服务改革促发展”专项调解活动，建立动态排查预警和调处、管控机制，防止经济民生领域风险演变为社会风险。充分发挥司法行政部门对人民调解组织的指导功能，进一步加强基层调委会规范化建设，扩大配备专职人民调解员，着力提升化解重大纠纷能力和成效。制定落实人民调解案件“以奖代补”实施细则，并纳入同级财政预算。积极推广政府购买人民调解服务，引入社会力量参与人民调解工作。完善环常“6+1”平安边界建设，全面建成环市、环县边界纠纷调处机制，积极挖掘和推介乡土调解工作经验，形成地方调解特色，打造新的调解品牌。持续推进交通事故、医疗纠纷、婚姻家庭、林权土地、生态环保、征地拆迁等人民调解组织建设，推广在矛盾易发多发领域建立政府(部门)支持经费场所、司法行政指导推动的行业性、专业性人民调解组织，构建人民调解全方位、全覆盖网络。

4.打造部级现代化文明监所品牌。加快推进武陵监狱新监区建设、市强戒所“三中心两分院”建设进度，全面提升常德市监所单位基础设施建设水平，安全管控水平，教育改造水平，全力争创部级现代化文明监所品牌。严格依法办理监狱“假、减、保”案件，细化执法程序和标准条件，严格控制贪污受贿等罪犯的减刑次数和幅度。推广配备执法记录仪，建立监所执法全过程记录制度，实施执法办案终身责任追究，依法公开执法依据、程序、流程、结果，自觉接受公众监督，坚决杜绝以权赎身、提钱出狱等执法腐败。健全监禁刑与非监禁刑相互衔接、统一协调的刑罚执行体系，探索建立罪犯医保制度和大病统筹机制。

(五)深化五项改革

今年，是全面深化司法体制改革的攻坚之年。我们要按照省司法厅和市委市人民政府的改革部署，落小落细落实改革举措，确保攻坚之年有攻坚之效。

1.持续深化社区矫正改革。全面启动汉寿、桃源、临澧、石门、津市五个县级社区矫正中心的建设项目，完成澧县社区矫正中心的提质达标，确保年底前6个县级社区矫正中心顺利通过省级验收，实现全市县级社区矫正中心的全覆盖。加强社区矫正中心的科学管理和规范运行，充分发挥其集中执法、管理、教育等功能，实施社区服刑人员组织评估、接受建档、矫正宣告、教育培训、考核变更、期满安置“六统一”。推广建立劳动教育基地。进一步落实社区矫正经费保障，实现动态增长，扎实推进政府购买社区矫正服务工作，鼓励和引导社会力量参与社区矫正工作。

2.持续深化法律援助改革。全面落实我省关于完善法律援助制度的实施意见，以全市最低生活保障标准的2倍为标准，进一步降低法律援助门槛。将因就业、就学、就医等合法权益受损引发的案件纳入援助事项，切实扩大民事、行政法律援助覆盖面。强化法律援助行政监管，不断完善办案质量管理制度和考评体系，建立法律援助质量标准，规范办案流程。加强12348法律服务热线建设，实现法律援助咨询全覆盖。进一步完善刑事案件速裁程序试点和法律援助参与刑事和解、死刑复核案件办理工作机制。力争法律援助经费足额纳入地方财政预算，完善法律援助经费使用管理办法，切实提高援助律师办案补贴标准，确保援助案件办理数量和质量同步递增。

3.持续深化律师工作改革。全面落实中央、省关于律师制度改革的意见和依法保障律师执业权利的规定精神，健全律师工作联席会议制度，解决好律师执业“老三难”与“新三难”问题，切实为律师依法履职创造良好环境。教育引导律师自觉维护法律职业共同体尊严，积极构建律师和司法人员的新型关系。依托市律师协会，加强律师、律所的规范化管理，促进律师依法诚信公正执业，积极创建省级示范律师事务所。探索律师行业信用管理办法，开展律师行风专项评查，切实加强以诚信执业为重点的行风建设。推动普遍建立法律顾问制度落实，完善企业法律顾问工作机制，深入开展企业“法律体检”，帮助发现和解决法律问题，防范法律风险。深入推动律师“进企业、进园区”活动，促进法律服务机构与企业、项目深度对接。实施律师领军人才和涉外人才培养计划，探索公职律师、公司律师试点工作。完善行政管理和协会管理“两结合”管理体制，加强律师协会建设，充分发挥其行业自律作用。

4.持续深化司法鉴定改革。建立完善司法鉴定管理与鉴定结论使用相衔接的运行机制，完善司法鉴定机构及鉴定人监管制度，建立司法鉴定援助制度。全面实施认证认可，推行能力验证，开展司法鉴定文书质量评查。全面实施司法鉴定人负责制，严格落实司法鉴定人出庭作证制度。强化资质管理，严格准入和退出机制，探索司法鉴定人诚信评估制度，加大违法违规执业查处力度，及时清理、注销不符合条件的鉴定人和机构。探索开展鉴定机构重组、合并试点，引导组建一批规模化、品牌化的司法鉴定机构。

5.持续深化公证机构改革。目前，省级已经成立全省公证机构改革领导小组，出台全省公证机构改革指导意见，并确定年内完成市州政府所在地城区公证机构改革，2018年全面完成县级公证机构改革的任务目标。各区县(市)要切实把握好改革精神，抓住当前市县级机构改革契机，加快推进区县(市)公证机构改革的前期准备工作，着力解决机构转型、人员身份转换等问题。

三、全力推进工作落实

“12345”工作思路是根据常德司法行政工作的实际提出来的，与上级的要求和基层的需求是相匹配的，涵盖司法行政工作的方方面面，是一个比较科学完备的系统工程。但再好的思路，没有配套的工作措施也必将成为空谈，我们绝不能将工作思路停留在纸上，把工作责任落实在文件上，必须逐条对接制定切实可行的工作措施，逐条分解全面落实工作责任，真正把工作抓细、抓小、抓落实，确保今年工作任务的全面完成。这里，我就落实"12345"工作思路，还提六个方面的工作要求：

（一）更加重视理念创新。思路决定出路，理念决定成败。推进司法行政工作不仅要有好的工作思路，更要有好的发展理念，要坚持五个发展的理念，全力推进司法行政工作取得新成效。一是要坚持创新发展，打造特色亮点。要创新思维方式，创新工作举措，创新平台建设，充分打造和培育司法行政工作的特色亮点。二是要坚持协调发展，注重整体推进。要切合实际解难题，突破瓶颈谋发展，注重各项工作的整体推进，协调发展。三是要坚持绿色发展，确保持续健康。要全面对接全市"十三五"规划，有效整合司法行政工作资源，积极服务全市生态文明建设。四是要坚持开放发展，凝聚社会力量。充分发挥司法行政工作效能，广泛争取社会支持，将司法行政事业的发展融入全市经济社会的整体发展之中。五是要坚持共享发展，强化服务群众。要借助今年全面铺开市、县两级公共法律服务体系建设，高效、便捷、优质地服务好广大基层群众。

（二）更加重视基础建设。司法行政的大量业务工作都在基层，我们的事业要发展，司法所没有人不行，没有阵地更不行。因此，我们在全力推动市、县两级社区矫正中心、公共法律服务中心和司法行政业务用房建设的同时，还要积极推进基层司法局、所的规范化建设。各区县（市）要切实跟进乡镇合并改革的后续工作，全力争取组织、编办、人社等部门支持，进一步加强司法所专项编制管理，收回被挤占、挪用编制，补充空编，配齐人员。积极利用政府购买服务和政法转移支付资金，为司法所购买人民调解、社区矫正公益岗位。要突出司法所履行人民调解、社区矫正日常监管、公共法律服务的重点职能，提高司法所建设标准，完善基层司法所各类阵地建设，确保司法所各项业务工作顺利开展，取得实效。

（三）更加重视品牌打造。多年来，常德的司法行政工作一直在全省有一定位置，有些工作在全国还有一定影响，但近年来，我们这种优势正在被其他市州追赶，甚至超越。应该说，我们工作并不缺少特色亮点，而是我们品牌意识不强，树推力度不够。对此，大家必须高度重视，推进工作不能只埋头拉车，还要善于挖掘和总结，要全面树立品牌意识，重点围绕法治文化建设、公共法律服务、人民调解工作、文明监所创建四项工作育推叫得响、亮得出、推得开的工作品牌。

（四）更加重视调研宣传。宣传工作是提升我们的团队形象，提升我们工作权重、提升社会认同度的重要手段。调研宣传工作大家要形成共识，予以重视，要进一步增强主动宣传的意识和能力，及时准确发布权威信息，把握舆论导向，掌握司法行政工作话语权。要统筹宣传资源，把握时间节点，注重选题策划，力争"上大报、上头条"，抢占舆论宣传制高点。要健全新闻发布制度，使新闻发布成为信息发布的主渠道。要切实加强司法行政舆情的收集、分析、研判和处置，及时做好重大敏感案件舆论引导工作，最大限度减少负面影响。

（五）更加重视队伍建设。要将“对党忠诚、个人干净、敢于担当”的“好干部”标准，作为全市司法行政干部的修身之本、为政之道、成事之要，融入党性修养的全过程，贯穿于工作各方面，内化于心，外化于形。忠诚就是要坚定对党忠诚的政治品格，牢记自己的党员身份，自觉履行党员职责。凡事讲政治规矩，讲政治纪律，下级服从上级，个人服从组织。对党、对组织、对同志襟怀坦荡，不拉拉扯扯、团团伙伙。干净就是要守住个人干净的从政底线。“贪如火，不遏则燎原；欲如水，不遏则滔天”。个人干净是司法行政干部的立身之本，任何时候都要自觉反“四风”，做到敬畏人民、敬畏法纪、敬畏组织、敬畏权力，守住个人干净干事的底线，守住自己的政治生命线。担当就是要坚持敢于担当的从政标准。当前，司法行政事业既面临难得的发展机遇，也面临难题更为集中的挑战，这就要求全市司法行政系统的干部勤于履责、勇于担责、敢于负责，在担当中历练提高，在实干中建功立业，以踏石留印、抓铁有痕的劲头干工作，谋事业，促发展。

（六）更加重视发展环境。环境也是生产力，没有好的发展环境，司法行政工作要想谋发展、争地位、求认同，难上加难。而发展环境最重要的是两个方面：一是群众的认同。要充分发挥司法行政职能，切实联系服务群众，广泛动员和组织社会力量参与司法行政工作，增强人民群众对于司法行政工作的认同感，形成司法行政工作持续发展、加力发展的社会共识。二是领导的重视。司法行政事业的发展离不开地方党委政府的重视与支持，离不开各职能部门的配合与帮助。大家要勤跑腿、多汇报，在基础建设、经费投入、人员编制、工作保障等方面广泛争取支持，广泛凝聚力量，积极营造好发展环境，努力形成最强工作合力。这里，我们也衷心地希望，今天到会指导的各位领导、各职能单位能一如既往的重视、支持和帮助司法行政工作的发展，有你们的关心和支持，全市司法行政事业必将迈上新的台阶，必将迎来新发展，必将实现新突破。

同志们！扬帆起航正当时，砥砺奋进又一春。2016年目标任务已经明确，新形势赋予司法行政工作新的使命，任务艰巨，责任重大，使命光荣。让我们在市委、市人民政府的正确领导和省司法厅的正确指导下，以时不我待、只争朝夕的使命感和紧迫感，主动适应新常态，积极抢抓新机遇，秉承“忠诚、为民、崇法、担当”的司法行政精神，以锐意创新的勇气，敢为人先的锐气，蓬勃向上的朝气，推动司法行政工作新发展，谱写司法行政事业新篇章！

二、省级以上经验介绍及国家级媒体发表的作品

1988 年至 2015 年全市司法行政系统在省、部级有关部门和媒体介绍经验、发表的作品共 90 篇。

(一)市司法局

表 1

被推介单位	典型经验名称	推介单位	推介年份	备注
市司法局	湖南省常德市司法局主题教育活动特色鲜明	司法部	2011	司法部办的简报上刊登
市司法局	重点定位、创新机制、着力打造	省司法厅	2011	全省开展督察工作会议上介绍经验
市司法局	推进“三化”建设,践行管理创新,最大化彰显维护社会稳定工作职能	湖南省司法厅	2012	全省司法行政工作会议介绍经验
市司法局	法治常德建设工作经验	省委法治湖南建设领导小组	2012	法治湖南建设工作推进会议介绍经验

(二)市强制隔离戒毒所

表 2

作者姓名	作品标题	媒体名称	发表日期
阮占江	延伸矫治手臂到场所到家庭到社会	《法制日报》	2012
阮占江 易泽龙	湖南常德打造全方位综合性矫治帮教网络平台	法制网	2012
熊　刚	民警岗位资格认证制度运行模式初探	《犯罪与预防研究》	2012

(三)湖南省武陵监狱

表 3

作者姓名	作品标题	媒体名称	发表日期
刘润来	论提高罪犯分押纯度的途径	当代中国监狱法学研究(上)——罪犯改造的理论与实务	1997
刘润来	湖南监狱人才问题的战略思考	中国监狱学会政工专业委员会“基层基础建设”研修班交流	2007
黄　锐	对行刑社会化的思考	中国监狱学会刑罚执行专业委员会“刑罚执行研讨会”交流	2006
黄　锐	推出六大精品　谱写大爱篇章	《监狱工作研究》第一期	2014

（四）德山监狱

表 4

作者姓名	作品标题	媒体名称	发表日期
徐世香	《试论劳改生产的双重特点》	《劳改劳教理论研究》	1992
何如一	《严管（禁闭）犯的心理特点及改造对策》	《劳改劳教理论研究》	1992
王　丽	《把握四个结合 抓住四个亮点 湖南省德山监狱个别教育 工作形成新思路》	《司法部监狱工作简报》	2003
王　丽	《突出三个首要 助推监狱工作 湖南省德山监狱纪实》	《民主与法制》17 期	2011
王　丽	《湖南省德山监狱积极推进视频会见试点工作》	《司法部监狱工作简报》36 期	2014

（五）武陵区司法局

表 5

作者姓名	作品标题	媒体名称	发表日期
苏丽雯	《构筑社区普法新平台 营造依法治理新理念》	司法部《人民调解》杂志	2005
龙浩春	《农村土地权属纠纷的现状及对策》	司法部《人民调解》杂志	2007
周　君	《浅析人民调解在医疗纠纷中的作用》	全国人民调解理论征文三等奖	2013

（六）鼎城区司法局

表 6

作者姓名	作品标题	媒体名称	发表日期
蔡德东	《公道自在人心—记湖南省常德市鼎城工证处主任侯厶瑜》	中央文献出版社《中国道路—发展经验选编》	2014

(七)汉寿县司法局

表 7

作者姓名	作品标题	媒体名称	发表日期
李　鸿	社区服刑人员不良心理分析与矫正	人民调解	2008
王　伟 毛跃彩	汉寿县西港司法所化解一起上访案	中国民族报	2011
王　伟	国外务工死亡法律援助获赔 94 万元	农民日报	2011
彭竹桃 连小虎	汉寿县司法局利用“农家书屋”引导群众学习法律知识	中国民族报　法制周刊	2012
鄢　洁	六百亩农田遭遇飞来横祸司法所为两乡农户鼎力维权	司法所工作	2013
彭竹桃 连小虎	汉寿县司法局新闻集锦	中国民族报	2013

(八)桃源县司法局

表 8

作者姓名	作品标题	媒体名称	发表日期
徐生斌	《桃源县开展“10 万农户桃花源杯法律知识竞赛”活动》	《农民日报》	1987
徐生斌	《向家长传授教子良策:桃源县兴办家长学校 64 所》	《精神文明报》	1987
徐生斌	《普法文艺宣传队山乡送法》	《中国法制报》	1987
徐生斌	《桃源县司法局以发展农村经济改革为己任:既热情服务 又勇于“护航”》	《中国法制报》	1987
徐生斌	《桃花源风景旅游区开展法制宣传教育效果好》	《中国旅游报》	1987
徐生斌	《退伍军人杨希志自办家庭法律服务站》	《法律与生活》	1987
徐生斌	《十万中小学生家庭学法》	《中国法制报》	1987
徐生斌	《参与决策 任免干部 提供建议:桃源县人大用权不含糊》	《农民日报》	1988
徐生斌	《调解员的品德》	《老年报》	1988
徐生斌	《桃源县依法治理污染有成效》	《环境保护报》	1988
徐生斌	《昔日磨破嘴皮收效甚微 如今依靠法律事半功倍:桃源县两个月收回贷款 110 万元》	《农民日报》	1988
徐生斌	《治理经济环境 保障经济建设:桃源县开展市场物价大检查》	《东方时空》	1988
徐生斌	《发展农村经济造福人民:桃源县公证处为农贷提供法律服务贷款回收率达 99.8%》	《法制日报》	1988

续表 8

作者姓名	作品标题	媒体名称	发表日期
徐生斌	《厂长的苦恼和希冀》	《人民代表报》	1989
徐生斌	《忽如一夜春风来》	《精神文明报》	1989
徐生斌	《歌颂真善美 鞭挞假恶丑:桃源县举办“渔父杯”法制文学征文活动》	《现代工人报》	1989
徐生斌	《千年铁树开花,多亏乡里普法:桃源县一甲城乡把社会治安的文章做到家家户户》	《现代工人报》	1990
徐生斌	《他们为何走上邪路》	《中国妇女报》	1990
徐生斌	《依法治村 村稳民安》	《精神文明报》	1990
徐生斌	《一个基层法律工作者的足迹》	《农民日报》	1990
徐生斌	《签订赡养协议 预防赡养纠纷》	《现代工人报》	1990
徐生斌	《做长城后盾 当卫士娘舅》	《东方时空》	1990
徐生斌	《庄稼人心中的法制观》	《精神文明报》	1990
徐生斌	《在思想上筑起坚固的拒腐防变防线》	《现代工人报》	1990
徐生斌	《400 多万元债款是怎样追回的》	《东方时空》	1991
徐生斌	《渔鼓声声普法情》	《农民日报》	1991
徐生斌	《及时提出司法建议妥善处理债务纠纷桃源纺织印染厂司法处为企业收回欠款六十二万余元》	《现代工人报》	1991
徐生斌	《又有深情平凡曲:桃源县司法局保护妇女权益纪事》	《中国人口报》	1992
徐生斌	《一个值得重视的动向:“水佬倌”插手调解纠纷》	新华社《乡镇论坛》	1992
徐生斌	《以防为主 调防结合:桃花源镇司法所为旅游区创造良好法制环境》	《中国旅游报》	1993
徐生斌	《普法文艺兵》	《人民日报》	1994
徐生斌	《弹奏和谐的田园乐章》	《农民日报》	1995
徐生斌	《同室操戈为哪般》	《农村大世界》	1995
徐生斌	《依法治县之我见》	《中国特色社会主义理论与实践丛书》	1996
徐生斌	《以家庭稳定促进社会稳定:桃源县实施创建安全文明家庭工程效果明显》	《精神文明报》	1996
徐生斌	《铁肩担道义:桃源县司法局开展法律援助二三事》	《精神文明报》	1998
徐生斌	《从囚犯到村支书》	《精神文明报》	1999
谢今山	坦诚融化坚冰 关爱解除心结	中国普法网	2016

（九）石门县司法局

表 9

作者姓名	作品标题	媒体名称	发表日期
谷吉元	回头浪子金不换，勤劳致富走康庄	法制与新闻（法制日报主办）	2013

（十）临澧县司法局

表 10

被推介单位	典型经验名称	推介时间、会议或刊物	推介部门
临澧县委、县政府	与时俱进 完善机制构建安置帮教工作大格局	2003 年 1 月，全国农村基层民主法制建设电视电话会议	司法部
临澧县委、县政府	深化农村普法依法治理推进农村民主法制建设	2003 年 3 月《普法依法治理通讯》	司法部
临澧县司法局	深化农村普法依法治理推进农村民主法制建设	2003 年 12 月评全国司法行政系统先进县司法局	司法部
临澧县司法局	健全机制完善管理临澧县司法局全面推进基层司法所规范化建设	2003 年 4 月《人民调解》	司法部
—	拓宽领域 强化职能努力发挥人民调解的积极作用	2007 年 12 月《人民调解》	司法部

（十一）澧县司法局

表 11

作者姓名	作品标题	媒体名称	发表日期
—	结合农村社教搞好普法教育	司法部、中央电视台社教部联合录制	1991
彭俊友	《创新普法机制 提升法制宣传教育质量》	全国公务员学法用法征文三等奖	2010
柳玉清	《微笑——打造人民调解金牌名片》	《人民调解》	2011
柳玉清	《请来代表委员律师“开庭”评议》	《法制日报》	2014

(十二)津市市司法局

表 12

作者姓名	作品标题	媒体名称	发表日期
卢祖华	《山洪暴发纠纷起,人民调解显神威》	司法部《人民调解》第十期	1998
张明焕	《琴瑟和鸣共奏普法新歌》	《中国司法》第 8 期	1999
车四友	《津市举办"六五"普法骨干系列培训班》	司法部《普法依法治理通讯》第十二期	2001
李克斌	《津市市出台社区调解主任考评细则》	司法部《人民调解》第九期	2005
李克斌 王德华	《津市市出台新举措,加强基层司法行政工作》	司法部《人民调解》第六期	2005
杨丙武	《筑牢第一道防线—津市市开展人民调解工作的探索与启示》	司法部《人民调解》第二期	2005
王德华	《"六个同时"实行安置帮教规范化》	司法部《人民调解》第九期	2006
杨丙武 卢祖华	《坚持高标准,确保司法所规范化建设创一流》	司法部《人民调解》第四期	2006
王德华 孟春秀	《津市市对人民调解工作加大资金投入》	司法部《人民调解》第九期	2007
王德华	《加大工作力度,狠抓社区矫正试点工作》	司法部《人民调解》第八期	2010
车四友	用新思维做活普法依法治理的大文章	司法部《普法依法治理通讯》第 6 期	2013
聂平凡	《以创新精神推进"六五"普法》	中国思想政治工作与"三严三实"教育全书	2015

(十三)安乡县司法局

表 13

作者姓名	作品标题	媒体名称	发表日期
胡天乔	安乡县开展"12·4"全国法制宣传日活动亮点纷呈	《普法依法治理通讯》	2013
施小平	《刑事法律援助阵地前移》	《中国法律援助》	2013
刘　慧	《违规操作酿事故　司法调解息纷争 》	司法部《人民调解》第一期	2014

三、突出成果

市司法局

全国法治城市创建活动
先进单位
全国普及法律常识办公室
二〇一三年三月

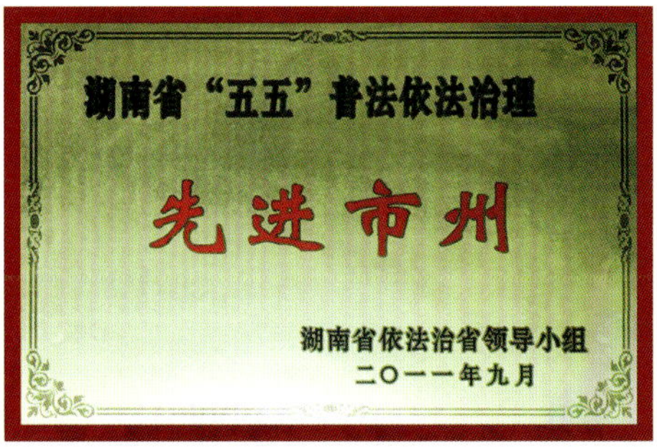
湖南省“五五”普法依法治理
先进市州
湖南省依法治省领导小组
二〇一一年九月

全省“应对金融风险，促进富民强省”专项法律服务活动
组织工作二等奖
湖南省司法厅
二〇一〇年元月

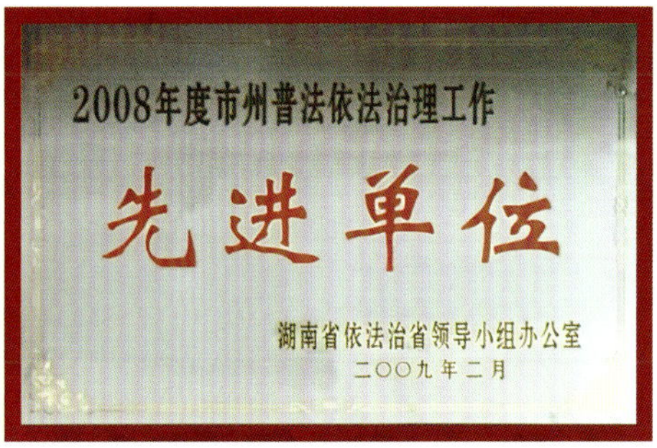
2008年度市州普法依法治理工作
先进单位
湖南省依法治省领导小组办公室
二〇〇九年二月

全省“司法行政大动员，化解矛盾促和谐”专项维稳活动
组织奖
湖南省司法厅
○○八年一月

湖南省“迎奥运”律师运动会
组织奖
湖南省司法厅
湖南省律师协会
二〇〇八年七月

全省“司法行政大动员，化解矛盾促和谐”专项维稳活动
先进集体
湖南省司法厅
二〇〇九年三月

2007年度市州普法依法治理工作考核
优秀单位
湖南省依法治省领导小组办公室
二〇〇八年一月

市强戒所

全省司法行政系统执法工作
先进单位

全省劳教（戒毒）系统基层基础建设年活动
先进单位
湖南省劳教局
湖南省戒毒管理局
二〇一三年二月

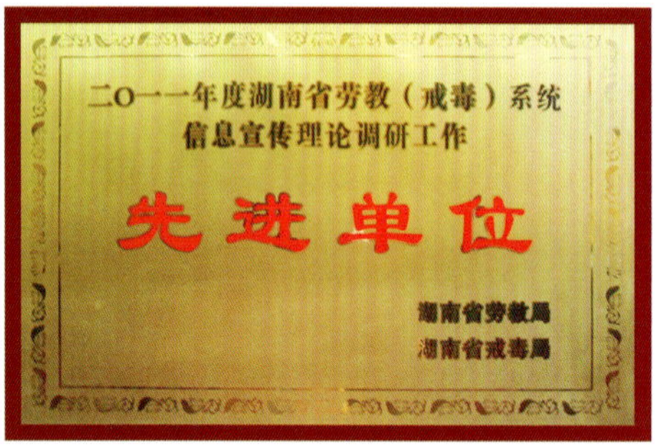
二〇一一年度湖南省劳教（戒毒）系统
信息宣传理论调研工作
先进单位
湖南省劳教局
湖南省戒毒局

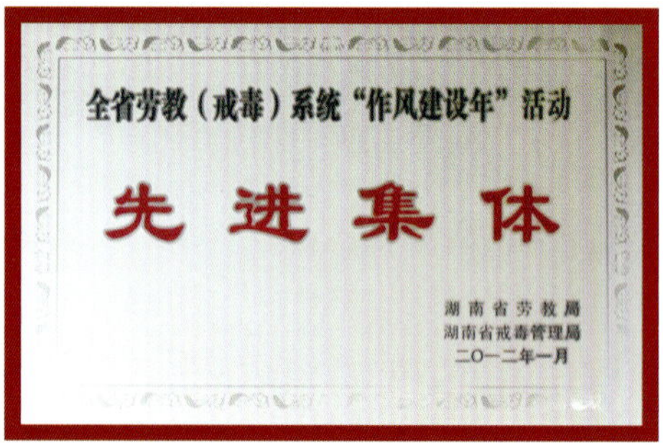
全省劳教（戒毒）系统“作风建设年”活动
先进集体
湖南省劳教局
湖南省戒毒管理局
二〇一二年一月

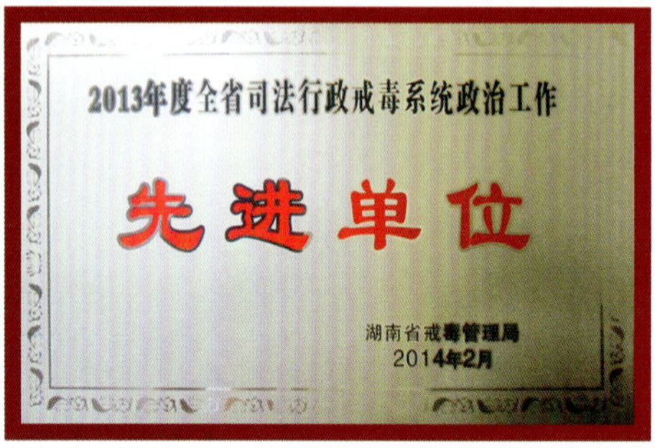
2013年度全省司法行政戒毒系统政治工作
先进单位
湖南省戒毒管理局
2014年2月

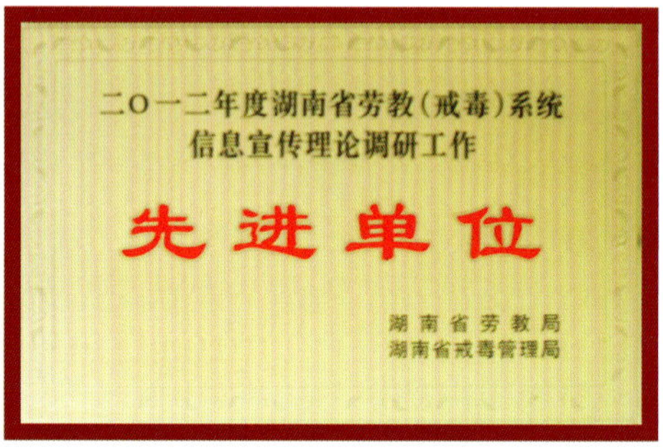
二〇一二年度湖南省劳教（戒毒）系统
信息宣传理论调研工作
先进单位
湖南省劳教局
湖南省戒毒管理局

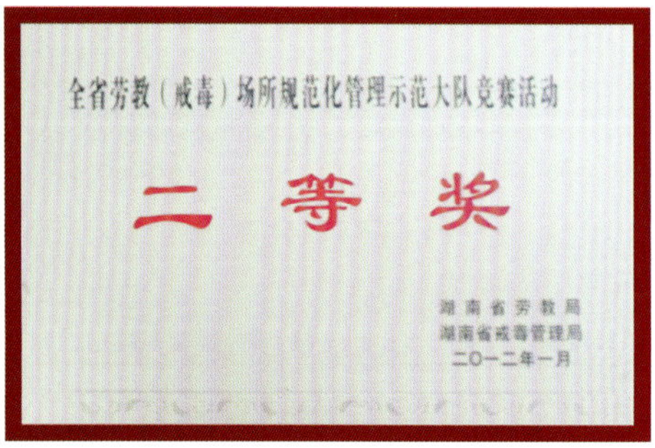
全省劳教（戒毒）场所规范化管理示范大队竞赛活动
二等奖
湖南省劳教局
湖南省戒毒管理局
二〇一二年一月

二〇一一年度市州劳教（戒毒）
单位精细化管理考核
一等奖
湖南省劳教局
湖南省戒毒管理局
二〇一二年一月

武陵监狱

全国监狱劳教(戒毒)场所基层
基础建设年活动
先进单位
中华人民共和国司法部
二〇一三年五月

全国监狱工作
先进集体
中华人民共和国司法部
二〇〇七年三月

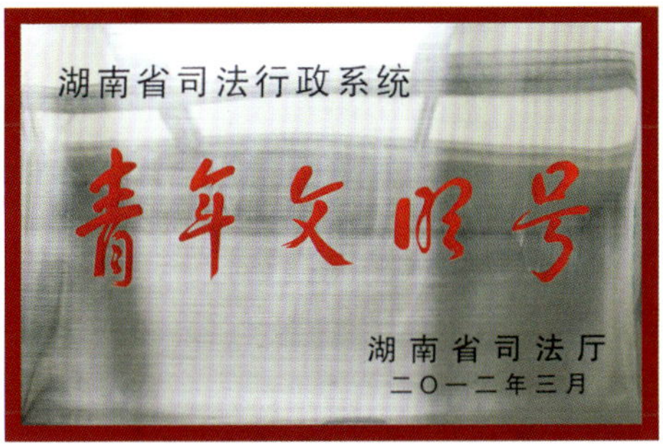
湖南省司法行政系统
青年文明号
湖南省司法厅
二〇一二年三月

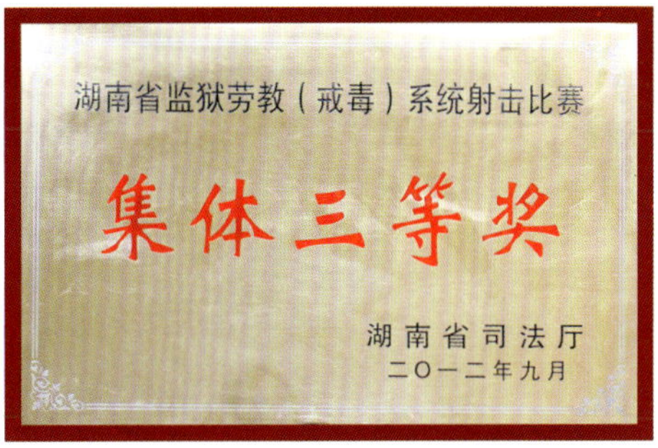
湖南省监狱劳教（戒毒）系统射击比赛
集体三等奖
湖南省司法厅
二〇一二年九月

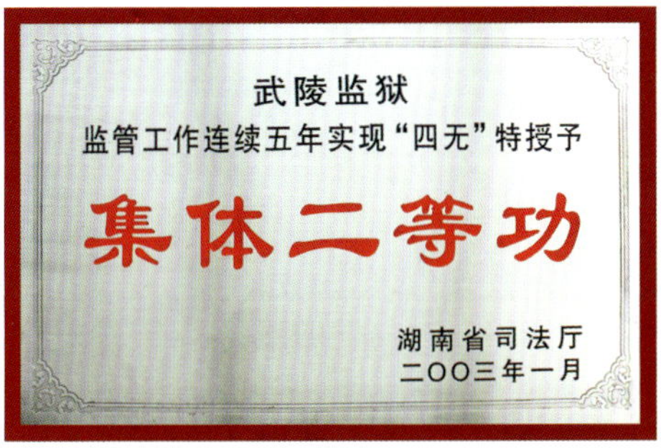
武陵监狱
监管工作连续五年实现“四无”特授予
集体二等功
湖南省司法厅
二〇〇三年一月

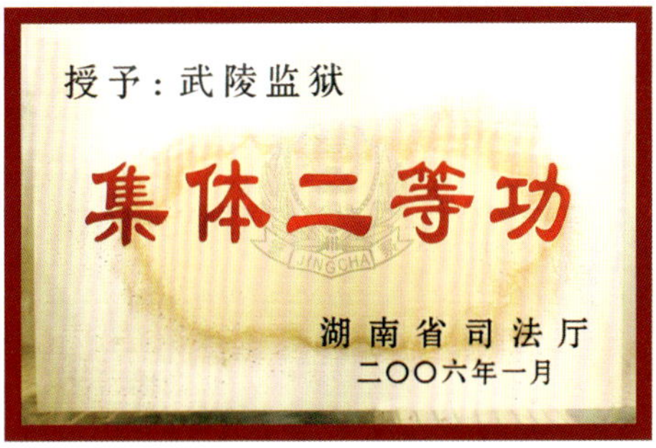
授予：武陵监狱
集体二等功
湖南省司法厅
二〇〇六年一月

第五届湖南省司法行政系统
先进集体
湖南省人事厅 湖南省司法厅
二〇〇九年二月

湖南省司法行政系统
先进集体
湖南省人力资源和社会保障厅 湖南省司法厅
二〇一二年七月

德山监狱

先进基层党组织
中共湖南省司法厅党组
2013年7月1日

湖南省监狱系统
先进集体
湖南省监狱管理局
二〇一二年七月

全省司法行政系统政治工作
先进集体
湖南省司法厅
二〇〇八年三月

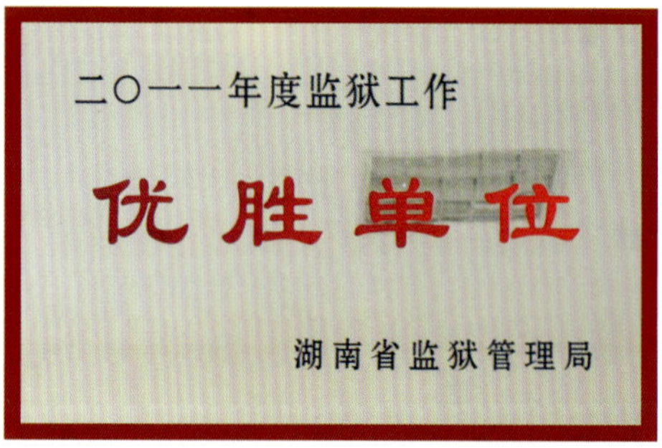
二〇一一年度监狱工作
优胜单位
湖南省监狱管理局

二〇〇六年度监狱工作
优胜单位
湖南省监狱管理局

二〇〇一年监狱工作
优胜单位
湖南省监狱管理局

二〇〇四年度监狱工作
优胜单位
湖南省监狱管理局

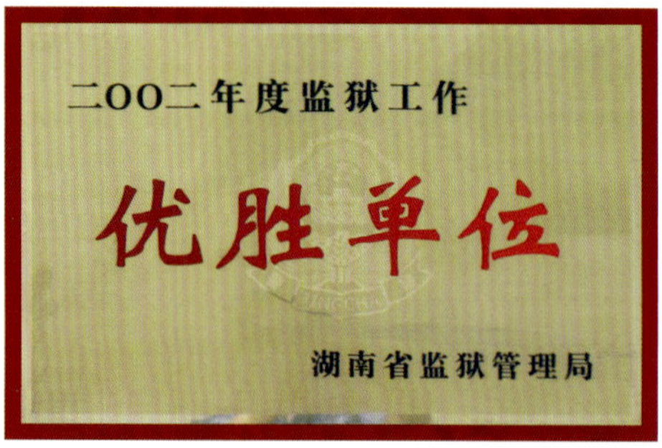
二〇〇二年度监狱工作
优胜单位
湖南省监狱管理局

津市监狱

第一次全国经济普查
THE FIRST NATIONAL ECONOMIC CENSUS
先进集体
湖南省人民政府第一次全省经济普查领导小组
二〇〇六年元月

文明单位
湖南省司法厅
二〇一三年十二月

二〇一〇年度经济效益
先进单位
湖南省监狱管理局

文明单位
湖南省司法厅
二〇一三年十二月

全省司法行政系统纪检监察工作
先进集体
中共湖南省司法厅党组
二〇一一年二月

全省司法行政系统执法工作
先进单位
湖南省司法厅
二〇一二年一月

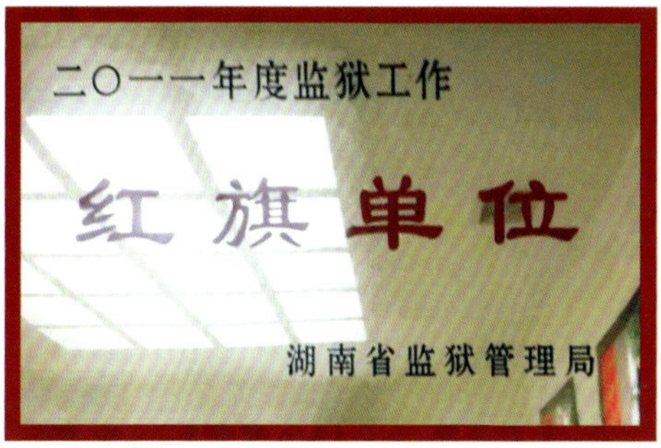
二〇一一年度监狱工作
红旗单位
湖南省监狱管理局

2012年度全省司法行政系统反腐倡廉建设
先进单位
中共湖南省司法厅党组
二〇一三年二月

武陵区司法局

2001-2005年全国法制宣传教育
先进县(市、区)
中共中央宣传部 中华人民共和国司法部
二〇〇六年五月

奖状
常德市武陵区司法局:
在二〇一四年度人民调解宣传工作
中成绩显著，被评为先进单位。
中华全国人民调解员协会

先进基层党组织
中共湖南省司法厅党组

奖状
常德市武陵区司法局:
在二〇〇七年度人民调解宣传工作
中成绩显著，被评为先进单位。
司法部基层工作

奖状
常德市武陵区司法局:
在二〇一二年度人民调解宣传工作
中成绩显著，被评为先进单位。
中华全国人民调解员协会

奖状
常德市武陵区司法局:
在二〇〇五年度人民调解宣传
工作中成绩显著，被评为先进单位。

1996-2000年普法依法治理
先进单位
中共湖南省委办公厅
湖南省人民政府办公厅
2001年6月

奖状
常德市武陵区司法局:
在2015年度人民调解宣传工作
中成绩显著，被评为先进集体。

鼎城区司法局

常德市鼎城区司法局武陵司法所：
全国先进司法所
中华人民共和国司法部
二OO五年九月

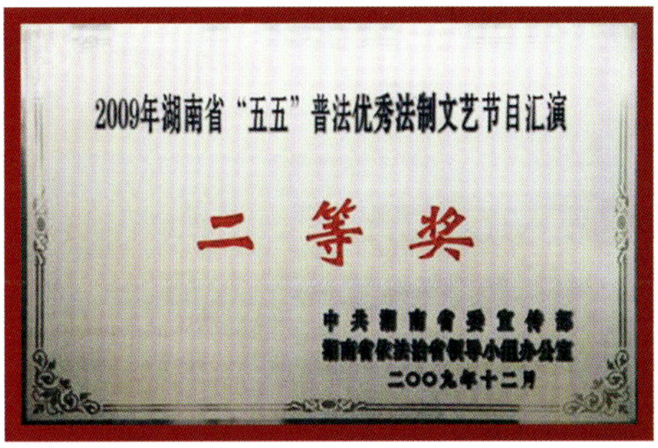
2009年湖南省“五五”普法优秀法制文艺节目汇演
二等奖
中共湖南省委宣传部
湖南省依法治省领导小组办公室
二OO九年十二月

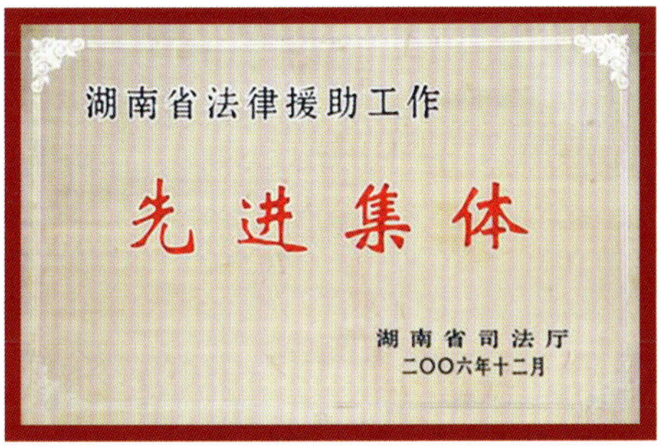
湖南省法律援助工作
先进集体
湖南省司法厅
二OO六年十二月

全省“司法行政大动员，化解矛盾促和谐”专项维稳活动
先进集体
湖南省司法厅
二OO九年三月

湖南省“五五”普法依法治理
先进单位
湖南省依法治省领导小组
二O一一年九月

全省“应对金融风险，促进富民强省”专项法律服务活动
先进集体
湖南省司法厅
二O一O年元月

汉寿县司法局

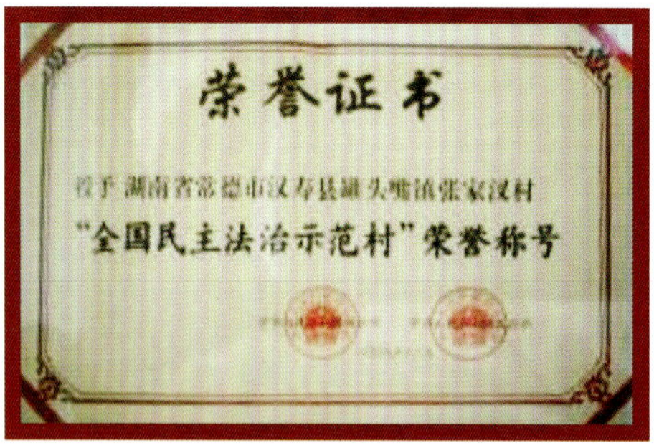
荣誉证书
授予湖南省常德市汉寿县罐头嘴镇张家汊村
“全国民主法治示范村”荣誉称号

全国民主法治示范村

湖南省规范化司法所
湖南省司法厅
二〇一一年一月

湖南省模范司法所
湖南省司法厅
二〇一二年十二月

全省“司法行政大动员，化解矛盾促和谐”专项维稳活动
先进集体
湖南省司法厅
二〇〇九年三月

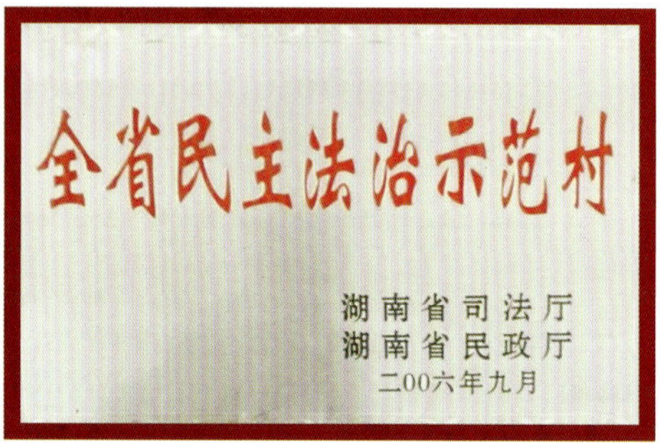
全省民主法治示范村
湖南省司法厅
湖南省民政厅
二〇〇六年九月

奖状
汉寿县司法局：
在2015年度人民调解宣传工作中成绩显著，被评为先进集体。

汉寿县司法局崔家桥司法所：
全国先进司法所
中华人民共和国司法部
二〇〇五年九月

桃源县司法局

全国民主法治示范村（社区）
中华人民共和国司法部
中华人民共和国民政部
二〇一五年三月

全国模范人民调解委员会
中华人民共和国司法部
二〇一三年八月

奖状
桃源县司法局：
在2015年度人民调解宣传工作
中成绩显著，被评为先进集体。

奖状
桃源县司法局：
在二〇一二年度人民调解宣传工作
中成绩显著，被评为先进单位。
中华全国人民调解员协会

奖状
桃源县司法局：
在 二〇一四 年度人民调解宣传工作
中成绩显著，被评为先进单位。
中华全国人民调解员协会

奖状
桃源县司法局：
在二〇一一年度人民调解宣传工作
中成绩显著，被评为先进单位。
中华全国人民调解员协会

临澧县司法局

授予 湖南省临澧县司法局
集体一等功
中华人民共和国司法部

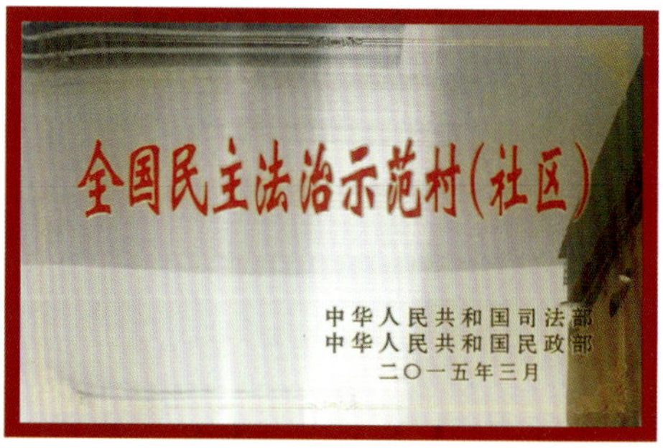
全国民主法治示范村(社区)
中华人民共和国司法部
中华人民共和国民政部
二〇一五年三月

奖状
临澧司法局
在二〇〇一年度人民调解宣传工作中成绩显著，被评为先进单位。
司法部

全省民主法治示范村
湖南省司法厅 湖南省民政厅
二〇一四年十二月

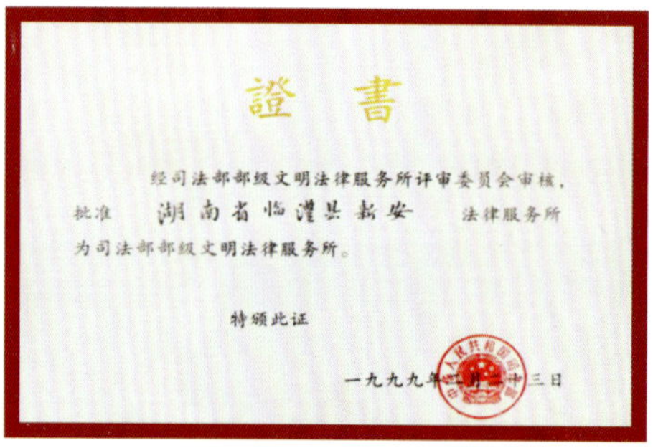
證書
经司法部部级文明法律服务所评审委员会审核，
批准 湖南省临澧县新安 法律服务所
为司法部部级文明法律服务所。
特颁此证
一九九九年

全国司法行政系统
先进县区司法局
中华人民共和国司法部
二〇〇三年十二月

石门县司法局

全国先进司法所
中华人民共和国司法部
二〇一一年九月

奖状
石门县司法局：
在二〇一四年度人民调解宣传工作
中成绩显著，被评为先进单位。
中华全国人民调解员协会

奖状
石门县司法局：
在2015年度人民调解宣传工作
中成绩显著，被评为先进集体。

奖状
石门县司法局：
在二〇一三年度人民调解宣传工作
中成绩显著，被评为先进单位。
中华全国人民调解员协会

奖状
石门县司法局：
在二〇一一年度人民调解宣传工作
中成绩显著，被评为先进单位。

全省司法所建设先进单位
湖南省司法厅
二〇一二年六月

澧县司法局

1991—1995法制宣传教育
先进县(市)
中共中央宣传部
中华人民共和国司法部
1995年12月

证 书
授予 湖南省澧县司法局
全国司法行政系统抗洪救灾先进集体
中华人民共和国司法部

全省“应对金融风险，促进富民强省”专项法律服务活动
先进集体
湖南省司法
二〇一〇年元月

全省“司法行政大动员，化解矛盾促和谐”专项维稳活动
先进集体
湖南省司法厅
二〇〇九年三月

奖状
澧县司法局：
在二〇〇九年度人民调解宣传工作中成绩显著，被评为先进单位。
司法部基层工作指导司

奖状
澧县司法局：
在二〇一〇年度人民调解宣传工作中成绩显著，被评为先进单位。
司法部基层工作指导司

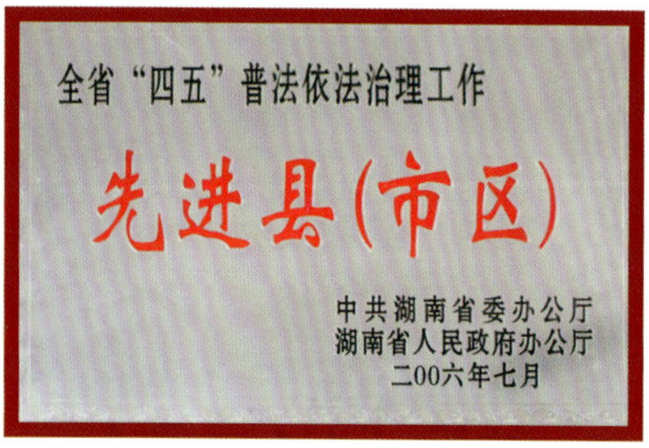
全省“四五”普法依法治理工作
先进县(市区)
中共湖南省委办公厅
湖南省人民政府办公厅
二〇〇六年七月

荣誉证书
常德市澧县：
被评为湖南省“四五”普法依法治理工作先进县(市区)。
中共湖南省委办公厅 湖南省人民政府办公厅

津市市司法局

2006-2010年全国法制宣传教育
先进县(市、区)
中共中央宣传部 中华人民共和国司法部
二〇一一年五月

1996—2000年全国法制宣传教育
先进普法办
中共中央宣传部 中华人民共和国司法部
二〇〇一年五月

津市市司法局
全省司法行政系统
先进集体
湖南省人事厅
湖南省司法厅
二〇〇二年十二月

全省司法所建设先进单位
湖南省司法厅
二〇一二年六月

第五届湖南省司法行政系统
先进集体
湖南省人事厅 湖南省司法厅
二〇〇九年二月

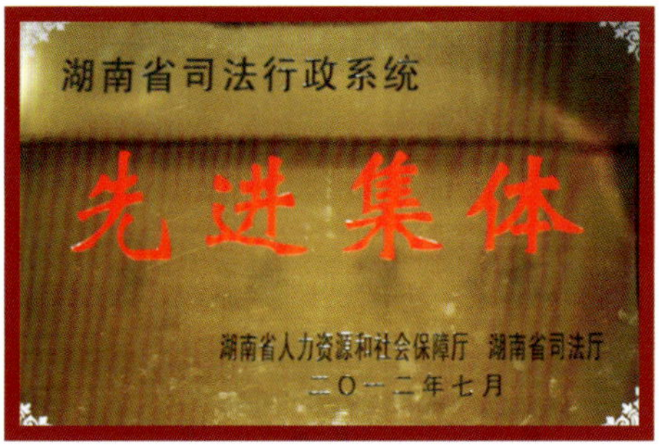
湖南省司法行政系统
先进集体
湖南省人力资源和社会保障厅 湖南省司法厅
二〇一二年七月

奖状
津市市司法局：
在二〇一四年度人民调解宣传工作
中成绩显著，被评为先进单位。
中华全国人民调解员协会

1996-2000年普法依法治理
先进县市区
中共湖南省委办公厅
湖南省人民政府办公厅
2001年6月

安乡县司法局

全国法治县（市、区）创建活动
先进单位
全国普及法律常识办公室
二〇一五年三月

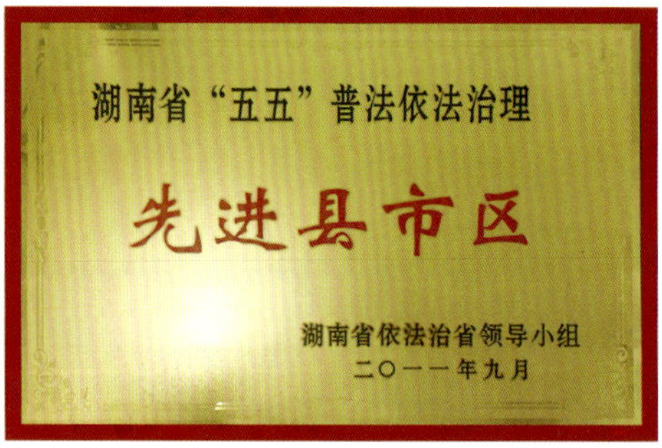
湖南省“五五”普法依法治理
先进县市区
湖南省依法治省领导小组
二〇一一年九月

全省“应对金融风险，促进富民强省”专项法律服务活动
先进集体
湖南省司法厅
二〇一〇年元月

湖南省司法行政系统
先进基层党组织
中共湖南省司法厅党组
二〇一二年八月

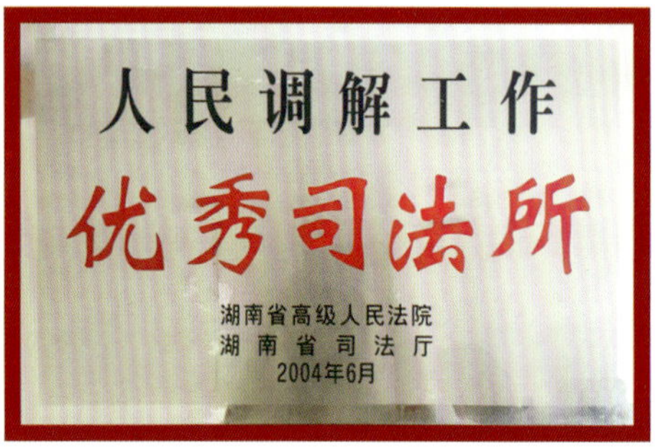
人民调解工作
优秀司法所
湖南省高级人民法院
湖南省司法厅
2004年6月

奖状
安乡县司法局：
在2015年度人民调解宣传工作中成绩显著，被评为先进集体。

后记

“盛世修志。”2010年，常德市人民政府开始第二轮地方志编修工程，《常德市司法志（1998—2015）》有幸列入其中。本志编修工作于2012年5月18日正式启动，历时四载，笔耕不辍，数易其稿，颇费心血，现在这本沉甸厚重的且带着油墨香味的志书终于梓行与读者见面。

本志前为序、凡例、综述，正文有7篇、29章、92节，后设后记，约70多万字。本志设计编排力求图文并茂，全志共插图片283张，表格90张，以此用文述史，以图明志，图文并驾，互相映衬，相得益彰。本志客观地记述和反映常德市司法局、市强制隔离戒毒所、湖南武陵监狱、德山监狱、津市监狱及9个区县（市）司法局等14个单位28年来走过的历程，为存史、资政、育人提供翔实的历史资料，是常德市司法行政系统的一项重要成果。

本志备受市司法局两届领导的重视厚爱。特别是以市局党组书记、局长曾勇为首的新一届局领导尤为重视和支持，曾勇多次指示，一定要下大力把《常德市司法志》编纂成一流的地方部门志。市局原党组副书记、副局长王明集亲自主持召开增补本志资料座谈会，亲自过问督办编志进度情况。本志编修经历前后两个阶段：第一阶段（2012年5月至2016年5月）以王友才为主，制订本志的目录；收集大量的资料；编写本志（1988—2010年）的部分篇、章、节的初稿，等等。第二阶段（2016年5月至2016年12月）李爱群续任本志总纂，修改调整本志目录；收集（2010—2015年）的后续资料；撰写凡例、综述、后记；统审、修改、校对全志文字；设计编排全志的图片表格等。同时，参加本志撰写的还有：第一篇：第一章、唐铭蓬；第二章第一节武陵区司法局、粟艳芳；第二节鼎城区司法局、胡艳；第三节汉寿县司法局、向建忠；第四节桃源县司法局、王海斌、梁凌俊；第五节临澧县司法局、徐明健；第六节石门县司法局、朱涛；第七节澧县司法局、柳玉清；第八节津市市司法局、车四有、卢祖华；第九节安乡县司法局王晓恒；第三章第一节、张丕仪；第二节、周旎；第三节、刘镌；第四章、易泽龙、黄祖伟；第五章、管治云、刘润来。第二篇：第一章、罗丹苹；第二章、祁政；第三章第一、二节、罗丹苹；第三节、徐智；第四节、王英杰；第四章、向华刚；第五章、罗志荣。第三篇：第一章、刘巧；第二章、毛泉清；第三章、周旎；第四章、刘镌，第五章、周友保；第五章、刘镑。第四篇第一、二章、管治云、刘润来；第三章、周世鹏、黑启安。第五篇：第一章、杨蕙旭、梁凌俊；第二章、沈绪湘、陈爱华。第六篇：第一章、王丽；第二章、陈章荣。第七篇及附录，上述撰稿者均留下涉及本单位本部门内容的笔墨。这里还要特别感谢本志英语目录译者陈毅强。同时，作为本志牵头部门的办公室其主任鲁科均、时任副主任的高波将编志列入工作的重中之重，多次协调督办、及时催收文字图片资料，且深入离退休老干部家里拍摄照片，核对审稿等等，为本志早日授梓做大量工作。

"问渠哪得清如许，为有源头活水来。"本志是"众智成志"的结晶。在编志工作中，得到常德市方志办的精心指导，得到常德市司法行政系统各单位的鼎力支持，得到市司法局各科室和区县（市）司法局的通体配合。可以这样说，在全志的每一个章节、在每一段的字里行间，都凝聚着他们的智慧和心血。在此，对上述提到有名的和未提到无名的所有为本志付出艰辛劳动的同仁一并表示深深的谢意！

金无足赤，志无全美。编修《常德市司法志》，尽管编者尽洪荒之力，但终因水平有限，加之该志起止时间有 28 年跨度，人员更替异动较大，存史的资料零碎收集难度较大，难免在本志的布局谋篇、记史述事、语言表达等诸多方面存在不少瑕疵纰漏，敬祈专家及各位读者赐教和海涵。

编　者

2016 年 12 月 18 日